Sozialgeschichtliche Bibliothek im Drumlin Verlag.

Herausgegeben von Dieter und Ruth Groh.

Drumlin.

Horst Steffens
Autorität und Revolte
Alltagsleben und Streikverhalten der Bergarbeiter an der Saar im 19. Jahrhundert

Für Ingrid, Joscha und Moritz

Autor, Herausgeber und Verlag danken der
Arbeitskammer des Saarlands
für die Förderung dieses Buches

CIP-Kurztitelaufnahme der Deutschen Bibliothek:

Steffens, Horst
Autorität und Revolte: Alltagsleben u.
Streikverhalten d. Bergarbeiter an d. Saar im
19. Jh. / Horst Steffens. – Weingarten:
Drumlin-Verlag, 1987.
(Sozialgeschichtliche Bibliothek)

ISBN 3-924027-47-1

© Drumlin Verlag GmbH, Weingarten, 1987
Alle Rechte vorbehalten
Umschlaggestaltung: Reinhard Binder, Berlin
Satz: Drumlin Satz
Druck: Allgäuer Zeitungsverlag GmbH, Kempten
Printed in Germany

Inhalt

Vorwort *9*

Zur Einführung *11*

1
„Vorsichtsmeier, Rücksichtsmeier und abwartende Leisetreter"?
– Annäherung an eine Geschichte der Bergarbeiterbewegung an der Saar *17*
1.1. Meinungen *18*
1.2. Bewegungen (vor 1889) *24*

2
Vom rationalen Konfliktaustrag zur elementaren Revolte: Die große Streikzeit 1889–1893 *33*
2.1. Konflikt und Organisation (1889) *34*
2.1.1. Ein klassischer Konfliktverlauf: Der Mai-Streik 1889 und die Gründung des Rechtsschutzvereins *36*
2.1.2. „Nein nicht warten, streiken!" – Die Ungeduld einer jungen Bewegung *51*
2.2. Auf dem Weg zur gefestigten Organisation (1890) *56*
2.2.1. Unternehmerstrategien: Die „harte" und die „milde" Hand *56*
2.2.2. Arbeiterstrategien: Politisierung und Festigung der Organisation *63*
2.3. Die Überanstrengung der eigenen Kräfte (1891) *67*
2.3.1. Der Anschluß an die nationale und internationale Bergarbeiterbewegung *67*
2.3.2. Risiken der Solidarität: Der Mai-Streik 1891 *71*
2.4. Krise der Organisation (1891/92) *77*
2.4.1. Polarisierung *77*
2.4.2. Klärungsversuche *80*
2.5. Elementare Revolte – Konsequenzen eines Lernprozesses (1892/93) *85*
2.5.1. Irrationalität? Arbeitskampf und Konjunktur *85*
2.5.2. Gewalthaftigkeit *90*
2.5.3. Mobilisierung: Bergarbeiterfrauen und -kinder im Streik *97*
2.5.4. Vergebliche Mühen: Die Zerschlagung der Bewegung *101*

3
Arbeit und Arbeitserfahrung *109*
3.1. Rahmenbedingungen: Die Entwicklung des Saarbergbaus im 19. Jahrhundert *111*
3.2. Grundlage industriellen Arbeitens: Disziplin, Pünktlichkeit und Konzentration *119*
3.3. Arbeit vor Ort: Arbeitsverrichtung, funktionale Differenzierungen, Arbeitszeit *131*
3.4. Hierarchie und Solidarität: Statusunterschiede, Lohnformen, Arbeitsgesellung *141*
3.5. Kollektiver Individualismus: informelle Konfliktstrategien *151*

4
Arbeiterwohnen — Autoritäre Wohlfahrtspolitik und proletarische Lebensverhältnisse *165*
4.1. Der Faktor „Mensch": Bevölkerungsentwicklung *165*
4.2. Preußische Ideallösung: Arbeiterrekrutierungs- und Siedlungspolitik *169*
4.2.1. Begrenzte Fernwanderung *170*
4.2.2. Strategien der Ansiedlung: Förderung des Hausbaus, Koloniegründungen, Schlaf- und Mietshäuser *173*
4.3. Preußische Realitäten: Wohnverhältnisse *182*
4.3.1. In Kolonien *184*
4.3.2. In Prämienhäusern und Mietwohnungen *188*
4.3.3. In Schlafhäusern *198*
4.4. Auswirkungen: Siedlungsstrukturen, Wohnverhältnisse und Arbeitskampf *212*

5
Arbeiterkultur — Zwischen obrigkeitlicher Bevormundung und kultureller Identität *219*
5.1. Ständische Demonstrationen: Uniformierung der Individuen, Bergfeste und Bergmusik *222*
5.1.1. Standeskleidung für Arbeiter? Bergmannstracht und -uniform *222*
5.1.2. Militarisierung, Professionalisierung, Kunstbeflissenheit: die Bergmusik *228*
5.1.3. Zwischen nationalem Gepränge und Massenspeisung: die Bergfeste *236*
5.2. Von der Standeskultur zur Arbeiterkultur: Lied und Gedicht *241*
5.2.1. Das vaterländische und das Standeslied *246*
5.2.2. Aktualisierung von Zeiterfahrung: Arbeiterlieder *249*
5.2.3. Grenzen kultureller Emanzipation: Liedmelodien *259*
5.2.4. Kulturelle Mischformen und Gegenwartsbewältigung: Gedichte *262*
5.3. Freizeit: Entstehung und Spaltung des Vereinswesens *271*
5.4. Zwischen wohltätiger Fürsorge und autonomer Lebensgestaltung: Gruben-Konsumvereine und „Saufkasinos" *279*

6
Gedankenwelten — Selbstdeutung und Protestlegitimation *299*
6.1. Staat und König *301*
6.2. Gottesvertrauen und Personenkult *306*
6.3. Kapitalisten und Sozialdemokraten *312*
6.4. Versammlungsrituale *319*

7
Autoritäre Gesellschaft und elementare Revolte: Von der Durchsetzung eigener „Empfindungen" und „Denkungsart" *325*

Anmerkungen *333*

Abkürzungsverzeichnis *393*

Quellen- und Literaturverzeichnis *395*

Der Autor *421*

Vorwort

Die ursprüngliche Fassung der vorliegenden Arbeit wurde im Sommersemester 1983 von der Universität Konstanz als Dissertation angenommen. Dieter Groh hat sie seit 1977 betreut und im Rahmen seines Forschungsprojekts „Basisprozesse und Organisationsproblem" das Bemühen des Autors unterstützt, eine alltagsgeschichtliche Perspektive für die Diskussion der Streik- und Konfliktforschung nutzbar zu machen. Dafür und für die Aufnahme der Arbeit in die Reihe „Sozialgeschichtliche Bibliothek" sei ihm herzlich gedankt. Neben ihm war Rainer Wirtz ein ständiger Partner im wissenschaftlichen und privaten Dialog und zugleich eine verläßliche Stütze in kritischen Phasen, die nicht selten im Verlaufe einer solchen Arbeit aufzutauchen pflegen. Beide haben maßgeblich das experimentierfreudige Konstanzer Diskussionsklima geprägt, ohne das diese Arbeit wohl kaum entstanden wäre.

Für ihre Bereitschaft, sich immer wieder mit Zwischenergebnissen und schließlich dem Manuskript der Dissertation auseinanderzusetzen, habe ich neben Dieter Groh und Rainer Wirtz insbesondere F. J. Brüggemeier, M. Grüttner, A. Lüdtke, L. Machtan, R. Ott und D. Peukert zu danken. Deren eigene Arbeiten und ihre kritischen Anmerkungen zum hier vorliegenden Versuch haben dazu beigetragen, im damals noch unterentwickelten Feld der Alltagsforschung die Möglichkeiten eines regionalen und lokalen Zugriffs auf die Arbeitergeschichte im 19. Jahrhundert zu präzisieren. Auch Klaus-Michael Mallmann und Klaus Tenfelde sind mir mit ihrer Kenntnis der Bergarbeitergeschichte oft hilfreich zur Seite gestanden.

Die Dissertation wurde für den Druck gründlich überarbeitet, in manchen Passagen, die in zwischenzeitlich erschienenen Aufsätzen ausführlicher thematisiert worden sind, gekürzt und, soweit es notwendig war, durch die Einarbeitung neuerer Literatur ergänzt. Manches fiel allerdings vollständig der Kürzungsschere zum Opfer, wenn dadurch der Gesamtzusammenhang der Argumentation nicht beeinträchtigt wurde.

Daß die Arbeit nun auf dem Buchmarkt erscheint, ist der Unterstützung der Arbeitskammer des Saarlandes zu verdanken, die es ermöglicht hat, in Kooperation mit dem Drumlin-Verlag die finanziellen Hürden zu überwinden, die so mancher Dissertation den Weg zu einer breiteren Resonanz verbauen.

Mein abschließender Dank gilt allen Mitarbeiterinnen und Mitarbeitern der von mir besuchten Archive, die mich intensiv beraten und häufig lange Zeit haben erdulden müssen, und ebenso Olaf Schumann und Hans-Jürgen Fuchs für ihre Unterstützung.

Zur Einführung

Das Jahr 1889 wird allgemein als Zäsur in der Geschichte der deutschen Bergarbeiter interpretiert. Im Verlauf von bis dahin beispiellosen Arbeitskämpfen begannen Bergleute mit dem Aufbau gewerkschaftlicher Verbände und errangen manch kleinen Sieg in den Auseinandersetzungen um Arbeitsbedingungen und Löhne. Gerade die damals aktiven Zeitgenossen wähnten sich an der Schwelle einer neuen Zeit: „Durch Nacht zum Licht" lautete die vielbeschworene und traditionsreiche Formel, in der ein neu erfahrenes Selbstbewußtsein Ausdruck fand. Diese Entwicklung wurde von der neueren Forschung als Übergang vom Standesbewußtsein zum Klassenbewußtsein, als Eintritt in das Zeitalter moderner Arbeitsbeziehungen gedeutet[1]. Jedoch verlief dieser Prozeß in ganz Deutschland uneinheitlich; das hatte seine Ursache darin, daß die kapitalistische Entfaltung des Bergbaus in der zweiten Hälfte des 19. Jahrhunderts auf unterschiedlichen regionalen Voraussetzungen und Traditionen aufbaute, die sich anderswo häufig nicht mit der gleichen Geschwindigkeit der industriellen Entwicklung anpaßten wie im Ruhrrevier.

In der vorliegenden regionalgeschichtlichen Arbeit soll einem Hinweis von E.P. Thompson nachgegangen werden, der den „Druck des gesellschaftlichen Seins auf das gesellschaftliche Bewußtsein" nicht so sehr entlang einer horizontalen Spaltung in Basis und Überbau sieht, sondern in Übereinstimmungen, Widersprüchen und im unfreiwilligen Wandel einen langwierigen und verschachtelten Prozeß vermutet, in dem „Männer und Frauen in der Konfrontation mit den Zwängen ihrer Existenz sich ihre eigenen Werte herleiten und ihre eigene Kultur schaffen, die in ihrer eigenen Lebensweise angelegt sind"[2]. Diese Sichtweise befreit die Menschen aus ihrer Rolle als Objekte eines übermächtigen, gesetzmäßigen Geschichtsprozesses und legt den Blick frei für einen historischen Wandel, der sich nicht ereignet, „weil eine vorgegebene ‚Basis' einen entsprechenden ‚Überbau' entstehen lassen muß, sondern weil Änderungen in den Produktionsbeziehungen im gesellschaftlichen und kulturellen Leben erfahren werden, sich in den Ideen der Menschen und in ihren Werten brechen und diese sich in ihren Handlungen, Wahlmöglichkeiten und Glaubensvorstellungen damit auseinandersetzen"[3]. Die Betonung eigener Möglichkeiten der Menschen innerhalb ständischer, bäuerlicher und industrieller Zumutungen relativiert Periodisierungsschemata jeglicher Provenienz; nicht nur Arbeiter erleben lokal, regional und national vielfältige Zäsuren, die sie individuell und kollektiv oft unterschiedlich verarbeiten. Das spektakuläre Jahr 1889 stellt somit nur ein prägnantes Schlagwort dar für eine Periode gesellschaftlichen Wandels, die sich in vielen Bereichen ungleichzeitig von den ersten „Konjunkturen des Klassenkampfes" bis ins 20. Jahrhundert erstreckte. Aufgabe einer Sozialgeschichte „von unten" sollte es sein, spektakuläre Ereignisse nur als Markierungspunkte eines alltäglichen, unspektakulären Geschichtsprozesses zu verstehen, dessen Rekonstruktion davon abhängt, ob es gelingt, die Quellen „ihre eigene Stimme finden zu lassen"[4].

Dieser Aufgabe widmet sich seit Mitte der 1970er Jahre besonders eine Richtung der Sozialgeschichte, die mit dem Begriff „Alltagsgeschichte" eher plakativ als zureichend beschrieben wird. In der euphorischen Aufbruchsstimmung jener Jahre galt der „Alltag" als Schlüssel zur Entzauberung einer strukturüberladenen, fortschrittsgläubigen Geschichtsschreibung, die sich immer mehr von den Menschen als den Subjekten geschichtlicher Entwicklung entfernt hatte. „Menschen" wurden zu Lieferanten meß- und vergleichbarer Daten, durch die sie Eingang fanden in unzählige Datenreihen, um dort als ideal-typischer Durchschnittsmensch „weiterzuleben". Wer aber einmal erfahren hat, wie wenig aussagekräftig Durchschnittswerte sein können[5], der wird leicht verstehen, warum die sogenannten Alltagshistoriker sich den Niederungen kleinräumiger Lokal-, Branchen- und/ oder Regionalanalysen zugewandt haben. Dazu ein Beispiel aus der vorliegenden Arbeit.

Während des gesamten 19. Jahrhunderts bereitete selbst im verwaltungsmäßig gut organisierten Bergbau die Genauigkeit der Lohnstatistik erhebliches Kopfzerbrechen. Umfangreiche Schriftwechsel und zahlreiche Verfügungen haben daran nicht viel ändern können. Im Jahre 1887 monierte das Ministerium der öffentlichen Arbeiten:

„Als ein Mangel an diesen statistischen Mittheilungen ... hat sich nun herausgestellt, und ist namentlich bei den letzten Verhandlungen im Abgeordnetenhause hervorgehoben worden, daß in den einzelnen Bezirken bezüglich der Angabe der Dauer der Arbeitszeit, auf welche sich das Lohn bezieht, und bei der Berechnung der Durchschnittslöhne nicht auf gleichmäßigen Grundsätzen verfahren wird, und daß demzufolge eine Vergleichung der Zahlen zu irrigen Schlußfolgerungen Veranlassung geben kann"[6].

Auf dem hierarchischen Instanzenweg, den die Lohndaten von den Kassenbeamten einzelner Gruben und Berginspektionen bis zum Minister durchliefen, entstand ein immer nivellierteres, eben durchschnittlicheres Bild der Arbeitslöhne, bis sie als tatsächlich verdiente Löhne in der *Zeitschrift für das Berg-, Hütten- und Salinenwesen* erschienen. Aber nicht nur bei der Berücksichtigung der Arbeitszeiten und der Berechnung der Durchschnittslöhne wurde uneinheitlich verfahren. In dem komplizierten Betriebsorganismus der Bergwerke konnte selbst die Zahl der in einem Monat tätig gewesenen Arbeiter nur als Durchschnittsgröße ermittelt werden; sie enthielten z. B. auch die kranken Arbeiter, selbst wenn diese keine Schicht verfahren hatten. Jederzeit mögliche Veränderungen in der Belegschaftsstruktur durch Neueinstellungen, Entlassungen und Verlegungen schlugen sich erst mit einem Jahr Verspätung in der Lohnstatistik nieder, obwohl natürlich die Zu- oder Abnahme bestimmter Arbeiterkategorien Auswirkungen auf das Lohngefüge besaßen. Kein Wunder also, daß gerade ein penibler preußischer Kassenbeamter noch im Jahre 1899 nicht umhinkam festzustellen: „Diese Durchschnittszahlen entsprechen nicht immer der Wirklichkeit"[7]. Einer seiner Kollegen sprach sogar von „Zerrbildern".

Als „Wirklichkeit", nämlich als durchschnittlich verdiente Jahreslöhne, wurden sie jedoch lange von den Historikern benutzt, die sie dann mit ähnlich zustande gekommenen Durchschnittsdaten von Lebensmittelpreisen, Mietpreisen etc. in Beziehung setzten und eine Wohlfahrtsentwicklung konstatierten[8]. Für eine alltagsgeschichtliche Deutung sozialer Konflikte können solche Daten unbrauchbar sein. Nicht umsonst wurden in den bergbaulichen Lohnkonflikten jeder finanziellen Forderung der Arbeiter die Jahresdurchschnittslöhne mit dem Hinweis darauf entgegengehalten, daß die Lohngestaltung eine ausreichende sei. Offenkundig gab es höchst unterschiedliche Möglichkeiten der Wahrnehmung. Woraus läßt sich dies erklären?

Für den einzelnen Arbeiter waren die Jahresdurchschnittslöhne durchaus fiktive Löhne. Keine Bergarbeiterfrau konnte es sich erlauben, ihre Haushaltsführung nach dem statistischen Mittel des Jahresverdienstes ihres Mannes zu organisieren. Ausschlaggebend für die Arbeiter war, wieviel Geld bei der Haupt- und der Abschlagslohnung bar zur Verfügung stand. Und da differierten die Summen erheblich[9]. Kein Wunder also, daß die proletarische Sicht der Dinge zu Unruhen und gar zu Streiks führen konnte, während die Statistik ein doch recht zufriedenstellendes Bild zeichnete.

Ohne Zweifel erlaubt die Analyse des Alltagslebens aus der Sicht der Betroffenen, feingliedrigere Zusammenhänge zu erkennen, als sie bisher in der Erforschung der Arbeitergeschichte möglich waren. Gleichwohl ist es notwendig, immer wieder die „Schwierigkeiten mit dem Alltag" zu diskutieren[10]. Übereinstimmung herrscht darin, daß die penible Rekonstruktion von Lebensverhältnissen alleine nur begrenzte Aussagekraft besitzt, wenn auch den unzähligen Aha-Effekten bei der Vermittlung von Bedrängnissen und Glücksfällen im Leben der Vorfahren ein nicht zu unterschätzender didaktischer Wert beigemessen wird. In der vorliegenden Arbeit soll die möglichst detailgenaue Beschreibung verschiedener Lebensbereiche ein erweitertes und vertieftes Verständnis von sozialen Konflikten und Arbeitskämpfen ermöglichen. Die offenen und unscheinbaren Zusammenhänge von spektakulären, häufig erruptiv und irrational anmutenden Auseinandersetzungen einfacher Leute mit den Zumutungen des neuen Industriezeitalters einerseits und den alltäglichen Wünschen und Versuchen, sich einzurichten in einer Welt zwischen Traditionalität und Umbruch andererseits, galt es aufzuzeigen. Dabei wurde schnell deutlich, daß der Begriff „Arbeitskampf" für das 19. Jahrhundert mehr und zum Teil anderes umfasst, als die lebensnotwendigen Versuche, Arbeitsbedingungen zu verbessern, gerechtere Entlohnung einzufordern und innerbetriebliche Herrschaftsstrukturen zu beeinflussen. Viel zu eng war in jener Zeit die Arbeit mit der täglichen Lebensbewältigung verbunden, als daß eine Trennung von Arbeitswelt und außerbetrieblichen Lebenswelten handlungsleitend erfahrbar gewesen wäre. Dies gilt vor allem für die Bergbaugebiete, in denen die Gruben umfassend das „Leben vor Ort" prägten und sich die innere Betriebsverfassung mit den autoritären gesellschaftlichen Strukturen des Kaiserreichs scheinbar wirkungsvoll verbanden. Der „Grubenmilitarismus" ist früh erkannt und beschrieben worden und hat sich nicht auf das Betriebsgelände der Zechenanlagen beschränkt. Am Beispiel des Saarreviers galt es einer Vermutung nachzugehen, die Arthur E. Imhof vor kurzem angesichts der ausdauernd erfahrenen Bedrohung unserer Vorfahren durch Pest, Hunger und Krieg in längst vergangenen Jahrhunderten bestätigt gefunden hat:

„Nirgends und noch nie wäre es der Menschen Art gewesen, sich auf die Dauer willenlos von widrigen Umständen beherrschen zu lassen oder gar untätig existenzbedrohende Situationen hinzunehmen. Menschen wehrten sich schon immer, schufen sich einen Halt im Leben, der den Tag überdauerte, suchten nach langfristig stabilen Elementen"[11].

Aber Menschen, so kann ergänzt werden, entdeckten bei ihrer Suche nach Auswegen auch situative, kurzlebige Strategien. Diese scheinen auf den ersten Blick nicht zukunftsweisend und sind keine Ergebnisse umfangreicher Lageanalysen, wie es etwa gewerkschaftliche Strategien für und mit der Arbeiterschaft gewesen sind. In ihrer Mischung aus rückwärts gewandten Blicken und ungeordneten Zukunftsvorstellungen lassen sich solche Verhaltensweisen nicht in epochale wissenschaftliche Konzepte, etwa der Modernisierung, fugenlos einpassen. Gleichwohl besaßen sie für die Konfliktkonstellationen des 19. Jahrhunderts eine derart große Bedeutung, daß ihre Nichtbeachtung ein zu glattes Bild der gesellschaftlichen Modernisierung Deutschlands im Zeitalter der Industrialisierung gefördert hat[12]. Demgegenüber gleicht der hier vorgelegte Rekonstruktionsversuch „einem Puzzle, dessen Stücke nicht nahtlos ineinander sich fügen lassen. Gerade auf den Fugen des Bildes ist zu beharren. Vielleicht steckt in ihnen die Wahrheit"[13].

1

„Vorsichtsmeier, Rücksichtsmeier und andere Leisetreter"? — Annäherungen an die Geschichte der Bergarbeiterbewegung an der Saar

Das vorliegende Buch verdankt seine Entstehung einer eher zufälligen Beobachtung. Im Rahmen eines Forschungsprojektes über „Basisprozesse und Organisationsprobleme" deutscher Handwerker und Arbeiterbewegungen[1] fiel uns bei der Lektüre eines langjährigen Standardwerkes zur deutschen Arbeiterbewegung[2] auf, daß zu Beginn der neunziger Jahre des 19. Jahrhunderts kein anderes deutsches Bergbaugebiet einen so hohen Organisationsgrad der Bergarbeiter verzeichnete wie das Saarrevier[3]. In einer Forschungstradition, die dem weit größeren und bedeutenderen Ruhrrevier und seinen Arbeiterbewegungen bis in die jüngste Vergangenheit absoluten Vorrang eingeräumt hatte, schien eine solche „Anormalität" kaum vertiefter Überlegungen wert, denn bis Ende der 1970er Jahre bildete das Saarrevier einen weißen Fleck auf der Landkarte moderner sozialgeschichtlicher Forschungen. Ein zweiter Umstand trug zu erhöhter Aufmerksamkeit bei: Mit Ausnahme des Jahres 1892 verzeichnete die erwähnte Statistik bei Dieter Fricke ausschließlich „Fehlanzeige" bezüglich der gewerkschaftlichen Organisation der Saarbergarbeiter. Während überall im Kaiserreich die Gewerkschaften einen manchmal enormen Mitgliederzuwachs verzeichneten, schien der Organisationsgrad im Bergrevier an der Saar von ca. 75 % schon einige Jahre später auf „Null" zurückzugehen und bis 1913 dort zu verharren. Was war geschehen? Wie war der beeindruckende Organisationserfolg zu erklären und wie war das anschließende Verschwinden von der Bildfläche der deutschen Gewerkschaftsbewegungen zu verstehen?

1.1. Meinungen

Die sozialdemokratische *Westfälische Freie Presse* informierte ihre Leser im April 1891 über die politische Notlage der Partei im Saarrevier in anschaulicher Weise:

„Die Genossen werden sich schon gewundert haben, so wenig aus der Saar- und Bliesgegend mit ihren Tausenden Arbeitern zu hören. Es liegt an den besonderen Verhältnissen. Wir haben hier nach drei, vier Richtungen Front zu machen. Hier ist alles entweder ‚Sankt' oder königlich. Schon die Ortsnamen sind bezeichnend. So haben wir in der Umgegend außer St. Ingbert ein St. Johann, St. Arnual, St. Thomas, St. Avold, St. Wendel, ein Bischofsheim, ein Engelfangen, ein Heiligenwald; Marpingen [wo die „Erscheinung" der Mutter Gottes 1876 erhebliche Aufläufe verursacht hatte, H. St.] liegt in der Nähe und Trier mit seinen Reliquien und Kaplan Dasbach nicht fern. Dann haben [wir] königl. bayrische Kohlengruben in St. Ingbert und Bexbach; königl. preußische Gruben die Saar entlang, königl. Eisenbahnwerkstätte und König Stumm nicht zu vergessen. Außerdem gibt es hier große Eisenwerke, wo die Parteiangehörigkeit scharf kontrolliert wird. Das hat zur Folge, daß unter den Arbeitern eine Menge Vorsichtsmeier, Rücksichtsmeier und abwartende Leisetreter sich befinden. Versammlungen zustande zu bringen ist fast unmöglich und man muß sich auf die bisherige Kleinkriegs-Taktik beschränken, und qualitativ zu ersetzen suchen, was quantitativ vorläufig nicht ausführbar ist"[4].

Dieser Hilferuf sozialdemokratischer Aktivisten entstammte merkwürdigerweise einer Zeit, in der die Bewegung unter den Bergleuten auf ihren Höhepunkt zusteuerte: Beginnend im Mai 1889 erstreckte sich die „große Streikzeit" bis in den Januar 1893 und umfaßte eine Periode ununterbrochener Selbstverständigung, politischer Auseinandersetzungen, Versammlungen, großer und kleiner „Excesse" sowie eine Serie von Streiks, deren letzter im Dezember 1892 und Januar 1893 über 80 % der Grubenbelegschaften im Ausstand vereinte. Trotzdem blieb das Saarrevier lange Zeit für die gewerkschaftliche und sozialdemokratische Arbeiterbewegung eine scheinbar uneinnehmbare Festung. Eine Tatsache, die Legendenbildungen in legitimatorischer Absicht beförderte und das „Vergessen" erleichterte.

Die Industrieregion an der Saar im 19. Jahrhundert ist ein typisches Beispiel für eine jahrzehntelang vergessene Arbeiterbewegung, die, vertraut man gängigen Statistiken, im traditionellen Sinne als Wahl-, Gewerkschafts- oder Parteibewegung nicht stattgefunden hat. Die Ergebnisse der Sozialdemokratie in den Reichstagswahlen 1877–1912 waren dürftig und standen zeitweise in Gegensatz zur Tendenz im gesamten Reich[5]; die Mitgliederstatistik der freien Gewerkschaften verzeichnete nur für 1892 einen allerdings ungenauen Bestand, in der Streikstatistik schien das Saarrevier gar nicht[6] oder nur unvollständig[7] berücksichtigt zu sein. Dieser Zustand war kennzeichnend für die stiefmütterliche Behandlung von „Basisprozessen", die nur dann registriert wurden, wenn sie sich erfolgreich in Organisationsprozessen niederschlugen.

Die Geringschätzung von für die organisierte Arbeiterbewegung scheinbar unproduktiven Regionen kann sich auf eine lange Tradition stützen. Bereits im ausgehenden 19. Jahrhundert sollten Schlagwörter wie „Saarabien", „Königreich Stumm" und „Fabrikfeudalismus" das Scheitern von Organisationsversuchen verobjektivieren. Ihnen kam aber weit mehr eine Hilflosigkeit ausdrückende Alibifunktion als ein Erklärungswert zu. Carl Legien, Vorsitzender der Generalkommission der Freien Gewerkschaften, sprach auf dem Parteitag der Sozialdemokraten Preußens 1907 von der „Roheit" der Saarbergarbeiter, verschuldet durch die staatlichen Repressionsmaßnahmen, durch die wiederum eine „Bildungspolitik" der Gewerkschaften unmöglich gemacht worden sei[8]. Diese Anmerkung, die nur am Rande seiner Rede einfloß, beleuchtete das zeitgenössische Unverständnis, das die organisierten Arbeiter und ihre Führer den Besonderheiten der Kämpfe ihrer Saarkollegen entgegenbrachten. Aber nicht nur an der Saar wurden diese Schwierigkeiten offenkundig. Erhard Lucas kritisierte am Beispiel der Hamborner Arbeiter mit Recht das Unvermögen der Sozialdemokratie, „Roheit" als Aspekt des „sozialen Selbstverständnisses" der Arbeiter und als ein Moment unbewußten Widerstandes zu begreifen[9]. Der Begriff „Roheit" im Zusammenhang seiner zeitgenössischen Verwendung deutete ein gruppenpsychologisches Phänomen an, das auch die Gewerkschaftsbewegung verachtete: Hier hätte sie, wäre sie nicht gehindert worden, zivilisierend und kultivierend wirken können[10].

Die Berufung auf Repression und Unternehmerwillkür als Erklärungsmoment der freigewerkschaftlichen Einflußlosigkeit offenbarte eine merkwürdige Affinität von konservativen und sozialdemokratischen Legitimationsversuchen: Der Hüttenindustrielle Stumm feierte im Reichstag anläßlich der Debatte über die Umsturzvorlage das harte, koordinierte Auftreten der Privat- und Staatsunternehmer des Saarreviers nach dem Streik 1892/93 in Verbindung mit einer fürsorglichen Sozialpolitik als Beginn einer Epoche, die gewerkschaftliche Organisierung überhaupt überflüssig mache. Solche Erfolgsmeldungen wurden von Gewerkschaftstheoretikern aufgegriffen, ließ sich doch der „Herr-im-Haus"-Standpunkt leicht umpolen:

„Hier [an der Saar, H. St.] sind die Arbeiter zum Teil heute noch nichts anderes als ‚Fabrikknechte', die unter einem mehr oder weniger aufgeklärten Despotismus leben und oft gar keine Empfindung mehr dafür haben, welch hohes Gut ihnen verloren gegangen ist"[11].

Neben solchem „Bourgeoisterrorismus"[12] erschien in den zwanziger Jahren unseres Jahrhunderts im gewerkschaftlichen Argumentationsrepertoire ein weiterer Erklärungsversuch, der ebenfalls schon vor der Jahrhundertwende von Gegnern der Saarbergarbeiterbewegung verwandt worden war und nun die Gewerkschaften von jeder selbstkritischen Reflexion entband. Der Vorwurf einer römisch-katholischen, seinerzeit „ultramontan" genannten Beeinflussung[13] des Rechtsschutzvereins, der spezifischen Organisationsform der Saarbergleute in den Jahren 1889–1893, diente auch der Festschrift zum 40jährigen Bestehen des Bergarbeiterverbandes als Grundlage, diesen als „Trojanisches Pferd" des „Zentrums" in der Arbeiterbewegung zu kennzeichnen, das in dem Augenblick von seinen ehemaligen Befürwortern verlassen wurde, als diese Organisation sich zunehmend verselbständigte[14]. Dieser Erklärungsversuch deckte sich mit Einschätzungen von konservativer Seite[15]; aber auch die DDR-Forschung favorisierte ein solches konspirationstheoretisches Konstrukt[15].

Die ältere Literatur, die sich mehr oder weniger intensiv mit der Arbeiterbewegung an der Saar befaßte, argumentierte fast ausschließlich im Dunstkreis dieser Erklärungsmuster und beschwor den Erfolg einer ausgeklügelten Wohlfahrtspolitik: Erich Müller[17], Alexander von Brandt[18], Peter Kiefer[19], Karl Alfred Gabel[20] und auch noch Josef Bellt[21] vermochten keine tragfähigeren Einschätzungen der Saarbergarbeiterbewegung zu formulieren. Wurden neben fürsoglichem „Bourgeoisterrorismus" und „ultramontaner Konspiration" weitere Erklärungsmomente hinzugezogen, so geschah dies als Beleg der Undeutbarkeit bergmännischen Handelns an der Saar: „Der Bergmann des Saarreviers ist ein psychologisches Rätsel und eignet sich nach meiner Meinung sehr wenig zur Organisierung", urteilte Peter Kiefer[22]. Bis in die neuere Literatur hinein wurden solch vage Hinweise übernommen. Helmut Metzmacher etwa sah die Schwierigkeiten der Sozialdemokraten an der Saar durch die „Wachsamkeit der Unternehmer" begründet und fügte hinzu: „Doch verhinderte auch die Denkungsart der Saarbergarbeiter ein Anwachsen der Sozialdemokratie"[23]. Die Gemeinsamkeit solcher (Vor)Urteile war, daß sie benutzt wurden, um Fehlstellen der Forschung zu überdecken; bei der Untersuchung des Streik- und Protestverhaltens hatte es nämlich bis in die Mitte der 70er Jahre unseres Jahrhunderts kein Autor für notwendig erachtet, „auf regionale und lokale Traditionen, auf typische Verhaltensformen, auf Kommunikationsmuster und Kommunikationskanäle, auf Differenzen zwischen der Basis der lokalen Streikleitung und der Gewerkschafts- bzw. Parteiführung, auf das ‚Feld' im soziologischen Sinn" zu achten[24].

Der kurze Überblick über einige Deutungsversuche zwischen 1891 und der jüngeren Vergangenheit läßt erkennen, daß sich die wissenschaftliche Neugierde lange Zeit mit einer relativ kurzen, frühzeitig gewobenen und einlinigen Argumentationskette zufrieden gab. Erstens herrschte Übereinstimmung darüber, daß das Saarrevier als ein – gesellschaftlich wie politisch – autoritäres System par exellence verwaltet wurde, woraus zweitens zu folgern war, daß Emanzipationsversuche eben daran zwangsläufig scheitern mußten. Max Weber faßte diesen Gedankgang im Jahre 1905 prägnant zusammen. Er wies darauf hin, daß Bergleute an der Saar sich anläßlich von Wahlen öffentlich gegen Verdächtigungen verwahren müßten, für eine bestimmte Partei gestimmt zu haben:

„Kanaillen! sage ich, gleichviel, um welche Partei es sich handelt. Ich frage sie aber: Wer erzieht dann diese Leute zu Kanaillen? (. . .) Ich selbst z. B. kenne das Saarrevier und die Stickluft sehr wohl, welches jenes System dort verbreitet . . . und zwar nicht nur für Arbeiter, sondern für jeden, der es wagt, in einer Art politisch tätig zu sein, die diesen Herren mißfällt. (. . .) Der preußische Staat und das autoritäre System erziehen solche Kanaillen . . ."[25].

Über dieses mittlerweile in Worthülsen erstarrte Erklärungsschema: hie Unterdrückung, dort Anpassung und gehorsame Unterordnung, ist die jüngste sozialgeschichtliche Forschung hinausgegangen. Inspiriert durch neuere Arbeiten zum Ruhrrevier[26] hat Klaus-Michael Mallmann zunächst den Versuch unternommen, den konkreten Zusammenhang „zwischen sozialökonomischer Lage, Bewußtseinsbildung, Organisation, Bewegung und Politik der Arbeiter"[27] herauszuarbeiten, um dadurch neue Sichtweisen auf das Verhalten der Saarbergarbeiter im 19. und frühen 20. Jahrhundert zu ermöglichen. Erstmals wurden hier die Vielschichtigkeit und Kompliziertheit des Entstehungsprozesses einer regionalen Arbeiterschaft im Bergbau deutlich, deren Handeln sich nicht alleine aus einem repressiven politischen und gesellschaftlichen System erklären ließ.

Mallmann verstand die Geschichte der Saarbergarbeiterbewegung, ihrer Erfolge und Niederlagen bis zum Beginn des 20. Jahrhunderts als Resultate einer besonderen, von der prototypischen Entfaltung des Ruhrbergbaues deutlich zu unterscheidenden „Modernisierung" eines peripheren, regionalen Bergbaugebietes, in dem gesellschaftliche

Strukturen und fiskalische Unternehmenspolitik die „Traditionalität" der Bergarbeiterschaft erfolgreich konservieren konnten. Dies bedeutete aber nicht, daß es unter den Arbeitern nun nur noch „abwartende Leisetreter" gab, sondern er wies vielmehr darauf hin, daß Konfliktsituationen und -handeln nicht per se Indizien eines seinerzeit in Deutschland allüberall gefürchteten Emanzipationswillen der Arbeiterschaft waren. Vielmehr interpretiert Mallmann sie als „autoritäre Revolte" gegenüber den Zumutungen der industriellen Moderne. Die Saarbergarbeiter, so seine zentrale These, waren gefangen in der Gedankenwelt eines „ständischen Kosmos" und verteidigten ihren „Korpsgeist" und ihr „Standesbewußtsein" auf dem Hintergrund allgegenwärtiger „bäuerlicher Reminiszenz". Damit wurde betont, daß die Wahrnehmung der Gegenwart und die Vorstellung von einer besseren Zukunft immer deutlicher auseinander klafften und daß die Arbeiter auf ihre merkliche Proletarisierung mit einer Sehnsucht nach der vermeintlich besseren Vergangenheit mit ausgeprägt ständischer Wertschätzung ihres Berufes und einer variablen Absicherung ihres materiellen Lebens als Klein- oder Arbeiter-Bauern reagierten.

Gegenüber dieser Sichtweise konnte mancher Einwand erhoben werden, insbesondere schien die Last der Vergangenheit, die Erfahrung eines „funktionierenden" Bergmannsstandes überbetont[28]. Neuere Aufsätze zeichnen inzwischen ein differenzierteres, facettenreiches Bild der Arbeiterbewegung, der in der Suche nach Überlebensstrategien in einer Zeit sozialen Wandels die Verteidigung eigener Lebensformen notwendiger schien, als bedacht und rational kalkulierend zu reagieren[29]. Alle politischen, gesellschaftlichen und ökonomischen Systemzwänge konnten nicht verhindern, daß gegen Ende des 19. Jahrhunderts zunehmend eine erhebliche Distanz zwischen einer autoritär-wohlfahrtsstaatlich orientierten „Modernisierungslogik" und Staatsraison einerseits sowie proletarischer Lebensbewältigung andererseits bemerkbar wurde. Dies war einer der zentralen Konflikte des preußisch-deutschen Kaiserreichs, von dem auch das Saarrevier nicht ausgespart blieb.

Umso seltsamer mutete es an, wenn die zuletzt erschienene Monographie zur Geschichte der Saarregion implizit auf die früheren Erklärungsmuster zurückgreift: „totale Unterwürfigkeit", „autoritäres Verhalten der Bevölkerung", „cholerische Anfälle", „Kraftmeierei und starke Worte anstatt wirklichen Selbstbewußtseins" seien typisch für die Bergarbeiter und deren Streikbewegungen an der Saar[30]. Das menschliche Leben im Revier unterliege im 19. Jahrhundert verschiedenen Phasen kapitalistischer Herrschaft. Gegenüber der „uneingeschränkten Despotie des Kapitals" (1815–1893) und deren Krise in der Zeit bis 1914 verhielten sich die Arbeiter gleichsam als Marionetten der Systemzwänge, sodaß ihnen nur „Unterordnung, Anpassung und Fleiß" darüber hinweg geholfen haben, dem „schlimmsten Elend und der tiefsten Demütigung" scheinbar zu entkommen. Dies alles scheint bekannt, und tatsächlich begegnet uns hier die Gedankenwelt des 19. Jahrhunderts wieder, als die sozialdemokratische Presse allenthalben „Vorsichtsmeier, Rücksichtsmeier und andere Leisetreter" unter den Saarbergarbeitern vermutete. Ein Zitat aus der „Streitschrift" des Sulzbacher Pastors Hermann Laven könnte in diesem Sinne als neuester Erkenntnisstand gelten: Im „Sang vom Lao Fumtse" beschrieb der Pastor in den achtziger Jahres des 19. Jahrhunderts anonym und als chinesisches Sittengemälde verklausuliert den Charakter der Saarbergarbeiter wie folgt:

„Der allgemeine chinesische Charakter der Feigheit, Betrugslust, verbunden mit hündischer Unterwürfigkeit und Falschheit zeigt sich auch bei den Arbeitern der Kohlengruben"[31].

Auch in seiner rassistischen Komponente mag die durchaus unchristliche Einschätzung des Sulzbacher Pastors dem „Zeitgeist" des Kaiserreichs entsprochen haben. Sowohl vor Ort wie auch auf den verschiedenen Ebenen staatlicher Verwaltung und Herrschaftsausübung war man sich der Fügsamkeit und Loyalität der Saarbergleute sicher. Sie schienen wie ein Fels in der Brandung treu zu Gott, Kaiser und Vaterland zu stehen. Eine zeitgenössische Erzählung thematisierte die Verwunderung ob des Streiks des Jahres 1889:

„Und an der Saar?
   Eher hätte man des Himmels Einsturz erwartet als eine Auflehnung der hier in den staatlichen Gruben beschäftigten 25 000 Arbeiter. Sie waren ja so willig und gehorsam, so unterwürfig und zahm, wie man sie nur wünschen konnte. Und die Wahlen fielen so aus, daß man stets in Berlin der königlichen Gruben an der Saar, welche keinen 'Reichsfeindlichen' Einflüsterungen Gehör gaben, sich brüsten konnte"[32].

Sollten die staatlichen Bergwerke an der Saar tatsächlich „ein großer Musterbetrieb"[33] gewesen sein, in dem die Bergarbeiter noch nicht einmal das kannten, was andernorts schon zu rührigen Bewegungen unter den Arbeitern geführt hatte: die „Maloche"[34]?
   Es bedurfte schon selektiver Wahrnehmung und des untauglichen Vergleichs mit Arbeiterbewegungen etwa in Sachsen oder im Ruhrrevier, um das Saarrevier einzig als Oase des sozialen Friedens einzuschätzen, die nur irrtümlich und kurzfristig einmal gefährdet war[35]. Auch wenn das Revier vor 1889 nicht zu den Eckpfeilern der deut-

Abb. 1: Bergleute der Grube Victoria, Püttlingen, um 1890
Saarberg. Zentrales Lichtbildarchiv

schen Arbeiterbewegung zu zählen ist, so war es doch nicht ein Revier ohne Bewegungen. Durchaus provinziell und abseits der Zentren zahlreicher und ausdauernder Arbeitskämpfe entfaltete sich hier die unspektakuläre Normalität preußisch-deutschen Arbeitslebens mit regionalspezifischen Besonderheiten.

1.2. Bewegungen vor 1889

Die Welle der Streikbewegungen in den deutschen Gründerjahren[36] ließ auch das Industriegebiet an der Saar nicht aus: Wie im oberschlesischen Königshütte nahmen Arbeiter der Grube Dechen im Oktober 1871 eine Rationalisierung des bergbaulichen Kontrollsystems zum Anlaß, in den Ausstand zu treten. Als am 9. Oktober nicht mehr mit Gebet verlesen wurde, sondern die Arbeiter Marken zur Anwesenheitskontrolle ausgehändigt bekamen, nahmen von 900 eigentlichen Grubenarbeitern zunächst nur 70 diese an. Am 10. Oktober fuhren 140, am nächsten Tag dann 215 Mann an. Am gleichen Tag telegraphierte Werksdirigent von Rönne an die Königl. Bergwerksdirektion:

„Soeben mit 2 Deputierten der Belegschaft die Sache dahin beigelegt, daß morgen alles anfahren würde unter Aufrechterhaltung der getroffenen Anordnung und Vorbehalt von Modifikationen"[37]. Am 12. Oktober war der Streik beendet. Anders als in Königshütte verlief der Streik auf Grube Dechen in ruhigen Formen, die Belegschaft erschien zwar morgens auf dem Schacht, zog dann jedoch wieder ohne Unruhe heim. Die Quellenlage läßt eine eindeutige Bewertung dieses Streiks nicht zu: Während es sich für die Saarbrücker Bergwerksdirektion zwangsläufig um ein „Mißverständnis" seitens der Arbeiter handeln mußte, ist aus heutiger Sicht als Motiv der Arbeitsverweigerung die Verteidigung alter Gewohnheit gegenüber der Rationalisierung und Effektivierung des morgendlichen Betriebsbeginns wahrscheinlich. Die Markenkontrolle zerstörte nicht nur das morgendliche „socialising", sondern ließ die Arbeiter auch unmittelbar ihre Degradierung zur auf der Blechmarke aufgedruckten Nummer erfahren[38].

Daß das Erlernen industrieller Konfliktformen an der Saar nicht alleine für die Arbeiter Probleme aufwarf, verdeutlichte eine Begebenheit aus Wellesweiler und Wiebelskirchen: In beiden Orten gaben Polizeidiener durch Ausschellen am 8. Oktober 1871 bekannt, daß die Bergleute sich wegen Besprechung der Markenkontrolle versammeln sollten! Dieser „Amtshilfe" folgte prompt die Strafe bzw. der Verweis[39].

Der Dechen-Streik 1871 ist ein Indiz gegen die These, „daß die widerstandslose Unterordnung der Arbeiter unter das Kapital wesentlich ein Produkt des 19. Jahrhunderts ist"[40]. Vielmehr ließ er schlaglichtartig erkennen, daß die Auseinandersetzungen um eine menschliche Zukunft in einer sich wandelnden Gesellschaft auf Seiten der Arbeiter lange Zeit mit einem Beharren auf eingespielten Arbeits- und Lebensvollzügen geführt wurde. Der Verlauf des ersten deutschen Bergarbeiterstreiks im Jahre 1816 auf der Saargrube Großwald und Rußhütte verweist auf diese Tradition des Arbeitskampfes: Damals traten die Bergleute gegen die angestrebte Auflösung des ganzheitlichen Arbeitsprozesses durch eine Unterteilung in Hauer und Schlepper bzw. Förderer in den Ausstand[41].

Der englische Begriff „strike", der so zunächst Eingang in den deutschen Sprachgebrauch fand, war nun auch im Saarrevier kein Fremdwort mehr. Allerdings befleißigten sich die Bergleute nur in Ausnahmefällen dieser Form des Konfliktaustrags, um ihre Lage zu verbessern. Andere, traditionelle Mittel schienen in der Regel angebracht und ausreichend zur Interessenartikulation. Gemeint sind die Bittschriften und Petitionen, mit denen Bergleute überall in den deutschen Revieren um die Gunst ihrer Bergherren und um die Beseitigung von Mißständen baten[42]. Der preußische Geheime Oberbergrat Graf von Beust, der schon 1815 das Saarrevier bereist und eine Bestandsaufnahme der dortigen montanen Tätigkeiten angefertigt hatte[43], wurde bei einer erneuten Besichtigung der Saarbrücker Gruben mit Bittschriften von Knappschaftsangehörigen konfrontiert, in denen diese auf den unzureichenden Lohn angesichts der Teuerungen hinwiesen. Tatsächlich erreichten die Petenten damit eine Aufbesserung ihres Lohnes[44].

Umfassender waren dann die Forderungen der Bergleute im März 1848. Denn nun baten ständige Bergleute nicht nur um betriebliche Verbesserungen und Lohnzuschläge, sondern stellten zugleich Forderungen bezüglich des Knappschaftswesens, thematisierten Statusfragen und forderten die Abschaffung außerbetrieblicher Abhängigkeitsverhältnisse (z. B. Heiratskonsens). Mit Lohnzulagen, die auch diesmal gewährt wurden, konnten diese Probleme nicht bewältigt werden, wie erneute Petitionen einige Monate später erkennen ließen[45]. Gleichwohl erwuchs aus der 48er Bewegung keine „Unruhe" unter den Bergleuten, sieht man einmal von jenem Tumult ab, den abgelegte, nun im Eisenbahnbau beschäftigte, unständige Bergleute in Neunkirchen zur Erreichung höherer Löhne inszenierten. Diese hatten zunächst in einer durchaus politischen Petition den Verrat der Herrschenden am deutschen Arbeiter angeklagt und dessen Eingliederung in eine gerechte, einige „Reichsfamilie" gefordert[46].

Doch zurück zu den 1870er Jahren, jener Zeit, in der die Königl. Bergwerksdirektion in Saarbrücken erstmals nicht umhin konnte, dem preußischen Handelsminister in Berlin zu berichten, daß „eine gewisse unruhige Bewegung . . . nicht zu verkennen" sei[47]. Vorausgegangen waren eine Reihe von Arbeitsniederlegungen seit dem Sommer 1872. Einen höheren Lohn versuchten die „Kokser" der de Wendel'schen Kokereianlagen in Hirschbach mit einem Ausstand vom 14. bis 22. August 1872 durchzusetzen; im Mai des folgenden Jahres stellten die Schlepper der Privatgrube Hostenbach bei Saarlouis erfolgreich die Arbeit ein: dem vom 24. bis 29. Mai 1873 währenden Streik gingen kleinere Auseinandersetzungen voraus. „Zu Anfang diesen Monats kam die Belegschaft schon um 3 Uhr mittelst der Fahrt [= zu Fuß, H. St.] aus dem Schachte und verlangte . . . daß künftighin die Fahrkunst schon um 3 Uhr in Gang gesetzt" werde. Als die Arbeitszeitverkürzung von 10 auf 9 Stunden gebilligt wurde, untermauerten die Schlepper ihre zunächst abgelehnten Lohnforderungen in provokanter Weise: „Dieselben geben beim Verlesen keine Antwort und rückten . . . in corpore/40 Mann/" ab. Obwohl der Grubendirektor von der Kall sofort 5 Schlepper auf 14 Tage „ablegte", schüchterte diese Repressalie die Belegschaft nicht ein. Stattdessen weigerten sich nun die Hauer, ohne Schlepper weiter zu arbeiten, sodaß erst nach „Zugeständnissen" der Betrieb wieder aufgenommen werden konnte[48]. Zur gleichen Zeit (am 26. Mai), aber unabhängig vom Hostenbacher Schlepperstreik, stellten die Glasschleifer zu Wadgassen die Arbeit ebenfalls wegen Lohndifferenzen ein. Auf den fiskalischen Gruben beschränkte sich die Bewegung „lediglich auf die im Dienste von Unternehmern stehenden Pferdeknechte, hatten indessen auch hier nur untergeordnete Bedeutung, indem die auf 2 Gruben versuchte Arbeitseinstellung der Pferdeknechte sofort Seitens der Unternehmer durch Entlassung der Anstifter beseitigt wurden"[49].

Zu Beginn der „Großen Depression", im Jahre 1873, als sich sowohl in Preußen wie auch insbesondere in den süddeutschen Staaten Lebensmittelexzesse, Bierkrawalle und Streiks häuften, griff die unruhige Stimmung ob der verteuerten Lebenshaltungskosten auch auf das Saarrevier über und machte sich vielerorts bemerkbar:

„Als weit mehr in die äußere Erscheinung tretend ist indessen bedauerlicher Weise seit Beginn des laufenden Jahres eine zunehmende Rohheit unter der hiesigen Arbeiterbevölkerung zu constatieren. Dieselbe äußert sich namentlich unter den jüngeren Arbeitern in einem Geiste der Ungebundenheit und Ausgelassenheit, der in einzelnen Ortschaften zu Excessen der schlimmsten Art geführt und zeitweise in hohem Grade die öffentliche Sicherheit gefährdet hat."[50]

Ausdruck dieser Unruhe unter der Arbeiterbevölkerung waren auch die Maurer-Streiks in Saarbrücken, Mettlach und Trier 1873, ein Ausstand auf der lothringischen Grube Kleinrosseln im August 1874, sowie ein Hutmacher-Streik am 1. Oktober 1875 in Zweibrücken, wo erst am 10. August 1874 eine Filiale des deutschen Hutmacher-Zentral-Vereins gegründet worden war[51].

Keineswegs also bedeutete der vielbeschworene soziale Friede an der Saar eine „Friedhofsruhe", wenn auch die Ausprägung der Bewegung weniger „epidemisch" zur Verbreitung sozialdemokratischen Gedankengutes oder organisatorischer Keimformen beitrug.

Besorgt vermerkte schon im Sommer 1872 die *St. Johanner Zeitung*, im Untertitel „zugleich Organ für die wirtschaftlichen Interessen des Saargebiets", in einem Bericht über eine Arbeiterversammlung Anfang August in St. Johann die Reaktion auf sozialdemokratische Agitation:

„Nur wenn die Stimme der Redner [Schreiner Thierfass und Schneider Leyendecker aus Mainz, H. St.] sich mit besonderer Kraftanstrengung entfaltet und eine der landläufigen Phrasen von der ‚Uebermacht des Kapitals', von dem ‚Sklaventhum der Arbeiter' vorgetragen wurde, machte sich stets donnernder Applaus bemerkbar"[52].

Der donnernde Applaus der ca. 300 Anwesenden wiederspiegelte jedoch nicht den tatsächlichen Einfluß sozialdemokratischer Ideen in der Saarbevölkerung. Da seit 1875 sozialdemokratische Agitation auch das Revier erreicht hatte, wurden Veranstaltungen mit auswärtigen Rednern peinlichst überwacht und jeder Anlaß zur Versammlungsauflösung und Strafverfolgung wahrgenommen[53]. Trotzdem war das Saarrevier erstmals auf dem „Socialisten-Congress zu Gotha" vom 27. bis 29. Mai 1877 durch einen Delegierten aus St. Johann vertreten[54]. Das zarte Pflänzchen sozialdemokratischer Repräsentanz schien sich zu stabilisieren, als es den zugereisten sozialdemokratischen Agitatoren Hackenberger und Kaulitz mit Unterstützung eines zehnköpfigen Pressekomitees gelang, eine Zeitung zu gründen, die ab 1. Juli 1877 unter dem Namen *Freie Volksstimme* erschien. „Aber das Treiben dauerte nicht lange. Im Juli wurden Kaulitz und Hackenberger bereits verhaftet und wegen Aufwiegelung zum Widerstand gegen die Staatsgewalt und zu Klassenhaß, wegen Verächtlichmachung der Obrigkeit und wegen Beleidigung zu 2 1/2 Jahren Gefängnis verurteilt"[55]. Da auch die Redaktionsnachfolger „einer nach dem anderen" gerichtlich verfolgt wurden, ging die Zeitung nach wenigen Wochen bereits wieder ein.

Die Verfolgung durch Polizei und Justiz waren nicht die einzigen Mittel, mit denen die Behörden auf das Erscheinen der Sozialdemokratie reagierten. Mehrere Veranstaltungen im Jahre 1877 wurden kaum von Arbeitern, dafür umso mehr von politischen Gegnern, insbesondere aus der Beamtenschaft des Bergfiskus besucht. Das offensive Vorgehen gegen die „Pest der Sozialdemokratie" und deren „Sturmvögel", die den „Classenhaß" in einer Sprache anreizten, „die besser mundet und leichter verständlich ist"[56], mündete auf Initiative des Vorsitzenden der Saarbrücker Bergwerksdirektion, Adolf Achenbach, in einer Versammlung der privaten und fiskalischen Arbeitgeber des Saarreviers, die sich zu einem „Komitee der Arbeitgeber zur Bekämpfung der Sozialdemokratie" zusammenfanden. Ca. 1 1/4 Jahr vor dem Ausnahmegesetz „gegen die gemeingefährlichen Bestrebungen der Sozialdemokratie" beschlossen sie ein „Sozialistengesetz der Saarindustrie", dem binnen kurzer Zeit 37 Arbeitgeber beitraten, die insgesamt ca. 35 000 Arbeiter beschäftigten. Darin verpflichteten sie sich,

„... keine Arbeiter auf den betreffenden Werken zu dulden, welche sich direkt oder indirekt an sozialdemokratischen Agitationen betheiligen, und zwar insbesondere durch Theilnahme an sozialdemokratischen Vereinen und Versammlungen, durch Halten und Verbreiten sozialdemokratischer Blätter, oder durch den Besuch von Wirthshäusern, welche sich zum Auflegen von Zeitungen oder Abhalten von Versammlungen dieser verderblichen Richtung hergeben."

Am folgenden Tag warnte die Königliche Bergwerksdirektion durch Plakatanschlag: „Wer sich an den verderblichen Bestrebungen betheiligt, ist nicht würdig, ferner unserer Belegschaft anzugehören!"[57]

„Schwarze Listen", Denunziationen und einträgliche Bespitzelungen — Gendarmen, Schutzmänner und Polizeikommissare erhielten beträchtliche Geldprämien, wenn sie mit Eifer und Erfolg die Sozialdemokratie bekämpft hatten — gehörten von nun an zur politischen Kultur, zum „saarabischen" Milieu. Dieses galt der nationalliberalen *Kölnischen Zeitung* als beispielhaft zur Bekämpfung der Sozialdemokratie. Sie begründete die Notwendigkeit eines „Sozialistengesetzes" mit der rhetorischen Frage:

„Weshalb konnte bis heute die Bestialität in Berlin u. a. nicht gebändigt werden, während es doch anderswo, z. B. in dem industriereichen Saargebiete, genügend gelungen ist"[58].

Tatsächlich erwies sich an der Saar das regionale Sozialistengesetz als so wirkungsvoll, daß es hier eines Reichsgesetzes gar nicht mehr bedurft hätte: Wirtschaften, in denen sozialdemokratische Blätter auflagen, bzw. deren Wirte der Sozialdemokratie zugerechnet wurden, wurden nicht mehr besucht, Versammlungen konnten kaum mehr stattfinden, u. a. weil keine Räume zu bekommen waren, Sozialdemokraten emigrierten ins benachbarte Ausland. „Nach alledem", so urteilte Horst Lademacher zu Recht, „ist deutlich, daß die Handlungsmöglichkeiten der Arbeiterschaft allein schon von ihren organisatorischen Voraussetzungen her nicht nur erheblich eingeschränkt, sondern praktisch auf Null reduziert waren"[59]. Konnten die Sozialdemokraten bei der Reichstagswahl 1877 mit Hackenberger noch kandidieren und 2,3 % der Stimmen (= 324) im Wahlkreis Saarbrücken mit seiner vielzähligen Arbeiterbevölkerung erringen, so verzichteten sie 1878 auf eine erneute Kandidatur. Die Wahl in den drei Reichstagswahlkreisen des Reviers fand ohne sozialdemokratische Beteiligung statt, da niemand Gefahr laufen wollte, „als Sozialdemokrat entlarvt und dementsprechend behandelt zu werden"[60].

Angesichts dieser prekären Situation mußte die folgende, einer sozialdemokratischen Korrespondenz aus dem Saarrevier entnommene

Selbsteinschätzung doch recht überheblich klingen: „Die sozialdemokratische Gluth ist nicht erstickt, unter der Decke glimmts und brodelts im ganzen Revier, ..."[61]. Zumindest die zuständigen Landräte sahen die Situation ganz anders: Sie berichteten meist „Fehlanzeige" bezüglich der Fortschritte der sozialdemokratischen Arbeiterbewegung. Immerhin: Wie in weiten Teilen des Reiches entstandenen Filialen freier Hilfskassen, so 1883 in Saarbrücken, Malstatt und Burbach die „Allgemeine Kranken- und Sterbekasse der Metallarbeiter, eingetragene Genossenschaft zu Hamburg", deren Mitglieder häufig mit sozialdemokratischen Presseorganen in Kontakt kamen und deswegen streng observiert wurden. Sobald eine Handhabe gegeben war, schritt die Obrigkeit ein. Die Burbacher Filiale der Hilfskasse löste sich auf, als ihr Leiter nach einer Haussuchung seine Arbeitsstelle verloren hatte[62]. Auch Ludwig Bachmann, ebenfalls in der Leitung der Kasse und Metalldreher in Malstatt-Burbach, geriet mit seinem Kollegen Josef Laschwitz in die Mühlen der Justiz: Am 23. April 1885 wurden sie als angebliche Hauptagitatoren der Sozialdemokratie im Saarbrücker Bezirk zu einer Geldstrafe von je 10 M., ersatzweise drei Tagen Haft verurteilt. Ihr Vergehen: Am 5. und 6. Oktober 1884 hatten sie in Malstatt-Burbach und St. Johann Wahlmanifeste der Sozialdemokratischen Partei und verbotene Druckschriften verteilt[63].

Überhaupt waren die Reichstagswahlen die einzigen Anlässe, an denen die verbliebenen Sozialdemokraten sich bemerkbar machten bzw. machen konnten. Aber weder der schon erwähnte Coup, 2000 Wahlmanifeste zur Reichstagswahl 1884 nachts unter den Haustüren der Arbeiterbevölkerung durchzustecken, noch die Verteilung von Wahlzetteln mit den Namen Bebel und Grillenberger zur Reichstagswahl am 22. Februar 1887 zeigten nennenswerte Erfolge: Im Wahlkreis Saarbrücken fielen 1884 ganze 20 Stimmen auf Liebknecht, 1887 gar nur noch 16, während im Kreis Saarlouis 1887 erstmals 19 Stimmen für die Sozialdemokratie verzeichnet wurden – obwohl der Landrat die Wähler vor der Benutzung sozialdemokratischer Wahlzettel gewarnt hatte! Zu diesem Vorgang erklärte der Feldhüter Johann Folz: „Nachdem bei der Reichstagswahl am 21. d. Mts. mehrere Stimmen auf die Socialdemokraten Grillenberger und Bebel gefallen waren, habe ich mich erkundigt und erfahren, daß der Georg Neu [Bergmann auf Grube von der Heydt, H. St.] und der Jacob Schneider [Schuhmacher, H. St.] diese Zettel vertheilt hätten." Unter den Nadelstichen behördlicher Observation konnten auch die Reichstagsersatzwahlen im März 1889 im Wahlkreis Ottweiler-St. Wendel-Meisenheim für die Sozialdemokraten nicht erfolgreich verlaufen: Nur 37 Stimmen entfielen auf den Kandidaten Woldersky[64].

Eine akute politische Gefahr für den damaligen Staat und seine ihn tragende bürgerliche Mehrheit im Deutschen Reichstag ging zur Zeit des Sozialistengesetzes von der Arbeiterbewegung nicht aus – an der Saar ebensowenig wie im übrigen Deutschen Reich. Die Besonderheit des Saarreviers lag allenfalls darin, daß hier die zeittypischen, durch die Pariser Kommune von 1871 ungeheuer verstärkten Ängste vor einem jungen Phänomen der entstehenden Industriegesellschaft – nämlich vor der Arbeiterschaft und ihrer tastenden Versuche, sich als Klasse zu verstehen – noch weniger bestätigt wurden als in vergleichbaren Industriegebieten. Die eigentümlichen regionalen Besitzverhältnisse, in denen der preußische Staat die Bergwerke in eigener Regie betrieb und die im privatwirtschaftlichen Sektor den Hüttenbesitzer Carl Ferdinand Freiherr von Stumm-Halberg zur dominierenden Persönlichkeit aufsteigen ließen, ermöglichten eine frühzeitig koordinierte, patriarchalisch-autoritäre Prävention möglicher Gefahren von Seiten einer Arbeiterschaft, die sich in Fabriksälen und Bergwerken im wahrsten Sinne des Wortes „eingeschlossen" fand. Jedoch entpuppte sich das Politikern eigene, unerschöpfliche Vertrauen in die Wirkungsmacht ihres Handelns auch im Saarrevier als Wunschdenken. Gerade hier wurde dies deutlicher als in anderen deutschen Bergbaugebieten während der Jahre 1889–1893.

2
Vom rationalen Konfliktaustrag zur elementaren Revolte – Die große Streikzeit 1889–1893

Die insgesamt ruhigen 1880er Jahre vermochten nur oberflächlichen Beobachtern vorzutäuschen, daß die Arbeiter- und Arbeitsverhältnisse im Saarbergbau zufriedenstellend seien. Ebensowenig zeigten stereotype Beschwörungsformeln, die die bergbaulichen Zustände an der Saar schönfärbten, das wahre Bild. Anläßlich des am 25. April 1889 ausgebrochenen großen Streiks der Ruhrbergarbeiter hielt die *Saar- und Blies-Zeitung* der Bevölkerung des Reviers noch einmal dieses idyllische Bild vor Augen:

„Die durch die Bergbehörde zum Nutzen und Wohlfahrt der Bergleute der hiesigen Staatsgruben geschaffenen Wohlfahrtseinrichtungen werden als mustergültig hingestellt wofür die zahlreichen fremden Bergbeamten, welche alljährlich zum Studium der hiesigen Einrichtungen unser Revier besuchen, der sicherste Beweis sind. Die Belegschaft der Saarbrücker Gruben und das gute Einvernehmen der Bergleute mit ihren Vorgesetzten sind bisher stets gerühmt worden, so daß in anderen Bergbaubezirken gelegentlich der daselbst jetzt ausgebrochenen Streiks wiederholt seitens der Arbeiter der Wunsch ausgesprochen ist, die hiesigen Verhältnisse auch dort anzuzahlen"[1].

Weder auswärtige Beamte noch Bergleute fremder Reviere eigneten sich jedoch als Zeugen sozialer Harmonie. Ihnen mußten jene informellen Strukturen verborgen bleiben, die dafür sorgten, daß der Arbeitstag wie „geschmiert" lief. Jahrelang nämlich wurden von Arbeitern wie Grubenbeamten Schleichwege benutzt, um mit den alltäglichen Ungerechtigkeiten leben zu können, die sich aus einer autoritären und gewinnorientierten Führung großer Bergwerksbetriebe ergaben:

„Ein stilles Ventil hatte sich mancherorts schon vor der Streikexplosion geöffnet . . .: die Bestechung einzelner Beamte, eine Gefahr, die bei niedrigen Gedingesätzen innerhalb einer Belegschaft mit gespannten Bedürfnissen immer wieder droht"[2].

Die Notwendigkeit, die bedrückende Lage durch illegale, aber weithin geduldete Mittel zu verbessern, stellte die Kehrseite des „mustergültigen Saarreviers" dar.

2.1. Konflikt und Organisation 1889

Solch subtile „Kampfformen" wurden erstmals im Frühjahr 1889 durch offenen und kollektiven Protest ergänzt. Gegenstand bergmännischen Unmuts war ein alltägliches Symbol der Entrechtung und Unterdrückung: Um zu verhindern, daß Bergleute vor dem festgelegten Schichtende die Grube verließen (ausfuhren), wurden die Stollenausgänge durch Gittertüren verschlossen gehalten. Gegen diese Gefängnisatmosphäre protestierten am Gründonnerstag die Bergleute der Grube Friedrichsthal[3].

Ihre Kollegen auf der Privatgrube Frankenholz im bayrischen Teil des Reviers beließen es nicht bei verbalen Unmutsbekundungen. Am Montag, dem 13. Mai, einen Tag, bevor Kaiser Wilhelm II. die drei Delegierten der Ruhrbelegschaften, Schröder, Bunte und Siegel, empfing[4], fuhren auf Flöz III der Privat-Steinkohlengrube Frankenholz die Arbeiter nicht an. 38 Arbeiter von Flöz I schlossen sich am 15. Mai dem Ausstand an: „Die Feiernden mit den andern, die von der Schicht abgelöst, stehen in Haufen vor den Schlafhäusern, oder begeben sich, um allem vorzubeugen, truppweise in den Wald um den Entscheidungen der Direction zu harren"[5]. Diese hatte über folgende Lohn- und Arbeitszeitforderungen zu entscheiden: Statt dem durchschnittlichen geringen Verdienst von 1.50–2 M. wollten die Bergleute künftig 3 bis 4 M. in einer Schicht verdienen können und dies bei einer 10- statt bisher 12-stündigen Arbeitszeit. Nachdem die Arbeiter auf Flöz III die Erhöhung ihres Gedinges auf 3.60 M. durchgesetzt hatten, fuhren sie zwar wieder an, verließen jedoch schon nach acht Stunden ihren Arbeitsplatz.

An diesem Tag, dem 15. Mai, „erfolgte ein vollständiger Ausstand der ganzen Belegeschaft von 340 Mann"[6]. Erst unter dem Eindruck dieser Demonstration war die Direktion zu weiteren Konzessionen bereit: Lohnerhöhungen um ca. 12–15 % nicht nur auf Flöz III, sondern für alle Grubenarbeiter, und Reduzierung der Arbeitszeit von 12 auf 11 Stunden. Darüber hinaus sollte das Wagennullen zukünftig entfallen und die tatsächlichen Gewichte der mindergewichtigen Kohlewagen berechnet und entlohnt werden[7]. Erst als diese Ergebnisse am 17. Mai schriftlich fixiert wurden, vertrauten die Bergleute den Zusagen und fuhren am nächsten Tag vollzählig wieder an.

Abb. 2: Nikolaus Warken verhandelt mit einem Steiger über die Forderung der Bergleute, die Türen der Stollenmundlöcher stets geöffnet zu halten. In respektvoller Entfernung harren die Bergleute der Entscheidung. Das zeitgenössische Bild läßt in dieser Distanz die kultische Verehrung erkennen, die Warken bei seinen Kameraden genoß.
Saarbrücker Zeitung, Nr. 138, 18. 6. 1879

Natürlich wurde der Frankenholzer Streik auch in der Saarbrücker Presse beachtet. Gleichwohl wurde nur zurückhaltend über diesen Verboten der Streikbewegungen berichtet[8], wie auch die *Saarbrücker Zeitung* im Vergleich zu anderen Blättern vor einer gründlichen Berichterstattung über den Ruhrstreik zurückschreckte. Trotzdem waren die westfälische Streikbewegung, ihr Übergreifen auf das Aachener und niederschlesische Revier sowie die Kaiserdeputation bekannt. Diese Ereignisse boten einen Orientierungsrahmen, in dem eigenes Handeln diskutiert und verankert werden konnte.

2.1.1. Ein klassischer Konfliktverlauf: Der Mai-Streik 1889 und die Gründung des Rechtsschutzvereins

Am Mittwoch, dem 15. Mai 1889, nachmittags um 16.30 Uhr war die Kron'sche Gaststätte in Bildstock bis auf den letzten Platz gefüllt, ja die große Mehrheit der anwesenden Bergleute fand im Lokal keinen Platz mehr. „Unter Beisein des Herrn Bürgermeister Forster nahm die Versammlung ihren Anfang, wählte einen Vorsitzenden und ein Bureau, brachte ein Hoch auf Se. Maj. den Kaiser aus und trat in die Tagesordnung ein"[9]. Das Hoch auf den Kaiser und die Anwesenheit des Bürgermeisters waren nichts Außergewöhnliches. Zunächst war die Versammlung ordnungsgemäß auf dem Bürgermeisteramt angemeldet und polizeilich genehmigt worden, sodann hatte auch der Anmelder, der Bergmann Nikolaus Warken, angekündigt, „daß die hiesigen Bergleute treue Unterthanen seien und sich durch etwaige Ausschreitungen keine Unehre machen dürften"[10]. So konnte der Bürgermeister seiner Pflicht, die ihm vom königl. Landrat zur Nedden aufgetragen worden war, mühelos nachgehen: nämlich der Bergwerksdirektion und dem Landratsamt „ungesäumt über alle Vorkommnisse Nachricht [zu] geben, welche von besonderer Wichtigkeit erscheinen und im Interesse der öffentlichen Ruhe und Ordnung oder des königlichen Bergfiskus ein sofortiges Eingreifen vorbeugender oder einschränkender Natur zu erheischen scheinen"[11]. Die Anwesenheit von Bürgermeistern und/oder Gendarmen gehörte von nun an zum alltäglichen Bild der Bergarbeiterversammlungen — eine Überwachungspraxis, der wir eine ausführliche Überlieferung verdanken.

Das Ergebnis der Bildstocker Beratungen stellte ein 13 Punkte umfassendes Protokoll dar, das „nach Beschluß der Versammlung den Vorschriftsmäßigen Gang durchlaufend bis zu Sr. Majestät des Kaisers gelangen" sollte[12]. In der Zusammenfassung der Erfahrungen von vier Grubenbetrieben, von deren Arbeitern das Protokoll unterschrieben wird, kristallisierten sich die Forderungen zur Arbeitszeit, den Löhnen und zum Strafsystem als beherrschende Beschwerdepunkte heraus. An erster Stelle stand das Verlangen, „eine Achtstündige Arbeitszeit mit Ein- und Ausfahrt" zu bekommen, gefolgt von dem Begehren, die Lohnverhältnisse so zu ordnen, daß auch im Akkord (Gedinge) jeder vollwertige Arbeiter 4 M. verdienen könne. Auch die Löhne der Schlepper und jugendlichen Arbeiter sollten neu geregelt werden. Fünf von zwölf Forderungen befaßten sich mit dem Strafsystem, dessen Härte und Ungerechtigkeit immer wieder für Erbitterung sorgte. Ferner wurden an Einzelforderungen erhoben: die

Abschaffung der Türen an den Stollenmundlöchern, der Wegfall von obligatorischen Lohnabzügen zur Kreissparkasse sowie die Anlegung der Bergmannskinder in der Reihenfolge ihrer Anmeldung. Aufregung verursachte im Revier der Art. XIII: „Im Falle einer Nichtbewilligung dieses Antrages wird die Belegschaft nach gegebener Frist einstimmig ablegen. Antwort wird innerhalb Acht Tagen erwartet".

Die Ankündigung bedeutete im Klartext, daß nach Nichterfüllung der Forderungen die Bergleute auf dem Wege der gesetzlichen vierzehntägigen Kündigungsfrist ihre Arbeitsstelle verlassen wollten – dies die legale Form des „Streiks". Natürlich war die ultimative Form des Protokolls den Herren des Reviers ungewohnt, doch der Hinweis auf den vertrauten Weg der Konfliktregulierung durch die behördlichen Instanzen bis zum obersten Bergherren mochte bei den Verantwortlichen das Vertrauen darauf nähren, daß sich die Ereignisse des Ruhr-, Aachener- und niederschlesischen Reviers im Saarrevier nicht wiederholen würden. In der ersten Meldung der *Saarbrücker Zeitung* über eine Bewegung unter den Bergleuten stand dann auch diese Überlegung im Vordergrund:

„... Wir freuen uns, mitteilen zu können, daß die gestrigen Verhandlungen in der ruhigsten und maßvollsten Weise verlaufen sind ... Man darf wohl vertrauen, daß unsere verständigen und besonnenen Bergleute dabei verbleiben werden, ihre Wünsche in gesetzlicher Form bei der vorgesetzten Behörde vorzubringen, wie wir auch ferner nicht bezweifeln, daß die Behörde in wohlwollendster Weise etwaige Beschwerden und Wünsche prüfen und solche nach Thunlichkeit berücksichtigen werden"[13].

Tatsächlich gab es bis dahin keine Anzeichen, daß die Belegschaften ihre Kritik, ihren Unmut und ihr Aufbegehren gegen Mißstände anders artikulieren könnten als in dem gewohnten und tolerierten Rahmen von Beschwerden, Beamtenbestechungen und „heimlichen" Übertretungen. Daß aber auch neue Formen der Auseinandersetzungen möglich waren, darauf deutete eine phantasievolle „Aktion" von Heinitzer Bergleuten hin: „Schacht II, Heinitz, – Nacht vom 15. zum 16. Mai 1889 –. Auf der Tafel die Aufschrift ‚Dauer der Schicht von 5 bis 5 Uhr' abgeändert in ‚5 bis 2 Uhr', und einen roten Lappen ausgesteckt"[14].

Die Taktik der Bergwerkdirektion bestand zunächst im abwartenden Hinhalten, in der Verteilung von Zuckerbroten und im Drohen mit der Peitsche. Am 17. Mai ließ sie großformatige Plakate mit einer Bekanntmachung an die Mauern der Schachtanlagen anschlagen. Die Bergwerksdirektion antwortete auf die Bildstocker Forderungen, obwohl sie „weder den Vorstand der Versammlung auf dem Bildstock, noch die übrigen Arbeiter, welche das Protokoll unterschrieben haben, als die Vertreter der betreffenden Belegschaften ansehen" mochte. So blieb die Direktion zunächst auch hart: „Eine Verkürzung der Schicht bei der Kohlengewinnung auf acht Stunden (...) ist jedoch auf den hiesigen Gruben nicht möglich". Oder: „Die Löhne ... haben im allgemeinen eine ausreichende Höhe". Und zu den Gittertüren: „bei den Gefahren, mit welchen der Betrieb des Steinkohlebergbaus verbunden ist, ist eine genaue Kontrolle bei dem Ein- und Ausfahren auch an den Tagesstrecken unerläßlich"[15]. Garniert wurde die Ablehnung der zentralen Forderungen mit der Zusicherung, bei eventuell vorkommenden vereinzelten Mißständen „sorgfältig" zu prüfen, „angemessen" zu reagieren und „thunlichst" einheitlich zu regeln. Solch hinhaltendes Taktieren war jedoch nicht geeignet, die Bewegung einzugrenzen oder gar zu stoppen. Trotz einer Reihe von Versuchen, die Belegschaften durch Flugzettel, Broschüren und Belehrungen im *Bergmannsfreund* zu beeinflussen, breitete sich die Bewegung auch im unteren Revier langsam aus. Eine Versammlung von 300 Bergarbeitern der Grube von der Heydt wurde am 19. Mai in Guichenbach polizeilich aufgelöst, in Dudweiler, Herrensohr und Schiffweiler fanden bis zum 22. Mai kleinere Versammlungen statt, 3 000 Altenwalder Bergleute drohten am 21. Mai nochmals mit Streik[16].

Diese Entwicklung veranlaßte die Bergwerksdirektion nach eingehenden Beratungen am 21. Mai zu einer weiteren, zweiten Bekanntmachung bezüglich der „Bildstocker Forderungen". Am 22. Mai wurde den Bergleuten des Reviers wiederum per Plakat und Presse bekanntgegeben, daß der Fiskus zur Erfüllung einiger Forderungen bereit sei: Die Stollentüren sollten während der Schicht geöffnet bleiben; zu niedrig abgeschlossene Gedinge sollten nicht mehr genehmigt werden; Abzüge zur Kreissparkasse dürften nur noch freiwillig erfolgen. Eine Verkürzung der Schicht auf zehn Stunden mit dem vagen Versprechen, eine weitere Verkürzung der Arbeitszeit zu versuchen, sollte die Bergleute besänftigen, wie ihnen auch bei den weiteren Forderungen kleine Happen gereicht wurden[17]. Für Rudolf Nasse, den damaligen Leiter der königl. Bergwerksdirektion, schien damit der Streit beigelegt: „Diejenigen Beschwerdepunkte, welche sich schon jetzt als begründet herausgestellt haben, sind demnach bereits abgestellt. Ihr habt also keinen Grund, wie dies in der Bildstocker Versammlung geschehen ist, mit Einstellen der Arbeit zu drohen". Mit einer nochmaligen ernsten Mahnung, ruhig zur Arbeit zu gehen, schloß die Bekanntmachung.

Am Tage ihrer Verkündigung mußte die Bergwerksdirektion jedoch feststellen, daß die Unruhe fast das gesamte Revier erfaßt hatte und daß eine Einschätzung, wie sie noch am Morgen des 21. Mai in der *Saarbrücker Zeitung* zu lesen stand, verfrüht war:

„Die Haltung unserer Arbeiter ist in diesen Tagen eine so besonnene, ruhige und gesetzmäßige gewesen, daß sie öffentliche Anerkennung verdient. Sicherlich wird sich zeigen, daß die Arbeiter auf diesem Wege am weitesten kommen – weiter sicherlich, als wenn sie die Bahn des Gesetzes verlassen"[18].

Gerade das Undenkbare aber, nämlich die Bahn des Gesetzes zu verlassen, bereiteten jene Bergleute am 22. Mai vor, die sich in Scharen nach Bildstock begaben: 15 000 Bergleute aller Inspektionen nahmen hier an Beratungen teil. Obwohl Warken und die anderen Mitglieder der Versammlungsleitung vom 15. Mai ihren Kollegen eine abwartende Haltung in Form einer Verlängerung der Bedenkzeit vorschlugen, war die Geduld der Mehrheit erschöpft: Schon am nächsten Morgen, dem 23. Mai, sollte die Arbeit niedergelegt werden[19].

Mit Bekanntwerden des Streikbeschlusses wurden von der Bergwerksdirektion Gegenmaßnahmen ergriffen. Verließen noch Mitte Mai Kohlenzüge das Saarbecken Richtung Westfalen, um den dortigen Streik zu unterlaufen[20], so wurden jetzt, wie Bezirksamtmann Spöhrer am 23. Mai berichtete, „alle Kohlensendungen von Neunkirchen aus über die Grenzen eingestellt wahrscheinlich in Befürchtung eines eintretenden Kohlenmangels in den preuß. Werken"[21]. Als am 23. Mai tatsächlich 11 500 Bergleute der Gruben Sulzbach, Altenwald, Maybach, Friedrichsthal, Heinitz, Dechen, Reden und Itzenplitz in den Ausstand traten, verlief der Streikbeginn ruhig und geordnet: Die Bergleute erschienen „zwar zum Verlesen in den Zechensälen, verweigerten aber die Anfahrt, als ihnen keine vollständige Erfüllung der Forderungen zugesichert" wurde[22]. Die erste Streikwoche zeichnete sich durch eine gleichbleibende Zahl der Ausständigen aus. 11 442 Bergleute verweigerten auch am 29. Mai noch die Anfahrt.

Die vielfältigen behördlichen Reaktionen zielten zunächst auf die polizeiliche Sicherung von Ruhe und Ordnung sowie auf den ungestörten Fortgang des Betriebes auf den nicht am Ausstand beteiligten Gruben. Am 22. Mai wurde die Polizeistunde auf neun Uhr abends vorverlegt, am 24. Mai kündigte die *Saarbrücker Zeitung* Verstärkung an: „Übrigens werden für die Kreise Saarbrücken und Ottweiler in Kürze 36 Gendarmen zur Unterstützung der Polizeibehörde eintreffen"[23]. Allein eine Verstärkung der Polizeikräfte entsprach jedoch noch nicht dem Sicherheitsbedürfnis, sodaß „bei dem vorläufigen Mangel genügender disponibler Gendarmeriekräfte vorsichtshalber zum Schutze der arbeitswilligen Bergleute gegen die ebenso unüberlegter wie unberechtigterweise streikenden Kameraden militärische Hilfe"[24] in Anspruch genommen wurde. Bis zum 4. Juni blieben die Militärmannschaften im Grubenbezirk einquartiert, doch nirgends kam es zu Exzessen: Trotz oder wegen dieser Präventivmaßnahmen und obwohl die „Erregung unter den Bergleuten ... allenthalben groß" war, konnte der Saarbrücker Landrat nach Abzug der Truppen befriedigt feststellen, daß alles ohne „Störungen der öffentlichen Ruhe und Ordnung" vor sich gegangen sei[25].

Ebenfalls ohne großes Aufsehen verliefen die Schlafhausräumungen auf den Inspektionen VI und VII: „Die auswärtigen Grubenarbeiter reisten sofort in bereitgestellten Sonderzügen in ihre Heimat ab". Solch diszipliniertes Verhalten war die Regel, einzelne Aktionen abseits der Gruben die Ausnahme. Handgeschriebene Zettel auf den Bergmannspfaden forderten zum Durchhalten auf und drohten, an einer umgehauenen Buche befestigt: „So soll es allen ergehen, die gegen uns sind"[26].

Mit der Abänderung der Arbeitsordnung (AO) vom 6. August 1877, die am 25. Mai beschlossen und am 27. Mai publiziert wurde[27], versuchte die Bergwerksdirektion, die Bergleute zu besänftigen. Die in den ersten beiden Bekanntmachungen gemachten Zugeständnisse wurden nun präzisiert. Doch statt zum Abflauen der Bewegung beizutragen, geschah das Gegenteil: Waren bisher die Ausstände auf die Inspektionen V–VII und IX beschränkt, legten nun auch Bergleute der Inspektion VIII auf den Gruben König und Kohlwald, am 28. Mai auch Arbeiter auf von der Heydt (Inspektion III) Schlägel und Eisen nieder[28].

Eine neue, noch junge Erfahrung dieses Streiks ist die Solidarität mit den Arbeitskameraden, für die einzutreten auch eine eventuelle Mißstimmung im Verhältnis zum eigenen Betriebsleiter in Kauf genommen wurde. Dies dokumentierte beim Streikeintritt der Bergleute der Gruben König und Kohlwald eine Anzeige, die von Bergleuten am Tage des Streikbeginns in der *Saar- und Blies-Zeitung* lanciert wurde (Abb. S. 41).

Während auch zwei pfälzische Privatgruben zeitweilig der Ausstandsbewegung beitraten, blieb es auf den westlichen Saargruben relativ ruhig. Zwar mobilisierte eine Versammlung der Bergleute der Gruben Gerhard und von der Heydt 9 000 Teilnehmer aus allen umliegenden Orten – „Auch alte pensionierte Leute, die sich am Stabe fortschleppten, wollten hier nicht fehlen"[30] –, die einen 15 Punkte umfassenden Forderungskatalog beschlossen, der neben der Abschaffung der Gedingeversteigerung konkrete Mißstände in der Grubenor-

> **Glück auf! Kameraden!**
>
> Des Herzens treuer Wunsch für unsern getreuen Bergrat Herrn Prietze!
> Mit Gott, Ehr und Dank für Kaiser und für Vaterland hat unser Bergrat Herr Prietze sich einen hohen Ruhm und Ehre erworben, da er uns stets treu und redlich behandelt hat, und daß wir nie hinter Schloß und Riegel gesperrt waren, sowie daß der Lohn bei uns noch gut gestanden hat und gegen die andern Gruben auch noch kurze Schichten befahren worden sind. Darum auch, ihr lieben Kameraden, legen wir die Arbeit nicht nieder wegen unseres hochlebenden geehrten Bergrats, Herrn Prietze, sondern wegen unserer vielen Kameraden, welche auf den andern Gruben so schwachen Verdienst haben, daß sie die Arbeit niederlegen mußten. Unserer Inspektion wegen hätten wir die Arbeit nicht niedergelegt, sondern wegen der andern, deren viele so hart bedrückt waren; darum können wir frei mit vollem Herzen und Gewissen sagen, unser Herr Bergrat Prietze ist ein Ehrenmann und soll noch manche Jahre bei uns beschließen.
>
> Unser Wort steht fest und treu,
> Daß unser Bergrat trägt kein' Schuld dabei.
> Darum soll noch der freudige Ruf erschallen:
> Unser getreuer, ehrenhafter Bergrat
> **Herr Prietze**,
> er lebe hoch! hoch! hoch!
> Im Namen vieler Bergleute zu Grube Kohlwald und König:
> Karl Diesel II., Bergmann, Neumünster.

Anzeige in der „Saar- und Blies-Zeitung"

ganisation und im bergbaulichen Strafsystem thematisierte, gleichwohl aber ging in diesem Grubenbezirk die Arbeit weiter.

Es schien, daß gegen Ende der ersten Streikwoche die Einschätzung jener moderaten Stellungnahme aus „industriellen Kreisen", die sowohl von der *Saarbrücker Zeitung* wie vom *Bergmannsfreund* abgedruckt wurde, sich bewahrheitete und zugleich Widerspruch hervorrief. Dieser Appell war für die Gedankenwelt, die die Streikbewegungen umgab, charakteristisch:

„Die königliche Bergwerksdirektion ist doch keine Bergbaugesellschaft, die mit dem Lohn ihrer Arbeiter Schacher treibt und die ihre Versprechungen auch nur um ein einziges Wörtchen kürzen dürfte. Sie ist vielmehr eine Staatsbehörde und als solche die Vertreterin unseres Königs. Sie wird als solche ihre Versprechungen erfüllen. Daran darf gar kein Zweifel bestehen; sie hat als solche die Pflicht, die Beschwerden ihrer Bergleute zu prüfen und nach bestem Gewissen Abhilfe zu gewähren. Aber sie darf sich nicht von jeder ersten besten Bergmannsversammlung, welche noch dazu mit Kontraktbruch droht und damit das Gesetz verletzt, Vorschriften aufzwingen lassen. (...) Beweist, daß der gute patriotische Geist, der seit jeher bei den Bergleuten des Saargrubenreviers gerühmt worden ist, Euch auch jetzt noch beseelt"[31].

Weder fehlte es den Bergleuten am patriotischen Geist, noch an dem Bewußtsein, einer Staatsbehörde unterstellt zu sein.

Aber ihr Vertrauen in die Unterbeamten war nachhaltig gestört: „Denn so wenig Zutrauen die Bergleute zu den Unterbeamten hätten, so sehr vertrauten sie der Inspektion"[32]. Jedoch sahen sich die Bergleute durch die Weigerung der königl. Bergwerksdirektion, mit der am 15. Mai in Bildstock gewählten und am 22. Mai ergänzten Versammlungsleitung unter Führung Nikolaus Warkens zu verhandeln, gezwungen, in der Beschwerdeinstanz höher zu gehen; sicher war dafür die Kaiser-Audienz der Ruhrbergleute mut- und beispielgebend.

Am 28. Mai fand sich der Vorstand der Bildstocker Versammlung vormittags in der Wohnung eines seiner Mitglieder zusammen, um eine Depesche an Wilhelm II. zu formulieren, ein Vorhaben, das für Aufsehen und ein reges gesellige Leben in Bildstocker Lokalen sorgte. Um 11.30 Uhr schließlich war die Arbeit erledigt, das Telegramm beim Friedrichsthaler kaiserlichen Telegrafenamt aufgegeben. Darin hieß es:

„Allerunterthänigste Bergleute des Saarreviers bitten allerunterthänigst um Ihr Wohlwollen und gnädiges Gehör, durch schwere Unterdrückung und Nothstand haben die Arbeiter durch eine Versammlung in der über 3000 Mann anwesend ihre Forderungen gestellt, das beschlossene Protokoll ebenda von der Versammlung festgesetzt, seinen vorschriftsmäßigen Weg zur Direction Oberbergamt durchlaufend bis zu Ew. Majestät gelangen sollte. Da unsere Behörde mit dem gewählten Vorstand sollte in Unterhandlung treten um die Einigkeit zu erzielen, jedoch erfolglos blieb, darum bitten wir unterthänigst Ew. Majestät in dieser unserer bedrängten Noth Abhülfe zu schaffen. (. . .)
Ew. Majestät bitten wir unterthänigst um Anhörung einer Deputation"[33].

Das Vertrauen in den traditionellen aber zugleich auch neuartigen Konfliktaustrag mußte unter den Saarbergleuten tief verwurzelt gewesen sein, denn ohne eine Antwort vom Hofe abzuwarten, begaben sich drei der Unterzeichner auf die Reise nach Berlin. So erreichte sie der ablehnende Bescheid des Koblenzer Regierungspräsidenten von Pommer-Esche vom 31. Mai erst nach ihrer Rückkehr am 3. Juni. Da in Berlin der Saardelegation alle Türen verschlossen blieben, kehrte sie enttäuscht nach Bildstock zurück, wo sich die Streiklage angesichts des Mißerfolges rapide verschlechtert hatte. Die *Saarbrücker Zeitung* vermerkte nicht ohne Schadenfreude: „Die Nachricht, daß Se. Majestät der Kaiser eine Deputation der streikenden Bergleute aus dem Sulzbachthale nicht empfangen werden, hat eine sehr niederdrückende Wirkung auf die Streiklustigen gehabt". So „feierten" am 31. Mai nur noch 7 062 Bergleute, am 1. Juni waren es noch 5 284[34]. Der ultimativen Aufforderung der Bergwerksdirektion zur Arbeitsaufnahme vom 2. Juni folgten montags fast alle Bergleute. Nur auf den Inspektionen Reden, Sulzbach und Friedrichsthal schienen sich einige Bergleute mit diesem Ausgang ihres ersten Streiks nicht abfinden zu können und fuhren auch am 6. Juni noch nicht an[35].

Weniger das, wie die interessierte Presse vermeldete, „weitgehende Entgegenkommen der Grubenverwaltung" hatte „endlich das Vertrauen der Ausständischen gewonnen"[36] und zur Beendigung des Streiks beigetragen, als vielmehr die Einsicht zur Resignation geführt, daß selbst „treue Untertanen", die jederzeit für ihren oberen Dienstherren einzutreten bereit waren, dasselbe nicht von diesem verlangen konnten. Doch die Resignation währte nur kurze Zeit, zumal die Maßnahmen der kgl. Bergwerksdirektion alles andere als vertrauensbildend waren. Zwar sollten nach der abgeänderten AO die Türen an den Tagesstrecken während der Schicht geöffnet bleiben, tatsächlich aber ergab sich hier immer wieder neuer Streit. Am Frühlingsstollen gar wurde ein Gitter neu angebracht, um „zu früh ausfahrende Leute sowohl von der Lampenbude, als auch von den Steigerbüre aus zu kontrollieren (...)"[37]. Dagegen wurden eine zehnstündige Schicht einschließlich Ein- und Ausfahrt festgelegt, eine Regelung, die in Anbetracht der oft zwölfstündigen Arbeitszeit als ein gewissen Teilerfolg betrachtet werden konnte. Auch die Begrenzung der Gedingeversteigerung nach unten durch Normallohnsätze schaffte zwar die Versteigerung nicht ab, begrenzte jedoch das gegenseitige Unterbieten. Das vielkritisierte Strafsystem aber wurde nur geringfügig geändert[38]. So blieben viele der Streikgründe noch nach Beendigung des Ausstandes virulent und wurden auch durch die Erklärungsversuche der Behörden, die das Streikfieber von der Ruhr importiert sehen wollten, nur verdeckt. In dem Bild eines von außen veranlaßten Arbeitskampfes war kaum Platz für eine vorurteilsfreie Motivforschung oder gar für den Gedanken, daß sich die einmal ausgebrochene Bewegung nach ihrer vorgeblichen Befriedung institutionalisieren, organisatorisch verfestigen könnte. Dabei deuteten immer wieder aufflakkernde Auseinandersetzungen darauf hin, daß der Bewegung mitnichten durch die Beendigung des Streikes der Boden entzogen worden war. Denn, so Rechtsanwalt Schumacher in seiner Verteidigung angeklagter Bergleute einige Zeit später: „Der Streik ist eine Geburt der Verhältnisse, eine Geburt der Zeit"[39].

Als eben solche muß auch die Gründung einer Revierorganisation der Saarbergarbeiter betrachtet werden. Zwei Massenversammlungen der Bergleute hatten den Rahmen für den Streikbeschluß im Mai 1889 gebildet, der ansonsten kaum organisiert verlaufen war. Die Gruppe von Bergleuten, die den Leitungen der beiden Versammlungen angehört hatte, konstituierte sich nicht zuletzt aufgrund ihrer gemeinsamen Wohnlage in und um Bildstock als informelles Zentrum, als Streikkomitee. Ihnen oblag es, den dezentral verlaufenden Streik – manche Bergleute „flanierten" in Gruppen durch ihre Ortschaften, zwanglose Treffpunkte und Kommunikationsräume waren diverse Wirtshäuser – ohne einen permanenten Versammlungs- und Abstimmungsmechanismus zu „führen". Versammlungen während des Streiks fanden nur in jenen Grubenbezirken statt, die nicht vom „Streikfieber" erfaßt wurden, so am 23. Mai in Guichenbach und am 26. Mai in Clarenthal. Insbesondere in dem raschen Zerbröckeln der Streikfront nach dem vorläufigen Verlust der entscheidenden Legitimationsfigur und in Abwesenheit dreier Streikführer, unter ihnen Nikolaus Warken, zeigte sich, daß eine solch informelle Streikorganisation unzureichend war.

Schon acht Tage nach Wiederaufnahme der Arbeit versammelten sich Warken und seine Freunde erneut in der Wohnung von Michel Schroth. Über dieses Treffen berichtete der Friedrichsthaler Bürgermeister am 13. Juni:

„Euer Hochwohlgeboren beehre ich mich gehorsamst zu berichten, daß der in der Versammlung vom 22. vorigen Monats gewählte Vorstand am Dienstag, dem 11. ds. Mts., 6 Uhr in der Wohnung von Michel Schroth eine Zusammenkunft hatte, in welcher eine neue Eingabe an die Königliche Bergwerksdirektion um Entscheidung auf den eingereichten Antrag verfaßt wurde. Bemerkt wird noch, daß der Vorstand die Bildung eines Vereins beabsichtigt und bereits ein Statut unter dem Titel ‚Rechtsschutzverein für die Bergleute des Oberbergamtsbezirks Bonn' entworfen hat. Beitrittserklärungen sollen von je zwei Mann des Vorstandes zunächst im Bezirk der in der Versammlung zu Bildstock vertreten gewesenen vier Inspektionen Sulzbach, Reden, Heinitz und Friedrichsthal entgegengenommen werden"[40].

Mit der Bereitschaft, die Bewegung zu organisieren, korrespondierte in jenen Tagen ein Aufflackern des Arbeitskampfes, so am 13. Juni in Friedrichsthal, wo die Bergleute „erst nach längerem Zögern" und auf Anraten von Nikolaus Warken von einem Streik wegen Lohnfragen Abstand nahmen und auf den hergebrachten Weg der Konfliktregulierung vertrauten: Delegierte sollten die Beschwerden auf der Inspektion vortragen[41]. Unter Hinweis auf die Bergarbeiter glaubten am 20. Juni 1889 auch die Hafenarbeiter des königl. Hafenamtes zu Malstatt, „eine Aufbesserung ihrer Verhältnisse beanspruchen zu dürfen" und begründeten dies „umsomehr damit, daß sie fast sämtlich in den umliegenden Städten des königlichen Hafenamtes wohnen und von den eingetretenen theuren Lebensverhältnissen mehr betroffen werden, als die meisten Bergleute"[42]. Auf der Privatgrube Hostenbach monierten die Arbeiter die Lohnfestlegung durch die Versteigerung und forderten deren Abschaffung[43].

In direktem Zusammenhang mit den Ergebnissen des Mai-Ausstandes stand eine zweitägige teilweise Arbeitseinstellung auf der Inspektion VII (Heinitz). Auf den Gruben Heinitz und Dechen ließen nämlich am Montag, dem 8. Juli 1889, ca. 200 Arbeiter durch zwei Delegierte die verteilten Nachträge zur AO zurückreichen mit der lapidaren Begründung: „(...) weil solche nicht mit den Bildstocker Forderungen stimmten"[44]. Als die Grubenverwaltung dieses Vorgehen mit Entlassungen beantwortete, verweigerten zunächst 200 Arbeiter die Arbeitsaufnahme. Am folgenden Tag bekundeten 400 Mann, daß sie sich der AO nicht fügen wollten und wurden daraufhin ebenfalls abgelegt. Am selben Tag fand die erste Massenversammlung nach dem Streik in Bildstock statt, auf der ca. 5 000 Bergleute die Frage eines erneuten Streiks erörterten, schließlich aber auf Drängen des Trierer Kaplans und Zentrumspolitikers Dasbach, Nikolaus Warkens und des gemaßregelten Nikolaus Berwanger[45] von einem erneuten Streikbeschluß absahen. Beraten und ergänzt wurden noch einmal die Bildstocker Forderungen. Über das Streikende berichtete die *Saarbrücker Zeitung*:

„Die abgelegten Bergleute entsandten heute nochmals eine Deputation an den Bergrat Herrn Gräff und baten wieder anfahren zu dürfen, wobei sie versprachen, sich der beiden Delegierten nicht weiter annehmen zu wollen. Nach der telegraphisch eingeholten Genehmigung der Königl. Bergwerksdirektion hier haben die Leute heute sofort wieder ihre Arbeit in der Grube aufgenommen"[46].

Tatsächlich fuhren die beiden gemaßregelten Delegierten Berwanger und Stutz nicht mehr mit an, ihre Entlassung fand auf anderen Gruben keinen Widerhall. Nur auf der pfälzischen Privatgrube Frankenholz war es ebenfalls Anfang Juli „wieder unruhig geworden", aber nicht die Vorfälle auf Heinitz und Dechen boten die Begründung, sondern ein geringerer Verdienst als erwartet[47].

Nachdem eine Verbandsgründung im Vorstand der Bildstocker Versammlung diskutiert worden war, wählten am 21. Juli 1889 in den verschiedenen Orten des Reviers Bergleute ihre Vertrauensmänner zur Gründungsversammlung eines Rechtsschutzvereins am 28. Juli in Bildstock[48]. Auf dieser Versammlung wurde der Vorstand gewählt:

Präsident Nikolaus Warken, Vizepräsident Mathias Bachmann, Kassenführer Nikolaus Kron, Schriftführer Nikolaus Berwanger und Johann Werny, Beisitzer Jakob Thome, Johann Müller, Jakob Wagner und Mathias Klasen[49]. Sitz des Vereins und zugleich Wohnort der meisten Vorstandsmitglieder war Bildstock. Der Beginn der Vereinstätigkeiten wird laut der in der Paulinus-Druckerei zu Trier gedruckten Satzung auf den 4. August 1889 festgelegt.

Es wurde allgemein vermutet, daß die Gründung eines „Rechtsschutzvereins" (RV) ebenfalls – wie schon der Mai-Streik 1889 – eine Nachahmung der schon fortgeschritteneren Bergarbeiterbewegung an der Ruhr und insbesondere eine Bindung an die sozialpolitischen Vorstellungen katholischer Sozialreformer bedeutete[50]. Diese Sichtweise verkannte die Lernfähigkeit der Saarbergleute, die ihren Ruhrkollegen nicht nur hinterher trabten. Im Westfälischen enstand die Rechtsschutzbewegung als Reaktion auf die Verschlechterung der Knappschaftsstatuten und -leistungen seit 1878 und auf konkret erfahrbare Mißstände im Krankenkassenwesen und der Krankenversorgung. Bedeutung erhielt diese Bewegung u. a. dadurch, daß sie die weitgehende Forderung nach Reform des Knappschaftswesens bis hin zur Aufhebung ständischer Rechte, das meint die Gleichbehandlung der Bergleute nach Maßgabe eines allgemeinen Arbeiterkrankenkassengesetzes, erhob. Das „teure Erbe der Väter" war den Söhnen nicht mehr verteidigungswert. Gleichwohl beschränkte sich die Tätigkeit der Ruhr-Rechtsschutzbewegung auf Rechtsberatung und Prozeßführung sowie auf Initiativen zur Knappschaftsreform. Die Tätigkeiten der Vereinsmitglieder war auf Beitragszahlungen reduziert, die Beschränkung des Vereinszwecks „machte ihn zu einer ‚geborenen' Organisation begrenzter Interessenvertretung der Bergarbeiter unter den Bedingungen des Sozialistengesetzes", sodaß über kurz oder lang weitere Kampfinstrumente benötigt wurden[51].

Die Saarbergarbeiter übernahmen bei der Vereinsgründung zwar wörtlich das Statut des 1886 in Bochum gegründeten Rechtsschutzvereins, aber Organisationsstatut und der erreichte Stand der Arbeiterbewegung paßten nicht so recht zueinander. An der Saar sollte das Organisationsdefizit einer Streikbewegung behoben werden. Hier begrenzten sich die Forderungen nicht auf knappschaftliche Reformvorstellungen, sondern diese waren eingebunden in eine Kritik an der Gesamtheit des Arbeitsverhältnisses. Unter den Bedingungen des noch geltenden Sozialistengesetzes kann die Rechtsschutzvereinsgründung an der Saar deshalb als Versuch interpretiert werden, eine gewerkschaftsähnliche Interessenvertretung durch die Übernahme einer legalen „Hülle" zu legitimieren, wenn auch das Interesse geistlicher Geburtshelfer deutlich dahin tendierte, die Arbeiterbewegung auf eine ständische Interessenartikulation zu verpflichten. Die Praxis des Saar-RV in der Streikzeit bis 1893 belegte dann auch diesen grundlegenden Unterschied zum Ruhr-RV, der gerade in der Zeit großer sozialer Kämpfe 1889 und in den folgenden Jahren bedeutungslos wurde. So vermag eine Darstellung der statuarischen Zwecke des Saar-RV weniger über seine tatsächliche Tätigkeit als über die seines Vorläufers an der Ruhr auszusagen.

Schon bei seinem ersten öffentlichen Auftritt im Zusammenhang mit dem Juli-Streik auf der Berginspektion Heinitz demonstrierte der Verein den Schritt von der individuellen Verteidigung von Rechtsansprüchen zu einem Instrument kollektiver Interessenartikulation:

„Auf Grube Dechen sind zwei Vertrauensleute des Rechtsschutzvereins, die Bergleute Stutz und Berwanger, abgelegt worden. Mit der Belegschaft verlangt der Verein, daß diese beiden sofort wieder angelegt werden. Einer für Alle – Alle für einen!"

Die Mitgliederentwicklung des Vereins ließ erkennen, daß das Bedürfnis nach kollektiver und authentischer Vertretung gemeinsamer Interessen in den Grubenbelegschaften allgemein verbreitet war.

Tabelle 1: Mitgliederentwicklung des RV an der Saar 1889–1893[53]

Monat/Jahr	Mitgliederzahl	in Prozent der Gesamtbelegschaft
November 1889	6 731	24.9 %
Oktober 1890	18 919	65.4 %
Sommer 1891	20 139–24 270	67.9–81.8 %
März 1892	20 124	66.5 %
Januar 1893	20 118	72.1 %

Die meisten seiner Mitglieder lebten im Herzen des Reviers: ca. 3/4 aller organisierten Bergleute kamen im Oktober 1890 aus den beiden Kreisen Saarbrücken und Ottweiler. Prozentual noch besser war der RV in den angrenzenden, teilweise noch agrarisch geprägten Landkreisen organisiert.

Tabelle 2: Organisationsgrad des RV in verschiedenen Landkreisen[54] (Oktober 1890)

Kreis	Bergarbeiter insgesamt	RV-Mitglieder	Organisationsgrad
Saarbrücken	10 197	6 749	66 %
Ottweiler	8 799	6 605	75 %
Saarlouis	3 567	3 314	93 %
St. Wendel	1 388	1 306	94 %

Bis in die kleinsten Dörfer des Arbeitereinzugsbereichs verästelte sich die Organisation; im saarpfälzischen Bezirk bildete sich im Juni 1889 ein Zweigverein, auf der bayerischen Staatsgrube St. Ingbert am 30. März 1890 ebenfalls ein RV, dem sich fast alle Bergleute anschlossen[55].

Die Bedrohung der althergebrachten autoritären Ordnung des Saarreviers durch diese Selbstorganisation der Bergleute führte natürlich zu Reaktionen, die das Organisationsbedürfnis[56] in wirtschaftsfriedliche Bahnen zu lenken versuchten. Aber weder gelangten die seit Oktober 1889 gegründeten evangelischen Arbeitervereine zu größeren Mitgliederzahlen – obwohl sie von den Behörden mit wohlwollender Sympathie bedacht wurden –, noch hatten sie in der Streikzeit irgendeine Bedeutung. Ebenso ging es dem „gemäßigten Bergmanns-Verein des Saar- und Blies-Reviers", der auf Initiative zweier ehemaliger Rechtsschutzvereinler initiiert wurde und am 8. November 1889 seine Statuten veröffentlichte. Insbesondere der § 7 wies diesen Verein als Streikverhinderungsverein aus:

„Arbeitseinstellungen sollen unter allen Umständen vermieden werden. Persönliche Beschwerden hat jedes Mitglied bis zum Obersteiger selbst zu führen, weiter gehende Beschwerden, sowie Beschwerden allgemeiner Natur, werden auf Antrag der Mitglieder durch den Vorstand geführt. Daher ist es auch das Bestreben des Vereins, mit den Beamten auf friedlichem Wege zu verkehren."

Mit einem solchen Programm konnte der verbreitete Unmut gerade gegenüber den Werksbeamten nicht aufgefangen werden, der Verein ging wegen mangelnder Resonanz wieder ein[57].
 Die Versuche, das erkennbare Organisationsbedürfnis der Bergarbeiter kontrolliert zu kanalisieren, ließen erkennen, wie ernst die Gefahr genommen wurde, die von einem Organisationsmodell ausgehen konnte, auf das weder Behörden noch kirchliche Kreise ausreichenden Zugriff hatten. So verwunderte es nicht, daß in der zweiten Hälfte des Jahres 1889 auf das gewachsene Selbstbewußtsein der noch jungen Organisation mit zunehmender Repression geantwortet wurde.
 Was zu Beginn des Jahres 1889 kein Zeitgenosse für möglich gehalten hatte, ereignete sich am 22. September 1889 im St. Johanner Tivoli: ca. 15 000 Bergleute jubelten dem westfälischen Bergmann und „Kaiserdelegierten" Schröder zu, der gemeinsam mit dem RV-Vorsitzenden Nikolaus Warken die Gründung einer nationalen Bergarbeitervereinigung propagierte! Zugleich beschäftigte sich die Versammlung erstmals mit ihrem eigentlichen statuarischen Zweck: In einer

Petition an das Oberbergamt forderten die Bergleute konkrete Reformen des Knappschaftswesens. Ausdruck des latenten Mißtrauens der Bergleute gegenüber ihrer Knappschaft waren u. a. die Forderungen „Wahl der Ärzte durch die Belegschaft" und „Wegfall der Gratifikationen und Geschenke für Knappschaftsälteste und -ärzte"[58]. Der Auftritt Schröders in St. Johann zeigte an, daß die Saarbergarbeiterbewegung nun auch im Ruhrrevier wahrgenommen und ihre Einbindung in eine nationale Bewegung für notwendig erachtet wurden. Den Außenkontakt setzte Warken mit einer Reise ins Ruhrgebiet, nach Sachsen und Schlesien im Oktober 1889 fort. In der Erfahrungswelt der Bergleute hatte die gelungene Organisierung an der Saar den Blick auch freigemacht für eine überregionale Vereinigung: „Die gemeinschaftliche Organisation mit den westfälischen und schlesischen Bergleuten spielten in den Reden eine Hauptrolle", vermerkte Brandt im Zusammenhang mit der Agitationstätigkeit nach der St. Johanner Tivoli-Versammlung[59].

Gleichwohl verdrängte der Blick in die rosige Zukunft einer geeinten Bergarbeiterschaft nicht die Wahrnehmung der alltäglichen Zustände im Revier. Überall trafen sich die Bergleute, um zu überprüfen, was aus ihren „Bildstocker Forderungen" geworden war. Ernüchterung machte sich breit; nur mit Mühe gelang es dem RV-Vorstand, die Arbeiter der Grube von der Heydt von einem schon gefaßten Streikbeschluß zugunsten einer Bittschrift abzubringen. Die Erfahrungen des „Verschaukeltwerdens" verstärkte die Organisationsbereitschaft und förderte den verbalen Radikalismus, so daß nach „vielen respektlosen Äußerungen gegen Beamte und öffentliche Einrichtungen und Verhetzung der Arbeiter gegen ihre Vorgesetzten" eine ganze Reihe von Versammlungen im Herbst 1889 aufgelöst wurden[60].

Die Erfahrung kleinlicher Schikanen und alltäglicher Repression prägte das Verhältnis der Bergarbeiter zur Obrigkeit. Neben Versammlungsauflösungen traten Schwierigkeiten bei der Beschaffung von Versammlungssälen oder von Versammlungsorten unter freiem Himmel; eine wirkungsvolle „Waffe" schienen auch Beleidigungsklagen zu sein. Gestützt auf die Protokolle der kontrollierenden Gendarme oder Bürgermeister[61] gerieten insbesondere die Wortführer der Bewegung in die Mühlen der Justiz: Warken, Bachmann, Müller, Altmeyer, Strauss und Becker mußten sich am 14. Dezember 1889 vor dem Königl. Landgericht in Saarbrücken wegen „Beamtenbeleidigung" verantworten – das Resultat vieler Versammlungen auf denen die „Paschawirtschaft" des saarabischen Systems angeklagt wurde[62]. Unterhalb der Ebene gerichtlicher Verfolgung versuchten die Bergwerksdirektion und die Inspektionen, die Bewegung unter den Bergleuten durch Entlassungen einzudämmen, nachdem sie auf den Mai-Streik 1889 noch zurückhaltend reagiert hatten: Außer Warken und Bachmann waren im Juni 1889 keine weiteren Bergleute entlassen worden. Nun aber sind „Unbotmäßigkeit", „Agitation" und „Beamtenbeleidigung" häufige Kündigungsgründe. 48 Bergleute werden bis einschließlich November aus Grubendiensten entlassen, wobei die Rechtsschutzbewegung manchmal auch nur zum Anlaß genommen wird, um anderweitig auffällig gewordene Arbeiter („Der p. Müller ist ein sittlich derart verkommener Mensch...") loszuwerden[63].

Mit dieser harten Haltung entsprachen die Bergbehörden ganz den Interessen der Saarindustriellen, die gerne auch die aus einer Zerschlagung des RV „sich ergebenden Folgen zu tragen" bereit waren, d. h. auch in dem Hochkonjunkturjahr 1889 nahmen sie unter gewissen Voraussetzungen einen reduzierten Kohlenachschub in Kauf[64]. Dieses gesteigerte Interesse an der Zerschlagung der Rechtschutzbewegung deutete darauf hin, daß die von ihr ausgehende Gefährdung nach dem Mai-Streik nicht nachgelassen hatte, ja sogar noch größer geworden war. Dazu trugen sicher die vielfältigen lokalen Bewegungen bei, die eine Einbeziehung breiter Kreise – auch wenn sie noch nicht orgnisatorisch erfaßt waren – leichter ermöglichten. Der Ottweiler Landrat erkannte in seinem Schreiben vom 23. Oktober 1889 an den Illinger Bürgermeister die momentanen Wirkungskräfte in ihrer Dialektik von lokaler Zersplitterung und reviereinheitlichem Kampf relativ genau:

„(...) daß in der Versammlung der Vertrauensmänner des Rechtsschutz-Verein zu St. Johann am vorigen Sonntag zwar von Arbeitseinstellungen einstweilen Abstand genommen worden ist, daß man dagegen die Abhaltung von Localversammlungen beschlossen hat, welche offenbar keinen anderen Zweck haben, als die Leute in Bewegung zu halten und aufzuhetzen. Es gewinnt sogar den Anschein, als sollte gerade durch diese Local-Versammlung der allgemeine Streik vorbereitet werden, indem einerseits den Leuten vorgehalten wird, was sie durch Zusammenhalten erreichen können, und andererseits wegen den unschlüssigen und ruhigen Elementen klargemacht wird, daß der Anschluß an die allgemeine Arbeitsniederlegung nöthigenfalls durch Gewaltmittel durchgesetzt werden soll"[65].

Gleichwohl ging die Aktivität der RV-Bergleute und insbesondere ihres Vorstandes nicht in Richtung „Streik". Vielmehr wandten die Vorstandmitglieder sich nochmals an den obersten Bergherren, den Kaiser, und wiesen in einem Telegramm eindringlich auf die bedrückende Situation der Saarbergleute hin. Die Aufzählung ihrer Beweggründe mündete in den Vorschlag eines von Arbeitern und Beamten paritätisch besetzten Schiedsgerichts, „denn wir wollen den Frieden, damit die Arbeit wieder ruhig fortgeht und die brotlos gemachten Arbeiter nicht im tiefsten Elend ihr Weihnachten verleben"[66]. Der Appell an den Kaiser, „unsere letzte Hoffnung", ließ erkennen, wie tief die Kluft zwischen lokaler Bergverwaltung und Bergleuten war, die sich zum wiederholten Mal gezwungen sahen, unter Umgehung des vorgeschriebenen Instanzenweges direkt an einen vermeintlich unwissenden Kaiser zu petitionieren. Gemäß den neuen Erfahrungen aber blieb dieser Schritt nicht der letztmögliche, die Formen der Interessendurchsetzung hatten sich durch den Mai-Streik erweitert. Denn: „(. . .) als unsere Bitten nichts fruchteten, da mußten wir leider zu dem letzten traurigen Mittel greifen, wir mußten durch Niederlegung der Arbeit unseren Wünschen Nachdruck verschaffen"[67].

2.1.2. „Nein, nicht warten, streiken". Die Ungeduld einer jungen Bewegung

Mit einer öffentlichen Erklärung, der auch das vorstehende Zitat entnommen ist, zog der RV-Vorstand gleichsam ein Facit aus den Geschehnissen des Jahres 1889. Obwohl sich die Lage jener Bergleute, die im Mai gestreikt hatten, wesentlich verbessert habe und die Löhne „teilweise sogar beängstigend hoch" stünden, müsse die Lohngestaltung grundlegend reformiert werden, denn gerade auf jenen Gruben des unteren Reviers, die im Mai nicht gestreikt hätten, seien „auch heute noch die Löhne so gering, daß sie nicht hinreichen für den Unterhalt einer Arbeiterfamilie selbst bei äußersten Einschränkungen". Ein besseres Streikargument als eine solche Benachteiligung der bisher friedlichen Arbeiter konnte kaum gefunden werden, weder für die unmittelbar Betroffenen jener Gruben noch für die im Mai Streikbeteiligten: Deren Handlungsweise erfuhr im Nachhinein eine Bestätigung. Die Forderung nach einem reviereinheitlichen mittleren Arbeitslohn, „daß der Arbeiter sich und seine Familie davon bescheiden ernähren kann", ließ jenes Solidaritätsgefühl verspüren, das seit dem Mai-Streik entscheidend gestärkt worden war. „Einer für alle – alle für einen" hieß konkret, daß die Bergleute des östlichen Reviers sich nicht mit dem Erreichen eigener Vorteile zufrieden gaben.

Aus der Vielzahl der Konflikte, die 1889 für jedermann offenkundig geworden waren, zog der RV-Vorstand die Konsequenz, daß ein Leben in und mit der Bergarbeit zwei Bedingungen erfüllen mußte: Erstens mußte durch sie die materielle Existenz der Arbeiter und ihrer Familien sichergestellt werden, zweitens sollte die Arbeitszeit in einem Maße reduziert werden, daß täglich noch ein Stückchen Lebenszeit zur Verfügung stand. Diese beiden Essentials stellten in den Augen der Arbeiter (noch) keine unüberbrückbaren Widersprüche zum patriarchalisch-autoritären System dar, vielmehr schienen sie auch im Interesse des fiskalischen Arbeitgebers realisierbar. In der Erklärung des RV-Vorstandes vom 2. Dezember 1889 hieß es dann auch ohne Hintergedanken:

„Ein mäßiger, für das Auskommen der Familie hinreichender Lohn, und eine neunstündige Schichtdauer – wenn das uns zugesagt und in die Arbeitsordnung eingetragen wird – letzteres verweigert die Behörde bis jetzt – dann Kameraden und Mitbürger, ist Ruhe und Frieden hergestellt, dann wird man keinen treueren fleißigeren, gehorsameren Knappen finden als den an der Saar, denn wir sind keine Aufwiegler, keine Sozialdemokraten, wir kümmern uns weder um Politik noch um Religion, bei unserer Bewegung handelt es sich nur um das tägliche Brot"[68].

Aus der Perspektive der Adressaten stellte eine solche Erklärung trotzdem eine gehörige Portion Unverfrorenheit dar. Wieso vertrauten die Arbeiter nicht mehr dem Wort der königlichen Stellvertreter vor Ort? War die Arbeit auf den Gruben des Königs denn nun zu einem kruden bürgerlichen Rechtsgeschäft herabgesunken, in dem jede Einzelheit vertraglich in Abstimmung beider Partner geregelt werden mußte? Oblag es nicht der Fürsorgepflicht des Arbeitgebers, solches zum Wohle seiner Untergebenen eigenständig zu regeln?

Die Arbeiter waren vorsichtig geworden. Absichtserklärungen, das hatten sie seit dem Mai erfahren, waren häufig das Papier nicht wert, auf dem sie standen. Nicht zuletzt die Entlassungswelle im Herbst 1889 als späte Reaktion auf das unbotmäßige Verhalten im Frühjahr hatte das Vertrauen in den königlichen Arbeitgeber schwinden lassen. Auch die Strafverfolgung von Warken und Kollegen sowie ihr auf den 14. Dezember angesetzter Verhandlungstermin trugen nicht dazu bei, verlorenes Vertrauen wieder zu gewinnen. Trotzdem stellte diese Erklärung in ihrer Diktion und Tendenz nochmals ein Verhandlungsangebot an die Behörden dar, mit dem der Vorstand versuchte, sowohl die Berechtigung der Bewegung wie ihre für das soziale Klima ungefährlichen Absichten nachzuweisen. Die Bitte um Integration war der Kern dieses Schreibens, die zugleich den Vorstand des RV als gemäßigt erscheinen ließ. Tatsächlich war es auch dieser Vorstand, der eine erneut aufkommende Streikstimmung zu dämpfen versuchte.

Am 8. Dezember versammelten sich 200 Vertrauensleute in Altenwald und beschlossen eine Deputation an den Oberpräsidenten der

Rheinprovinz zu Koblenz sowie eine Bergleuteversammlung auf bayerischem Gebiet abzuhalten. Die Frage eines erneuten Streiks wurde erregt diskutiert[69]. Eindeutig stimmten Püttlinger, Dudweiler und Neunkirchener Bergleute am 11. Dezember für einen Streik, obwohl hier und da anwesende Vorstandsmitglieder zunächst zum Abwarten rieten: erst solle das Ergebnis der Koblenzer Reise zu Oberpräsident von Berlepsch entgegengenommen werden.

Am 12. Dezember 1889 meldet die *Saarbrücker Zeitung* ihren Lesern des Morgenblattes:

„Während des Druckes geht uns von authentischer Seite folgende Nachricht zu: Infolge einer gestern zu Püttlingen stattgehabten Bergarbeiter-Versammlung ist heute früh ein Teil der Belegschaften der Berginspektionsbezirke Louisenthal und von der Heydt zur Arbeit nicht angefahren"[70].

Beide Inspektionen, auf denen am ersten Streiktag 2 028 Begleute „feiern", waren an dem Mai-Steik nicht oder nur kurz beteiligt: Nun ergriffen die noch im Frühjahr als ruhig und besonnen gelobten Bergleute die Initiative. Bis zum 15. Dezember blieb der Streik auf diese beiden Inspektionen beschränkt, gleichwohl wußten sie sich der Solidarität ihrer Kollegen sicher, die — wie in Dudweiler — ihren Streikeintritt mit einem Ultimatum von 3—4 Tagen versehen hatten.

Der zögernde Beginn des Ausstandes, seine Beschränkung zunächst auf zwei Inspektionen und der erfolgreiche Versuch der Bergleute, mit einflußreichen Regierungsbeamten zu verhandeln, mochte dazu beigetragen haben, daß auch die lokalen Behörden besonnen reagierten. Zwar wurden die Gendarmeriestationen verstärkt, aber trotz weitergehender Bitte der Grube Dudweiler lehnte der Saarbrükker Landrat den Einsatz von Militär ab[71]. So schien der Dezemberaufstand weniger aufgeregt zu verlaufen, auch eine Verhandlungslösung blieb möglich, wobei seitens der Arbeiter „die Wiederanlegung der ‚gemaßregelten' Bergleute zur Hauptbedingung des Weiterarbeitens gemacht" wurde[72]. Der Petitionsweg erwies sich im Winter 1889 wieder als gangbar. Die Bergleute trafen in dem Oberpräsidenten der Rheinprovinz, Freiherrn von Berlepsch, auf einen Mann, der nach den Erfahrungen des Ruhrstreiks — den er noch als Düsseldorfer Regierungspräsident erlebt hatte — zu einem rationalen Konfliktaustrag neigte. Von Berlepsch empfing die drei Saarbergleute Berwanger, Thome und Wagner am 13. Dezember im Beisein des Berghauptmanns Brassert, dieser als Kommissar des Ministers für Handel und Gewerbe. Insbesondere letzterer war zu weitgehenden Zugeständnissen bereit, sowohl was die Wiederanlegung der Herbstentlassenen als auch die Festschreibung verschiedener Zusagen bezüglich der Löhne und Schichtverkürzungen in der Arbeitsordnung betraf. Mittlerweile hatte auch die Bergwerksdirektion eine teilweise Wiederanlegung der Entlassenen beschlossen, die allerdings die „Haupträdelsführer" nicht einschloß. Nach einer erneuten Beratung wurde am Montag, dem 16. Dezember, auf allen Inspektionen eine Bekanntmachung Brassertes angeschlagen, in der dieser die Möglichkeit einer Wiederanlegung aller Entlassenen bekannt gab[73].

Am Samtag, dem 14. Dezember, waren 2 824 Mann der Inspektionen II und III ausständig, erst auf der am folgenden Sonntag stattfindenden Massenversammlung debattierten 8 000 Bergleute in St. Ingbert die Frage eines allgemeinen Streiks. Neben den schon im Arbeitskampf stehenden Gruben beschlossen nun auch die Inspektionen Dudweiler und Sulzbach, trotz der günstigen Koblenzer Verhandlungsergebnisse, den Streikeintritt. Damit breitete sich der Streik auf das östliche Revier aus. Teilweise streikte auch die Belegschaft von Camphausen. 5 943 Mann waren am vierten Streiktag beteiligt, das entsprach 22 % der Gesamtbelegschaft der Saargruben. Auch die Streikentscheidungen von Dudweiler und Sulzbach fielen entgegen den Warnungen von RV-Vorstandsmitgliedern.

Woran lag es, daß trotz einer flexiblen, nachgiebigen Politik eine Eindämmung der Streikbewegung nicht gelang? Dies war auf den großen Vertrauensverlust zurückzuführen, der durch die Nichteinhaltung von Zusagen nach dem Mai-Streik wie durch das späte und harte Vorgehen gegen „Aufhetzer", „Rädelsführer" im Herbst bedingt war. Zugleich erregte das drakonische Urteil (6 Monate Haft) gegen Nikolaus Warken am 19. Dezember die Gemüter. Vom 16.–21. Dezember schwankte die Zahl der Streikenden zwischen 4 733 und 6 300 Mann. Unter der Woche traten Arbeiter mehrerer Gruben sowie am letzten Tag noch 3/4 der Heinitzer Belegschaft dem Streik bei. Da die Anzahl der Streikenden bis auf den 21. Dezember relativ konstant blieb, muß angenommen werden, daß durch den Streikeintritt neuer Gruben gerade der Fluktuationsverlust auf den anderen Gruben aufgefangen wurde. Auch eine zweite Bekanntmachung des Berghauptmanns Brassert vom 17. Dezember nach der eine auf acht Stunden ausschließlich der Ein- und Ausfahrt verkürzte Arbeitszeit in die AO aufgenommen werden sollte, in der Lohnfrage aber kein Nachgeben erkennbar wurde, vermochte dem Streik keinen Abbruch zu tun[74].

Signifikante Unterschiede zum Mai-Ausstand sind sowohl im Streikverlauf, als auch in den Streikformen zu erkennen. Hatte im Mai die Zahl der Streikenden zu Beginn ihren Höhepunkt erreicht, um dann zunehmend abzubröckeln, so verlief der Dezemberstreik entgegengesetzt: Nach einer Phase begrenzter Aktion traten – nach intensiver Beratschlagung – weitere Gruben dem Ausstand bei, der seinen Höhepunkt erst am letzten Tag erreichte. Eine Erklärung liegt auf der Hand: Während im Frühjahr durch die Bildstocker Forderungen eine gemeinsame Plattform in den Versammlungen *vor* dem Streik geschaffen wurde, reagierten die Arbeiter im Winter unter betriebsspezifischer Einschätzung der Lage und der schon erreichten Verhandlungsergebnisse. Entgegen dem Mai-Streik wurde im Dezember der Arbeitskampf entschieden von der Basis geführt und kaum von den Funktionsträgern des RV befürwortet. Während diese dem „Petitionismus" mehr anzuhängen schienen, suchte die empörte Basis ihr Heil in der Aktion.

Der Konflikt um „Verhandlungsführung" und „Aktionen" schwelte schon seit einigen Monaten. Am Jahresende 1889 traten die Differenzen in mehreren bergmännischen Versammlungen offen zu Tage. In Püttlingen wurden fast alle Wortmeldungen von Vertrauensmännern, die für ein weiteres Abwarten votierten, durch stürmische Zurufe „nein nicht warten, streiken" beantwortet, sodaß die besonnenen Bergleute schließlich resignierten. Vertrauensmann Johann Altmeyer schloß einen seiner Beiträge mit den Worten: „nun wenn ihr mit Gewalt streiken wollt, dann kann ich nichts machen"[75].

„Mit Gewalt" zu streiken, war tatsächlich eine neue Erfahrung: Erstmals kam es zu kleineren „Excessen"; vielfach wurden Arbeitswillige bedroht; auf Heinitz „skandalierte" die Belegschaft, d. h. sie blockierte die Lampenausgabe, verhinderte das Verlesen, Steine flogen umher, auf dem Grubenplatz entstand ein Tumult. Ähnliches ereignete sich auf Dechen. Auf Grube Gerhard hatten schon am ersten Tag einige Bergleute mit Stöcken versucht, Arbeitswillige von der Anfahrt abzuhalten[76].

Am Freitag, dem 20. Dezember, stellte die Bergwerksdirektion den Steikenden ein Ultimatum für den kommenden Montag. Daraufhin berieten diese im bayerischen Schnappach die neue Lage. Hier schlug die Stimmung um; in Anwesenheit des Vereinsvorstandes war die Mehrheit der Bergleute „im großen und ganzen nicht für weiterstreiken; überall hörte man die Stimmen 'ich gehe schaffen u.s.w.'"[77]. Ähnlich wie in Westfalen, wo es ebenfalls zu Streiküberlegungen gekommen war, beschlossen die Saarbergleute eine Wartefrist bis zum 1. Februar 1890, um eine Entscheidung des Kaisers zu ermöglichen[78]. Damit war der Streik am 23. Dezember beendet.

Ein plötzliches, trotzdem nicht überraschendes Ende. Der Dezember-Streik war nämlich nicht aus einer wohlüberlegten Strategie entstanden, sondern eher unbeabsichtigt durch den Dualismus von Aktion und Verhandlung geprägt: Unter dem Eindruck des Streiks hatten sich erneute Verhandlungen als erfolgversprechend erwiesen. Dies wiederum irritierte die streikenden Bergleute des westlichen Reviers so, daß nach dem Ultimatum der Bergwerksdirektion die Mehrheit auf die Vorstandslinie des Verhandelns einschwenkte und dem klassischen Wege eines institutionell geregelten Konflikts zustimmte. Gleichwohl bedeutete dies keinen Rückfall in einen ständischen Konfliktaustrag, denn die Lehren des Dezemberstreiks wiesen darüber hinaus: Erfahrbar geworden war ein Kommunikations- und Entscheidungsprozeß, der im wesentlichen „basisdemokratisch" organisiert war. Lokale Versammlungen entschieden unter Berücksichtigung der Verhältnisse vor Ort über einen Streik, eine Verfahrensweise, die für die Zukunft des RV von Bedeutung sein sollte. Die Konstituierungsphase des RV konnte damit als abgeschlossen gelten.

2.2. Auf dem Weg zur gefestigten Organisation (1890)

Nach dem Dezember-Streik blieb die Situation im Revier gespannt. Streikbrecher und Grubenbeamte liefen Gefahr, in den Wirtshäusern angepöbelt oder in Raufereien verwickelt zu werden[79]. Dies waren handfeste Hinweise darauf, daß das Jahr 1889 eine Wende in den sozialen Beziehungen von Arbeitern und fiskalischen Unternehmern eingeleitet hatte.

2.2.1. Unternehmerstrategien: Die „harte" und die „milde" Hand

Immer wieder bildeten geringfügige Gesetzesübertretungen und vermeintliche Beleidigungen Anlässe zu Untersuchungen und gerichtlichen Verfahren, nicht nur gegen Nikolaus Warken, sondern auch gegen weitere „Aktivisten" der Bergarbeiterbewegung von 1889[80]. Durch kleine Nadelstiche versuchten die lokalen Behörden, die Aktivitäten der Bergleute zu „bremsen". Folgende Mitteilung des Ottweiler Landrats an den Bürgermeister in Illingen vom 9. April 1890 verdeutlicht den alltäglichen Kleinkrieg:

„Anläßlich eines Spezialfalles werden Sie aufgefordert, nach erfolgter Auflösung einer Versammlung und geschehener Räumung des Saales, falls dieser nicht das gewöhnliche Wirtszimmer darstellt, zu verhindern, daß die Theilnehmer der aufglösten Versammlung sofort in den Saal wieder eintreten, denselben mit Beschlag belegen und ein gemeinsames Biergelage beginnen.

Denn dies ist als eine thatsächliche Fortsetzung der Versammlung zu betrachten, führt nur dazu, daß die aufgeregten Massen unnötig länger beieinander bleiben und leicht zu der Versuchung, daß weitere Reden oder laute, für die Allgemeinheit bestimmte Gespräche gehalten werden"[81].

Während im Revier jeder Anlaß aufgegriffen wurde, gegen Unbotmäßigkeit energisch durchzugreifen, gediehen auf der politischen Ebene Pläne einer „milden" Integration der Arbeiterschaft.

Die großen Bergarbeiterstreiks an Ruhr, Saar und in Schlesien hatten gezeigt, „daß die Beziehungen zwischen Lohnarbeit und Kapital in einem strategisch wichtigen Industriezweig" nicht nur für die wirtschaftliche Situation, sondern auch für das politische Funktionieren des Reiches von grundlegender Bedeutung waren[82]. Das Bewußtsein für die innere Verfassung von Großunternehmen war durch die Unkalkulierbarkeit des Konfliktaustrages geschärft worden. Nach den Intentionen konservativer Sozialreformer sollten „Arbeiterausschüsse" den direkten persönlichen Verkehr zwischen Unternehmern und Arbeitern dort wiederherstellen, wo er der Größe des Betriebes wegen unterbrochen worden war, und zugleich in Streiksituationen als bekannter und kalkulierbarer Gesprächspartner zur Beilegung des Konfliktes bemüht werden[83].

Ähnliches dachte der Oberpräsident der Rheinprovinz von Berlepsch in seiner Denkschrift zur Errichtung von Arbeiterausschüssen im Bergbau[84]. Um in Zukunft zu vermeiden, daß unautorisierte Personen als Sprecher der Arbeiter auftreten, müsse der Mangel einer organisierten Vertretung derselben behoben werden. Denn die Vertreter der Bergleute in den Streiks waren für ihn nicht ordnungsgemäß gewählt; es blieb unwägbar, inwieweit die Belegschaften überhaupt hinter diesen von „tumultarischen Versammlungen" bestimmten Personen stünden, inwieweit sie solchermaßen nicht zwangsläufig in sozialdemokratisches Fahrwasser gerieten. Um Arbeiter und Unternehmer zu einem friedlichen Ausgleich zu bringen, schlug Berlepsch die freiwillige Einrichtung von Arbeiterausschüssen vor. „Diese im konservativen Sozialreformismus verankerten Erwägungen zur Errichtung von Arbeiterausschüssen fanden fast wörtlich Eingang in die Vorschläge Wilhelms II. zur Verbesserung der Lage der Arbeiter vom 22. Januar 1890, in seine Ausführungen in der Kronratssitzung vom 24. Januar 1890 sowie unbestimmter formuliert in die (...) Februar-Erlasse von 1890"[85].

Schon vor dem Dezember-Streik war in Regierungskreisen die Integration der Arbeiter durch Miteinbeziehung in einen „Konsultationsprozeß" erörtert worden. In einem vertraulichen Schreiben vom

30. November 1889 schlug Minister Maybach der königl. Bergwerksdirektion zu Saarbrücken vor, „eine gewisse Mitwirkung von Vertrauenspersonen aus der Reihe der Arbeiter eintreten zu lassen, um darin sicher zu gehen, daß den Bedürfnissen und Wünschen der Belegschaften jede zulässige Berücksichtigung zu Theil werde"[86]. Von Maybach stammte auch die Anregung, jeweils die ältesten, sachkundigen Arbeiter als Vertrauenspersonen anzusehen, gleichsam das Institut der Knappschaftsältesten auszubauen. Noch ehe solche Erwägungen von dem jungen Kaiser Wilhelm II. in Betracht gezogen wurden, meldeten sich die Arbeitgeber zu Wort. In einer Resolution vom 17. Dezember 1889 betreffend die Errichtung von Arbeiterausschüssen fürchteten der „Verein zur Wahrung der gemeinsamen wirthschaftlichen Interessen der Saarindustrie" und die „Südwestliche Gruppe des Vereins deutscher Eisen- und Stahlindustrieller"[87], „daß die Arbeiter-Ausschüsse nicht als Friedensinstitution, sondern als permanentes Kampfinstrument wirken werden (...)"[88]. Das Ende des sogenannten Stumm'schen Fabrikfeudalismus wurde als Menetekel an die Wand gemalt. Ein Ende, das den gesamten Staat erschüttern würde:

„Verminderung des Wohlwollens, des Vertrauens und der Achtung in dem persönlichen Verhältnis zwischen Arbeitgeber und Arbeitnehmer, Beschränkung beider Theile auf den sogen. Arbeitsvertrag, Lockerung der Disciplin und Organisation häufiger Arbeiter-Ausstände zur Durchsetzung auch unberechtigter Forderungen werden die nächsten Folgen der Errichtung derartiger Ausschüsse sein, denen sich weiterhin die Lahmlegung der Handels- und Industrie-Unternehmungen, die daraus folgende Arbeitslosigkeit einerseits und Gefährdung des Besitzstandes andererseits, sowie die Erschütterung der gesellschaftlichen und staatlichen Ordnung anschließen werden"[89].

Solche Visionen gegenüber Plänen, deren Vorbild von Wilhelm II. gerade in der betrieblichen Sozialpolitik bei Krupp und Stumm gesehen wurde[90], mögen neben von Stumm auch den Krupp-Direktor Jencke und weitere Vertreter der Schwerindustrie zu ihrer scharfen Ablehnung einer gesetzlich festgelegten Partizipation der Arbeiter geführt haben; Bedenken übrigens, die ähnlich auch in einer im Auftrag Bismarcks erstellten Denkschrift betreffend die Ausstandsbewegung der Bergarbeiter geäußert wurden[91]. Die Position der Industrie, die während der Reichstagsberatungen über die Gewerbeordnungsnovelle vom Centralverband Deutscher Industrieller (CVDI) zusammengefaßt wurde, hatte der Großindustrielle Erwin Kirdorf prägnant als „Herr-im-eigenen-Hause"-Standpunkt schon formuliert: „Weder Kaiser noch Könige haben in den Betrieben etwas zu sagen. Da bestimmen wir allein"[92].

Zwar wurden durch die Februar-Erlasse Arbeiterausschüsse angekündigt und bezüglich der fiskalischen Bergwerke festgestellt, daß diese zu „Musteranstalten" entwickelt werden sollten, aber der Übergang von Polizei- zu Sozialgesetzen als Ausdruck des sogenannten „neuen Kurses" sollte auf Schwierigkeiten stoßen. Auf den staatseigenen Werken konnte die Einrichtung von Arbeiterausschüssen angeordnet werden – so für das Saarrevier durch das Oberbergamt Bonn am 21. Februar 1890 –, doch in der Privatindustrie wurden die Vorschläge nicht realisiert. Der überarbeitete § 134 der Gewerbeordnung wies den Arbeiterausschüssen – die aus schon bestehenden Gremien, z. B. Betriebskrankenkassen, gebildet werden konnten – in Betrieben mit mehr als 20 Arbeitern minimale Aufgaben zu, die preußische Berggesetznovelle vom 24. Juni 1892 kodifizierte die fakultative Einführung der Arbeiterausschüsse im privaten Bergbau. „Die Bergbauunternehmer lehnten jedoch aufs schärfste die Einführung von Arbeiterausschüssen ab, so daß infolge der Berggesetznovelle z. B. im Ruhrrevier kein einziger Arbeiterausschuß errichtet wurde"[93].

Trotz der Gegnerschaft der wirtschaftlichen Vereine und der Skepsis der Bergwerksdirektion, die noch im Dezember 1889 die Einrichtung von Arbeiterausschüssen abgelehnt hatte, wurden im Februar 1890 die Pläne für ein integratives, konfliktvermeidendes Partizipationsmodell konkretisiert. Die „Bestimmungen über die Wahl und Thätigkeit von Vertrauensmännern"[94] sahen für die Bergleute gutachterliche Kompetenzen bei Anträgen, Wünschen, Beschwerden, bei Fragen und Angelegenheiten, welche das Arbeitsverhältnis betrafen, zu. Ferner wurden sie verpflichtet, auf Ausgleich unter ihren Kameraden bedacht zu sein und deren Umgang mit Sicherheitsvorschriften und Anordnungen zu überwachen[95]. Das aktive Wahlrecht, nämlich je Steigerabteilung einen Vertrauensmann zu wählen, stand den ständigen Bergleuten mit einem Mindestalter von 21 Jahren und einer dreijährigen Arbeitszeit auf einer Grube im Bereich der königl. Bergwerksdirektion Saarbrücken zu. Für die Amtsdauer von 2 Jahren durften jedoch nur Bergleute kandidieren, die mindestens 25 Jahre alt und seit 5 Jahren auf ein und derselben (!) Grube tätig waren. Für die Gewählten bestand kein Kündigungsschutz, auch war ihre Verlegung jederzeit möglich[96]. Turnusgemäß sollten die Arbeiterausschüsse vierteljährlich unter Vorsitz des Bergwerksdirektors zusammenkommen, oder wenn dieser bzw. 5 Vertrauensleute es unter Angabe der Tagesordnung beantragten.

Am 6. März 1890 empfahl eine Bergarbeiterversammlung in Guichenbach für die Arbeiterausschuß-Wahlen des kommenden Tages einen Wahlboykott, da „eine freie Wahl nicht vorgenommen wird".

Dies folgerten die Bergleute aus den Bestimmungen des § 3, der besagte, „daß der Gewählte in der betreffenden Abtheilung arbeiten muß. Dieser § kann durchaus nicht angenommen werden, denn dadurch wird und ist uns unsere Freiheit geraubt"[97]. Auch wurde die zeitlich knappe Ansetzung des Wahltermins kritisiert. Eine differenziertere Position, die schließlich von der Mehrheit der Saarbergleute übernommen wurde, formulierte der Bergmann Conrad Wilhelm aus Neuweiler am gleichen Tag auf einer weiteren Arbeiterversammlung in Dudweiler: „... daß die Verordnung über die Wahl der Arbeiterausschüsse ein Geschenk des Kaisers u. es daher Pflicht sei, tüchtige Männer zu wählen, die auch das Herz hätten, Anträge ihrer Kameraden vorzubringen, zu verfechten u.s.w."[98]. Mit gespannter Skepsis und dem Bewußtsein, daß der Kaiser durch die Einrichtung der Arbeiterausschüsse die Arbeiterbewegung 1889 nachträglich legitimiert hatte, gingen die Bergleute zur Wahl.

Am 7. März 1890 wählten im Durchschnitt 84 % aller wahlberechtigten Bergarbeiter auf den 11 Inspektionen des Reviers ihre Vertrauensleute. Das Wahlergebnis legitimierte die Arbeiterbewegung auf breiter demokratischer Basis: Obwohl auf vielen Gruben die Vertrauensmänner des Rechtsschutzvereins in einzelnen Steigerabteilungen, für die je ein Vertrauensmann gewählt wurde, zusammengelegt worden waren oder die Wahl von RV-Mitgliedern kassiert wurde, gelangten 186 RV-Mitglieder in die Grubenausschüsse; die Gesamtzahl der zu Wählenden betrug 212[99]. Damit war die Polarisierung institutionalisiert, die Arbeiterausschüsse wurden, statt den RV einzugrenzen, zu dessen Artikulationsforen. Resigniert urteilte Nasse am 13. März 1890: „Die Hoffnung, daß gleich bei der ersten Wahl der Einfluß des Rechtsschutzvereins Einbuße erleiden bzw. eine Gegenströmung sich entwickeln möchte, hat sich nicht erfüllt"[100].

Die Niederschriften der Versammlungen der Arbeiterausschüsse widerspiegeln die ungewohnte Situation des Miteinander-Verhandeln-Müssens in recht unterschiedlicher Weise: Während für die bergakademisch gebildeten Vertreter des fiskalischen Arbeitgebers die Palette der Reaktionsmöglichkeiten auf Arbeiterforderungen von toleranter Aufmerksamkeit, kühler Nichtbeachtung, hochnäsiger, verbaler Maßregelung bis zu permanenter Belehrung über die wirklichen Aufgaben der Arbeiterausschüssen reichten, und der Leser oftmals den Eindruck versuchter Einschüchterung der Arbeiter erhält, blieben diesen im wesentlichen nur zwei Möglichkeiten, solidarisch-demonstrativ auf die manchmal entwürdigende Situation zu reagieren. Seit Beginn der Verhandlungstätigkeit vermerken die Protokolle häufig die kollektive Weigerung der Arbeiter, die Niederschrift zu unterzeichnen. Zur Begründung wurde protokolliert: „... verweigerten sämmtlich ihre Unterschrift, weil die Entscheidungen nicht in ihrem Sinne ausgefallen seien". Mal wurden ihre Forderungen trotz eingehender Begründung als unberechtigt abgetan, mal auf ihre Begehren mit dem Verlesen eines Erlasses reagiert, manchmal auch wurden Wünsche nur angehört, um in der nächsten Sitzung deren Ablehnung mitzuteilen. Oftmals aber waren auch intensive Diskussionen möglich, in denen die Parteien ihre unterschiedlichen Standpunkte darlegten, meist jedoch ohne Einigungschance. So verwundert es nicht, daß die Protokolle die Ernüchterung der Arbeiter über ihre Möglichkeiten in den Arbeiterausschüssen belegen: „Die Vertrauensmänner waren durch die gemachten Eröffnungen wenig befriedigt..." – so oder ähnlich hielten die Protokolle den Unmut fest. Manchen Arbeiter führten solche Erfahrungen zu dem Wunsch, sich von seinem Amt entbinden zu lassen: Denn „wenn die Direktion ja alles bestimmt, braucht man uns ja nicht"[101].

„Kameraden! ein Schiedsgericht haben wir verlangt, aber nicht in der Weise wie es jetzt sich zeigt..."[102] – so reagierte der RV-Vorstand schon 9 Tage nach den ersten Wahlen und fuhr fort: „Kameraden, es ist unsere heilige Pflicht für uns und unsere Kinder Sorge zu tragen, daß die sociale Frage uns gelöst wird". Dies aber war nur unter freier Mitwirkung der Belegschaften vorstellbar: „Wir wollen uns selbst unsere Vertreter vorschlagen und auch wählen. Die Herren können das Nämliche thun"[103]. Zwei Monate später präzisierte der Vertrauensmann Berwanger die in fast allen Ausschüssen gestellten Forderungen nach einem Schiedsgericht:

„Die Bergleute wählen das ganze Schiedsgericht. Dasselbe soll aus 3 Bergleuten und 3 Beamten und einem Schiedsmann, welcher Bergmann sein muß, der mindestens 15 Jahre gearbeitet haben müsse, bestehen. Das Schiedsgericht entscheidet in Streitigkeiten zwischen Bergmann und Beamten. Das Schiedsgericht soll auch in und auf der Grube wegen des Gedinges, überhaupt in Allem mitsprechen dürfen. Auf jeder Grube soll ein ständiges Schiedsgericht sein. Der Abtheilungsbeamte soll immer dabei sein. Die Entscheidung des Schiedsgerichts in Beschwerdesachen soll endgültig sein und soll sich derselben alles fügen"[104].

Kaum daß die Arbeiterausschüsse als Befriedungsinstrument der Bergbehörde gegen die Unruhe der Bergleute eingerichtet waren, wurden sie von der Unruhe selbst erfaßt. Den Desillusionierungsprozeß gegenüber diesem „Mitbestimmungsorgan", das nur beratende und begutachtende Funktionen besaß, spiegeln die Wahlbeteiligungen wieder. Nahmen 1890 noch 84 % der gesamten Wahlberechtigten teil, wobei die höchste Beteiligungen auf Inspektion II mit 92 % festzustellen war, so sank diese Quote 1892 auf 61 %. Bei dieser Wahl erringen 157 RV-Mitglieder Sitze in den Arbeiterausschüssen; nur 58 Vertrauensmänner waren nicht im RV organisiert. Zwei Jahre später wurde das tatsächliche Scheitern dieses Partizipationsmodells durch eine Wahlbeteiligung von 39 % signalisiert. Noch im Jahre 1900 nahmen nur 47 % der wahlberechtigten Arbeiter teil[105]. Die *St. Johanner Volkszeitung* hat in einer Notiz vom 26. März 1896 die Situation der Arbeiterausschüsse nach der Zerschlagung des RV prägnant beschrieben:

„Quierschied, 25. März. Ueberall im ganzen Saarbezirk fanden in den letzten Tagen die Vertrauensmännerwahlen zu den Grubenausschüssen statt. Aber nirgends, glaube ich war die Betheiligung schwacher, als auf unserer benachbarten Grube Maybach. In Steigerabtheilungen von 250 Mann stark waren kaum 30 bis 40 Wähler erschienen, in einer Abtheilung nur 2 und in einer anderen Abtheilung sogar noch nicht ein einziger. Die Leute haben das Gefühl, daß die Grubenausschüsse in ihrer jetzigen Zusammensetzung und ihren 'Machtbefugnissen' nicht viel mehr wie gar nichts wirken können, und deshalb ihren Zweck verfehlt haben..."[106].

Zu Beginn der 1890er Jahre war die Geschichte der Arbeiterausschüsse im Saarbergbau paradigmatisch für die Arbeiterbewegung und ihren eindrucksvollen Lernprozeß. Die Ausschüsse entstanden als Versuch, die Arbeiter erneut in ein vertrauensvolles, institutionell abgesichertes Miteinander einzubinden. Der Versuch einer „modernen" Streikverhinderungsorganisation mit ausgeprägt antigewerkschaftlicher Stoßrichtung[107] erfolgte jedoch zu einem falschen Zeitpunkt. Gegenüber einer Arbeiterschaft, die gerade Partizipation und Einflußnahme „in eigener Sache" erfolgreich einübte, konnte das Angebot formaler, weitgehend entscheidungsirrelevanter Beratungen nicht überzeugen. Stattdessen benutzten die Arbeiter ihre Erfahrungen in den Ausschüssen unmittelbar zur Agitation ihrer Kollegen und verkehrten damit die staatlicherseits erhoffte Wirkung in ihr Gegenteil. Die Arbeiterausschüsse dokumentierten zu keiner Zeit den sozialen Frieden auf den königlichen Musteranstalten, sondern verstärkten das Erscheinungsbild der Gegensätzlichkeit von Arbeiter- und Unternehmerinteressen sogar auf den Staatswerken. Entgegen der Annahme, daß „die erfahrene Differenz zwischen dem Text der Februar-Erlasse und der Praxis der Grubenausschüsse keinen Anstoß zur Radikalisierung der Bergarbeiterbewegung an der Saar" geben und sogar noch die alten Loyalitäten verfestigt habe[108], trug die Ernüchterung über die konkrete Ausgestaltung des bei Wilhelm II. vermuteten kaiserlichen Wohlwollens für die Arbeiter „seiner" Gruben zur Verschärfung der Konflikte im Saarbergbau bei.

2.2.2. Arbeiterstrategien: Politisierung und Festigung der Organisation

Mit den Februar-Erlassen und der Diskussion um die Segnungen der Arbeiterausschüsse war die Hoffnung verwoben, günstig auf das Wahlverhalten der Bergarbeiter bei der Reichstagswahl im Februar 1890 einzuwirken. Wie so manche Hoffnung trog auch diese. Die Ergebnisse im Saarrevier – und insbesondere in ausgesprochenen Bergarbeiterorten – kamen einem politischen Erdbeben gleich. In drei Wahlkreisen traten Arbeiterkandidaten zur Wahl an: der RV-Vorsitzende Nikolaus Warken in Saarbrücken, sein Vorstandskollege Bachmann in Saarburg-Merzig-Saarlouis und in Ottweiler-St. Wendel-Meisenheim. Wenn es auch in keinem der drei Wahlkreise gelang, einen der beiden Kandidaten durchzubringen, so waren die Ergebnisse doch ein deutliches Signal, daß die Arbeiterbewegung auf den preußischen Staatsgruben eine politische Dimension besaß: 33,8 % der Wähler votierten im Wahlkreis Saarbrücken für den Kandidaten des RV, für Nikolaus Warken. Auf Anhieb gewann dieser in dem traditionell nationalliberalen Wahlkreis die zweithöchste Stimmenzahl, in einigen Orten des Reviers gelang ihm sogar der Durchbruch zur absoluten Mehrheit! Sein Kollege Bachmann mußte gegen zwei der politisch markantesten Persönlichkeiten jener Zeit kandidieren, gegen den Freiherrn von Stumm und den Zentrumskaplan Dasbach. Immerhin knapp 10 % der Wähler konnte er in diesem exponierten Wahlkreis Ottweiler-St.Wendel-Meisenheim dem Zweikampf zwischen autoritärer und katholischer Sozialpolitik entziehen. Auch im dritten Wahlkreis, der keine Kerngebiete des Reviers erfaßte, gelang immerhin der Achtungserfolg, mehr Stimmen als der nationalliberale Kandidat errungen zu haben, wenngleich das Zentrum hier unangefochten als Sieger aus der Wahl hervorging. Insgesamt deuteten die knapp 11 000 Stimmen für die Arbeiterkandidaten darauf hin, daß die traditionelle politische Ordnung in Unordnung geraten war. Und dies nicht, wie andernorts im Reiche, durch sozialdemokratische Kandidaten[109]. Denn beide Kandidaten hatten in der Wahlkampagne mehrfach erklärt:

„In eine der jetzt bestehenden Parteien werde ich nicht als Mitglied eintreten. Meine Stimme wird immer auf der Seite derjenigen sein, welche für die Verbesserung der Verhältnisse des Arbeiterstandes stimmen"[110].

Damit fiel es auch den RV-Versammlungen nicht schwer, der Begleichung der Wahlkampfkosten aus der RV-Kasse zuzustimmen[111]. Diese Kandidaturen stellten eine politische „Wende" dar: Die bisherigen parlamentarischen Stellvertreter hatten sich als für Arbeiterinteressen untauglich erwiesen, auch ein Protagonist der Rechtsschutzbewegung, wie Kaplan Dasbach, mußte nun gegen einen Kandidaten aus eben dieser Bewegung antreten. Eine politische Differenzierung, ausgelöst durch die Erfolge im Aufbau einer selbstbestimmten Organisation, begann. Mitnichten bedeuteten deswegen diese Kandidaturen nur den Versuch, „den wiederaufgelebten Petitionismus unmittelbar ins Parlament zu tragen"[112], vielmehr sollte der Dualismus von altem und neuem Konfliktaustrag dadurch politisch unterstützt und abgesichert werden. Dies war, wie der Trierer Regierungspräsident beizeiten erkannte, eine politisch brisante Konstellation:

„Die Bergleute sind in ihren eigenen Augen königstreu und patriotisch gesinnte Leute. Die Ziele aber, welche sie im Auge haben, sind von denen der Sozialdemokratie nicht allzu weit entfernt"[113].

Das oppositionelle Potential der Arbeiterkandidaturen wurde im Saarrevier schnell erkannt; im Stile des autoritären Systems reagierte man mit Schikanen. Beiden Kandidaten verweigerte der königliche Arbeitgeber einen Urlaub, so daß diese, um ihre Wahlagitation durchführen zu können, einige Schichten ohne Erlaubnis fehlten; Anlaß genug, sie mit der endgültigen Entlassung aus der Bergarbeit zu bestrafen[114]. Die konkurrierenden Parteien versuchten, die Kandidaturen Warkens und Bachmanns durch deren „Verteufelung" als Sozialdemokraten und durch den Hinweis auf deren Unfähigkeit und Unerfahrenheit im parlamentarischen Regelspiel zu diskreditieren. Im Wahlkreis Saarbrücken allerdings zeigte sich das Zentrum irritiert. Jedoch scheiterten Bemühungen, den RV-Kandidaten zugunsten des Zentrums zum Rücktritt zu bewegen.

Die politischen Erfahrungen aus der Reichstagswahl im Februar 1890 verstärkten im RV die Einsicht in einen notwendigen, konsolidierenden Ausbau der Organisation — ein Reflex auch auf die neu geschaffene Situation der endgültigen Entlassung des Präsidenten und Vizepräsidenten. Am 2. März 1890 beschloß eine Vertrauensmännerversammlung, Nikolaus Warken als ständigen Geschäftsführer des Vereins mit 120 M. monatlich zu entlohnen und dem Vizepräsidenten Bachmann sowie dem Schriftführer Berwanger monatlich 30 M. sowie Reisekosten zu gewähren[115]. Die aus dem Mai-Streik 1889 geborenen Strukturen wurden institutionell verfestigt, eine Notwendigkeit bei der ungebrochenen Attraktivität des Vereins, von dem der Trierer

Regierungspräsident von Pommer-Esche meinte, daß er „leider die Mehrzahl der Bergleute umfaßt und zur Zeit die gesamte Belegschaft beherrscht"[116].

Tatsächlich blieb die Arbeiterbewegung im wesentlichen auf den fiskalischen Bergbau beschränkt, obwohl die Arbeitskämpfe und der erfolgreiche Organisationsaufbau in anderen Industriezweigen Nachahmung fanden. In den Glashütten, Kokereien und anderen Fabriken versuchten 1890 Arbeiter durch das Mittel des Streiks Lohnverbesserungen zu erzielen und Maßregelungen abzuwehren; aber trotz solch vereinzelter Aktionen gelang es der Arbeiterbewegung nicht, in den Fabriken Fuß zu fassen. Auch die Reichstagswahl hatte erkennen lassen, daß ein Zusammenschluß der Arbeiterschaft des gesamten Reviers unwahrscheinlich war: Gerade in den Arbeiterwohnorten der Halberger Hütte hatte der RV-Kandidat Warken keine Stimmen bekommen[117]. So scheiterte auch der Versuch, nach dem Vorbild des Bergarbeiter-RV einen „Allgemeinen Arbeiter-Rechtsschutzverein" als Interessenvertretung der Fabrikarbeiter dauerhaft zu installieren. Im Oktober 1891 löste sich der Verein wieder auf. Die Burbacher Hütte hatte Arbeiter entlassen, die sich weigerten, aus dem Verein auszutreten, in Neunkirchen bedrohte Stumm „seine" Arbeiter mit dem Arbeitsplatzverlust, falls diese auch nur an Versammlungen des Vereins teilnähmen[118].

Von dem Selbstbewußtsein der Bergarbeiter konnten die Fabrikarbeiter sich anläßlich der Völklinger Versammlung der Arbeiterausschuß-Mitglieder im Mai 1890 überzeugen. Nur wenige Monate nach des Kaisers „Geschenk", nach der Einrichtung der Arbeiterausschüsse im fiskalischen Bergbau, wurden diese vom RV zur überbetrieblichen Willensbildung benutzt. Fast vollzählig nahmen die Ausschußmitglieder an den Beratungen teil, die zum Ziel hatten, die nach Inspektionen und Gruben gegliederten Ausschüsse zusammenzufassen und bisher unterschiedliche, grubenspezifische Forderungen auf einen gemeinsamen Nenner zu bringen. Zugleich dokumentierte die Völklinger Versammlung die Intensität der Bewegung, die zwar einen Führerkult kannte, jedoch keinen hierarchisch-autoritären, sondern eher einen egalitären Diskussions- und Entscheidungsprozeß praktizierte: „Die Haltung der Versammlung war eine sehr erregte, jeder wollte sprechen, jeder seine Ansicht vortragen, jeder wollte Recht haben und mußte Thome sowohl wie Schillo wiederholt energisch zur Ruhe mahnen"[119]. Die breite, direkte Beteiligung an der Meinungsbildung war eine der hervorragenden Erscheinungen im Organisationsprozeß der Saararbeiterbewegung.

Zur Begründung des Zusammenkommens der Völklinger Versammlung wies der Bergmann Thome, Mitglied des RV-Vorstandes, darauf hin,

„daß Seine Majestät wolle, daß die Staatsbergwerke Musteranstalten würden. Um dieser Absicht zu entsprechen und um den Bergbehörden mitzutheilen was geschehen müsse, um diesen Zweck zu erreichen, sei die heutige Versammlung einberufen"[120].

Der Hinweis auf Wilhelm II. besaß eher die Qualität einer legitimatorischen Floskel, als daß damit ein tatsächliches Vertrauen ausgedrückt wurde; vertrauen wollten die Bergleute nur noch ihrer eigenen Kraft. Folgerichtig eröffnete der Bergmann Schillo eine längere Rede mit der Auflistung dessen, „was sie bis jetzt durch eigene Kraft erreicht hätten"[121].

Als Ergebnis verabschiedete die Völklinger Versammlung eine 24 Paragraphen umfassende Petition, die jedoch nicht an den obersten Bergherren, an Wilhelm II., adressiert war, sondern an den Reichstag zu Berlin! Ein unerhörter Vorgang, der für die ständische Konfliktregulierung einem Desaster gleichkam. Eine gewählte parlamentarische Instanz sollte auf Bitten der Arbeiter endlich dafür Sorge tragen, daß auf den Saargruben menschenwürdige Verhältnisse hergestellt würden. In ihrer Petition unterbreiteten die Bergleute ihre Vorstellungen bezüglich einer achtstündigen Arbeitszeit, der Lohnhöhe und des Lohnberechnungsverfahrens, der Forderungen anderer Arbeitergruppen (Pferdeknechte, Maschinenarbeiter, Schmiede, Maurer), des Wagennullens, der Einsperrtüren und des Schiedsgerichts[122]. Der Zusammenschluß der Arbeiterausschußmitglieder, auch Vertrauensmänner genannt, sollte kein einmaliger bleiben. Obwohl in den Beratungen der Ausschüsse immer wieder grubenspezifisch argumentiert wurde, waren häufig Anträge und Forderungen zentral abgesprochen und wurden diese gleichzeitig in den verschiedenen Ausschüssen eingebracht. Dieser gelungene Zusammenschluß der Mitglieder der Arbeiterausschüsse, deren ursprüngliches Ziel die Vereinzelung der sich organisierenden Bergleute war, wurde dadurch erleichtert, daß der RV die übergroße Zahl der Mitglieder stellte. Neben ihrer Organisation besaßen nun die Arbeiter ein weiteres Forum für ihre Interessenartikulation. Diese Dilemma für die Bergwerksbetreiber hat E. Müller vierzehn Jahre später genau beschrieben: „Die Arbeiterbewegung des Jahres 1890 stand daher unter dem Einfluß des Rechtsschutzvereins und der von ihm beeinflußten Arbeiterausschüsse, die sich gegenseitig ergänzend durch Abhalten von zahllosen Versammlungen nach Möglichkeit bemüht waren, die Bewegung in Fluß zu erhalten"[123].

Die Reaktionen von Handelminister und Bergbehörden waren eindeutig: Der Integrationsversuch wurde abgebrochen. Von Berlepsch informierte am 13. Juli 1890 die Saarbrücker Bergwerksdirektion von seiner Auffassung, daß „der Völklinger Versammlung keine höhere Bedeutung beigemessen werden kann"[124], und die Ablehnung den Arbeitern über die Werksdirigenten mitzuteilen sei; ähnlich war ja schon auf die Petition an den Kaiser vom 26. November 1889 verfahren worden. Deutlicher als zuvor wurde nun den Bergleuten demonstriert, daß der „Petitionismus" als Konfliktaustrag dann von den Behörden als unbrauchbar eingeschätzt wird, wenn er in einen industriellen Konfliktaustrag integriert, d. h. von den Arbeitern nur als ein Mittel unter anderen, ihre Interessen durchzusetzen, betrachtet wurde.

2.3. Die Überforderung der eigenen Kräfte (1890/1891)

Während zwischen Bergarbeitern und zuständigen Behörden keine Verständigung mehr möglich schien, eröffnete sich im regen nationalen und internationalen Gedankenaustausch zwischen Bergarbeiterorganisationen verschiedener Länder eine neue Perspektive. Der internationale Bergarbeiterkongreß in Jolimont bei Brüssel bot den ersten Anlaß, sich mit dem Gedanken vertraut zu machen, eine bisher regionale Arbeiterbewegung in einen überregionalen und internationalen Zusammenschluß einzugliedern. Zweifellos kam der Maikongreß in Belgien dafür noch zu früh und die Saarbergarbeiter verzichteten auf eine Teilnahme[125]. Nach den ablehnenden Reaktionen auf die Völklinger Petition erkannten sie jedoch das solidarische Zusammengehen mit den Arbeiterbewegungen der anderen deutschen Reviere als Möglichkeit, ihren Einfluß und ihr Gewicht im Saarrevier selbst zu verstärken. Obwohl die Kgl. Bergwerksdirektion eindringlich vor dem „socialdemokratischen Charakter" eines nationalen Bergarbeiterverbundes warnte, entschieden sich die Vertrauensleute des RV für eine Saardelegation zu dem vom Vorstand des „Alten Verbandes" nach Halle einberufenen Bergarbeitertag[126].

2.3.1. Der Anschluß an die nationale und internationale Arbeiterbewegung

Vom 15. bis 19. September 1890 wurde das preußische Saarrevier auf dem Deutschen Bergarbeitertag zu Halle durch die Bergleute Andre,

Berwanger, Fox, Hellbrück, Mohr, Müller, Schillo, Thome und Wagner vertreten. Sie bildeten nach dem Ruhrgebiet (mit 21 Delegierten) die zweitstärkste Delegation. Ferner waren die Bergleute Groß aus dem pfälzischen St. Ingbert und König aus Kleinrosseln (Lothringen) anwesend; letzterer hatte auch an der Vertrauensmännerversammlung zu Bildstock teilgenommen. Den Altenwalder Thome wählten die Delegierten ins Tagungsbüro.

In Halle nahmen die Saardelegierten rege an den Diskussionen teil. Ihre Redebeiträge gingen meist von den unmittelbaren Erfahrungen im „eigenen" Revier aus, zugleich ergaben sich in vielen Punkten Übereinstimmungen. Die Kritik an der Verschleppungstaktik der Bergbehörden bei Beschwerden und Petitionen kam nicht allein von Thome und die Schwierigkeiten mit der Organisierung der Bergleute sowie der Verschlechterung der Arbeitsbedingungen sprachen neben anderen auch Schillo, König und Groß an. Ferner thematisierten die Bergleute Mohr, Berwanger, Schillo und Fox die herabsetzende Behandlung der aktiven Arbeiter durch die Aufsichtsbeamten sowie die Rechtlosigkeit der Arbeiterausschüsse[127]. In den Debatten erkannten die Saarbergleute ihr Eingebundensein in die Bewegungen der anderen deutschen Reviere und so verwunderte es nicht, daß sie ebenfalls einmütig für die Gründung eines nationalen Dachverbandes eintraten, wenn auch manche Tendenzen ihnen „Bauchschmerzen" bereitet haben mögen; denn als ein Essener Bergmann allgemeine politische und religiöse Fragen polemisch aufgriff, verließen drei Mann der Saardelegation unter Protest den Saal[128].

In der Frage der nationalen Bergarbeiterorganisation herrschte Einigkeit unter den Delegierten; allerdings setzte sich das Bestreben durch, regionalspezifische Besonderheiten beizuhalten. An Ruhr und Wurm enthielt der monatliche Beitrag von 30 Pfg. den Rechtsschutz und ein obligatorisches Zeitungsabonnement, während für Schlesien, Sachsen, das Saargebiet, Lothringen und die Pfalz ein Beitrag von 5 Pfg. festgesetzt wurde, da hier zum Teil die alten Organisationsformen weiter existierten und eigene Zeitungen (z. B. der Zwickauer *Glück auf*) unterhalten oder geplant wurden, weshalb auch weitere Zahlungen in eine separate Revierkasse notwendig waren[129]. Der Zusammenschluß der deutschen Bergarbeiter bedeutete demnach — und die Statuten bestätigen es — zunächst keine Zentralisierung der Bewegung. Zwar wurde eine aus Zentralvorstand und Kontrollausschuß bestehende Hauptleitung mit Sitz in Bochum, später Gelsenkirchen, gebildet, auf eine straffe Organisation bis hinunter auf Bezirks- und Ortsebene jedoch verzichtet: So kam es zu unterschiedlichen Verbandsentwicklungen, die z. B. an der Ruhr zu einer vollständigen

Auflösung des rheinisch-westfälischen Verbandes führte, an der Saar blieben der Rechtsschutzverein und in Sachsen die Bergarbeitervereinigung aber erhalten. Die vom Zentralvorstand eingesetzten Vertrauenspersonen und später die Bevollmächtigten waren an der Saar mit den Führern und Aktivisten des RV identisch[130]. Erst die Generalversammlung am 31. Juni 1892 beschloß ein auf zentralistische Grundlage aufgebautes Statut. Die Beziehungen der Saarbergarbeiterbewegung zu der nationalen Bergarbeiterorganisation blieben jedoch durch einen ausgeprägten „Regionalismus" bestimmt.

In unzähligen Versammlungen agitierten die Saardelegierten nach ihrer Rückkehr für den Verbandseintritt und gaben zugleich Rechenschaft über ihr Auftreten in Halle. „Die Reden gipfelten vorzugsweise darin, die Bergleute dem allgemeinen Arbeiter-Verbande zuzuführen"[131]. Schon bald fürchtete der Ottweiler Landrat, daß aus dem Saarkreise an die 12 000 Bergarbeiter dem Verband beigetreten seien, eine Schätzung, die weit übertrieben war. Mitte 1891 waren 8 031 Saarbergleute „doppelt" organisiert, aber schon 1892 war ihre Zahl im Sinken begriffen.

Unter dem Ruf „Seid einig und ‚Auf nach Paris'"[132] revidierte der RV im Frühjahr 1891 seine Entscheidung aus dem Vorjahr, nicht an der internationalen Bergarbeiterverbrüderung teilzunehmen. Der RV-Vertrauensmann Hellbrück erläuterte seinen 350 zuhörenden Kollegen den Sinneswandel:

„Im vorigen Jahr sei er dagegen gewesen, jetzt nicht mehr, denn die Bergleute in ganz Europa müßten einig sein, um die Bewährung ihrer Forderungen zu erreichen; da die Forderungen der hiesigen Bergarbeiter von dem Minister abgewiesen worden wären, müsse man dem Ruf Folge leisten und sich der Internationale anschließen"[133].

Gemeint war die Teilnahme am Internationalen Bergarbeiter-Kongreß zu Paris vom 31. März bis 4. April 1891. Jedoch blieb die Beschickung des Kongresses im Vorfeld nicht frei von Konflikten: Das Treffen im „Feindesland" rief nicht nur Empörung in der konservativen und klerikalen Presse hervor, auch bewarfen in Hülzweiler 200 Frauen die Kongreßbefürworter mit Steinen[134]. Trotzdem wurden am 15. März 1891 die Vertreter des Saarreviers gewählt, wenn auch die Ablehnung einer Teilnahme seitens der Inspektionen Göttelborn, Camphausen, Ensdorf, und Neunkirchen einen politischen Zwiespalt signalisierte. Nachdem die bürokratischen Hindernisse, die einigen Teilnehmern bei der Paßerteilung in den Weg gelegt wurden[135], ausgeräumt worden waren, begaben sich vier der ursprünglich gewählten fünf Bergleute — Berwanger erhielt als aktiver Bergmann keinen Ur-

laub – auf die „Lustreise"[136] nach Paris. Ihre inhaltlichen Positionen, die sie dort zu vertreten hatten, waren in einem Forderungskatalog am 23. März 1891 festgelegt worden: der 8-Stunden-Tag, das Verbot der Überschichten bzw. ein doppelter Lohn für solche, Minimallöhne, Grubenausschüsse mit tatsächlichen Partizipationsbefugnissen sowie eine Gewinnbeteiligung der Arbeiter mit 1/4 des Reingewinns der Bergbauunternehmen[137].
In Paris spielten die Saardelegierten eine nicht unwesentliche Rolle. Nikolaus Warken bildete mit Schröder (Westfalen) und Strunz (Sachsen) die Deutsche Delegationsleitung, die Beiträge Thomes halfen mit, die zentrale Streitfrage des Kongresses, den internationalen Generalstreik zur Erzwingung des 8-Stunden-Tages, einem Kompromiß zuführen. Er führte aus,

„die deutschen Delegierten mit Ausnahme von Schröder seien Anhänger des allgemeinen Streiks, obwohl sie wüßten, welches Schicksal ihrer, sobald der allgemeine Streik beschlossen werden sollte, bei ihrer Rückkehr nach Deutschland warte; wenn aber die deutschen Vertreter nur leere Drohungen im Munde führten, ohne zu handeln, so würden sie der Lächerlichkeit anheimfallen. Der Redner pries sodann die Bildung des internationalen Komitees und empfahl den Antrag Defnet"[138].

Dieser koppelte die Drohung mit einem internationalen Generalstreik an die Aufforderung an die Regierungen der beteiligten Länder, eine internationale Konvention zur Einführung des 8-Stunden-Tages zu verabschieden. Beeinflußt war dieser Antrag, der die Mehrheit der englischen, französischen, deutschen, belgischen und österreichischen Konferenzteilnehmer fand, von positiven Streikerfahrungen u. a. im Saarbergbau und von dem Beispiel der internationalen Arbeiterschutzkonferenz im März 1891 in Berlin[139]. Bei den Saardelegierten kam hinzu, daß ihre erfolgreiche Verbandsgründung und -entwicklung eine euphorische Stimmung hatte aufkommen lassen, die die unbegrenzten Möglichkeiten einer internationalen Solidarität naiv erahnen ließen.

Zunächst jedoch kämpften die Saardelegierten noch mit profaneren Dingen. Im Anschluß an den Kongreß legten deutsche Delegierte an den Gräbern der Commune-Gefallenen auf dem Père Lachaise einen Kranz nieder, ein Akt des Gedenkens, der in weiten Kreisen des deutschen Vaterlandes Empörung hervorrief: „Ob es gerade klug war von einigen deutschen Delegierten, damals demonstrativ einen Kranz an der Ruhestätte der füsilierten Kommunekämpfer von 1871 niederzulegen, das haben sich die Betreffenden selbst wohl zweifelnd gefragt, als sie nach Hause kamen und sahen, wie skrupellos diese

Kranzniederlegung gegen die Einheit der Bergarbeiterbewegung ausgenutzt wurde"[140]. Tatsächlich brachte dieser Vorfall die Delegierten von der Saar und den RV in arge Bedrängnis. Der Aufforderung des „Bergmannsfreund": „Gegenüber diesen revolutionären vaterlandslosen Kundgebungen können und dürfen die deutschen Arbeiter nicht schweigen"[141], hätte es nicht bedurft, denn schon vier Tage zuvor hat eine Versammlung von Bergleuten der Inspektionen VII und VIII in Wellesweiler das Verhalten der Delegierten „auf das entschiedenste verurteilt" und zugleich Wohlverhalten gelobt:

„Mit Männern, welche Kommunisten und Aufrührer-Gräber schmücken, aber an den Gräbern der vor Paris begrabenen Helden von anno 70 und 71 achtlos vorübergehen, wollen wir nichts zu schaffen haben. An dem in Aussicht gestellten Streik werden wir uns nimmermehr beteiligen, sondern ruhig weiterarbeiten, wenn wir in unserer Arbeit geschützt werden"[142].

Obwohl die Saardelegierten ebenso wie der Vertreter der lothringischen Bergleute leugneten, an der Kranzniederlegung beteiligt gewesen zu sein, kam es neben harscher Kritik u. a. von Seiten der evangelischen Arbeitervereine auch zu Austrittsdrohungen und Austritten. Die Gegenpropaganda, deren Argumente auch von der späteren Forschung übernommen wurden[143], schien erfolgreich zu sein. Jedenfalls bewirkte der Konflikt um die Kranzniederlegung eine Irritation unter den Bergarbeitern; er überlagerte das eben erst gewachsene Solidaritätsgefühl, das zur Unterstützung des Mitte April an der Ruhr begonnenen Ausstands dringend notwendig gewesen wäre.

2.3.2. Risiken der Solidarität: Der Mai-Streik 1891

Schon vor dem Pariser Kongreß, nämlich auf dem Delegiertentag der rheinisch-westfälischen Bergleute am 15. Februar 1891 in Bochum, hatte der Saar-Rechtsschutzverein den Kollegen an der Ruhr versichert, „daß sie in keiner Weise zurückstehen würden, wenn es gelte, für die Rechte der Bergleute einzutreten"[144]. Den auf diesem Treffen formulierten Forderungen erging es nicht anders als den „Völklinger Beschlüssen" – sie wurden seitens der deutschen Bergwerksbesitzervereine abgelehnt. Einige Wochen später verschaffte sich der Unmut in Teilstreiks Luft, die Mitte April begannen. Auch jetzt sagten RV-Vorstandsmitglieder die Unterstützung der Saarkumpel zu, ohne aber sofort dem Streikbeschluß vom 26. April beizutreten. Möglicherweise trugen die Skepsis über die verworrene Streiklage und die unterschiedlichen Stellungnahmen seitens des „Alten Verbandes" und der christlichen Bergleute um den Verein „Glückauf" zu der abwartenden Position der Saarbergleute bei[145]. Das gefestigte internationale Solidaritätsgefühl bedurfte der aktuellen regionalen und lokalen kleinen Anlässe, um in Aktionen wirksam zu werden. Solche kleinen Anlässe ereigneten sich in der ersten Jahreshälfte 1891 häufiger: Auf Grube Dudweiler kamen Anfahrtsverweigerungen vor, da in einzelnen Steigerabteilungen nach Ansicht der Bergleute ungerechtfertigte Gedingelohnreduzierungen vorgenommen worden waren[146]. Zugleich verschärfte die Bergwerksdirektion ihre Politik der kleinen Nadelstiche; die Bezeichnung von Nicht-RV-Mitgliedern als „Mauschbacher" (das bedeutete „Streikbrecher") sollte künftig mit Ablegung bestraft werden, ebenso die Agitation zugunsten des RV. 15 Bergleute wurden im Frühjahr 1891 für immer entlassen, Versammlungen häufig und willkürlich aufgelöst. Auf diese Entwicklung reagierten die Bergleute mit einer Versammlung zu Altenwald, die für die Besonderheit der Bewegung charakteristisch war. In den Entscheidungsprozessen verwoben sich die Vereins- und Verbandsstrukturen mit denen der Arbeiterausschüsse. In dieser Versammlung wurden zwei Punkte behandelt: „energische Schritte zu thun zur Wiederanlegung der abgelegten (=gemaßregelten) Bergleute sowie auch das Verbot der Kohlenausfuhr nach den Gebieten in welchen der Streik bereits ausgebrochen sei". Der Verlauf der Versammlung ließ deutlich erkennen, daß es sich bei dieser Tagesordnung im Kern um eine „Stellungnahme zum Streik" handelte.

Durch den Repressionskurs gewarnt, vermieden die Versammelten direkte Aufforderungen zum Streik. In vielen Beiträgen klang an, daß Ursachen für einen Streikbeschluß vorhanden und eine solidarische Bewegung wie 1889 erforderlich seien. In zwei Beiträgen Nikolaus Warkens wurden Standpunkte erkennbar, die erstmals auf grundlegende taktische Differenzen zwischen gewerkschaftlicher und elementarer Arbeiterbewegung hinwiesen. Zunächst betonte Warken den konstitutiven Zusammenhang zwischen Streik und Organisation; er war der Auffassung – anders als die Verbandsspitzen in Westfalen – „der Ausbruch des Streiks schadet der jungen Organisation nicht; Streik sei ja der Schöpfer derselben gewesen"[147]. Die gewerkschaftliche Gegenposition und das sozialdemokratische Organisationskalkül wurde im *Vorwärts* formuliert, den dann auch die *Saarbrücker Zeitung* zitierte: „Die junge Freiheit werde den Arbeitern verloren gehen, wenn sie in der jetzigen Krisis nicht Selbstbeherrschung üben. Die Streiks werden jetzt für die Arbeiter nur großes Elend zur Folge haben, die Organisation zerstören, die Allmacht der Unternehmer auf Jahre begründen, die Börsenmanöver und Preistreibereien begünstigen"[148]. Dieser Argumentation lagen zwei Prämissen zu Grunde: Ein Streik könne nur erfolgreich sein mit einer starken, erfahrenen Organisation und auch dann nur, wenn die konjunkturellen Bedingungen günstig seien. Ein Streik, so das Fazit, müsse für die Streikenden kalkulierbar sein, er werde es dann allerdings auch für die Unternehmer[149]. All dies erforderte eine gründliche Vorbereitung, verlangte einen geordneten Aufmarsch der Bataillone. Für Nikolaus Warken und andere schien diese Logik nicht stimmig, das genaue Gegenteil versprach nach ihren Erfahrungen Erfolg: „Ein Streik müsse, wenn er wirksam sein solle, hereinbrechen wie ein Dieb in der Nacht"[150]. Das Überraschungsmoment eines Streiks könne eine noch fehlende organisatorische Stärke mehr als ersetzen, über den Streik solle aufgrund unmittelbarer lokaler Anlässe entschieden werden. Dies taten die in Altenwald am 30. April 1891 anwesenden Vertreter der Bergleute, indem sie in einem Meinungsbild mit überwältigender Mehrheit für einen Streik votierten. Trotzdem kam es zu keinem offiziellen Streikbeschluß: „Für einen Streik zu beschließen fehlte bei allen mit wenigen Ausnahmen der Mut"[151].

Allerdings entging dem die Versammlung überwachenden Bürgermeister, daß die vorgelegte Resolution so weitgehende ultimative Forderungen an das OBA Bonn enthielt, daß man von einem indirekten Streikbeschluß sprechen konnte; keine Kohlen sollten in Streikgebiete ausgeführt werden, innerhalb von 8 Tagen seien alle Gemaßregelten wieder anzulegen sowie der 8-Stunden-Tag einzuführen; schließlich müsse eine Teuerungszulage gewährt werden. Diese Forderungen und das Ultimatum, das eine Generalkündigung beinhaltete, sollten in Inspektionsversammlungen popularisiert und zwei große allgemeine Versammlungen im oberen und unteren Revier am 12. und 13. Mai vorbereitet werden, „in welchen die endgültige Entscheidung fallen sollen". Eine Gegenresolution, die eine Deputation zur Bergwerksdirektion vorsah, wurde mit 102 gegen 50 Stimmen sowie vielfachen Stimmenthaltung abgelehnt[152].

Der *Saarbrücker Zeitung* entging die damit gelegte „Zeitbombe" nicht; sie kommentierte: „Die Herren Warken und Genossen wissen sehr wohl, daß diese Forderungen undurchsetzbar sind. Die Behörde kann sich dies nun und nimmermehr bieten lassen..."[153]. Sofort begannen nun behördlicherseits intensive Vorbereitungen auf einen Streik. Schon am 2. Mai entwickelte Generalmajor von Heimburg Einzelheiten eines Einsatzplanes für einen am 12. Mai beginnenden Ausstand. Am 9. Mai leitete Regierungspräsident von Heppe eine Konferenz, an der neben den Landräten der drei betroffenen Kreise auch der Erste Staatsanwalt Hepner, Generalmajor von Heimburg nebst Adjudanten sowie Oberbergrat von Velsen und Oberregierungsrat von Geldern teilnahmen, die umfangreiche Präventivmaßnahmen beschlossen[154]. Ordnungspolizeiliche Maßnahmen und direktes Einwirken auf die Bergleute durch Plakate und Presse wurden vorbereitet. Während an der Saar die Streikvorbereitung liefen, verlor der ursprüngliche Anlaß an Bedeutung: Kurz nachdem mit 18 222 Feiernden am 28. April der Höhepunkt der Ruhrstreikbewegung erreicht war, bröckelte der Ausstand infolge der Uneinigkeit der beiden beherrschenden Verbände und der unnachgiebigen Haltung der Bergwerksbesitzer ab, bis schließlich am 5. Mai 1891 die Belegschaften wieder vollzählig anfuhren. Mittlerweile aber streikten auch die belgischen Bergarbeiter für einen 8-Stunden-Tag und das allgemeine Wahlrecht. Doch schien diese Entwicklung zunächst keinen Einfluß auf die Geschehnisse an der Saar zu haben.

Bergarbeiterversammlungen im oberen Revier stimmten den Altenwalder Forderungen zu, wobei für die Stimmung eines Teiles der Bergleute und die Nervosität der Ordnungsbehörden kennzeichnend war, daß es in Dudweiler wegen eines Liedes zu Tumulten kam. Um strafrechtlicher Verfolgung zu entgehen, fielen die entsprechenden Beschlüsse verklausuliert. Da auch die Bergwerksdirektion und das OBA Bonn inhaltlich nicht auf die Forderungen reagierten, statt dessen nur auf die Unrechtmäßigkeit einer Generalkündigung hinwiesen, schien der Streik unausweichlich, zumal auch die Belegschaft der (bayerischen) St. Ingberter Grube sich wieder mit Forderungen bemerkbar machte[155]. Der Verlauf von Versammlungen am 20. Mai bestärkte diese Vermutung, zumal sich in Quierschied herausstellte, daß ähnlich wie im Dezember 1889 die „Basis" erregter war als die Führung. Ebenso unduldsam gegenüber den vorsichtigen Streikforderungen verhielten sich die Bergleute in Dudweiler, Sulzbach, Elversberg, Altenwald und Püttlingen:

„Sämtliche Redner sprechen indirekt für den Streik, obgleich sie vor einem solchen warnen, werden aber von den Anwesenden schon vor Beendigung ihrer Reden, mit dem mehrfachen Ruf: ,wir streiken'! unterbrochen, so daß zu erwarten war, daß der Streik heute morgen hier ausbrechen würde, was aber nicht geschehen ist"[156].

In Elversberg formulierte Nikolaus Berwanger: „Ich bin nicht für den Streik, auch nicht dagegen, soll es denn immer so weitergehen?", worauf die 320 anwesenden Bergleute kundtaten: „Nein, morgen schon"[157]. Aber hier wie in Dudweiler blieb der Beschluß folgenlos; lediglich auf der Grubenabteilung Sulzbach traten 185 Mann in den Ausstand, vom Viktoriaschacht in Püttlingen beteiligten sich 426 und vom Buntflöz der Grube Gerhard 293 Arbeiter. Insgesamt trugen am ersten Tag nur 1 397 Bergleute den vorher so ungeduldig erwarteten Streik. Die geringe Beteiligung mußte entmutigend auf diejenigen wirken, die sich einem erfolgreichen Streikbeginn anschließen wollten. Zwar fanden am 21. Mai abends 20 bis 30 Versammlungen im Bereich aller Inspektionen statt; auf manchen von ihnen wurde ein allgemeiner Streik beschlossen, ohne jedoch dem Ausstand zum Durchbruch zu verhelfen. Lediglich auf der Inspektion V breitete sich der Streik von der Grubenabteilung Sulzbach auf die Abteilung Altenwald aus, Grube Serlo trat mit vier Streikenden an die Seite ihrer Kameraden vom Buntflöz und dem Viktoriaschacht. 1 789 Mann beteiligten sich an diesem zweiten Tag. Einen Tag später betrug die Zahl der Streikenden 1 831 und am Montag, dem 25. Mai 1891, beugten sich die Bergleute dem Ultimatum der königlichen Bergwerksdirektion vom 21. Mai. Neben der sofortigen Räumung der Schlafhäuser bestand die behördliche Reaktion auf den Arbeitskampf in einer Vorverlegung der Polizeistunde auf 21 Uhr, im Erlaß einer „Polizeiverordnung betreffend das Verbot des Waffentragens" und in einer Verstärkung der Gendarmerie. In Anbetracht der geringen Resonanz wurde militärische Hilfe nicht angefordert, am 28. Mai auch die aus dem Regierungsbezirk Trier requirierte Gendarmerie zurückgezogen. Dem moderaten Verhalten der lokalen Verwaltungsbehörden folgte ein rasches und energisches Eingreifen der Bergbehörden: 27 Personen wurden für immer abgelegt, 11 Arbeiter mußten ein bis drei Monate zwangsfeiern, 98 Bergleute wurden für 2–14 Tage entlassen. „Mit einer Ordnungsstrafe von 6 M. wurden 2 300 Personen belegt. Die Gesamtzahl der seit dem Maiausstand 1889 für immer abgelegten Bergleute betrug jetzt 42. Negativ wirkte sich ein Lernprozeß der Bergbehörde für den RV aus: Den vorsichtigen Reaktionen auf die 1889er Streiks folgte nun ein resolutes Durchgreifen, von dem der Regierungspräsident von Heppe hoffte, „daß ... das Ansehen der Bergbehörde wieder gehoben, und daß bei den Bergleuten das Gefühl der gänzlichen Ungebundenheit und die Anschauungen der vollständigen Unabhängigkeit von der vorgesetzten Behörde wieder schwinden wird"[158].

Welche Ursachen können für diese ernüchternde Streikerfahrung maßgebend gewesen sein? Zum einen scheint es sich, was die soziale Basis betrifft, um einen für die große Streikzeit untypischen Streik zu handeln. Die gesamte Bewegung seit dem Mai-Streik 1889 war dadurch charakterisiert, daß ihre Träger und mehr noch ihre „Führer" gestandene Leute waren. Die meisten der führenden RV-Mitglieder besaßen langjährige Bergerfahrung, waren Familienväter mit durchschnittlich fünf Kindern. Die Hälfte nannte Haus und Land ihr Eigen, einige hatten Nebeneinkünfte als Wirte[159]. Die 1889er Streiks sowie die Breite der Völklinger Beschlüsse weisen nach, daß die Träger der Bewegung aber nicht nur in dieser Kernschicht der erfahrenen Hauer zu suchen sind, sondern auch die jugendlichen Arbeiter, die Schlepper und die Tagearbeiter in die Bewegung integriert waren und solidarisch agierten. Im Mai 1891 aber können wir, bei aller Vorsicht gegenüber den legitimatorischen Vermutungen und Rechtfertigungen von Bergbeamten und Lokalbehörden, die allzuschnell Aufruhr und Unmut „unzuverlässigen Elementen", nämlich Schlafhäuslern und jugendlichen Arbeitern, in die Schuhe zu schieben bemüht waren[160], jener Mitteilung des Saarbrücker Landrats vom 29. Mai 1891 Glauben schenken, daß das „Hauptkontingent an Streikenden ... die Schlafhäuser in Altenwald und Altenkessel-Neudorf, sowie die Gemeinde Püttlingen" stellten[161]. Eben in Altenwald, Sulzbach und Püttlingen aber war es in der Woche vor dem Streik zu Entlassungen der Vertrauensleute gekommen. Dort, wo ein solch unmittelbarer Anlaß fehlte, vermochte sich die vielbeschworene Solidarität nicht in einem entsprechenden Handeln zu manifestieren. Die Bewegung blieb auf die unmittelbar Betroffenen begrenzt.

Hinzu kam, daß die Diskussion um die Streiktaktik der Arbeiterbewegung zwar begonnen, aber nicht entschieden worden war. Dadurch entstand eine Situation, in der der RV mit zwei Zungen sprach. Der sozialdemokratische Redakteur des einen Monat zuvor erstmalig herausgegebenen Vereinsorgans *Schlägel und Eisen*, der in Briefkontakt zu August Bebel in der Frage dieses Streiks stand, warnte unmittelbar nach Streikausbruch die Bergleute und forderte sie auf, an die Arbeit zurückzukehren:

„Die Zeit zum Streiken ist durchaus schlecht gewählt. Denn wir haben heuer eine Zeit des wirthschaftlichen Niedergangs. In solchen Zeiten darf sich der Arbeiter nicht zum Streiken hergeben ... Die Bergleute ... sollen für gefüllte Kassen, für eine gute Organisation sorgen, die, sobald ein Streik Aussicht auf Erfolg hat, ihn mit Siegesgewißheit unternehmen kann"[162].

Das ungeklärte Neben- und Miteinander unterschiedlicher Streikkonzeptionen verwirrte die Bergarbeiter und ließ sie zögern, sich einem allgemeinen Streik anzuschließen. In Anbetracht dieser Erfahrung mußte der RV sich nunmehr inhaltlich mit dem zukünftigen Weg der deutschen (Berg-) Arbeiterbewegung auseinandersetzen, ein Prozeß, der sowohl zur Polarisierung wie zu einer Radikalisierung nicht nur der Phraseologie führen sollte.

2.4. Krise der Organisation

Die Bereitschaft zur nationalen und internationalen Solidarität und das Scheitern des Mai-Streiks 1891 – dieser Widerspruch führte zwar nicht zu Massenaustritten, wie die *St. Johanner Volkszeitung* prognostiziert hatte[163], wohl aber zu einer Krise des RV, in deren Folge neue Überlegungen zu Funktion und Gestaltung des Verbandes um sich griffen. Unausbleiblich war auch die Irritation vieler Mitglieder und auch Vertrauensmänner, die von der behördlichen Repression direkt betroffen wurden. In Völklingen traten 70 bis 80 Mitglieder des Vereins sowie der Vertrauensmann Dörr aus, um damit die Voraussetzungen für ihr Gesuch um Wiederanlegung Dörrs zu schaffen, der Saarbrücker Landrat meldete „scharenweise" Austritte auch in Geislautern und Dudweiler[164].

Durch die Entlassungen im Anschluß an den Solidaritätsstreik 1891 wurde ein Gedanke wiederbelebt, der seit 1889 immer wieder den RV beschäftigt, jedoch trotz verschiedener Ansätze nicht zu dauerhaften Lösungen geführt hatte: Die Einrichtung von Unterstützungskassen für Bergleute, die wegen ihres Eintretens für mehr Rechte und für höhere Löhne gemaßregelt worden waren. Auf zwei Versammlungen am 31. Mai und 14. Juli 1891 wurden Einrichtung und Gründung einer Unterstützungskasse beschlossen und vollzogen, aber schon im Herbst reichten die Mittel, trotz Solidaritätsveranstaltungen in Form von Volkskonzerten, nicht mehr aus, um wirkungsvolle Hilfe leisten zu können. Die materiellen Grenzen der Solidarität wurden gerade in einer Situation der Polarisierung offenkundig, die beschränkten Möglichkeiten eines autonomen Revierverbandes erfahrbar.

2.4.1. Polarisierungen

Die Polarisierung der Bergarbeiterschaft fand ihren Ausdruck nicht nur in Absetzbewegungen von der Organisation oder in der Verweigerung von Beitragszahlungen, sondern ebenso in einem offenen Meinungsstreit für und wider die Sozialdemokratie. In zwei „öffentlichen Volksversammlungen" referierte der Redakteur des Vereinsorgans *Schlägel und Eisen*, Braun, erstmals vor einer breiteren Öffentlichkeit von ca. 100–400 Zuhörern Kernpunkte des sozialdemokratischen Parteiprogramms und agitierte – so die Niederschrift des überwachenden Gendarmen – „für die internationale, socialdemokratische, Revolutionäre Parthei"[165]. In diesen Versammlungen kam es zu erregten Debatten über Kirche und Religion, über die Funktion des Militärs, den Krieg 1870/71, die Annexion Elsaß-Lothringens und über das Königtum in Preußen. Alles, was auch den Bergleuten jahrelang „heilig" gewesen war, wurde in Frage gestellt. Kein Wunder also, daß an den Grenzen zum „Feindesland" Frankreich, in der Nähe bedeutender Schlachtfelder von 1870/71 und in einer Region, in der sich die Monarchie auf ihren „Musteranstalten" als „soziales Königtum" darzustellen versuchte, solche Attacken gegen eingefahrenes Denken Aufregung hervorriefen.

Schon wenige Tage später formierte sich die Opposition gegen die vermeintliche sozialdemokratische Unterwanderung des RV und organisierte ihrerseits Kundgebungen in Püttlingen. Gerade die Püttlinger Bergleute standen wegen ihrer hervorragenden Beteiligung am Solidaritätsstreik und dem unverblümten sozialdemokratischen Auftreten einiger RV-Mitglieder unter starkem Legitimationsdruck. Unter maßgeblicher Beteiligung von Peter Schillo distanzierten sich jeweils zwischen 50 und 400 Bergleute von einer sozialdemokratischen Perspektive ihres Verbandes und versuchten einen eigenen, zwischen Zentrum und Sozialdemokratie gelegenen Standpunkt zu bestimmen. Wenn auch die Versammlungen explizit „gegen das sozialdemokratische Treiben" gerichtet waren und zuvor festgelegt worden war, „daß *für* die Sozialdemokratie von Niemand gesprochen werden dürfe"[166], fiel doch auf, daß „Sozialistenhasser" wie etwa der Bergmann Peter Boßmann-Baldauf weder bei den Befürwortern noch den Gegnern der Sozialdemokratie ungestört zu Wort kamen. Auch die Opposition hielt an den Erfahrungen der kollektiven Interessenvertretung und einer nationalen Organisation fest, und so stand am Ende einer Vertrauensmännerversammlung am 12. August in Sulzbach, auf der es ebenfalls zu erbitterten Richtungskämpfen gekommen war, der Kompromiß, eine Reform des RV in Angriff zu nehmen[167].

Zuvor mußten jedoch schwerwiegende interne Querelen ausgeräumt werden, die entscheidend dazu beigetragen hatten, die Bergarbeiterorganisation in Mißkredit zu bringen. Verstärkt hatten sich im Frühjahr 1891 die RV-Vorstandsmitglieder mit öffentlichen Vorwürfen auseinanderzusetzen, daß sie mit Vereinsgeldern allzu großzügig umgingen und eine ordentliche Kassenprüfung bei dem desolaten Zustand der Buchführung nicht möglich sei[168]. Diese berechtigten Vorwürfe wogen umso schwerer, als der Verein zu jener Zeit mit zwei ehrgeizigen und teuren Projekten beschäftigt war, die „aller Welt" Mut, Ausdauer und Stärke der Bergarbeiterbewegung an der Saar demonstrieren sollten.

Am 20. Januar 1891 hatte eine Vertrauensmännerversammlung des RV die Gründung einer eigenen Zeitung beschlossen, am 15. des folgenden Monats stimmte auch der Vorstand dem Projekt zu. Die Zeitungsgründung sollte mit dem Aufbau einer eigenen Druckerei verbunden werden. Als Redakteur wurde Peter Braun gewonnen, ein Mann, der nach vierjähriger Arbeit bei dem Zentrumskaplan Dasbach 1890/91 zu den Sozialdemokraten übergewechselt war und von August Bebel – zunächst noch „geehrter Herr Braun" tituliert – mit den Worten begrüßt wurde: „Wenn Ihre Ueberzeugungen Sie auf unsere Seite zu treten veranlassen, so kann uns dies nur angenehm sein..."[169]. Bebel riet Braun, die Stelle als Redakteur „an der zu gründenden neuen ‚Bergarbeiter-Zeitung' anzunehmen...". Nikolaus Warken kaufte von dem Spekulanten Heinrich Eisenacher eine Druckerei zu dem überhöhten Preis von 17 000 M. und stürzte damit den RV, der ja schon die Saalbaukosten zu tragen hatte, in ein neues finanzielles Abenteuer, wodurch wiederum die Finanzpraktiken zum Gegenstand öffentlicher und abträglicher Diskussion gemacht wurden.

Die Zeitung, deren erste Nummer am 5. April 1891 erschien, wie auch ihre personelle Besetzung bildeten nun häufig den Gegenstand intensiverer Diskussionen in den Bergarbeiterversammlungen. Dabei stießen die personellen Entscheidungen des RV-Vorstandes auf verbreitete Kritik. Dem vorgesehenen Berlinger Korrespondenten Carl Schneidt haftete der Ruf an, Sozialdemokrat zu sein. Und Braun hatte es sich selbst zuzuschreiben, daß er zunehmend für untraggbar gehalten wurde. Mit dem Eifer eines Konvertiten, der sich vom „geehrten Herren" zum „werthen Genossen" gemausert hatte, nutzte er nach anfänglicher Zurückhaltung („ich werde ihnen vom 1. April ab Zeitungen liefern, die nur das Recht der Bergleute vertritt"[170]) seine Position sehr bald, um sozialdemokratische Agitation zu betreiben. Gut vier Monate nach Erscheinen forderten Püttlinger Bergleute kategorisch, „Braun zum Teufel zu jagen und die Zeitung *Schlägel und Eisen*, die nur Unheil unter der bergmännischen Bevölkerung hervorgerufen habe, zu beseitigen"[171]. Damit deutete sich an, daß die Zeitung ihre Funktion als stabilisierendes Element nicht erfüllen konnte, sondern eher das Gegenteil bewirkte. Statt die Komunikation zu verbessern und die Zahl der Versammlungen zu beschränken, verstärkte die Ausrichtung der Zeitung, zwischen „anarchistischen radikalen Fragen... religiösen Beschwörungen und monarchistischen Glaubensbekenntnissen"[172] schwankend, die zunächst vorhandene Skepsis der Bergleute. Der „unglaublich phrasenhaft schreibende Braun" (Hue), die Ernüchterung nach dem Solidaritätsstreik, das organisatorische und finanzielle Wirrwarr (Sitz von Redaktion und Druckerei war zunächst das entfernt gelegene Pirmasens) sowie ein Nachrichtenapparat, der sich darauf beschränkte, Meldungen anderer Zeitungen zu übernehmen, trugen dazu bei, das Wagnis einer eigenen Zeitung scheitern zu lassen. Gerade 3 000 Exemplare zählte die Auflage im Sommer und bestätigte so die gute Beobachtungsgabe des Bürgermeisters Woytt, der schon am 6. März 1891 festgestellt hatte: „Die Einladung zum Abonnieren in der Versammlung schien mir indessen eine besondere Zugkraft nicht zu haben"[173].

Nachdem sich nur wenige Stimmen für die Verteidigung von Peter Braun erhoben, wurde dieser am 11. Oktober entlassen. Unmittelbar zuvor verteidigte er noch sein Konzept einer Zeitung, die den „Einfluß der kapitalistischen Blätter" brechen sollte, vor den RV-Vertrauensleuten zu Bildstock[174]. Mit der Entlassung Brauns und der gerichtlichen Pfändung der Pirmasenser Druckerei wegen ausstehender Ratenzahlungen begann eine Wanderschaft des Redaktionssitzes, die deutlich werden ließ, wie entfernt im wahrsten Sinne des Wortes die Zeitung den Bedürfnissen der Saarbergarbeiter gewesen war. Nach einer Ausgabe als Kopfblatt der sozialdemokratischen *Volksstimme* (Mannheim) erschien *Schlägel und Eisen* in Gelsenkirchen, gleichsam nur noch einen Verschnitt anderer sozialdemokratischer Blätter darstellend. Noch 2 000 Abonnenten waren bereit, sie zu halten.

Nachdem die Peinlichkeit der gerichtlichen Pfändung durch einen Vergleich mit dem Spekulanten Eisenacher aus dem Weg geräumt worden war, konnte die Druckerei nach Bildstock verlegt werden. Von nun an erschien die Zeitung im Revier und stellte – obwohl ihre Redakteure zunächst von der Ruhr kamen[175] – ein Medium dar, in dem die Saarbergleute sich und ihre Probleme wiedererkennen konnten. Kurz vor dem Winter-Streik 1892/93, mit der Übernahme der Redaktion durch den ehemaligen Bergmann Josef Weyand, verfügten die Saarbergleute endlich über ein eigenes Sprachrohr, das ihre Interessen und Forderungen formulierte. Aber mittlerweile war die Auflage bereits auf 750 Exemplare gesunken[176]!

2.4.2. Klärungsversuche

Das zweite Projekt jener Jahre, der Saalbau zu Bildstock, vermochte wenigstens zeitweilig mobilisierend auf die Bergleute zu wirken. Bereits am 12. Januar 1890 hatte eine Vertrauensmännerversammlung des RV beschlossen, den Bau eines eigenen Saales vorzubereiten, um mögliche „Saalabtreibungen" aus dem Weg zu gehen. Trotz gerichtlicher Hürden, die – wegen der Auslegung von Spendenlisten für Mitglieder in öffentlichen Gaststätten – bis hin zum Berliner Kam-

Abb. 3: Der Saalbau zu Bildstock Deutsches Bergbau-Museum, Bochum

mergericht schließlich erfolgreich genommen wurden, einigten sich die RV-Vertrauensmänner schon am 10. Juli 1890 darauf, ein Vereinshaus auf dem Bildstock zu bauen. Der Kreisbehörde erschien dieses Projekt äußerst gefährlich, man vermutete, es „würde damit geradezu ein Brutherd konstruirt, um die wüste Agitation in Permanenz zu erklären und eventuell auch Massenrevolten vorzubereiten resp. in Scene zu setzen". Das Saalbauprojekt erwies sich als außerordentlich populär. Einzeln und in kleine Gruppen wanderten die Bergleute nach Bildstock und lieferten Backsteine ab. Von der Grundsteinlegung im Mai 1891 bis zur Fertigstellung des Rohbaues verging ein Jahr. Ab und an gab es Baupausen, sei es infolge der Streikbewegung oder aus finanziellen Gründen. Der Saarbrücker Landrat berichtete: „*Schlägel und Eisen* ist stets gefüllt von dringenden Aufforderungen *rückständige* Beiträge zu entrichten und dafür, daß in der Kasse des Rechtsschutzvereins bedenkliche Ebbe herrscht, spricht schon der Umstand, daß man die Arbeiten am Bildstocker Saalbau hat einstellen müssen". Der Finanzbedarf für den Saalbau war für die damalige Zeit enorm: 26 000 M. wurden allein im Jahre 1891 für ihn ausgegeben, zwischen 53 000 und 60 000 M. betrugen die Gesamtbaukosten.

Nicht nur die Bergleute unterstützten die Entstehung des Saales, der nach baurechtlicher Auflage maximal 980 Besucher fassen durfte; auch ihre Familien nahmen regen Anteil. Schon bei der Ecksteinlegung vermerkte die *Saarbrücker Zeitung*, daß weit über die Hälfte der Versammlung aus Frauen, Kindern und anderen Nichtbergleuten bestand. Zu einem wahren Volksfest gestaltete sich die Einweihungsfeier am 11. September 1892. Am selben Tag fand in Bildstock die Kirmes statt, so daß sich Tausende von Menschen einem vergnüglichen Treiben, insbesondere dem Tanze, hingaben. „Agitatorische Reden sind nicht gehalten worden, nur hielten Warken, Heyder und der neue Redacteur von *Schlägel und Eisen* Hünninghaus-Gelsenkirchen kurze Ansprachen". Zuvor schon hatte *Schlägel und Eisen* bekannt gegeben, daß der Saalbau nicht nur ein Monument der Einheit und Stärke der Bergarbeiter sei, sondern zugleich *„jeder* politischen oder religiösen Partei" offenstehe, sofern sie „volle Rede- und Diskussionsfreiheit" zulasse. Eine Absicht, die schon vor der feierlichen Einweihung umstritten war[177].

Einen Ausweg aus der Krise der Organisation bot die im Jahre 1891 immer dringlicher gewordene Neufassung des überkommenen Statuts von 1889. So fanden die Auseinandersetzungen nach dem Solidaritätsstreik in dem statuarischen Defizit einer eindeutigen Definition des Vereinszwecks ein Ventil und gestatteten einen gemeinsamen neuen Anfang. Während noch 1889 der Fußangelsche Rechtsschutzverein das einzig adäquate Vorbild gewesen war, hatten zwischenzeitlich die Aufhebung des Sozialistengesetzes, der Aufschwung gewerkschaftlicher Organisationsansätze und die nationalen wie internationalen Kontakte eine Vielzahl von Handlungsmöglichkeiten erfahrbar werden lassen[178]. Der erweiterte Horizont wurde erkennbar am § 1 des neuen Statuts, in dem die Gwährung von Rechtschutz nur noch eine Aufgabe unter vielen darstellte:

„Der Verein bezweckt die Förderung der geistigen, gewerblichen und materiellen Anliegen seiner Mitglieder; dieser Zweck soll erreicht werden durch Abhaltung wissenschaftlicher und gewerblicher Vorträge, Besprechung von Vereinsangelegenheiten, Gründen und Fortbestehen einer Zeitung mit dem Titel *Schlägel und Eisen* und Gewährung von Rechtschutz bei den aus dem Arbeitsverhältnis entspringenden Streitigkeiten".

Die Lehren der Vereinsgründung unter geistlicher Anleitung wie auch die Braunschen Artikel in *Schlägel und Eisen* bildeten den Hintergrund eines Absatzes in § 1, der über das als Vorlage benutzte

Hallenser Statut des Verbandes deutscher Bergarbeiter hinausging: „Die Zeitung *Schlägel und Eisen* darf keine Parteipolitik enthalten und keinen konfessionellen Standpunkt einnehmen. Innerhalb des Vereins sind Streitigkeiten der verschiedensten Konfessionen und Politischen Parteien durchaus ausgeschlossen"[179].

Mit dem neuen Statut, das endgültig von den Vertrauensmännern am 27. November 1891 verabschiedet wurde, konstituierte sich der RV auch formal als das, was er schon bald nach seiner Gründung geworden war: Eine unabhängige gewerkschaftliche Organisation auf Revierebene, deren Tätigkeit sich auf alle betrieblichen und sozialen Belange erstreckte. Betont wurde die Dominanz des Organisations- und Solidaritätsgedankens nicht nur durch die Klausel im Statut, daß bei einer eventuellen Auflösung des Vereins das Vermögen innerhalb von 10 Jahren „zur Gründung eines neuen Vereins, welcher die nämlichen Tendenzen verfolgt, wie der Rechtsschutzverein" verwendet werden sollte. Gerade die Erfahrungen des Jahres 1891 schienen das Organisationsbedürfnis stabilisiert und die Bereitschaft zur Solidarität zumindest nicht gemindert zu haben. So konnten auch jene französisschen Bergleute zumindest auf materielle Hilfe ihrer Saar-Kollegen vertrauen, die im November 1891 in einen Streik getreten waren. Auf zahlreichen Veranstaltungen wurden Hutsammlungen durchgeführt, die beispielsweise in Dudweiler 142 M. und in Altenkessel 28 M. erbrachten[180]. Mit dieser Kampagne „für die Franzosen" zeigten die Saarbergarbeiter, daß ihnen „Solidarität" trotz widriger Erfahrungen keine leere Floskel geworden war; die positiven Aspekte der Parisreise hatten den denunziatorischen Wirbel um die Kranzniederlegung auf dem Père Lachaise überstanden. So endete das turbulente Jahr 1891 für den RV eigentlich ermutigend; die notwendig eingetretenen Differenzierungen hatten zur Klärung der Organisation beigetragen, wenn auch die Zahl der aktiven und beitragszahlenden Mitglieder immer noch abhängig von den aktuellen Auseinandersetzungen auf einzelnen Gruben blieb.

Zweifellos stellte die Annahme des neuen Status eine innerverbandliche Klärung und einen Vertrauensbeweis für die bisherige Vorstandsmehrheit dar. Gleichwohl war damit die Krise der Organisation noch nicht überwunden. Denn in bewußter und zielstrebiger Strategie versuchten nun Bergbehörden und Zentrumspolitiker, Konflikte unter den Bergleuten zu verschärfen, in das funktionierende Versammlungswesen mit „Störkommandos" einzugreifen[181] und selbst mit dem Mittel der Versammlungsagitation die Bergleute wieder an die traditionellen Mächte des Reviers zu binden. Einen immer wiederkehrenden Ansatzpunkt für solche Aktivitäten bot die kontinuierliche Annäherung von Teilen des RV an die deutsche Sozialdemokratie: An dem sozialdemokratischen Parteitag zu Erfurt (14. bis 20. Oktober 1891), dem Halberstädter Gewerkschaftskongreß (14. bis 18. März 1892) und dem internationalen Bergarbeiterkongreß zu London (7. bis 10. Juni 1892) nahmen Delegierte von der Saar teil. Agitationsreisen sozialdemokratischer Funktionäre stellten nun keine Ausnahme mehr dar. Und seit der Jahreswende 1891/92 erschien als Kopfblatt der Mannheimer *Volksstimme* der *Bote von der Saar* mit eigener Regionalseite. Auch billigte eine Mehrheit von Vertrauensleuten nachträglich die Vermietung des Bildstocker Saalbaus für die 1. Mai-Feier, an der ca. 200 sozialdemokratisch orientierte Schneider, Schreiner, Schuhmacher und Bergleute teilnahmen[182].

Gegen diese, für die Mehrheit der Bergleute durchaus nicht repräsentative Tendenz mobilisierte im Frühjahr 1892 nicht nur die Bergwerksdirektion alle „christlich-patriotischen Bergleute", um das „Grundgesetz" des königlichen Saarreviers nicht in Vergessenheit geraten zu lassen:

1. „Die Bergleute der königlichen Gruben befänden sich als gute Christen und Patrioten im Widerspruch mit der Vertretung des Rechtsschutzvereins".
2. „Ein Sozialdemokrat gehöre in königlichen Gruben überhaupt nicht geduldet"[183].

Eine Spaltung der Arbeiterbewegung schien unvermeidlich; während ca. 400 Bergleute mit dem Berginspektor Hilger ein „Hoch auf die braven königstreuen Bergarbeiter" anstimmten, endete eine zwei Tage später einberufene Gegenveranstaltung unter großem Andrang mit einem Hoch auf die internationale Bergarbeiterbewegung und einem Lied auf den 8-Stunden-Tag[184].

Organisatorisch ließ sich das christlich-patriotische Lager noch nicht stabilisieren. Dem emphatischen Aufruf des Zentrumkaplans Dasbach „Schafft jetzt reine Bahn und gründet einen christlich-patriotischen Rechtsschutzverein" folgten unmittelbar keine Taten. Erst im November 1892 gelang die Einrichtung eines „Volksbureaus" des katholischen Volksvereins in St. Johann. Die konzertierte Kampagne gegen den RV zeigte vor allem an der Peripherie des Reviers Wirkung: In einigen Ortschaften stellten Bergleute ihre Beitragszahlungen ein, in anderen Orten trat eine nicht unbeträchtliche Zahl von Mitgliedern aus und in Völklingen löste sich der RV sogar ganz auf.

2.5. Elementare Revolte – Konsequenzen eines Lernprozesses (1892/93)

Noch während der konservativen Gegenoffensive und auf dem Höhepunkt der Versuche, die Spaltung der Bergarbeiterschaft durch organisatorische Vereinnahmung zu besiegeln, machten im Revier die Auswirkungen der konjunkturellen Entwicklung alle politischen Ränkespiele zunichte. Unterschiedslos waren das eine wie das andere Lager der Arbeiterbewegung betroffen von einer rapiden Verschlechterung der materiellen Reproduktionsbedingungen. Gerade jene Veranstaltung am 17. Juli 1892 in St. Johann, auf der der katholische „Volksverein" seine Truppen zum Kampfe gegen den RV-Vorstand zu sammeln versuchte, offenbarte die neue wie alte Gemeinsamkeit. Der Zentrumspolitiker und Rechtsanwalt Döhmer kam nicht umhin, selbst treffende Argumente gegen eine Spaltung der Arbeiterbewegung anzuführen:

„Es herrschen jetzt wieder die früheren Uebelstände, niedere Löhne und schlechte Behandlung. Nur eine geschlossene Einheit der Bergleute könne diesen Uebelständen begegnen".[185]

Weitere Redner beklagten eigene Lohnverluste, während den Beamten Teuerungszulagen gewährt wurden. Schon einen Monat später meldete der Ottweiler Landrat Neueintritte in den RV und wieder regelmäßigere Zahlungen der Mitgliedsbeiträge. Zugleich tauchten die ersten Streikgerüchte auf und die Versammlungen des RV nahmen wieder Massencharakter an[186].

2.5.1. Irrationalität? Arbeitskampf und Konjunktur

Ursächlich für diesen Umschwung war die Mitte 1890 begonnene konjunkturelle Stockung in der Eisenindustrie, die nun auch auf die Kohlebergwerke durchschlug. Obwohl der Durchschnittspreis pro Tonne Kohle von 10.91 M. im Jahre 1890 nun auf 9.73 M. gesunken und der Kohleabsatz zurückgegangen war, erwirtschafteten die Saargruben immer noch Überschüsse[187]. Die „defensive Marktstrategie" und „behutsame Krisenpolitik", die nach Ernst Klein Kennzeichen des fiskalischen Saarbergbaues waren und die zur Folge hatten, „daß die Bergwerksdirektion in Zeiten der Konjunktur keine drastische Produktionsausweitung vornahm, um in der Flaute nicht zu ebenso drastischen Einschränkungen mit Arbeiterentlassungen gezwungen zu sein"[188], belastete letztendlich doch wieder die Arbeiter. Wie schon in den 1870er Jahren reagierte der Bergfiskus mit einer rigorosen Senkung der Selbstkosten pro geförderter Tonne. Die Verminderung der Lohnkosten durch Gedingeherabsetzung und Feierschichten werden zwar nicht in jedem Falle die drastischen Folgen wie bei jenem Bergmann aus Malstatt-Burbach gehabt haben, der im Vergleich zum April – 107.59 M. – im November nur noch ganze 40.88 M. mit nach Hause brachte, jedoch war die finanzielle Betroffenheit durch die staatliche Krisenpolitik allgemein spürbar: Vom 1. Juli bis zum Winter sank in der Ottweiler Gegend der Schichtverdienst eines Bergarbeiters um fast 1.50 M[189]. Bezogen auf den durchschnittlichen Schichtverdienst des Jahres 1892 handelte es sich um Lohnreduktionen zwischen 35.5 % bei den eigentlichen Grubenarbeitern und um mehr als 40 % im Lohndurchschnitt der Gesamtbelegschaft.

Schon im Spätsommer 1892 hatten sich die Bedingungen, die im Dezember zum Streikausbruch führen sollten, herauskristallisiert und waren den Behörden bekannt. Neben Lohnreduktionen und Feierschichten, die durch Entlassungsgerüchte noch bedrohlicher erschienen, waren diese die bevorzugte Behandlung der Beamten und die Neufassung der Arbeitsordnung. Der Saarbrücker Landrat Bake prognostizierte bereits am 28. September 1892: „Diese Bewegung wird aber zunächst voraussichtlich weitere Nahrung durch die nach der neuen Berggesetznovelle zu erlassende Arbeitsordnung erhalten"[190]. Im folgenden diagnostizierte er, daß insbesondere die Neubestimmung des Lehrhauerstatus und die Anrechnung der Schlepperschichten Probleme aufwerfen würden. Den Bergleuten indes war zu dieser Zeit der Entwurf der neuen AO noch nicht bekannt.

Obwohl also die Behörden über umfassende Informationen verfügten, die eine hie und da aufflackernde Streiklust erklärbar werden ließen, wurde ein Streik für unwahrscheinlich gehalten. Schon im Mai 1891 war erkennbar geworden, daß unter den Saarbergarbeitern ein konjunkturrationales Konfliktverhalten noch nicht verankert war. Umsomehr war dieses Denken bei den betroffenen Behörden anzutreffen. Wie der Trierer Regierungspräsident von Heppe am 16. August 1892 vermutete auch der Saarbrücker Landrat wenige Tage später, daß „der Ausbruch des Streiks bei der stetig fallenden Konjunktur sehr unwahrscheinlich" sei[191]. Auch im September vermochte er noch keine „Streikgelüste" wahrzunehmen.

Am 2. November veröffentlichte der *Bergmannsfreund* endlich den Entwurf der neuen Arbeitsordnung. Die Bekanntgabe dieser „Musterleistung fiskalischer Sozialpolitik", wie die sozialdemokratische

Presse die AO ironisch titulierte, gerade zu diesem Zeitpunkt kann als bewußtes Kalkül interpretiert werden. Die kurze Frist von zwei Monaten bis zum Inkrafttreten machte eine tatsächliche Mitwirkung der Arbeiterausschüsse unmöglich: Entweder akzeptierten sie jetzt die AO, die Lohnherabsetzungen und die Feierschichten oder sie streikten. Angesichts des schlechten Absatzmarktes eine für die Bergwerksbetreiber sicher nicht unwillkommene Alternative. Der Saarbrücker Landrat Bake bestätigte dieses Kalkül:

„Bei den augenblicklich schlechten Absatzverhältnissen würde ein Ausstand der Bergverwaltung kaum sehr unerwünscht kommen, die Bergleute würden über kurz oder lang doch nachgeben müssen"[192].

Wie die AO vom 6. August 1877 stellte der neue Entwurf keine Arbeitsordnung im heutigen Sinne dar; denn hier wurden nicht alleine die Modaliäten der täglichen Arbeitsverrichtung kodifiziert, sondern zugleich massiv in das außerbetriebliche Leben der Bergleute eingegriffen und die innerbetriebliche Hierarchie in den Alltag verlängert: „Die Beamten und älteren Arbeiter sind berechtigt, gegen ungebührliches Verhalten minderjähriger Arbeiter auch außerhalb des Betriebes einzuschreiten". Dies nur ein Satz von vielen, der auch von den Arbeitern zurückgewiesen wurde. Als ob die Bildstocker Forderungen oder die Völklinger Beschlüsse unbekannt seien, war bei dem Entwurf der AO nach dem Prinzip verfahren worden: Alles nach den Wünschen des Betriebs, so wenig wie möglich nach den Wünschen der Arbeiter.

Kaum war der AO-Entwurf veröffentlicht, fanden in den meisten Bergarbeiterorten Versammlungen statt, in denen die vorgelegte AO abgelehnt wurde. Am 27. November 1892 beschlossen die Grubenausschüsse in Bildstock einen detaillierten Forderungskatalog, in dem für jeden Paragraphen Zustimmung, Kritik und Abänderungsvorschläge formuliert wurden. Lediglich 20 der insgesamt 58 Paragraphen hielten der kritischen Überprüfung von Seiten der Arbeiter stand. Fast 2/3 der Bestimmungen forderten dagegen die Kritik der Bergleute heraus: wiederum war keine achtstündige Arbeitszeit einschließlich Ein- und Ausfahrt festgelegt worden, erneut bestand der Hauptteil des Reglements in einem umfangreichen und ausgeklügelten Strafkatalog und immer noch konnten die Lohnvereinbarungen nicht von persönlicher Gunst oder Mißgunst der beteiligten Steiger freigehalten werden. Im Krisenjahr 1892 erregten natürlich gerade die Versuche der Bergbehörden größtes Aufsehen, die die Lebensverdienstkurve der Bergarbeiter verschlechterten: durch die Einführung eines förmlichen Lehrhauer-Statuts, der verbunden war mit einem anteiligen Schichtabzug bei der Lohnberechnung, sollte den Bergleuten erst mit 25 Jahren ein Vollverdienst ermöglicht werden. Zugleich wurden auch die Schlepperlöhne verschlechtert. Beide Maßnahmen bezweckten eine „Ermäßigung der Produktionskosten, welche zur Erhaltung der Konkurrenzfähigkeit der Saarkohle erforderlich erschien"[193].

In Kenntnis dieser Entwicklung zeichnete die Stellungnahme des Saarbrücker Landrats an die königliche Regierung zu Trier ein unerschütterliches Vertrauen in einen konjunkturrationalen Konfliktaustrag aus. Er schrieb am 5. Dezember:

„Trotz dieser voraussichtlichen Verschlechterung der Lage glaube ich nicht, daß die Bergleute hier ans Streiken denken: sie wissen ganz genau, daß sie bei der jetzigen Geschäftslage mit Arbeitseinstellungen nichts erreichen würden."[194]

Am 8. Dezember eröffnete Nikolaus Warken mit den Worten, „daß kein Spaß mehr zu machen sei", eine Versammlung von ca. 2 000 (Schätzung von Bürgermeister Forster) bis 7 000 (Schätzung der Bergleute) Teilnehmern in Bildstock. Die Redebeiträge spiegelten die Stimmung im Revier wieder. Kündigungen und Streikdrohungen wurden wiederholt geäußert, Bitterkeit und Zynismus gegenüber der Bergbehörde prägten die Atmosphäre, kraftmeierische Sprüche („Herkules am Scheideweg") wechselten mit anklagenden Worten über die „Noth" und den Druck von außen, der zur Selbsthilfe zwinge. Aufrufe zur Einigkeit verhallten nicht ungehört. Bachmann, um den es in den letzten Monaten wegen seiner Opposition gegen Warken viel Ärger gegeben hatte, kehrte in den RV zurück. Die in der Organisation mittlerweile erfahrenen Schillo, Berwanger und Weyand deuteten mit ihren Beiträgen einen Lernprozeß an: Sie propagierten eine möglichst vollständige Organisation der Bergleute und gefüllte Kassen als Vorbedingung erfolgreicher Streikführung. „Ohne Streik können wir nichts erreichen" — diese gemeinsame Erfahrung führte am Ende der Versammlung zur Wahl eines Streikkomitees, dem Bachmann, Müller (Landesweiler), Schillo, Weyand und Speicher-Weißgerber angehörten. Eine Abstimmung ergab eine hundertprozentige Streikbereitschaft der Anwesenden zum 1. Januar 1893[195].

Unter dem Eindruck der massenhaften Proteste und Streikdrohungen wurden am 16. Dezember 1892 in Plakatform geringfügige Änderungen der AO den Bergleuten bekannt gemacht, so u. a. die Verringerung der Lehrhauerzeit von 3 auf 2 Jahren. Der Saarbrücker Landrat:

„Es wird sich dann herausstellen, ob die Einstellung der Arbeit am 1. Januar von der Mehrzahl oder einem Theile der Bergarbeiter beschlossen werden wird. Der Herr Vorsitzende der Bergwerksdirektion ... glaubt ebenso wie ich noch nicht recht daran, daß die Bergleute mit dem Streik Ernst machen werden. Immerhin kann ich nicht verschweigen, daß allenthalben die Unzufriedenheit groß ist und daß namenthlich der geringe Verdienst in den letzten Monaten zu allem fähig zu machen scheint"[196].

Während die Bergarbeiter immer wieder zu erkennen gaben, daß für sie der Streik als einziges Mittel verblieb, griffen die Behörden jedes vermeintliche Indiz begierig auf, das auf eine friedliche Konfliktlösung hinzudeuten schien. Täglich wurde nun dem Regierungspräsidenten in Trier berichtet, und kurz vor Weihnachten wurde gemeldet, das Streikkomitee habe alle Aktionspläne fallen lassen und stattdessen nochmals dezentrale Versammlungen einberufen[197]. Diese aber, meldete am 22. Dezember der Ottweiler Landrat, endeten in seinem Landkreis

„stets mit dem Ergebnis: Es wird gestreikt". Trotzdem glaubt auch er „nicht recht an einen Streik im Januar, wenigstens nicht in größerem Umfang. Die älteren und verständigen Bergleute wissen zu gut, daß sie bei dem jetzt vorhandenen geringen Kohlenabsatz die größte Thorheit mit einem Arbeiterausstand begehen würden. Der Bergbehörde würde damit in vieler Hinsicht ja nur gedient sein"[198].

Sehr wahrscheinlich vertrauten die lokalen Behörden zu sehr ihrem eigenen Feindbild. Nachdem sie den RV und insbesondere seinen Führer immer wieder als Sozialdemokraten verdächtigt hatten, warnte nämlich jetzt auch der sozialdemokratische *Bote von der Saar* vor einem Streik, „weil die Geschäftslage die denkbar ungünstigste und die Organisation geschwächt sei"[199]. Vorsichtshalber wurden trotzdem polizeitaktische Einsatzpläne entworfen und die Gendarmerie auf einen sofortigen Einsatz vorbereitet.

Am 28. Dezember beschlossen zwei Massenveranstaltungen auf dem Bildstock den Ausstand für den nächsten Tag. Der Vorsitzende des RV, Nikolaus Warken, sprach aus, was die meisten seiner Kameraden dachten: „Die Zeit zum direkten Handeln ist nun gekommen. An Euch liegt es nun, ob Ihr zu Grunde gehen wollt oder nicht"[200]. Entgegen aller Prognosen begann nun der längste und erbittertste Arbeitskampf im Saarrevier während des 19. Jahrhunderts. Die Entscheidung für diesen Streik markierte den definitiven Abschluß eines Lernprozesses, in dessen Verlauf die Arbeiter hatten erkennen müssen, daß die Uhren auf den Staatswerken des preußischen Obrigkeitsstaates nicht anders gingen als in den privaten industriellen Unternehmungen und daß das Lob des Bergmannsstandes gegenstandslos geworden war:

„Schon 3 Jahre petitionieren wir, haben aber nichts erlangt. Was wir 1889 erlangt, ist uns wieder genommen"[201].

Ungeachtet aller konjunkturellen Widrigkeiten traten am folgenden Tag mehrere Tausend Arbeiter auf den Inspektionen von der Heydt, Dudweiler, Heinitz, Friedrichsthal und Fischbach in den Streik.

2.5.2. Gewalthaftigkeit

Emotionen und aufgestaute Aggressionen bestimmten von Beginn an das Streikklima. Die *Saarbrücker Zeitung* berichtete vom ersten Streiktag:

„Leider ist es stellenweise zu Excessen gekommen. In Heinitz waren viele Bergleute betrunken diesen Morgen vor dem Gitter der Grube erschienen und brüllten und schrien oder sangen sozialdemokratische Lieder. Auch Revolverschüsse wurden abgefeuert, es war ein Höllenlärm und es steht zu befürchten, daß noch größere Excesse bis zum Abend vorkommen werden, namenthlich da viele der jungen Burschen mit Revolvern und Munition mehr als gut versehen sind. Bis jetzt sind in Heinitz 10 Gendarmen anwesend"[202].

Damit waren die Fronten für den Verlauf des Streiks abgesteckt: Auf der einen Seite verbitterte Arbeiter, für die Gewalt selbstverständlich zum Arsenal der verfügbaren Kampfmittel zählte, auf der anderen Seite die Königl. Bergverwaltung, die — unterstützt von der Erwartung privatindustrieller Kreise, die „auch das geringste Nachgeben für ein Unglück ansehen" würden[203] — mit Härte auf den Ausstand reagierte.

Überraschend kam der militante Streikauftakt nicht. Schon im Mai des Jahres war im sozialdemokratischen *Bote von der Saar* eine Anzeige des Waffenhändlers und Sozialdemokraten Hugo Dullens aus St. Ingbert erschienen, in der dieser „mit Munition und franko gegen Einsendung des Betrages" folgende Waffen anbot:

Lefancheur-Revolver 7 mm von M. 5,- an,
Centralfeuer-Revolver 7 mm von M. 7,- an,
Rechtsschutz-Revolver 9 mm von M. 9,- an[204].

Auf Grube Maybach wurden in den Augusttagen zwei Kästen Dynamit gestohlen, nur einen von ihnen fanden Schulkinder wenige Tage später am Friedrichsthaler Bahnhof wieder auf[205]. In die angespannte Stimmungslage der bergmännischen Bevölkerung gibt der Bericht des Ottweiler Landrates Einblick:

„Zweifellos werden nämlich die Gendarmen, wenn sie bei den jüngeren Bergleuten Untersuchungen vornehmen, häufiger Revolver ohne Waffenschein finden, aber es erscheint mir bedenklich, derartige Untersuchungen, wenn nicht im Einzelfall besondere Verdachtsgründe vorliegen, häufiger wiederholen zu lassen. Es wird dies die Aufregung vermehren, vielleicht oder wahrscheinlich zu Gewalttätigkeiten Veranlassung geben und an der Sache selbst, daß nämlich viele Bergleute im Besitz von Revolvern sind, nichts ändern, vielmehr die Lust zur Anschaffung eines Revolvers nur steigern.

Auch werden die Fälle, wo die Untersuchungen der Gendarmen erfolglos waren, günstiges Kapital zu neuen Aufreizungen liefern und die Gendarmen unnöthig in Mißkredit setzen, während es mir immer wünschenswerth erscheint, wenn ein wenigstens leidliches Verhältnis zwischen den Gendarmen und der Bevölkerung sich aufrechterhalten läßt"[206].

Die unmittelbaren Streikvorbereitungen schienen die Nachfrage erhöht zu haben. Das Bürgermeisteramt Weiskirchen teilt am 29. Dezember 1892 mit, daß in den letzen Tagen 800 Revolver an Bergarbeiter verkauft worden seien[207]. Zu ersten „Excessen", Zusammenstößen mit der Gendarmerie, kam es am 18. Dezember in Mallstatt, als einer dorthin einberufenen Bergarbeiterversammlung plötzlich vom Wirt der Saal verweigert wurde. Die erregte Stimmung verschaffte sich schließlich dadurch Luft, daß „die Bergleute revolutionäre Lieder singen und sich ganz ungebärdig betragen" – wie der Schutzmann Schumann dem Polizei-Commissar Körner meldete. Schon bei dem Versuch, einzelne Bergleute wegen „Widersetzung" festzunehmen, entstand ein Handgemenge. Für einen preußischen Polizisten undenkbar, entwickelt sich aus dieser verworrenen Lage ein kleiner Aufstand:

„Was nun folgt, spottet jeder Beschreibung. Einige Hundert Bergleute folgten uns unter lebensgefährlichen Drohungen, dabei fortgesetzt um Herausgabe ihrers Führers Schillo und 'Revolution' rufend, weshalb auf meinen Befehl zu unserem Schutze (wir) unsere Seitengewehre ziehen und die Revolver in Bereitschaft halten mußten. Hierbei führte ich Schillo, während die Beamten mir auf dem Fuße folgten, um den fortwährenden Vorstoß gegen mich, zur Befreiung des Schillo abzuwehren".

Im Verlaufe der Auseinandersetzungen nahmen die Ordnungskräfte weitere vier Bergleute fest:

„Der Transport dieser Festgenommenen geschah in der erdenklichst schwierigsten Weise, da nunmehr auch anscheinend mit Steinen, oder anderen harten Körpern nach uns geworfen und hierdurch Gendarm Schlarb am Kopfe schwer verletzt wurde. In der Höhe des Hotels Löwenbräu erfolgte ein besonders heftiger Angriff gegen die Beamten, weshalb diese eine Anzahl

Schüsse aus ihren Revolvern in die Luft abfeuerten, um ihre Angreifer vom Leibe zu halten"[208].

Mit dem Streikbeginn am 29. Dezember eskalierte die Konfrontation; eine mit polizeitaktischen Mitteln nicht mehr zu kontrollierende Situation entstand. Jede behördliche Maßnahme erregte zusätzlich die Gemüter. Die Bergwerksdirektion warnte eindringlich vor den Folgen der Arbeitseinstellung und ließ die Schlafhäuser räumen. In den betroffenen Landkreisen wurden Polizeiverordnungen gegen Streikposten erlassen und der Trierer Bischof Korum ermahnte die Bergarbeiter, nicht „dem verführenden Rufe von Männern zu folgen, welche in ihren Umsturzbestrebungeen Kirche und Staat bedrohen". Mit dem Silvestertag 1892 setzte eine Verhaftungswelle ein, in deren Verlauf neben Nikolaus Warken weitere einflußreiche RV-Mitglieder aus dem Streikverkehr gezogen wurden. „Wenn ein Führer verhaftet wird, treten andere an die Stelle", lautete die trotzige und noch selbstbewußte Antwort der Streikenden.

Schon die ersten Streiktage ließen erkennen, daß durch massiven Einsatz der Staatsgewalt der Ausstand nicht beendet werden konnte. Am zweiten Tage erhöhte sich die Zahl der Streikenden auf über 14 000, am dritten Tag beteiligen sich alle Inspektionen des preußischen Saarrevieres. Mit 25 326 Arbeitern − das waren nahezu 84 % der Gesamtbelegschaft − wurde am 2. Januar 1893 die höchste Streikbeteiligung erreicht. Damit trat die Bergarbeiterbewegung in eine Phase ein, in der die Dimensionen eines industriellen Arbeitskampfes gesprengt wurden. Bis zum 9. Januar beteiligten sich stets mehr als 20 000 Arbeiter, täglich fanden Streikversammlungen statt. Hier wurden Nachrichten ausgetauscht, Unterstützungsmaßnahmen eingeleitet, das weitere Vorgehen beraten und in Fällen von Verhaftungen neue Vertreter gewählt. Bildstock, wo oft vor- und nachmittags Versammlungen abgehalten wurden, bildete zwar das Zentrum der Bewegung, gleichwohl fanden in vielen Orten des Revieres nochmals gesonderte Versammlungen statt. Am 9. Januar telegrafierte Oberbergrat von Velsen an den Trierer Regierungspräsidenten: „Gestrige Versammlungen in fast allen Bergmannsdörfern beschlossen weiter zu streiken. An Bildstocker Versammlung nahmen etwa 5 000 theil"[209].

Kennzeichen der Streiktage bis zum 9. Januar war auf Seiten der Streikenden ein nicht nachlassender Optimismus. „Sollten wir 3 Monate im Streik liegen, halten wir doch aus", versprach Bachmann und drückte damit eine verbreitete Stimmung aus. „Unsere Losung lautet ‚Vorwärts'" − ein Nachgeben schien undenkbar[210]. Grundlagen die-

ser Zuversicht bildeten das Solidaritätserlebnis eines sich schnell ausbreitenden, alle Gruben erfassenden Streiks, das Vorhandensein einer die Kommunikation aufrechterhaltenden Organisation, ein nahezu blindes Vertrauen auf die nationale und internationale Solidarität sowie die breite Miteinbeziehung der Familienangehörigen, insbesondere der Frauen. Da schien es für die Bergleute selbstverständlich, daß die Bergbehörde nach einiger Zeit mit ihnen verhandeln mußte. So wirkte die erst ablehnende Antwort der Bergwerksdirektion auf ein Schreiben des Streikkomitees keineswegs desillusionierend und führte die Bergleute nicht von selbst auf den Weg eines ständisch-rationalen Konfliktaustrags zurück. Erst als Rechtsanwalt Heyder den Gedanken einer Petition bzw. Deputation wiederbelebte – „wenn Ihr in St. Johann nicht durchkommt, geht Ihr nach Berlin" – sandten die Streikenden ein von diesem verfaßtes Schreiben an Minister Berlepsch[211]. Auch ein Versuch des Knappschaftsältesten Fox scheiterte, den Saarbrücker Landrat Bake als Vermittler zu gewinnen und ihm die Forderungen der Streikenden zu übermitteln. Bake wie auch der Vorsitzende der Bergwerksdirektion von Velsen weigerten sich, vor bedingungsloser Wiederaufnahme der Arbeit zu verhandeln. Heyder wiederum propagierte am 6. Januar die Entsendung einer Deputation zum Oberpräsidenten nach Koblenz und schien zugleich organisatorische Vorbereitungen dazu getroffen zu haben. Aber auch in Koblenz stießen die Bergleute auf verschlossene Türen[212].
Die Mehrheit der Bergleute hatte den Weg der „unterthänigsten Bitte" schon längst verlassen; sie organisierten stattdessen überall im Revier den Ausnahmezustand. Als wirksamstes Mittel erwies sich die Blockade der weitläufigen Anfahrtswege. Viele Bergleute erreichten ihre Gruben über sog. „Bergmannspfade", Wege, die von den Wohnorten durch Wälder und einsame Gegenden zu den Grubenanlagen führten. Hier wurde arbeitswilligen Bergleuten aufgelauert, und durch Drohungen oder Gewalt wurden sie zur Rückkehr gezwungen. Arbeiter aller Inspektionen mußten ihren Weg zur Arbeitsstätte angesichts von Steinwürfen und Pistolenschüssen abbrechen. Auch an Bahnhöfen wurden Arbeitswillige abgefangen und „mit elementarer Gewalt" zurückgedrängt. Die Situation in den Wäldern an der preußisch-bayerischen Grenze schildert eine Beschwerde der Königl. Berginspektion VIII beim Bezirksamt Homburg:

„ . . . möchten aber Euer Hochwohlgeboren noch davon Kenntnis geben, daß die anfahrenden Bergleute aus Münchwies, Lautenbach beim Passieren der Wälder heute Morgen 6 1/4 Uhr gleich diesseits Münchwies und gestern in der Höhe des nach Wellesweiler führenden Fußpfades auf der von Neunkirchen durch den Zinswald führenden Straße durch Banden Aufständiger mittels Schießen zurückgetrieben sind, und daß diese Banden sowohl auf preußischem als auf dortigem [bayerischen] Gebiet ihr Wesen treiben dürfen"[213].

Konnten die Grubenanlagen auch polizeilich beschützt werden, so erwies sich dies bei dem weitläufigen Wegenetz als unmöglich. „Sobald nicht gerade Gendarmen zugegen waren, sollen Beschimpfungen und Angriffsversuche auf arbeitswillige Bergleute vorgekommen sein", meldete der Saarbrücker Landrat[214].
Unerläßliches Hilfsmittel solcher Streikführung war der verbreitete Waffenbesitz, der alleine schon einschüchternd wirkte. Ein Maschinenwärter berichtete:

„Fast jeder Bergmann trägt seinen Revolver. Da war heute Morgen und die Nacht ein Schießen, das es einem Angst und Bange wurde, ich weiß nicht, ob ich heute Abend zur Arbeit gehe, ich traue mich fast nicht, ich glaube, daß morgen früh kein Mann mehr arbeiten geht"[215].

Während die *Rheinisch-Westfälische Arbeiter-Zeitung* dieses Streikmittel als eine „Thorheit, die sich durch nichts erklären ließe" bezeichnete, gehörte der Umgang mit Pulver und Explosivstoffen zum alltäglichen Rüstzeug der Bergarbeiter, „das Schießen" bildete einen Teil der Arbeitsverrichtung. So überraschte es nicht, daß auch Dynamit zur Streikdurchsetzung verwendet wurde. Aus Flaschen und Steinkrügen gebastelte Sprengsätze und Dynamitpatronen explodierten vor Fenstern und Türen von Arbeitswilligen, Beamten und ebenso bei der *Saar- und Blies-Zeitung*; eine „furchtbare Detonation" auf der Anhöhe zwischen Püttlingen, Altenkessel und Völklingen gab das Signal für den Streikbeginn auf der Inspektion II[216]. Auch die beschwichtigenden Reaktionen der Behörden, die die Ruhe nur „wenig gestört" und in der Schießerei „boshafte Schelmenstreiche" sahen[217], konnte nicht verdecken, daß die Militanz der Streikenden eine Atmosphäre in den Ortschaften des Reviers schuf, die eher an den Verlauf von „food riots", Maschinensturm-Aktionen, Bierkrawallen oder an den Königshütter „Bürgerkrieg" 1871 erinnerte als an einen Konflikt zwischen königlichen Arbeitern und königlichem Arbeitgeber.

„Mauschbacher", das waren Streikbrecher, wurden „für Verräther gehalten und deshalb glühend gehaßt" und oft mit skurilen Methoden bekämpft:

„Parole
Wenn Dein Sohn nochmals eine Schicht anfährt
so bist Du und Dein Haus verloren.
  Die Dy . . . . t Attenthäter".

Handgemalte Drohplakate und Holzbretter, die mit Gewaltsymbolen bemalt wurden[218], führten streikunwilligen Arbeitern drastisch vor Augen, was auch ihnen blühen konnte, sollten sie sich der Solidarität weiter verweigern. Der Bergmann Nikolaus Thul schilderte die Konflikte, in die er mit seiner Familie durch den Ausstand geraten war:

„Ich habe als der unglückliche Ausstand begann im Entferntesten nicht daran gedacht von der Arbeit wegzubleiben, ... alleine nachdem ich zweimal versuchte nach der Grube zu gehen und jedes Mal querfeldabwärts nach Hause flüchten mußte und auch um den vielen Verhöhnungen aus dem Wege zu gehen bin ich dem dringenden Bitten meiner Frau nachgekommen und zu Hause geblieben..."[219].

Felder, Wälder und Wiesen befanden sich in der Hand der Streikenden, die Polizeiverordnung, die jeglichen Aufenthalt in der Nähe eines Berg- oder Hüttenwerkes und auf den Zugangswegen verbot[220], konnte in der Weite des Raumes nicht durchgesetzt werden. Obwohl 130 Gendarmen mit dem Auftrag, „die Arbeitslustigen von und zur

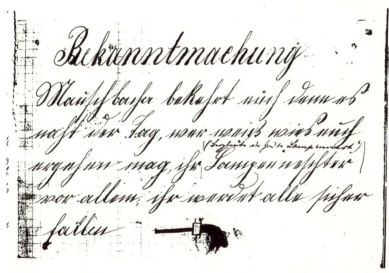

Abb. 4: Schon vor Streikbeginn wurde möglichen Streikbrechern (hier „Mauschbacher" genannt) mit Gewalt gedroht. Die Bekanntmachung lautet: „Mauschbacher bekehrt euch, denn es naht der Tag, wer weiß wies euch ergehen mag, ihr Lampeneschter vor allem, ihr werdet alle sicher fallen". – Diese Drohung, verbunden mit dem Hinweis auf den verbreiteten Pistolenbesitz unter den Bergleuten, richtete sich gegen Arbeiter des Lampennest-Schachts. LHA KO 442/4250

Grube zu führen und dann aber auch namentlich die zu den Gruben führenden Wege zu beobachten und abzupatrouillieren", die ansässigen Ordnungskräfte unterstützten und dazu auch die Steiger „zur polizeilichen Hilfe" herangezogen wurden[221], gelang es während des gesamten Streiks nie, die dezentrale Streikführung zu brechen. Im Gegenteil: Die Wut gegen alles, was Uniform trug, bekam jener Ulan zu spüren, der in Sulzbach von Bergleuten „schwer mißhandelt" wurde[222].

Die örtlichen Behörden befanden sich angesichts solcher Streikformen in einer Zwickmühle. Einerseits überraschte sie die Intensität des Streiks und das Ausmaß an Gewalt von Seiten der Streikenden, andererseits konnten und wollten sie nicht eingestehen, daß die Lage im Revier mancherorts und wiederholt außer Kontrolle geraten war. In den Berichten des Saarbrücker Landrats an den Trierer Regierungspräsidenten trat das Bemühen deutlich hervor, die Gewalttaten als Ausnahmen erscheinen zu lassen:

„Ruhestörungen haben in erheblichem Maße auch seit Samstag nicht stattgefunden. Es ist lediglich bei den bereits berichteten, keinen gefährlichen Grad annehmenden Ausschreitungen geblieben."[223]

Im Anschluß an diese beruhigende Mitteilung schilderte er dann ausführlich die verschiedenen Formen der Gewalt gegen Streikbrecher und Grubenbeamte. Auch sein Rapport vom folgenden Tag begann stereotyp mit der Feststellung, daß „irgendwelche erheblichen Unruhen im diesseitigen Kreise nicht vorgekommen" seien. Seine folgenden detaillierten Mitteilungen straften ihn jedoch Lügen, denn:

„Von der Bergwerksdirektion ist mir mitgeteilt, daß in Spiesen der Knappschaftsälteste Wilhelm verhaftet worden ist, weil er einen anfahrenden Bergmann hinterwärts niederschlug und daß Weiber und Kinder in Spiesen anfahrende mit Steinen beworfen haben."[224]

Die Behörden waren irritiert von dem großen Aufsehen, das der Saarstreik in allen Presseorganen der verschiedensten politischen Lager des Kaiserreichs fand. Dem Eindruck, daß im Revier ein „Bürgerkrieg" im Gange sei, mußten sie entgegentreten. Gegen Ende der ersten Streikwoche vermeldeten dann auch verschiedene Organe, so die *Frankfurter Zeitung*, die *Kölnische Volkszeitung* und andere mehr, daß im Saarrevier „vollkommene Ordnung" herrsche und ein ganz normaler Arbeitskampf ablaufe, der sicherlich bald vorüber sei. War dem aber wirklich so?

2.5.3. Mobilisierung: Bergarbeiterfrauen und -kinder im Streik

Der Streik zur Jahreswende 1892/93 fiel nicht nur wegen seiner militanten Verlaufsformen aus dem Rahmen des damals üblichen. Die eben zitierte Aussage des Bergmanns Thuls, daß seine Frau ihn aus Sorge um seine körperliche Unversehrtheit bat, nicht zur Arbeit zu gehen, lenkt das Augenmerk auf eine zweite Besonderheit dieses Streiks, die Rolle der Frauen und Kinder. Frau Thul entsprach sicher der zeitgenössischen Erfahrung und Erwartung! Als Ehefrau versuchte sie, ihren Gatten aus einem augenscheinlich gefährlichen Konflikt mit dem Arbeit- und Brotgeber herauszuhalten. Arbeiterfrauen galten gemeinhin in Streikfällen als verläßliche „Stützen" der Unternehmer; sie würden bei länger ausbleibendem Lohne schon rechtzeitig ihre Männer überzeugen, daß die Sorgepflicht für die Familie eine umgehende Arbeitsaufnahme verlange. Hungrige Kinder waren allemal gewichtige Argumente gegen einen längeren Verdienstausfall durch Streik. Aber wie bei jeder Regel gab es auch hier Ausnahmen. Die Frauen der Saarbergarbeiter verhielten sich im Winter 1892/93 jedenfalls entgegen allen Erwartungen. Vom ersten Tag an beteiligten sie sich aktiv am Ausstand, und sie waren es, die entschieden ihre Männer zum Durchhalten ermunterten. Ohne die Aktivitäten der Frauen (und Kinder) hätte der Streik nicht beinahe drei Wochen dauern können.

Die Bergarbeiterfrauen standen ihren Männern in Nichts nach. Schon am 1. Januar 1893 nahmen sie zahlreich an Streikversammlungen teil. Ihre Männer griffen das Engagement der Frauen dankbar auf: daß „Frauenzimmer" mitmachen wollten, wurde stolz von Versammlung zu Versammlung weitergetragen, selbst auf weniger spektakulären Schaupätzen der alltäglichen Auseinandersetzungen galten sie nun als verläßlicher Teil der Bewegung. Da den bergmännischen Mitgliedern von Kriegervereinen ein Abonnement der Zeitung *Schlägel und Eisen* verboten war, sollten halt „die Frauen abonnieren, weil die nicht aus dem Verein ausgeschlosssen werden können"[225]. Am 2. Januar wurde erstmals überlegt, separate Frauenveranstaltungen einzuberufen, am folgenden Tage traten „Weiber streikender Bergleute" in einer Versammlung auf, um den Männern ihre Solidarität zu bekunden. Im Anschluß an diese Versammlung zogen die Teilnehmer wie so häufig in jenen Tagen

„unter Gesang und fortwährendem Schießen nach den Ortschaften zurück. Es ist mehrfach auf Beamte, darunter auch auf einen höheren, scharf geschossen worden"[226].

Bei allgemeiner Zustimmung zu den „milden" wie „rabiaten" Formen des Streiks ließ sich eine geschlechtsspezifische wie generationsbestimmte Arbeitsteilung ausmachen. Die Domäne der Frauen und Kinder waren sicher alle Formen sozialer Ächtung, wie Schmähen, Bespucken aber auch das sogenannte „Verglasen" (das war das Einwerfen von Fensterscheiben). Falls einmal Arbeitswillige von Gendarmen und Grubenbeamten in ihre Heimatorte eskortiert wurden, waren sie „den Beleidigungen und den Hohnrufen der Weiber und Kinder ausgesetzt, die manchmal in Scharen unter den gemeinsten Schimpfwörtern" nachfolgten[227].

Keineswegs wurden die Frauen und Kinder von den Männern nur geduldet, ihre Aktionen gingen weit über verbale Unterstützungsmaßnahmen hinaus. Eine Entwicklung, die die bürgerliche Presse scharf und denunziatorisch kommentierte:

Abb. 5: *Nichtstreikende Arbeiter werden von Gendarmen zu den Schächten geleitet.* Berliner Illustrirte Zeitung, Nr. 3, 16. 1. 1893

„Eine ganz neue Erscheinung in dem Ausstande ist die Beteiligung der Frauen. Bei dem letzten Ausstande blieben die Frauen zu Hause und riethen theilweise den Männern vom Ausstande ab. Diesmal sind es die *reinsten Furien*, alte und junge Mütter reizen Gatten und Söhne zum Ausstand an und *entfalten eine agitatorische Thätigkeit, die ihres Gleichen* sucht.(...) Ueberall im ganzen Gebiete ziehen die Frauen jeden Alters mit in die Versammlungen und höhnen und schmähen in den *gemeinsten Ausdrücken* die arbeitswilligen Bergleute und deren Frauen"[228].

Einen Höhepunkt fand die Einbeziehung der Frauen in das Streikgeschehen durch die eindrucksvolle Verkehrung der traditionellen Geschlechterrollen in den Frauenveranstaltungen, deren größte am 5. Januar 1893 in Bildstock stattfand, und die die protestverstärkende Rolle der Bergarbeiterfrauen deutlich erkennen ließen. Die *Pfälzer Zeitung* berichtet über die Bildstocker Frauenversammlung:

Die „Hauptradaumacher und Hetzer nach Warkens Gefangennahme sind die Weiber. Das zeigt auch wieder folgendes Bild von einer Versammlung in Bildstock am Donnerstag Nachmittag. Zu dieser *Versammlung der Frauen der ausständigen* Bergleute waren mehr als 10 000 Personen theils zu Fuß, theils mit der Bahn hierher gekommen. In den Saal des Rechtsschutzvereins wurden nur die Frauen eingelassen. Die Männer lagerten zu Tausenden in den Straßen in der Nähe. Als Rednerinnen waren 12 gemeldet, die nicht alle zu Wort kamen. Die Hauptrednerinnen sprachen bis sie heiser waren. Gegend 12 Uhr löste sich die Versammlung in Ruhe auf"[229].

Auch wenn man diese Presseberichte ihres Überhangs an Sensationsgier und durchaus beabsichtigter Übertreibung entledigt, bleibt der Kern der Meldungen aufsehenerregend: Viele tausend Frauen stimmten in einer von ihnen mit Hilfe der RV-Männer organisierten Versammlung den Ausführungen von sechs Rednerinnen zu, die nicht nur die Forderungen der Streikenden bekräftigten und diese zum Ausharren aufforderten, sondern auch militante Formen der Auseinandersetzung bejahten. Ihre Geschlechtsgenossinnen seien so lange zu „zwiebeln", bis sie ihre Männer ebenfalls zum Streik überredet hätten. „Haltet fest wie der Baum die Äst"[230] — in diesem Bild, von einer der Rednerinnen abschließend beschworen, kam zum Ausdruck, daß die Bergarbeiterfrauen die laufenden Auseinandersetzungen nicht als „Arbeitskampf", sondern eher als „Überlebenskampf" definierten. Ein Baum ohne Äste war ebenso lebensunfähig wie eine Arbeiterfamilie ohne den Zusammenhalt ihrer Mitglieder bei der alltäglichen Sicherung der materiellen Existenz und auch bei der Realisierung von Lebensperspektiven. Die Mobilisierung von Frauen und Kindern in einem lang andauernden, durchweg unfriedlichen und militanten Streik sowie die Miteinbeziehung von und die Unterstützung durch nichtbergmännische Kreise der Bevölkerung[230a] deutete auf vielschichtige Beweggründe hin, die mit dem Begriff „Arbeitskampf" nicht hinreichend erfaßt werden. Die Entwicklung des Bergbaus kulminierte 1892 nicht nur in einer Absatzkrise, sondern offenbarte zugleich eine Krise der Lebensbewältigung in der bergbaulichen Welt. Diesem gurndlegenden, die Dimensionen eines gewöhnlichen Arbeitskampfes sprengenden Konflikt war es zu verdanken, daß die Bergarbeiterbevölkerung des Saarreviers in der großen Streikzeit 1889–1893 nicht einer schon in Ansätzen entwickelten Logik des rationalen Konfliktaustrages folgte, sondern bei schon überwunden geglaubten Formen „elementaren proletarischen Emanzipationskampfes"[231] Zuflucht suchte. Der Verlauf des Winterstreiks 1892/93 war jedoch nur das spektakulärste Beispiel für die über Jahre hinweg schwelenden Auseinandersetzungen um eine möglichst selbstbestimmte Lebensgestaltung inmitten einer Welt wachsender industrieller Zumutungen und ausgeprägt autoritär-patriarchalischer Ordnung.

Mit einem die taktischen Streitfragen weitgehend aussparenden Gefühl der Solidarität hat dann auch das sozialdemokratische *Hamburger Echo* seiner Leserschaft in organisierten Arbeiterkreisen Verständnis für diesen nicht per se sozialdemokratische Bestrebungen fördernden Ausstand zugemutet:

„Es ist einer derjenigen Ausstände, die im gegebenen Augenblicke mit *elementarer Gewalt hervorbrechen*, ohne daß die Arbeiter sich die Frage vorlegen, *ob sie Aussicht auf Erfolg haben*.
Auch wir neigen der Ansicht zu, daß der Ausstand erfolglos für die Arbeiter sein wird. Aber aus dem Umstande, daß die Arbeiter trotz der Ungunst der Situation in den Streik eingetreten sind, zu folgern, sie haben ʼ*bodenlos leichtfertig*ʼ gehandelt – das überlassen wir der kapitalistischen und offiziösen Soldschreiber-Klique. *Die Ausständigen sind der Sympathien aller ehrlichen Menschen werth!*"[232]

Doch das Ehrgefühl der Arbeiterschaft war nicht identisch mit dem der Obrigkeit. Auf die Herausforderungen durch die Frauen reagierten die Gerichte mit empfindlichen Urteilen. Gefängnisstrafen wurden sogar für harmlose Beleidigungen („Du Schmachtlappen!") verhängt, die Frau eines Neunkirchener Bergarbeiters verurteilte das Saarbrücker Schwurgericht wegen Landfriedensbruch zu neun Monaten Gefängnis.

2.5.4. Vergebliche Mühen: Die Zerschlagung der Bewegung

Während Clara Zetkin noch Ende Januar 1893 in einem Artikel in *Die Gleichheit* emphatisch die Rolle der Frauen im Saarstreik als „Zeichen der Morgendämmerung" deutete, brach entsprechend den skeptischen Prognosen von Behörden, Arbeitgebern und Sozialdemokraten die Nacht über die Streikenden herein, kaum daß es Tag geworden war.

Am 9. Januar 1893 beschloß eine Konferenz mit Obergberghauptmann Freund, Oberpräsident Nase, Regierungspräsident von Heppe, den Landräten und der Bergwerksdirektion, den Streik mit Massenentlassungen zu beantworten. Am folgenden Tag wurde eine Bekanntmachung veröffentlicht, in der die endgültige Entlassung von etwa 500 „Hauptagitatoren" sowie die zeitweilige Ablegung von 2 000–3 000 Arbeitern aus konjunkturellen Gründen mitgeteilt wurde[233]. Noch am gleichen Tage wurde in einem Landratsbericht vermerkt, „daß unzweifelhaft Streikmüdigkeit in weitem Umfange eingetreten ist". Auch der Vorsitzende des RV, Nikolaus Warken, bestätigte in seiner später verfaßten Chronik: „... und dieser berechtigte Streik fiel in das Wasser für die Bergleute dadurch daß die Behörde auf einmal am 10. Januar 1893 500 Bergleute theilweise und auf immer ablegt"[234].

Über 18 000 Bergleute beteiligten sich an diesem Tag noch am Streik, an dem auch das Vereins-Organ *Schlägel und Eisen* noch erwartete, daß „der Kampf wohl ein heißer werden" würde[235]. Als drei Tage später die Zahl der Streikenden auf ca. 11 000 gesunken war, befanden sich die Bergarbeiter endgültig in der Defensive. Ihre wichtigste Forderung lautete nun, daß dieser Streik keine Maßregelungen nach sich ziehen dürfe. Doch damit konnte das weitere Abbröckeln der Streikbeteiligung nicht verhindert werden: Nur noch 1 402 Arbeiter verweigerten am 17. Januar die Arbeit[236].

Während die königl. Bergwerksdirektion in ihrem Sprachrohr, dem *Bergmannsfreund*, unverhohlen zur Selbstjustiz aufrief[237], zogen die letzten „Trupps streikender Bergleute, darunter eine Anzahl Frauen" durch einzelne Bergarbeiterorte. Am 20. Januar versammelten sich ca. 2 000 abgelegte Bergleute und forderten ihre Wiedereinstellung. Insgesamt wurden 2 457 Arbeiter infolge des Streiks entlassen. Diese Zahl entsprach ungefähr der Verminderung der Gesamtbelegschaft im Jahre 1893 gegenüber 1892.

Die Entwicklung des Streikgeschehens seit dem 10. Januar hatte deutlich werden lassen, daß selbst vermeintlich gereifte Arbeiterbewegungen im deutschen Kaiserreich gegen Ende des 19. Jahrhunderts einen ausgeprägt regionalistischen Charakter besaßen. Während an der Saar der Streik zunehmend auseinanderbrach, fanden sich andernorts mühsam Solidaritätsbewegungen zusammen. Im Ruhrrevier beteiligten sich ca. 15 % der Bergleute an einem Solidaritätsstreik für ihre Kameraden an der Saar; angesichts der eindringlichen Parolen im Vorfeld des Streiks eine ernüchternde Erfahrung. Der einflußreiche Funktionär des Bergarbeiter-Verbands, Ludwig Schröder, hatte vergeblich gefordert:

„Darum, Kameraden, thut Eure Pflicht, tretet Mann für Mann für die Ausständigen ein, sorget, daß sie nicht durch Noth gezwungen sind, sich unwürdigen Arbeitsbedingungen zu unterwerfen. Ihr Sieg ist Euer Sieg! Darum handelt nach dem Grundsatz: *Einer für Alle, Alle für Einen!*"[238]

Die Orientierung auf „Generalstreik und Sieg", die eine Versammlung von Verbands- und Belegschaftsdelegierten an der Ruhr empfahl, endete auch hier in einem Desaster: Viele Bergleute wurden gemaßregelt, ca. 800 aus der Bergarbeit entlassen[239]. Da halfen den Saarbergarbeitern auch Solidaritätsbekundungen aus dem In- und Ausland nichts mehr, selbst die vereinzelte materielle Hilfe durch Geldspenden befreundeter Arbeiterorganisationen konnte nicht verdecken, daß das Zauberwort „Solidarität" jenseits der Reviergrenzen viel an Faszination einbüßte.

Politisch fanden die Streikenden nur bei den Sozialdemokraten aktive Unterstützung. Nach anfänglichen Warnungen vor dem Streik griffen diese durch ihren im Revier bekannten Agitator Leopold Emmel seit dem 7. Januar in das Geschehen ein und entsandten ein Mitglied des rheinischen Agitationskomitees zur Beobachtung und Berichterstattung an die Saar. Am 15. Januar 1893 solidarisierte sich der sozialdemokratische Provinzparteitag in Düsseldorf mit dem Streik und versprach materielle Hilfe[239a]. Darin drückte sich auch die Erwartung aus, daß der verlorene Streik als „Durchlauferhitzer" für die gewerkschaftliche und sozialdemokratische Bewegung wirken würde:

„Es werden von den bisherigen 22 000 Mitgliedern des Rechtschutzvereins auch einige abspringen, aber der Stamm der Bewegung wird sich unzweifelhaft verstärken ... Die abgelegten aber kommen immer mehr zu der Überzeugung, daß sie nur bei dem unverfälschten Sozialismus den wahren Rechtsschutz zu suchen haben und sie werden sich, gleich ihren Vorgängern nun auch öffentlich zu diesem bekennen"[240].

Dieser in der organisierten Arbeiterbewegung weit verbreitete Optimismus bezüglich der langfristig positiven Auswirkungen erfolgloser

Arbeitskämpfe war Ergebnis einer doppelten Fehlkalkulation. Zum einen verkannte er die Möglichkeiten staatlicher und kultureller Repression. Zum anderen aber – und dies stellte das grundlegende Mißverständnis der objektiven Klassenlage von Arbeitern im 19. Jahrhundert dar – konnte es bei all der Verschiedenheit der deutschen Arbeiterschaft keine naturnotwendige, lineare Entwicklung des Arbeiterbewußtseins von der Erkenntnis der Klassenlage zur Einsicht in ein sozialistisches Organisationskonzept geben. Allzu verschieden waren die regionalen Voraussetzungen und Verlaufsformen der Industrialisierung, allzu unterschiedlich die Herkunft und Traditionen der industriellen Arbeiterschaft, als daß die Ratio des „unverfälschten Sozialismus" alle hätte überkommen müssen. Wenn es dazu einen neuen Beweises bedurft hätte: Die Bergarbeiter an der Saar haben ihn erbracht.

Für alle Beteiligten stellte sich im Anschluß an die elementare Revolte des Winters 1892/93 die Frage nach der Existenzberechtigung einer autonomen Revierorganisation. Die Antwort der königlichen Bergverwaltungen und -behörden war eindeutig. Obwohl Überlegungen, die Beschäftigung auf den königlichen Gruben wie anno 1877 mit einem Mitgliedschaftsverbot zu koppeln, nicht realisiert wurden, bestand doch Übereinstimmung in der Auffassung, daß eine Zerschlagung des Vereins sowohl die Bergleute in ihre frühere Bescheidenheit und Abhängigkeit zurückbringen, als auch ein Vordringen der Sozialdeomkratie verhindern sollte. Mit einem energischen Vorgehen mußte die Bergwerksdirektion ebenfalls das Verhalten der Privatindustrie im Revier belohnen, die Produktionseinbußen wegen Kohlemangels klaglos ertragen hatte[241]. So versprach die Bergwerksdirektion zwar, keinen Zwang ausüben zu wollen, „um die Bergleute zu veranlassen, aus dem Rechtsschutzverein auszutreten", zugleich jedoch brachte sie deutlich ihre Auffassung zum Ausdruck, daß es untragbar sei, „daß ihre Arbeiter Mitglieder von Vereinen sind, welche es sich zur Hauptaufgabe gestellt haben, den sozialen Frieden, den Frieden zwischen Arbeitgeber und Arbeitnehmer systematisch zu untergraben"[242]. Formaljuristisch blieb das Koalitionsrecht unangetastet, die Funktion eines Verbots übernahmen gesellschaftliche Sanktionen.

Die Kriegervereine hatten während der Streikzeit schon hier und da Abonnenten unbotmäßiger Presseorgane mit Ausschluß bedroht; niemals aber konnte sich die bloße Mitgliedschaft im RV als Sanktionsgrund durchsetzen. Bei einer solchen Massenorganisation wären die Kriegervereine Gefahr gelaufen, kaum noch bergmännische Mitglieder zu verzeichnen. Nach dem Winterstreik aber funktionierten solche Repressionsmechanismen im Reproduktionsbereich. Der Unvereinbarkeitsbeschluß des deutschen Kriegerbundes (Saar-Blies-Nahe-Bezirk) vom 12. Februar 1893 wirkte selbstreinigend: „Die Kriegervereinsmitglieder sind sämtlich aus dem Rechtsschutzverein ausgetreten", berichtet der Friedrichsthaler Bürgermeister im März 1893, und aus anderen Orten wurden ebenfalls Austritte gemeldet[243].

Auch die konfessionellen Arbeitervereine nutzten die Situation, um durch Unvereinbarkeitsbeschlüsse oder einprägsame Kanzelworte die christliche Demut wieder an Stelle selbstbewußten Forderns zu setzen.

Bis zum 25. März 1893 hatten sich bereits 10 693 Mitglieder abgemeldet, täglich kamen neue Austrittserklärungen hinzu. Am 12. Juni betrug die Zahl der Ausgetretenen schon 19 774, die Generalversammlung zur Frage der Vereinsauflösung einen Tag später wurde von 20 Mitgliedern besucht[244]. Viele führende Köpfe entzogen sich dem unerträglich gewordenen ökonomischen und gesellschaftlichen Druck: Nikolaus Warken verkaufte sein Wohnhaus in Bildstock und zog sich in seinen Heimatort Hasborn zurück, Anschütz, Müller und Thome u. a. m. wanderten nach Amerika aus. Wer sich nicht durch Gelegenheitsarbeiten im Saarrevier ernähren konnte, versuchte sein „Glück" in Grubenbezirken des In- und Auslandes. Aus disziplinarischen Gründen lehnte die Bergwerksdirektion eine Wiedereinstellung von zeitweise entlassenen Bergleuten vor dem 1. Juli 1893 ab und betonte zugleich, daß diese „lediglich von der Lage des Kohlenmarktes" abhängig sei[245]. Die Ungewißheit vor der Zukunft brach vielen Bergleuten das Rückgrat. In untertänigster Weise baten sie für sich oder ihre Söhne um Wiederanlegung, oftmals bemühten sie auch die Bürgermeister ihrer Heimatgemeinden als Fürsprecher. Gesuche bittender Frauen, Brüder, Mütter und Väter schilderten die materielle Not der Abgelegten, Pfarrer sprachen für ihre Gemeindemitglieder. Selbst der Kriegerverein Ludweiler stellte seinen beiden am Streik beteiligten Mitgliedern „das Zeugnis echt patriotischer Gesinnung" aus, um deren Wiederbeschäftigung zu erreichen[246]. Da die Arbeitslosen oft auf Mildtätigkeiten und städtische Armenunterstützung angewiesen waren, wurden auch Kommunen und steuerzahlende Bürger zu ihren Fürsprechern.

Die psychische Deformation der vor wenigen Monaten noch mutig und selbstbewußt Streikenden hatte ihre Entsprechung im unaufhaltsamen Auflösungsprozeß des RV. Am 26. Oktober 1893 besuchten noch vier Mann eine RV-Versammlung, am 23. Dezember 1893 meldet der Friedrichsthaler Bürgermeister: „Die Bewegung unter den Bergleuten kann als vollkommen abgeschlossen betrachtet werden, umsomehr als der bergmännische Rechtsschutzverein seine Thätigkeit eingestellt und nur mehr dem Namen nach besteht"[247].

Sinnfällig wurden die restaurierten Machtverhältnisse im Revier durch den Verkauf des Saalbaues zu Bildstock dokumentiert. Ein Brauereibesitzer erwarb das Gebäude, um es 1895 an den preußischen Bergfiskus zu veräußern. Damit schloß sich der Kreis: Der Saal, aus eigener Kraft erbaut und Symbol der Loslösung der Bergleute aus ständischer Bevormundung und patriarchalischer Abhängigkeit, wurde vom „Sieger" der Klassenauseinandersetzung in Besitz genommen. Das Monument einer Arbeiterbewegung stand nun als „Denkmal ihrer Niederlage im ersten Kampf um ihr Recht"[248] in Bildstock. Die Liquidation des RV zog sich bis 1896 hin. Am 27. August wurde die formale Auslösung des Vereines beschlossen.

* * *

Als im Jahre 1908 der christliche Gewerkschafter Heinrich Imbusch die Saarbergarbeiterbewegung des ausgehenden 19. Jahrhunderts beschrieb, schien auch ihm letztlich der fügsame, autoritäre Charakter der Bergleute besonders erwähnenswert:

„In keinem anderen Revier waren solche Versammlungen möglich wie im Saarrevier, nirgendwo haben viele Tausende von Arbeitern solche Reisen gemacht, um den Versammlungen beizuwohnen, wie hier. Bei der Feiern der Grund- und Ecksteinlegung zum Saalbau haben viele Arbeiter ganz erhebliche Extrabeiträge geleistet. Zu den Führern hatten die Saarbergleute ein geradezu blindes Vertrauen. Ihnen, die zuerst ein kräftiges Wort gegen den jahrzehntelangen Druck fanden, folgte man blindlings"[249].

Natürlich paßte eine solche Beschreibung in das gewohnte Bild einer unterwürfigen, kaisertreuen Arbeiterschaft, die nur den falschen Führern gefolgt zu sein schien. Dieses Bild aber entsprach nicht mehr den Realitäten. Der aufsehenerregende Lernprozeß der Bergarbeiter in jenen Jahren beruhte mitnichten auf „blindem" Gehorsam, wohl aber auf der Entfaltung einer funktionierenden „Versammlungsdemokratie" und der Interessenartikulation durch ein breit legitimiertes, jederzeit kontrollierbares Vertretungsinstrument in Form des RV und seines weit verzweigten Vertrauensmännersystems. Mit Hilfe dieser Instanzen war es gelungen, die kollektiven Interessen jederzeit situationsbezogen zu definieren und den ständischen Konfliktaustrag mittels untertänigster Petitionen durch eine selbstbewußte Konfrontation mit der Obrigkeit zu ersetzen. Die Abkehr von der als gegen die eigenen Interessen gerichtet erlebten autoritären Konflikt„lösung" des preußischen Staates wurde nirgends deutlicher als in der Aneignung der von oben installierten Arbeiterausschüsse für eine authentische Interessenartikulation. Die beeindruckenden Erfolge bei der Organisation einer revierweiten Arbeiteröffentlichkeit sowie punktuelle Streikerfolge fanden jedoch keine Entsprechung in einer längerfristigen, stabilen Verbesserung der materiellen und sozialen Lage der Bergleute. Vielmehr führte die Herausforderung der Obrigkeiten zu einer Verhärtung des autoriären Systems, dem gegenüber die elementare Revolte als letztmögliche adäquate Antwort erschien.

Eine ausschließlich auf die große Streikzeit bezogene Analyse legt jedoch nur punktuell jene strukturellen Wirkungskräfte offen, die zu dem in ganz Deutschland mit Aufmerksamkeit registrierten Aufstand gegen das soziale Königtum führten. Denn die Streiks der Jahre 1889–1893 können nicht als Affekthandlungen begriffen werden. Ihre Ursachen lagen tiefer, reichten weit über das konkrete Arbeitsverhältnis hinaus und ließen auch in ihren Verlaufsformen die sich im 19. Jahrhundert herausbildenden revierspezifischen Strukturen erkennen, die die Grundlage der schnellen Entwicklung eines Arbeiterbewußtseins bildeten.

Wie kam, so müssen wir uns fragen, eine Arbeiterschaft, deren Bodenständigkeit, Religiösität, Arbeitswille, Königstreue, Vaterlandsliebe und Schicksalsergebenheit in regierungsamtlichen, bergoffiziellen und volkskundlichen Veröffentlichungen gleichermaßen gerühmt wie bewundert wurde, dazu, sich in so umfassender und militanter Weise gegen die herrschende Dreifaltigkeit von staatlicher Administration, lokaler Behörde und geistlichen Ratgebern zu erheben? Anders gefragt: Wenn „Keine Widerworte" die „Lebensregel der preußischen Gesellschaft"[250], wenn mithin die Sprachlosigkeit der Verwalteten Bedingung des Funktionierens von Staat und Wirtschaft war, so interessiert uns nun das langwierige und mühsame Erlernen des Widerspruchs durch eine Arbeiterschaft, die in der zweiten Hälfte des 19. Jahrhunderts in industrielle Arbeitszusammenhänge eingegliedert worden war.

In den folgenden Kapiteln gehen wir den Hinweisen Max Webers und Heinrich Imbuschs nach, die übereinstimmend das Verhalten der Bergarbeiter an der Saar ein Produkt der Erziehung im Revier genannt haben[251]. Wir wollen versuchen, dieses „Produkt" in seiner geschichtlichen Bedingung zu begreifen und seine spezifischen Reaktionen auf die verschiedenen Bedrohungen in der großen Streikzeit aus der Entwicklung seiner Lebensumstände unter den Bedingungen der Bergarbeit herzuleiten. Zu diesem Zwecke wird in den folgenden Kapiteln ein immer wieder anders gelagerter Zugang zum Streikgeschehen eröffnet. Durch die darstellungsmäßige Segmentierung des Alltaglebens in die gleichermaßen handlungsprägenden Bereiche „Arbeit", „Wohnen und Familie", „Kultur" und „Selbstbedeutung" sollen jene Kräfte herausgefiltert werden, die aus den Arbeitserfahrungen, dem „Freizeit"-Verhalten und der Konfrontation des überkommenden Weltbildes mit dem Erlernen neuer Konfliktstrategien auf die konkrete Ausgestaltung der sozialen Kämpfe in den Jahren 1889–93 wirkten. Die Streikbewegungen sollen nicht nur auf die Momente ihrer unmittelbaren Auslösung zurückgeführt, sondern als kollektive Aktualisierung vielfältiger und widersprüchlichster Lebenserfahrungen betrachtet werden.

3

Arbeit und Arbeitserfahrungen

Der Begriff „Kohle graben" versinnbildlichte bis in die Mitte des 18. Jahrhunderts den technischen Standard der Abbaumethoden und den „ursprünglichen Zusammenhang von Bauerntum und Bergarbeit"[1]. Die Nutzung der Kohle blieb auf den Betrieb von Eisenschmieden beschränkt. Kohlengräberei wurde vornehmlich als bäuerliche Nebentätigkeit in der Form familiärer Eigenlöhnerei betrieben; sie bedurfte einer besonderen landesherrlichen Erlaubnis, die gegen Entrichtung eines Zinses oder Abgabe eines bestimmten Teils der Förderung, der Grubengült, erworben wurde. Die regel- und planlose Wühlerei mit eigenen Feldwerkzeugen am Ausgehenden der Flöze beschrieb Haßlacher: „Man holte die Kohle heraus, soweit man ihrer habhaft werden konnte, bis das Zusammenbrechen der Gruben oder angetroffenes Wasser weiterem Vordringen Einhalt gebot"[2].

Um 1730 arbeiteten auf diese Weise in der Grafschaft Saarbrücken auf 29 Gruben 102 Kohlengräber, im gleichen Jahr begann auch die Steinkohlengewinnung bei St. Ingbert, wo „einzelne Bauern im nördlichen... Walde Tageröschen" eröffnen. Die „Gruben" waren erbliches Eigentum der grundbesitzenden Bauern, die die „Bergarbeit" in Abstimmung mit dem landwirtschaftlichen Arbeitsrhythmus betrieben[3]. Im Februar 1751 wurden die vorhandenen Stollen in landesherrliche Regie übernommen. Als Entschädigung gewährte der Landesherr insgesamt nur 1 500 fl., die allerdings keine Eigentumsrechte abgalten, sondern lediglich Investitionen zurückerstatteten. Mit dieser „Enteignung" begann an der Saar — so der übereinstimmende Tenor der bergbaugeschichtlichen Literatur — ein geordneter, planmäßiger und vor allem „bergmännischer" Abbau der Steinkohle.

Infolge der neu geordneten Eigentumsverhältnisse entstanden erstmals moderne Arbeitsbeziehungen: „In Dudweiler gab es ‚ihrer etliche und zwanzig' Kohlengräber, die sich infolge der neuen Regelung, die ihnen und dem Fürsten jeweils die Hälfte der Förderung zugestand, nun mehr als Teilhaber des Landesherren betrachteten und deshalb selbst nicht mehr einfahren wollten"[4]. An die Stelle grabender Bauern traten nun Tagelöhner und Hintersassen.

Die bäuerliche Kohlengräberei stellte einen geschlossenen produktiven Prozeß dar, der von der Gewinnung bis zum Verbrauch überschaubar war und in Selbstverantwortung der grabenden Bauern als Unternehmer und Produzenten betrieben wurde. Mit der Übernahme der Gruben in landesherrlichen Besitz begann der Prozeß funktionaler Zergliederung der Arbeit, wobei die Trennung von ausführender und leitender bergmännischer Arbeit die erste Stufe in einer neuen, landesherrlichen Organisation des Bergbaus darstellte. Aufsichtsbeamte des Fürsten, welche als „Steiger" ab 1760 in Eid und Pflicht genommen wurden, sorgten nun für die Beaufsichtigung und Kontrolle der Arbeit, Erhebung der Zoll- und Steinkohlegelder, Verrechnung und Abführung derselben sowie für die Bezahlung der Kohlengräber aus einem Generalgedinge. Im Jahre 1766 gab es vier solcher Aufsichtsbeamten, die alle größeren Gruben leiteten und kontrollierten.[5]

Der Start in das neue, landesherrliche Zeitalter des Kohleabbaus gelang nur schleppend: Arbeiteten im Jahre 1730 in der Grafschaft Saarbrücken 102 Bergleute, so waren es 1773 ca. 140 Leute, die auf Gruben mit einer durchschnittlichen Belegschaft von 6–8 Mann beschäftigt waren. Der mittlere Jahresverdienst für dauernd Beschäftigte betrug 120–130 fl.[6]. Der gesteigerte Bedarf an Kohle seit den 1750er Jahren stellte einen Reflex auf die Entwicklung des Holzmarktes dar: Der Handel mit sogenanntem „Holländerholz", der die Holzpreise in die Höhe schnellen ließ und die Nachfrage nach dem billigeren Brennstoff Kohle für den Hausverbrauch provozierte, fiel zusammen mit den Bestrebungen Fürst Wilhelm Heinrichs, die Kohle als Brennstoff für den Hausverbrauch durch die Konstruktion neuer Öfen verstärkt verwendar zu machen. Den Kohlebedarf förderten auch die vermehrte Kalkdüngung in der Landwirtschaft, wodurch der Kohleverbrauch beim Kalkbrennen zunahm, die Erzeugung von Ruß für die Druckerschwärze und den Hausanstrich sowie die Harz-, Öl-, Spiritus- und Wagenschmierenherstellung[7]. Gefördert wurde Kohle gegen Ende des 18. Jahrhunderts auf neun nassau-saarbrückischen Gruben, in der Herrschaft Illingen, in der Grafschaft Blieskastel und auf der Grube Hostenbach. Auch zwei Glashüttengruben in Friedrichsthal und Quierschied waren in Betrieb. Die Saarkohlenforderung stieg von ca. 28 000 t im Jahre 1780 auf rund 45 000 t im Jahre 1800. Die Jahresförderleistung pro Mann betrug etwa 135 t[8].

Mit dem in der Zeit der französischen Verwaltung der Saargruben (1793–1815) erlassenen „Reglement für die Bergleute in den Nassau-

Saarbrückischen und anderen Landen" vom 1. Juli 1797, das Arbeit und Lebenswandel der Bergknappen regelte und einer Kontrolle unterwarf, waren die Grundzüge frühindustriellen Arbeitens vorgezeichnet worden, an die die preußische Verwaltung der Saargruben ab 1815 anknüpfen konnte. Aus der ehemals selbstbestimmten bäuerlichen Kohlengräberei hatte sich ein durch Abhängigkeit geprägtes Arbeitsverhältnis entwickelt; „subaltern Berg-Officianten" überwachten die Einhaltung des Reglements „an den Arbeits-Tagen auf den Bergwerken und an den Ruh-, Sonn-, Feier- und Festtagen in Städten und Dörfern"[9].

3.1. Rahmenbedingungen: Die Entwicklung des Saarbergbaus im 19. Jahrhundert

Für die weitere Entwicklung des Saarbergbaus und vor allem für die Rekrutierung der Arbeiterschaft war bedeutsam, daß gegen Ende des 18. Jahrhunderts die bestehenden Gruben die Begrenzungen des Saar-Kohlereviers markierten. Jede weitere Intensivierung des Bergbaues mußte sich nun als Verdichtung eines bestehenden Industriebezirkes vollziehen, konnte also nicht, wie etwa an der Ruhr, mittels räumlicher Ausdehnung expandieren.

Ende November 1815 übernahm der preußische Staat 12 Saargruben und errichtete eine königliche Bergamts-Kommission zu Saarbrücken. Nun konnte eine großräumige Organisation des Bergbaues beginnen; schon im Jahre 1816 wurden das „Königliche Ober-Bergamt für die Niederrheinischen Provinzen" in Bonn und das „Königliche Bergamt zu Saarbrücken" eingerichtet[10].

Die Entwicklung des Steinkohlebergbaus an der Saar im 19. Jahrhundert verlief in drei Phasen, die sich zum Teil erheblich vom Industrialisierungsschema der Ruhr unterscheiden, das häufig als Paradigma für den deutschen Steinkohlenbergbau betrachtet wird[11]. Beide Reviere verfielen zunächst zwischen 1816 und 1823/24 in eine Phase der Stagnation, aus der der Ruhrbergbau in eine fast dreißigjährige Periode eines verhältnismäßig stetigen Wachstums überging, nur unterbrochen von einzelnen Krisenjahren, so 1836, 1840, 1843 und 1848. Dagegen entwickelte sich der Bergbau an der Saar im Stile einer Springprozession. Auf jeden Schritt nach vorne folgte, als ob zuviel Kraft verausgabt worden sei, eine Atempause, bzw. ein Rückschritt; Krisensituationen waren im kleineren Saarrevier gravierender und vor allem länger spürbar. Diese Entwicklungsunterschiede verfestigten sich nach der preußischen Bergrechtsreform. Dem späten Start und langen Spurt des Ruhrbergbaus nach seiner „bergrechtlichen Entfesselung" konnten die Staatsbergwerke an der Saar nicht folgen. Den mehrjährigen Wachstumsschüben des Ruhrbergbaus, insbesondere 1860–1873, 1879–1885 und 1893–1900, hatte der Saarbergbau nur relativ kurzatmige Zwischenspurts entgegenzusetzen, deren bedeutendsten durch die Jahre 1863–1869 und 1894–1900 markiert wurden[12]. Insgesamt bewirkte die preußische Bergrechtsreform, daß nach der von den privaten Unternehmern heftig erstrebten Aufweichungen des Direktionsprinzips die Schere zwischen dem Ruhrbergbau und seinem stärksten Konkurrenten im Westen des Reichs immer weiter zu Ungunsten des Saarreviers auseinander klaffte.

Tabelle 3: Entwicklung der Gesamtförderung (in t) und der Gesamtbelegschaften an Saar und Ruhr 1816–1900[13]

Jahr	Gesamtförderung in Tonnen		Gesamtbelegschaft	
	Saar	Ruhr	Saar	Ruhr
1816	100 320	427 709	917	3 444
1820	101 337	425 364	847	3 556
1830	199 962	571 434	1 245	4 457
1840	382 453	990 352	2 489	8 945
1850	593 856	1 665 662	4 580	12 741
1860	1 955 961	4 365 834	12 159	29 320
1870	2 734 019	11 812 528	15 662	51 391
1880	5 211 389	22 495 204	22 918	80 152
1890	6 212 540	35 469 290	28 928	127 794
1900	9 397 253	59 620 000	40 546	226 902

Die Gründe dieser Entwicklung könnten – ganz im Sinne des wirtschaftspolitischen Konservativismus der heutigen Zeit – in der Überlegenheit privatwirtschaftlicher Unternehmensverfassung gegenüber dem Staatsbetrieb gesehen werden. Diese Interpretation legen sowohl der Zeitpunkt der endgültigen Abkoppelung der Industrialisierungsverläufe, die Jahre um 1860, als auch die auffällig voneinander abweichende Entwicklung der jährlichen Produktivität pro Belegschaftsmitglied nahe.

Es hieße jedoch die Strukturunterschiede der beiden Reviere zu negieren, wollte man dem Saarbergbau überhaupt ähnliche Entwicklungschancen zusprechen, wie sie der Ruhrbergbau seit Beginn der 1860er Jahre besaß.

Tabelle 4: Jahresleistung pro Kopf der Gesamtbelegschaft an Ruhr und Saar 1816–1900 (in Tonnen)[14]

Jahr	Ruhr	Saar
1816	149	109
1820	144	120
1830	154	161
1840	133	154
1850	157	130
1860	149	161
1870	226	175
1880	283	227
1890	278	215
1900	263	232

Die räumlichen Besonderheiten des Saarkohlegebietes waren für die verschiedenen Industrialisierungsverläufe von Bedeutung. Die „Flözkarte" von dem Steinkohlen-Distrikt bei Saarbrücken läßt die nordwestlich und nördlich gelegenen tektonischen Verwerfungen in den Gebirgsdistrikten des Kreises Merzig und in den Ausläufern des Hunsrücks erkennen. Im Osten überschritten die Lagestätten die Grenze zu den pfälzischen Landesteilen des Kgr. Bayern und im Süden wie Südwesten markierte die Reichsgrenze zu Frankreich die politische Beschränkung eines expansiven Industrialisierungskonzepts. Von den Ausdehnungsmöglichkeiten des Ruhrbergbaus konnten die fiskalischen Bergwerksbetreiber der Saarregion allenfalls träumen.

Die Industrialisierung des Bergbaus im Saarrevier hatte deshalb einer eigenen, regional gültigen Logik zu folgen. Diese wurde erkennbar in den unternehmerischen Strategien des preußischen Bergfiskus in den Perioden 1823–1849 und 1850 bis gegen Ende des 19. Jahrhunderts.

Unter Leitung des preußischen Bergrats Leopold Sello trat der Saarbergbau in den 20er Jahren des 19. Jahrhunderts in einen Modernisierungsprozeß ein, in dem die wichtigsten Voraussetzungen einer industriekapitalistischen Entfaltung unter staatlicher Regie begründet wurden. Sello ließ ausgebeutete, nicht ausbaufähige und unrentable kleinere Gruben schließen und förderte die Neuanlage von Stollen und Gruben: Bis 1850 entstanden 14 neue bergbauliche Produktionsstätten. Schon gegen Ende der 1820er Jahre ging man im Saarbergbau erstmals vom Stollen- zum Schachtbau über und begann, früher als an der Ruhr, Tiefbauschächte anzulegen. Daraus erwuchs die Notwendigkeit, bei Transport und Förderung der Kohle von der Menschenkraft zu tierischen und maschinellen Kräften überzugehen. Auf den erneuerten Schienenwegen unter Tage zogen nun Pferde die Kohle-

Abb. 6

Abb. 6a

wagen zum Schacht, von wo sie mittels Dampfkraft zu Tage gefördert wurden[15].

Mehr als die Hälfte der an der Saar produzierten Kohle fand ihren regelmäßigen Absatz im benachbarten Frankreich. Gleichwohl durften die Bemühungen um neue Märkte nicht ruhen, denn der Handel mit Frankreich unterlag innen- wie außenpolitischen Eventualitäten. Deshalb wurden seit 1841 die Planungen für den Ausbau der Schiffahrtswege und die Verbesserung des Landabsatzes durch die Eisenbahn intensiviert und ihre Ausführung in Angriff genommen. Das Schwergewicht lag hierbei auf den Absatzmöglichkeiten im Süden, da ein Export der Saarkohle in nördlich gelegene Gebiete wegen der Konkurrenz der Ruhrkohle kaum lohnenswert schien[16].

Die preußische Aufbauleistung im Saarrevier wurde reichlich belohnt. Hatten die Saargruben im Jahre 1824 erst 315 525 M. Gewinn erwirtschaftet, so betrug dieser im Jahre 1850 schon 1 484 073 M. Daß dabei der Gewinnanteil von 44 % auf 36 % zurückgefallen war, verdeutlicht den Charakter dieser Epoche als Modernisierungsperiode, in der eine Reihe von nicht unmittelbar produktiven Ausbau- und Vorbereitungsarbeiten ihre Wirkung auf den Betriebsgewinn noch nicht entfaltet hatten[17]. In Anbindung an die neu entstandenen Transportwege zu Land und zu Wasser entstanden zwischen 1850 und 1862 moderne Tiefbauanlagen, die das Erscheinungsbild des Saarbergbaus in der zweiten Hälfte des 19. Jahrhundertss prägten: die Gruben Heinitz, Reden, Altenwald, Dudweiler, Dechen, Friedrichsthal, Itzenplitz und Sulzbach föderten nun für ein Absatzgebiet, das zwar weiterhin auf das benachbarte Frankreich konzentriert blieb, aber auch Teile des preußischen Inlands, die Zollvereinsstaaten und die Schweiz umfaßte. Die Investitionskosten zahlten sich aus: Bis 1900

Abb. 6 und 6a: Selbst innerhalb des Reviers konnte der Bergbau sinnlich recht unterschiedlich erfahren werden. Die Scalley-Schächte der Grube Dudweiler (oben) sind nur ein architektonisches Beispiel von vielen, die in Monumentalität und Festungscharakter die Stärke und den Herrschaftsanspruch des preußischen Staates dokumentierten. Nicht nur Schachttürme, sondern auch Stollenmundlöcher wurden seit der Jahrhundertmitte im Stile von Trutzburgen gebaut. Dagegen läßt die Aufnahme der Grube Victoria, Püttlingen, erkennen, daß Industriearbeit und ackerbäuerlicher Nebenerwerb in den Randzonen des Reviers durchaus vereinbar waren (unten).

Saarberg. Zentrales Lichtbildarchiv

betrug der Gewinn für den „Staatssäckel" aus dem Betrieb der Gruben stets zwischen 20 % und 30 % vom Gesamtwert der Förderung. Eine Ausnahme stellte allein das Jahr 1874 dar, als zum Abschluß des „Gründer-Booms" der Gewinn auf mehr als 36 Millionen Mark (= 51 %) anstieg[18]. In Produktionstechnik und Erschließung von Absatzmärkten war der Saarbergbau um die Mitte des Jahrhunderts also bestens gerüstet. Auch in der „Arbeiterpolitik" des Bergfiskus machte sich der Wandel vom ständisch verfaßten, frühindustriellen Bergbau zu den Anfängen moderner industrieller Produktion deutlich bemerkbar.

Unter den Bedingungen der fixen, technologisch-innovatorischen Investitionen mußte ein möglichst variabler Status der Arbeitskraft Voraussetzung sowohl für konjunkturpolitische Steuerungsmaßnahmen als auch für die Wettbewerbsfähigkeit sein. Die Bemühungen um die Herausbildung eines knappschaftlich verfaßten Bergmannsstandes kollidierten nun mit den Erfordernissen konkurrenzkapitalistischer Produktion. Lange Zeit blieb im 19. Jahrhundert die Differenzierung der Arbeiterschaft in „ständige" und „unständige", „vereidigte" und „unvereidigte" Arbeiter Merkmal dieses Zwiespalts.

Das „Reglement für die Bergleute im Königlich Preußischen Bergamtsbezirk Saarbrücken" vom 1. Dezember 1819 setzte vor die Aufnahme in die Knappschaft den „Eid der Treue". Neben dem Schwur zu Gott mußte der Bergmann versprechen,

„insbesondere seinem Landesherrn, den oberen Bergbehörden und Revierbeamten, sowie den ihm unmittelbar vorgesetzten Grubenbeamten treu, gehorsam und folgsam [zu] sein, sich durch gutes Betragen Zutrauen zu erwerben suchen, in seinem Leben und Wandel Sittlichkeit, Ordnung und Rechtschaffenheit [zu] beweisen, Zank und Streit und das schädliche Laster der Trunkenheit [zu] fliehen und [zu] meiden"[19].

Ein solchermaßen vereidigter Bergmann durfte sich in die Knappschaftsrolle eintragen und erhielt über seine Zugehörigkeit den „Pflichtschein". Erstmals erhalten wir durch dieses Reglement Nachricht von einer einschneidenden Differenzierung bergmännischer Gewinnungsarbeit: Die seit 1816 erfolgten Bemühungen, die Untertagearbeiter in Hauer und Förderer zu untergliedern, wurden vollendet und festgeschrieben[20].

Das Reglement schwieg über jene Arbieter, die „zunächst durch Fleiß, Arbeitswilligkeit, Anstelligkeit und Gehorsam... den Beweis zu erbringen [haben]"[21], daß sie mit den Rechten und Pflichten eines ordentlichen Knappschaftsmitgliedes ausgestattet werden können. Ursprünglich waren es wohl Saisonarbeiter aus dem landwirtschaftlichen und hausindustriellen Sektor, die als Tagelöhner sich bewähren mußten. In der überarbeiteten Fassung des Reglements vom 20. Januar 1839 wurde das Zwei-Klassen-Recht festgeschrieben: „Ständige Arbeiter" sind diejenigen, „welche sich der Bergarbeit als einem *förmlich erlernten Gewerbe ausschließlich widmen*"[22]. Von diesen „vereidigten", jetzt „ständig" in der doppelten Bedeutung des Wortes genannten Bergleuten unterschied sich der Unständige zweifach: Zum einen arbeitete er nicht „ständig" (im Sinne von dauernd), sondern wurde „nach dem jedesmaligen Bedürfnis des Betriebes und des Absatzes zur Tagelöhnerarbeit auf 4 Wochen angenommen und so auch wieder entlassen"[23]; zum anderen war sein Status nicht „ständisch", da er kein Mitglied der Knappschaft sein konnte. Ökonomische Auswirkungen dieses Zwei-Klassen-Rechts bildeten niedrigere Löhne, geringerer Versicherungsschutz und die Ausgrenzung aus dem bergfiskalischen Wohlfahrtssystem[24]. Zu Beginn des 19. Jahrhunderts war die Zahl der unständigen Arbeiter relativ gering: Von den im Jahre 1823 beschäftigten 777 Bergleuten arbeiteten 86 % (= 669 Mann) vereidigt, nur 14 % (= 108 Mann) blieben unvereidigt. In der Knappschaftsordnung vom 20. Januar 1839 wurde das Verhältnis von ständigen zu unständigen Arbeitern mit 3 : 1 festgelegt. Der Status der „Unständigkeit" verlor zunehmend seine zeitliche Dimension. Der größte Teil der „unständigen Arbeiter" war in Wirklichkeit ständig beschäftigt, nur standen sie im „Vorhof" des Knappenstandes. Damit waren diese Arbeiter für den Unternehmer je nach Konjunkturbedingungen und Absatzschwankungen disponibel, und es verwundert nicht, daß sich das 1839 festgelegte Verhältnis von 3:1 schon vier Jahre später fast in sein Gegenteil verändert hatte: 37 % ständigen Arbeiter standen nun 63 % unständige gegenüber. Die fiskalische Krisenbewältigung kurz vor der Jahrhundertmitte auf Kosten dieser Arbeiterkategorie illustriert die folgende Tabelle[25]:

Tabelle 5: Statusunterschiede im bergmännischen Beschäftigungsverhältnis 1846—1852

Jahr	unständige Arbeiter	ständige Arbeiter
1846	2 771	1 217
1847	2 565	1 396
1848	1 946	1 428
1849	2 465	1 394
1850	3 085	1 495
1851	4 138	1 644
1852	4 284	1 906

Müller überbetont die Verfügbarkeit über diese Arbeiterkategorie, wenn er feststellt, daß in der Krise 1846/1847 „die Ablegung fast der gesamten unständigen Arbeiter" erfolgt sei. Mit Recht aber weist er auf den Lohnarbeiterstatus hin, den auch die Ruhrkumpel in der Frühjahrskrise 1858 erfuhren, als „schlimmstenfalls die unständige Bergtagelöhnerschaft abgelegt" wurde[26].

Obwohl erst durch das Knappschaftsstatut 1890 die Statusunterscheidung zwischen „Ständigen" und „Unständigen" aufgehoben wurde, hatte sie schon in den Jahrzehnten zuvor an Bedeutung verloren. In den Boom-Jahren nach 1870 gelangten bis zu drei Viertel der Arbeiter in den begehrten Knappschaftsstatus. Verbunden war dieser Prozeß mit der Entwicklung neuer Techniken der Lohndrückerei (vgl. S.   ), die die Spaltung der Belegschaften überflüssig werden ließen. Eberhard Wächtler ist wohl darin zuzustimmen, daß sich die unständigen Arbeiter kaum mehr von freien Lohnarbeitern unterschieden[27]. Wir können in ihnen den Keim der entstehenden industriellen Arbeiterklasse erblicken, deren Ausbildung in der zweiten Hälfte des 19. Jahrhunderts forciert wurde und die an die Stelle des Bergmannsstandes trat. Die Bedrohung des „Standes" war schon Mitte des 19. Jahrhunderts, in der Krise Ende der vierziger Jahre, erfahrbar geworden und führte zu Beschwerden der privilegierten Knappen:

„Es läge im Interesse der Bergleute, wenn solche Arbeiter, welche nicht beständig in der Grube bleiben mögen, gar nicht zugelassen würden, zumal da das vorhandene Personal von Bergleuten zu Zeiten stärksten Absatzes durch Nebenschichten auch eine stärkere Ausbeute liefern kann und gerne liefert, wenn er dieselben bezahlt erhält"[28].

Der ökonomische Aufschwung der zweiten Hälfte des 19. Jahrhunderts traf im Saarbergbau nicht auf einen von altersher ausgebildeten „Stand" der Bergknappen, sondern auf eine Minderheit knappschaftlich verfaßter Bergleute und eine Mehrheit von Handwerkern, Maurern, Zimmerleuten und Bauern, deren Motivation zur Bergarbeit den mangelnden Möglichkeiten ihres herkömmlichen Broterwerbs entsprang. Die ökonomische Lage dieser Unständigen veranlaßte 1858 den Berghauptmann von Dechen, von der „Dürftigkeit der Bergarbeiter" zu sprechen, die die Durchführung einer Vorschrift, bergmännische Tracht zu tragen, nicht erlaube[29]. Der Ausbildung eines ständisch verfaßten bergmännischen „Sozialkörpers" stand in der zweiten Hälfte des 19. Jahrhunderts auch das Belegschaftswachstum im Wege, das immer wieder Arbeiter der ersten und zweiten Generation dem Bergbau zuführte. Deren Einbindung in die industrielle Bergarbeit ließ es zuallererst notwendig erscheinen, sie an die Anforderungen der Arbeitsdisziplin zu gewöhnen.

3.2. Grundlage industriellen Arbeitens: Disziplin, Pünktlichkeit und Konzentration

Die Lyrik der ständischen bergbaulichen Welt verklärte Arbeitsweg und Arbeitsbeginn in einer Poesie disziplinierter Arbeitsbereitschaft:

„Schon wieder tönt vom Schachte her
des Glöckleins leises Schallen,
laßt eilen uns, nicht säumen mehr,
zum Schachte laßt uns wallen!"[30]

Zweifellos offenbart sich in der religiösen Überhöhung bergmännischen Arbeitseifers eher die Wunschwelt der Bergwerkbesitzer als die Realität des alltäglichen Arbeitszwanges. Daß Arbeiter ihren Arbeitsweg anders erfahren haben, darauf deutet eine Petition von 129 Dudweiler Knappschaftsmitgliedern aus dem Jahre 1848 hin. In ihr hieß es:

„Zur bergmännischen Arbeit gehört Mut, Heiterkeit, Kraft und dauernde Gesundheit, das Gegenteil ist für den Bergbau unheilbringend. Unsere Familien sind jetzt lauter Schattengestalten, betrübt gehen wir zur Arbeit, und noch viel betrübter kehren wir heim, denn was finden wir zu Haus? ‚Elend'!"[31]

Ein Problem stellte die Zusammenfassung einer weit verstreut wohnenden Belegschaft auf die verschiedenen Anfahrpunkte allemal dar. Jeden Morgen fand eine wahre Völkerwanderung zu den Gruben statt, ca. 2/3 bis 3/4 der Belegschaft besaß die Möglichkeit, von der Familienwohnung aus täglich zu Fuß oder mit der Eisenbahn den Arbeitsplatz zu erreichen. Dabei mußten oft Wege von zwei bis drei Stunden über befestigte und unbefestigte Straßen in Ortschaften, über die Bergmannspfade durch Wälder und Felder zurückgelegt werden, nicht nur, um von den Dörfern an der Peripherie ins Revier zu gelangen, sondern auch weil mancher Bergmann auf der seiner Wohnung benachbarten Grube keine Anstellung gefunden hatte[32].

Für die Familien der Arbeiter bedeuteten diese weiten Wege, daß sie ihren täglichen Rhythmus nicht nach der effektiven Arbeitszeit, sondern nach der Zeit der Abwesenheit von zu Hause ausrichten mußten. Noch in der Mitte des 20. Jahrhunderts betrug die tägliche

Abwesenheit der Saarbergarbeiter von zu Hause trotz einer Verbesserung der individuellen wie Massenbeförderungsmittel zwischen 10 und 14 Stunden[33]. Daran hatte auch die Einrichtung von Arbeiterzügen im 19. Jahrhundert nichts ändern können. Vielmehr ermöglichten diese eine Verschiebung des Arbeitereinzugsbereiches[34]. Die Eisenbahnlinien sollten die Arbeiter in enge Verbindung zu ihren Arbeitsstätten bringen, sie nicht nur räumlich, sondern auch zeitlich „anbinden". An allen Werktagen wurden „in tunlichstem Anschlusse an den Schichtwechsel" über 5000 Bergleute in der IV., ausnahmsweise auch in der III. Klasse befördert[35].

Weite Arbeitswege boten im Falle des Arbeitskampfes aber auch beim unspektakulären „Sich-Wehren" gegen die Durchsetzung industrieller Zeitdisziplin reichhaltige Ansatzpunkte zur Durchbrechung einer verordneten Arbeitsmoral. Die Pünktlichkeit der Anfahrt war abhängig von täglich wechselnden Unwägbarkeiten, wie dem Wetter und der damit verbundenen Erholungsbedürftigkeit, sowie von den Fahrplänen der Arbeiterzüge. Gesundheitsgefährdender „Komfort" der Züge und mangelnde Koordination der Fahrpläne mit den von Grube zu Grube oftmals unterschiedlichen Schichtzeiten bildeten die Kritikpunkte der Arbeiter, die der Bergmann Joville so zusammenfaßte: Die Arbeiterzüge „seien nicht geheizt, daher im Winter zu kalt und zu zugig, wodurch die Gesundheit der Fahrenden geschädigt würde. Auch hätten dieselben sehr häufig Verspätung und dadurch auch ein verspätetes Anfahren der betreffenden Leute im Gefolge"[36].

Während die Arbeiter die Züge ihren Bedürfnissen entsprechend verkehren lassen wollten, versuchten die Werksleitungen, das Arbeiterverhalten dem Takt der Züge anzupassen: insbesondere an Montagen, so der Friedrichsthaler Werksdirigent, verspäte sich die auswärts wohnende Belegschaft, weil die Disziplin fehle, sich auf den Bahnhöfen rechtzeitig Billette zu lösen. Wohl um die Eile der Arbeiter auf dem Weg zur Grube anzuspornen, ging die Uhr auf Grube Maybach „stets 8 bis 10 Minuten vor der Bahnuhr"[37]! Vor der Pünktlichkeit des Erscheinens auf der Grube aber stand für die Bergleute das Bedürfnis nach Erfrischung und der Wunsch, „sich mit Kaffee für die Schicht versehen [zu können], selbst wenn hierdurch eine Verspätung in der Arbeitszeit eintreten sollte"[38]. Dabei mußte es nicht immer nur Kaffee sein, an dem die Arbeiter sich labten.

Bis in die Mitte der 80er Jahre blieben Berichte und Beschwerden über Alkoholmißbrauch unter den Bergleuten episodenhaft. Wenn aber auffälliges Verhalten registriert wurde, dann betraf es meist den Alkoholkonsum in den Morgenstunden, also vor der Arbeit. Die preußisch-bürokratische Antwort, der Erlaß einer Polizeiverordnung

(PV), wurde noch in den 70er Jahren für nicht notwendig erachtet, 1882 jedoch durch mehrere Ortsbehörden wieder beim Saarbrücker Landrat „in Anregung" gebracht. Zustimmend betonte die Königl. Bergwerksdirektion, daß auch ihr daran gelegen sei, „den Arbeitern durch das Schließen der Schankwirtschaften und Spirituosenhandlungen bis nach dem Schichtwechsel am Morgen die Gelegenheit [zu entziehen], öffentliches Ärgerniß zu erregen". Insbesondere die mit der Eisenbahn anreisenden oder „meilenweit auf Landwegen in der Nacht" anfahrenden Bergleute benötigten vor Arbeitsbeginn einen „kräftigen Spirituosengenuß, der zur Folge hat, daß in einzelnen Fällen schon morgens berauschte Arbeiter zurückgewiesen werden mußten"[39]. Der Alkoholgenuß vor und nach der Schicht – der ja nicht unbedingt zur Trunkenheit führen mußte –, entpuppte sich in den 80er Jahren als verbreitetes Problem[40].

Zwar verbot die PV vom 1. Dezember 1883 in den industriellen Kreisen des Regierungsbezirkes Trier den Branntweinausschank im

Abb. 7: Mit Würde füllt „Papa Pink" in der Kaffeeküche der Grube von der Heydt zwei Glas Milch. Gegenüber den bergmännischen Untertanen wurde selbst die Ausgabe eines Erfrischungsgetränks als Hoheitsakt zelebriert (Aufnahme ca. 1906).

Saarberg. Zentrales Lichtbildarchiv

Sommer vor morgens sieben und im Winter vor acht Uhr, ihre Einhaltung wurde jedoch kaum kontrolliert. Die Arbeiter frequentierten weiterhin die „leider in übergroßer Anzahl entlag der Grubenwege bestehenden Schankwirthschaften"[41]. Gegen solches Arbeiterverhalten erwog die Königl. Bergwerksdirektion die Einrichtung von Kaffeeschenken auf den Gruben, um den Arbeitern eine alkoholfreie Erfrischung zu bieten. Die Möglichkeit, „auf der Grube zu einem mäßigen, ortsüblichen Preise einen guten Kaffee, Brod und sonstige Eßwaren erhalten zu können", fand bei den Bergleuten Anklang, da in der Nähe der Gruben Eßwaren nur „zu theuren Preisen und meist von fraglicher Güte zu erhalten" waren[42]. Aber die ersten Erfahrungen mit Kaffeeküchen auf Heinitz und Dechen relativierten die hochgespannten Erwartungen: Die Arbeiter benutzten nach Meinung des Werksdirigenten die Kaffeeküchen nur, weil diese nicht direkt von der Grube, sondern vom Konsum-Verein geführt wurden, da unter ihnen ein Mißtrauen gegen wohlfeile Wohlfahrtseinrichtungen herrsche[43]. Eine solche skeptische Beziehung zum Arbeitgeber war für die Arbeiter im patriarchalischen System des fiskalischen Saarbergbaus charakteristisch. Ihre Nicht-Arbeitszeit sollte selbst zu gestaltende Zeit bleiben und nicht dem autoritativen Zugriff des Fiskus unterworfen werden.

In ihrer ursprünglichen Bestimmung versagten die Kaffeeküchen: Ein Zurückdrängen des Schnapsgenusses in den Dörfern und Städten konnte weder in der Umgebung von Heinitz und Dechen, noch in Dudweiler nachgewiesen werden. Vielmehr sahen sich die Grubenverwaltungen gezwungen, ihre restriktive, antialkoholische Fürsorge zu lockern. Schon 1886 versetzte das Königl. Hafenamt seinen Arbeitern, die den Kaffee verschmähten und wieder zur Bierflasche griffen, nach dem Vorbild der Burbacher Hütte den ausgeschenkten Kaffee mit leichtem Rum, um so erfolgreich die Attraktivität des Kaffees zu erhöhen. Die Maybacher Kaffeeküche verkaufte zunächst Bier nur an Beamte, schließlich aber auch an Arbeiter[44].

Im Jahre 1905 bestanden im Saarbrücker Direktionsbezirk 28 Kaffeeküchen, die pro Jahr 311 229 Mark umsetzen. Die Arbeiter akzeptierten dieses Angebot, ohne sich jedoch in der Suche nach Erholungsmöglichkeiten auf fiskalisch besetzte Räume einengen zu lassen. In Sulzbach scheitert die Kaffeeküche an mangelndem Zuspruch – nicht etwa weil kein Bedürfnis nach Erfrischung und Entspannung vorhanden gewesen wäre, sondern weil in der Stadt mannigfaltigere Möglichkeiten dafür geboten wurden[45].

Die fugenlose Einpassung in regelmäßiges und kontinuierliches Arbeitsverhalten stieß auf traditionelle Widerstände.

„Das Aussetzen der Arbeit an allen nicht gesetzlich gebotenen Feiertagen ist seit alter Zeit in Fleisch und Blut der Saarbrücker Bevölkerung übergegangen",

... mußte im Jahre 1870 der Bergassessor Hiltrop feststellen[46]. Zyklische Unterbrechungen des Arbeitsablaufs etwa bei den vierteljährlichen Versteigerungen und einem Arbeitsplatzwechsel wurden so ausgiebig gefeiert, daß das Bergamt fürchten mußte, „daß man anfängt diesen Tag als einen Frei- und Lust-Tag zu betrachten und denselben in den Wirthshäusern zu verbringen". Aber nicht nur die Arbeiter betrachteten es als ihr Recht, Unterbrechungen der produktiven Arbeit selbstverständlich zu verlängern, auch für die Grubenbeamten stellte diese Gewohnheit noch in den 1850er Jahren keinen Anlaß dar, strenge Disziplinarmaßnahmen zu ergreifen[47]. Tiefgreifend wurde der Arbeitsrhythmus durch das Festverhalten im Revier und im Hinterland gestört. Fand in den Dörfern eine Kirmes statt, so wurde der Montag allgemein als Arbeitstag schon abgeschrieben, erst das „Feiern" am Dienstag war von Sanktionen bedroht. Trotzdem fuhren viele Bergleute erst mittwochs oder donnerstags an.

„Durch diese Verschwendung und Sauferei hat die Grube einen nicht unbedeutenden Schaden. Es dürfte deshalb wohl im Interesse der Gruben und der Bergleute sein, wenn auf diese Saufereien und Verschwendung eine strengere Strafe gesetzt werde, denn aus den Strafen, die das Strafreglement bestimmt, machen sie sich nichts, und lachen die Beamten nur noch aus. Es dürfte deshalb für das allgemeine Wohl sehr gut und für die Leute hinreichend sein, wenn sie außer dem Sonntag noch Montags Kirmes halten dürfen und Dienstags wieder auf der Grube sein müßten"[48].

Eine Sanktionierung des „Montagsschwärmens" im Anschluß an Feste sollte den „blauen Dienstag" oder gar Mittwoch zurückdrängen helfen! Eine so hartnäckige Gewohnheit vermochte auch die Kirche nicht zu überwinden[49], so daß Hiltrops Einschätzung der Arbeitsmoral über die siebziger Jahre hinaus Bestand gehabt haben dürfte: Kein industrieller Bezirk sei ihm bekannt, in dem so unregelmäßig gearbeitet wird, und in dem so viele Tage verfeiert werden, wie in Saarbrücken[50].

Statt eines sanktionierten „blauen Montags" setzte sich bei den Bergverwaltungen zunehmend eine industrielle Logik durch: Nicht mehr die Feste sollten den Arbeitsrhythmus der Leute prägen, vielmehr hatte der Festrhythmus sich dem „ungestörten Fortgang des Betriebs" zu beugen[51]. Obwohl die Arbeiter sich in den Arbeiterausschüssen für die Regelung des „blauen Montags" einsetzten und weiterhin an Montagen feierten oder schlecht förderten, enthielten ihre

Gegenentwürfe zu der während der Streikzeit von der Bergbehörde erarbeiteten neuen Arbeitsordnung keine Kritik an den Strafbestimmungen bezüglich des Feierns im Anschluß an sonn- und feiertägliche Feste. Die Bestrafung des Regelverstoßes schien akzeptiert, die Freiheit der „eigenen Zeit" war kostspielig geworden. Eine vorindustrielle Arbeitsmoral hatte sich den Zwängen eines „auf Geld reduzierte[n] Wert[es] der Zeit" gebeugt, die Betriebserfordernisse begannen auch außerbetriebliches Leben zu ordnen und die „Lebensformen der Arbeiterklasse" zu schmälern[52].

Die Gewöhnung der Menschen an einen großbetrieblichen Rhythmus der Arbeit fand ihre Fortsetzung in einer immer strengeren Beaufsichtigung bei gleichzeitiger Rationalisierung der Betriebsabläufe; technischer Fortschritt und Disziplinierung gingen Hand in Hand und ließen deutlich werden, daß die Segnungen des industriellen Zeitalters immer wieder Zumutungen für die Menschen bedeuteten. Mit dem Übergang zum Tiefbau entstand die Notwendigkeit, zeitsparende Beförderungsmöglichkeiten für die Arbeiter einzurichten. Im Betriebsjahr 1883/84 fand in 32 Förderschächten der Saargruben eine reglmäßige Seilfahrt statt. Ihre Dauer betrug zwischen 20 und 60 Minuten, die der traditionellen Stecken- und Stollenfahrt, bei der der Bergmann zu Fuß seinen Arbeitsplatz erreichte, zwischen 10 und 45 Minuten. Knapp die Hälfte der eigentlichen Grubenarbeiter benutzten das Seil zur Ein- und Ausfahrt[53].

Obwohl die Seilfahrt für die Arbeiter eine beträchtliche Erleichterung bedeutete – „wir sind so abgeschafft, daß wir nicht mehr die Treppen hinauf gehen können" –, stieß ihre Einführung auf Skepsis. Viele Leute verweigerten die mechanische Fahrung und gingen lieber über einfallende Strecken zum Arbeitsplatz, statt sich den Unwägbarkeiten technischer Errungenschaften auszuliefern[54]. Angesichts des leichtfertigen Umgangs mit Sicherheitsvorrichtungen – seit 1885 wurde die „Erlaubnis zur Seilfahrt nicht mehr an die Bedingungen des Vorhandenseins von Fangvorrichtungen geknüpft"[55] –, schien diese Haltung der Belegschaften verständlich; zeigen doch Seilfahrtunfälle mit Todesfolgen in den Jahren 1884, 1899 und 1907, die auf Seilbruch oder technische Mängel an der Seilkorbwelle bzw. der Seiltrommel zurückgehen, daß eine vollständige Sicherheit nicht erreichbar war.

Als im Jahre 1913 die preußische Seilfahrt-Kommission ihren Untersuchungsbericht vorlegte, wurde das ganze Ausmaß der menschlichen Folgekosten technischer Innovationen erkennbar: In den Jahren 1894–1909 hatten im Saarbergbau bei 34 Unfällen während der Seilfahrt 49 Menschen ihr Leben verloren, neun Bergleute wurden schwer, weitere 25 Bergleute leicht verletzt. Beruhigend konnte auch

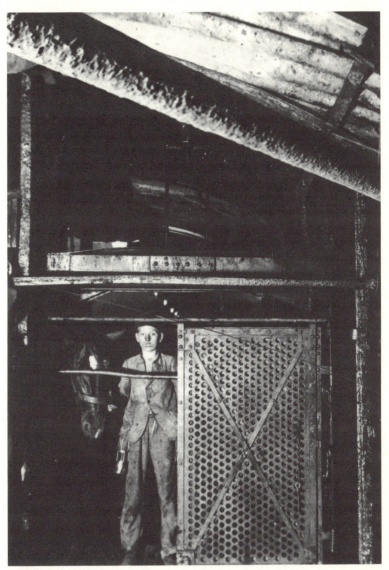

Abb. 8: Ist es Angst oder das ungewohnte Blitzlicht des Photographen, was den Pferdejungen mit aufgerissenen Augen in die Kamera blicken läßt? Gerade die Beförderung von Werkzeugen, Baumaterialien und Pferden führten häufig zu Seilfahrtunfällen. Im Saarrevier wurde die Seilfahrt durchaus doppeldeutig „am Strick hängen" genannt (Aufnahme von 1914). Saarberg. Zentrales Lichtbildarchiv

die Tatsache nicht wirken, daß eine Vielzahl der Unfälle nicht dem technischen System, sondern der menschlichen Unzulänglichkeit im Umgang mit demselben zugerechnet wurden. Insgesamt ereigneten sich in den fünf deutschen Oberbergamtsbezirken während des angegebenen Zeitraums 658 Unfälle bei der Seilfahrt, bei denen 423 Bergleute starben, 301 schwer und 635 leicht verletzt wurden[56].

Die Enge eines Förderkorbes, in dem sich zehn bis elf Arbeiter auf einer Grundläche von ca. 3 x 1 m drängen mußten, Nässe auf den oberen Etagen und kalte Zugluft bei einer Geschwindigkeit von zunächst 4 m, dann 8 m in der Sekunde sowie die Gefahr technischen oder menschlichen Versagens verstärkten bei den Arbeitern die bedrohliche Erfahrung einer nun tatsächlichen „Abgeschnittenheit von der Oberfläche"[57]. Verstärkt wurde diese Erfahrung durch die Einführung neuer, mit der maschinellen Menschenförderung verbundener Kontrollsysteme. Die Markenkontrolle signalisierte den Arbeitern, daß sie, zu Nummern degradiert, nur noch den menschlichen Teil eines hochkomplexen Räderwerks der Technik darstellten. „Wie beim Galeerensträfling" empfand der Kohlenhauer Max Lotz die tägliche Demütigung durch die Nummernkontrolle[58]. Solche Empfindsamkeit hatte ihre Ursachen darin, daß nun der kontrollierende Arm der Grubenverwaltungen Abschnitte der Arbeitszeit seinen Bedürfnissen unterwarf, die zuvor einer relativ autonomen Disposition seitens der Arbeiter offenstanden. Die effektive Arbeitszeit wurde für die Verwaltung genauer kalkulierbar, ihre Dauer über die Seilfahrt steuerbar. Häufig kam es vor, daß trotz offiziell geltender achtstündiger Arbeitszeit die Seilfahrt erst nach zehn Stunden einsetzte und die Arbeiter zu Überstunden veranlaßt wurden. Unmut über solche Willkür signalisierte eine Aktion der Bergleute auf Grube Gerhard im Herbst 1889, die zugleich auf die vielfältigen Formen eines Arbeitskampfes unter der Streikschwelle hinwies: „An den Viktoria-Schächten wurde Ende September und Anfang Oktober von der Belegschaft der Versuch gemacht, durch massenhafte Zuströmung zu den Schächten die Förderung zum Erliegen zu bringen und die Ausfahrt zu erzwingen"[59]. Dieser „Unfug" (so die Grubenverwaltung) wiederholte sich mehrmals, so daß einige Arbeiter auf Zeit abgelegt wurden. „Frühzeitiges Schichtmachen" zählte auf Grube Gerhard neben den in der Streikzeit üblichen „Beamtenbeleidigungen" und der „Agitation" zu den häufigsten Entlassungsgründen.

Der Verlust der Selbstkontrolle über ein Stück Arbeitszeit bedeutete zugleich eine zusätzliche Abhängigkeit von den die Seilfahrt kontrollierenden Aufsehern, die sich gegen kleinere Aufmerksamkeiten, z. B. der „Gestattung eines Freitrunks", bei der Reihenfolge der Ausfahrt erkenntlich zeigten. Dem selbständigen Abkürzen der Arbeitszeit standen auch die Gittertüren an den Stollenmundlöchern im Wege. Die Forderung nach ihrer Abschaffung, einer der zentralen Punkte des Mai-Streiks 1889 und zugleich einer der „kleinen" Siege der Arbeiter, wies darauf hin, daß die autoritative Durchsetzung der Arbeitszeit gegen Ende des 19. Jahrhunderts noch nicht akzeptiert war. Die Arbeiter sträubten sich gegen den Entzug eigener Dispositionsmöglichkeiten, gegen den Zugriff der Betriebsorganisatoren auf ehemals autonome Zeitabläufe. Denn mit der Einführung der maschinellen Seilfahrt wurden Voraussetzungen für eine „Taylorisierung" des Bergbaus geschaffen: „Von dem Augenblicke an, in dem der Arbeiter den Werkseingang durchschreitet, bis zum Beginn der Arbeit vor Ort lassen sich Weg und Tätigkeit des Arbeiters auf die Minute regeln"[60]. Aber bis weit über die Jahrhundertwende hinaus gelang es der „wissenschaftlichen Betriebsführung" nicht, die bergmännische Produktion den Bedingungen effektiver Rationalität zu unterwerfen – dazu fehlten zunächst auch die Möglichkeiten einer umfassenden Beaufsichtigung und Kontrolle unter Tage.

Nach der Seilfahrt hatten es die Bergleute nicht unbedingt eilig, an ihre Arbeitspunkte zu gelangen, nicht nur die Tätigkeit des „Vorfahrers", der nochmals nach Schlagwetter ausleuchtete, gab Gelegenheit, hier und da ein „Bergamt" zu halten[61]. Angst, dabei „erwischt" zu werden, brauchte zunächst kein Bergmann zu haben. Denn die Aufsichtsbeamten fuhren erst eine Stunde nach Beginn der Seilfahrt für die Arbeiter ein und hielten sich oft nur viereinhalb bis fünf Stunden in der Grube auf. Dadurch konnte bei großen Steigerabteilungen „der Aufenthalt des Steigers an den eigentlichen Arbeitspunkten nur ein ganz kurzer sein, namentlich wenn die zurückzulegenden Wege dabei noch sehr groß sind. Diese betragen aber im allgemeinen zwischen 8 und 12 km, sind also recht beträchtlich"[62]. Obwohl sich seit der Jahrhundertwende das Verhältnis von Aufsichtspersonal zu Grubenarbeitern von 1 : 138 (im Jahre 1853) auf 1 : 65 verbesserte, kamen selbst die Arbeiter in die Situation, „über die mangelhafte Aufsicht von Seiten der Aufseher beim Bergeversetzen" zu klagen[63].

Trotzdem wurde eine Verstärkung des Kontrollpersonals nicht gewünscht: „man hätte Aufseher genug", äußerte der Bergmann Wilhelm ärgerlich im Arbeiterausschuß auf Heinitz und Dechen[64]. Die Delegation von Aufsichtsdiensten an Ersatzaufseher, z. B. Fahrhauer oder andere erfahrene Arbeiter, warf Probleme auf. Die Arbeitgeberseite vermutete, daß solche Ersatzaufseher nicht streng genug gegen ihre Kameraden vorgingen, andererseits kam „die Belegschaft denselben mit starkem Mißtrauen" entgegen[65]. So blieb jede Kameradschaft in der Regel beim Ausbau wie bei Abbau auf sich selbst gestellt und die „jeweils anfallende Arbeit, die Verteilung spezieller Aufgaben und die Festlegung jedes Abbautempos weitgehend dem Ortsältesten und den anderen Mitgliedern der Kameradschaft überlassen"[66]. Die strengen Über-Tage-Kontrollen der Anwesenheit, der Produktivität und des Fördergutes umschlossen einen „Freiraum", der der kollektiven Verfügung von Arbeitsgruppen unterlag, deren Tätigkeit nicht mehr als stichprobenartig kontrolliert werden konnte.

Die Charakterisierung der Saarbergleute als einer autoritätsabhängigen, gefügigen und unterwürfigen Arbeiterschaft, wie sie zuletzt von Hans Horch vorgelegt wurde, trifft bei genauer Betrachtung der Disziplinierungsversuche während der Arbeit nicht zu. Wer autorität-patriarchalische Arbeitsordnungen als alltägliche Zustandsbeschreibungen des Verhältnisses von Arbeitgeber zur Arbeiterschaft interpretiert[67], übersieht die Erfindungsgabe von Arbeitern im 19. Jahrhundert, sich Anordnungen zu entziehen, Überwachungsversuche ad absurdum zu führen und Gewohnheiten gegen eine industrielle Arbeitsorganisation zu verteidigen. Solche Verhaltensweisen entsprangen keiner rationalen, antiindustriellen Strategie, sondern waren häufig provoziert durch die Unmöglichkeit, Anordnungen von oben vor Ort zu realisieren. Täglich befanden sich die Arbeiter in Situationen, in denen sie gegen Vorschriften handelten. Sei es im Umgang mit sogenannten Sicherheitslampen, sei es beim verordneten Nässen der Kohle zur Vermeidung von Kohlenstaub, stets bedurfte es langjähriger Erfahrung und der Beauftragung von „Sicherheitsmännern", um den Anordnungen „unter *strenger* Controle" Geltung zu verschaffen[68].

Disziplin bei der Einhaltung des umfangreichen Katalogs von Ge- und Verboten während der Arbeit, stellte eine jener Erfahrungen des industriellen Zeitalters dar, die immer wieder erkennen ließen, daß der Gleichklang der Arbeitsorganisation dem eigenen Rhythmus der Arbeitenden zuwider lief.

Das Wissen um die Gefährlichkeit der Arbeit und des Arbeitsortes mußte von den Bergleuten umgesetzt werden in eine nicht nachlassende Konzentration während der Arbeitsverrichtung sowie in eine sorgfältige Beachtung der Sicherheitsvorschriften. Aber nicht nur der Akkord erzwang oft unvorschriftmäßiges Verhalten. Insbesondere gegen Schichtende wurde hastig und leichtsinnig gearbeitet, um die benötigte Fördermenge zu erreichen, so daß 78.8 % aller Unfälle sich in der Mitte oder gegen Ende der Schicht ereigneten[69]. Dazu kam noch, daß gegen Ende der Schicht sich die Gefährdung erhöhte, da der Arbeitsfortschritt zu vermehrten Spannungen im Gebirge führen konnte. Auf einen zunehmenden Konzentrationsverlust durch Ermüdung und Gewöhnung an den Arbeitstrott auch im Wochenrhythmus deutete die Zunahme der Unfälle im Verlauf einer Arbeitswoche hin: 12.6 % der Stein- und Kohlenfall-Unfälle ereigneten sich an Montagen, 20.9 % dagegen samstags. Eine Unterbrechung der Arbeitswoche führte zu drastischen Senkungen der Unfallziffern: Vor oder nach Festtagen oder Feierschichten ereigneten sich nur 8.1 %, an Arbeitstagen, die zwischen zwei Feiertagen lagen, gar nur 0.6 % der Unfälle[70]. Im Verlauf einer normalen 6-tägigen Arbeitswoche nahm das Unfallrisiko der Belegschafen zu, Nachlässigkeiten und Unvorsichtigkeiten griffen um sich, mit der Gewöhnung an den Arbeitstrott erlosch die vorsichtige Spannung, lange Reaktionszeiten waren durch die Ermüdung des Körpers bedingt. Diese Zusammenhänge von Arbeitszeit und Unfallhäufigkeit belegen die Berechtigung der Arbeiterforderungen nach einer achtstündigen Schicht einschließlich Ein- und Ausfahrt.

Die Arbeit vor Ort blieb geprägt durch ein dauerndes „Sich-Auseinandersetzen" mit Anordnungen, mit natürlichen und künstlichen Gegebenheiten, mit Traditionen und Innovationen. Die Verhandlungsniederschriften der Arbeiterausschüsse und die bergbautechnische Fachliteratur beleuchten fragmentarisch und blitzlichtartig, wie Dinge mit scheinbar marginaler Bedeutung die Arbeiter „bewegte": Vorschläge zur Verbesserung der Betriebsorganisation, Beharren auf althergebrachten Arbeitsverrichtungen, Beschwerden, Zuwiderhandlungen und Selbstgefährdung waren Formen, in denen sich die Arbeiter zu ihrer Arbeit und ihrem Arbeitgaber verhielten. Diese Auseinandersetzungen hatten lange Traditionen und zeugten von einer Sonderstellung der bergmännischen Arbeit in der Industrialisierung. Während der disziplinierende Takt der Maschinen und eine strenge Aufsicht im Fabriksystem zunehmend Nischen reduzierten und kaum mehr Raum ließen für ein „Sich-Sperren" gegen neue Zumutungen oder gar für eine Mißachtung von Vorschriften, konnte die bergbauliche Arbeitsorganisation eine umfassende Kontrolle der Arbeit nicht gewährleisten. Bergmännische Arbeit bedeutete in der zweiten Hälfte des 19. Jahrhunderts immer noch selbstverantwortliches Handeln und alltägliche Aufmerksamkeiten in der Bewahrung von Gewohnheiten, Gelerntem und Althergebrachtem und schloß auch den kalkulierten Regelverstoß mit ein. Die Bergarbeiter des 19. Jahrhunderts waren noch keine „dressierten Arbeiter", die sich der Zeit- und Arbeitsdisziplin klaglos unterwarfen[71]. Dies konnte sich erst langsam ändern, als mit der Einführung des Strebbaues eine neue Übersichtlichkeit unter Tage einzog.

Abb. 9: *Arbeitspause. In der Teamarbeit unter Tage wurde jede Möglichkeit zur körperlichen Erholung genutzt. Aber die Bedürfnisse Einzelner unterbrachen die Arbeit der Gruppe. Das gemütlich-exotische Bild des zeitungslesenden Bergmanns zeigt zum einen die Gelassenheit, mit der erfahrene Bergleute ihre Körperkraft regenerierten, verdeckt zum anderen aber das Konfliktpotential solch individueller Pausengestaltung. Häufig jedoch war der Weg zum Donnerbalken zu weit, und man entledigte sich des Drucks in der Nähe der Arbeitsstelle. Die Verunreinigung der unterirdischen Grubenanlagen durch Exkremente konnte zu Infektionskrankheiten führen.*

Saarberg. Zentrales Lichtbildarchiv

3.3. Arbeit vor Ort: Arbeitsverrichtung, funktionale Differenzierungen, Arbeitszeit

Bis in die 1880er Jahre wurden an der Saar Abbaumethoden ohne Bergeversatz (d. h. ohne Ausfüllen der abgebauten Räume durch Gestein) angewandt. In der Regel arbeiten die Bergleute im Pfeilerrückbau, aber schon in den 1860er Jahren fanden Versuche mit dem Stoß- und Strebbau statt, ohne daß die Anwendung dieser Abbauverfahren Verbreitung fand. Erst während der 80er Jahre vermochte sich neben dem Pfeilerbau, durch den 91 % der Förderung gewonnen wurden, auch der Strebbau langsam durchzusetzen: Sein Förderanteil betrug zu dieser Zeit kaum 10 %. Aber schon im Jahre 1904 herrschte im Saarrevier ein vielfältiges Nebeneinander der Abbauverfahren: 69 % der Gesamtförderung wurden im Strebbauverfahren gewonnen, nur noch 10 % durch den Pfeilerbau. Daneben kamen in nennenswertem Umfange noch Stoßbau- und Scheibenbauverfahren vor[72].

Was bedeutete für die Arbeiter der Wandel der Abbaumethoden, wie erlebten sie den Übergang von einer gewohnten Arbeitsverrichtung zu einem noch unbekannten Verfahren und schließlich: Wie reagierten die Arbeiter auf die wechselnden Zumutungen? Im Pfeilerbau wurde die Kohle sowohl bei der Auffahrung, dem Vorrichten des Abbaufeldes, wie auch beim Rückbau zur Grundstrecke gewonnen.

„Pfeilerbau ist eine in Steinkohle- und Braunkohleflözen angewendete Abbauweise, bei welcher vom Schachte aus ein Grubenfeld oder einzelne Abteilungen eines solchen mit Vorrichtungsstrecken durchörtert werden. Zwischen den letzteren bleiben Pfeiler stehen, welche schließlich nach rückwärts abgebaut werden, indem man das hangende Nebengestein hinter sich zu Bruch gehen läßt"[73].

Vorrichtung und Abbau schritten langsam vorwärts, so daß Baufelder von mehreren hundert Metern Länge kostspielig offengehalten werden mussten. Obwohl schon früh an der Saar Versuche mit schneller vorwärts schreitenden Versatz-Abbauverfahren gemacht wurden, scheiterte deren allgemeine Einführung zunächst daran, daß die beim Ausbau fallenden Berge zum Versetzen der Räume nicht ausreichten[74]. Die Belegung der einzelnen Abbaupunkte richtete sich nach der Breite der Abbaustrecken und der Pfeiler, nach der Mächtigkeit der Flöze und nach der Schichteinteilung. Im Einschichtbetrieb schwankte die Kameradschaftsgröße zwischen drei und sechs Grubenarbeitern, arbeiteten die Bergleute jedoch in zwei Schichten, so bildeten bis zu 8 Personen die Kameradschaft[75].

Die Gewinnungsarbeit einer Kameradschaft vollzog sich im Pfeilerbau in der Gemeinsamkeit eines räumlich eingegrenzten Arbeitsortes. Da . . .

„die Förderung durch die Schlepper nur bis an den Bremsschacht geschieht, die Schlepper sich also stets in unmittelbarer Nähe der Hauer befinden und daher auch nach Bedürfnis von den Hauern zum Bohren, Abkohlen, Schrämen u.s.w. herangezogen werden, während andererseits auch die Hauer bei der Förderung mit Hand anlegen"[76],

. . . bildete die Ortskameradschaft den „Kern der Betriebsorgansation" (Tenfelde), bei der die teamartige Kooperation, das Hand-in-Hand-Arbeiten die Voraussetzung eines auskömmlichen Verdienstes bildete. Unter der Anleitung des jeweiligen Ortsältesten verrichtete die durch einen geregelten Ausbildungsgang hierarchisch gegliederte Arbeitseinheit eine weitgehend autonome Arbeit, die allenfalls bezüglich des Arbeitstempos informelle Kontakte zwischen den Kameradschaften eines Arbeitsfeldes notwendig machte[77].

Versuche mit verschiedenen Versatzbaumethoden demonstrierten deren Überlegenheit gegenüber dem Pfeilerbau: Auch schlechte Flöze ließen sich ohne größere Kohleverluste ausgewinnen, keine Kohle brauchte in Sicherheitspfeilern stehengelassen zu werden, der Abbau benachbarter Flöze wurde unabhängiger voneinander, die Bewetterung war einfacher, die Gefahr von Flözbränden im „alten Mann" (= im ausgewonnenen Raum) ließ sich verringern. Besondere Bedeutung kam im Saarrevier der Tatsache zu, daß mit Versatzbauverfahren die Folgekosten durch Bergschäden drastisch reduziert wurden[78]. Die seit Mitte der 60er Jahre auf verschiedenen Gruben durchgeführten Versuche mit dem Strebbau hatten dazu geführt, daß zum Zeitpunkt seiner allgemeinen Einführung eine gewisse Anzahl von Arbeitern und Beamten mit dieser Methode vertraut waren.

Beim Strebbau begann die Kohlegewinnung unmittelbar am Bremsberg. Das Flöz wurde nicht mehr in Strecken unterteilt, sondern von vorne nach hinten abgebaut. Der entstehende Hohlraum wurde mit Bergen so ausgefüllt, daß Strebstrecken zur Förderung nach dem Bremsberg offenblieben. Ohne die Entwicklung leistungsfähiger Transportmöglichkeiten hätte sich die Konzentration der Arbeit auf einen Betriebspunkt, den Streb, nicht durchführen lassen. Die Einführung von Kohlerutschen für den Transport vom Gewinnungspunkte zur Grundstrecke verschlechterte zunächst die Arbeitsbedingungen: Die Schüttelrutschen verursachten unvorstellbaren Lärm[79].

Die Konzentration der Arbeitskräfte im Streb führte neben einer Vergrößerung der Kameradschaften zu einer beginnenden Auflösung der gemeinsamen Arbeitsverrichtung. Der Ortsälteste, der im Pfeilerbau Anordnungsbefugnisse und aktive Mitarbeit verbinden konnte, übernahm im Abbau mit „breitem Blick" zunehmend Aufsichtsfunktionen. Vor einem Rutschenstoß konnten bis zu 30 Mann im Abbau beschäftigt werden. Wo vorher acht, zehn oder mehr Örter beim Pfeilerrückbau bestanden, gab es nun nur noch einen einzigen Betriebspunkt. So wurde ein zügigeres Voranschreiten des Abbaus erreicht, aber auch eine Differenzierung des Arbeitszusammenhanges vorbereitet: Die Technik des Strebbaues förderte die „Dreiteilung von Abbau, Rauben und Versatz, Reparatur, . . . die dann später auch zwei Förderschichten täglich ermöglichte"[80].

Der Strebbau lockerte die Intimität des Arbeitszusammenhanges und begründete eine extensive Zeitnutzung des Arbeitstages. Die Kameradschaften verloren ihre Funktion als überschaubare Schutz-, Lern-, Erfahrungs- und Leistungsgemeinschaften; aber auch die Betriebsbeamten mußten sich in der neuen Rolle zunächst zurecht finden:

„Bei der Neuheit der Verwendung von Schüttelrutschen im Saarbezirk ist die überwiegende Abneigung der meisten Betriebsbeamten und Arbeiter gegen große Kameradschaften noch nicht in dem Maße überwunden, wie es für die Ausnutzung der neuen Abbaumethoden erforderlich ist"[81].

Diese Bestandsaufnahme aus dem Jahre 1911 zeigt, wie langwierig der Lernprozeß verlief, der zusätzlich dadurch erleichtert werden sollte, daß ein Rutschenstoß zunächst mit weniger Leuten als möglich belegt wurde.

In der Überwindung von Abneigungen gegen arbeitsprozessuale Neuerungen hatten die fiskalischen Bergbehörden einen reichen Erfahrungsschatz. Schon die ersten Versuche mit dem Strebbau 1864 auf der Grubenabteilung Prinz Wilhelm führten zu zufriedenstellenden Resultaten — „trotz anfänglichen Widerstrebens der Arbeiter". Erprobungen eines zweckmäßigen Abbaues nahe beieinander liegender Flöze stießen auf ein „Widerstreben der Arbeiter gegen Neuerungen" und gegen die Einführung des streichenden Strebbaues leisteten Bergleute und Beamte noch 40 Jahre nach dessen erster Erprobung den „Hauptwiderstand"[82].

Solch summarische Hinweise auf die Schwierigkeiten in der Aneignung neuer Arbeitszumutungen führen auf die Fährte eines zwischen Arbeitern und Unternehmern eingespielten Konfliktaustrages. Neue oder veränderte Arbeitsschritte, die zunächst eingeübt werden mußten, ließen die Produktivität einer Kameradschaft sinken und gefährdeten — da der Gedingelohn ein Leistungsakkord war — das Lohnniveau. Den Unmut der Arbeiter gegen eine Unterbrechung und Umstrukturierung eines eingeschliffenen Arbeitsablaufs dämpften regulierende Eingriffe in das Gedinge: Für die Zeit der Aneigung und Einübung wurden die Lohnsätze erhöht; geschah dies nicht, so protestierten die Arbeiter sofort. Über Jahre konnte diese Eingewöhnung dauern, und erst „allmählich dadurch, daß die Leute diese Art des Versatzes erlernt und sich daran gewöhnt haben", kehrten die Lohnsätze auf ihren früheren Stand zurück[83].

Während die materiellen Risiken der Einführung von Versatzbauverfahren durch Lohnregulative gemildert wurden, stieg mit dem Verlassen des gewohnten, eingespielten Arbeitsganges die Unfallgefahr. Obwohl der Strebbau gegenüber dem Pfeilerbau als sicherer galt, waren seine höheren Unfallziffern gerade in den Jahren 1892 – 1898 für den Übergang charakteristisch: Das körperliche Risiko, das „die mangelnde Gewöhnung der Bergleute und das Fehlen jeglicher Erfahrung bei dem Aufsichtspersonal" mit sich brachte, hatten alleine die Unter-Tage-Arbeiter zu tragen.

Einhellig betont die neuere Forschung, daß der Steinkohlenbergbau zwar der Motor der Industrialisierung gewesen sei, selbst jedoch erst spät „industrialisiert" wurde. Gerade die Hauerarbeit blieb Handarbeit und wurde nur in engen Grenzen weiterentwickelt[84]. Wo kein großer Wandel sichtbar wurde, blieben auch scheinbar geringfügige Veränderungen der Vor-Ort-Arbeit unhinterfragt. Von solch einhelliger Meinung ist nicht einmal die ältere bergbautechnische Literatur geprägt: „Selbst die Keilhaue, dieses neben Schlägel und Eisen älteste bergmännische Gerät, das kaum eine Änderung zuzulassen schien, ist mehrfach zweckentsprechend umgestaltet worden"[85]. Gegen Ende des 19. Jahrhunderts muteten oft geringfügige Modifikationen den Arbeitern immer neue Anpassungsleistungen zu, provozierten zugleich aber eine Vielfalt selbständiger Reaktionen, die heute oft nur noch bruckstückhaft entschlüsselt werden können.

Die Arbeit der Hauer und Lehrhauer, die 1890 ca. 65 % der Gesamtbelegschaft stellten, bestand im Ausbau der Grubenanlagen unter Tage und in dem Abbau der vorgerichteten Kohleflöze. Sie vollbrachten sowohl Handarbeit mit unterschiedlichem Gezähe (Werkzeug) wie Schießarbeit, das Lockern kompakter Kohle mit Sprengmitteln. Die Verwendung des Arbeitsgeräts, der Arbeitsfortschritt und die Notwendigkeit des Schießens hingen von vielen Faktoren ab: Bei der Gesteinsarbeit bestimmten Art und Festigkeit des Gesteins die Wahl des Gezähes und den Einsatz von Sprengmaterial. Wechselnde natürliche Gegebenheiten beeinflußten den Arbeitsablauf. In der Kohlegewinnung hing die Leistung des Hauers ab von der Festigkeit der

Abb. 10: Vor Ort war die Arbeit und die Fortbewegung häufig nur gebückt oder kriechend möglich. Einzig die Bergmannslampen, deren Leuchtkraft im Verlaufe einer Schicht nachlassen konnte, „erhellte" das Geschehen unter Tage. Zugleich reagierten die nur durch Glasbehälter und Drahtgeflecht geschützten offenen Flammen auf Sauerstoffmangel und Ansammlungen gefährlicher Gase.

Saarberg. Zentrales Lichtbildarchiv

Kohlebänke und des „Schrams" (d. i. die weichste Schicht der Kohlebank, in die ein schmaler Schlitz hineingetrieben wurde), von der Stärke und Beschaffenheit des Daches und anderem mehr[86]. Innerhalb dieser vorgefundenen natürlichen Arbeitsbedingungen war es Aufgabe der Hauer, ihre Arbeitsweise möglichst harmonisch mit der Natur zu verbinden. Sie mußten auf Grund ihrer Erfahrung und Kenntnis die Bedingungen für ihre Tätigkeit möglichst weit auszunutzen versuchen.

Bis in die 1880er Jahre wurde an der Saar die Verwendung von Maschinen im Abbau nicht unter dem Aspekt des technisch Machbaren gesehen, sondern am Bedarf orientiert. Solange die Produktivität über die „Arbeitskraft Mensch" steuerbar blieb, entfiel der Zwang zu maschineller Innovation. „Die Arbeiterfrage, welche unter solchen Verhältnissen die Einführung von Schrämmaschinen in Erwägung ziehen läßt, war bisher niemals eine dringende oder dauernde", betont Nasse 1885 in der *Zeitschrift für das Berg-, Hütten- und Salinenwesen*[87]. Erst die große Schlagwetter- und Kohlenstaubexplosion auf Grube Camphausen im gleichen Jahr, in deren Folge die Schießarbeit eingeschränkt und durch das Schrämen ersetzt wurde, trieb die Bemühungen um eine optimale, weniger ermüdende Handhabung der Keilhaue und die Versuche mit in Amerika und England erprobten Schrämmaschinen vorwärts[88]. Die Einführung leichter Preßlufthämmer im Abbau stieß ebenfalls auf die Uneinsichtigkeit der Bergleute. Sie brachten

„... der Anwendung mechanischer Verfahren inneren Widerstand entgegen... Dies war nicht nur deshalb der Fall, weil sie um ihre Sicherheit und Gesundheit besorgt waren, sondern zweifellos auch, weil sie sich von einer höheren Produktivität keine nennenswert gesteigerten Löhne erwarteten"[89].

Diese Skepsis erwies sich als begründet, wobei auch eine Steigerung der Produktivität nicht notwendige Folge gewesen wäre: Selbst eigens zur Erprobung herbeigeholten Mansfelder Bergleuten gelang es nämlich nicht, mit der Frankeschen Schrämmaschine Vorteile gegenüber der Handarbeit auf Grube König zu erzielen.

Wo die Kohle nicht hereingeschossen wurde, mußte sie mit Stockhaue und Brecheisen hereingebrochen werden. Um die Förderung rein zu halten, versuchten die Arbeiter, die Kohle sofort wegzuräumen, um eine Verunreinigung durch Steine des Nachfalls zu verhindern. Das damit verbundene Unfallrisiko erschien ihnen gegenüber einer Bestrafung wegen unreiner Förderung das geringere Übel. Mit der Vorschrift, den Nachfall zunächst mit der Brechstange herunterzustoßen und dann erst die Kohle wegzuräumen, „stößt man bei den Leuten... auf Schwierigkeiten, weil sie fürchteten, daß das Fördergut unsauber wird"[90]. Solange niemand die Einhaltung solcher Vorschriften kontrollierte, wurde mit ihnen nach Erfahrungen und Gutdünken verfahren.

Zwei Drittel der Gesamtförderung des Saarbergbaues wurden um die Jahrhundertwende unter Zuhilfenahme von Sprengstoffen gewonnen. Die Verwendung von Schwarzpulver und Zündhalmen oblag der Verantwortung der jeweiligen Kameradschaften, ja, die Arbeiter fertigten sich die gewöhnlichen Zündhalme selbst, um Gezähekosten zu sparen! Der erste Versuch, die selbstgefertigten Zündhalme durch den Bickfordschen Patentzünder zu ersetzen, scheiterten am Widerstreben der Belegschaften: Der Umgang mit vertrautem Material wurde solange vorgezogen, wie der Vorteil einer neuen Zündung durch eine geringere Versagerquote nicht nachgewiesen war[91].

Mit der Erfindung des Gurdynamits 1866 und der Sprenggelatine 1878 durch Alfred Nobel wurde die Grundlage geschaffen, das Schwarzpulver allmählich durch Dynamite und Sicherheitssprengstoffe zu ersetzen. Es bedurfte aber der großen Camphausener Katastrophe 1885, um einschneidende Änderungen der Schießarbeit und damit des Abbaus zu beraten und zu realisieren: 1. Untersagung der Schießarbeit überhaupt; 2. Verbot oder Beschränkung gewisser Sprengstoffe; 3. Einführung der Sicherheitszündung; 4. Anstellung von Schießmeistern; 5. technische Änderung der Kohlegewinnung, um die Schießarbeit möglichst entbehrlich zu machen[92].

Das nun auf vielen Gruben verwendete Gelatinedynamit mit Wasserpatrone

„... erfordert[e] eine sorgfältige Behandlung und stellt[e] hohe Anforderungen an die Zuverlässigkeit der mit dem Schießen betrauten Personen, da bei ungenügender Herstellung der Patronen der von diesen gewährte Schutz unwirksam [wurde]"[93].

Die Entwicklung der Sicherheitssprengstoffe komplizierte ihre Anwendung und führte zu Klagen der Bergleute, daß das Schießen mit Wasserpatronen „theurer, zeitraubender und schwerer wäre". Die Forderung, „den Leuten wieder mehr Dynamit und Schwarzpulver, welche beiden Sprengmittel am besten seien, zugänglich zu machen", drückte das Bestreben aus, trotz größerer Unsicherheit lieber mit gewohntem, in seinen Reaktionen bekanntem Material zu arbeiten, als neue Verhaltensweisen langwierig zu erlernen[94].

Die Sicherheitsprobleme bei der Schießarbeit und die umständliche Handhabung der Sicherheitssprengstoffe führten dazu, daß das Schießen aus dem Arbeitszusammenhang einer Kameradschaft herausgelöst wurde. Zunächst wurden ältere, erfahrene Bergleute als zuverlässige Personen im „Nebenamte" mit dieser Arbeit betraut, durch die Bergpolizeiverordnung von 1892 schließlich die Anstellung von „Schießmeistern" für alle Arbeiten obligatorisch gemacht, in denen Kohlen fielen. Im Sommer 1896 war der „Schießmeister" auf allen Saargruben anzutreffen, nur in einzelnen Aus- und Vorrichtungsarbeiten blieb, wenn die Arbeitspunkte sehr entlegen waren, der Gesamtzusammenhang bergmännischer Arbeit erhalten. Auch die Lohnform sonderte die Schießmeister ab: Sie wurden nicht am Gedinge beteiligt, sondern erhielten einen Zeitlohn[95]. Arbeit bedeutete für sie nicht mehr kollektive Leistung, sondern individuelle Zeit.

Mit diesem Funktionsverlust verschwand die gewohnte Autonomie des Arbeitsrhythmus für die Kameradschaften. War dieser bisher Ergebnis gruppeninterner Verständigung und der Kooperation aller im Wetterstrom arbeitenden Leute, so mußten nun kameradschaftsfremde Personen beteiligt werden. Die Arbeiten von Schießmeister und Kameradschaft bedurften einer Koordination, bei der unnötiger Leerlauf zwangsläufig entstand. Der Bergmann Kaspar Schott berichtete, „daß die Hauer sehr häufig auf die Schießer warten müssen"[96]. Durch das „öfter eintretende Warten der Bergleute auf das Erscheinen des Schießmeisters" wurde die Arbeitsleistung erheblich beeinträchtigt, so daß der Ärger über die Arbeitsunterbrechung eine sinnvolle Nutzung dieser Zeiten, als Diskussionsmöglichkeit und um Gruppenbeziehungen zu festigen[97], beeinträchtigte. Augenscheinlich war, „daß durch die Entziehung der Schießarbeit bei den übrigen Hauern allmälig die Uebung hierin schwindet und das Verantwortungsgefühl geschwächt wird"[98]. Dieses Verantwortungsgefühl aber war höchst unterschiedlich ausgeprägt. Dort, wo die Schießarbeiten völlig untersagt wurden, konnten einige Arbeiter ihre positiven Erfahrungen nicht aus ihren Köpfen tilgen:

„Die Leute sagten sich, daß ein Schuß soviel mehr bringe, als einfache Handarbeit, und da ließen es manche mit Rücksicht auf den in Aussicht stehenden Gewinn wohl auch einmal darauf ankommen und schössen gegen das Verbot"[99]!

Vorteile einer Kameradschaft wurden auch unter Gefährdung eigenen und fremden Lebens zu erlangen und zu erhalten versucht.

Die Differenzierung bergmännischer Arbeit, hier dargestellt am Beispiel der „Schießmeister", war eine charakteristische Erscheinung in der Entwicklung der Bergarbeit während des 19. Jahrhunderts. Wie die Bergwerksbetriebe immer größere Dimensionen annahmen und die Belegschaftszahlen um das vierzig- bis fünfundsechzigfache wuchsen, so wurden auch die Arbeitsfunktionen fortwährend zergliedert: Zählte man um 1824 erst sechs Arbeiterkategorien, so waren es 1848 bereits vierzehn und 1892 mindestens neunzehn Arbeiterkategorien, deren Lohn in mehr als fünfzig Abstufungen berechnet wurde[108a]. Jedoch besaß die Mehrzahl dieser Differenzierungen keine so gravierenden Auswirkungen wie etwa die Ausgliederung der Schießmeister. In der Regel durchliefen die Bergleute vom Jünglingsalter an alle Funktionen bergmännischer Arbeit bis hin zum Hauer. Anders als in den Fabriken besaß im Bergbau die Zergliederung der Arbeit eine nur geringe lebensgeschichtliche Bedeutung für das Individuum. Daraus erklärt sich auch der Automatismus von Widerstand und Aneignung, in dem über Jahrzehnte hinweg arbeitsprozessuale Innovationen letztlich akzeptiert wurden. Laufend stiegen neue Arbeiter in den Hauer-Status auf, die unter den modernen Verhältnissen in der Bergarbeit groß geworden waren und die die „gute alte Zeit" nicht mehr kannten. Eine Ausnahme bildeten dabei die Arbeitszeitforderungen.

Auf den Gruben Camphausen und Kreuzgräben begründeten die Arbeiter ihre Forderung nach der Acht-Stunden-Schicht damit, „daß in früheren Zeiten die Bergleute, welche um 6 Uhr morgens angefahren, schon um 2 Uhr wieder über Tage hätten sein dürfen"[101]. Die Berufung auf eine bessere Vergangenheit war ein klassisches Stereotyp, das Arbeiterforderungen bei der kapitalistischen Ausformung der Bergwerksbetriebe in der zweiten Hälfte des 19. Jahrhunderts in legitimatorischer Absicht begleitete. Aber war die Acht-Stunden-Schicht einschließlich der Ein- und Ausfahrt tatsächlich eine unbestrittene Errungenschaft ständischer Bergknappenarbeit, oder verklärte der Rückblick die tatsächlichen Verhältnisse?

Zwar wurden im Saarbergbau die Arbeitszeiten bis zur AO von 1877 für Unter- und Über-Tage-Arbeiter genau festgelegt, doch bedeutete dies nicht, daß die festgelegten Schichtzeiten auch eingehalten wurden. Eine gleichmäßige Arbeitsdauer war auch vor der bergbaulichen Expansion nicht gegeben: Minderarbeit in Erntezeiten wurden durch längere Arbeitszeiten in anderen Perioden ausgeglichen. Ein individuell nutzbarer Spielraum in der Festlegung der Arbeitszeit war auch noch in der AO von 1866 verankert. Danach blieb es den Arbeitern überlassen, acht, zehn oder zwölf Stunden zu arbeiten. „Man wird wohl nicht fehl gehen in der Annahme, daß die Achtstundenschicht eigentlich nur auf dem Papier stand; denn bei den geringen Löhnen der damaligen Zeit war der Arbeiter wohl dauernd genötigt, über zu arbeiten"[102]. Da auch das Verlesen im 12-Stunden-Rhythmus stattfand, können wir Müller wohl zustimmen, daß „vielfach" der Arbeitstag bis zu 12 Stunden dauerte.

Die AO vom 6. August 1877 stellte die Dauer der Schicht ins Ermessen der einzelnen Berginspektionen. Von nun an diktierten nur noch in Ausnahmefällen Ernterhythmus und landwirtschaftlicher Nebenerwerb, zumeist jedoch Absatzmarkt und Konjunktur die Schichtdauer. Der Wandel blieb auch in der Rückbesinnung alter

Bergleute relativ genau datierbar: „Bis zum Jahre 1875 hatten wir erträgliche Zeiten (...) Von da an wurde die Arbeitszeit nach und nach erhöht, der Verdienst dagegen immer geringer"[103]. Bei den alten Arbeitern mochte die „gute alte Zeit" zugleich reale Erfahrung wie auch Erinnerung an ein ehemals festgeschriebenes Recht sein, das vielfach „freiwillig" nicht genutzt wurde. Mehr als jeder dritte eigentliche Grubenarbeiter konnte 1895 von seiner Lebensaltersstufe her noch unmittelbare Erfahrungen mit einer Acht-Stunden-Schicht vor 1877 gemacht haben[104]. Trotzdem schwankten zu Beginn der Streikzeit die Arbeiterforderungen zwischen einer Acht- und Neun-Stunden-Schicht. Die Schwierigkeiten einer einheitlichen Position können auf unterschiedliche Interessen zurückgeführt werden. Während die ortsansässigen, allabendlich nach Hause zurückkehrenden Arbeiter eine Möglichkeit der Gestaltung der Nicht-Arbeitszeit in ihren gewachsenen sozialen Beziehungen hatten, war bei den Schlafhäuslern der tägliche Wechsel von „Last zu Lust" weniger intensiv erlebbar. Sie, die mehr im Wochenrhythmus ihrer familiären und freundschaftlichen Beziehungen lebten, füllten ihre „Freizeit" häufig durch längeres Arbeiten aus. So konnte ein verlängertes Wochenende durch verlängerte Arbeitstage unter der Woche ausgeglichen werden[105].

Mit dem großen Streik um die Jahreswende 1892/93 setzten die Arbeiter ihre Vorstellungen von einer Acht-Stunden-Schicht einschließlich Ein- und Ausfahrt nicht durch. Die Arbeitszeit wurde in der strengen Definition der Bergbehörde auf acht Stunden „reine Arbeitszeit" vor Ort festgesetzt. Hinzu kamen die Zeiten für Ein- und Ausfahrt, Verlesen, Material- und Lampenausgabe, so daß durch die neue AO 1893, die die Arbeitszeit reviereinheitlich festschrieb, kaum eine Verbesserung in der Arbeitszeitsituation für die Bergleute eintrat. Die vergangene Zeit blieb bis auf weiteres verlorene Zeit, einzig die Abschaffung der sogenannten „Überschichten" nach dem Mai-Streik 89 und die Festlegung einer zehnstündigen Schicht durch die Abänderung der AO schufen zwischenzeitlich etwas Luft. Aber die Arbeitszeitregelung auf den staatlichen Bergwerken an der Saar ließ die Diskrepanz zwischen Ideologie („soziales Königtum") und Realität offenkundig werden: „unsere Gruben", so der Bergmann Bosel 1890 gegenüber seinem Werksdirigenten, „würden solange keine Musteranstalten sein, als die Schicht so lange dauert, wie in Westfalen"[106].

3.4. Hierarchie und Solidarität: Statusunterschiede, Lohnformen, Arbeitsgesellung

Bergarbeiter galten als privilegiert, doch nicht etwa, weil ihre Löhne die anderer Arbeiterkategorien durchweg übertroffen hätten oder ihr Arbeitslos leichter zu ertragen gewesen wäre. Vielmehr lag dieser Einschätzung eine Tradition zugrunde, durch die die „Knappen" zunächst als Subjekte genossenschaftlicher, später als Objekte landesherrlicher und staatlicher Fürsorge sich auch noch im Zeitalter zunehmender Lohnarbeit und der Befreiung der Arbeitskraft von überkommenen Bindungen deutlich von der neu entstehenden Arbeiterklasse unterschieden: Durch das Knappschaftswesen wurden die materiellen Risiken von Krankheit, Invalidität und Tod für die Zwangsmitglieder und ihre Familien gemildert. Daneben besaßen die Bergleute noch ein kostbares immaterielles Privileg, das eng mit der sozialen Sonderstellung verbunden war. Zusammengehörigkeitsgefühl und Solidarität schienen keine mühsam zu erlernenden Verhaltensmuster, sondern wurden über die Arbeit, ihre Organisation vor Ort, ihre Risiken und ihre kultische Überhöhung in der Bergbaukultur vermittelt[107]. Wie aber haben sich Bergleute gegenüber Arbeiterkategorien verhalten, die der knappschaftlichen Zwangsgemeinschaft nicht angehörten bzw. nicht angehören konnten?

Obwohl die Betriebsorganisation auf sie angewiesen war, genossen die Pferdeknechte unter Tage keinen Knappenstatus. Sie waren Lohnarbeiter der Pferdeunternehmer und konnten nicht an den Knappschaftsrechten oder gar an der „Wohlfahrtspolitik" des Bergfiskus partizipieren. Der im Produktionsprozeß geschaffene Zusammenhang mit der bergmännischen Gewinnungsarbeit hob den Statusunterschied nicht auf. In Folge dieser Betriebsorganisation hatten die Kameradschaften kaum Einfluß auf den Arbeitsrhythmus der Pferdeknechte, so daß sie ihre Grubenverwaltungen nur bitten konnten, „die Behörde möchte mitwirken, daß die Pferdeknechte höhere Gedinge bekommen, es würde dann viel flotter gefahren"[108]. Um solche Disharmonien auszuräumen, wurde die Pferdeförderung seit dem Auftreten der Rotzkrankheit Anfang der 80er Jahre nach und nach in die Betriebsverwaltung übernommen. Aber noch 1899 ergab sich ein buntscheckiges Bild unterschiedlichen Organisationsgeflechtes der Pferdeförderung auf den Saargruben[109]. Der unterschiedliche Status von fiskalischen Bergleuten und „privaten" Pferdeknechten, der im alltäglichen Arbeitsablauf zu Reibungen führen konnte, scheint in Situationen des Arbeitskampfes keine negativen Auswirkungen auf solidarisches Verhalten gehabt zu haben. Die Pferdeknechte beteiligten sich an den Ausständen der großen Streikzeit, sie nahmen an Versammlungen der Bergleute teil, und ihre Forderungen wurden selbstverständlich in die Beschlüsse und Petitionen der Streikenden aufgenommen[110]. Die Solidarität der gesamten Grubenbelegschaften ungeachtet ihres knappschaftlichen Status war ein herausragendes Ereignis der Streikzeit und ließ erkennen, daß die traditionelle Absonderung eines bergbaulichen Sozialkörpers von den anderen Arbeitern nicht mehr streng bewahrt wurde. Aber auch dies war ein ungleichzeitiger Prozeß: Gegen die zentrale Völklinger-Forderung, daß Pferdeknechte „angelegte Bergleute" sein sollten, beharrten die Vertrauensmänner in Sulzbach und Altenwald darauf, daß solche Arbeiter nicht nach einiger Zeit zur Grubenarbeit zugelassen werden dürften[111].

Auf die bergmännischen Solidarstrukturen hatten Statusunterschiede von „Ständigen" oder „Unständigen", von königlichen Bergleuten und „privaten" Pferdeknechten kaum negative Auswirkungen. Da

Abb. 11: Pferdeknecht in der Strecke. Auf weitläufigen Gleisanlagen zogen Pferde die Förderwagen zum Füllort, von wo aus sie maschinell über Tage transportiert wurden (Aufnahme von 1914).

Saarberg. Zentrales Lichtbildarchiv

konnte die vielbeschworene bergmännische Solidarität schon eher durch die innere Entwicklung der Lohnformen und der Arbeitsgesellung geschwächt werden.

Die Arbeitsverrichtung im Funktionszusammenhang einer Arbeitsgruppe, die Nichtmeßbarkeit individueller Arbeitsleistung und die Notwendigkeit, fehlende Kontrolle unter Tage durch ein Verfahren zu ersetzen, das alle beteiligten Arbeiter zu einer für die Betriebsorganisatoren zufriedenstellenden Arbeitsleistung „erzog", haben zur bergbaulichen Sonderform des Akkordes geführt, die „Gedinge" genannt wird. Diesem Gruppen- bzw. Kameradschaftslohn wird allgemein solidaritäts*fördernde* Wirkung zugesprochen[112], manchmal sogar eine solidaritäts*stiftende* Bedeutung beigemessen: Die durch das Gedinge geschaffene Gemeinschaft bildete „die Grundlage der politischen Bewegung und der Solidarität der Bergarbeiter"[113]. Gegenüber dieser dialektischen Wendung, die das Lohnsystem den ursprünglichen Unternehmerinteressen entfremdet sieht, wird im folgenden versucht, die je verschiedenen, vielfältigen Erfahrungsmöglichkeiten aufzuzeigen.

Bis in die 1840er Jahre wurde der Lohn im Saarrevier über das Handgedinge geregelt, das eine freie Vereinbarung zwischen einem Arbeiter oder einer Gruppe und dem zuständigen Beamten darstellte. Um die Jahrhundertmitte gingen die Bergverwaltungen im Revier zu ausschließlichen Gruppen- bzw. Kameradschaftslöhnen über. Die zu übernehmende Arbeit wurde nun „versteigert", d. h. dem Wenigstfordernden übertragen! Dieser Lohnabschluß stellte bis in die große Streikzeit die Regel im Saarrevier dar. Entsprechend den verschiedenen Tätigkeitsbereichen unter Tage existierten in der Lohnberechnung verschiedene Gedingeformen. In den Pfeilerbetrieben und Abbaustrecken wurde das Hauptgedinge als Mengengedinge (auch Tonnen- oder Massengedinge genannt) vergeben. Die Lohnberechnung erfolgte nach der Anzahl und dem Gewicht der rein geförderten Kohlewagen. In den Aus- und Vorrichtungsarbeiten kam das Metergedinge (auch Längen- oder Maßgedinge genannt) zur Anwendung, da hier ein möglichst schnelles Vordringen der Arbeit erreicht werden sollte. Andere Gedingeformen wie das Flächen-, das gemischte oder das Prämiengedinge wurden nur vereinzelt vergeben: Das Prämiengedinge diente beispielsweise dazu, die Machbarkeit einer Arbeit nachzuweisen oder um bei Arbeitermangel die Leistung zu erhöhen[114].

Nach der Arbeitszeit wurde im Bergbau nur dort entlohnt, wo eine quantitative Erfassung der Arbeitsleistung nicht möglich war, oder wo Sicherheitsaspekte einen Anreiz zu zügiger Arbeit verboten. Reparaturhauer und Schießmeister gehörten unter anderen zu letztgenannter Arbeiterkategorie, während es bei den Maschinenbediensteten und Aufsehern keine andere Lohnform als den Zeitlohn gab. Die Differenzierung in Akkord- und Zeitlohn stellte jedoch nur eine grobe Einteilung der Belegschaft dar. Durch umfangreiche Lohntabellen war die gesamte Arbeiterschaft in „Lohnklassen eingeteilt (...), die eine Berücksichtigung der jeweiligen Berufsklassen darstellen und selbst wieder abgestuft sind nach Altersstufen". Im Gedinge sollte ein Arbeiter über die Leistung des anderen wachen, die Kameradschaft stellte eine „große Selbsterziehung der Arbeiter" dar: „Zum Fleiß braucht man die Arbeiter nie, weit mehr zur Vorsicht anzuhalten"[115]. Funktion und Absicht beschrieb Quirin:

„Es ist eine zweckmäßige Organisation im Kleinen, ein Hand-in-Hand-Arbeiten, was auch der Schwierigkeit, die die Betriebszersplitterung der Aufsicht bietet, einigermaßen begegnet, da ein gemeinsames Interesse am Leistungsertrage gewährleistet ist"[116].

Den im Gedinge beschäftigten Arbeitern boten sich komplexe Erfahrungen an: Die über die Arbeitsform entstandene Verbundenheit einer Erfahrungs- und Schutzgemeinschaft gründete auch auf der Anerkennung einer Leistungsgemeinschaft. Individuelle Leistungsverweigerung oder nachlassende Arbeitsleistung konnten zu Spannungen führen. Eine durchschnittlich gute Arbeitsleistung wurde von den Kameraden erwartet, dem durfte sich kein Mitglied einer Kameradschaft entziehen: „So greift eins ins andere, einer treibt den anderen..."[117].

Einen unmittelbaren Leistungsanreiz sahen die Autoren eines erfolgreichen Lehrbuchs der Bergbaukunde nur bei sehr kleinen Kameradschaften oder gar nur im Einzelakkord verwirklicht. Da aber der Zugriff auf den einzelnen Arbeiter und seine Leistung unter Tage fast unmöglich war, so mußte die „erzieherische Wirkung" über „größere Unterschiede in den Löhnen" ausgeübt werden[118]. Die Bergleute sollten mit unstabilen Lohnverhältnissen leben und kalkulieren lernen: Ein hoher Verdienst bei günstigen Abbaubedingungen und ein unzureichendes Einkommen bei schwierigen Flözverhältnissen hielt die Arbeiter dazu an, aus jeder vorgefundenen Abbausituation das Beste herauszuholen, denn gerade unter schlechten Bedingungen war die gemeinsame Anstrengung am Notwendigsten. Unstabile, schwankende Einkommensverhältnisse erforderten eine jederzeitige aufmerksame Anspannung der Arbeitskraft. Längere stabile Lohnperioden auf einzelnen Gruben stießen auf die Kritik benachbarter Gruben. Bergrat Stapenhorst hielt „die Schaffung solch stabiler Verhältnisse für einen großen Uebelstand und ebenfalls nur geeignet, (...) benachbarten Gruben Verlegenheit zu bereiten"[119].

Während an der Ruhr erst durch die Berggesetznovelle 1892 der Gedingeabschluß dem freien Übereinkommen von Unternehmern und Arbeitern entzogen und durch Bestimmungen in der AO geregelt wurde, blieben an der Saar auch nach 1861 die Gedingefeststellungen arbeitsordnungsmäßig geregelt, lediglich die „Rahmenkompetenz" ging vom Oberamt auf die Bergwerksdirektion Saarbrücken über. Die Festsetzung eines Gedinges vollzog sich auf zwei unterschiedlich informierten Ebenen: Im Zusammenspiel von Bergwerksdirektion und Berginspektionen entstanden sogenannte „Normalschichtlöhne", in deren Rahmen die unteren Beamten den Abschluß tätigten. Der verhandlungsführende Arbeiter einer Kameradschaft versuchte, in Kenntnis des bisherigen Lohnes und unter Berücksichtigung berechenbarer Arbeitsplatzbedingungen Gebote abzugeben. Den ungleichen Kampf eines Gedingeabschlusses schildert folgender Bericht des Obersteigers Rosch vom 3. Januar 1890. Der beteiligte Bergmann Johann Müller 42 wurde wegen ungebührlichen Verhaltens auf einen Tag abgelegt und unter Androhung der Kündigung verwarnt:

„Am heutigen Tage kamen Unterzeichnete, so gegen acht Uhr in die Arbeit westlicher Fahrstreckenpfeiler 2/3 Sohle, hangender Flötz, um Gedinge zu machen. Ich sah mir die Arbeit genau an und sagte: So weit das Kohl gut ist, wird nur gewonnen. Für den Durchbruch bekommt ihr 2.80 M. und für den Rückbau 2.60 M. Da sagte Müller: Das ist zu wenig, es arbeitet sich hier nicht wie drüben. Ich frug nach dem Parteimann und als dieser mir als krank gemeldet wurde, nach den nächst Ältesten und sagte: Mit 2.80 M. haben die Leute einen schönen Lohn verdient, und wenn Müller nicht damit zufrieden wäre, so wüßte er, was er zu thun habe. Da sagte Müller in lautem Tone: Unter 3.20 arbeite ich hier nicht, dann will ich gleich heraus! – ‚Mehr wie 2.80 wird nicht bezahlt und sie kommen vorläufig nicht heraus', erwiderte ich.
Darauf sagte Müller in noch lauterem Tone: Dann gehe ich noch heute zum Direktor, unter 3.20 M. arbeite ich nicht hier. Ich forderte Müller auf, ruhig mit mir zu sprechen, wie ich auch mit ihm. Müller erwiderte: Mit ihnen kann ich laut sprechen! ‚So mit mir dürfen sie laut sprechen?' frug ich nochmals, worauf Müller antwortete: ‚Ja wohl! das darf ich'. Ich sagte zu Müller: Ich habe langsam mit ihnen gesprochen und wenn sie sich zu beschweren haben, so gehen sie zu Herrn Direktor; es heißt ‚Herr Direktor' und nicht Direktor, worauf er erwiderte, ich habe Herr Direktor gesagt."[120]

Während in den 60er Jahren die Gedinge trotz erheblicher Schwankungen „bei gutem Fleiß der Arbeiter fast beständig noch mehr als die Normallöhne" erbrachten[121], sollte in den folgenden Jahren die ungehemmte Nutzung der Konkurrenz unter den steigernden Kameradschaften zu Lohnsenkungen und höherer Produktivität führen: „Es wird dem fleißigen Arbeiter Gelegenheit geboten, bei größerer Leistung den gleichen Erwerb wie früher zu verschaffen", ordnete ein Erlaß des Ministers Achenbach 1875 an[122]. Häufig wurden nun die Normallöhne um bis zu 20 % unterboten, eine Praxis, die Bergrat Stapenhorst 1889 zu der Mahnung zwang, „die Gedinge nur bis zur Grenze ihrer Leistungsfähigkeit herunter zu steigern"[123]. Die Reproduktion der Arbeitskraft mußte möglich bleiben, an dem Prinzip der Existenzsicherung, nicht dem der Bedürfnissicherung hatte sich die Lohnbemessung auszurichten.

Nach dem Mai-Streik 1889 sah sich die Königl. Bergwerksdirektion gezwungen, die Ausnutzung bergmännischer Arbeitskraft wieder durch Normallöhne zu beschränken: „Zu niedrig von den einzelnen Kameradschaften übernommene Gedinge sollen nicht genehmigt werden", legte die Abänderung der Arbeitsordnung fest. Mit dieser Soll-Bestimmung gaben sich die Arbeiter nicht zufrieden. Sie verlangten Gedinge, in denen sie fest taxierte Löhne verdienen konnten. Vier Mark bis 4.40 M. pro Schicht mußte für jeden Hauer „nach Mittelkraft betrachtet" möglich sein. Mit der Forderung nach einem an der Markterfahrung orientierten auskömmlichen Lohn für eine durchschnittliche Arbeitsleistung stellten sie die leistungsanreizende Wirkung des Akkordes in Frage. Und: Wer in günstiger oder ungünstiger Arbeit ein Auskommen nach dem Normalgedinge fand, war nicht darauf angewiesen, den verantwortlichen Steiger zu schmieren, um einen günstigeren Arbeitsplatz zu erhalten. Zur Stabilisierung der Existenz gehöre, so der Bergmann Berwanger, „ein feststehendes Normalgedinge, das die Beamten nicht abbrechen" können[124].

Konkurrenz und gegenseitiges Herabdrücken waren die Folgen der Gedingeversteigerung für jene Arbeiter, die nicht einem „Freundschaftsgedinge", der Klientel des Steigers, angehörten. Der Bergmann Peter Freyermuth begründete seine Forderung nach Abschaffung der Versteigerung, indem er ausführte, „daß durch das gegenseitige Abbieten bei der Versteigerung die Gedinge zu niedrig würden und es dann nicht mehr möglich sei, einen ordentlichen Lohn zu verdienen"[125]. Ein anderer Bergmann gab an, daß infolge der Versteigerungen schon Streitigkeiten, sogar Schlägereien unter den Bergleuten, welche sich die Gedinge abboten, vorgekommen seien. Das Gedingelohnsystem beinhaltete mithin die Erfahrung, daß der Kampf um Lohn auch ein Kampf auf Kosten der Kollegen war. Die Praxis der Versteigerung bewirkte, daß die durch die bergbauliche Produktionsform erzwungene Kollektivität durch Konkurrenzverhalten kleiner

Arbeitseinheiten gestört wurde. Nicht zu Unrecht bezeichnete der Bergmann Frohmann aus Buchenschachen das Versteigern als „Krebsschaden". Tatsächlich wurde unsolidarisches Verhalten schon früh, nämlich in der Petition von 187 Knappschaftsmitgliedern der Grube Prinz Wilhelm vom 25. März 1848 beklagt – eine lange Tradition der Kritik also, die bei manchem zu der Einsicht geführt hatte, in diesem Lohnabschluß ein Herrschaftsinstrument zu sehen: „Die Versteigerung des Geding's war ein gemüthliches Mittel die Arbeiter zu beherrschen"[126].

„Die Versteigerung der Arbeiten mußte vor allen Dingen in Wegfall kommen..." – in lakonischer Kürze präsentierten die in Völklingen versammelten Vertrauensleute den Wunsch der Belegschaften dem Reichstag. In vielen Arbeiterausschüssen thematisierten die Vertrauensleute im Frühjahr 1890 die Gedingeversteigerungen und sprachen sich für deren Abschaffung aus. Ungleichzeitig nahmen nun Berginspektionen von einer Versteigerung Abstand. Im Verlaufe der Streikzeit setzten die Arbeiter ihre Forderung gegen das ursprüngliche Vorhaben der Bergwerksdirektion, am Hauptgedinge festzuhalten, durch. Die mit der AO von 1893 eingeführten Handgedinge wurden monatlich vergeben, führten also zu einem häufigeren Wechsel der Arbeitsstellen[127].

Die Opposition gegen das Versteigern bedeutete keine Ablehung der Akkordarbeit schlechthin; diese blieb vielmehr für die Arbeiter erstrebenswert. Eine Interessenübereinstimmung zwischen Bergwerksdirektion und Arbeitern signalisierten die von beiden Seiten erhobenen Forderungen nach Ausdehnung der Gedingearbeit[128], während zur selben Zeit die oberschlesischen Bergleute deren vollständige Abschaffung verlangten. Die Kombination von Zeit- und Akkordlohnprinzipien schien eher eine Lohnstabilität zu garantieren und bot die Möglichkeit, durch intensivierte Arbeit höhere Löhne zu erreichen[129].

Die Möglichkeiten, den vereinbarten Gedingesatz zu korrigieren, bestanden sowohl bei den turnusmäßigen Versteigerungn wie bei den zwischenzeitlichen Überprüfungen auf der Grundlage bisher erzielter Ergebnisse und einer Neubewertung der Arbeitsstellen. Die Betriebsleitungen versuchten zu korrigieren, wenn sie feststellten, daß sich die Abbaubedingungen wesentlich zu Gunsten der Bergleute verändert hatten, so daß deren Verdienst eine inoffizielle obere Lohngrenze überschritt. Absicht der Kameradschaften war es dagegen, die Arbeit erleichternde Veränderungen möglichst lange vor den kontrollierenden Beamten zu verbergen und eine erhöhte Förderung eher einem gesteigerten Leistungswillen zuzuschreiben. Entgegengesetzt versuchten die Beamten, etwaige Verschlechterungen der Abbaubedingungen mangelndem Leistungswillen und nicht veränderten Flözbedingungen zuzuschreiben. Die Möglichkeit der Gedingekorrektur zwang die Arbeiter zu betrügerischen Winkelzügen und gab den Bamten weitere Möglichkeiten der Schikane: Die Arbeiter klagten, „daß vom Gedinge abgebrochen wird, ohne daß eine günstige Veränderung des Arbeitsplatzes dazu berechtige"[130]. Jeder Hauer und jede Kameradschaft blieben darauf angewiesen, ihre „Arbeitsenergie auf das zukünftige Gedinge zu kalkulieren und dementsprechend zu reduzieren"[131]. In diesem Grenzbereich verlor der Akkord seine leistungsteigernde Wirkung, die Bergleute bremsten in dem Maße ihre Arbeitskraft, in dem die Werksleitungen ständig die Akkordüberschüsse zu reduzieren geneigt waren. Statt Selbstkontrolle und Leistungsdruck wurde verstärkte Koordination und kollektives Verhalten gefördert.

Die differenzierte Lohnberechnung im Bergbau entsprang nicht nur der Absicht, unterschiedliches Leistungsvermögen abgestuft zu honorieren, sondern auch Gründen „disciplinärer Natur" (Quirin): Die bergmännische Laufbahn sollte als ein Hineinwachsen in eine strenge Hierarchie mit abgegrenzter Kompetenzzuweisung, mit Unterordnung, Gehorsam und Verantwortung erlebt werden. Daß jugendliche Arbeiter in der Regel bei ihren Eltern wohnen mußten, verdeutlichte das Bestreben des Bergfiskus, Arbeit und Lohn als einen Aspekt der Fürsorgepolitik zu betrachten, in der der Schlepperlohn nicht individueller Arbeitslohn war, sondern einen Teil des familiären Einkommens darstellte. Dies hatte zur Folge, daß jede Veränderung des Lohngefüges der Schlepper mit Reaktionen weit über den Kreis der unmittelbar Betroffenen hinaus rechnen mußte.

Im Gedinge wurden die Löhne der daran beteiligten Arbeiter über ein System des Schichtabsetzens berechnet: Hatten die Arbeiter z. B. 16 Schichten verfahren, so bekamen nur der Hauer und der Lehrhauer jede Schicht angerechnet, der Lohn der Schlepper resultierte dann aus einer festgelegten Reduktion um vier, fünf etc. Schichten. Der Aufstieg eines jungen Arbeiters in die volle Anrechnung der tatsächlichen Arbeitsleistung vollzog sich im Laufe von sechs Jahren. Mit 22 Jahren bekam er erstmals vollen Lohn als Äquivalent seiner Leistung. Diese über eine traditionelle Lehrzeit hinausgehende Herabsetzung der Arbeitskraft junger Männers stieß immer wieder auf Kritik. Das starre Lohngefüge erlaubte keine indiviuelle Belohnung fleißiger Arbeit und konnte Fähigkeiten begabter Nachwuchskräfte nicht differenziert fördern. Die bergmännischen Stellungnahmen betonten dann auch die Notwendigeit, die starren Lohnaufteilungen aufzuheben, die Einteilung der Arbeiterkategorien zu vereinfachen und insgesamt für den bergmännischen Nachwuchs bessere Verdienstmöglichkeiten zu schaffen[132].

Stattdessen erhöhte der staatliche Arbeitgeber die „Lehrzeit" der Bergleute. Lehrhauer, die bis 1892 in den Genuß der vollen Anrechnung der Schichtzahlen gekommen waren, sollten nun bis zum Alter von 25 Jahren von zehn verfahrenen Schichten nur acht berechnet bekommen. Durch die Ausgliederung der Lehrhauer wurden auch die Schlepperlöhne gesenkt. Wie der Saarbrücker Landrat mit Recht erwartet hatte, riefen diese Absichten der Bergwerksdirektion Empörung unter den Arbeitern und ihren Angehörigen hervor. Durch den erbitterten Winterstreik 1892/93 erreichten die Streikenden lediglich, daß die Lehrhauerzeit von 3 auf 2 Jahre reduziert wurde. Ihre Forderung nach einer Vereinfachung des Lohnklassensystems und damit einer Verlagerung der Lebensverdienstkurve zu ihren Gunsten (indem das Aufrücken in den vollen Verdienst in jüngeren Jahren möglich ist) scheiterten u. a. daran, daß ihr Widerstand zu einer Zeit vom fiskalischen Arbeitgeber provoziert wurde, in der die schlechte Konjunktur sowieso eine Reduzierung der Belegschaften wünschenswert erscheinen ließ.

Die neuere sozialgeschichtliche Forschung betont den Wert der Kameradschaft als „Mittelpunkt der sozialen Beziehungen unter Tage" (Hickey) und geht selbstverständlich davon aus, daß in ihr „Autonomie und der Zusammenhalt ... gefördert" (Brüggemeier) wurden. Angesichts der auf Selbstkontrolle der Produzenten und die Konkurrenz zwischen den Kameradschaften abzielenden Gedingelohntheorie und ihrer ambivalenten Praxis bleibt zu prüfen, unter welchen Bedingungen es Arbeitern möglich war, diese Lohnform ihrem ursprünglichen Zweck zu entfremden.

Von der sozialen Wirkung des Gruppenlohns berichtete Roy:

„Die Arbeiter brauchen sich nicht mehr davor zu fürchten, daß ein Wettbewerb untereinander zuungunsten der älteren oder weniger kräftigen entstehen könnte oder sich zu große Unterschiede in der Entlohnung des einzelnen zeigen, da (...) der Einzellohn das Ergebnis des von der Kameradschaft erfüllten Gedinges ist"[133].

Eine solch segensreiche Wirkung setzt jedoch voraus, daß die Kameradschaften ausgeglichen mit älteren und jüngeren, schwächeren und stärkeren Arbeitern belegt sind. Von der Ruhr aber ist bekannt, daß Lehrhauer oftmals nicht mit älteren Hauern zusammenarbeiten wollten, da sie deren Produktivität als zu niedrig einschätzen[134]! Auf der Saargrube Serlo wünschte der Vertrauensmann Ballas, „daß die alten Leute stets zusammengelegt werden möchten"[135]. Wurde damit der

Wunsch nach einem Abstellgleis für die weniger produktiven Alten formuliert?

Die Frage nach der Art der innerkameradschaftlichen Beziehungen läßt sich nicht allein aus der Lohnform beantworten. Man muß vielmehr ansetzen bei der Frage: Wie setzt sich die Kameradschaft zusammen, welche Personen werden durch den Gedingelohn und die Arbeit organisatorisch zusammengefaßt? In den 1850er Jahren beeinflußten die Grubenverwaltungen die Auswahl der Arbeiter, um zu vermeiden, "daß die kräftigsten Arbeiter allein die Kameradschaft bilden"[136]. Um die Leistungsfähigkeit der Kameradschaften möglichst auszubalancieren, wurde die freie Wahl der Kameraden eingeschränkt: Das Recht, „sich ihre Kameraden bis auf einen, entweder ein alter Bergmann, oder ein anfahrender Lehrhauer, der ihnen von den Beamten zugeteilt wird, wählen zu dürfen"[137], ermöglichte dennoch die Verlängerung außerbetrieblich gewachsener Sozialbeziehungen bis zum Arbeitsort: Verwandtschafts- und Freundschaftspartien waren die Regel; sogar auf die Berücksichtigung eines gemeinsamen außerbetrieblichen Erfahrungsschatzes etwa in der Landwirtschaft wurde durch die Grubenverwaltungen Wert gelegt. Schon bevor die gemeinsame Lohnform die Arbeiter zusammenführte, bestanden zwischen den beteiligten Arbeitern vielfältige, außerbetriebliche Beziehungen.

Auf diesem Fundament „privater" Beziehungen konnten sich die Arbeiter leichter gegenüber Arbeitsanforderungen verständigen und kollektiv verhalten. In den Gedingeverhandlungsprotokollen zu Beginn der 1890er Jahre wurde die Zahl der von der Inspektion zugeordneten Bergleute offengelassen, so daß nach Erfordernissen unternehmerischer Einfluß auf die Gedingezusammensetzung genommen werden konnte. In der Regel wurden 1/3 der „Kompaniemänner" von der Verwaltung bestimmt, 2/3 wählten die Ersteigerer des Hauptgedinges[138]. Die ausgedehntere Einflußmöglichkeit „von oben" stieß auf den Widerspruch der Arbeiter. Sie reklamierten das überkommene Recht, „daß möglichst Vater und Sohn, Bruder und Bruder usw. in den einzelnen Arbeitspunkten vereinigt würden, wie es auf Serlo früher der Fall gewesen sei". Im gesamten Revier forderten die Bergleute angesichts der neuen Arbeitsordnung 1893, „daß Brüder und Verwandte auf Verlangen zusammenzulegen sind"[139].

In Kenntnis der spezifischen Kameradschaftszusammensetzungen können wir nun auch die materiellen Wurzeln scheinbar altruistischen Verhaltens erkennen, wie es die Sulzbacher Bergleute erkennen ließen:

„Es ist der Wunsch der Belegschaft, daß nach Möglichkeit vor den einzelnen Arbeitspunkten ein alter Hauer mit einem jüngeren und einem Schlepper gelegt wird, nicht aber nur alte oder nur junge Hauer"[140].

Durch eine ausgewogene Regelung ließ sich ein gleichmäßiger Lohn erreichen, die Verdienstkurve der alten Arbeiter verlief nicht spiegelbildlich zur nachlassenden Prduktivität, wie es beim individuellen Akkord der Fall war. In diesem Verhalten zeigte sich ein anderes Verständnis von „Lohn". Auf einer staatlichen Grube stellte der Arbeitslohn nicht allein den auf Geld reduzierten aktuellen Wert der Arbeitskraft dar, vielmehr mußten sich in ihm Verdienst und Treue wiederspiegeln. Auf Heinitz und Dechen forderten die Vertrauensleute eine Lohnerhöhung für die älteren Arbeiter mit der Begründung:

„Dieselben hätten sich in ihren jungen Jahren für den Fiskus aufgeopfert und wäre daher 3 M. Lohn nicht zuviel. Die Grubenarbeiter seien bereit, die alten Leute in ihre Arbeit zu nehmen und für sie zu schaffen, wenn der Herr Bergrath dies gestatte"[141].

In den Verwandschafts- und Freundschaftsgedingen des Saarreviers konnte der „intime" Zusammenhalt eine Relativierung des Leistungsgedankens bedeuten. Nicht das Streben nach einem höchstmöglichen individuellen Lohnanteil bestimmte die Beziehungen untereinander, sondern die Möglichkeit,

„ältere oder weniger leistungsfähige aber ihnen verwandtschaftlich oder sonst nahe stehende Kameraden durch ihre jungen und besseren Kräfte zu unterstützen und ihnen höheren Lohn zu verschaffen, als diese allein zu verdienen vermögen"[142].

Im Bezugsrahmen einer zum Teil selbst ausgewählten Kameradschaft *verstärkten* Erfahrungen im Produktionsbereich ein solidarisches Handlungspotential, das schon in der Reproduktionssphäre, in der Familie, im Freundeskreis, im gemeinsamen Dorf- oder Stadtleben angelegt war.

Der innerkameradschaftliche Zusammenhang läßt jedoch noch nicht die Beziehungen zwischen den verschiedenen Arbeitseinheiten erkennen. Vielfältige arbeitsprozessuale Kooperationszwänge erforderten den häufigen Kontakt benachbart arbeitender Kameradschaften, sei es, daß ein Schlepper für zwei Kameradschaften arbeitete, sei es, daß ein gleichmäßiges Vorrücken des Abbaues wegen des Gebirgsdruckes notwendig wurde. Der Wechsel von Arbeitskollegen in den Kameradschaften und die gemeinsame Anfahrt unter Tage erhöhten die Kenntnisse voneinander. Trotzdem war ihr Verhältnis nicht spannungsfrei. Eifersüchtig wachten die Arbeiter über ihre Chancengleichheit, suchten eigene Vorteile oder ließen auch einmal die Fäuste sprechen. Kollektiver Hohn und Spott konnte sogar dazu führen, daß eine Kameradschaft sich außerhalb des Betriebes als gemeinsam politisch handelnde Einheit konstituierte[143].

Analog und entgegengesetzt zu Tenfelde können wir feststellen, daß sich im Saarrevier „das Netz des Bekanntseins und wechselseitigen Einschätzens" von vor den Toren bis in die Zeche wob[144]. Dies mag dazu beigetragen haben, daß die alltäglichen Auseinandersetzungen mit Grubenbeamten und wechselnden Arbeitszumutungen leichter zu ertragen waren und daß ein informell „organisierter", unspektakulärer Kampf einzelner Arbeitseinheiten weit unterhalb der Streikschwelle ermöglicht wurde.

3.5. Kollektiver Individualismus: informelle Konfliktstrategien

Einerseits verabscheuten die Bergleute alle Formen von Kontrolle, die sie in ihrer Eigenständigkeit und in ihren Gewohnheiten einschränkten. Andererseits aber mußten sie auf der Hut sein, um nicht von Arbeitskollegen übervorteilt zu werden. Arbeiter, die früher einfuhren, nutzten die Chance, sich Holz und Gestänge in der Nähe ihres Arbeitspunktes zu beschaffen und zu horten, so daß später Einfahrende wegen Materialmangels oder weiter Beschaffungswege ihre Arbeit erst verspätet aufnehmen konnten. Später ausfahrende Bergleute wechselten unter Tage noch Pflöcke aus und besserten damit ihr Förderergebnis auf[145].

Mißtrauen war bei aller Solidarität eine der wichtigen Überlebensregeln unter Tage, nicht nur gegenüber den Arbeitskameraden, mehr noch gegenüber den Versuchen der Grubenleitungen, die Belegschaften durch oft willkürliche Anwendung der umfangreiche Strafbestimmungen zu drangsalieren. Das „Strafreglement für die Bergleute im Königlich Preußischen Bergamtsbezirk Saarbrücken" beschränkte sich selbstverständlich nicht auf „Vergehen in der Grube", sondern drohte auch mit Strafen für Fehlverhalten außerhalb des Grubenbetriebs. Mit seiner detaillierten Tatbestandsbeschreibung stellte dieses Reglement eines der frühen Dokumente der industriellen Arbeitserziehungen dar, denn fast die Hälfte der 26 Artikel befaßten sich mit den Tugenden „Pünktlichkeit", „Stetigkeit", „Regelmäßigkeit",

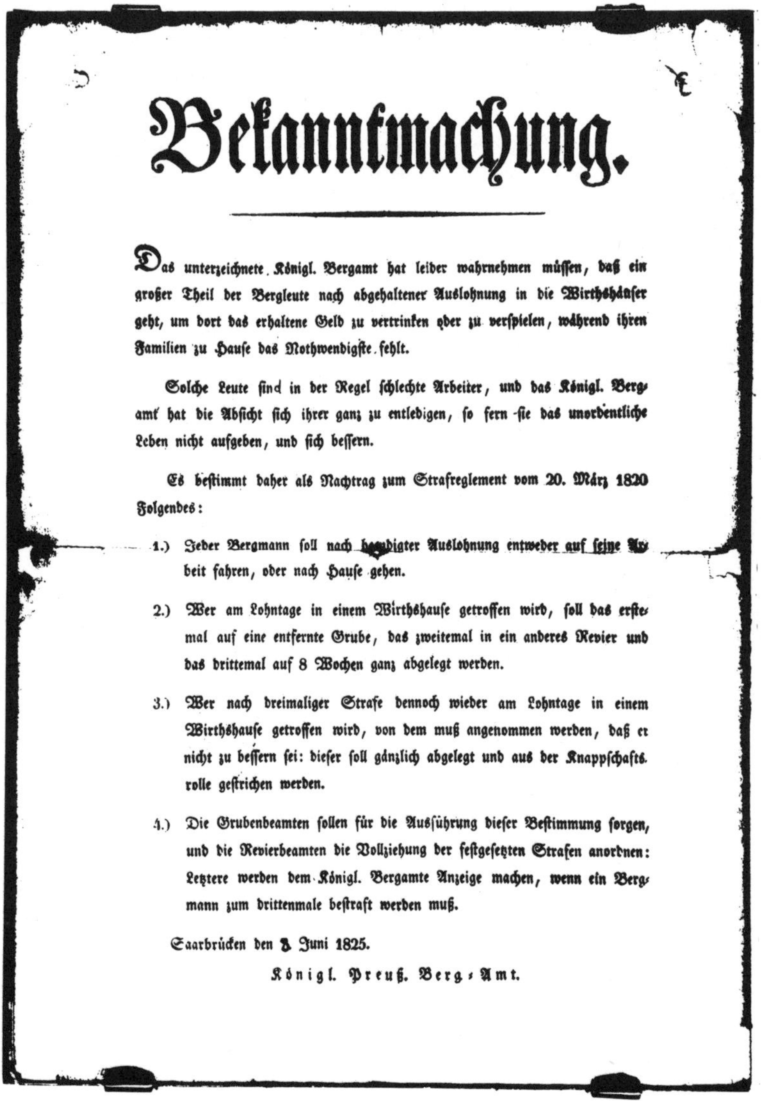

Bekanntmachung.

Das unterzeichnete Königl. Bergamt hat leider wahrnehmen müssen, daß ein großer Theil der Bergleute nach abgehaltener Auslohnung in die Wirthshäuser geht, um dort das erhaltene Geld zu vertrinken oder zu verspielen, während ihren Familien zu Hause das Nothwendigste fehlt.

Solche Leute sind in der Regel schlechte Arbeiter, und das Königl. Bergamt hat die Absicht sich ihrer ganz zu entledigen, so fern sie das unordentliche Leben nicht aufgeben, und sich bessern.

Es bestimmt daher als Nachtrag zum Strafreglement vom 20. März 1820 Folgendes:

1.) Jeder Bergmann soll nach beendigter Auslohnung entweder auf seine Arbeit fahren, oder nach Hause gehen.

2.) Wer am Lohntage in einem Wirthshause getroffen wird, soll das erstemal auf eine entfernte Grube, das zweitemal in ein anderes Revier und das drittemal auf 8 Wochen ganz abgelegt werden.

3.) Wer nach dreimaliger Strafe dennoch wieder am Lohntage in einem Wirthshause getroffen wird, von dem muß angenommen werden, daß er nicht zu bessern sei: dieser soll gänzlich abgelegt und aus der Knappschaftsrolle gestrichen werden.

4.) Die Grubenbeamten sollen für die Ausführung dieser Bestimmung sorgen, und die Revierbeamten die Vollziehung der festgesetzten Strafen anordnen: Letztere werden dem Königl. Bergamte Anzeige machen, wenn ein Bergmann zum drittenmale bestraft werden muß.

Saarbrücken den 8. Juni 1825.

Königl. Preuß. Berg-Amt.

Abb. 12: *Trotz fortwährender Reglementierungsversuche ließ sich die außerbetriebliche Disziplin der Bergarbeiter nicht erzwingen. Noch im späten 19. Jahrhundert kamen an Lohntagen immer wieder Trunkenheitsdelikte und kleinere Exzesse vor.*

Saarberg. Zentrales Lichtbildarchiv

„Nüchternheit", „Gehorsam", „Redlichkeit" und „Sauberkeit"[146]. In ihm und in den Nachträgen zwischen 1825 und 1858 regierte der „Geist des preußischen Polizeistaates" (Klaes). Seit 1866 in die allgemeine AO integriert, betraf der Disziplinarkatalog weiterhin auch außerbetriebliches Verhalten. Mit einem „Recurs gegen die Verfügung Kgl. Bergwerksdirection vom 13. September 1869" versuchten 37 Bergleute und Wirte sich gegen das Verbot, neben der Bergarbeit eine konzessionierte Schankwirtschaft zu betreiben, zu wehren. In manchen Orten des Reviers war fast die Hälfte aller Gast- und Schankwirtschaftskonzessionen an Bergleute vergeben. Dies deutete auf die Attraktivität einer Freizeitgestaltung im Kreise von Arbeitskollegen wie auch auf die Notwendigkeit eines Nebenverdienstes hin[147]. Anlaß, den Ärger über den Arbeitgeber herunterzuspülen, gab es genug. Das enorme Ausmaß der verhängten Strafen und der Lohnabzüge, von denen die Arbeiter oft erst durch den Lohnzettel Kenntnis erhielten, schilderte die *St. Johanner Volkszeitung*:

„Es hat unter den Leuten eine gewisse Erregung hervorgerufen, daß am gestrigen Lohntage, trotz der Schwierigkeit der Lage, Strafen von enormer Höhe in Abzug gebracht wurden. Wir hatten Gelegenheit, Lohnzettel einzusehen, auf welchen bei einem Gesamtlohne für April von Mark 45,60 in Abzug gebracht sind für Oel 95 Pfg., Büchsengeld (Knappschaftskasse) M. 4,23, Strafen 8 Mark, desgleichen 70 Pfg. Strafen für Reparaturen an Geleisen, zusammen 13 Mark 88 Pfg. Abzüge, sodaß dem Manne, welcher 25 Mark Abschlag erhalten hatte, gestern noch als Restlohn M. 6,72 ausbezahlt wurden. Ein Anderer hat bar 36 Mark Verdienst, dieselben Abzüge, 15 Mark Abschlag und 6 Mark 82 Pfg. Restlohn. Diese Löhne entsprechen allerdings nur 19 bzw. 15 Schlepper-Schichten, während auf die Maximalzahl von 24 Schichten ein Restlohn von M. 26,50 bei einer Abschlagzahlung von 25 Mark fiel"[148].

Die erste zusammenfassende Formulierung des Protests „auf dem Bildstock" am 15. Mai 1889 thematisierte den Unmut über den Umfang des herrschenden Strafsystems: Die Möglichkeit des Strafens wurde nicht in Frage gestellt, über ihren Umfang aber mußte verhandelt werden. Die Forderung, die verbreitete Praxis der Doppelbestrafung aufzugeben und in unverschuldeten Notfällen gar nicht zu strafen, stand neben detaillierten Verbesserungsvorschlägen etwa bezüglich unsauberer Förderung. Während die Bergbehörde hart und unnachgiebig den zentralen Forderungen nach höheren Löhnen und kürzerer Arbeitszeit gegenübertrat, bot sie den Arbeitern nach dem Mai-Streik 1889 im Disziplinarbereich einige „Bonbons" an, u. a. die Reduzierung der höchsten Geldstrafe auf 6 Mark[149].

In den Arbeiter-Ausschüssen wurde die Kontroverse um eine überzogene Strafpraxis offen ausgetragen, insbesondere das „Wagen-Nullen" geriet dabei in die Schußlinie der Arbeiterkritik. Darunter wurde die in allen Bergbaurevieren übliche Nichtanrechnung geförderter Wagen verstanden, wenn diese mit „Bergen" (Steinen) verunreinigt oder mindergewichtig waren. Diese Strafmöglichkeit entsprang der Besonderheiten bergbaulicher Organisation, Leistung nicht vor Ort, sondern erst über Tage messen zu können. Da die Arbeiter aber ihr Produkt mit dem Abtransport durch den Schlepper aus den Augen verloren und erst nach Schichtende von der Bewertung ihrer Förderung über Tage erfuhren, blieb ein großer Spielraum für Manipulationen und Willkür. So war der Streit vorprogrammiert, gerade weil tatsächlich unreine Förderung und Untergewichtigkeit in erheblichem Umfange vorkamen. Gleichwohl wird jener Wagen Püttlinger Kohle I. Sorte eine Ausnahme gewesen sein, der 7—8 Zentner Steine enthalten hat[150]. Häufig beschwerten sich Abnehmer über die Unreinheit der Lieferung, was darauf hindeutet, daß die Möglichkeit, mit einem unreinen Wagen durch die Kontrolle zu schlüpfen, vorhanden war. Dies erklärt, daß immer wieder Bergleute „das betrügerische Vermischen der Kohle mit Bergen" probierten. Auf Vorhaltungen bestätigten Arbeiter „die große Unreinheit der Förderung aus eigener Erfahrung"[151], jedoch vermochten auch Strafandrohungen die Reinheit der Förderung nicht wesentlich zu verbessern.

Die Arbeiter boten ein Ensemble von Erklärungen für ihre unreine Förderung an. An erster Stelle wurde ein zu niedriges Gedinge genannt. Der Bergmann Heßler 4 vertrat die Ansicht,

„daß die Bergleute in erster Linie das Bestreben hätten, etwa 5 Mark pro Schicht zu verdienen und daß dieses Ziel nach dem Stand der Gedinge nicht zu erreichen sei, wenn die Kohlen in der Grube so rein gemacht werden müßten, wie dies seitens der Behörde verlangt würde"[152].

Da bei der Kohlegewinnung die Leistung nicht nur nach Quantität, sondern zugleich auch nach Qualität bemessen wurde, unterlag die Arbeit Bedingungen, die subjektiv nicht beeinflußbar waren: Kohle aus niedrigen Flözen wurde schneller durch Berge verunreinigt, Verwerfungen, Druckverhältnisse und die Beschaffenheit des Hangenden erleichterten oder erschwerten die Reinhaltung. Bei gleichbleibenden Qualitätsansprüchen der Bergverwaltungen bedeutete jede Flözveränderung Gefahr für eine konstante Leistung als Voraussetzung eines stabilen Verdienstes. Geringfügige Modifikationen der Arbeitsverrichtung, wie das Nässen des Kohlestoßes, erschwerten eine reine Förderung ebenso wie der Ein-Schicht-Betrieb: Wenn die Leute schrämen und schießen, vorbereiten und hereingewinnen mußten, fiel ihnen die Reinhaltung der Kohle schwerer, wie Vertrauensmann Baldauf betonte[153]. Aufgrund unterschiedlicher Flözbedingungen war nicht überall eine Belegung der Arbeitspunkte in zwei Schichten möglich. Solch unterschiedliche Bedingungen mochten die Arbeiter im Strafsystem berücksichtigt wissen. Auf manchen Gruben kam das „Zwangsfeiern" als Strafe für mehrmaliges unreines Fördern so regelmäßig vor, daß die Vertrauensleute einen häufigen Wechsel an bekannt schwierigen Arbeitspunkten verlangten[154].

Zur Beeinträchtigung der Förderung trugen auch der mangelhafte Zustand von Grubenbauten und Gleisanlagen bei. Manchem vollgehäuften Wagen wurde in Strecken und Bremsbergen die Ladung wieder abgestreift, „so daß Mindergewichte entstehen müßten und die Wagen dann gestrichen würden"[155]. Obwohl eine fördernde Kameradschaft für den Zustand der Grubenbaue nicht verantwortlich war, trug sie das Risiko. Nachlässigkeiten anderer Kameradschaften, Fahrlässigkeiten der Schlepper und der magelhafte Zustand des Gezähes konnten so zu einer Beeinträchtigung des Verdienstes führen und Reibereien und Verdächtigungen auch unter Arbeitern nach sich ziehen.

Die Skepsis der Arbeiter gegenüber der Bewertung ihres Arbeitsproduktes betraf vor allem jenen Zeitraum der Förderung, in dem die Kohle alleine der Obhut von Über-Tage-Arbeitern und Beamten unterlag. Deren Bewertung war kaum kontrollierbar und oftmals auch durch „betriebsfremde" Interessen bestimmt. Auf Grube Serlo vermuteten die Vertrauensleute, daß die Aufkerber Listen besaßen, anhand derer sie die Kameradschaftsnummern an den Wagen entschlüsseln konnten. So seien sie in der Lage, „mißliebigen Leuten die Wagen herauszustellen und für unrein zu erklären, dadurch seien schon viele Klagen entstanden"[156]. Dieser in mehreren Fällen bestätigte Verdacht führte zu der Forderung nach regelmäßiger Rotation der Aufkerber, so daß Streit, Mißgunst und persönliche Differenzen zwischen einzelnen Arbeitern nicht immer die gleichen Kameradschaften betrafen. Andernorts richtete sich das Mißtrauen gegen Steiger und Obersteiger, denen die endgültige Bewertung eines augesonderten Wagens oblag. Gegenüber deren Entscheidungen wurde häufig die Verantwortung auf andere abgewälzt, etwa auf den Schlepper, der vergessen hatte, die Kameradschaftsnummer am Wagen anzuschreiben bzw. die alte Nummer auszuwischen[157].

In einer Atmosphäre, die durch aufmerksames Mißtrauen geprägt war, ließen sich feine Risse in der Solidarität der Unter-Tage-Belegschaft erkennen; die gemeinsame Arbeitserfahrung schloß gewisse Formen der Konkurrenz mit ein. Ein Arbeitsverhältnis, in dem Fahrlässigkeit wie absichtlicher Betrug gleichermaßen bestraft wurden und ein „gesundes" Mißtrauen notwendig war, erschwerte die Zusammenfassung von Erfahrungen in gemeinsamen Forderungen. Dem Konsens der Völklinger Petition, daß leichte und unsaubere Kohlewagen in Zukunft nicht mehr bestraft werden sollten, gingen Diskussionen voraus, in denen für das Beziehungsgeflecht „Kameradschaft" aufschlußreiche Argumente fielen. Auf Kronprinz wurde

„von einigen Vertrauensmännern der Antrag gestellt, daß die Strafe von 50 Pfg. für jeden unreinen Wagen die in der betreffenden Schicht auch wirklich beschäftigt gewesenen Bergleute und nicht jedes Mitglied der ganzen Kameradschaft treffen solle"[158].

Die Einführung eines Verursacherprinzips – wer den Schaden anrichtet, soll ihn auch bezahlen – deutete eine Auflösung der bergmännischen Solidargemeinschaft vor Ort an. Die neuerdings oftmals arbeitsteilig zergliederten Kameradschaften blieben über die Gemeinsamkeit von Lohn und Strafe zusammengefügt. Das Strafgeld wurde „dem Kameradschaftsführer abgezogen und demselben überlassen, diese Strafe wieder auf die übrigen Kameraden zu verteilen, beziehungsweise von denselben abzuziehen"[158]. Eine Auflösung dieses gemeinschaftlichen Verbundes hätte der hereingewinnenden und fördernden Schicht alleine das Risiko der Bestrafung auferlegt, die Kameradschaft wäre gespalten worden. Daß einige der Arbeiter dies in Kauf nehmen wollten, andere sich dagegen zur Wehr setzten, zeigte, daß nicht allen Bergleuten die Solidargemeinschaft erhaltenswert schien.

Julius Bentz sah im steten Mißtrauen, gepaart mit der Angst, die Stelle zu verlieren oder materielle Nachteile zu erleiden, die Grundlage eines Arbeitsverhältnisses, in dem die Arbeiter gezwungen wurden, sich durch Heuchelei und Kriechertum in ein gutes Ansehen bei den Beamten zu bringen. Heinrich Imbusch urteilte prägnant: „Die Arbeiter waren hier ja macht- und wehrlos den Grubenbeamten ausgeliefert. Wer sich mißbeliebig machte, der wurde tüchtig gedrückt"[160]. In diesem System wurde „zu willkürlich, zu viel und zu hoch bestraft", Strafen wegen Unpünktlichkeit, unreiner Förderung etc. gehörten – wie oben ausgeführt – ebenso zum alltäglichen Arbeitsleben wie die Auseinandersetzungen mit der Person des aufsichtsführenden Steigers, in der die Autorität und Dispositionsvollmacht der Grubenleitungen für die Arbeiter unmittelbar, physisch und psychisch erfahrbar wurde. Die Steiger waren die „Feldwebel" des Grubenbetriebs[161]. Nicht erst der Hilger-Krämer-Prozeß 1904[162] brachte Licht in die „unheimliche Heimlichkeit" (so der *Saarbrücker*

Bergmannsfreund) des Verhältnisses von Arbeitern und Beamten. Auch in den Arbeiterausschüssen und Versammlungen während der großen Streikzeit wurde dieses Problem thematisiert. In Guichenbach forderten 2 500 Teilnahmer einer Bergarbeiterversammlung am 1. Oktober 1889, „die Bevorzugung einzelner müsse aufhören, Geschenke dürfen nicht mehr gegeben werden"[163]. Mit der Forderung nach Verlegung eines Steigers wehrten sich die Arbeiter gegen deren Zumutungen — wenn sie sich überhaupt wehren wollten. Kein Zweifel nämlich, daß eine Bevorzugung von den Arbeitern auch gerne wahrgenommen wurde. So konnte sich die Beamtenbestechung jahrelang als offenes Geheimnis auch nur halten, weil alle Beteiligten an einer tatsächlichen Aufklärung der Zustände nicht interessiert waren: Sei es, daß sie den Verlust von Vergünstigungen fürchteten oder daß sie Angst vor nachträglicher Bestafung hatten[164]. Mit dem wachsenden Selbstbewußtsein in der Streikzeit klagten die Arbeiter nun offen an, was natürlich auch der politischen Administration bekannt war: „daß die Behauptungen bezüglich Bevorzugung Einzelner und schlechter Behandlung durchaus nicht aus der Luft gegriffen sind, was mir auch mehrfach von Beamten selbst bestätigt worden ist"[165].

In den umfangreichen „Angaben des Bergmanns Nkl. Warken von Grube Friedrichsthal am 21. July 1889"[166] finden wir kenntnisreiche Schilderungen des im Saarbergbau herrschenden Bestechungswesens. Anordungen und Entscheidungen der Steiger durften nur auf einem langwierigen Instanzenweg angefochten werden, der oftmals aber schon auf der untersten Ebene, nämlich bei den Grubenbeamten selbst, blockiert war. So blieben die Bergleute vielfältigen Schikanen oft wehrlos ausgesetzt: Willkürliche Verlängerung der Arbeitszeit durch verspätetes Öffnen der Stollentüren, Zuweisung nicht ersteigerter Arbeiten oder öfteres Verlegen an schlechte Arbeitspunkte bildeten Maßnahmen, mit denen die Arbeiter in Resignation und Anpassung getrieben wurden: „da ging die alte Leier wieder an und wir mußten dem Steiger Hellbrück auch Geld geben, das mußte man immer thun um Ruhe zu haben". Beträge von 20 bis 30 Mark flossen den Steigern von einer Kameradschaft monatlich zu, eine enorme Summe, bedenkt man, daß ein monatliches Hauereinkommen um die 100 Mark betrug. Eine Arbeitseinheit von sieben Mann führte nach Warkens Angaben monatlich pro Mann 3 M. an den Steiger ab, „und da ich nichts mehr hatte für zu geben bin ich in eine Arbeit gekommen wo ich 1.20 Mk verdiente".

Die Vielfalt der Mittel, mit denen Steiger ihr Einkommen erhöhten, verblüfft. Manche fälschten die Förderangaben einzelner Kameradschaften und steckten das zuviel ausbezahlte Geld ein. Fehlten Arbeiter ein oder zwei Schichten — insbesondere samstags und montags — so schrieben die Steiger die Schichten weiter auf und kassierten. Bei der Berechnung der Metergedinge konnten manipulierte Meßlatten benutzt werden, die zuviel bezahlten Meter erhielt der Steiger zugeschoben. Die folgende Kameradschaft mußte, wenn sie nicht ebenfalls begünstigt wurde, die fehlenden Meter aufarbeiten. Oder es kam vor, daß „wir immer Leute auf dem Lohnzettel stehen (hatten) die ich nicht kannte 4 bis 5 Mann und die nicht bei mir gearbeitet haben das Geld mußte ich abgeben an einen Mann den der Steiger Emermann bezeichnet hat". Solche Betrügereien bedurften der stillschweigenden Duldung der Bergleute, die von Beginn ihrer bergmännischen Laufbahn an in dieses System eingepaßt wurden: Kaum ein Bergmann konnte neu anfahren, ohne nicht Zwetschgen, Kartoffeln, Hinterschinken etc. dem zuständigen Steiger zugesteckt zu haben. Manche Bergleute mußten die Milch, die sie Steigern oder Fahrsteigern spendierten, zuvor selbst kaufen! Mit Recht wies Nieder darauf hin, daß das Bestechungswesen ein „stilles Ventil (. . .) schon vor der Streikexplosion" gewesen ist — die individuelle Bewältigung erdrückender Arbeitsbedingungen kulminierte in der kollektiven Aktion, im Streik[167]. So verwundert es nicht, daß mit den „Schmierlappen" (= bestechliche Beamte) ein gemeinsames Kaiserhoch verpönt sein konnte[168].

Bis gegen Ende der 70er Jahre war die „Verwendung von Bergleuten zu Privatzwecken" auf den Inspektionen unterschiedlich geregelt. Die Beamten sollten es mündlich anzeigen, wenn sie Bergleute für sich arbeiten ließen. „Die Arbeiten werden in der Regel so eingerichtet, daß die Bergleute keine Schicht deswegen zu versäumen brauchen und bleibt die Bezahlung derselben der freien Vereinbarung mit den betreffenden Beamten überlassen". Bürokratischer als in Ensdorf war die „Benutzung der Arbeiter" auf Louisenthal geregelt: Der Lohn für die „Freizeitarbeit" wurde den Beamten abgezogen und den Arbeitern zugeschlagen. Den ökonomischen Hintergrund der Privataneignung bergmännischer Arbeitskraft bildete der „Mangel an eigentlichen Taglöhnern oder anderen Arbeitern in der hiesigen Gegend", insbesondere waren „Handwerker, wie namentlich Schlosser, welche nicht im Dienste der Grubenverwaltung stehen, auch in der weiteren Nachbarschaft der Wohnstätten nicht zu finden"[169]. Mit Verfügung vom 10. August 1878 wurde es den Steigern verboten, Arbeiter aus ihren eigenen Abteilungen für sich arbeiten zu lassen.

Die Verwendung genehmigter oder „illegaler" bergmännischer Arbeitskraft war weit verbreitet: Mal schälte einer in der Schlafhausküche Kartoffeln für einen Steiger, mal agierten Bergleute als Treiber auf

Beamtenjagden, mal wurden sie zu einer Diebestour verleitet oder zum Grasmähen und Holzhacken „benutzt"[170]. Die Berginspektion V gar meinte, daß Dienstländereien und Pachtland nur deshalb unter Beamten begehrt seien, „weil sie vielfach sozusagen unentgeltlich von den Bergleuten für die Beamten bewirtschaftet werden und die Beamten den Dünger von den Pferdeförderungsunternehmern vermuthlich meist geschenkt bekommen"[171]. Die Bemerkung des Bergmannes Beres aus Altenkessel, daß man an diesen Zuständen „nichts machen könnte", charakterisiert eine fatalistische Hinnahme des Eingefügtseins in eine halböffentliches und geduldetes System von Vergünstigung und zweiter Ausbeutung.

In seiner Aussage vor Mitgliedern des Oberbergamtes Bonn, des Landratsamtes Saarbrücken und der dortigen Bergwerksdirektion zeichnete der katholische Bergmann Johann Malter, 47 Jahre alt und Vater von 5 Kindern, ein Bild der Zerissenheit der bergmännischen Arbeiterschaft: „Die Belegschaft der Grube Dechen zerfiel in zwei Theile: die Günstlinge des Obersteigers Hoppstädter und die übrige Belegschaft"[172]. Er schätzte die Gruppe der Günstlinge auf 200–300 Mann, ca. 1/6 der eigentlichen Grubenarbeiter. Unter den Arbeitern galt Dechen als „Freundschaftsgrube". Die Günstlinge rekrutierten sich aus der Verwandtschaft und dem Freundeskreis des betreffenden Steigers sowie aus denjenigen Bergleuten, die durch Geld und Naturallieferungen sich beliebt gemacht hatten.

Günstlinge genossen eine bevorzugte Behandlung seitens ihrer Steiger, sie brauchten keine Schikane zu fürchten. Insbesondere die Möglichkeit einer früheren Ausfahrt schaffte bei den Benachteiligten Unmut. Manchmal, so der Bergmann Berwanger, „kam ein Steiger, der öffnete die Thüren, dann hieß es aber wer aus meiner Abtheilung da ist, der komme heraus, sonst Niemand"[173]. In solchen Momenten wurde die Spaltung der Belegschaft offenkundig, Neid und Mißgunst breiteten sich aus. Der Dudweiler Dechant Oesterling berichtete kurz vor Weihnachten 1889 an den Trierer Bischof Korum, daß Günstlinge bei der Vergabe der Hauptgedinge „in unsinnigster Weise" heruntersteigerten, „weil sie als Günstlinge der Steiger einer späteren Aufbesserung sich sicher wüßten". Ebenso bestätigte er den Brauch, an die Steiger „ein Trinkgeld" zu zahlen[174]. Dieses „Schmarotzerwesen" (Kiefer) hatte einen erweiterten Grund im Status und den Verdienstmöglichkeiten der Grubenbeamten. Im Gegensatz zu Staatsbeamten bekleideten sie eine kündbare Position und in ihrem Gehalt standen sie oft nicht höher als die ihnen unterstellten Arbeiter. Noch im Jahre 1889 baten Steiger der Saargruben den Minister Maybach um „Verstaatlichung"[175].

Mit Recht kann vermutet werden, daß ein solches Milieu der Heimlichkeiten, der Abhängigkeiten und des kleinlichen Schikanierens der Herausbildung einer Bergarbeiter-typischen Solidarität nicht förderlich war. Große Teile der Belegschaften vertrauten jahrelang auf eine individuelle Überlebensstrategie: Kleine Geschenke, freiwillige Hilfeleistungen und Unterordnung konnten das Arbeitsleben von allerlei Widrigkeiten befreien, führten jedoch zu einer „Desolidarisierung" und einer Spaltung der Belegschaften. Erst die Erfahrungen des kollektiven Protests in der großen Streikzeit 1889–1893 ließen alternative Handlungsweisen erkennbar und erlebbar werden.

Durch den Mai-Streik 1889 brachen die verkrusteten Strukturen des „Königreichs Saarabien" auf, wurden die Arbeiter sich ihrer unwürdigen Lage bewußt. In den Arbeiterausschüssen kritisierten sie nun offen auch nur geringfügig ungebührliches Verhalten der Aufsichtsbeamten[176]. Die Antwort der Bergbehörde auf ihre Infragestellung durch die ausständigen und aufmüpfig gewordenen Bergleute stellte die AO vom 1. Januar 1893 dar. Diese AO war keine zeitlose Aneinanderreihung aller Eventualitäten eines Bergwerksbetriebes, sondern stellte einen Spiegel der sozialen Auseinandersetzungen dar. Vierzehn der 58 Paragraphen umfaßten Strafbestimmungen und Gründe für die Auflösung des Arbeitsverhältnisses. Der Ermessensspielraum der Beamten blieb gewahrt. Zwar wurden Strafmöglichkeiten geringfügig eingeschränkt, aber gerade Verhaltensweisen, die oft unzureichendem Lohn entsprangen, blieben mit Ablegung bedroht: das Auswechseln der Pflocknummern, die Übertretung von Sicherheitsvorschriften und die Beamtenbestechung. Um den fürsorglichen Schein aufrecht zu erhalten, wurde den Arbeitern ein Kündigungsrecht zugestanden, „wenn Beamte oder Familienangehörige zu Handlungen verleiten (...), welche wider die Gesetze oder die guten Sitten laufen". Doch die „Musteranstalten" glichen „potemkinschen Dörfern". Die Macht der Steiger und die Bedingungen für die „Paschawirtschaft" blieben erhalten, die Arbeiter mußten täglich weiter mit „Spitzbuben" und „Dieben" (Warken) umgehen.

* * *

Blicken wir abschließend noch einmal auf den Ausgangspunkt dieses Kapitels zurück. An der Saar – wie auch in den weiteren deutschen Steinkohlerevieren – entstanden in der zweiten Hälfte des 19. Jahrhunderts erstmals Großbetriebe in der stofflichen Urproduktion. Für deren Führung und Lenkung existierten weder in Deutschland noch im Mutterland der Industrialisierung, in England, Vorbilder. Betriebssystem für die ausgedehnten Anlagen mit häufig mehreren Tausend Belegschaftsmitgliedern mußten aus dem Nichts entwickelt werden. Da lag es nahe, auf die neuen Betriebssysteme die altbekannten Lenkungsinstrumente der Direktionsverfassung zu übertragen und auf das Anwachsen der Belegschaften mit dem Aufbau immer umfassenderer Autoritätstrukturen zu antworten. Deshalb war es verständlich, so Otto Neuloh,

„... daß der damalige Steinkohlenbergbau sich traditioneller Disziplinar- und Ordnungsprinzipien bediente ... In ihrer hierarchischen Linie, die vom Generaldirektor über Bergwerksdirektionen, Betriebsführer, Obersteiger und Steiger bis zum Hauer und Bergarbeiter führte, haben die damaligen Unternehmen ein weitgehend autoritäres System geschaffen"[177].

Aus der Summe der Arbeitserfahrungen traten deshalb den Arbeitern die vielfältigen Versuche industrieller Arbeitserziehung, insbesondere die Anforderungen der „Zeitdisziplin" und einer streng kalkulierten „Arbeitsmoral", als einschneidende Zumutungen entgegen. Allerdings unterschied sich ihr Erfahrungsschatz von dem der Fabrikarbeiter in jener Zeit. Die Fabrikdisziplin beruht auf der Festsetzung von Rhythmen, dem Zwang zu bestimmten Tätigkeiten und der Regelung der Wiederholungszyklen und versuchte, die Arbeiter in der gemeinsamen räumlichen Umfassung des Arbeitsortes zu parzellieren: „Gruppenverteilungen sollen vermieden, kollektive Einnistungen sollen zerstreut, massive und unübersichtliche Vielheiten sollen zersetzt werden"[178]. Zugleich war es Ziel aller Disziplinierungsbemühungen, „den täglichen Gleichtakt der Arbeitenden mit dem Lauf der Antriebs- oder Werkzeugmaschinen zu erreichen und zu sichern"[179]. Im Bergbau aber ließen sich die Arbeitsverrichtungen nicht als Ganzes disziplinieren, sich verändernde Abbaubedingung bestimmten den Arbeitsrhythmus, „kollektive Einnistungen" waren Voraussetzungen poduktiver Arbeit.

Die unmittelbare Gewinnungsarbeit, noch weitgehend Handarbeit, besaß einen von Maschinen uanbhängigen Takt. In einer Tätigkeit die Kraft des Körpers einzusetzen, seine Tauglichkeit unter Beweis zu stellen, entsprach sowohl dem Bedürfnis der Arbeiter wie dem Bestreben des Arbeitgebers. Eine effektive Nutzung der Arbeitszeit, Beschwerden gegen Leerlauf und zeitraubende Lücken in der Betriebsorganisation verdeutlichten, daß die Arbeiter während der Arbeit die Notwendigkeit ihrer effektiven Verrichtung akzeptiert hatten, im Gedingesystem wohl akzeptieren mußten. Wo Eingriffe „von außen" die erprobte Funktionalität gemeinschaftlicher Arbeit irritierten, wiesen heimliches oder offenes Nichtbefolgen von Anordnungen, Verbotsübertretungen, langsames und widerstrebendes Erlernen nun normierter Arbeitsvorgänge und Verweigerungen auf die Schwierigkeiten der Einübung einer auf Fügsamkeit abzielenden industriellen Arbeitsmoral und auf die Suche nach eigenen Wegen in der Arbeit hin. Diese kollektive Suche wurde erschwert durch Tendenzen, die zugleich eine individualistische Konflikt„bereinigung" förderten: Im Zuge der Neuorganisation der bergmännischen Gewinnungsarbeit schwächte der Übergang zum Strebbau die „natürlichen" Keimzellen bergmännischer Solidarität, die Kameradschaften. Eine Entwicklung, die erst in den zwanziger Jahren unseres Jahrhunderts abgeschlossen wurde, als man im Bergbau das Einzelgedinge einführte und damit die alte soziale Arbeitsgruppe beseitigte.

Die abnehmende Autonomie bei der Verrichtung der Arbeit bedeutete zugleich eine Dequalifizierung. Früher mußte „der Hauer eine gewisse vielseitige Geschicklichkeit besitzen"[181], um die Jahrhundertwende aber war die Arbeit der Söhne nicht mehr die der Väter: Die Komplexität der Arbeitsvorgänge ließ nach, Gruppenstrukturen am Arbeitsplatz lösten sich zunehmend auf, Anordnungsbefugnisse gingen verloren. Die handwerkliche Bergarbeit begann den Wandlungsprozeß zur industriellen Arbeitsverrichtung. In dieser Entwicklung waren für die Arbeiter die subjektiven Erfahrungen entscheidend: Keine „objektive" Klassenlage und kein gemeinsames politisches Programm bewirkten zielgerichtetes Handeln. Vielmehr stellten die vielfältigen Formen der alltäglichen Bewältigung der Arbeit jenen Erfahrungsschatz dar, der für eine scheinbar sorgsam behütete staatliche Arbeiterschaft im offenen Arbeitskonflikt aktualisierbar wurde; unter der Oberfläche sozialer Harmonie entfalteten sich Spannungen, die Dauer und Intensität der Streikbewegungen an der Saar Ende der 80er und Anfang der 90er Jahre verständlich werden lassen. Der tägliche Kleinkrieg unter Tage bereitete das Feld der offenen Auflehnung über Tage vor: Nun wurden Steiger nicht mehr geschmiert, sondern verprügelt, nun wurden Arbeitsanforderungen mit Arbeitsverweigerungen beantwortet, nun fand das bergmännische Selbstbewußtsein „durch Nacht zum Licht", wie es in einem Arbeiterlied formuliert wurde, und nun wurde die Bedrohung der bergmännischen Autonomie in der Arbeitswelt zumindest zeitweilig mit der Entfaltung autonomer Organisationen in der Lebenswelt der Bergarbeiter beantwortet. Nicht nur im privatkapitalistisch organisierten Ruhrbergbau erlebten die Arbeiter „den industriellen Betrieb und Arbeitsmarkt als Aktionsfeld sich verschärfender Interessengegensätze"[182].

Bergmännische Arbeit in der zweiten Hälfte des 19. Jahrhunderts ermöglichte widersprüchliche Erfahrungen. In ihr konstituierte sich der Bergmann nicht als fügsamer und williger Arbeiter, sondern er war findig in der Suche nach Nischen und Freiräumen, hartnäckig in der Verteidigung von Gewohnheiten, disziplinlos im Umgang mit Vorschriften, bedenkenlos im Ausnutzen von Vorteilen, solidarisch in der Bedrohung, kooperativ in der Arbeit, oft mißtrauisch gegen Kollegen und renitent gegen Beamte. In der Perspektive von unten werden die bewunderten „tüchtigsten und willigsten" Idealtypen zu „widersprüchlich behandelnden Individuen" (Lüdtke). Oder – um mit Barrington Moore zu sprechen:

„Schon die tägliche Beobachtung zeigt, daß Menschen individuell und kollektiv auf eine 'objektive' Situation nicht so reagieren wie ein chemischer Stoff auf einen anderen, wenn beide in einem Reagenzglas zusammengebracht werden"[183].

Deutlich wurde diese Unwägbarkeit menschlichen Handelns im Zusammenhang mit den Wohlfahrtsmaßnahmen des preußischen Bergfiskus an der Saar, dessen Siedlungspolitik seit dem 19. Jahrhundert als Garant für ein loyales Verhältnis von Arbeitgeber und Arbeitern galt.

4
Arbeiterwohnen — Autoritäre Wohlfahrtspolitik und proletarische Verhältnisse

4.1. Der Faktor „Mensch": Bevölkerungsentwicklung

Die Industrialisierung bedurfte in bis dahin unbekanntem Ausmaße der Produktivkraft „Mensch". Diese ließ sich jedoch nicht auf ihre produktiven Fähigkeiten begrenzen, sondern bezog ein Ensemble sozialer Zusammenhänge mit ein: Die Arbeitskraft besaß Familie, Gefühle, Bedürfnisse und Erfahrungen, sodaß Wanderungsbewegungen nicht nur als Indiz industrieller Entwicklung, sondern auch für einen sozialen Strukturwandel begriffen werden müssen. Von diesem waren nicht nur Städte betroffen — allzuschnell singt die demographische Forschung zum Zeitalter der Industrialisierung das hohe Lied von der Großstadt[1] —, der Begriff „Industriedorf" deutet schon an, daß in diesen Prozeß neben der alten, gewerblich produzierenden Stadt auch ländliche, ehemals agrarisch produzierende Siedlungsformen mit einbezogen wurden. Die „Verstädterung" als Prozeß der Hochindustrialisierungsperiode kennzeichnet deshalb keine einlinige Entwicklung, keine Vereinheitlichung ehemals unterschiedlicher Siedlungsstrukturen, sondern transportiert kommunale und regionale Eigenheiten in der Stadtentwicklung mit. Ein Vergleich der Einwohnerzahlen der Städte Essen und Saarbrücken läßt einige Besonderheiten erkennen. Für Städtewachstum und Bevölkerungsentwicklung im Ruhrrevier

Tabelle 6: Städtewachstum — ein Vergleich[2]

Jahr	Essen	Saarbrücken
1850	8 800	12 000
1870	52 000	26 000
1900	119 000	76 000
1915	477 000	114 000

steht Essen nur als ein Beispiel unter vielen, Saarbrücken jedoch war in dieser Größenordnung die einzig vergleichbare Stadt an der Saar. Mitnichten konnte in der Stadt Saarbrücken „das Zentrum des saarländischen Bergbaus"[3] gesehen werden, vielmehr blieb die auf dem linken Saarufer gelegene Stadt „vornehmlich Beamten- und Handwerkerstadt mit einer großen Garnison, die nach dem 70er Krieg dauernd wuchs"[4]. Ganze 481 Bergleute unter ca. 105 000 Einwohnern, die 1910 in Saarbrücken lebten, belegen, daß die Stadt vom Bergbau und den spezifischen Problemen bergmännischen Wohnens kaum tangiert wurde. Gleichwohl regt dieser Städtevergleich zu einigen Bemerkungen an. Zunächst fällt das ähnliche Ausgangsniveau beider Städte ins Auge, das mit dem ausgehenden 19. Jahrhundert sich zu unterschiedlichen Dimensionen des Städtewachstums entwikkelte. Bevölkerungswachstum im Saarrevier bedeutete, mit Ausnahme der Stadt Saarbrücken, keine Entwicklung zur Großstadt. Arbeiterwohnen und -leben vollzog sich an der Saar in dörflichen bis mittelstädtischen Milieus. Gleichwohl standen hier die Behörden vor ähnlichen Problemen der kommunalen Wohnungs- und Siedlungspolitik, wie sie auch im Ruhrrevier auftraten. Das insgesamt niedrigere Industrialisierungsniveau ließ keine Möglichkeiten für eine harmonische, heile Welt des industriellen Fortschritts.

Die Siedlungsstrukturen der Saarregion boten zu Beginn des 19. Jahrhunderts ein unheitliches Bild. Zwar war „um 1820 die Verteilung der Bevölkerung noch im wesentlichen durch die Produktionskraft des Bodens und seine Eignung für die Landwirtschaft bestimmt", jedoch prägte ein starkes regionales Gefälle das Erscheinungsbild einer durchschnittlich geringen Bevölkerungsdichte von 66 Einwohnern pro Quadratkilometer. Während das Blies-Westrich-Gebiet (ohne St. Ingbert) eine Einwohnerzahl von etwa 27/qkm aufwies, lebten im Saartal (ohne Saarbrücken) 210 Einwohner/qkm. Bis 1850 wuchs die Bevölkerung der Saarregion auf 227 000 (= 121 pro qkm) und bis 1890 auf 422 000 (= 224 pro qkm) an. Damit wurde der Mittelwert des Deutschen Reichs (= 91 Einwohner pro qkm) weit übertroffen[5]. Das starke regionale Gefälle eröffnete der betroffenen Bevölkerung völlig unterschiedliche Perspektiven, was ihr Hineinwachsen in industrielle Lebensbedingungen betraf.

Ein Vergleich von Wohnorten der Saarbergleute in verschiedenen Siedlungszonen läßt erkennen, daß „Arbeiterwohnen" keine Kategorie einer objektiven Klassenlage sein kann, denn die Wohnverhältnisse selbst einer regionalen Arbeiterklasse ermöglichten eine Vielfalt kommunaler und familiärer Lebensformen.

Ein Vergleich mit der Bevölkerungsentwicklung im Ruhrgebiet, etwa

Tabelle 7: Bevölkerungswachstum in Gemeinden des eigentlichen Industriegebietes[6]

Ort	um 1800	um 1850	um 1900
Dudweiler	748	1 905	13 469
Fridrichsthal	278	890	6 964
Neunkirchen	1 463	3 452	25 562
Püttlingen	841	1 901	6 861
Sulzbach	359	1 118	13 274
Völklingen	1 257	3 103	16 694
Wiebelskirchen	795	1 487	5 718

von Dortmund-Hörde, Bochum-Langendreer oder Herne[7], läßt zunächst keine unterschiedliche Interpretation zu: Industrialisierung bedeutete in den Kerngemeinden des Gruben- und Hüttenreviers Auflösung alter Gemeindeverbände, Überlastung gewachsener Infrastrukturen, intensive Ausnutzung vorhandenen und Schaffung neuen Wohnraumes, Geburt neuer Wohnformen. Diese Entwicklungen betrafen die gesamte Arbeiterbevölkerung des Saarreviers; für die Erfahrungen der bergmännischen Bevölkerung ausschlaggebend war jedoch die Tatsache, daß um 1900 nur ca. 20 % der Gesamtbelegschaft der Saargruben in den 7 größten Bergmannsorten lebten[8]. Eine Analyse des bergmännischen Wohnens an der Saar muß also auch die Entwicklung der Gemeinden in den Randzonen des Industriegebietes und im bäuerlich gebliebenen Umland mit einbeziehen.

Das Bild einer Übergangszone zwischen Industrierevier und bäuerlichem Hinterland lassen die Gemeinden in Tab. 8 deutlich erkennen. Die den Gruben noch nahegelegenen Orte verdoppelten (Eppelborn) bis verfünffachten (Wemmetsweiler) zwar ihre Einwohnerzahlen

Tabelle 8: Bevölkerungswachstum in Gemeinden in der Randzone des Industriegebietes[9]

Ort	um 1800	um 1850	um 1900
Bliesen	528	1 137	1 506
Dirmingen	389	962	1 235
Eppelborn	350	941	1 911
Heusweiler	376	1 029	2 299
Illingen	265	1 129	2 886
Köllerbach	375	815	2 198
Theley	425	1 041	1 383
Wemmetsweiler	121	459	2 401

Tabelle 9: Bevölkerungsentwicklung in Gemeinden des bäuerlichen Umlandes

Ort	um 1800	um 1850	um 1900
Altenheim	540	677	515
Bedersdorf	132	203	238
Böckweiler	260	470	490
Gehweiler	165	259	241
Nennig	376	954	733
Sinz	203	373	363
Wochern	211	274	264

zwischen 1850 und 1900, aber die Bevölkerungsentwicklung verlief auf einem deutlich niedrigeren, eben ländlichem Niveau. Mit zunehmender Entfernung nahm das Bevölkerungswachstum ab, ohne jedoch in den Gemeinden des bäuerlichen Hinterlandes zu einer Entvölkerung zu führen. Zwar verlangsamte die Sogwirkung des Industriegebietes des Wachstum in der Randzone und verstärkte sich die Wanderungsbewegung in das Revier, aber die Bevölkerung des bäuerlichen Hinterlandes nahm im Jahr durchschnittlich nur um 0,05 % ab. Das Hinterland erfüllte zunehmend die Funktion eines Durchlauferhitzers. Bereits 1870 wurden Klagen über einen Mangel an Arbeitskräften von Seiten der Großbauern laut, die ihr Gesinde zunehmend aus dem Hochwald oder der Eifel rekrutieren mußten. „Aber auch diese nicht bodenständigen Hilfskräfte wanderten bei der ersten besten Gelegenheit in die Industrie ab"[10].

Allerdings führte der industrielle Aufschwung in der Saargegend auch im Hinterland zu Strukturwandlungen. Zu beobachten war eine Hinwendung der ländlichen Bevölkerung zu einem Verdienst aus industrieller Arbeit. Im Kreis Merzig wurden 1859 erst 0,4 % der ortsanwesenden Bevölkerung im Bergbau beschäftigt, um 1900 hatte sich der Anteil der Bergleute auf 3,5 % erhöht. Ähnliche Entwicklungen waren in den Kreisen Saarlouis und St. Wendel zu verzeichnen, im weiter entfernten Birkenfeld stieg der Anteil der Bergleute im selben Zeitraum von 0,06 % auf 1 %. Von „reinen Bergmannsgemeinden"[11] konnte nur im Kreis Ottweiler gesprochen werden: Hier betrug der Anteil der Bergleute an der ortsansässigen Bevölkerung seit Beginn der 1870er Jahre konstant zwischen 11–13 %[12]. Gemeinsam mit ihren Angehörigen prägten sie Milieu und Erscheinungsbild der Gemeinden.

Die Beantwortung der Frage „Wie wohnten Bergarbeiter im Saarrevier?" wird also kein einheitliches Bild des Arbeiterwohnens entwer-

Tabelle 10: Entwicklung des bergmännischen Milieus 1875–1900[13]

Jahr/Kreis	Saarbrücken	Ottweiler	Saarlouis	St. Wendel
1875				
Bergleute und Angehörige	30 562	27 711	12 089	4 299
Bevölkerung gesamt	102 722	58 668	61 233	43 608
Anteil in %	29,8	47,2	19,7	9,7
1885				
Bergleute und Angehörige	38 282	36 531	14 066	5 656
Bevölkerung gesamt	124 374	75 528	68 126	45 590
Anteil in %	30,8	50,4	20,6	12,4
1890				
Bergleute und Angehörige	42 625	40 309	16 193	6 823
Bevölkerung gesamt	141 716	78 834	75 506	47 330
Anteil in %	30,1	51,1	21,4	14,4
1895				
Bergleute und Angehörige	43 561	39 563	15 763	6 963
Bevölkerung gesamt	166 192	88 344	82 424	49 125
Anteil in %	26,2	44,8	19,1	14,2
1900				
Bergleute und Angehörige	52 793	47 283	19 374	9 263
Bevölkerung gesamt	203 896	102 744	89 555	49 220
Anteil in %	25,9	46,0	21,6	18,8

fen können, vielmehr gilt es, die unterschiedlichen städtischen und ländlichen Milieus und Wohnformen zu berücksichtigen, die den Horizont der Erfahrungen außerhalb des Arbeitslebens in vielfältiger Weise prägten.

4.2. Preußische Ideallösung: Arbeiterrekrutierungs- und Siedlungspolitik

In den 1850er Jahren konnte der Bergfiskus seinen Arbeitskräftebedarf nicht mehr ausschließlich aus der Bevölkerung des Reviers decken. Deshalb genehmigte der Handelsminister am 6. Juli 1853 einen aufwendigen Anwerbeplan des Saarbrücker Bergamtes, mit dem das errechnete Bedürfnis nach 2 000 Arbeitern befriedigt werden sollte. Kernpunkte dieses Planes waren zum einen neue Maßnahmen bei der Erschließung zusätzlicher Arbeiterschichten, zum anderen das Angebot materieller Vergünstigungen an die zuzugswillige Arbeitskräfte. Eine umfassende Information über Arbeitsbedingungen und das Arbeiterbedürfnis auf den Saargruben in den Tageszeitungen und Kreisblättern der in Frage kommenden Gegenden sollte die Werbetätigkeit herumreisender Bergbeamter unterstützen. Diese versprachen ihren zukünftigen Arbeitern nicht nur eine Unterkunft in Grubennähe und Unterstützung eigener Bautätigkeit, sondern lockten auch mit höheren Schichtlöhnen, Vorschußzahlungen und einer ordentlichen Krankenversorgung[14].

4.2.1. Begrenzte Fernwanderung

Mit den ungelernten Arbeitern aus den umliegenden Kreisen, die sich auf Grund der Veröffentlichung des Aufrufs in den Bekanntmachungsblättern der Regierungsbezirke Trier, Koblenz und Aachen zur Anlegung einfanden, ergaben sich jedoch ob der ungewohnten Arbeit Schwierigkeiten: 813 Arbeiter wurden in der Zeit vom 1. November 1853 bis 1. Mai 1854 auf Grube Dudweiler neu angelegt, 501 von ihnen verließen aber schon nach kurzer Zeit ihre neue Arbeitsstelle[15]. Erfolgversprechender erschien der Kontakt mit Bergämtern im rheinisch-westfälischen Revier, im sächsischen Freiberg, im hannoverschen Clausthal und im braunschweig-lüneburgischen Goslar. Aus diesen Gegenden sollten „gelernte Bergarbeiter" herangezogen werden, um Anpassungsschwierigkeiten im Arbeitsprozeß zu vermindern.

In den Jahren 1854 und 1855 gelang die Anwerbung von 400 Arbeitern aus der Grafschaft Henneberg, deren Bewohner im „Rufe fleißiger und genügsamer Bergleute standen"[16]. Das Clausthaler Bergamt vermittelte 62 Bergleute aus dem Harz, die zugleich das Kontingent der von fern zugewanderten Arbeitskräfte in den Jahren 1854–1858 abrundeten. Da in der gleichen Zeit die Gesamtbelegschaft um 2 216 Arbeiter wuchs, kann angenommen werden, daß trotz der Werbekampagne die Mehrzahl der neuen Bergleute aus den noch agrarisch geprägten Randgebieten des Reviers rekrutiert worden waren.

Nach der Krise 1858/59 verstärkte das Saarbrücker Bergamt seine Bemühungen um die Einstellung qualifizierter Arbeitskräfte und zog zugleich notwendige Lehren aus der ersten Anwerbekampagne. Da

Mitte der 50er Jahre sowohl körperlich untaugliche als auch alte Arbeiter zugewandert waren, wurde nun die Anlegung auf den Saargruben von einem Gesundheitszeugnis des Kreisphysikus der Heimatbehörde und einem Höchstalter von 35 Jahren abhängig gemacht[17]. Anders als im Ruhrrevier kam es an der Saar nicht zu großen Wanderungsbewegungen geschlossener Berufs- oder Volksgruppen: 1859 ließen sich 30 Bergleute aus Riechelsdorf (Kurhessen) an der Saar nieder, ein Jahr später folgten ihnen 18 Kupferbergleute aus Thüringen und 1866 fanden 95 böhmische Arbeiter im Saarbergbau Beschäftigung. Zwischen 1857 und 1867 wanderten immer wieder kleinere Gruppen von Arbeitern von stillgelegten Salinen oder Kupferbergwerken aus den verschiedensten deutschen Landen zu. Einzig aus dem rheinisch-westfälischen Industriegebiet, dessen Steinkohlebergbau sich ebenfalls in einer konjunkturellen Aufschwungsphase befand, scheint keine nennenswerte Zuwanderung stattgefunden zu haben[18].

Mit dem Jahre 1867 endete der Versuch der fiskalischen Bergverwaltung, die Nachfrage an Arbeitskräften durch Zuzug landesfremder, qualifizierter Arbeiter zu befriedigen. Der Ruf der Saargruben scheint in anderen deutschen Bergrevieren besser gewesen zu sein als die tatsächlichen Arbeitsbedingungen: Schon von den ersten hundert angeworbenen Schleusinger Arbeitern kehrten 53 schnell wieder in ihre Heimat zurück. Bei ihrer Entscheidung mochte eine Rolle gespielt haben, daß ein Teil von ihnen in einem Schlafschuppen in St. Johann untergebracht war, von dem aus sie morgens auf offenen, leeren Kohlenzügen zu den Gruben Prinz-Wilhelm und Jägersfreude gebracht wurden, während sie abends zurücklaufen mußten. Gerade zu Beginn des industriellen Aufschwungs war die Rekrutierung von Arbeitskräften auch ein Wohnungsproblem, wobei die neuen Arbeiter z. T. auf Ablehnung der alteingesessenen Bevölkerung stießen: Bei der Grube Kronzprinz weigerten sich die Anwohner, Kostgänger aufzunehmen[19].

Die Abneigung gegen die neu zuziehenden Arbeitskräfte konnte viele Gründe haben: Einer davon war die Skepsis, ob denn Bergarbeit überhaupt ausreichende Verdienstmöglichkeiten bot; daher rührte die Furcht der Gemeinden, eventuell die Armenkosten für die neuen Siedler übernehmen zu müssen. Das mangelnde Vertrauen in einen regelmäßigen auskömmlichen industriellen Verdienst brachte die Gemeinde Dudweiler darin zum Ausdruck, daß sie 20 Harzer Bergleuten im Frühjahr 1857 die Niederlassung in der Gemeinde verweigerte, sie stattdessen in der „Colonie Herresohr" angesiedelt sehen wollte. Zur Begründung meinte der Dudweiler Bürgermeister, „daß diese

Bergleute, mit theilweise zahlreichen Familien, sämtlich kein Vermögen besitzen, vielmehr lediglich von ihrem täglichen Verdienst leben müßten"[20]. Da dieselben zunächst als Hannoversche Untertanen keinen Zugang zur Knappschaft hatten, in die nur preußische Untertanen aufgenommen wurden, also auch nicht in die „Wohltat" einer Bauprämie gelangen konnten, schien eine Ansiedlung gerade in Anbetracht der Folgekosten risikoreich: „Durch die Steigerung des Preises der Lebensbedürfnisse, des Werthes des Grundes und Bodens müßten wohl einzelne Einwohner Vortheil ziehen, die Gemeinde als solche aber verarmen"[21]. Die Angst der Gemeinden vor der räumlichen und bürgerlichen Integration der fremden Menschen sollte in der Projektierung von Kolonien eine wichtige Rolle spielen, zuvor jedoch zogen viele der Angeworbenen ihre Konsequenzen: Als 1859 die Trierer Kgl. Regierung und das OBA Bonn „die Aufnahme der aus dem Harze übergesiedelten Bergleute in den preußischen Unterthanenverband" regeln wollten, mußten sie feststellen, daß von den 62 Zugezogenen 36 oder 37 den fiskalischen Bergbau schon wieder verlassen hatten und in ihre Heimat zurückgekehrt waren – z. T. unter Zurücklassung ihrer Familien[22]! Da das Bergamt Saarbrücken für die Bergleute das Einzugsgeld in die Gemeinden bezahlte, erwies sich diese Barriere gegen den Zuzug armer Leute als zu durchlässig. Zu den Spannungen zwischen dem Bergamt und den Gemeinden – die ersteren brauchten Arbeitskräfte, letztere bekamen die Menschen – trugen Einzelschicksale bei. So mußte die Gemeinde Dudweiler „für die Unterstützung eines verarmten Bergmannes, dessen Einzugsgeld mit 10 Thalern vor drey Jahren bergamtsseitig bezahlt worden sei, 180 Thlr. aus Gemeindemitteln" verwenden[23].

Tatsächlich ließen sich in Dudweiler die kommunalpolitischen und sozialen Folgekosten und Probleme der Industrialisierung schon in ihren Anfängen deutlich erkennen. Der Knappschaftsarzt Dr. Teich notierte im Dezember 1862:

„Es dürfte aber auch im gesamten Saarbrücker Kohlen-District sich nicht leicht ein zweites Dorf von der Ausdehnung wie Dudweiler finden, deßen Bevölkerung ärmer und hilfloser wäre, als es die hiesige ist. (...) Die besitzlose Arbeiter-Bevölkerung des hiesigen Ortes ist ausschließlich auf den Grubenverdienst angewiesen, und bei der gänzlichen Vermögenslosigkeit der Gemeinden werden sie noch durch verhältnismäßig hohe Abgaben bedrückt, da alle localen Bedürfnisse durch directe Steuern gedeckt werden müssen"[24].

Die Furcht vor zunehmenden Armenkosten stellte nur die pekuniäre Seite einer allgemeinen Angst in einer Umbruchsituation dar.
Allgemeine antiindustrielle Ressentiments waren weit verbreitet

und wurden auch von der katholischen Kirche geschürt: „Unsere Münster werden ihre schwindsüchtigen Nachbarn [die Fabrikschlote, H.St.] überleben", hieß es 1859 auf dem Freiburger Katholikentag[25].

Solchem Optimismus standen schon damals die mit Sorge beobachteten Konsequenzen entgegen, die sich aus dem Aufstieg des Bergbaus ergeben hatten und noch ergeben sollten. Den zivilisatorischen Verfall als Folge einer grundlegenden Wandlung der sozialen Struktur der bestehenden Gemeinden im Industrierevier befürchtete auch Oberregierungsrat von Gärtner, der im Mai 1858 klagte:

„Die Bergarbeiter hätten bereits in bedenklicher Weise das Übergewicht in den Gemeinde-Angelegenheiten gewonnen (...). Dagegen seyen dieselben die am wenigsten Leistungsfähigsten in den Gemeinden, ständen überdies in nur äußerlicher Verbindung mit den Gemeinden, und so sey die natürliche Folge, daß das eigenthümliche Gemeindeleben immer mehr untergraben und seinem Untergange entgegengeführt werden"[26].

So drohte die Siedlungspolitik des preußischen Bergfiskus, kaum daß sie begonnen hatte, an grundlegenden Interessengegensätzen zu scheitern: Dem ökonomischen Kalkül „eines tüchtigen und angesessenen Arbeiterstandes", bei dem „die Liebe zur Scholle und das Interesse am Unternehmen"[27] Bestandteil seines industriellen Daseins sein sollten, stand die Furcht der bürgerlichen Gemeinden gegenüber, ihre Lebensfähigkeit ausschließlich an das Wohl und Wehe des industriellen Aufschwungs zu knüpfen. Damit war auch jene Erwartung in Frage gestellt, die von Beginn an Bestandteil der Siedlungspolitik gewesen ist: Über seßhafte Staatsbürger zu verfügen, die „in unruhigen Zeiten ein Element der Stabilisierung bilden" sollten[28]. Solange der Zuwachs an Arbeitskräften langsam und kontinuierlich verlief, paßten ökonomisches und politisches Kalkül noch zusammen. Von 1842 bis 1853 wurden insgesamt 569 Wohnhäuser von Bergleuten erbaut, von denen 423 staatliche Bauprämien erhalten hatten[29]. In der gleichen Zeit wuchs die Belegschaft der Saargruben von 3 151 auf 7 829 Mann. Es ist durchaus vorstellbar, daß bei dieser Größe der Belegschaft die Bautätigkeit Signalwirkung für die neu zuziehenden Arbeiter besaß: Hausbesitz war durch industrielle Arbeit zu erlangen!

4.2.2. Strategien der Ansiedlung: Förderung des Hausbaus, Koloniegründungen, Schlaf- und Mietshäuser

Aber schon Mitte der 1850er Jahre erwies sich die Unterstützung des Eigenheimbaues allein als nicht ausreichend, um die Wohnraum- und

Siedlungsprobleme zu lösen. Nach zähen Verhandlungen mit der Königl. Forstverwaltung kaufte und tauschte das Bergamt Grundstücke, auf denen Wohnhäuser in eigener Regie erbaut wurden: 18 in dem Distrikt Heeresohr, acht in Elversberg, fünf in Seitersgräben und sieben in Kleinheiligenwald[30]. Mit dieser Intervention auf dem Wohnungsmarkt wurde die Ausarbeitung einer die bestehende Infrastruktur berücksichtigenden Siedlungskonzeption notwendig, die einfache Gewährung von Darlehen und Prämien mußte einer zwischen Bergamt, Gemeinden und Kirchen koordinierten Planung weichen. Zum 11.–13. Mai 1858 lud deshalb der Oberpräsident der Rheinprovinz, von Kleist-Retzow, Vertreter der kommunalen, Staats- und Bergbehörden, des Forstfiskus sowie der Kirchen zu einer Konferenz „im Amtslokal des Königlichen Landraths-Amtes zu Saarbrücken" ein, um neben den Meinungsverschiedenheiten über Probleme bergfiskalischer Siedlungspolitik an der Saar zu debattieren. Nach einer Besichtigung der in der Entstehung begriffenen Kolonien Elversberg, Kleinheiligenwald, Römerfloß, Herresohr, Seitersgräben, Pflugscheid, Hixberg, Buchenschachen und Altenkessel beschäftigten sich die Konferenzteilnehmer nicht nur mit der Frage der gemeindlichen Selbständigkeit der Kolonien, sondern ebenso mit konkreten Problemen ihrer Infrastruktur: Diese umfaßte die kirchlichen, sozialen und kulturellen Belange ihrer Bewohner. So ist das Konferenzprotokoll nicht nur ein Dokument der Siedlungspolitik, sondern zugleich eine wichtige sozialhistorische Quelle für das Werden einer Arbeiterschaft, die „sich erst seit verhältnismäßig kurzer Zeit dem Bergbau zugewendet" hatte und die sich „als Tagelöhner nicht als Bergleute" fühlten[31]. Schon in den Anfangszeiten wurde die Siedlungspolitik als Element einer alle Lebensbereiche umfassenden Wohlfahrtspolitik verstanden, ein Ansatz, den auch die Maikonferenz bekräftigte und der insbesondere auch von der Geistlichkeit vertreten wurde. Oberpräsident von Kleist-Retzow erblickte darin die Verantwortung des Staates, der „Massen von Arbeitern aus allerlei Volk (...) zur Ausbeutung ihrer physischen Kräfte zusammenzieht" und der nicht hinter der Siedlungspolitik einiger privater Arbeitgeber zurückbleiben dürfte[32]. Allerdings mußte dieser Anspruch verknüpft werden mit dem Bestreben des Bergfiskus, „maximale Gewinne zu erwirtschaften und den Kostenaufwand für soziale Belange möglichst gering zu halten"[33].

War es zunächst die Absicht, die heranziehenden Arbeiter in größter Nähe der Kohlengruben seßhaft zu machen, so ging die Bergbehörde schon in den 1860er Jahren dazu über, keine Baurayons mehr in den inneren Industriebezirken auszuweisen, da in diesen Distrikten verstärkt Bergschäden an den Häusern auftraten. Zugleich konnte die Ausdehnung der Baubezirke, verbunden mit dem Ausbau des Eisenbahn- und Verkehrsnetzes, einer Entwicklung Einhalt gebieten, die vom fiskalischen Arbeitgeber als schädlich erkannt worden war: Die Konzentration einer Arbeiterbevölkerung in den Zentren des Reviers sollte vermieden und damit der Saarbergmann vor „dem psychisch nivellierenden Milieu des städtischen Proletariats" (A. Nieder) bewahrt werden. Ein ständisches „Bewußtsein der Zusammengehörigkeit", „Liebe zur Heimath" und „Treue zum Vaterland" sollten sich durch die Siedlungspolitik herausbilden. Erstrebt wurde eine Industrialisierung ohne jene für die Arbeiter oft leidvollen Erfahrungen wie Entwurzelung, Mobilität, großstädtische Konzentration und beengte Wohnverhältnisse. Dieses Vorhaben entsprang keinen uneigennützigen Motiven:

„Unter den Mitteln zur Hebung des wirthschaftlichen, wie des sittlichen Wohles der Arbeiter nimmt daher die Beschaffung guter Wohnungen eine ganz hervorragende Stellung ein. Für den Arbeitgeber liegt hierin eine Handhabe zur Erziehung eines ordnungsliebenden, einer geregelten Lebensweise ergebenen Arbeiterstandes, dessen gute Eigenschaften überdies auf die Dauer in Gestalt erhöhter Arbeitslust und Arbeitskraft dem Arbeitgeber selbst wieder zu Gute kommen"[60].

Die Siedlungspolitik des preußischen Bergfiskus an der Saar setzte ihre Schwerpunkte auf die Förderung des „Eigenheimbaus", der Anlage von Kolonien und der Einrichtung von Schlafhäusern. Eine geringere Bedeutung besaß zunächst der Bau fiskalischer Mietshäuser.

Das Saarbrücker Prämienhaussystem ging auf eine Denkschrift des Bergrats Leopold Sello von 26. November 1841 zurück. Seine Vorschläge bezweckten, den Wohnungsbau von Bergleuten in der Nähe der Steinkohlengruben zu unterstützen, indem eine Prämie von 25 bis 40 Talern sowie ein Darlehen aus der Knappschaftskasse gegen 4 % Zinsen gewährt wurde[65]. In den Grundzügen blieb dieses System bis ins 20. Jahrhundert erhalten, weshalb wir uns hier näher mit den vom 1. April 1867 bis 1. Februar 1894 gültigen „Vorschriften über Bewilligung von Hausbau-Prämien und Vorschüssen" beschäftigen wollen.

In dem Bestreben, aus den Bergarbeitern „fleißige und ordentliche Staatsbürger" zu machen, schien es folgerichtig, die „Gewährung der gedachten Wohlthaten" nicht an formale Kriterien zu binden (z. B. die Reihenfolge der Anmeldung), sondern an Bedürftigkeit, Fleiß und moralische Führung zu knüpfen. Weiter waren nach § 1 unverheiratete, über 45jährige und ungediente Bergleute ebenso von der Prämien- und Darlehensgewährung ausgeschlossen wie diejenigen, deren Bauplätze so ungünstig lagen, daß die darauf zu errichtenden Häuser dem Ausbau des Grubenbetriebs im Wege standen. Die Höhe der Prämie richtete sich nach der bewohnbaren Fläche und begann bei 325 Quadratfuß mit 250 Talern; je größer das Haus, umso höher die Prämie. Nach Dechen sollte diese Staffelung bewirken, daß in geräumigeren Häusern „ausser der Familie noch ein oder einige unverheirathete Arbeiter zur Miethe darin wohnen"[36]. Vermietet werden durfte nur an aktive Bergleute. Wurden vor 1867 Häuser erst ab einer Grundfläche von 625 Quadratfuß mit einer Prämie bedacht und damit das Einliegerwesen gefördert, so wurde die Mindestgrundfläche nun auf 400 Quadratfuß gesenkt[37]. Offensichtlich war die Bergwerksdirektion bestrebt, eine Entwicklung nicht weiter zu forcieren, die zu zwischenmenschlichen Belastungen geführt hatte:

„Das Zusammenleben der Familien mit fremden heimatlosen Burschen war dazu angetan, die Familienbande zu lockern. Wilde Ehen, Ehebruch und uneheliche Geburten mehrten sich (...) Vor allem mehrten sich aber die unter dem Einfluß übermäßigen Alkoholgenusses verübten Roheitsdelikte"[38].

Ohne hier schon näher auf die mögliche Berechtigung dieser Klagen einzugehen, zeigen sie doch, daß die fiskalische Wohnungspolitik in der Tat ein großangelegtes Erziehungsprojekt gewesen ist, wenngleich es zunächst auf die ständigen Bergleute begrenzt war.

Prämienhäuser entstanden in gewachsenen Ortschaften und als Keime neuer Siedlungen, der Kolonien. Von den in den Jahren 1842—1874 im Saarbrücker Bezirk mit Bauprämien entstandenen 3742 Bergmannshäusern wurden ca. 30 % in Bergmannskolonien erbaut[39]. Ohne das Prämienhaussystem wären Koloniegründungen unmöglich gewesen; Elversberg, Kleinheiligenwald, Drehbrunnen, Bildstock, Seitersgräben, Friedrichsthal, Pflugscheid, Buchenschachen, Altenkessel und Herresohr entstanden seit den 1850er Jahren in den Kreisen Saarbrücken und Ottweiler in der Absicht,

„die Arbeiter in einem zusammenhängend gegliederten Organismus zusammenzufügen, dadurch Zucht und Ordnung, Selbstachtung und Standesbewußtsein, Gesittung und Bildung einzuführen und so einen gesunden, zuverlässigen und rechtsschaffenen Arbeiterstande im Dienste des Staates heranzubilden..."[40].

Nicht bei allen Kolonien läßt sich ihre spätere Entwicklung detailliert nachvollziehen, da sie z. T. in bestehende Orte integriert wurden[41]. Die Kolonien Altenkessel, Heiligenwald und Elversberg seien hier als Beispiele genannt für die stürmische Entwicklung in der zweiten Hälfte des 19. Jahrhunderts. Altenkessel zählte um 1860 ca. 521 Bewohner, um 1900 bot die Kolonie das stattliche Bild einer 4428 Seelen zählenden Gemeinde. Elversberg wuchs im gleichen Zeitraum gar von 25 auf 4247 Einwohner, und Heiligenwald, wo zunächst 87 Bewohner registriert waren, zählte um 1900 immerhin 2850 Einwohner. Ein solches Wachstum deutet nicht nur auf eine hektische Bautätigkeit hin — zwischen 1855 und 1866 wurden in den gesamten Kolonien 900 Hausbauten ausgeführt —, sondern läßt zugleich die Probleme und Schwierigkeiten mit dem Wohnstandard und der Infrastruktur erahnen.

Zwischen 1871 und 1903 entstanden im Saarbrücker Direktionsbezirk 3641 Häuser im Prämien- und Darlehensverfahren, insgesamt wurden bis 1903 mit fiskalischer Unterstützung 6464 Häuser erbaut, sodaß ein nicht unerheblicher Teil der bergmännischen Bevölkerung im Wohnbereich von der Fürsorgepolitik des Staates betroffen war: Die mit staatlicher Hilfe erbauten Häuser entsprachen um 1900 ca. 42 % des vorhandenen Hausbesitzes der Bergleute.

Neben den Prämienhäusern stellten die Schlafhäuser einen unmittelbaren Reflex der Bergbehörden auf einen gesteigerten Arbeitskräftebedarf dar. Ihr Ursprung waren jene Räume und Säle, die seit den 1830er Jahren angemietet wurden, um auswärtigen Arbeitern Unterkunft zu besorgen. Zugleich ergab sich ihre Notwendigkeit auch aus der Abneigung der ansässigen Bevölkerung, Arbeiter in Logis aufzunehmen[42]. Wohnraummangel als Begleiterscheinung des industriellen Aufschwungs bedeutete nicht nur für die zuziehenden Arbeitskräfte ein Leben in der Enge, sondern verdichtete ebenso den Lebensraum der Eingesessenen. Die ersten neu errichteten Schlafhäuser waren hölzerne Schuppen, nur während des Sommers „bewohnbar". Selbst ein Projekt fehlenden Wohnraums, begleitete die Schlafhäuser eine oft unerträgliche Enge als prägendes Merkmal zu jeder Zeit ihres Bestehens. Manchmal wurden ehemalige Stätten der Arbeit in ihr Gegenteil, in Wohnstätten verkehrt, wie jenes Schlafhaus in Lampennest, das früher als Schmiede und Zechenhaus produktiven Bedürfnissen entsprach und nun reproduktive Bedürfnisse befriedigen sollte[43]. Die ersten steinernen Schlafhäuser wurden in den 1850er Jahren errichtet und zugleich wortreich entschuldigt: Berghauptmann von Dechen und Bergassessor Hiltrop sahen in ihnnen einen „Notbehelf" und „gute interimistische Einrichtungen". Der Notbehelf entwickelte sich jedoch „zu einer dauernden und charakteristischen Einrichtung der fiskalischen Siedlungspolitik". Ende der 1860er Jahre bestanden 28 Schlafhäuser und -schuppen, bis 1890 stieg ihre Zahl auf 33, nach der Jahrhundertwende schwankte ihre Zahl zwischen 29 und 38[44].

Tabelle 11: Anteil der Schlafhausbewohner an der Gesamtbelegschaft[45]

Jahr	Schlafhausbewohner absolut	in % der	Gesamtbelegschaft
1868/69	4010	21,0 %	19 124
1875	5004	21,4 %	23 388
1885	5009	19,1 %	26 287
1890	4889	16,6 %	29 446
1895	3688	11,9 %	31 074
1900	3768	9,1 %	41 406

Die Tabelle verdeutlicht zunächst die prozentual sinkende Bedeutung der Schlafhäuser als Wohnform der Saarbergleute. Mehr als 1/5 der Knappen waren während des „großen Spurts" auf ein Bett im Massenquartier angewiesen, im Konjunkturaufschwung Ende des 19. Jahrhunderts logierte nur noch jeder zehnte bis elfte Bergmann im Schlafhaus. Daß die Belegquote in dem ersten Jahrzehnt des 20. Jahrhunderts nicht weiter sank, weist auf die dauerhafte Bedeutung hin, die diese Wohnform im Saarbergbau besaß. Die Verbesserung der Verkehrsverhältnisse durch Eisen- und Straßenbahnen dehnte den Bereich, in dem noch täglich gependelt werden konnte, aus und erklärt den Rückgang der Schlafhausgänger. Nur die Ausdehnung des Arbeiterersatzbezirkes über eine täglich zurücklegbare Strecke hinaus speiste die Schlafhäuser mit Insassen; gerade darin lag ihre dauerhafte Bedeutung.

Gegenüber der planvollen Gestaltung des bergmännischen Wohnungsmarktes durch das Prämienhaussystem, die Koloniegründungen und das Schlafhauswesen ergab sich die Notwendigkeit, auf dem Mietwohnungsmarkt als Vermieter aufzutreten, aus den Folgen des unterirdischen Bergbaus: Um weitergehende Schadenersatzansprüche zu vermeiden, wurden „Bruchhäuser" (das sind Häuser, die durch den unterirdischen Bergbau Schäden erlitten hatten) aufgekauft und nach Möglichkeit „durch Wiederherstellung oder teilweisen Umbau zu brauchbaren Arbeiterwohnungen umgewandelt"[46]. Nach den ersten Anfängen zur Zeit der Koloniegründungen wurden ab 1864 Doppelhäuser im Werte von ca. 2000 Talern auf Kosten des Bergfiskus errichtet: Insgesamt 36 Häuser wurden bis 1895 mit 74 Wohnungen und 379 Wohnräumen erbaut. Im Jahre 1893 lebten erst 2 % der Bergleute mit eigenem Haushalt in Werkswohnungen, während es an der Ruhr 12 % und in Schlesien gar 17 % waren[47]. Erst das „Gesetz vom 13. August 1895, betr. die Bewilligung von Staatsmitteln zur

Verbesserung der Wohnungsverhältnisse der Arbeiter, die in staatlichen Betrieben beschäftigt sind, und von gering besoldeten Beamten" gab einen Betrag von zunächst 5 Millionen Mark frei, der durch mehrere Nachtragsgesetze noch um 20 Millionen Mark aufgestockt wurde. Erst jetzt konnte von einer planmäßigen fiskalischen Bautätigkeit gesprochen werden: Bis 1903 wurden aus diesem Fond 186 Häuser mit 404 Wohnungen und 2074 Wohnräumen erbaut, meist als Zwei-Familien-Häuser.

Eine einschneidende Änderung in der Ausführung der seit 1895 erbauten Häuser deutet auf einen Wandel in der Arbeiterschaft hin. Nur noch teilweise wurden die bekannten Grundrisse mit Nebengebäuden bzw. integrierten Ställen verwendet; bei den neu erbauten Häusern in den zentral gelegenen Kolonien bei Dudweiler, Sulzbach und Altenwald verzichtet der Bauherr auf landwirtschaftliche Nutzräume. „Es wurde damit gerade den Arbeitern, die in den ohnehin am meisten proletarischen Charakter zeigenden Bergmannsorten des Suzlzbachtales wohnten, die Möglichkeit der Kleintierhaltung genommen"[48].

Bis zum Jahre 1903 kaufte der Fiskus weitere 151 Häuser auf, die – teilweise umgebaut – in 189 Wohnungen 880 Wohnräume boten. Daß unter dem Begriff „fiskalische Mietwohnung" nicht alleine Arbeiterwohnungen verstanden werden dürften, ließ das Beispiel Ensdorf erkennen: Da die dortigen Schlafhäuser unterbelegt waren, wurden sie „zum großen Theil in Dienstwohnungen für Grubenbeamte" umgebaut[49]. Die Gesamtzahl von 373 Ein- bis Sechs-Familienhäusern, die sich seit Beginn des 20. Jahrhunderts im Besitz des Bergfiskus befanden, enthielt also auch einen großen Anteil an Beamtenwohnungen. Insgesamt 6,1 % der von der gesamten Belegschaft bewohnten Mietwohnungen befanden sich in fiskalischen Mietshäusern.

Die Siedlungspolitik und die geographische Struktur des Bergbaugebietes an der Saar ermöglichten es, Dezentralisation des Arbeiterwohnens zu einem Merkmal der räumlichen Konstitution der Bergarbeiterschaft werden zu lassen. Herbig und Junghann benannten die wichtigsten Bezugspunkte einer solchen Politik:

„Wenn der Bergmann selbst sich durch Familienbeziehungen und ererbten Besitz gern im Heimatdorfe halten ließ, so wirkte auch die Bergverwaltung im gleichen Sinne (...)", indem „man den mit starkem Heimatgefühl ausgestatteten Leuten die Bergarbeit ermöglichte, ohne sie zu verpflanzen, indem man ihnen Gelegenheit bot, Bergleute zu werden und doch ihre alten angestammten Wohnsitze für sich und ihre Familien beizubehalten"[50].

Tabelle 12: Konzentration und Dezentralisation. Wohnorte der Bergleute 1859–1910[51]

Orte mit ... Bergleuten	1859	1867	1890	1910
2 000 und mehr	–	–	–	1
1 000 bis 1 999	–	–	2	6
500 bis 999	1	4	6	16
300 bis 499	1	4	13	15
200 bis 299	4	10	11	22
150 bis 199	5	11	16	26
100 bis 149	11	21	28	38
50 bis 99	35	38	51	63
unter 50	335	327	415	481
Summe der Wohnorte	392	415	542	667

Dieser eindrucksvolle Nachweis dezentraler Wohnverhältnisse gibt zunächst den Blick auf die vielfältigen Erfahrungsmöglichkeiten bergmännischen Wohnens nicht völlig frei. Denn der Saarbergarbeiter konnte sowohl in reinen Bergmannsgemeinden mit dem hohen Anteil von ca. 17–18 % Bergleuten an der Gesamtbevölkerung (z. B. Wiebelskrichen, Püttlingen) im Revier wohnen, er konnte in der Randzone ebenso Erfahrung mit solchen monostrukturellen Gemeinden machen (z. B. Eppelborn mit 16 % Bergarbeitern), oder im weitläufigen Rekrutierungsgebiet des Saarberglandes, des Hunsrücks oder der bayerischen Pfalz sowohl in Gemeinden mit geringen bergmännischen Bevölkerungsanteilen (z. B. Bachen 2,5 %, Bliesdalheim 4 %) wie auch in Arbeiterdörfern (z. B. Remmesweiler 9,6 %, Körprich 15 %) leben[52]. Wer die „wohltuende Dezentralisation im Arbeiterwohnungswesen an der Saar" lobt, sollte die „stadtähnlichen Industriedörfer" nicht vergessen, wer die „engsten Beziehung(en) zu der ackerbautreibenden Bevölkerung" hervorhebt, sollte auch an die „im Schlafhaus oder Privatquartier einlogierten Bergleute" denken. Da bei einem Großteil der Gesamtbelegschaft zudem Heimatwohn- und Arbeitswohnort nicht identisch war – 35,1 % im Jahre 1875, 25,1 % um 1900 –, konnten sich sogar Erfahrungen industriellen Wohnens mit jener agrarischen Sozialpsychologie vermischen, die Besitzern von kleinen Landwirtschaften noch eigen war. Das „Arbeiterwohnen" läßt sich also zunächst in keines der gängigen Raster einordnen, weder die „Mietskaserne" noch die „Kotte" beschreiben die Wohnverhältnisse während der Industrialisierung in der Saarregion adäquat. Schon die Besitzverhältnisse der aktiven Bergleute lassen in Verbindung mit der soeben skizzierten dezentralen Siedlungsstruktur erken-

Tabelle 13: *Besitzverhältnisse der Bergarbeiter 1875–1900*[53]

Jahr	1875	1885	1890	1895	1900
Arbeiterbelegschaft insgesamt	23 388 (100 %)	26 287 (100 %)	29 446 (100 %)	31 074 (100 %)	41 406 (100 %)
Haus- und Feldbesitz	6 369 (27,2 %)	6 905 (26,3 %)	7 464 (25,3 %)	8 313 (26,8 %)	9 190 (22,2 %)
nur Hausbesitz	2 978 (12,3 %)	4 105 (15,6 %)	4 864 (16,5 %)	4 789 (15,4 %)	6 179 (14,9 %)
nur Feldbesitz	803 (3,4 %)	868 (3,3 %)	702 (2,4 %)	699 (2,3 %)	794 (1,9 %)
Rindvieh (Stück)	6 375	8 074	8 505	9 000	10 716
Ziegen (Stück)	5 068	6 723	6 824	7 443	10 626
Schweine (Stück)	2 302	3 886	4 034	8 508	10 134
Pferde (Stück)	–	–	78	75	95
weder Haus- noch Feldbesitz	13 238 (56,6 %)	14 409 (54,8 %)	16 416 (55,7 %)	17 273 (55,6 %)	25 243 (61,0 %)

nen, daß eine wie immer geartete idealtypische Konstruktion der Arbeiterwohnverhältnisse in die Irre führt.
Mehr als die Hälfte der Bergleute besaßen weder Haus noch Feld. Aber die Zahl der Hausbesitzer war unter den deutschen Bergbaurevieren der Kaiserzeit schon einzigartig. Allerdings war ein starkes Gefälle in den Lebens- und Wohnverhältnissen vom agrarischen Hinterland zum industrialiserten Zentrum des Reviers zu beobachten. Durchschnittlich besaßen z. B. im Jahre 1875 ca. 39 % der Bergleute ein eigenes Haus, der Anteil der Hausbesitzer im eigentlichen Industriegebiet lag um fast 12 % niedriger. Aber gerade hier, in den beiden Kernkreisen des Reviers, lebten zwei Drittel der Gesamtbelegschaft. Hausbesitz war also überproportional in den Außenbezirken vertreten, in denen der Bergfiskus wegen der weiten Entfernung zu den Gruben keine Bauprämien mehr gewährte. Der hausbesitzende Bergmann war also nur zum Teil der behördlichen Wohlfahrtspolitik zu verdanken, mehrheitlich beruhte Besitz auf den kleinbäuerlichen Strukturen des Arbeitereinzugsbereichs. Jene für das Saarrevier als typisch bezeichnete Arbeiterbauernfamilie, die über Land und Vieh verfügte, war gerade in diesen Bezirken zu finden, aus denen ca. ein Drittel der Arbeiter stammten.

„Die Zahl der Haus-, Land- und Viehbesitzer nahm umso stärker ab, je mehr man sich dem Kreis Saarbrücken von den Außenbezirken her näherte. Wäh-

rend der Grad der Selbstversorgung im eigentlichen Industriebezirk gegen
Null tendierte, deckte der Anbau der ackerbäuerlich geprägten Zone zumindest
den Hausbedarf an Kartoffeln, Gemüse und Futtergewächsen"[54].

Es ist auch schwer vorstellbar, daß sich unter industriellen Wohnbedingungen
ackerbäuerliche Verhältnisse als prägendes Moment der
Siedlungsstruktur erhalten haben sollen. Wer mit großer Familie in
zwei bis drei Räumen wohnte, die unter Straßenniveau, im Keller
oder in dem Mansardengeschoß lagen, wird wohl kaum die Möglichkeit
der Viehhaltung gehabt haben. Eine Ausnahme bildete die
Schweinehaltung: Das Borstenvieh gab sich auch mit einem kärglichen
Verschlag im dunklen Keller zufrieden[55].

4.3. Preußische Realitäten: Wohnverhältnisse

In seiner inzwischen klassischen Darstellung der „Kultur- und Sittengeschichte
des Proletariats" hat Otto Rühle die Bedeutung proletarischen
Wohnens als einem Indikator für die Erkenntnis des proletarischen
Lebenszusammenhanges überhaupt wie folgt definiert: „So ist
neben der Arbeitskultur, in der er [der Proletarier, H. St.] schafft, die
Wohnkultur, in der er lebt, das bestimmende Element für den Stand
der proletarischen Kultur überhaupt". Unter der Voraussetzung, daß
die ökonomischen Verhältnisse letztendlich den historischen Prozeß
determinieren, komme den Wohnverhältnissen die Funktion zu, „ein
zuverlässiges Kennzeichen für die Gesamtlage des Proletariats" zu
sein[56]. Auch Rudolf Eberstadt vertrat zu Beginn des 20. Jahrhunderts
in seinem „Handbuch des Wohnungswesens und der Wohnungsfrage",
das bis in die Kommunalverwaltungen kleiner Gemeinden Verbreitung
fand, die Auffassung, daß es für „die Beurteilung der sozialen
Verhältnisse in der Geschichte wie in der Gegenwart ... kaum
einen zuverlässigeren Maßstab [gibt], als den Zustand und die Gestaltung
des Wohungswesens"[57]. Solch apodiktischen Festlegungen, auf
eine soziale Klasse oder die Gesamtbelegschaft bezogen, ließen erkennen,
daß das Zeitalter der Industrialisierung mit seinem Bevölkerungswachstum
und seiner räumlichen Mobilität ein Betätigungsfeld
„socialer Politik" in den Blickpunkt hatte geraten lassen, das sich wie
kein anderes eignete, wohlfahrtsstaatliche Entschiedenheit zu demonstrieren:
die Wohnungsfrage. Zwar war nicht nur in Kreisen des liberalen
Bürgertums seit der Mitte des 19. Jahrhunderts eine „literarische
Diskussion über die Arbeiterwohnungsfrage" (Niethammer) entstan-

den, aber nur vereinzelt hatte in Preußen-Deutschland diese Debatte zu längerfristigen sozialpolitischen Strategien geführt, die über Renommee-Vorhaben mit Modellcharakter hinausgingen[58]. Der Bau von Arbeiterwohnungen blieb in der Regel Unternehmern, privaten Wohnungsbaugesellschaften und Genossenschaften überlassen, der Staat verharrte in seiner Rolle als Ordungsfaktor. Gerade dort, wo er – wie an der der Saar – Initiativen im Arbeiterwohnungsbau ergriff, führten seine Interventionen im Zusammenspiel von Ordnungsmacht und Bergbehörde zur Inszenierung einer autoritären Fürsorge- und Wohlfahrtspolitik.

„Die Wohnung ist unverletzlich"[59]. Die stereotype Wiederholung dieses Grundrechts in fast allen deutschen Verfassungen und Verfassungsentwürfen seit der 48er Revolution kannte nur zwei Aunahmen: Die Verfassung des Deutschen Reichs vom 16. April 1871, in der auf die Festlegung von Rechten einzelner verzichtet worden war, und das nationalsozialistische Verfassungs„recht"[60]. Und tatsächlich läßt die Entwicklung der behördlichen Wohnungskontrolle in der zweiten Hälfte des 19. Jahrhunderts nicht zu, von einer Privatheit, Abgeschlossenheit und Unverletzlichkeit der Wohnung zu sprechen. Vielmehr konzentrierten sich die öffentlichen Bemühungen, aus Schwierigkeiten im Wohnungwesen keine Wohnungsfrage entstehen zu lassen, auf die bürokratischen Instrumente staatlicher Herrschaft und vor allem auf die „Aktionsfähigkeit der öffentlichen Organe"[61]. Im preußisch-deutschen Staatsgebilde war damit insbesondere die Polizei gefordert. Deren Aktivitäten ließen den Klassencharakter des Staates erfahrbar werden, denn betroffen von Reglementierungen, Inspektionen und strenger Beaufsichtigung waren nicht die „Wohnungen der vornehmen Klassen" (Eberstadt), sondern die Kleinwohnungen der Arbeiter und deklassierten städtischen Schichten. Für das Bürgertum behielt „Wohnen" seine Privatheit, für die Arbeiter und unteren Schichten des Volkes bedeutete „Wohnen" jedoch im Idealfall eine „verständnisvolle Beratung und Ermahnung seitens der Aufsichtsbeamten"[62]. Kaum daß das Bürgertum die Räumlichkeit der sozialen Frage erfahren hatte, reagierte es auf preußische Weise: Die „Polizei als Reforminstrument" (Niethammer) und Ausführungsorgan behördlicher Wohnungsaufsicht ließ für einen Teil der Staatsbürger auf der Grundlage landesgesetzlicher oder kommunaler Regelungen die Wohnung zu einem öffentlichen Ort „fürsorglicher Belagerung" werden[63] – gleichwohl betonte der Hamburger Medizinalrat Reincke, sei die Wohnungsinspektion „nicht als eine polizeiliche Maßnahme, sondern als eine kommunale Wohlfahrtseinrichtung anzusehen"[64]. Wenn die Sammlungen des Bremer Sozialen Museums[65] einigermaßen vollständig sind, so waren in den Jahren 1879 bis 1907 im Deutschen Reich 236 Landes-, Kreis-, Stadt- oder Gemeindepolizeiverordnungen erlassen worden, die die baupolizeiliche Genehmigung ebenso zum Gegenstand hatten wie die Beschaffenheit von Bodenflächen, den Luftraum für Einlieger, den Wechsel von Bettstroh oder die sittliche Zuverlässigkeit der Vermieter. Anlässe für solch preußische Gründlichkeit gab es genug, nicht nur in großstädischen Ballungsräumen, sondern auch dort, wo Hausbesitz unter den Arbeitern keine Ausnahme darstellte.

4.3.1. In Kolonien

Das charakteristische Koloniehaus eines Saarbergmannes bestand in massiver, einstöckiger Bauweise aus 2 Stuben, 1−2 Kammern, Flur, Küche und Keller und kostete zwischen 500 und 600 Taler; bis zu 750 Taler mußte ein Bergmann für ein zweistöckiges Haus mit 3 Stuben, 2 Kammern, Küche, Stall und gewölbtem Keller bezahlen[66]. Geschoß- und Zimmerzahlen, Grund- und Wohnflächenangaben sowie Baupreise benennen jedoch nur Normen und Sollwerte, aus der Grundrißzeichnung lassen sich die tatsächlichen Wohnverhältnisse nicht herauslesen.

„Einen fruchtbareren Boden für Typhus als Neudorf und Altenkessel könnten wir nicht leicht finden; die Einwohenr führen ein Leben voller Arbeit und Noth, die Häuser, theilweise sehr neuen Datums, sind oft feucht, die Wohnungen der Familien beschränkt, der Boden durchlässig, ... das Trinkwasser von anerkannt schlechter Beschaffenheit"[67].

Mit diesen knappen Worten lokalisierte Knappschaftsarzt Dr. Dahn die Krankheitsherde einer Typhus-Epidemie 1867/68, die das gesamte Revier erfaßte und fast ausschließlich unter Bergleuten und ihren Familien verlief. Insbesondere Frauen und Kinder fielen ihr zum Opfer, Schlafhäuser und Neubauten in den Kolonien wurden als Infektionsherde identifiziert. Dr. Dahns Urteil über die Wohnverhältnisse der Bergleute war vernichtend: Die Wohnungen seien eng und feucht, hätten kleine Fenster und könnten nicht ordentlich gelüftet werden, im Keller liege der Viehstall und vor dem Fenster die Sickergrube[68]. Ein ebenfalls unverdächtiger Zeitzeuge, ein Grundbesitzer aus der Saargegend, beschrieb die „Kinderkrankheiten" der Kolonie drastisch bis ins Detail:

„Wie Schwalbennester sieht man diese Ansiedlungen am Abhange eines entholzten öden Berges liegen; kein Baum, der ihnen Schatten gegen Sonnenbrand gewährt und nichts im Hause als schwarzer Kaffee, Brod und Kartoffeln. Von Milch, Butter, Käse . . . keine Rede; alles was man an diesen Gegenständen, an grünem Gemüse etc. bedarf, muß auf dem zunächstgelegenen Wochenmarkt beschafft werden. Den zum Garten bestimmten Raum sehen wir oft noch nach 10 Jahren mit Baumstümpfen, den Resten des abgetriebenen Waldes besetzt; dabei die große Entfernung von Schule und Kirche und der Mangel an nutzbringender Beschäftigung für die Familienmitglieder des Bergmanns, für welche es keine weitere solide Erholung gibt, als eine Einladung des Nachbarn auf schwarzen Kaffee. Man sehe nur die Frauen an, und man fragt sich, was hier für ein Geschlecht heranwachsen soll. Wo aber der Mann ohne Hoffnung lebt, sich je ein eigenes Vermögen zu erwerben, da es nur aus den Vorschüssen des Bergamtes herauskömmt, da ist zuletzt das Bier- und Schnapshaus seine freudigste Erholung"[69].

Obwohl wir bei dieser Elendsschilderung bedenken müssen, daß in ihr eventuell die gesammelten Ressentiments eines Grundbesitzers gegen industrielle Arbeit mitschwangen, so relativierte sie doch die gängigen Floskeln vom „freundlichen Bild eines Ortes", der auf „sonniger Bergeshöhe" den Arbeitern ein „beschauliches Heim" geworden sei[70]. Trotz der Einrichtung von 5 Sonntagsschulen, 5 Industrieschulen, 2 Kleinkinderschulen, 8 Gemeindeschulen und einer Kirche im Zeitraum 1855—1866 hatte sich bis in die 70er Jahre für den unbefangenen Beobachter das Bild der „Ungemüthlichkeit" erhalten, die Sorge um das geistige und seelische Wohl der Kolonisten schien konkrete Probleme der Infrastruktur wie „zeitweiligen Wassermangel, Feuchtigkeit pp." verdrängt zu haben[71]. Nachdem auch der Kreisphysikus und Sanitätsrat Dr. Küpper am 28. Juni 1868 die Mißstände der fiskalischen Siedlungspolitik kritisiert hatte[72], gestand die Bergwerksdirektion Saarbrücken ein,

„. . . daß die meisten unserer sogenannten Schlafhäuser und namentlich auch die Privatwohnhäuser der hiesigen Bergleute fast durchgängig von Menschen überfüllt sind und in hygienischer Beziehung gar Manches zu wünschen übrig lassen".

Dies liege an dem „ungemein raschen und großartigen Aufschwunge" des Bergbaus, der in nächster Zunkunft eine „ruhigere Entwicklung der hiesigen Verhältnisse" bringe[73].
  Bis in die Mitte der 1870er Jahre blieben Feuchtigkeit, aufgeworfene Fußböden, verfaulte Trägerbalken in erst 6 Jahre alten Häusern, sogenanntes „Trockenwohnen", Überbelegung und Wohnen im Viehkeller Begleiterscheinungen bergfiskalischer Bau- und Wohnungspolitik. Das Problem der Feuchtigkeit ergab sich durch die mangelhafte Ausführung (keine Drainage, keine Dachkändel) der

Abb. 13 und 13a: Kolonieansichten. Seit Mitte des 19. Jahrhunderts wurde die Kolonie Elversberg (oben) angelegt und ausgebaut. Die Aufnahme (um 1890) läßt auch gut 30 Jahre später die Kargheit des Siedlungsbildes erkennen. Das Erscheinungsbild der Siedlung Altenwald (unten, um 1914) wurde vom Saarbrücker Bergmannskalender wie folgt kommentiert: „Diese schmucken und sauberen Arbeiterkolonien heben sich vorteilhaft von manchem anderen Ortsbild ab!"

Saarberg. Zentrales Lichtbildarchiv (oben); SBK 1915 (unten)

häufig in Hanglage erbauten Häuser, wie auch durch den Brauch, Aborte und Dunggruben einfach auszuheben, wodurch die Feuchtigkeit im Boden versickerte und das tieferliegende Terrain durchtränkte. So verwunderte es nicht, daß zu jener Zeit die Kolonisten in schlechtem Ruf standen: Von mehreren Werksdirigenten wurde Bergassessor Hiltrop darauf aufmerksam gemacht, „daß gerade in den Colonien der bezüglich der bergmännischen Arbeit und der socialen Zufriedenheit unzuverlässige Theil der bergmännischen Bevölkerung wohne..."[74].

Eine Schattenseite der Prämien- und Darlehenspolitik stellte zweifelsohne die Verschuldung der Bergleute dar. Die Förderung der Seßhaftigkeit hatte zur Folge, daß über die Bindung an den Boden hinaus Abhängigkeiten entstanden. Schränkte schon das faktische Beschäftigungsmonopol des Staates die Arbeitsplatzwahl eines Bergmannes ein, so wurde diese Tendenz durch die Verschuldung verstärkt: Ein zusätzliches Druckmittel des Arbeitgebers, das den Verlust des Arbeitsplatzes mit dem Verlust der Wohnung verband. Da nur ein geringer Teil der Bergleute allein mit fiskalischer Unterstützung baute, die Mehrheit aber darüber hinaus auch Privatkredite benötigte, waren die bauenden Bergleute auf Gedeih und Verderb auf einen sicheren Arbeitsplatz und kontinuierlichen Verdienst angewiesen[75]. Um die aufgenommenen Schulden zu tilgen, waren viele bergmännische Familien gezwungen, „eng gedrängt in dem Dachgeschoß oder der Kellerwohnung zu wohnen und die übrigen Räume zu vermieten"[76]. Auch eine verstärkte Unterstützung der bergmännischen Bautätigkeit konnte also das Problem der Überbelegung von Wohnraum nicht verhindern. Trotzdem stieß die Prämien- und Darlehensvergabe auf Zustimmung in den Belegschaften: Wenn in den Arbeiterausschüssen während der großen Streikzeit die Sprache auf diesen Aspekt der Siedlungspolitik kam, kritisierten die Arbeiter lediglich bestimmte Modalitäten, ohne dieses Wohlfahrtsinstitut generell in Frage zu stellen[77].

Zu dieser Zeit waren die „Kinderkrankheiten" im hygienischen und infrastrukturellen Bereich häufig behoben: Neue sanitätspolizeiliche Bestimmungen, moderne Kanalisationsanlagen und neue Wasserleitungen, die Anbindung an ein ausgebautes Straßennetz, an die Strom- und Gasversorung sorgten für den Abbau gesundheitsgefährdender Risiken im Arbeiterwohnen an der Saar[78]. Gleichwohl hatte sich die Situation der Kolonisten nicht grundlegend verändert. Noch im Jahre 1911 vermerkte die katholische Saarpost:

„Arm wie die Kirchenmaus sind unsere bergmännischen Kolonien, die Häuser mit Schulden belastet, die Hälfte der Kolonisten wohnt in Miete, alles lebt von der Hand in den Mund, ein Dreiwochenzahltag wird wie ein Bruder von Pest, Hunger und Krieg gefürchtet, ‚Vetter Borg und Bas Lehn' – wie das Sprichwort sagt sind Path' und Goht' bei den meisten..."[79]

4.3.2. In Prämienhäusern und Mietswohnungen

In seiner Untersuchung über die Motive zum Bau von Arbeitersiedlungen hat Michael Weisser unter den unmittelbaren ökonomischen Aspekten die Bedeutung des Wohnungsbaus als „Renditeobjekte" hervorgehoben[80]. Dieser Vorwurf konnte dem Bergfiskus zunächst nicht gemacht werden. Erst um die Jahrhundertwende erhielten die fiskalischen Mietshäuser auch Bedeutung als Renditeobjekte: Bei Gesamtkosten von 3 596 150 M. für Herstellung und Erwerb und bei einer Mieteinnahme von 125 300 M. „ergibt sich eine Verzinsung des Anlagekapitals zu 3,48 v. H. wobei allerdings besondere Abzüge für bauliche Unterhaltung, Tilgung usw. nicht berücksichtigt sind"[8].

Übertragen in die Lebenswelt der Arbeiter, verbarg sich hinter der Gesamtmieteinnahme des Fiskus eine monatliche Belastung von 15−20 % des Arbeitsverdienstes (das waren zwischen 15 und 24 Mark), wenn in der bergmännischen Familie der Mann alleine verdiente. Durch Untervermietung, Einkommen von Söhnen, Nebenerwerb oder Einnahmen der Frauen konnte sich die Belastung des Haushaltsbudgets durch Mietzahlungen auf 8,5 % bis 14 % der monatlichen Einkünfte verringern[82]. Bei einem Vergleich mit Mieten in anderen Mittelstädten des Deutschen Reiches ergibt sich, daß der Mietzins zwar vergleichbar hoch war, jedoch deutliche Unterschiede in der Wohnungsgröße zugunsten der Saarbergleute festgestellt werden können[83].

Diese gewisse Privilegierung hatte natürlich ihren über die Mietzahlung hinausgehenden Preis, festgelegt im Mietvertrag: Regelmäßige Wohnungskontrollen, penible Reparaturanweisungen und die auch aus den privaten Werkswohnungsbau bekannte Koppelung von Miet- und Arbeitsverhältnis ließen dem behördlichen Zugriff auf Privat- und Arbeitssphäre des Bergmanns breiten Raum. Nicht ohne Absicht enthielt der Mietvertrag vor allen anderen Kündigungsgründen einen Anti-Streik-Paragraphen:

Das Mietverhältnis „hört indeß schon vor dieser Zeit von selbst auf, wenn der Miether die Arbeit auf den Königlichen Steinkohlebergwerken bei Saarbrükken auf länger als 8 Tage freiwillig und ohne Urlaub verläßt oder im Disciplinarweg daraus entlassen wird"[84].

Nicht nur spektakuläre Streik-Aktionen konnten folgenschwer und ohne angemessene Räumungsfrist sanktioniert werden, auch alltägliche Vorkommnisse im Arbeitsprozeß (z. B. Beleidigung von Vorgesetzten) wurden durch Verlegung auf andere Gruben und − damit verbunden − eine erhebliche Ausdehnung des Arbeitstages durch lange Anmarschwege bestraft. Die Identität von Arbeits- und Wohnungsgeber eröffnete diesem eine reichhaltige Palette von Disziplinierungsmaßnahmen, die weit über ein normales Arbeitsverhältnis hinausreichten. Eine mindestens jährliche Kontrolle durch einen Revierbeamten sollte nicht nur den Erhalt der Wohnungen sicherstellen, sondern bei eventuellen Reparaturen auch Schuldzuweisungen feststellen: Die Instandhaltung oblag dem Mieter, allerdings übernahm der Fiskus bei Schäden „durch Baufälligkeit, Nässe oder Fäulnis oder durch äußere Witterungseinflüsse oder zufällige . . . Ereignisse"[85] die Kosten. Die jährliche Kontrolle diente auch dazu, den Bewohnern vorzuschreiben, welche Reparaturen ausgeführt werden mußten: „Falls der Miether mit den ihm zur Last fallenden oder ihm aufgegebenen Reparaturen im Rückstande bleibt, können dieselben . . . auf seine Kosten ausgeführt und diese ihm vom Lohn abgezogen werden"[86]. So gab es für den Bergmann bei Meinungsverschiedenheiten kaum eine Chance: Da sein Wohnungsgeber Verfügungsgewalt auch über seinen Lohn besaß und neben der Miete vielfältige Abzüge einbehielt, mußte sogar ein Passus in den Mietvertrag aufgenommen werden, der für den Fall vorsorgte, daß der Restbetrag des Monatslohnes nicht mehr ausreiche, um die finanziellen Ansprüche des Wohnungseigentümers abzudecken[87].

Obwohl schon in der Frühzeit der Siedlungspolitik Klagen über eine Überbelegung des Wohnraumes zu vernehmen waren, lehnte die Königl. Bergwerksdirektion am 18. November 1881 eine geplante Polizeiverordnung (PV) das Kost- und Quartiergängerwesen betreffend mit der Begründung ab:

„. . . daß in unserem Bezirke unter den Bergleuten das Kost- und Quartiergängerwesen wenig ausgebildet ist, weil die seit langer Zeit und in großem Umfange begünstigte Ansiedlung der Bergleute und die Unterhaltung der fiscalischen großen Bergmannsschlafhäuser mit Menageeinrichtungen auf allen Gruben das Kost- und Quartiergängerwesen kaum aufkommen lassen"[88].

Hier verdeckte anscheinend wieder einmal die idealisierte Selbstdarstellung der Arbeits- und Lebensverhältnisse im fiskalischen Saarbergbau die Wirklichkeit; denn acht Jahre später äußerte die Louisenthaler Berginspektion gegenüber dem Saarbrücker Landrat zur Nedden ihre Besorgnis über das „wiederholt beobachtete Bestreben, die fiskalischen Schlafhäuser zu meiden . . . und dafür enge Schlafstellen in Privathaushaltungen aufzusuchen"[89] und fordert zur Eindämmung der vermuteten „ungestraft sinnlichen Vergnügungen" unangemeldete behördliche Kontrollen der Schlafstellen. Kaum waren drei weitere Jahre vergangen, da beklagte der Ludweiler Bürgermeister, daß gerade bei jungen Arbeitern die „Kostgängerei zu einem großen Mißstand herangewachsen ist und leider nur zu häufig bei unserer Bergmannsbevölkerung vorkommt"[90].

Es scheint also, daß sich die Situation auf dem Wohnungsmarkt so zugespitzt hatte, daß die Unterbringung der Arbeiter nur durch eine verdichtete Belegung vorhandenen Wohnraumes gesichert werden konnte. Oder sollte sich das Problembewußtsein der zuständigen Behörden so verändert haben, daß ein Zustand, der schon lange existierte, erst jetzt aufmerksam beobachtet wurde? Für letztere Vermutung spricht, daß sich die Zahl der privat einliegenden Arbeitern prozentual nicht dramatisch erhöht hatte, obwohl eine absolute Vermehrung der Kost- und Quartiergänger festzustellen war.

Tabelle 14: Bergleute als Kost- und Quartiergänger 1875–1900[91]

Jahr	Einlieger bei Privaten absolut	in % der	Gesamtbelegschaft
1875	3 196	13,7 %	23 388
1885	2 824	10,7 %	26 287
1890	3 584	12,2 %	29 446
1895	4 666	15,0 %	31 074
1900	6 602	16,0 %	41 406

Das Jahr 1900 markierte zugleich den Höhepunkt des Kost- und Quartiergängerwesens an der Saar vor dem ersten Weltkrieg. Vergleichend gesehen erreichte diese Wohnform weder die große Bedeutung des Einliegerwesens an der Ruhr[92], noch blieb sie so bedeutungslos wie beispielsweise im Oberbergamtsbezirk Clausthal[93]. Jeder sechste bis siebte Saarbergarbeiter lebte unter der Woche als Einlieger, von seiner Familie getrennt, meist bei Berufskollegen. Die räumlichen Bedingungen des Einliegerwesens waren dabei ausschlaggebend für sozialen Kontakt und Kommunikationsmöglichkeiten in einem Leben, das durch kontinuierliche Arbeit und provisorisches, häufig auch mobiles Wohnen geprägt war.

Rudolf Eberstadt hat bezüglich des Schlafgängerwesens festgestellt, daß insbesondere in kleinen Wohnungen, die ein bis drei Wohnräume umfaßten, zusätzlich Schläfer aufgenommen wurden[94]. Dagegen beschrieb Heinrich Junghann die „gewöhnliche Form eines Einliegerquartiers" im Saarrevier als räumlich recht großzügige Angelegenheit:

„Das Haus hat im Obergeschoß 4 Zimmer, im Hauptgeschoß 4 bis 5 Zimmer, im Untergeschoß 2 Zimmer und 2 Wirtschaftsräume. (. . .) Das Obergeschoß ist an 6 bis 8 Einlieger vermietet, die in 3 Zimmern in 4 bis 5 Betten je nach der Schichtverteilung abwechselnd oder gleichzeitig schlafen. Das vierte Zimmer des Obergeschosses ist als Küche mit Wasserstein, Herd usw. eingerichtet. Die Einlieger kochen sich ihr Essen selbst von den von Hause mitgebrachten Vorräten, zu denen ihnen der Hauswirt noch die Zutaten aus dem Konsumverein besorgt. Kohle und Wasser stellt der Quartierwirt; die Beleuchtung besorgen sich die Einlieger selbst"[95].

Der Unterschied ist augenscheinlich: Auf der einen Seite die Schlafstelle im schon knapp bemessenen Raum der Kleinwohnung, auf der anderen Seite ein fast großzügiges, separiertes „Logement loué et garni", eine Wohngemeinschaft „von 4 bis 20, meist 6 bis 8 Kameraden"[96].

Junghanns Benennung eines räumlich großzügigen und separierten Einliegerwesens als „normal" soll nicht fraglos akzeptiert werden, zumal die Quellen reichlich Hinweise auf ein Schlafstellenwesen auch in Kleinwohnungen geben. Der Fußgendarm Vögler von der 8. Gendarmerie-Brigade berichtete im November 1882 aus Dudweiler:

„Was nun das Halten von Schlafburschen im Allgemeinen betrifft, so wäre es meiner unmaßgeblichen Meinung nach gut, wenn dasselbe etwas eingeschränkt würde. Denn es gibt viele Bergleute, die nur zwei Zimmer haben, dabei eine starke Familie, erwachsene Töchter, halten aber trotzdem noch Schlafburschen. Da wird und muß ja ein gesundheitsschädliches und unsittliches Leben geführt werden.

Es kommt bei den Bergleuten oft vor, daß der Kostherr die Früh- und der Schlafbursche die Nachtschicht hat und so umgekehrt, in diesen Fällen ist der Schlafbursche alleine bei der Familie, wo in den meisten Fällen auch nichts gutes gestiftet wird.

Es ist ja außerdem schon unsittlich wenn der Schlafbursche die Nachtschicht hat und am Tage in den beschränkten Räumen schläft, wo die Frau und die Kinder ein und aus gehen müssen"[97].

Ohne die moralischen Wertungen des Fußgendarmen zu übernehmen, bieten seine Schilderungen Einblick in den hautnahen Kontakt von Schlafgängern und Wirtsleuten. Auch an der Saar konnte das Einliegerwesen Formen des „Volle Kost voll" annehmen, wie sie Franz Brüggemeier für das Ruhrrevier so eindrucksvoll beschrieben hat[98]. Da diese Wohnverhältnisse von den Behörden ausschließlich unter sittlichen Aspekten wahrgenommen wurden und die Moral der arbeitenden Klasse im preußischen Origkeitsstaat keine Privatangelegenheit darstellte, entstanden als Reaktionen auf solche Zustände gesetzliche Initiativen, die auf örtlicher Ebene durch sorgfältige Erhebungen vorbereitet wurden. Revisionsberichte bzgl. des Kost- und

Quartiergängerwesens liegen aus dem Jahre 1882 vor und bestätigen vereinzelte Schilderungen schon aus den 1870er Jahren. Während Junghann die räumliche Integration von Schlafgängern in die Zimmer der quartiergebenden Familien als seltene Fälle bezeichnete und eine gemeinsame Küchennutzung nur in den Bergmannsorten Sulzbach und Dudweiler feststellte[99], gingen gerade hier die zwischenmenschlichen Kontakte häufig über den Plausch am Herd hinaus. Die Revisionsberichte enthalten eine Vielzahl von sogenannten Konkubinatsfällen zwischen Quartiergeberinnen und Schlafgängern aus der Arbeiterbevölkerung. Neben Dudweiler und Sulzbach wiesen auch die Inspektionen Reden, Friedrichsthal und Camphausen einen ähnlich hohen Anteil an Einliegern auf, die in Fischbach, Reden, Heiligenwald, Friedrichsthal, Bildstock und Quierschied lebten. Auch die Berginspektion II bestätigte den Revisionsbericht eines Mallstatter Fußgendarmen von 1882 sieben Jahre später:

„Namentlich soll ein Verkehr mit dem weiblichen Geschlechte in solchen Familien pp. vorkommen, wo die betreffenden Kostgänger mit den Familienmitgliedern mangels ausreichender getrennter Schlafräume in denselben Zimmern wohnen und schlafen"[100].

Die Dunkelziffer von gemeinsam benutzten Wohn- und Schlafräumen bis hin zu sexuellen Kontakten dürfte jedoch weit höher gelegen haben, als die öffentlich gewordenen Fälle suggerierten. So verwundert es nicht, daß die Erhebung von 1892 in den Kreisen Ottweiler, Saarbrücken, Saarlouis nur 23 Fälle verzeichnet, bei denen „Thatsachen einer sittlichen Unzuverlässigkeit vorliegen"[101].
Die behördlichen Erfassungsmethoden erwiesen sich als sehr grobrasterig und waren durch Vorurteile vorstrukturiert: Die Untersuchungen richteten sich nur gegen Frauen – gleichgeschlechtliche Beziehungen unter Männern blieben ausgespart – und erfaßten nur öffentlich gewordene Fälle. Ein uneheliches Kind ließ sich nicht verheimlichen und auch die Nachbarn schienen ein waches Auge zu besitzen. Sichbare Überschreitungen der herrschenden Verhaltensnormen und des geltenden Sittenkodex wurden in den Revisionsberichten erfaßt, Beziehungen „in ganz auffälliger Weise", über die „öffentlich gesprochen wird", blieben im Fahndungsraster der Behörden hängen. „Öffentliche Geheimnisse" mögen in kleinen überschaubaren Siedlungsverbänden zugleich auch repräsentativ sein, nicht aber in städtischen Bezirken. Hier scheiterte eine effektive Kontrolle schon an dem „ganz bedeutenden Aufwand an Polizeikräften"[102] – wie der Sulzbacher Bürgermeister mitteilte.
Obwohl die Bergleute die größte geschlossene Arbeiterkategorie

im Saarrevier bildeten, stellten sie insgesamt nur etwa die Hälfte der Kost- und Quartiergänger. Die folgenden Statistiken lassen erkennen, daß neben den bergmännischen Gemeinden auch in den Wohngemeinden der sonstigen Industriearbeiterschaft, insbesondere der Hüttenarbeiter, diese Form des Wohnens verbreitet war.
Die Doppelbelegung der Schlafstellen scheint üblich gewesen zu sein, ja häufig wird man sich sogar das Bett geteilt haben, denn: Auf eine Schlafstelle kamen laut Erhebung 2,5 Arbeiter[104]. Die Schilderung des Bürgermeisters von Bischmisheim-St. Arnual, daß das Bett, in welches der Schlafgänger steigt, „größtentheils ... noch warm ist" und eine „Belüftung des Zimmers und ordentliche Ausdünstung des Bettes ... kaum möglich ist"[105], dürfte für das Saarrevier repräsentativ gewesen sein.

Tabelle 15: „*Gesamtergebnis der Schlafstellen – Revision vom 14. September 1892*" *in den Kreisen Saarbrücken, Ottweiler und Saarlouis*[103]

Bürgermeisterei	Anzahl Schlafstellen	Kost- und Mietgänger	Kost- und Mietgänger im Alter von 16–20 Jahren
Saarbrücken	103	278	18
St. Johann	352	504	2
Malstatt-Burbach	235	516	23
St. Arnual	5	60	1
Bischmisheim	91	159	45
Dudweiler	203	548	37
Friedrichsthal	185	736	138
Gersweiler	44	44	10
Heusweiler	116	436	66
Kleinblittersdorf	–	–	–
Ludweiler	59	65	8
Püttlingen	180	383	26
Sellerbach	187	335	35
Sulzbach	340	1 347	167
Völklingen	272	511	103
Kreis Saarbrücken	2 372	5 922	679
Kreis Ottweiler	695	1 748	252
Kreis Saarlouis	191	395	11
Insgesamt	3 178	8 065	943

Sein Eintreten für die Eindämmung des Schlafstellenwesens begründete der Malstatt-Burbacher Bürgermeister damit, daß „junge Burschen im Alter von kaum 16 Jahren die elterliche Behausung verlassen, sich der elterlichen Aufsicht entziehen und sich bei anderen Familien einmiethen"[106]. Die Fürsorgepflicht für jugendliche Arbeiter entbehrte auch in seiner Gemeinde des konkreten Anlasses: Die 23 erfaßten Jugendlichen stellten gerade 4,5 % der Kost- und Mietgänger dar. Anders dagegen in Friedrichsthal oder Völklingen; hier betrug der Anteil der Jugendlichen 18—20 %. Die Frage nach den Motiven gerade der Jugendlichen, eine private Schlafstelle anderen Formen des Wohnens vorzuziehen, kann sich nicht darauf beschränken, einen — zugegebenermaßen angenehmen — Aspekt als das Grundübel zu brandmarken: Die Berginspektion II führte in einem vertraulichen Brief an Landrat zur Nedden die Attraktivität der Schlafstellen darauf zurück, „daß die jungen Bergleute hier leichter und ungestraft sinnlichem Vergnügen nachgehen können"[107].

Solche beliebten und zugleich oberflächlichen Erklärungsmuster wurden häufig verwandt, manchmal jedoch durch andere Quellen widerlegt. Die Schlafstellen-Revision eines Völklinger Polizeikommissars ergab z. B. ein ganz anderes Bild: Von den 20—25 einliegenden Bergleuten in Völklingen und Obervölklingen waren „der größte Teil Leute gesetzten Alters, welche sich zu mehreren ein Zimmer miethen, Samstags nach Hause fahren und Montags mit Victualien für die Woche versehen zurückkehren und sich selbst kochen"[108]. Die Frage nach der Motivation der Einlieger kann also den unterschiedlichen Status der Bergarbeiter (Familien- und Besitzstand) nicht unbeachtet lassen, können sich doch daraus Gemeinsamkeiten des ökonomischen und sozialen Handelns ergeben.

Die Mehrheit der bergmännischen Einlieger bestand aus Unverheirateten. Allerdings sank deren Anteil von 24,3 % der Unverheirateten der Gesamtbelegschaften im Jahre 1875 auf 22,8 % im Jahre 1895.

Tabelle 16: Familienstand und Hausbesitz bei den bergmännischen Einliegern im Saarrevier 1875—1900[109]

Jahr	Verheiratete und Witwer	Unverheiratete	Hausbesitzende Bergleute
1875	862	2 334	675
1885	1 151	1 673	920
1890	1 372	2 168	1 120
1895	1 964	2 702	1 606
1900	2 018	4 584	1 522

Dagegen wohnten zwar nur 6,3 % aller verheirateten Bergarbeiter in Privatquartieren, aber ihr Anteil stieg auf 10,2 % im Jahre 1895. Selbstverständlich war, daß 1875 die Hausbesitzer unter den Bergleuten nur zu 7,2 % als Einlieger lebten; es waren dies die Arbeiter aus den landwirtschaftlichen Rekrutierungsbezirken, deren Hausbesitz meist nicht auf die Prämienhauspolitik des Fiskus zurückzuführen war. Ihre Zahl stieg bis 1895 auf 12,3 % als Ausdruck der zunehmenden Rekrutierung von Arbeitern aus grubenfernen Gegenden. Da ca. 76 % der Bergleute bis zum vollendeten 26. Lebensjahr verheiratet waren – bis zum 30. Lebensjahr waren es ca. 98 %[110] –, können wir die bergmännischen Einlieger an der Saar relativ genau nach Alter und Familienstand bestimmen: Der unverheiratete Kost- und Mietgänger war 16–24 Jahre alt und stammte aus Familien des Reviers, der Randzone und des weitläufigen Arbeiterersatzbezirkes. Dagegen stammte der ältere Einlieger meist aus einer bäuerlichen Gemeinde des Hinterlandes, worauf der hohe Prozentsatz von Hauseigentümern hindeutet.

Für beide Gruppen dürfte die relativ geringe Belastung des Lohnes durch Mietkosten ausschlaggebend gewesen sein. Billiger konnten sie nur noch im Schlafhaus wohnen. In Louisenthal und Reden war ein Bett schon für monatlich 2–3.50 M. zu haben, während in Dudweiler schon ein halbes Bett 4 M. kostete. Wer im Zentrum des Reviers ein Bett für sich alleine haben wollte, mußte schon 6 M. bezahlen[111]. Für die jungen Arbeiter war bei dem geringeren Verdienst billiges Wohnen Voraussetzung sparsamer Lebensführung vor der Gründung eines eigenen Hausstandes. Auch bei den älteren Arbeitern entsprach das provisorische Wohnen ihrer sozialen Logik: Sie waren im Revier, um Geld zu verdienen und um damit die Existenz ihrer Familie auf dem Land zu sichern. Eine Übersiedlung ins Revier kam nicht in Frage, sodaß auch das Interesse an der Ausgestaltung des außerbetrieblichen sozialen Lebensraumes gering war[112].

In den „Wohnkollektiven" dieser Quartiergänger vereinigten sich oftmals Herkunft, persönliche Bekanntschaft und Lebensperspektive zu einer Interessenidentität, die zugleich eine Integration in die Familie des Quartiergebers erschwerte.

Den Mietern stand eine vorwiegend ökonomisch bestimmte Motivation der Vermieter gegenüber. Deren Situation hat Alexander von Brandt am Beispiel einer jungen Familie, die es seiner Auffassung nach weit gebracht hatte, geschildert:

„Nicht lange nach der Verheiratung wurde die Baustelle bereits erworben, und seit ca. 6 Jahren ist ein eigenes Heim vorhanden. Die Baugelder wurden ganz ausgeliehen. (...) Während der Mann auf der Schicht war, hat die Frau beim Hausbau wie ein Mann geholfen, dabei auch für sämtliche Arbeiter, die von außerhalb waren, gekocht und geflickt. Heute bewohnen dieselben noch die Dachkammern und das ganze Haus ist vermietet und werden Kostgänger gehalten, denen die Frau das Essen auf die Arbeitsstelle halbstundenweit trägt. Auch diese Familie bildet leider Gottes eine Ausnahme; denn von hundert, die in ähnlichen Verhältnissen eine Heirat eingehen, bringen es kaum zehn so weit"[113].

Haushalts- und Wirtschaftsrechnungen aus dem beginnenden 20. Jahrhundert enthüllen die übliche Grundkonstellation: Verschuldung und Kinderreichtum waren auslösende Faktoren zur Aufnahme von Kost- und Quartiergängern. Erreichten beispielsweise die Kinder der Vermieterfamilie das erwerbsfähige Alter und verbesserte deren Arbeitslohn die Gesamteinnahmen der Familie, sank sowohl die Häufigkeit wie die prozentuale Bedeutung der Untervermietung für den Familienhaushalt[114]. Mit der Untervermietung ging häufig ein schwunghafter Kleinhandel mit Bier, Schnaps und einigen Lebensmitteln einher. Der Umsatz an Flaschenbier erreichte in Sulzbach und Dudweiler etwa 100–300 Flaschen im Monat und ergänzte die Miteinnahmen des Vermieters nicht unerheblich[115].

In den bergmännischen Vermieterfamilien bedeutete das Einliegerwesen eine innerfamiliäre Stärkung der Frau; deren Arbeitskraft konnte nun auch bei vorhandenen kleinen Kindern optimal genutzt werden, eine vorübergehende Verminderung der Einnahmen des Mannes durch Krankheit oder zeitweilige Arbeitslosigkeit war leichter zu überbrücken. Die ökonomische Bedeutung der Bergmannsfrauen im Einliegerwesen fand ihre soziale Entsprechung in der zentralen Rolle im häuslichen Kommunikationsprozeß. Ihre Möglichkeit, als einzige täglich mit den schichtarbeitenden Männern zu kommunizieren – sei es in der gemeinsamen Küche oder beim kurzen Plausch im Treppenhaus[116] –, erhöhte ihre Kenntnis und ihre Betroffenheit von Nöten und Problemen der Bergarbeit. Da diese Betroffenheit – wie wir gesehen haben – einen unerwarteten Solidarisierungseffekt provozierte, erscheint die wüste Beschimpfung der Bergmannsfrauen durch den *Bergmannsfreund* nicht unverständlich:

„Du, Bergmannsfrau, bist es, die deinem Manne das Haus verleidet, durch deine grenzenlose Faulheit. Es ist gar kein Wunder, dass dein Mann nicht vergnügt wird, wenn er seinen sauer verdienten Groschen durch deine liederliche Haushaltung verschwendet sieht"[117].

In der neueren Sozialgeschichtsschreibung wurde das Kost- und Quartiergängerwesen als proletarische Wohn- und Lebensform ausführlich und kontrovers diskutiert. Aus sozialen Zwangslagen entstanden, habe die Überbelegung von Wohnraum, das Zusammenrücken der Arbeiterfamilien und die Erweiterung der familiären Strukturen durch die Hereinnahme familienfremder Personen nicht nur zu enormen Belastungen der Familien geführt, sondern zugleich Entlastungsmöglichkeiten geboten: In der Situation eines sozialen Umbruchs konnte die Öffnung der Familien die Kommunikation der Arbeiterbevölkerung über den Arbeitsplatz, die Kneipe und die Versammlungen hinaus in das „Privat"leben erweitern und insbesondere durch die gemeinsame Bewältigung alltäglicher Probleme zur Vertiefung von Solidarstrukturen beitragen. Insbesondere jüngere, zugewanderte Arbeiter besaßen in der Vermieterfamilie emotionale Fixpunkte, die ihre Eingewöhnung in die fremde Arbeits- und Lebenswelt erleichterten[118]. In diesem Sinne stellte die „halboffene Familienstruktur" den proletarischen Gegenpol zur von oben erzwungenen Öffentlichkeit der Arbeiterwohnungen dar.

Die bisherigen empirischen Befunde differenzieren diese Sichtweise erheblich und stellen z. T. in Abrede, daß überhaupt „eine Integration von Untermietern oder Bettgehern in die Familien der Vermieter stattgefunden" habe[119]. Denn für die Ausbildung fester Solidarstrukturen bedürfe es längerfristiger Beziehungen, als sie das Übergangsphänomen der „halboffenen Familie" erlaube: Diese rekrutiere sich nämlich aus Arbeitern, für die Mobilität und eben nicht Stetigkeit kennzeichnend sei, und diese fänden Aufnahme in Familien, für die die Untervermietung allenfalls in jenen Lebensphasen in Frage kam, in denen Schulden oder Kleinkindererziehung einen zusätzlichen Nebenerwerb erforderte[120]. Das Kost- und Quartiergängerwesen im Saarrevier läßt das komplexe Miteinander solidaritätsfördernder und -hemmender Faktoren erkennen, die „halboffene Familie" bot unterschiedliche, z. T. gegensätzliche Erfahrungsmöglichkeiten: Die häufig verschiedenartigen räumlichen Bedingungen, die Herkunft und Motivation der Mieter sowie die ökonomische Kalkulation auf Seiten der Vermieter mit einer ausgeprägten Tendenz zu diskontinuierlichem, wenn auch motivational durchaus begründetem Verhalten lassen es nicht zu, die Untervermietung vorrangig als Ausdruck proletarischer Klassensolidarität zu interpretieren[121]. Hier wurde die quartiergebende Familie nicht mit der Erwartung einer neuen Heimat konfrontiert, hier wurde das Mit- und Nebeneinander oft pragmatisch gelöst. Häufige Betrugsversuche von Kostgängern wie auch Diebstähle an Kameraden wiesen darauf hin, daß das Beziehungsgeflecht sowohl zwischen den Einliegern wie auch gegenüber den Vermietern und oft Berufskollegen ebensogut von Eigennutz bestimmt sein konnte[122]. Nur aus solchen widersprüchlichen Erfahrungen ist erklärbar, daß auch unter den Bergleuten unterschiedliche Meinungen über das Wohnen in Privatquartieren herrschten[123]. Offenkundig konnte die „halboffene Familienstruktur" auch als „trümmerhafte Art der Familie"[124] erfahren werden, sodaß sich weniger „vorpolitische Formen proletarischer Solidarität"[125] als vielmehr Fluchtbewegungen vor solch „zwanghafter Gemeinschaft"[126] zeigten. Insgesamt konnte das Einliegerwesen im Saarrevier bei der dezentralisierten Wohnweise der Belegschaften und der relativ homogenen, landesansässigen Arbeiterschaft nicht die soziale Bedeutung erlangen wie im Ruhrrevier. Dies war unter anderem auch auf die fiskalischen Schlafhäuser als weitere Wohnform der Saarbergleute zurückzuführen.

4.3.3. In Schlafhäusern

In ihrer baulichen Gesamtanlage erinnerten die Schlafhäuser an Kasernen. Zumeist bildete das Zentrum des eingeschossigen Hauses ein langer, mit Ziegeln gepflasterter schmaler Flur, von dem zu beiden Seiten die Stuben betreten wurden. Abtritte, Waschraum, Trockenzimmer, Kochküche und eventuell ein Speisesaal ergänzten das zweckmäßig ausgelegte Raumangebot. Bei terrassenförmiger Anlage mehrerer Schlafhäuser führte die enge Bebauung bei nur 20 bis 30 Fuß auseinanderliegenden Hausseiten zu einem Mangel an Luft und Licht. Wie in den frühen Prämienhäusern war in den Schlafhäusern Feuchtigkeit verbreitet: Mal fehlten „Drain-Röhren", mal waren es die Wasserbassins unter den Waschräumen, die das Schmutzwasser auffangen sollten, oder die fehlende Unterkellerung, die das Hochziehen von Feuchtigkeit in den Wänden begünstigte, sodaß die Bergwerksdirektion sich veranlaßt sah, „rings um die Fundamentmauern Gräben" zu ziehen und „Luftlöcher in die Sockel" zu bohren. Den aus den Bassins aufsteigenden üblen Gerüche konnte erst mit der Installation eines Wasserrohrs begegnet werden[127].

In den Schlafstuben vermischten sich die Schweißausdünstungen der Arbeiter mit den Gerüchen dort deponierter Lebensmittel, dem Modergeruch aufgeschwemmter Fußböden, feuchter Wände und dem Gestank der Latrinen. In der Regel waren die Schlafstuben 24 Fuß (ca. 7,50 m) lang, 14 Fuß (ca. 4,40 m) breit und ebenso hoch, wobei die Raumhöhe wegen der schräg abfallenden Decke, die zugleich das Dach bildete, sich nach außen verringerte. Eine Schlafstube wurde in der Regel mit 7 doppelstöckigen Bettgestellen, 14 Schränken und Schemeln ausgestattet und genügte so dem alleinigen Zweck des

Wohnens: der Regeneration der Arbeitskraft durch Schlaf. Für das gesellige Verweilen in den Räumen fehlte oft die Luft zum Atmen. Nach dem Abzug der Stellfläche für die Schränke blieben 27–28 qm Grundfläche für die 14 Bewohner, die durch die Bettgestelle und die Schemel noch einmal reduziert wurde. „Wir verkennen nicht", so gestand die Bergwerksdirektion ein, „daß die Belegung der meisten, namentlich der älteren Schlafhäuser eine etwas starke und der disponible Respirationsraum zu gering bemessen ist"[128]. Nach Meinung des Völklinger Bürgermeisters durften solche Räume höchstens mit 8 Personen belegt sein, eine Auffassung, die auch Dr. Dahn und Berginspektor Hill vertraten[129]. Da die Bergleute die Gewohnheit hatten, neben ihrem Hab und Gut auch die Lebensmittelvorräte mindestens für eine Woche, manchmal gar Kartoffeln für 4 bis 6 Wochen in den Schlafräumen aufzubewahren, muß den Bemsssungen des freien Respirationsraumes, der auf der Grundlage eines leeren Zimmers berechnet wurde, Skepsis entgegengebracht werden. Trotzdem standen nur in 2 der 28 Schlafhäuser den Insassen das Minimum von 500–600 Kubikfuß zur Verfügung; Ausnahmen bildeten das neue Schlafhaus der Grube Sulzbach-Altenwald, das erst zur Hälfte belegt war, und ein kleines Schlafhaus am Ziehwald-Stollen. Obwohl auch die anderen Schlafhäuser nicht immer voll belegt wurden, boten sie ihren Bewohnern weit weniger Luftraum, gleich ob es sich dabei um ein 14-Bett-Zimmer oder um einen Schlafschuppen mit 182 Mann in einem Raum handelte[130]. Folgende ausführliche Beschreibung eines Schlafhauses vermittelt beispielhaft Eindrücke von den räumlichen Bedingungen solchen Arbeiterwohnens:

„Riegelsberg, Grube von der Heydt.
2 Schlafhäuser, terrassenförmig übereinander. Das eine Belegung mit 121, das andere mit 176 Mann à 315 Kubikfuß u. à 368 Kubikfuß freien Respirationsraumes pro Mann.
Das kleinere Haus bestand aus einem Schlafsaale mit Küche, Waschraum etc., das andere größere war ursprünglich ein Saal, später in 4 Abtheilungen verlegt. Das Dach bildet die Decke der Schlafsäle, oben mit Brettern verschalt. Fenster an beiden Längsseiten, Thüren an beiden Breitseiten. Ventilation durch Oefen, die in den Stuben geheizt werden, unterstützt durch Canäle unter dem Fußboden und vereinzelt schließbaren Oeffnungen im Dach. Dachrinnen. Der Fußboden der Stuben mit Holz gedielt, etwa ein Fuß über dem äußeren Niveau des Bodens. Rund ums Gebäude eine gepflasterte Steinrinne. Die Küche mit 2 Herden zum Selbstkochen der Arbeiter. Eine Stube zum Waschen mit einem Kessel für warmes Wasser u. eine Pumpe für kaltes Wasser.
Die Fußböden werden gescheuert u. mit Sand bestreut, der in dünner Lage liegen bleibt.

Abb. 14 und 14a: Schlafhäuser der Grube von der Heydt (oben, um 1905) und der Grube Mellin (unten, 1902). Die Architektur erinnert an Kasernen. Dem entsprachen Drill und Disziplin, die im Schlafhaus herrschten.

Eiserne Bettstellen, je 2 übereinander, mit Brettern als Boden, sowie am Kopf- und Fußende Strohsäcke, die jährlich einmal mit Stroh gefüllt werden. Kopfkissen von Seegras, 2 wollene Decken in einem Ueberzuge. Die Deckenüberzüge uz. die Kopfkissen werden alle 4 Wochen gewechselt. Früher einmal, jetzt aber 2 mal in der Woche ein reines Handtuch.

Die Häuser werden innen jedes Frühjahr geweißt, i. e. mit Kalk getüncht"[131].

Wie im Riegelsberger Schlafhaus wurden in allen anderen Häusern Bettstroh und Strohsäcke jährlich nur einmal gewechselt, sodaß die Säcke, „schmutzig von Kohlen und Fett, wahre Luftverderber"[132] waren. Selbst bei Krankheiten fand kein Wechsel der Strohsäcke außer der Reihe statt. Günstige Voraussetzungen also für die Entstehung von Epidemien.

Neben den oft unzureichenden Waschräumen bot die meist primitive Ventilation Anlaß zu scharfer Kritik: Die für die Reinigung der Schlafsäle zuständigen Bergmannswitwen hatten täglich ca. eine Stunde zum Schichtwechsel Zeit, die Räume zu lüften — zu wenig, um die verbrauchte Luft auszutauschen. Im Sommer trat dieser Mißstand nicht so offenkundig in Erscheinung, da bei guter Witterung alle Fenster offen standen. Bei Regenwetter oder im Winter sorgten ca. 15 x 20 cm große Windrosetten in den Fensterscheiben und eine ähnlich große Klappe im Schornstein bzw. am Ofen für Durchzug und damit für Frischluft. Die Einfachheit der Ventilation erleichterte es den Arbeitern, selbstregulierend einzugreifen, konnten sie doch — wenn sie verschwitzt von der Schicht oder mit nassen Haaren aus dem Waschraum kamen — einen kalten Luftzug am wenigsten gebrauchen. So war die Klage über verstopfte Ventilationsanlagen alltäglich; konnte der Durchzug auf diese Weise nicht abgestellt werden, wurde der Ofen zum Glühen gebracht mit der Folge, daß die vorhandene Luft noch schneller verbraucht war. Es hat den Anschein, daß die Arbeiter lieber in stickiger Luft schliefen, als das Risiko einer Erkältungskrankheit und dadurch eines verminderten Lohnes einzugehen. Trotzdem scheint es im Winter in den Schlafräumen immer noch kalt gewesen zu sein. Die Bergleute im Arbeiterausschuß von Sulzbach-Altenwald erhoben den Wunsch nach einer dritten Decke in der kalten Jahreszeit[133].

In unmittelbarer Nähe zu den Schlafräumen lagen die Latrinen, in denen die Exkremente der Bewohner gesammelt wurden. Auf dem Wege einer öffentlichen Ausschreibung wurde deren Inhalt als Dung versteigert und anschließend unregelmäßig entleert. Die Ersteigerer „nehmen den Dünger so wie sie denselben passend verwenden können, besonders im Winter, Frühjahr und Herbst"[134]. Die Entleerung im Rhythmus der Felddüngung führte dazu, daß gerade im Sommer die Bassins in den Latrinen lange nicht entleert, sondern wöchentlich mit Eisenvitriol/Eisenchlorid desinfiziert wurden. Der üble Gestank allerdings konnte dadurch nicht verhindert werden.

Der Klogang gestaltete sich als öffentliches und kollektives Ereignis. In Altenkessel bildeten vier ca. 2.80 m lange Reihen mit Sitzmauer und Rückenstangen ohne Seitenwände und ohne separate Einfallröhren die Latrinen. Der Einfallschacht unter jeder Sitzmauer verlangte Zielgenauigkeit, denn er war nur knapp 5 cm breit. Unterschiede bestanden in der Ausstattung der Sitzgelegenheiten: In Riegelsberg saßen die Arbeiter anstatt auf einer Mauer auf einem Sitzbalken[135].

Angesichts dieser Zustände bis Ende der 1860er Jahre war es zu verstehen, daß der Sanitätsrat Dr. Küppers die Bergwerksdirektion energisch aufforderte, die Schlafhäuser gemäß den Ansprüchen, „welche heut zu Tage an Wohnungen für Menschen gemacht werden"[136], herzurichten. Die Bergwerksdirektion versprach, Verbesserungen an bestehenden oder neu zu errichtenden Schlafhäusern:

„Wir geben uns der Hoffnung hin, daß es bald gelingen wird, die Schlafhäuser durch Seßhaftmachung eines Theiles ihrer Bewohner in eigenen Häusern dauernd zu entlasten und daß dieselben auch in sonstiger Beziehung mit der Zeit allen billigen Anforderungen an einen gesunden Wohnort für Menschen auf's vollkommenste entsprechen werden"[137].

Zunächst jedoch demonstrierte die Bergverwaltung ihre Schwierigkeiten mit menschenwürdigem Wohnen. Den Ankündigungen, die Waschräume zu vergrößern und im Winter zu heizen, die Latrinen zu separieren und mit Wasserspülung zu versehen, standen die Erfahrungen aus neueren Schlafhäusern entgegen: Auf Grube Heinitz verfügte das 3-stöckige Schlafhaus über „Abtritte in der gewöhnlichen Weise mit Sitz- und Rückenbalken", die „thunlichst vervollkommnete Ventilation" des neuen Schlafhauses am Ziehwald-Stollen setzte die Arbeiter so dem Zug aus, daß diese wiederum zur Selbsthilfe griffen und die Luftklappen verschlossen[138]. Noch im Jahre 1901 ließen Stellungnahmen einzelner Berginspektionen zu „Grundzügen einer Polizeiverordnung" erkennen, daß manche Probleme die Jahre überdauert hatten. In den Bildstocker Schlafhäusern standen für 400 Arbeiter 16 Aborte zur Verfügung, keines der Häuser verfügte über ein besonderes Krankenzimmer. Weiterhin wurde die Füllung der Strohsäcke nur jährlich erneuert und das „Reinigen der Schlafhausdecken erfolgte jährlich einmal durch Ausklopfen". Die dichte Belegung der Schlafräume kam in dem Argument der Berginspektion IX gegen die Abschaffung der doppelstöckigen Betten zum Ausdruck, daß dann nur noch „höchstens ein Drittel der jetzigen Einlieger" untergebracht werden könnten[139]. Bei einer so niedrigen Belegung aber war der Unterhalt der Schlafhäuser zu teuer.

Allerdings sollen Verbesserungen und Neuerungen seit 1868/69 nicht verschwiegen werden, wenn sie auch nur zum geringen Teil vor der Jahrhundertwende wirksam wurden: Bis 1890 nämlich wurden nur 5 weitere Schlafhäuser erbaut, die neuen Schlafhäuser „im Pavillon-System" mit der Belegung von 64 Mann in 4 Sälen waren Erscheinungen des 20. Jahrhunderts. Gleichwohl verschafften der Übergang zur doppelgeschossigen Bauweise und Umbauten der alten Schlafhäuser Raum, um das Wohnen etwas weniger eng zu gestalten. Eine wohnlichere Ausstattung der Schlafräume, die Abtrennung des Schrankraums vom Schlafraum und später die völlige Trennung von Wohn- und Schlafraum erfolgten im Laufe von Jahrzehnten.

Der Freizeitgestaltung dienten vereinzelt Werkstätten und Kegelbahnen. Die Aborte wurden in besondere Anbauten verlegt und mit Wasserspülung versehen, die Versorgung der Schlafhäusler sollte fiskalisch organisiert werden[140].

Trotz der vielfältigen Mißstände und Beschwernisse war das Schlafhauswohnen nicht verpönt: Wo sonst konnte man für 2 M. im Monat eine Unterkunft finden? Hier trafen sich bevorzugt jene Arbeiterschichten, die ihre soziale und lebensperspektivische Bindung an die ländliche Heimat noch nicht aufgegeben hatten, die wöchentlich in ihre Heimat zurückkehrten und ihren Lebensunterhalt nicht ausschließlich durch Bergarbeit bestritten. Junge, unverheiratete und ältere, hausbesitzende Bergleute aus dem Hinterland wanderten wöchentlich mit genagelten Schuhen und ihren „Ranzen", die montags mit Lebensmitteln gefüllt waren, gemeinsam den oft vielstündigen Weg zwischen Heimatort und Arbeitsstätte.

Die soziale Zusammensetzung der Schlafhausbewohner war eine Eigenart des Saarbrücker Kohlendistrikts und einmalig unter den Revieren des deutschen Kaiserreichs. An der Ruhr frequentierten unverheiratete Bergleute nur dann ein Schlafhaus, wenn sie keine geeignete

Tabelle 17: Familienstand und Hausbesitz der Schlafhausbewohner 1875–1895[141]

Jahr	Schlafhausbewohner	unverheiratet	verheiratet	Hausbesitzer
1875	5 004	2 305	2 699	2 092
1885	5 009	1 819	3 190	2 396
1890	4 889	1 814	3 002	2 569
1895	3 688	1 426	2 225	1 912

Privatunterkunft fanden. „Fremde Arbeiter ohne Familie, besonders Polen und Italiener geben dagegen vielfach dem billigen Wohnen in Schlafräumen und Menagen den Vorzug"[142]. „Reine Bewahranstalten für ungeliebte, aber notwendige Arbeitskräfte" waren die Grubenschlafhäuser im schlesischen Bergbau, die zu 65 % von in der Mehrheit polnischen und ruthenischen Arbeitern belegt waren. In den Schlafhäusern der dortigen Hüttenindustrie stellten Ausländer sogar 3/4 der Bewohner. Im OBA-Bezirk Halle wurden „Kasernen, Schlafhäuser u. dergl." von jungen und landesfremden Arbeitern benutzt, „die häufig nur vorübergehend in der Bergarbeit blieben"[143].

Soziale Agglomeration, häufiger Wechsel der Bewohner und ghettoartige Kasernierung „aus nationalen und sicherheitspolizeilichen Erwägungen" (Raefler) prägen das Schlafhauswesen in den großen Bergbaugebieten des Kaiserreichs. Das Schlafhaus als provisorische Lösung der Wohnungsfrage wies im allgemeinen auf eine diskontinuierliche Lebensperspektive seiner Benutzer hin. Im Saarrevier dagegen handelte es sich

„nicht um eine wechselnde, hin und herfließende Arbeiterbevölkerung sondern um eine stetige. Der Mann, der bei uns im Schlafhaus seine Lagerstätte erhält, wechselt dieselbe kaum wieder; er tauscht sie höchstens gegen eine andere im Schlafhaus aus"[144].

Und dies tat er auch nur dann, wenn die Lage des neuen Schlafhauses seine wöchentlichen Fußmärsche verkürzte.

Das Beziehungsgefüge der Schlafhausbewohenr untereinander wurde häufig geprägt durch freundschaftliche oder verwandschaftliche Bindungen. „Die Zusammenlegung der Arbeiter geschieht nach Möglichkeit entsprechend dem Wunsche der Leute selbst, vielfach nach Familien"[145]. Das Bestreben des Fiskus, keine Gefühle der Entwurzelung aufkommen zu lassen, ermöglichte es den Arbeitern, gewachsene soziale Beziehungen nicht nur aufrecht zu erhalten, sondern unter den Bedrängnissen eines „Wohnens, um zu arbeiten" zu intensivieren. Angesichts eines rigiden „inneren" Schlafhaussystems erwiesen sich solche stabilen Gruppenbeziehungen als überlebensnotwendig.

Baukörper und Ausstattung der Schlafhäuser haben wir mit Kasernen verglichen. Dieser Vergleich läßt sich auch auf den Tagesablauf und die innere Organisation des alltäglichen Lebens übertragen. Beispielhaft dafür war die 1858 erlassene „Haus-Ordnung für die Schlafhäuser der königlichen Steinkohlengruben im Bergamtsbezirk Saarbrücken"[146], die mit geringfügigen Modifizierungen vom 19. Dezember 1881 ihre Gültigkeit in allen Schlafhäusern bis ins 20. Jahrhundert hinein behielt. Durch sie wurden sowohl das Miteinander der Bewohner geordnet, als auch die Verhaltensweisen der Individuen tiefgreifend strukturiert. Der Paragraph 1 verdeutlichte, daß der hier wohnende Bergmann nicht nur seine Arbeitskraft an den fiskalischen Bergbauunternehmer verkauft hatte, sondern auch sein „Privatleben" während der Woche den Bedürfnissen des Arbeitgebers unterordnen mußte:

„Sobald ein Arbeiter in dem Schlafhause aufgenommen ist, steht er unter der Aufsicht des Hausmeisters, dem er in allen Angelegenheiten des Hauses Gehorsam schuldig ist"[147].

Die Hausmeister, häufig frühzeitig arbeitsunfähig gewordene Bergleute oder Steiger, bildeten die unterste Ebene einer die Schlafhausangelegenheiten verwaltenden Hierarchie, die vom Obersteiger an aufwärts mit der behördlichen Konfliktregulierungsinstanz des Arbeitsprozesses identisch war[148]. In ihr kam die enge Verwobenheit von Arbeits- und Freizeit zum Ausdruck. Konflikte im Wohnbereich wurden mit der soldatischen Tugend des Gehorsams „überwunden":

„Den Befehlen der Vorgesetzten ist sofort ohne Widerrede Folge zu leisten und können Beschwerden erst nach Ausführung der Befehle bei dem zunächst höher stehenden Beamten vorgebracht werden"[149].

Für solidarische Beziehungen unter den Bewohnern spricht die Tatsache, daß eine Verlängerung dieser „Disziplinargesellschaft" bis in die einzelnen Stuben hinein nicht gelang. Die Hausordnung von 1858 sah vor, daß der Hausmeister einen Stubenältesten als Unteraufseher einsetzen konnte, der die Einhaltung der Hausordnung zu überwachen und „jenes Vergehen gegen diese dem Hausmeister" anzuzeigen hatte. War ein Schaden an Tür, Fenster oder Mobilar nicht individuell zuweisbar, wurde mit Kollektivhaftung gedroht. Daß die Stubenältesten trotzdem nicht zu Denunzianten wurden, darauf deutete die Fassung der Hausordnung von 1881 hin: Aus ihr war die Drohung mit der Kollektivhaftung verschwunden, obgleich Beschädigungen z. B. an Fenstern häufig vorkamen[150]. Kein Stubenältester zog der geringen Privilegien wegen (z. B. Befreiung vom Stubenreinigungsdienst) die Komplizenschaft mit einem Schlafhausmeister der Solidarität der Stubenkameraden vor.

Michel Foucault hat die „Disziplin" als einen „Komplex von Instrumenten, Techniken, Prozeduren, Einsatzebenen, Zielscheiben" beschrieben und damit darauf hingewiesen, daß nicht allein schon die Einsetzung einer Institution oder eines Apparates (z. B. der Polizei) die Durchsetzung verallgemeinerter Disziplinanforderungen garantiert[151]. Wie in Gefängnissen, Kasernen oder Besserungsanstalten setzte sich auch in den Schlafhäusern Disziplin mittels alltäglicher Übung und ritueller Wiederholungen durch:

„Beim Eintritt eines Vorgesetzten in ein Zimmer haben sich die außer Bett befindlichen Bewohner von ihren Sitzen zu erheben, die Mütze abzuheben und die Begrüßung laut zu erwidern. Ein gleiches gilt, wenn Schlafhausbewohner in der Umgebung des Schlafhauses sich aufhalten"[152].

Auch der Umgang mit Kameraden im Schlafhaus wurde in den Dressurakt miteinbezogen, der ungezwungene Kontakt mit dem Schlafgenossen auf die kurzen Zeiten des Schichtwechsels begrenzt, während der ein „Arbeiter im nothwendigen Schlafe liegt". Menschliche Lebensäußerungen wie „Lärmen, Streiten, Singen unanständiger Lieder" oder auch Pfeifen blieben im und um das Schlafhaus untersagt. Jeder Tag endete gemeinsam um 9 1/2 Uhr mit dem Verschließen der Haustüren und dem Löschen der Lichter in den Schlafstuben eine halbe Stunde später. Die Überschreitung der Frist von einer halben Stunde nach Ankunft im Schlafhaus, innerhalb der die Körperreinigung und der Kleiderwechsel vollzogen werden mußten, konnte ebenso bestraft werden wie das „Herumgehen ohne Hemd, Hose oder Schuhe". Der Reduzierung menschlicher Persönlichkeit auf ihre Arbeitskraft entsprach auch die fast hermetische Absonderung der Männergesellschaft von „Frauenpersonen", die nur „während des Tages Lebensmittel oder Kleidungsstücke bringen" durften und sich sofort wieder zu entfernen hatten. Als schließlich Händlerinnen der Zugang erlaubt wurde, handelte eine von ihnen auch mit ihrem Körper, was ihr den ehrenvollen Beinamen ‚Schlafhaushure'" einbrachte[153]. Die käufliche Liebe paßte jedoch in eine Atmosphäre aufgehobener Individualität, normierter und reglementierter Verhaltensweisen sowie unterdrückter Spontaneität.

Worin lag der Nutzen einer quasi-militärischen Wohn- und Lebensform für die Grubenbetreiber? Wenn wir selbstlose Menschenliebe, mit der die Siedlungspolitik an der Saar gerne ummäntelt wurde, als bestimmendes Motiv nicht akzeptieren und auch Erfahrungen mit Schlafhäusern in anderen Revieren einbeziehen, so kristallisiert sich ein unmittelbar ökonomischer Nutzen des Massenquartiers in Grubennähe heraus.

In seiner Untersuchung des oberschlesischen Schlafhauswesens betonte Friedrich Raefler, daß Arbeitszeit und Arbeitsdisziplin durch die Kasernierung der Arbeiter kalkulierbarer und effektiver wurden. Fast sämtliche Werke bejahten die Frage, ob die Regelmäßigkeit der

Anfahrt erhöht und das Blaumachen von Schichten eingeschränkt worden sei. Sein Fazit lautete:

„Die Oberschlesischen Grubenschlafhäuser ... haben also den unschätzbaren Vorzug ... immer ein gewisses Maß von den wichtigen Schleppern zu gewährleisten, auf das man sich verlassen kann. Sollte vereinzelt die Anfahrt der Insassen zu wünschen übrig lassen, so stehen durch das Schlafhaus genügend Wege zu Gebote, die Regelmäßigkeit im Verfahren der Schichten zu heben"[154].

Wenn in einem Monat keine Schicht „freiwillig" versäumt worden war, wurde die kontinuierliche Arbeitsleistung gar durch ein verbilligtes Mittagessen belohnt. An der Saar drohte bei Verstößen gegen die Arbeitsdisziplin der Verlust des Wohnplatzes: „Wer, ohne krank zu sein, feiert, wird aus dem Schlafhaus gewiesen"[155]. Die optimale Nutzung der Arbeitszeit, die Chance, das komplexe Gebilde eines Bergwerkes Elementen rationaler Betriebsführung zugänglich zu machen, konnte als der Sinn des militärisch-rituellen Tagesablaufs begriffen werden.

Die Beaufsichtigung der Freizeit und deren Unterordnung unter das Betriebsinteresse setzten sich in den vielfältigen Bemühungen fort, einen der letzten Freiräume im Schlafhaus der Verfügungsgewalt der Arbeiter zu entziehen: Wurde zunächst durch die Einrichtung von Kochstellen die Selbstversorgung der Insassen gefördert, so warf deren sparsame, dabei einseitige Ernährung bald die Frage einer für die harte Arbeit ausreichenden körperlichen Reproduktion auf. Wie in den Haushalten der Koloniebewohner so bestanden auch in den Schlafhäusern die Hauptnahrungsmittel aus Kaffee, Brot und Kartoffeln, die spärlich mit Fett begossen wurden. Fleischnahrung kam nur vereinzelt vor, „in der Regel fehlt sie andauernd"[156]. Die Gruben von der Heydt, Heinitz und Gerhard reagierten auf die mangelhafte Ernährungssituation mit der Einrichtung von sogenannten Menagen, das waren Speiseanstalten, in denen dafür Sorge getragen werden sollte, daß „nur kräftige Lebensmittel" verabreicht wurden. Durch die Zahlung von 30 Pfg. erwarb der Bergmann das Recht, an der mittäglichen Speisung nach einer vertraglich fixierten „Lieferung fertiger Speise-Portionen" teilzunehmen. Für die Schlafhäusler der Gruben von der Heydt und Gerhard sah der Speiseplan sechs fleischhaltige und freitags ein fleischloses Mittagessen vor, das täglich durch Gewürze und Grünes nach Bedarf ergänzt wurde[157]:
Die Speisen wurden in großen Kesseln mit Dampf gekocht und vermischt verabreicht. Nach Art der Volksküchen sollten vor allem stopfende Hülsenfrüchte und eine „reichliche Zuthat von Fett" für eine kalorien- und schlackenreiche, damit sättigende Ernährung sorgen[158].

Sonntag und Mittwoch	Montag, Donnerstag und Samstag
1 Pfd. Kartoffeln	1 Pfd. Kartoffeln
22 Loth Bohnen	22 Loth Erbsen
1/2 Loth Speck	1/2 Loth Speck
1/4 Pfd. Rindfleisch	1/4 Pfd. Rindfleisch
1 Loth Salz	1 Loth Salz

Dienstag	Freitag
1 Pfd. Kartoffeln	1 Pfd. Kartoffeln
12 Loth Reis	12 Loth Graupen
1/2 Loth Speck	2 Loth Fett
1/4 Pfd. Rindfleisch	1/2 Loth Zwiebeln
1 Loth Salz	1 Loth Salz

Die Bezahlung des Essens erfolgte bargeldlos im Wege eines monatlichen Lohnabzugs:

„Nichts wird baar bezahlt, sondern es wird immer nur die Speisekarte vorgezeigt. Dieselbe enthält in kleinem Druck 31 Colonnen für Frühstück, Mittagessen und Abendbrot und dann 16 Colonnen für Brote. So oft nun eine dieser Mahlzeiten oder ein Brot entnommen wird, wird es an der betreffenden Stelle vom Hausmeister coupiert..."[159].

Miete und Verpflegung mit zwei Mahlzeiten kostete den Bergmann ca. 16 M. im Monat, das entsprach etwa vier bis fünf Schichtverdiensten eines Hauers oder acht Schichten eines noch jungen Schleppers.

Das Schlafhaus der Grube von der Heydt, das am 1. Juli 1875 seinen Betrieb aufnahm, war aus jener neuen Generation von Wohlfahrtseinrichtungen, die auf der Berliner-Hygieneausstellung 1883 präsentiert wurden. Erstmals war der Erwerb von Unterkunft zwangsweise gekoppelt an die regelmäßige Verpflegung in der Speiseanstalt, die vom Grubenkonsumverein betrieben wurde. Bis in die Jahre 1888/89 vermeldet das offiziöse Sprachrohr der Bergwerksdirektion den Erfolg ihrer Fürsorge:

„Die Menageeinrichtungen der Consumvereine Von der Heydt und Heinitz sind von den Arbeitern fleißig benutzt worden... Der denselben gewährte freundliche Aufenthalt außer der Arbeitszeit, die billige und gute Verpflegung, die ihnen regelmäßig und ohne eigenes Zuthuen gewährt wird, werden gewürdigt"[160].

Die stereotype Wiederholung dieser Erfolgsmeldung brach mit Beginn der Streikzeit plötzlich ab, und es stellte sich heraus, daß sich in der Belegschaft der betroffenen Schlafhäuser großer Unmut breit gemacht hatte. Jedenfalls wurde die Streikforderung der Arbeiter auf

Abb. 15: Blick in den Eßsaal des unteren Schlafhauses der Grube von der Heydt (um 1905). Saarberg. Zentrales Lichtbildarchiv

von der Heydt und Heinitz-Dechen nach Abschaffung des Essenszwangs schon wenige Wochen später durch die Betriebseinstellung der Speiseanstalten erfüllt[161].

Die Motive der Arbeiter, von der Untersuchungskommission 1890 vorschnell als unberechtigter „Unwille" und mangelndes „Verständnis" gegenüber einer modernen Ernährungslehre klassifiziert, ergaben sich aus ihrer umfassenden Kritik an dieser Fürsorgeeinrichtung, wie sie in den Arbeiterausschüssen vorgetragen wurde. Das boykottähnliche Verhalten gegenüber erneuten Versuchen der Inspektion Heinitz, den Menagebetrieb während der Streikzeit wieder aufzunehmen[162], ergänzte das verbale Eintreten der Arbeiter für eine Selbstbestimmung in Fragen ihrer Ernährung: Die Koppelung von Miet- und Kostverhältnis und das bargeldlose Einzugsverfahren wurden abgelehnt, die Qualität des Essens bemängelt und eine selbstverwaltende Trägerschaft für eventuelle Schankräume in Schlafhäusern gefordert. Denn in den Räumen der Grubenkonsumvereine herrschte Disziplin, hier konnte kein lockeres Wort unbemerkt fallen, ohne daß es den Vorgesetzten zugetragen wurde. Die Atmosphäre wurde wesentlich durch einen aufwendigen Wandschmuck bestimmt: Bilder des Kaisers, des Kronprinzen, des früheren Oberberghauptmannes Krug von

Nidda, des Fürsten Bismarck und des Feldmarschall Graf von Moltke ergänzten belehrende und nationalistische Sinnsprüche[163]:

1. Deutschland, Deutschland über Alles, über Alles in der Welt, Wenn es stets zu Schutz und Trutz brüderlich zusammenhält.
2. Willst du borgen,
   Komme morgen!
3. Nur fein mäßig, wackere Knaben,
   Die das Leder hinten haben!
4. Ein guter Trank aus Gerst und Hopfen,
   Das sind die besten Wundertropfen!"

In solch fürsorglich verwalteter, Leib und Geist erziehender Atmosphäre schmeckte das Essen nicht. Stattdessen kam auch hier die Abneigung gegen die Beamtenkaste hoch: „die Menage sei nur für die Beamten da, welche das Fett oben herunter bekämen"[164].

In einer Menage, die vom Konsumverein oder einem Beamten geleitet wurde, fühlten sich die Bergleute beobachtet — auch die Grubenverwaltungen wiesen den Wirten einen „Aufseherposten" zu. Die Dudweiler Berginspektion erblickte den Nutzen einer von der Grube geführten Wirtschaft darin, daß „sich der Umgang der Leute nöthigenfalls überwachen" läßt und „etwaigen Aufwieglern ... der Zutritt verwehrt" werde[165]. In der Person Schillos, eines engagierten RV-Mitglieds, präsentierten die Bergleute der Inspektion II eine personelle Alternative:„Die Schlafhäusler wollen keinen anderen Wirth als Schillo"[166]. Dieser präzisierte die Vorstellungen seiner Kameraden von einem Gast- und Schankraum, der nicht unter die immer wieder erhobenen Forderungen nach Aufhebung der Menageeinrichtung fiel: „unabhängig und vollständig der Mitwirkung des Fiuskus entzogen" wollten die Beteiligten „den Verwalter selbst wählen und auch die Bezugsquellen für die zu vertreibenden Nahrungs- und Genuß-Mittel selbst bestimmen[167]. Auch bei einer solchen Einrichtung sollte die Möglichkeit der Selbstversorgung erhalten bleiben.

Zwang, Bevormundung und repressive Atmosphäre bildeten die Anlässe der breiten Opposition gegen die „Wohlthaten" des Arbeitgebers. Die Forderung nach Selbstversorung wies aber auch auf einen tiefer liegenden Konflikt hin. Die Grubenverwaltungen versuchten, die Ernährungsgewohnheiten der Arbeiter den Bedingungen anstrengender Arbeit anzupassen. Berginspektor Richter hielt den Vertrauensleuten seiner Inspektion vor:

„Bier, Kaffee und ein Viertel Wurst, wie es die Bergleute lieben, seien doch erst recht keine kräftige Kost, ebensowenig bloße Kartoffelnahrung. Da sei Fleisch, welches die Menage biete, vorzuziehen"[168].

Gleichwohl genügte den Bergleuten „die schlechte Selbstbeköstigung mit Brod, Kartoffeln und Kaffee". Für sie bedeutete das Eindringen von Marktbedingungen — „daß man für den geringen Kostenbetrag nicht besser kochen könne"[169] — in ihre Ernährungsgewohnheiten eben keine „Demokratisierung in der Nahrungsbefriedigung"[170], sondern eine zusätzliche Einschränkung ihrer freien Verfügbarkeit über den Arbeitslohn. Die Vertrauensmänner von Heinitz und Dechen bemerkten dazu, „daß die Leute sich lieber ihr Essen selbst kochen; sie würden sich dabei besser stehen"[171]. In der Ablehnung der Menagewirtschaft der Schlafhäuser verteidigten diese Bergleute ihren Status als Arbeiter-Bauern, für die die Gewohnheiten agrarischer Lebensführung Teil ihrer Identität und materielle Grundlage einer nicht ausschließlich vom Lohnarbeiterdasein bestimmten Lebensperspektive waren. Der Umbau des Menagengebäudes in Bildstock zu Schlafräumen zeigte an, daß die fiskalische Ernährungsfürsorge „fast überall fehlgeschlagen" war[172].

Die Freizeit der Schlafhausbewohner wurde strenger kontrolliert als ihre unmittelbare Arbeit. Ob Menagenwirt oder Hausmeister, immer verstand es der Arbeitgeber, seine unteren Aufsichtspositionen materiell an sich zu binden. Die Vergünstigungen, die die Hausmeister aus ihrer Position zogen, waren denen der Steiger ähnlich. Zusatzgeschäfte und die private Ausnutzung der Wäscherinnen für Arbeiten im Haushalt des Hausmeisters ließen den Schlafhäuslern offenkundig werden, daß hier Aufsichtsfunktionen erkauft wurden. „Da hat der Spruch ‚Wess Brot ich ess, dess Lied ich sing' wenigstens noch Sinn", äußerten Bergleute des Heinitzer Schlafhauses über ihren Hausmeister[173]. Während die Grubenleitungen ihrem Aufsichtspersonal materielle Vorteile ermöglichten, waren für den Fiskus die Geldergebnisse der Schlafhäuser zweitrangig. Im Etatjahr 1891/92 konnte kein Schlafhaus Gewinn verzeichnen, alleine in Dudweiler betrug der Zuschuß für 8 Schlafhäuser 25 021.63 M. Auch in den folgenden Jahren blieben die Schlafhäuser Zuschußbetriebe[174]. Der umfassende Zugriff auf die Lebensformen eines Teils der Bergarbeiter in ihrer Freizeit schien eine ausreichende Amortisation der Kosten. Daß dabei aus dem Wohnbereich auch ein Protestpotential erwuchs, daß die Arbeiter auch in ihrer Freizeit Auseinandersetzungen mit ihrem Arbeitgeber durchstanden, konnte als ungewollte Nebenwirkung der umfassenden Wohlfahrts- und Fürsorgepolitik betrachtet werden. Die sozialen Kosten dieses Arbeits- und Lebensverhältnisse umspinnenden Netzes erwiesen sich in der Streikzeit als hoch.

4.4. Auswirkungen: Siedlungsstrukturen, Wohnverhältnisse und Arbeitskampf

Die Frage, wie denn Wohnstrukturen und Arbeitskampf zusammenhängen, zielt darauf hin, die Wirksamkeit der Wohnungsfürsorge als Befriedungspolitik in Zweifel zu ziehen und die Bedeutung verschiedener Wohnformen für Streikintensität und Streikverhalten zu erhellen. Zunächst gilt unser Interesse möglichen Zusammenhängen von Wohnsituation und Streikbereitschaft. Führte die repressive Atmosphäre eines Schlafhauses zu Aggressionen, die sich in erhöhter Streikintensität auslebte, oder mündete die scheinbar stabile Lebensperspektive und die strikte Trennung von „Wohnen unter der Woche" und „Leben am Sonntag" in einem Desinteresse an sozialen Bewegungen? Bot die Verstädterung der Lebensverhältnisse und die Verschlechterung der Lebensqualität Ansatzpunkte zu solidarischem, kollektivem Verhalten und erwiesen sich die Haus, Feld und Vieh besitzenden Bergleute tatsächlich als staatstreue und loyale Untertanen, denen ein Aufbegehren gegen die Obrigkeit fremd war?

Beginnen wir mit dem auffälligsten Unterschied im Streikverhalten der Saarbergleute. Obwohl der RV eine Massenorganisation darstellte, blieben Arbeitskämpfe häufig zeitlich und räumlich begrenzt: Trotz seiner geringen Ausdehnung wurde das Bergbaurevier nur im Winter 1892/93 als Ganzes erfaßt. Die niedrigste Streikbereitschaft zeigten die Belegschaften der Berginspektionen I und X, Kronprinz und Göttelborn[175]. Ihnen gemein war der Abbau von Magerkohlevorkommen an der westlichen und nordwestlichen Peripherie des Reviers, dort, wo das Abbaugebiet die industrielle Randzone markierte und in das landwirtschaftlich geprägte Hinterland überging. Hier wurden für die Arbeiter keine Schlafhäuser errichtet oder Kolonien angelegt: Von 1 985 Bergleuten der Inspektion I lebten im Jahre 1 895 nur 80 als Einlieger, die Inspektion X beschäftigte 54 Einlieger, in beiden Belegschaften befanden sich keine Schlafhäusler[176]. Alle anderen Arbeiter wohnten nahe der Grube in kleinstädtischen oder dörflichen Siedlungsverbänden, sodaß sie täglich ins eigene Haus (1 348 Bergleute) oder zu den Eltern (969 Bergleute) zurückkehren konnten. An der Peripherie schien das Miteinander von industrieller Arbeit und ländlichen Wohn- und Lebenszusammenhängen noch intakt und die Bereitschaft, neue kollektive Formen des Konfliktaustrages anzuwenden, erst langsam zu entstehen.

Ein konträres Bild ergibt die soziographische Beschreibung der Belegschaften auf den Gruben Sulzbach und Altenwald, zusammengefaßt in der Berginspektion V. Die Merkmale ihrer Wohnverhältnisse im Zentrum des Reviers waren ein rasches Wachstum kleiner Ortschaften zu Städten, das Entstehen neuer Siedlungsformen und die Reduzierung der Wohnbedürfnisse auf die Befriedigung des Schlafbedürfnisses. Fast die Hälfte der Gesamtbelegschaft wurde von Schlafhäuslern und Einliegern gestellt, in den Wohnorten herrschte eine relativ starke Konzentration bergmännischer Bevölkerung. Hier beteiligten sich die Grubenarbeiter führend und ausdauernd an allen Streikbewegungen der Jahre 1889—93.

Auf der empirischen Basis dieser 3 Inspektionen können wir zunächst feststellen: Dort, wo industrielle Bergarbeit mit ländlichen Wohnverhältnissen harmonisierte und die Integration vormals bäuerlicher Schichten in die Bergarbeit ohne relativ abrupten sozialen Wandel verlaufen war, blieb die Arbeitskampfbereitschaft gering. Wo aber die Entfaltung der Bergarbeit mit einem Umbruch der Wohn- und Siedlungsverhältnisse einherging, entstand dauerhafte Konfliktbereitschaft.

Letztere Konstellation weist jedoch eine starke Innendifferenzierung auf, die am Beispiel der benachbarten Inspektion Dudweiler illustriert werden soll. Auch in Dudweiler waren industrielle Wohnformen verbreitet: 10 Schlafhäuser beherbergten zwischen 700 und 1000 Arbeiter, der Stadt angeschlossen waren 3 Kolonien, zwischen 6,5 % und 15,6 % schwankte die Zahl der Einlieger und lag damit niedriger als in Sulzbach. Im Streikverhalten unterschieden sich die Dudweiler Arbeiter von denen der Sulzbacher Inspektion: Waren sie im Mai 1889 und beim Solidaritätsstreik 1891 gar nicht beteiligt, so harrten sie im Dezember 1889 bis zuletzt aus und initiierten mit anderen den Massenstreik 1892/93. Früher als bei vergleichbaren Inspektionen bröckelte hier allerdings die Solidarität ab.

Welchen Indizien kann ein Erklärungswert für ein solches, lokal unterschiedliches Streikverhalten zugesprochen werden? Die geringere Bedeutung von Einliegern in der Dudweiler Belegschaft lädt zu der Interpretation ein, daß dort, wo diese Arbeiterschicht unterrepräsentiert war, die Streikbereitschaft abnahm. Demonstriert wird das positiv durch das Arbeitskampfverhalten der Berginspektion IX (Friedrichsthal). Hier bildeten die Einlieger im Jahre 1890 ca. 30 % einer Gesamtbelegschaft, die an allen Ausständen — mit Ausnahme des Solidaritätsstreiks 1891 — beteiligt war. Die Teilnahme am Streik konnte von den Einliegern allerdings auch erzwungen werden. Die „Aufkündigung der Quartiere Arbeitswilliger bei ausständigen Bergleuten" (!) erwies sich an der Saar als Druckmittel gegenüber mangelnder Solidarität[177].

Die als Einlieger in den bergbaulichen Zentren der Saar wohnenden Bergarbeiter reagierten auf Veränderungen ihrer ökonomischen und sozialen Bedingungen sensibler und aktionsbereiter als die Schlafhäusler oder die Prämienhäuser besitzenden Bergleute. Gleichwohl galten Schlafhäusler nicht als verläßliches stabiles Element der Arbeiterschaft. Die Belegschaft der Inspektion VII (Heinitz und Dechen), mit über 4000 Arbeitern die größte des Saarreviers, wurde 1890 durch ca. 30 % Schlafhausbewohner geprägt. Das Streikverhalten dieser Inspektion blieb diffus: Im Mai 1889 brach hier mit einem handfesten Tumult die erste große Arbeitsniederlegung aus, woraufhin die Behörden die sofortige Räumung der Schlafhäuser anordnete. Die Empörung und Betroffenheit der Bergleute blieb über das Streikende hinaus virulent und fand ihren Ausdruck in einer versuchten Streikaktion im Juli. Die spontane Protestbereitschaft verfestigte sich in der Folge jedoch nicht zu konsequentem Arbeitskampfverhalten: Weder im Dezember 1889 noch im Mai 1891 erfuhren die Streiks von den Gruben Heinitz und Dechen relevante Unterstützung. Dagegen leiteten wiederum „Excesse" auf der Inspektion VII den Streik 1892/93 ein, allerdings war der weitere Streikverlauf durch ein regelmäßiges und relativ frühes Abbröckeln der Teilnehmerzahlen geprägt.

Zusammenfassend läßt sich feststellen, daß jene Belegschaften, in denen die Wochenendpendler überwiegend von Schlafhäuslern repräsentiert wurden, sich durch diskontinuierliches, zwischen Tumult und Unterwerfung schwankendes Konfliktverhalten auszeichneten. Dies mag zusammenhängen mit der Unerfahrenheit jenes Teils der Bergleute, die meist erst in erster oder zweiter Generation im Bergbau tätig waren und deren Alltagsleben geprägt wurde von dem dauernden Wechsel zwischen industrieller Wohnsituation und „Verwirklichung" einer agrarischen Lebensperspektive[178].

Diese Interpretation darf allerdings nicht generalisierend auf das Streikverhalten der Schlafhäusler als einer geschlossenen Arbeiterkategorie angewandt werden. Vielmehr blieb dieses Verhalten abhängig von der Zusammensetzung der Belegschaften: Wo das Verhältnis von Schlafhausinsassen zu Einliegern in etwa ausgeglichen war (so auf den Inspektionen II, III und VI), war auffälliges, abweichendes Verhalten nicht feststellbar; die Schlafhäusler integrierten sich in den Streik. Die Bedeutung der bei Privat oder in Kasernen lebenden Arbeiter für die Kampfbereitschaft unterstreicht das Beispiel der Inspektion VIII (König): Ihren über 3 000 Arbeitern gehörten im Jahre 1890 nur 184 Schlafhäusler und 221 Einlieger an. Obwohl die Inspektion benachbart zu der rasch wachsenden Industriestadt Neunkirchen und zu Arbeiterdörfern im nördlichen Revier lag, zeigten die hier Beschäftigten auffallende Streikabstinenz: Nur 240 Arbeiter nahmen am Mai-Streik 1889 für zwei Tage teil; weder im Dezember desselben Jahres noch im Mai 1891 waren Streikaktivitäten zu verzeichnen, und in den großen Winterstreik 1892/93 traten die Arbeiter dieser Inspektion als letzte ein und als erste wieder aus! Nicht zu Unrecht wurde die Grube König der gleichnamigen Inspektion „das letzte Bollwerk gegen den allgemeinen Streik" genannt[179].

Verallgemeinernd läßt sich folgern: Bei gleicher Herkunft der Arbeiter (Landarbeiter, Bauern, Arbeiterbauern, Handwerker) stieg die Bereitschaft zu aktivem Konfliktverhalten mit zunehmender Einbindung in industrielle Lebensumstände, das heißt mit der zeitlichen, räumlichen und lebensperspektivischen Trennung von bergbaulicher Tätigkeit und ländlichen Sozialbeziehungen. Dieser Integrationsprozeß verlief ungleichzeitig und ungleichmäßig und wurde wesentlich auch durch das Verhalten der Kollegen und Familien sowie die Reaktionen der Öffentlichkeit geprägt.

Die dezentralisierten Siedlungsstrukturen der Grubenbelegschaften lassen es sinnvoll erscheinen, den Streikverläufen unter dem Aspekt ihrer Verortung nachzuspüren: Wo fand der Streik statt? Erfahrungen an der Ruhr und auch in Schlesien, wo die Zechenplätze Orte „wilder Leidenschaftsausbrüche"[180] waren, deuten darauf hin, daß die Notwendigkeit des Grubenbetriebes, die Arbeiter an zentralen Anfahrpunkten zusammenzufassen, die Durchführung einer die Produktion unterbrechenden Aktion begünstigte. Diesen neuralgischen Punkt der Betriebsorganisation vor Störungen zu schützen, war das Bemühen der Zechenleitungen: Die präventive Besetzung von Gruben durch Polizei und Militär versuchte, die Möglichkeiten effektiver Streikführung einzuschränken und schuf dabei zugleich das Risiko gewaltsamer Auseinandersetzungen mit nicht absehbaren Folgen.

Zechenplätze und Verleseräume als Örtlichkeiten der Streikdurchsetzung waren im Saarrevier eher die Ausnahme. Die Blockade der Lampenausgabe und die Inszenierung eines Tumults auf Heinitz und Dechen im Dezember 1889 blieben die einzigen erfolgreichen Versuche, auf dem Zechengelände den Streik mit Gewalt durchzusetzen. Daß Ausständische auf Lampennest das Steigerbüro demolierten oder am Maschinenhaus des Claraschachts Fenster einwarfen, blieb eher Ausdruck ohnmächtiger Wut als ein Versuch, die Streikfront zu verbreitern. Oft endete die Miteinbeziehung des Grubengeländes vor den Toren, vor denen die Arbeiter anderer Gruben Tumulte provozierten, wodurch eine Identifizierung einzelner Streikender erschwert werden sollte[181].

Der Grube als bewußtem Kristallisationspunkt des Streiks kam an der Saar keine große Bedeutung zu. Vielmehr demonstrierten die Frankenholzer Privatgrubenarbeiter die übliche räumliche Distanz des Arbeitskampfes vom Arbeitsplatz:

„Die Feiernden mit den anderen, die von der Schicht abgelöst, stehen in Haufen vor den Schlafhäusern oder begeben sich um allem vorzubeugen, truppweise in den Wald, um der Entscheidung der Direction zu harren"[182].

Solange die Hoffnung bestand, auf dem Petitionswege zum Erfolg zu gelangen, stellte das Arbeiterverhalten die Ordnungskräfte vor keine Probleme. Auch verlief der erste Bergarbeiterstreik im Mai 1889 friedlich. Die Feiernden zogen in Umzügen durch ihre Heimatorte, nur symbolische Aktionen wiesen auf die außergewöhnliche und ungewohnte Situation hin: Mal wurde eine Warntafel auf „unflätige Weise" verunreinigt, mal eine gefällte Buche quer über einen Bergmannspfad gelegt und ein Zettel daran befestigt, mit der Warnung „so soll es allen ergehen, die gegen uns sind!"[183]. Der Mai-Streik 1889 entsprach noch weitgehend dem Begriff „Feiern": Streik bedeutete, zu Hause zu bleiben und die Produktion darüber hinaus nicht zu beeinträchtigen. So sank die Durchschnittsförderung pro Mann und Schicht während des Ausstandes nur um 20–40 %.

Der friedfertige Charakter, der die noch ungewohnte Arbeitskampfsituation widerspiegelte, verlor sich mit der Gewöhnung an neue Formen des Konfliktaustrags. Die Wahl der Mittel zur Durchsetzung des Streiks wurde im folgenden nachhaltig durch Bedingungen geprägt, die durch Siedlungs- und Rekrutierungspolitik des Bergfiskus entstanden waren. Dies gilt sowohl für die Inbesitznahme der weitläufigen Anfahrtswege im Streik (z. B. Bergmannspfade, Bahnhöfe etc.), für das „Streikleben" in Hunderten von Dörfern und vor allem für die Integration der Frauen und Kinder in das Streikgeschehen (vgl. Abschnitt 2.5.3.). Von den eindrucksvollen Frauenversammlungen im Winter 1892/93 ist überliefert, daß die Mehrzahl der Beteiligten aus den bergmännischen Zentren des Reviers kamen. Hier

„... war bäuerlicher Nebenerwerb nur noch in sehr geringem Maße möglich, ein proletarisches Lebensschicksal sah man hier allmählich als unausweichliche Tatsache an, die Überbevölkerung der Kolonien, das hautenge Wohnen verstärkten die Einsicht in die relative soziale Gleichheit und förderten gleichzeitig die intensive Kommunikation"[184].

Clara Zetkin hat unmittelbar nach dem Winterstreik 1892/93 die Rolle der Bergarbeiterfrauen als Signal dafür gewertet, daß „in der Masse der proletarischen Frauenwelt der Morgen des Klassenbewußtseins herandämmert"[185]. Sie sah die Ursachen dieser Entwicklung vor allem darin, daß die Frauen die Hauptbetroffenen des Elends in der Bergarbeiterbevölkerung seien. Aber dies galt ja nicht nur für die Frauen der Saarbergarbeiter. Warum aber taten gerade sie sich bei der elementaren Revolte hervor?

Das Verhalten der Frauen war ein ungewolltes Produkt der bergfiskalischen Erziehungs- und Disziplinierungspolitik, mit der die Arbeiterfrauen auf ausschließlich hausfrauliche Tätigkeiten reduziert werden sollten: Durch die Förderung des Einliegerwesens, des landwirtschaftlichen Zuerwerbs der Viehhaltung, durch Einrichtung von Kleinkinderbewahranstalten und Haushaltungsschulen hatte der Fiskus Entwicklungstendenzen der Familie gefördert, die die innerfamiliäre Position der Frau stärkten. Sowohl im Revier als auch im Arbeitereinzugsbereich, in hausbesitzenden und Einliegerfamilien wie in der wochentags fast ausschließlich durch Frauen geprägten Familie der sogenannten „Weiberdörfer" des Umlandes war die weibliche Arbeitskraft existenzsichernd[186]. Die Verquickung von Arbeitsverhältnis und außerbetrieblicher Fürsorge bezog die Familien und die Orte des Familienlebens in die sozialen Beziehungen von Arbeitgebern und Arbeitern mit ein. Mit der Verlagerung des Streikgeschehens von den Stätten industrieller Arbeit zu den Wohnorten der Belegschaften wurden auch die mitbetroffenen Familienangehörigen in den Stand versetzt, die gerade in der proletarischen, patriarchalischen Familienstruktur übliche rigide „Trennung der Tätigkeitsbereiche von Mann und Frau"[187] zu durchbrechen. Familienleben, Haushaltsführung und Streik ergänzten sich und konstituierten kein zusätzliches Spannungsfeld zwischen Mann und Frau. Die preußische Bergverwaltung hat mit ihrer Wohlfahrtspolitik das kleinbürgerliche Mutterideal in einem angesessenen Arbeiterstand begründen wollen, statt dessen aber die mitrebellierende Frau „geerntet". Erstmals im Deutschland der Industrialisierung hatten die Frauen die „traditionalen weiblichen Widerstandsformen" wiederentdeckt[188]. Ihr Beispiel – wie das der Saarbergarbeiterbewegung 1889-1893 überhaupt – stellt jenes modernisierungstheoretische Erklärungsmodell in Frage, das der Existenz von Interessenorganisationen eine „Reduktion des spontanen Elements im Streikausbruch, die Kanalisierung des Belegschaftswillens und die Überwachung der kollektiven Protestformen" zuschreibt[189].

* * *

Über den Zusammenhang von Wohnstrukturen, Repression und Arbeiterpolitik urteilte Ernst Gronerad im Jahre 1923:

„Der Kampf gegen den Rechtsschutzverein wurde der Bergbehörde erleichtert durch die Verhältnisse, die aus ihrer Siedlungspolitik sich herausgebildet hatten. Durch die dezentralisierte Wohnweise war die Agitation für den Verein wesentlich erschwert. Eine Belegschaft, deren Wohnungen sich auf hunderte von Orten verteilt, die nach beendeter Schicht auseinandergeht, ist schwer dauernd durch Versammlungen zu beeinflussen"[190].

Im Gegenteil: Die eigene Leistung der Saarbergarbeiter in der großen Streikzeit bestand gerade darin, die durch die fiskalische Wohlfahrtspolitik geschaffenen Bedingungen zumindest temporär und punktuell zweckentfremdet zu haben. Die „Mikrophysik der Macht", die feine Verästelung eines ausgeklügelten Systems von Repression und Privilegien im Reproduktionsbereich sowie die geschickte Verknüpfung von Bedürfnissen eines vorindustriell strukturierten Arbeitskräftereservoirs mit den Interessen des unternehmenden Fiskus — die mit diesen Elementen entwickelte präventive Konterstrategie gegen die „soziale Frage" griff zu kurz und provozierte Formen des Arbeitskampfes, die von der Bergverwaltung und den Ordnungsbehörden nicht mehr kontrolliert werden konnten.

5

Arbeiterkultur — Zwischen obrigkeitlicher Bevormundung und kultureller Identität

Mit den vorhergehenden Kapiteln haben wir eigentlich schon das „Feld" der Arbeiterkultur betreten. Daß jedoch erst dieses Kapitel den Begriff auch in seiner Überschrift aufführt, bedarf einiger Anmerkungen. Jahrzehntelang galt bei allen Differenzen in der Geschichtsschreibung der Begriff „Arbeiterkultur" als unumstritten: Unter diesem Stichwort wurden

„Bedingungen und Inhalte dessen erforscht, was die organisierte Arbeiterbewegung ihren Mitgliedern an ursprünglich bürgerlicher Bildung und Kultur vermittelte. Dazu gehörte das rege Vereinsleben, das nach bürgerlichen Vorbildern gestaltet wurde, von der proletarischen Kinderkrippe über die Arbeiterlesevereine zum Feuerbestattungsverein. Dazu gehörten die Bildungsbestrebungen, die ihre Zentren in Bibliotheken, Fortbildungskursen und Gewerkschaftsakademien hatten, sowie die Volkstheater und ihre Programme"[1].

Auch in der Bewertung dieser Arbeiterbewegungskultur schienen sich die gegensätzlichen Lager nicht zu widersprechen, zumindest was die historische Aufgabe des Proletariats gegen Ende des 19. Jahrhunderts betraf, also bevor die Arbeiterbewegungskultur sich zu einer einflußreichen Massenbewegung und einem politischen Zankapfel zwischen den Arbeiterparteien entwickelte[2]. Von diesen Ent- und Verwicklungen waren die Arbeiter des 19. Jahrhunderts noch weiter entfernt, als es die Jahreszahlen ausdrücken können. Ihre Hauptaufgabe sei es gewesen, so Wolfgang Steinitz im Jahre 1965,

„... sich aus tiefster Unwissenheit und Kulturlosigkeit heraus die Kulturwerte ihrer Nation und der Menschheit anzueignen, sie zu verarbeiten und dann der Träger einer neuen Kultur und die führende Kraft einer Nation zu werden"[3]

Dieser Einschätzung, wenn auch ohne nationales, staatstragendes Pathos, war die sozialdemokratische Sicht der Dinge nicht allzu fern, wie vor noch nicht allzulanger Zeit im *Vorwärts* zu lesen stand:

„Das wichtigste Ziel der Bildungspolitik der Partei mußte es sein, den kulturellen Rückstand zum Bürgertum aufzuholen und auch in diesem Bereich die Emanzipation der Arbeiter in die Wege zu leiten"[4].

Da erging es den Arbeitern in ihrer „oft hilflosen und verzweifelten Auseinandersetzung mit der dominierenden bürgerlichen Kultur" (Bausinger) oft nicht anders als dem Hasen im Märchen der Gebrüder Grimm: Kaum daß er das Ende der vereinbarten Wettlaufstrecke erreicht hatte, wurde er vom Igel oder seiner Frau mit den Worten empfangen: „Ich bin schon hier". Sich mit einer entfalteten, blühenden bürgerlichen Kultur zu messen, war natürlich ein schwieriges, schier aussichtsloses Unterfangen, wie Dieter Kramer angesichts der materiellen Lage der Arbeiter feststellte:

„Normen und Werte des ‚geziemenden' Wohnens, Kleidens und Essens können unter solchen Bedingungen nicht entwickelt werden. Normen setzen ... eine mittelfristige Statik des Minimaleinkommens als Richtgröße bzw. eine mittelfristige Konstanz des Durchschnittseinkommens voraus, die dann erst die Bildung eines Standards ermöglicht ... Nur bei privilegierten Arbeitergruppen oder in Zeiten längerer relativer Stabilität können, bezogen auf diese Bereiche, Elemente einer Kultur entwickelt werden, die mehr als nur die primitivste Befriedigung der Nahrungs-, Kleidungs- und Wohnbedürfnisse umfaßt"[5].

In diesem Sinne waren die Arbeiter des 19. Jahrhunderts eine wilde, unzivilisierte und rohe Schar — aber waren sie deshalb auch kulturlos?

Mit Blick auf die Arbeiterbewegungskultur könnte diese Frage für die Mehrheit der Arbeiter bejaht werden, allerdings wäre eine derartige Sichtweise einäugig. Schon seit den frühen sechziger Jahren des 20. Jahrhunderts haben in der DDR eine Reihe von Arbeiten unter dem Generalthema „Kultur und Lebensweise des Proletariats" erkennen lassen, daß Kultur mehr umfaßt als den edlen Wettstreit mit dem Bürgertum in den Bereichen Kunst und Bildung, in dem proletarische Normen und Standards zu setzen, stabile Werte und bleibende Werke hervorzubringen versucht wurde. Mittlerweile ist, trotz manchem politischen Kotau vor den politisch-ideologischen Sachzwängen der Gegenwart, „Arbeiterkultur" in Abgrenzung zur „Arbeiterbewegungskultur" über die Grenzen hinweg zu einem gemeinsamen Thema der Sozialgeschichte geworden[6].

Insbesondere in der Bundesrepublik und in England haben neuere, empirische Arbeiten die Tragfähigkeit eines erweiterten Kulturbegriffs nachgewiesen[7]. In diesen Arbeiten wird „Kultur" definiert „als bestimmte Lebensweise, als Methode, mit der das Leben unter vorgegebenen Bedingungen bewältigt und gestaltet wird"[8]. Armut, Mobilität und Instabilität der Lebensperspektive haben Arbeiterkultur nicht unmöglich gemacht, sondern spezifische kulturelle Reaktionen hervorgebracht. Diese häufig im Sinn bürgerlicher Normen irrationalen, unökonomischen und eigensinnigen Reaktionen wurden als „Kultur des Trostes" (Stedman Jones) oder „Kultur der Armut" (Grüttner) beschrieben. Damit war der Gegenpol zum bürgerlichen Kulturverständnis provozierend eindeutig benannt: anstelle der individuellen Überwindung der Lebenszusammenhänge zum Zwecke des Hervorbringens bleibender individueller Werke und Werte gilt als proletarische Kultur nun die kollektive Gestaltung des Lebens[9]. Der kollektive Charakter der Arbeiterkultur ist mittlerweile zum Gemeingut der Forschung geworden[10]. Gleichwohl zeichnet die Arbeiterkultur trotz objektiv gemeinsamer Klassenlage keine uniforme Einheitlichkeit aus. Allzu verschieden waren die Bedingungen, unter denen Arbeiter auf die Herausforderungen ihrer Zeit reagierten. Sie unterschieden sich nach Herkunft und Qualifikationsniveau, nach Alter, Geschlecht und Religionszugehörigkeit und besaßen vor allem weit voneinander abweichende materielle Ressourcen (Löhne, Besitz etc.).

Dies galt sowohl für die deutschen Bergarbeiter insgesamt wie auch innerhalb der einzelnen Reviere. An der Saar war die Pflege der umfassenden bergbaulichen Kultur neben der Siedlungspolitik Hauptbestandteil der fiskalischen Wohlfahrtspolitik. Deren Ziel bestand darin, den im Bergbau beschäftigten wie neuaufgenommenen Arbeitern die vielfältige und jahrhundertealte Tradition des Bergbaus zu vermitteln, deren Inhalte zu propagieren und in das Bewußtsein der Arbeiter zu implantieren. Dadurch unterschieden sich die Steinkohlebergleute deutlich von den Fabrik- und Industriearbeitern in den Städten und auf dem Land. Das Fehlen kultureller Werte war bei ihnen nicht zu vermuten[11]. Das folgende Kapitel muß deshalb gerade jene als „bürgerlich" bezeichneten kulturellen Bereiche berücksichtigen, durch deren gezielte Förderung der Arbeitgeber ein berufsständisches Bewußtsein in einer industriellen Arbeiterschaft zu wecken versuchte. Gleichwohl wird deutlich werden, daß kulturelle Eigenleistungen zwischen bürgerlichem Vorbild und proletarischer Kultur des Trostes und der Armut auch hier, innerhalb einer qualifizierten Arbeiterschaft, Bedeutung erlangten.

5.1. Ständische Demonstrationen: Uniformierung der Individuen, Bergfeste und -musik

Die Entwicklung des Steinkohlebergbaus führte in der zweiten Hälfte des 19. Jahrhunderts Hunderttausende von „bergfremden" Menschen der Arbeit des Aufschließens, Gewinnens und Förderns von Bodenschätzen zu. Dort, wo eine kleine Zahl von Knappen zu einem „Stand" zusammengewachsen war, wurde er von der Aufgabe, als Träger einer Standeskultur den neuen Arbeitskräften die kulturelle Eigenart und Formkraft des Bergbaus zu vermitteln, völlig überfordert. Auch stammte die Mehrheit der heute noch von der Öffentlichkeit bewunderten Bergmannstraditionen aus den Gebieten des Erzbergbaus Mitteldeutschlands und anderer Regionen, in denen Edelmetalle gefördert wurden. Die Brauchtumsintensität war eng mit der „Preziosität des Fördergutes" verbunden[12]. So unterschieden sich die Entstehungsprozesse von Brauchtum und Traditionen in den das Massengut „Steinkohle" fördernden Revieren von jenen Prozessen im Zeitalter des Barocks, das den „geschichtlichen Höhepunkt der kulturellen Entfaltung des Bergmannstums" darstellte[13]. Ständische Demonstrationen und ein ausgeprägter Kulturprotektionismus mußten insbesondere im Saarrevier den kulturellen Rückstand der Bergleute zu kompensieren versuchen.

Die erste Erwähnung einer einheitlichen Kleidung im Bereiche des Saarbergbaus datiert aus dem Jahre 1766, also 15 Jahre nach Übernahme des Bergbaus durch den Landesherren. Adolph Köllner schilderte:

> „Ohnweit dem Dorf Dutweiler paradirte der Berg-Inspector Herr Engelke mit etlich und 50 Bergleuten, unter vortrefflicher Berg-Music und steter Abfeuerung bei 30 Stück großer Canonen. Gedachter Berg-Inspector hatte sich und alle seine Leute in neue Berg-Habits gekleidet, davon sein und derer anderer Vorsteher ihre von schwarzem Atlaß [= Seidengewebe mit glänzender Ober- und matter Unterseite, H.St.] reich mit Gold, die Schurzfelle von schwarzem Sammet und goldenen Franjen, und die auch schwarzsammetnen Kappen mit silbernen Schildern besetzt waren"[14].

5.1.1. Standeskleidung für Arbeiter? Bergmannstracht und -uniform

Diese erste Erwähnung einer bergmännischen Standeskleidung anläßlich der Hochzeit des Erbprinzen von Nassau-Saarbrücken mit der Prinzessin Wilhelmine Sophie Eleonore von Schwarzburg-Rudolfstadt blieb vorerst ein Einzelfall; noch 1797 bestimmte Artikel 17 des von Berginspektor Knoerzer in Dudweiler erlassenen Reglements, daß Bergleute an Sonn- und Feiertagen in einer *noch anzugebenden* Uniform ihren Vorgesetzten mit Achtung, Respekt und Gehorsam begegnen müßten. Als der Bergbau unter einheitlicher Leitung und Besitzverhältnissen stand, zog die Frage der Uniformierung die besondere Aufmerksamkeit der Besitzenden auf sich. Welche Motive steckten hinter den Bemühungen um eine einheitliche Tracht bzw. Uniform?

Die Interessen des preußischen Fiskus wurden von den leitenden Behörden schon früh formuliert: „Zur Bewirkung eines größeren Gemeingeistes in der Knappschaft soll die Uniformierung der Individuen so rasch wie möglich vorgenommen werden"[15]. Hier wurde die Entstehung kulturellen Brauchtums auf den Kopf gestellt: Nicht die gefahrvollen Erfahrungen eines gemeinsamen Arbeitsprozesses provozierten Zusammengehörigkeitsgefühle und verdichteten sich zu einem sichtbaren Ausdruck in Form gemeinsamer Kleidung, sondern der Arbeitgeber kümmerte sich sowohl um die Standesorganisation „Knappschaft", als auch um deren geschlossenes Auftreten.

Folgerichtig übernahm auch der Fiskus die organisatorischen, sprich finanziellen Schritte zur Verwirklichung des großen Plans. Da die Arbeiter zu arm waren, sich die Uniform auf eigene Kosten zu beschaffen, erhöhte das Bergamt das Ladegeld, zahlte diese Erhöhung jedoch nicht an die Arbeiter aus, sondern führte sie einem Fond zur Beschaffung von Uniformen zu. Obwohl für die Bergleute ihr „Verdienst bei der hiesigen Theuerung aller Lebensmittel kaum hinreicht, ihre Existenz zu sichern"[16], stand für den Fiskus die Entfaltung ständischen Korporationsgeistes vor elementarer Bedürfnisbefriedigung. Die auch den Behörden bekannte wirtschaftliche Situation der Knappen führte dazu, daß das Reglement vom 1. Dezember 1819 in seinem § 14 zwar bestimmte: „Wenn künftig Knappschaftsversammlungen oder bergmännische Aufzüge gehalten werden sollen, so muß er sich nach erhaltener Aufforderung jedesmal dazu einfinden, und bei diesen und anderen feierlichen Versammlungen an Sonn- und Festtagen in der bergmännischen Uniform erscheinen"[17], daß das Bergamt jedoch diese Vorschrift nicht streng handhabte.

Karl Heinz Ruth zieht vorschnell ein Fazit: „Wie schnell letzten Endes die Uniformierung der Saarbergleute vor sich ging, ist nicht überliefert. Daß die preußische Verwaltung nicht allzu viele Jahre ins Land ziehen ließ, ist naheliegend und zu vermuten"[18]. Überliefert jedoch ist, daß die Uniformierung noch lange und insbesondere mit der beginnenden Industrialisierung in den 50er Jahren Gegenstand bergbehördlicher Beratungen gewesen ist. Das Protokoll der Verhandlungen unter Vorsitz des Oberpräsidenten der Rheinprovinz von Kleist-Retzow über die Bergarbeiterkolonien, beginnend am 11. Mai 1858, vermerkte unter der Rubrik „Bergmännische Tracht" einen Beitrag des Berghauptmanns von Dechen:

„Die Dürftigkeit der Bergarbeiter läßt es nicht zu, daß dieselbe durchweg vorgeschrieben werde. Der ständige Bergmann aber, wenn er irgend in der Lage ist, sich die bergmännische Kleidung anzuschaffen, darf nicht anders als in dieser vor seinem Vorgesetzten erscheinen"[19].

Mit der rapiden Vermehrung der Arbeiterzahlen vergrößerte sich das Dilemma der Bergverwaltung; die Diskrepanz zwischen Geplantem und Machbarem wuchs.

Dem Bergmann wurde gemeinhin „Repräsentationsstolz" zugeschrieben. Für eine mangelnde Verbreitung bergmännischen Standesbewußtseins wie für dessen ökonomische Bedingtheit sprachen jedoch identische Beobachtungen, die die beiden Pfarrer Printz und Brandt der obengenannten Konferenz mitteilten. Nach ihren Beobachtungen verliefen bergmännische Beerdigungen ohne jeden repräsentativen Glanz, einzig die Sargträger erschienen öfters in Uniform. Des weiteren klagten sie, daß häufig nur ein paar Frauen den Bergmannsleichen das letzte Geleit gäben[20]. Das Bild eines erfreulichen Anlasses, einer Bergarbeiterhochzeit zu Beginn unseres Jahrhunderts zeigt, wie wenig verbreitet die bergmännische Tracht bzw. Uniform war. Als einzige der Hochzeitsgesellschaft trugen die beiden Familienoberhäupter zum zivilen Festanzug die Bergmütze[21]. Diese auffällige Abstinenz in der Demonstration ständischer Absonderung hatte zwei Gründe: Das Tragen einer Uniform war zunächst ökonomisches Problem; selbst für ständige Bergleute konnte sie nicht zwingend vorgeschrieben werden. Nun erklärt dies zwar ein mangelhaftes Erscheinungsbild bezüglich einheitlicher Uniformierung, kann jedoch noch nicht die mangelnde Teilnahme an solchen Anlässen überhaupt erklären. Diese ergab sich aus der unmittelbaren ökonomischen Verknüpfung von Traditionspflege und Standesbewußtsein mit materiellen Vorteilen. Berghauptmann von Dechen erklärte dies so:

„... wenn auch die Begleitung jeder Bergmannsleiche durch Bergleute in der Bergmannstracht recht wünschenswert erscheine, sie doch nicht befohlen werden könne, zumal den Bergleuten nach hiesigen Grundsätzen jede Zeitversäumnis, jeder Weg, den sie auf Anordnung der Vorgesetzten thun, vergütet werden müsse"[22].

Für die Bergleute ließ sich das angeordnete Uniformtragen auch ausdrücken in absoluten Geldbeträgen, eine von oben verordnete Kultur materialisierte sich für den einzelnen. Es bleibt die Frage, ob solche kulturellen Normen verinnerlicht wurden, sodaß wir berechtigt wären, von einer *Arbeiter*kultur zu sprechen. Noch 1902 mußte das Tragen der berufsständischen Kleidung beim Bergfest, bei *dem* Anlaß demonstrativer Repräsentation, angeordnet werden: Der Heinitzer Bergrath betonte vor den Vertrauensmännern,

„daß die Belegschaft, soweit sie ihrer aktiven Dienstpflicht genügt habe oder aber von dieser befreit sei, beim Bergfest im Bergkittel erscheinen müsse; nur für dieses Jahr wolle er für *ältere* Leute noch Ausnahmen zulassen. Ueberhaupt müsse von den Bergleuten mehr Werth auf die bergmännische Tracht des Bergkittels gelegt werden"[23].

Für die Schwierigkeiten der Behördenkultur sprach auch die „Verjahrmarktung" des Kittels: Auf dem Dudweiler Bergfest 1896 wurden u. a. 24 Kittel als Preise nachmittäglicher Spiele ausgesetzt[24]!

Auch die in Uniformen zur Beerdigung marschierenden Bergbeamten vermochten das Scheitern behördlicher Traditionspflege nicht zu vertuschen. Beerdigungen wie die nun beschriebene scheinen die Wirklichkeit widerzuspiegeln: „An dem Begräbnis des Bergraths Menke haben außer den höheren Beamten 3 Obersteiger bzw. Maschinenwerkmeister, 2 Fahrtsteiger, 20 Steiger und 1 Arbeiter (Fahnenträger) teilgenommen"[25]. Die aus Ensdorf engagierte Bergmusik mußte bezahlt werden. So standen die Beamten der Kgl. Steinkohlengruben allein auf ihren Beerdigungen und repräsentierten nicht mehr als ihre eigenen Kulturvorstellungen, ähnlich den sechs Steinfiguren am Saarbrücker Bergwerksdirektionsgebäude.

Diese Figuren spiegeln recht sinnfällig das Saarbrücker Trachtenwesen wider. Zur Erklärung des Steigerbildes mußte der Verfasser eines Aufsatzes im *Saarbrücker Bergmannskalender* erklären: „In der Grube schaut er anders aus als bei der Parade"[26]. Denn das Steinbild trug den Schachthut mit Federbusch, der in den Kohlenrevieren „nur zur Gala-Uniform der Grubenbeamten"[27] gehörte. Die Figuren des Steigers und des Direktors sondern sich sowohl in der Gestalt wie in der Ausstattung der Tracht von den vier andern Bildern (Bergmann, Hüttenmann, Gesteinshäuer-junger Bergmann, Kohlenhäuer-älterer Bergmann) ab. Die prächtigen Bärte in den selbstbewußten ernsten Gesichtern korrespondierten mit den federgeschmückten Hüten und den reich verzierten Uniformen, während die Schlichtheit der bergmännischen Gewänder zu den groben Werkzeugen paßt. Damit erhielt die Tracht oder Uniform eine ambivalente Bedeutung: Als Ausdruck einer berufsständischen Gemeinsamkeit betonte sie die Diffe-

Abb. 16 und 16a: Während von Grubenbeamten bei sich bietender Gelegenheit prächtige Uniformen demonstrativ getragen wurden (oben, um 1900), deuten bei Gruppenaufnahmen von Bergarbeitern allenfalls einzelne „Trachtenelemente" (hier die Bergmütze) oder Gezähestücke (= Werkzeuge) auf ständische Traditionen oder einen berufsbezogenen Stolz hin (unten, um 1886).

Saarberg. Zentrales Lichtbildarchiv

renzen, nämlich die „Minderwertigkeit" der einfachen Bergleute und die Bedeutung der Beamten.

Die Tracht trägt dazu bei, „den *echt bergmännischen Geist* und das *Standesbewußtsein* beim deutschen Bergmann zu erhalten und zu fördern"[28], betonte der *Saarbrücker Bergmannskalender* im Jahre 1903. Diese offiziöse Stellungnahme drückt das Wunschdenken eines Teiles der im Bergbau Tätigen aus. Es ist auffallend, daß die Traditionspflege in den Beamtenkreisen und an den Bergakademien konzentriert war; hier verband sich Interesse (an der Begründung der eigenen Arbeit als einer althergebrachten) mit Statusdenken (als Staatsbediensteter und Funktionsträger mit Untergebenen) und einer politischen Konterstrategie (die Einbindung in eine ständische Verfaßtheit mit einem gegenseitigen Treueverhältnis, welches die offene Materialisierung des modernen Lohnarbeiterverhältnisses zu verschleiern half).

Daß es an der Saar nicht zur Ausbildung einer eigenen Bergmannstracht kam, lag nicht so sehr an Vermittlungsfehlern der Bergbehörde als vielmehr an der Untauglichkeit des Versuchs, eine nicht vor Ort entstandene Tradition binnen kürzester Zeit Arbeitern überzustülpen, die zum einen noch in die ländliche Sozialverfassung und deren Kultur eingebunden waren, zum anderen wegen des rapiden industriellen Wachstums keinerlei Chance einer inhaltsbezogenen Anpassung besaßen. Die Äußerlichkeit und Oberflächlichkeit einer solchen Standeskultur wurde nicht zuletzt durch das Gerangel um materielle Vorteile und bessere Arbeitsbedingungen etwa in den sog. „Musikantengedingen"[29] decouvriert. Oder anders gesagt: Daß sich die Bergbehörde die kulturelle Bestätigung ihrer Arbeiter „erkaufen" mußte, enthüllte den wahren Charakter dieser sogenannten Arbeiterkultur.

In seiner saarländischen Volkskunde von 1927 resümierte Nikolaus Fox: „die bewußt geschaffenen Trachten der modernen Berufe (Arbeiterbluse, Arbeiterkappe und auch die alte Bergmannstracht) blieben nicht lebenskräftig. Sie wuchsen nicht aus der Überlieferung hervor"[30]. Deutlicher konnte das Dilemma behördlicher Traditionspflege nicht benannt werden. Nicht anders endeten die Bemühungen um eine Uniformierung der Ruhrbergarbeiter. Die Einführung einer Berufstracht stieß nicht nur wegen der damit verbundenen Kosten auf Ablehnung beim „Bergvolk"; sie scheiterte auch „wegen des Widerstandes, den die Bergleute einer solchen ‚Reglementierung' der Kleidung entgegensetzten, weil sie sie als Eingriff in ihre Freiheit betrachteten"[31]. Zu keiner Zeit wurde im Ruhrgebiet die Bergmannstracht in den breiten Schichten der Bergbaubevölkerung heimisch.

5.1.2. Militarisierung, Professionalisierung, Kunstbeflissenheit: die Bergmusik

Eine ähnliche Wert- bzw. Überschätzung wie die bergmännischen Uniformen erfuhr die Bergmusik. Noch am 11. September 1899 schrieb die Kgl. Berginspektion VIII:

„Die Bergmusik ist ... unserer Meinung nach an und für sich ein dauerndes und wesentliches Erfordernis zur Stärkung des guten bergmännischen Geistes in der gesamten Belegschaft"[32].

Damit stand eine Intention der musikkulturellen Betätigung des Bergfiskus im Vordergrund, die nicht eine musikalische Kompensation der Schwerarbeit oder gar Entfaltung individueller musischer Kreativität zum Ziel hatte, sondern kollektive Absonderung und kulturelle Uniformität. Im Ruhr- ebenso wie im Saargebiet waren die Bergkapellen eine Erscheinung des 19. Jahrhunderts. Mit der ersten bescheidenen Intensivierung des Bergbaus wurden in Dortmund (1816/17), Bochum (1830) und Essen (1832) die Musikgruppen „bergamtlich eingerichtet und gefördert"[38].

Als Prinz Wilhelm von Preußen anläßlich seines Besuches in Saarbrücken 1819 auch die Grube Geislautern besuchte, brachte er hier die „Arbeiter"kulturbewegung ins Rollen. Durch einen reitenden Boten des Nachts vom bevorstehenden Besuch aus dem Königshaus in Kenntnis gesetzt, versuchte der Leiter der Grube zunächst, eine Saarlouiser Militärkapelle zu engagieren. Als der Kommandant des dortigen Infanterieregimentes ablehnte, schlug die Geburtsstunde der Saarbrücker instrumentalen Bergmusik: Steiger wurden ausgeschickt, zufällig bekannte Blechbläser im Revier für den Empfang seiner Majestät zu engagieren. In der kurzen Probe konnten weder Instrumente aufeinander abgestimmt, noch Harmonie unter den Musikern erreicht werden. Die Melodie „Heil Dir im Siegerkranz" ertönte als „reine Katzenmusik" (Bergrat Sello), die der Prinz jeodch gnädig „allerliebst" nannte. Ihm schien es auch weniger um den musikalischen Eindruck, als vielmehr um die standespolitischen Intentionen zu gehen. Er empfahl, „daß für Saarbrücken, ähnlich wie in Sachsen, zur Hebung des bergmännischen Standes ein reguläres Musikkorps gebildet werde"[34]. Schon in ihrer Geburtsstunde hatten die Bergmannskapellen also wenig mit der Arbeit, dem Arbeitsplatz oder eigenen Bedürfnissen zu tun. Gepränge und Repräsentation des monarchischen Staates waren die Geburtshelfer der Saarbrücker Direktionskapelle, die für die nächsten Jahrzehnte neben der auf der bayerischen Grube zu St. Ingbert existierenden „Musikbande" die kulturellen Bedürfnisse der bergfiskalischen Verwaltung zu befriedigen hatte.

Alle anderen Saarbergkapellen entstanden mit dem Industrialisierungsschub der 50er bis hinein in die 90er Jahre[35]. Es darf wohl vermutet werden, daß die Kapelle in Frankenholz, die auf die Initiative des „musikliebenden Direktor Weiß" zurückging, den Regelfall in der Entstehungsgeschichte der Bergkapellen im Saarbrücker Distrikt darstellte: Im Vordergrund standen die kulturellen Interessen und Vorstellungen eines gehobenen Bürgertums mit einem ausgeprägten Sinn für Tradtitionsbewußtsein.

Wie eng die Bergmusik in Steinkohlerevieren mit den Repräsentations- und Statuszwängen der Monarchie und insbesondere der bergbehördlichen Beamtenschaft verbunden war, zeigt das Schicksal der Musikkorps im Ruhrrevier: Als durch die Liberalisierung des Bergrechts in den 1850er und 1860er Jahren die Bergbehörden ihre sozialpolitischen Kompetenzen verloren, verschwanden rasch auch die zu Beginn des 19. Jahrhunderts eingerichteten Bergmusikkorps[36].

Im Aufbau „von oben" entpuppte sich die Suche nach einem entsprechenden Kapellmeister als vorrangiges und zugleich die Zukunft der Kapellen bestimmendes Problem. War der erste Kapellmeister der Saarbrücker Direktionskapelle zumindest noch ein „Bergmusiker", dessen Vater selbst Bergmann gewesen war[37], so spielte die Verbindung zur Bergarbeit bei den folgenden Kapellmeistern kaum mehr eine Rolle. Beispielhaft war die Karriere von Nikolaus Gottlieb Sonntag, dem ersten Kapellmeister der Bergkapelle St. Ingbert (1837–1885).

„Sonntag, am 16. November 1811 als Sohn des Stadtmusikers Gottlieb Sonntag in Thiersheim/Oberfranken geboren, kam 1837 vom Aschaffenburger Bayrischen Jägerkorps nach St. Ingbert... Kapellmeister Sonntag wird [um 1850, H. St.] zum kontrollierenden Grubenaufseher ernannt. Die Musiker, zu einer geschlossenen Arbeitsgemeinschaft in der Grube zusammengefaßt, fühlen sich als bevorzugte Bergleute"[38].

Bis zur Jahrhundertwende waren die Kapellmeister oft landfremde, nichtbergmännische Berufsmusiker bzw. deren Söhne, die zur Bergmusik meist aus Status- und Versorgungsgründen kamen: Neben dem Militär schien sich der preußische Bergfiskus als bevorzugte Versorgungsinstanz zu bewähren. Die Kapellmeister standen im Vergleich zu ihren Musikern in sozialer Hinsicht sehr günstig und dementsprechend war der Andrang zu den Kapellmeisterstellen in Werkskapellen groß. Diese Position bedeutete einen Ausbruch aus dem Untergeordnet-Sein und war Lohn für jahrelange Arbeit und Entbehrungen. Die Kapellmeister verdienten weitaus besser und teilweise zu Lasten der Musiker: Diese mußten monatliche Beiträge an sie abführen[39].

Die Karrieren der Kapellmeister warfen ein bezeichnendes Licht auf die „Arbeiter"kultur: Während der eben genannte Sonntag nach Amerika auswanderte, um dort ein noch besseres Fortkommen zu finden, empfahl sich einer seiner Nachfolger für die Bergmusik durch seinen Lebensweg als „Militärmusiker und hernach Kapellmeister im Zirkus Bufallo Bill"[40]. Eine normale, nicht unbedingt derart zirkusreife Karriere war der Weg über die Militärmusik zur Bergmusik, weniger häufig führte es Absolventen eines musikwissenschaftlichen Studiums in diese Ränge: 16 der bei Hahn erfaßten Kapellmeister, die ihren Dienst vor der Jahrhundertwende begonnen hatten, waren durch die musische Schule des Militärs gelaufen[41].

Kein Wunder, daß sich die militärische Komponente der Bergmusik durchsetzte. Über den Kapellmeister wurden militärische Tugenden vermittelt. Über den neuen Leiter der St. Ingberter Kapelle (von 1885–1909) wird berichtet: „Der neue Dirigent, früher Militärmusiker und hernach Gendarm in St. Ingbert, bringt Schneid in das... etwas gemächlich gewordene Musizieren und wird bald durch seine schmissige Marschmusik bekannt"[42]. 1902 hatten die Louisenthaler Bergmusiker „nach militärischem Vorbild ‚In Parade-Uniform' ‚Schlachtenkonzerte' auf die Beine gestellt, denen eine ‚Anzahl prächtig klingender ‚Fanfaren-Märsche' nicht fehlt[e]"[43]. Die beherrschende militärische Komponente auch im bürgerlichen Musikleben an der Saar ergab sich aus der engen Verzahnung von Kommunen und Militär im Polizeistaat Preußen[44]: Von 1820 bis 1914 beherrschten in den Städten Saarbrücken und Saarlouis Militärkapellen die Szene des öffentlichen Musiklebens auf Plätzen und in Lokalen, auf Sängerfesten, Jubiläen und Vereinsfeierlichkeiten. So wurden diese, „was Besetzung, Organisation und Personalstärke, als auch das Repertoire betraf", zum Vorbild für die Blasmusik im saarländischen Industriegebiet[45]. Die Verbindung von Militär- und Bergmusik demonstrierte die Grubenkapelle Ensdorf bei Kriegsausbruch 1914: Sie stellte einen Teil ihrer Instrumente dem Militär zur Verfügung[46]. Blechinstrumente eignen sich ja besonders gut für eine schmissige und massensuggestive Musik, wie sie das Militär benötigt. Ähnlich bei den Bergleuten: Hier wurde das Ringen mit der Natur, das ‚ihren-Gewalten-trotzen' durch die Instrumentalisierung und die damit präformierte Musik ausgedrückt.

„Berufsmusiker gesucht, die im Nebenberuf [!] leichte Zimmerarbeit bei guter Bezahlung verrichten müssen". Mit dieser Anzeige in einer Musikerzeitung suchte der ehemalige Militärmusiker und Kapellmeister Karl Schmitt (1892–1904) für seine Frankenholzer Kapelle erfahrene Kräfte, und die Resonanz war erheblich: Eine Unmenge an Bewerbungen gingen ein, sowohl aus Sachsen wie aus Brandenburg, den klassischen Rekrutierungsländern der Saarbergmusik. Doch das Erstaunen dieser „Berliner" war groß, als sie erfuhren, daß es sich bei der „leichten Zimmerarbeit" weder um Beschäftigung im Büro noch um leichte Zimmermannsarbeit handelte, sondern um Verbauarbeiten unter Tage. Ein Teil der Angeworbenen verließ dann auch schnell wieder das Revier, während andere der oft nur mit Frack und Zylinder Angereisten in der Lampenausgabe tätig wurden oder mit Handschuhen und Kissen, die sie sich unter die Knie schoben, an die Arbeit gingen[47]. Jedoch war Untertagearbeit nicht die Regel für die Berufsmusiker, im Unterschied zu jenen einheimischen Bergleuten, die zum Ausgleich von der Arbeit ein Instrument spielten.

„Berliner" kamen nicht nur in der Aufbauphase. Kaum eine Kapelle glaubte, auf diese Berufsmusiker verzichten zu können. Schon die Saarbrücker Direktionskapelle verpflichte 1820 fünf Sachsen, ihrem Beispiel folgten die Bergkapellen von König, Frankenholz, Bexbach, Friedrichsthal, Sulzbach, Heinitz, Göttelborn und Hostenbach. Die Reaktionen der Bevölkerung und Belegschaften waren unterschiedlich: Spöttischer Skeptizismus kamen ebenso vor wie offene Ablehnung. In Dudweiler

„fühlten sich die alten Mitglieder der Kapelle in ihrer Musikerehre gekränkt, es kam wiederholt zu Zwistigkeiten mit den ‚Hergelaufenen', und als die alten Musiker gar sahen, daß man den Fremden leichte Beschäftigung gab, während sie selbst vor Kohle arbeiten mußten, traten sie aus der Kapelle aus. Die fremden Musiker konnten sich dann auch nie die Gunst des Dudweiler Publikums erwerben"[48].

Sicher lag der Unmut der betroffenen einheimischen Musiker auch in ihrer „Musikerehre" begründet, für die übrige Belegschaft war wohl die „Privilegierung" der Fremden der Stein des Anstoßes. Die Einstellung zur Arbeit war grundverschieden: „Der Dienst in den Büros und in der Grube, wo sie auch zum Teil mit leichten Arbeiten beschäftigt wurden, war diesen Leuten durchaus nebensächlich, er war für sie ein notwendiges Übel"[49]. Erstrebt und erlangt hatten sie ein stabiles Beschäftigungsverhältnis, mit dem sie sich der Sorge um Zeitverträge in öffentlichen Orchestern, die den Schwankungen der Kultursaison unterworfen waren, entledigten.

Es charakterisiert das Niveau der „Arbeiter"kultur, daß den Ausübenden die Arbeit nebensächlich war. Eine spezifische Verbindung zur Bergbaukultur bestand bei den Berufsmusikern nicht, vielmehr schien diese für sie erlernbar zu sein. Die „Bergmusik" verlor ihren sozialen Kontext.

Abb. 17: Die Bergkapelle der Grube von der Heydt (um 1900)
Saarberg. Zentrales Lichtbildarchiv

Im Jahr 1911 musizierten in zehn Kapellen insgesamt 291 „Bergleute". Durchschnittlich 35 % von ihnen waren Berufsmusiker. Der Anteil an Berufsmusikern prägte die einzelnen Kapellen gleichwohl unterschiedlich: Während auf von der Heydt und Reden nur eine Minderheit von 12–13 % bergfremde Musiker waren, deutete ihr Anteil von ca. zwei Drittel der Orchestermitglieder in Göttelborn und Louisenthal auf den hohen Professionalisierungsgrad der dortigen Bergmusik hin[50].

Die Proben der Grubenkapellen, „zu welchen die Belegschaft jedes Mal eingeladen wird"[51], waren öffentlich. Oft fanden die Proben und Konzerte auf den Grubenfestplätzen statt. Ob nun die Bergleute häufig den Proben zuhörten, blieb nicht nur wegen des Schichtrhythmus und der weit verstreuten Wohnlage der Arbeiter fraglich. Auf Camphausen arbeiteten die Bergmusiker nur in der Frühschicht[52], so daß die darauf folgende Schicht von der Teilnahme an den Proben ausgeschlossen war. Auch kam es vor, daß die einheimischen Musikanten, wenn sie in sogenannten Musikantengedingen arbeiteten, früher ausfuhren und ihre Proben noch während der Arbeitszeit begannen[53]. Aber auch Kollegen der Frühschicht werden sich überlegt haben, ob sie sich nach neun, zehn oder elfstündiger Schicht noch einmal zwei

Stunden ohne warmes Essen oder ein entspannendes Bier auf dem Festplatz aufhalten sollten, um sich zunächst Musik anzuhören und dann noch einen oft beschwerlichen Fußweg nach Hause anzutreten.

Die Aufführungen der Bergkapellen belegen den Einfluß der bergfremden Dirigenten und Musiker: Mehr und mehr entwickelten sie sich zu Sinfonieorchestern. Das Programm der Frankenholzer Kapelle wies Haydns ‚Sinfonie mit dem Paukenschlag', Beethovens I. und II. und Schuberts ‚Unvollendete' aus, die Friedrichsthaler Kapelle spielte in den 70er Jahren Mozarts ‚Titus-Ouvertüre', auf Reden brachten die Musiker Richard Wagner und die ‚B-dur-Sinfonie' von Haydn und planten eine Aufführung der ‚Schöpfung'[54]. Über das Repertoire der Sulzbacher Kapelle nach der Jahrhundertwende berichtete Robert Hahn:

„Richard Wagner wurde viel musiziert; über den Verismus drang man bis Richard Strauß vor. Daneben fehlte es nicht an Vertretern der deutschen Klassik und Romantik. Sinfoniekonzerte stellten die Höhepunkte. Daß die Meister der klassischen Operette nicht vernachlässigt wurden, ist selbstverständlich. Die Kapelle wurde zum volkstümlichen und begehrten Instrument"[55].

Die Bergkapellen hatten sich auch in ihrem Repertoire fast vollständig aus der Bergbaukultur gelöst und demonstrierten Kunstbeflissenheit: Aber Programme, die ein bürgerliches Publkum goutierte, waren nicht unbedingt volkstümlich. Zwar ist das Streben des deutschen Arbeiters nach gutbürgerlichem Gestus (etwa in der Ausstattung der guten Stube) bekannt und sicher werden manche Bergleute des Sonntags mit ihren Familien und in Ausgehkleidung zu einem Konzert „ihrer" Kapelle gegangen sein — wenn es sich nicht wieder einmal um geschlossene Beamtenkonzerte handelte, bzw. die Kapelle nicht auf Tournee in Pirmasens, Ludwigshafen oder Kaiserslautern war. Aber daß der einzelne Arbeiter in diesen Programmen „seine Musik" wiederentdeckte, erscheint ziemlich fragwürdig[56]. Eher war sie für ihn auf Vereinsfesten und Tanzlustbarkeiten auffindbar, selbst wenn es sich bei den Veranstaltungen um das Fest-Programm eines Kriegervereins zur Geburtstagsfeier seiner Majestät, des Kaisers und Königs handelte; diese nämlich bezogen ihr Publikum mit ein, der passiven Berieselung der Sonntagskonzerte standen hier das gemeinsame Absingen der Nationalhymne und die Liedvorträge von „Dem Kaiser Heil und Freude" oder „Deutschland, Deutschland über alles" gegenüber[57]. Daß die Bergkapellen Schwierigkeiten hatten, von den Vereinen akzeptiert zu werden, lag wohl an ihrer noch jungen Tradition und der Konkurrenz zu den alteingesessenen Militärmusikkapellen:

„Auch hier [bei den Bergmusikkorps, H. St.] thut eine wirksame Beihülfe, zunächst durch Beschaffung und Unterhaltung der Instrumente und Noten und Unterstützung der Uniformierung noth, damit das Korps in einer der Feier auf einem Staatswerke entsprechenden Weise auftreten und einigermaßen den Vergleich mit den Militärmusikkorps, welche, mit Beseitelassung der Bergmusikkorps, von Nah und Fern zu den Vereinsfeierlichkeiten, bis in die kleinsten Dörfer hinein, zugezogen werden, aushalten kann"[58].

Noch gegen Ende des 19. Jahrhunderts wurde im Bergbaurevier festgestellt: „Einnahmen aus sonstiger Ausübung der Kunst, bei Kirchweihen p.p. fließen den Musikern nur spärlich zu"[59]. Gleichwohl sah sich 1898 der Kapellmeister Fritz Duchstein veranlaßt, ein „Privatstatut für das Musikkorps der Grube Gerhard" zu verfassen, um „die durch Privatmusik-Aufführungen verdienten Gelder des Musikkorps der Grube Gerhard an die Berechtigten im Verhältnis ihrer Leistung pp. zur Vertheilung zu bringen"[60]. Ein enormes Problem scheint die Disziplin der Musikanten bei „außerdienstlichen" Auftritten gewesen zu sein, denn das erwähnte Privatstatut des Fritz Duchstein enthielt als einen Kernpunkt scharfe Strafbestimmungen, z. B.: „Wer sich bei Musikaufführungen durch Trunkenheit oder unanständiges Betragen dienstunfähig macht, verliert den Anspruch auf seinen Theil der bei dieser Aufführung verdienten Gelder". Oder: „Wer bei Musikaufführungen ohne besondere Erlaubnis seinen Platz eigenmächtig verläßt oder sich während desselben grobe Fehler zu Schulden kommen läßt, wird mit 0.25 M. bestraft"[61]. Der Alkoholgenuß, bei einem Blasorchester wohl die Regel, ließ manches Konzert schief laufen — nicht unbedingt im Sinne der Musikanten oder der Zuhörer, wohl aber für die kunstbeflissenen Chronisten, die solche Eskapaden unter der Rubrik „lustige Streiche" verzeichneten[62]. Für die Musiker waren solche Veranstaltungen zwar kein Dienst, gerade ein „Dienstethos" aber versuchte das genannte Statut aufzubauen. Nicht nur durch Reglementierung und Verwendung des Begriffs „Dienst" wurde die Arbeitswelt in die „Konzertwelt" transportiert, sondern auch in der Konfliktregulierung innerhalb des Orchesters kamen Parallelen mit der Arbeitsorganisation zum Vorschein. Ähnlich den Kameradschaften in der Gewinnungsarbeit bildeten die Musiker eine Abteilung, für die der „Älteste" verantwortlich war; er sorgte u. a. für die Einhaltung der Statuten Duchsteins[63].

In der Arbeitswelt stellte der besondere Status der Musiker einen Anlaß für Konflikte dar. Denn diese „Arbeiter"kultur gründete auf der Ungleichbehandlung von Arbeitern und Musikern, von musizierenden einheimischen Bergleuten und Berufsmusikern. Eine Erhebung der königl. Bergwerksdirektion vom November 1901 ergibt zwar eine einheitliche personelle Stärke der Musikkorps von 28 bis 36 Musikern je Inspektion[64], aber schon die Art der Bezahlung war uneinheitlich. Auf Berginspektion II arbeiteten die Musiker zum Teil als Aufseher, sonst im „Musikantengedinge"; auf von der Heydt bekamen sie eine Lohnzulage und arbeiteten „im Gedinge mit anderen". Die Grubendirektion von Kronprinz antwortete auf die Frage nach der Bezahlung: „Die Musikanten arbeiten zusammen in besonderen Kameradschaften und erhalten bessere Gedinge"[65]. In der Regel setzten sich zwei Lohnformen durch: das „von alters her gewährte Musikantengedinge (Prozentualer Zuschlag zum regelmäßigen Gedinge)" bzw. die „feste Monats- oder Schicht-Zulage". Die Gegenleistungen für die manigfaltigen Vergünstigungen wurden präzise bestimmt:

„Gegen diese Vergütung sind die Musiker verpflichtet, neben den häuslichen Übungen, den zweimal wöchentlich stattfindenden zweistündigen Proben beizuwohnen, sowie bei den vaterländischen Festen, bei den im Sommer für Beamte und Arbeiter stattfindenden Concerten, bei den im Winter für die Beamten stattfindenden Unterhaltungen, bei den Beerdigungen von Beamten u.s.w. ohne besondere Bezahlung mitzuwirken, sowie auch zur Unterhaltung ihrer Uniform beizutragen"[66].

Die häufige Erwähnung der Beamtenschaft wies auf die tatsächliche kulturelle Zielgruppe solcher „Arbeiter"musik hin.
Da die Musiker „in Folge ihrer Inanspruchnahme durch Musikaufführungen nicht so zugreifen können, wie andere Arbeiter"[67], war die räumliche Absonderung ihrer Arbeit notwendig. Dort, wo sie mit Nichtmusikern zusammenarbeiteten, bzw. die Arbeit eines Musikantengedinges mit anderen Kameradschaften abgestimmt werden mußte, konnte dies Unmut hervorrufen[68]. Trotz minderer Produktivität war der Mehrverdienst der musizierenden Bergleute nicht unerheblich. Der Bergmann Johann Nikolaus Wagner (Dirmingen) bemerkte in seinem Gesuch um Wiederaufnahme in das Musikkorps: „Diese Entlassung gereicht mir zu einem Schaden von 144 M. im Jahr, bei einer Familie von 10 Menschen macht sich dies sehr fühlbar"[69].
„Musik machen wir uns selbst, spielen könne wir alle" – so lautete ein alter Freiberger Bergmannsgrundsatz, und wir haben gesehen, wie weit entfernt die behördlich geförderte Bergmusik im Saarrevier von spontaner individueller Teilnahme und kreativer Entfaltung gewesen ist. Weder Element einer Arbeitskultur noch Arbeiterkultur, vielmehr angesiedelt in den Kunsträumen bürgerlichen Selbstverständnisses – dies war das Schicksal der Saarbergkapellen von ihrem frühen Stadium als Blasorchester bis zum großen Sinfonieorchester. Haben sich die einheimischen, noch Bergarbeit leistenden Musiker von

ihren musikalischen Tätigkeiten beeinflussen lassen, sich mehr als Kulturträger denn als Arbeiter zu fühlen? Für einige Bergkapellen bedeutete die große Streikzeit eine Zäsur in ihrem Wirken, indem ihre Mitglieder, als Arbeiter handelnd, mitstreikten. Als besonders aufsässig erwies sich die Bergkapelle Friedrichsthal: Sie wurde in den Jahren 1889 bis 1893 gleich zweimal wegen Streikbeteiligung aufgelöst, ihre Musiker durch Bergrat Stapenhorst in die Arbeit unter Tage versetzt[70]. Strafversetzungen und der Verlust der Vergünstigungen konnten die Friedrichsthaler Musiker nicht davon abbringen, sich solidarisch ihren Kollegen gegenüber zu verhalten; auch der verstärkte Einsatz von Glitzer und Pomp, nämlich die Neubeschaffung von Uniformen während der großen Streikzeit, hat den Blick für die unterschiedlichen Interessenlagen nicht trüben können. Aber: Das Verhalten der Friedrichsthaler Musiker war fast eine Ausnahme. Mit fragwürdiger Datierung sind noch die Auflösung der Kapellen von Geislautern und Ensdorf überliefert[71]. Bei den anderen Kapellen lassen sich keine Aussagen bezüglich ihres Streikverhaltens machen. Was wir vermuten dürfen, ist eine Unterbrechung der kulturellen Präsentation nach außen, wenn sie mit einem „Menschenauflauf" verbunden war, denn davor hatte, wie die Aussetzung der Bergfeste zeigte, die Bergverwaltung eine heilige Scheu.

5.1.3. Zwischen nationalem Gepränge und Massenspeisung – die Bergfeste

Wenn die Bergmusik tatsächlich das Alltagsleben der bergmännischen Bevölkerung tangierte, dann tat sie es entweder in disziplinierender, die militärische Strenge betonender Weise oder aber beim volkstümlichen Tanz. Diese Verquickung von Belustigung und Disziplin, Ausgelassenheit und strenger Ordnung, von Volksfeststimmung und militärischer Atmosphäre bestimmte auch die bis zur Streikzeit jährlich stattfinden Bergfeste.

„Bergfeste" gingen im deutschen Bergbau auf verschiedene regionale Anlässe zurück: In den Bergstädten des Erzgebirges wurde ein solcher arbeitsfreier Tag von den Bergleuten erstreikt, in Oberschlesien feierten sie nach mehreren erfolglosen Schachtabteufungen die Sicherung ihrer Arbeitsplätze durch einen Bleierzfund mit einem Gottesdienst. Dieses Dankesfest wurde zwei Jahre später durch königliche Bestätigung zu einem Bergfest aufgewertet. Auf weniger naturwüchsige Art und Weise entstanden Bergfeste als Teil des bergmännischen soziokulturellen Lebens in Böhmen, im Freiberger

Raum, im Harz[72] und insbesondere an der Saar. Hier wurde das Bergfest von der Obrigkeit initiiert, entweder von den Herzögen von Nassau-Saarbrücken im 18. Jahrhundert oder vom preußischen Staat bei Übernahme der Saargruben[73].

Zunächst nahmen nur ständige Knappschaftsmitglieder und Berginvaliden an der Feier teil, nach dem Mittagsmahl kamen die Familienmitglieder und die unständigen Kameraden hinzu. Mit Erlaß des Handelsministers vom 16. März 1865 wurde sämtlichen Bergleuten die Teilnahme erlaubt, seit 1870 waren Pensionäre nicht mehr zugelassen. Die Unkosten der Bergfestfeierlichkeiten wurden vom Fiskus getragen, der dafür einen Fonds zur „Ergötzlichkeit der Knappschaft" auswies. Bei der Finanzierung durch die öffentliche Hand „war die Erwägung maßgebend, daß die Bergfeste hauptsächlich auf den Geist der Festversammlung erzieherisch einwirken und zur Unterhaltung und Belustigung der Knappen beitragen sollten"[74].

Das bergständische Massenspektakel ließ sich der Fiskus einiges kosten. Nachdem die Streikzeit die Zerissenheit der bergbaulichen Welt hatte erkennbar werden lassen, stieg der Etatposten für diese Demonstration bergständischer Geschlossenheit von 203 191 M. (1896) auf 257 637 M. (1901/02)[75].

Am Beispiel des „Bergfestfonds" lassen sich die ideologischen Implikate des Festes verdeutlichen. Immer wiederkehrende Ausgabenpositionen, die — seit der Unterbrechung der Bergfesttradition durch die große Streikzeit — einzeln durch den Minister für Handel und Gewerbe genehmigt werden mußten bzw. durch diesen als jährliche Gesamtsumme festgelegt wurden, waren „Fahnen, Noten, Instrumente, Uniformen und die Herrichtung des Festplatzes". Die Berginspektion II (Ensdorf) begründete 1892 ihre Forderung nach Nationalfahnen damit, daß angesichts der augenblicklichen Ausstattung „bei den vaterländichen Festtagen auf eine angemessene bzw. anständige Weise, worauf unter heutigen Verhältnissen ohne Zweifel besonderer Wert zu legen ist, nicht mehr geflaggt werden kann"[76]. Im Etatjahr 1892/93 setzten fast alle Inspektionen mehrere Hundert Mark für Anschaffung und Unterhaltung von Fahnen bzw. von Dekorationsstücken für bergmännische Versammlungslokale und Bergfestplätze an. Weniger bei dem bergständischen Gepränge als bei den sozialen Einrichtungen sollte nach der Streikzeit wohl gespart werden: Während die geplante Kegelbahn bei den Schlafhäusern in der Hirschbach nicht genehmigt wurde, schien die Beschaffung von Musikinstrumenten und der teilweise Ersatz unbrauchbar gewordener Fahnen die richtige Antwort auf die Unruhe der Arbeiter zu sein[77].

Bergfeste verliefen im gesamten Revier nach einem einheitlichen

Ritual. Einen eindrucksvollen Bericht über das 1896er Fest lieferte die Königl. Berginspektion IV (Dudweiler) an die Saarbrücker Bergwerksdirektion:

„Die diesjährige Bergfestfeier wurde mit einem Festzug zur Kirche, der um 9 1/2 Uhr mit der Bergkapelle vor Dudweiler zusammentrat und an dem ungefähr *700 Bergleute* in Kittel Theil nahmen, eröffnet. In der Mitte des Dorfes hatten die *Beamten*, die nicht im Besitze einer Uniform sind, Aufstellung genomen. Dortselbst trennte sich der Zug zur Theilnahme an den Gottesdiensten der Bekenntnisse. Nach Beendigung der Gottesdienste traten Beamte und Bergleute wieder zum Zuge nach dem Belegschaftsplatze zusammen. Hier hielt der Direktor die übliche Ansprache und überreichte den 10 ältesten *Bergleuten, die nicht gestreikt hatten*, je eine Uhr im Werthe von 20 M. mit Namen und Widmung ‚Für treue Dienste. Bergfest 1896. K.B.I-. IV.' Sodann wurden die Leute in der bisher üblichen Weise bewiethet; sie erhielten in reichlichen Mengen Reissuppe mit Ochsenfleisch, kalten Schweinebraten, Brod, Eier und Cigarren. Zur Mithülfe bei Aufrechterhaltung der Ordnung hatten sich die Vertrauensmänner bereit erklärt; sie waren durch eine schwarz-weiße Schärpe kenntlich gemacht. Nach dem Essen wurden Preisspiele abgehalten als: Klettern, Sack- und Wett-Laufen. Die Spiele gefielen den Leuten ganz besonders. Die Preise bestanden in 2 Uhren, *24 Kitteln* und 36 Pfeifen mit Tabaksbeutel und Tabak.

Für die Tanzlustigen war durch Herrichtung eines Tanzplatzes gesorgt. Zur Ergötzlichkeit der Kinder war durch Zahlung einer Entschädigung von 50 Mark an einen Carrousselbesitzer diesem die Verpflichtung auferlegt, die Carrousselfahrt für Kinder von 5 auf 2 Pfennige zu ermäßigen.

Von der 3 165 Mann zählenden Belegschaft hatten sich zwischen *2 500 und 2 600 Mann* zum Feste eingefunden, mit Beamten und Angehörigen waren fast 9 000 Personen auf dem Festplatz anwesend. Das Fernhalten der Nichtbergleute vom Feste bot keine besonderen Schwierigkeiten. Alles verlief in bester Ordnung, was hauptsächlich der rührigen Thätigkeit und Aufmerksamkeit der Beamten zu verdanken ist. Gegen 8 Uhr hatten die Bergleute alle den Festplatz verlassen. Mit dem Verlauf des Festes scheinen die Leute sehr zufrieden gewesen zu sein. Um die Beamten für die dem Fest vorausgegangenen Bemühungen zu entschädigen, war für sie (ohne Familie) auf Montag, den 17. dieses Monats, vormittags 11 1/2 Uhr ein Frühstück beschafft.

Die bei einem derartigen Feste unvermeidlichen Brod- und Fleisch-Reste wurden nach Dudweiler gebracht und an die Ortsarmen beider Confessionen vertheilt"[78].

Allgemeine Grundzüge wie zeitgenössische Besonderheiten läßt der Bericht deutlich werden. Die Auszeichnung von 10 Bergleuten, die nicht gestreikt hatten, beleuchtete die besondere Situation des 96er Bergfestes: Es war das erste Mal seit 1889, daß ein solches Massenfest wieder stattfand. Dabei war die Prämierung alter verdienter Arbeiter kein Privileg fiskalischer Wohlfahrtspolitik, diese wurde insbesondere in der privaten Eisenindustrie in größerem Ausmaße gepflegt[79]. Zugleich belegt der Bericht die Schwierigkeiten mit dem demonstrativen Hervorkehren eines ständisch verfaßten bergmännischen Sozialkörpers: Weniger als ein Viertel der beschäftigten Bergleute nahmen im Kittel an der Parade teil[80].

Auch die mittägliche Speisung war einheitlich: Reissuppe mit Rindfleisch, die obligatorische Zigarre und Freibier. In dieser Phase der Befriedigung menschlicher Bedürfnisse wich die organisierte Fröhlichkeit wahrer Volksfeststimmung. Fast vollständig reisten die Belegschaften an und sprachen den dargebotenen Speisen rege zu. Den Gesamtverbrauch der Bergfeste 1902, an denen ca. 150 000 Personen teilnahmen, listete der „Bergmannskalender" auf: 12 728 Pfd. Reis, 71 574 Pfd. Ochsenfleisch (= ca. 120 feiste Ochsen à 6 Ztr.), 40 238 Pfd. abgekochter Schinken, 182 725 Liter Bier, 42 672 Stück Brot, 2 130 Pfd. Senf, 289 630 Stück Zigarren[81]. Die entlarvende Direktheit des Volksmundes bezeichnete dann auch das Bergfest nach diesem wichtigsten Teil: „Wambefest", d. h. ein Fest, um die „Wambe" (= Bauch) zu füllen[82]. In den Massenspeisungen verbarg sich ein ambivalenter Bezug der Bergleute zum Bergfest. Auf der Schlußsitzung der Jahresbefahrung am 22. Juni 1892 begründete der Oberbergrat Printze den Ausfall des Festes damit,

„daß die Arbeiter selber wohl keinen Werth mehr auf die Feier legten; ein Theil derselben sei wenigstens früher schon weggeblieben, da er es unter seiner Würde hielt, an der von ihnen als ‚Abfütterung' bezeichneten Verabreichung von Speisen und Getränken theil zu nehmen"[83].

Sicher wurde hier die Ablehnung durch die Belegschaften überbewertet, um die Aussetzung des Festes nicht nur mit politischen Motiven zu begründen[84]. Tatsächlich aber war die Skepsis gegenüber den Bergfesten von verantwortlicher Seite schon früher geäußert worden. Knappschaftsarzt Dr. Teich vermutete 1862, daß „durch diese Feste ... der beabsichtigte Zweck (Hebung des Corps-Geistes) so gut wie gar nicht ... erreicht wird"[85]. Wie soll auch bei solchen Massenspektakeln „Corps-Geist" entwickelt werden? 18 000 Menschen fanden sich 1896 auf dem Heinitzer Festplatz ein, 10 000 waren es auf Inspektion König[86]. Die Einrichtung von Sonderfahrplänen ermöglichte die Teilnahme auch weit entfernt wohnender Bergleute. Nicht nur das eigenartige Verhalten der Heinitzer Bergleute, die 1896 schon so früh das Fest verließen, daß dieses vorzeitig beendet werden mußte, warf die Frage nach der Attraktivität des Festgeschehens auf. Auch einzelne Berginspektionen bemerkten ein nachlassendes Interesse: Bei der Bergfestfeier muß „schon etwas ganz hervorragendes geboten werden... wenn dieselbe die ihr beigelegte Bedeutung behalten soll"[87]. Drastischer drückte dies die Inspektion Reden aus; sie war der Ansicht, „dass das Bergfest für die gegenwärtigen Verhältnisse nicht mehr passt"[88]. Von dem Fest im Jahre 1910 auf Grube König berichtet Otto Hermann Werner, daß es deshalb gut besucht war, „weil die Bergleute im Falle des Nichterscheinens Unannehmlichkeiten zu befürchten hatten"[89].

Meist wohl fanden die Bergfeste ihren ungezwungenen Ausklang in den Wirtshäusern der Wohnorte. „Das Bergfest ist hier an und für sich gut verlaufen. Selbstverständlich fanden in den Wirtschaften abends Keilereien statt"[90]. Hier wich endgültig die Formbestimmtheit einer bergständischen Demonstration dem privaten Festverhalten; der Ausklang eines Bergfestes unterschied sich in nichts mehr von einer Kirmes, hier war man unter seinesgleichen und nicht mehr dem Streben einer gebildeten Fachbeamtenschaft nach ständischer Repräsentation ausgesetzt.

Klaus Tenfelde hat mit Recht darauf hingewiesen, daß sich der „Trend zur militärhaften Prachtentfaltung" nur dort gegenüber der rasanten wirtschaftlichen Expansion behaupten konnte, wo der Staat als Unternehmer und eine „hochkonservative Bergbeamtenschaft" den Bergfesten neue Impulse gaben. Movens des Beharrungsvermögens schienen Ängste vor Statusverlust gewesen zu sein: „das Interesse der Bergbeamtenschaften an der Darstellung ihrer Führungsrolle, das in einer Zeit zunehmenden Selbstbewußtseins der bürgerlichen Unternehmerschichten auch eine defensive Qualität annahm"[91]. Die monopolartige Stellung des Bergfiskus an der Saar und die dominierende Rolle einer patriarchalischen Führerfigur in der privaten Eisenindustrie (von Stumm) trug dazu bei, daß hier obrigkeitlich geprägte Traditionen längere Zeit beibehalten wurden. Aber auch an der Sar gilt, was Tenfelde für das Ruhrgebiet feststellt: „Um die Jahrhundertwende war die gemeinsame Präsentation des Bergvolkes im Fest nur noch erstarrte Erinnerung, war zur Floskel verkümmerte Formüberlieferung"[92]. In den Bergfesten wurden ein Residuum vorindustriellen Beziehungsgefüges und Bewußtseins transportiert, welches offenbar weniger in einer noch jungen Arbeiterschaft, als vielmehr in der Beamtenschaft verfestigt war. Die gewandelten industriellen Beziehungen setzten sich endgültig erst 1912 durch: Dann nämlich wurden die Bergfeste zugunsten einer freien ärztlichen Behandlung der Bergmannsfrauen und der ärztlichen Familienfürsorge abgeschafft[93]!

5.2. Von der Standeskultur zur Arbeiterkultur: Lied und Gedicht

„Denn Frohsinn und Zufriedenheit ist stets des Bergmanns Seligkeit bei Arbeit und Genuß".

„Mein Papa war ein Kumpel und lebte unten in der Stadt, Schwere Arbeit und bittere Armut, die hielten ihn so gering".

Die umfangreiche Liedüberlieferung aus der bergmännischen Welt[94] verführt leicht zu einer Überschätzung der kreativen Reichhaltigkeit, problembewußten Vielschichtigkeit und Originalität der bergmännischen Kultur.

Aber gerade das bergmännische Liedgut ist unter dem Gesichtspunkt der Regionalität differenziert zu beurteilen. Zeit, Ort und Anlaß seiner Entstehung weisen auf ausgeprägte Unterschiede in der Brauchtumsintensität verschiedener Reviere hin. Der soziale Status der Liedproduzenten und die Verbreitung der Lieder ermöglichen ihre Einordnung in das breite Spektrum zwischen bergakademischem Kommerslied und Arbeiterlied. Die beiden einleitenden Textbeispiele deuten eine breite Ausdrucksmöglichkeit von Liedern aus dem Bergbau an: Vor der — mehr oder weniger kunstvoll — gereimten Beschwörung eines Idealzustandes der Seligkeit bis zur bitter-realistischen Darstellung der Wirklichkeit. Nur stehen die Beispiele nicht für die Vielschichtigkeit des Bergmannsliedes in Deutschland, sondern für die großen Unterschiede zwischen englischem *Bergarbeiter*lied und deutschem *Bergmanns*lied vor 1889[95]. Anhand der Entstehungsgeschichte, der Themenkomplexe, der Singweise und der Verbreitung lassen sich diese Unterschiede herausarbeiten. Sowohl an der Saar wie an der Ruhr führten erst die Streiks von 1889 zu einer Abkehr vom obrigkeitlich gepflegten, bergständischen Liedgut durch die Schöpfung von Arbeiterliedern, in denen auch Elemente des englischen „Industrieliedes"[96] vertreten waren.

Eindrucksvoll schildert Michael Lewis die Entstehung eines phantastischen Liedes, das die Auseinanderstzung zwischen alter und neuer Grubentechnik zum Gegenstand hat: *The Row between the Cages* („Der Krach zwischen den Förderkörben"). Dieses Lied wurde von Tony Armstrong (1848—1919) geschrieben und zu einer traditionellen Weise gesungen.

„Armstrong, ein kleiner Mann mit großem Durst und 14 Kindern, verbrachte sein ganzes Leben von acht Jahren an in den Zechen um Tanfield in der Grafschaft Durham. Er komponierte viele Lieder über das Leben des Bergmanns, ließ sie drucken und verhökerte sie in den Wirtshäusern, damit er immer Biergeld hatte. Als er in der Brockwell-Zeche arbeitete, bauten die Besitzer einen patentierten ‚Sicherheits'-Förderkorb neben dem altmodischen ‚Halsbrecher'-Korb ein. Während Armstrong im Kohlenflöz arbeitete, bemächtigte sich seiner die Idee, daß die beiden Körbe sich hassen müßten, und gleich vor Ort komponierte er die Ballade, die den aus diesem Haß hervorgehenden Kampf laut erschallen ließ"[97].

Diese Ursprünglichkeit und unmittelbare Verwobenheit mit dem Anlaß (der im Arbeitsleben liegen mag oder im Vergnügen der Freizeit) war es, die das englische Bergarbeiterlied des 19. Jahrhunderts auszeichnete. Die Verwendung des Arbeiterdialekts statt der Hochsprache und von populären Melodien ermöglichten es, daß das Lied lebendiger Teil des Arbeiterlebens und zugleich auch authentischer Ausdruck von Freuden, Begierden, Wünschen und Ängsten wurde. In einem deutschen Bergmannslied undenkbar wäre eine das nichtbergmännische Leben bewundernde Sequenz mit einem Hang zu Müßiggang und Laster, wie es die englischen Bergleute in einem der bekanntesten Lieder aus dem Nordosten besangen: Das Lied, 1754 entstanden, handelte von der Wirtin eines Gasthofs in Picktree.

„Elsie Marley's grown so fine,
She won't get up to serve her swine,
But lies in bet till eight or nine,
And surely she does take her time.

The pitmen and the kielmen trim,
They trink bumbo made of gin,
And for to dance they do begin
The tune of Elsie Marley, honey."[98]

Wie weit entfernt von Berufsstolz, Arbeitsethos und religiösen Gefühlen war dieses Lied, es besang ein tatsächliches Arbeitsleben und nicht ein gedachtes. Die Leichtfertigkeit, mit der an Zahltagen mit dem Lohn umgegangen wurde, war ebenso Gegenstand des Bergarbeiterstolzes wie Liebe und Häßlichkeit[99].

Wie aber sah in einem saarländischen Bergmannslied der Feierabend aus:

„Und ist die saure Schicht vollbracht, schaut er nach Weib und Kind; sagt seinem Kam'rad gute Nacht und eilt nach Haus geschwind"[100].

Hier haben wir Ordnung, Sauberkeit und eine unbeirrbare Tugend, die den deutschen Bergmann nach dem Willen der Liedproduzenten so sehr vom Proletarier unterschieden. Diese Prinzipien regierten auch in den zwischenmenschlichen Beziehungen: Betont wurden Treue und die Einmaligkeit der Liebe.

> „Ein Ringlein am Finger, Braut, steht dir wohl gut,
> ein Herz voller Liebe, so rot wie mein Blut;
> Das Ringlein am Finger hat bindende Macht:
> Wer gräbt dir das Gold, den Rubin aus dem Schacht?"
> „Wo nähmst du Braut wohl das Ringlein her,
> wenn tief in der Grube der Bergmann nicht wär?"[101]

In solch zugedachter Geisteshaltung fiel es wohl schwer, einen Blick auf eine hübsche, mollige Wirtin zu werfen. Die Liebe stellte sich vor allem als geordnetes Verhältnis dar („Der Mensch soll nicht lieben, wenn's ernst ihm nicht ist".), das tatsächlich nur der Tod zu scheiden vermochte („Ade, mein Liebchen, weine nicht! den Tod nicht scheu'n ist Bergmannspflicht; wir fahr'n zum Himmel auf, Glück auf! Glück auf!"). Wenn sich Bergleute einmal in einem Wirtshaus trafen, so erschienen sie auch dort als pflichtbewußte Untertanen und nicht als Menschen mit Bedürfnissen und Trieben.

> „Zu diesem nützlichen Geschäfte,
> sind wir stets Tag und Nacht bereit;
> Gott segne uns die Leibeskräfte,
> das Land und auch die Obrigkeit!
> Der Wirt schenkt uns die Gläser voll:
> Glück auf! es leben Bergleut' wohl."[102]

Diese Beispiele mögen zunächst genügen, um den Unterschied zwischen englischem Bergarbeiterlied und deutschem Bergmannslied zu verdeutlichen. Wie kommt es, daß in England die Arbeiter das Lied beherrschten und in Deutschland die „Spießer-Ideologie"[103] Text und Melodie besetzte, sodaß die Lieder, „getragen von biedermännischer braver Gesinnung, der man die pädagogische Absicht allzu deutlich anmerkt", nur selten einen volkstümlichen Ton trafen[104]?

Das englische Bergarbeiterlied entstammte der Lebenswelt des Kohlebergbaus und blieb in dieser Welt lebendig, während die stil- und inhaltsprägenden Zentren der deutschen Bergmannslieder in den mittel- und süddeutschen Grubengebieten mit überwiegender Erzförderung lagen[105]. Wie jede sich zu Brauchtum entwickelnde berufsständische Kultur unterlag das Bergmannslied regionalen Besonderheiten, was Inhalt, Verbreitung und Gebrauch betraf. Für die deutschen Bergmannslieder hat Gerhard Heilfurth die Herkunft bestimmt: Der „Hauptproduktionsort" war seit 1530 Sachsen, wo bis ins 20. Jahrhundert ca. 550 Bergmannslieder entstanden sind. Produktive Schwerpunktphasen bildeten das 18. Jahrhundert mit ca. 200 Liedschöpfungen und die erste Hälfte des 19. Jahrhunderts mit ca. 220 Liedern. Im 19. Jahrhundert wurde durch den immensen Aufschwung des Ruhrbergbaus zunehmen diese Region Ursprungsort bergmännischer Lieder: ca. 180 Liedschöpfungen lassen sich nachweisen, davon etwa 120 aus dem 19. Jahrhundert. Alle anderen Reviere spielten nur eine untergeordnete Rolle: Aus Oberschlesien kamen etwas mehr als 60 Lieder, 44 davon entstanden allerdings erst nach 1900. „Im Saargebiet sind erst seit 1850 eigene Lieder überliefert, im ganzen 13, von denen 11 zwischen 1850 und 1900 und 2 nach der Jahrhundertwende entstanden sind"[106]. Diese Verortung der Liedproduktion erklärt die häufigen Bezugnahmen auf den Sektor Erzförderung selbst in Liederbüchern für Belegschaften des Steinkohlebergbaues[107].

Schon seit dem 16. Jahrhundert war eine kontinuierliche Entfernung der Liedproduktion von der sozialen Grundschicht, den Bergleuten, festzustellen. Immer mehr traten Pfarrer, Kantoren, Lehrer und führende Bergbeamte als Liedproduzenten in Erscheinung, bis schließlich im 19. Jahrhundert diese Entwicklung in einer „geistigen Enteignung" ihren Höhepunkt fand:

„Wenn auch in der großen Fülle dieser Lieder einige sind, die wirklich von den Bergleuten aufgegriffen und bei ihnen heimisch geworden sind, weil sie den rechten Ton treffen, so bleibt das Gros doch grundschichtfern, abgelöst von der Daseinswirklichkeit, dekoratives Beiwerk und Aufführungsobjekt für bergmännische Männerchöre und dergleichen. *Es hört auf, lebendiger Teil der Existenz zu sein*"[108].

Hinzu trat der Einbruch einer fremden Tradition aus einem den Bergleuten unbekannten Milieu: Bergstudenten vereinnahmten Bergmannslieder in eigenen Kommersbüchern mit z. T. studentischem Jargon und weihevoll-pathetischem Charakter[109]. Das Schicksal des bekanntesten und am weitesten verbreiteten deutschen Bergmannsliedes widerspiegelt die deutsche Entwicklung der Arbeiterkultur: Der Liedkern von „Glückauf, Glückauf, der Steiger kommt" läßt sich bis 1531 zurückverfolgen. Dieses Lied, das unzählige Variationen erfahren hat, begann in der ältesten Fassung mit dem Ruf „Wach auf, Wach auf, der Steiger kommt", der seine Erklärung im Arbeitsalltag fand: Mit ihm weckten die zur Schicht anfahrenden Bergleute ihre noch schlafenden Kollegen, oder es wurde ein Kumpel vor Ort gewarnt, der eine Ruhepause eingelegt hatte. Ursprünglich also war das Steiger-Lied ein Arbeiter-Lied, das diese als Reaktion auf die Kontrollmechanismen im Arbeitsablauf gesungen haben. Im Laufe des Überlieferungsprozesses ging dieser Charakter des Liedes verloren, die Motive der Erweiterungsstrophen überwucherten nun die ursprüngliche Intention. Die Warnung vor dem Steiger verlor sich bis in die neuzeitliche Fassung in einer allgemeinen Schilderung der Düsternis des Arbeitsplatzes, die allein durch das Licht des Steigers erhellt würde. Aus dem Arbeiterlied war im landesherrlichen und preußisch-fiskalischen Bergbau ein Beamtenlob geworden, gepaart mit Liebesschwüren an das „Liebchen mein"[110]. Die Liebe zur Arbeit und Frau vereint in einem Lied — besser können die Intentionen der Liedproduzenten nicht verdeutlicht werden. Mit Recht stellte Walter Köpping fest:

„Man muß also davor warnen, anhand der alten Bergmannsdichtung ein Bild der früheren Arbeitsverhältnisse im Bergbau und der Lebensumstände der Bergleute und ihrer Familien gewinnen zu wollen"[111].

Industrialisierung auf der Basis der Steinkohle und die Entstehung des „Massenarbeiters" ließen schnell die Voraussetzungen für eine erfolgreiche Adaption bergständischen Liedguts verloren gehen: „Der romantische Federbusch war dem Bergmann vom Kopf gerissen worden, er lag jetzt unten im Dreck, vor Ort, vor Kohle. Ihn erreichten nicht mehr die Lieder und Hymnen aus verschütteten Zeiten"[112]. Bezogen auf das Steiger-Lied stellte Johannes Dierkes für das Saarrevier fest:

„Dieses Lied wird nicht nur von den Bergleuten, sondern vor allem von den Studenten gesungen, und es ist gut so, denn selten oder wohl gar nicht mehr ertönen bei der Arbeit die alten Bergmannslieder. Dafür ist die Arbeit zu schwer und zu hart geworden. Wohl nigends mehr versammeln sich vor der Seilfahrt die Knappen zur Andacht und zum Gesang eines Chorals"[113].

Rationalisierung und Mechanisierung des Produktionsablaufes engten immer mehr jene Kommunikationsräume ein, in denen gemeinsames Singen noch möglich war[114]. Als Orte des gemeinsamen Gesangs verblieben Bergfeste, Beamtenjubiläen, Besuche aus der königlichen Familie und Begräbnisse von Beamten oder Opfern von Arbeitsunfällen, möglicherweise auch ein gemeinsamer Arbeitsweg. Gemeinschaftlicher Gesang war darüber hinaus nur noch möglich in den Bereichen der Nicht-Arbeit, in Familie, Verein und Freundeskreis[115].

Der preußische Bergfiskus stand mit seinen Bemühungen, den ständischen Korpsgeist unter seinen Bergleuten zu wecken, vor fast unüberwindlichen Schwierigkeiten: Im Steinkohlebergbau konnte sich kein traditionsbewußter Knappenstand herausbilden und mit diesem fehlte auch eine regionale Liedtradition. Da keine Voraussetzungen für eine Standeskultur vorhanden waren, blieb nur der Weg des „Kulturimports" übrig.

5.2.1. Das vaterländische und das Standeslied

Ein erstes Dokument, das eine liedkulturelle Betätigung belegt, ist das gedruckte Verzeichnis der Lieder, welche anläßlich der „Feier des 50-jährigen Dienstjubiläums des Herrn Bergrath Gottlieb" am 26. März 1847 gesungen worden sind. Diese Sammlung von sieben Liedern und einem Tagesbefehl deutete die Stoßrichtung an, in der die liedkulturelle Erziehung eines Bergmannsstandes vom unternehmenden preußischen Fiskus erstrebt wurde. Vier Bergmannslieder dieser kleinen Sammlung wurden in der Folgezeit bis ins 3. Reich in diversen Liederbüchern tradiert[116]. Der bergständische Traditionsmangel erwies sich in einem Punkt als vorteilhaft: Die Förderung des Liedes konnte planvoll und selektiv erfolgen. Dabei war es nicht unerheblich, daß bei der Grenzlage des Saarreviers die Voraussetzungen für eine „Frontmentalität" günstig waren. Daß die bergständische Tradition ohne vaterländischen Patriotismus für die kulturschaffenden preußischen Staatsbeamten nicht denkbar war, belegt schon das erste auf dem Dienstjubiläum gesungene Lied:

> „Glück auf! dir Vaterland!
> Knappen hebt hoch die Hand
> Zum Schwur empor!
> ‚So wahr Gott ob uns wacht,
> Tief in der Grubennacht,
> Leben und Thun weih'n wir
> Dem Vaterland!'
> (...)
>
> Heil dem, der's Leben wagt,
> Wo ihm die Pflicht es sagt,
> Für's Vaterland;
> Heil uns, denn ob uns droht
> Ueberall immer Tod,
> Huld'gen wir doch der Pflicht!
> Gück auf! Glück auf!
> (...)"[117]

Die Arbeit als Tugend, die Freude des Bergmanns und die Gottesgläubigkeit besang auch das zweite patriotisch-bergständische Lied, das mit den Zeilen begann „Froh sing ich deutschen Blutes,/ Daß ich ein Bergmann bin"[118], während das Lied „Was ist des Deutschen Vaterland?" keine Beziehung zur Bergarbeit herstellte, sondern alle Regionen deutscher Zunge als Vaterland reklamierte — ein Lied, das im Jahre 1876 im Saarbrücker „Bergmannskalender" in der auf die Bergarbeit abgewandelten Fassung „Wo ist des Knappen Vaterland?" erschien. Diese Themenkomplexe definierten den Kulturbegriff des Bergfiskus, ein Kulturbegriff, der Arbeitsethos und Nationalbewußtsein, Standesehre und Ergebenheit und die vorgefundene politische und soziale Ordnung untrennbar miteinander verknüpfte.

Die politische und erzieherische Funktion des Standesliedes wurde deutlich, als die Bergwerksdirektion mit dem ersten Erscheinen des „Bergmannskalenders" im Jahre 1875 mit dem Abdruck von Liedtexten unter der Rubrik „Bergmännische Lieder" begann. Dabei handelte es sich um in anderen Revieren (Sachsen, Ruhr, Harz etc.) entstandene oder verbreitete Lieder, die die Bergleute nun das Jahr über begleiteten — falls sie den Jahreskalender aufgehoben hatten.

Herausgegeben wurde der Kalender vom *Bergmannsfreund*, einer „zur Unterhaltung und Belehrung der Bergleute gegründeten Zeitung", die unter der verantwortlichen Schriftleitung eines Beamten der Königlichen Bergwerksdirektion Saarbrücken stand. Zu der Aufgabe des Blattes teilte der Minister für Handel, Gewerbe und öffentliche Arbeiten dem Bergassessor Hiltrop, dem Initiator, unter dem 2. 1. 1870 mit:

„Rücksichtlich der Einrichtung dieses Blattes muß indes auf das bestimmteste daran festgehalten werden, daß neben der Politik alle sozialen Streitfragen absolut auszuschließen sind. Die bestehenden sozialen Einrichtungen dürfen lediglich beschrieben, nicht aber einer kritischen Erörterung unterworfen werden"[119].

Die Kontrolle dieser Richtlinien oblag dem Vorsitzenden der Kgl. Bergwerks-Direktion, die dieser allerdings nicht sichtbar auszuüben hatte, so zumindest die Meinung der Direktion:

„Nach unserer bestimmten Ansicht darf dies nicht unter der Verantwortlichkeit der Direktion oder des Knappschafts-Vorstandes geschehen, wenn nicht große Verlegenheiten für beide, und Nachteil für das Blatt selbst die Folge sein sollen. Selbst einen königlichen Beamten als verantwortlichen Redacteur zu bezeichnen, hat erfahrungsgemäß seine Bedenken und ist nach dem Vorgange anderer Blätter /:Glückauf:/ durch ein Abkommen mit dem Verleger resp. Drucker leicht zu vermeiden[120].

Zu diesem Projekt unter dem beziehungsreichen Namen *Bergmannsfreund* gehörte neben formaler „Tarnung" eine funktionale Bestimmung von Stil und Inhalt: Bei der Berichterstattung „ist der Dialog, welcher an den Kladderadatsch und andere Witzblätter erinnert, nach unserer Ansicht nicht die geeignete Form", schrieb die Bergwerksdirektion. Dieser Auffassung schloß sich der Minister für Handel, Gewerbe und öffentliche Arbeiten an[121]. Während letzterer die Kontrolle der „sozialen Theile" des Wochenblattes für unabdingbar erachtete, meinte die Bergwerksdirektion, auf den belletristischen „Theil eine nicht minder große Sorgfalt zu verwenden" müssen, da „gerade dieser Theil dem Blatte den Eingang bei den Bergleuten und deren Familien verschaffen" sollte[122]. Über die Unterhaltung versuchte der Fiskus, in der bergmännischen Bevölkerung ein ständisches Bewußtsein zu erwecken; durch die fürsorgliche Besetzung aller traditionellen kulturellen Räume (Weiterbildung, Literatur, Musik, Verein, Tracht, Religion) sollte der im bergständischen Sinne traditionslose Arbeiter die ständischen Normen akzeptieren und verinnerlichen.

Dem Medium Lied wurde dabei besondere Aufmerksamkeit geschenkt. Die Förderung des gemeinschaftlichen Gesanges bei bergoffiziellen Anlässen war ein Weg der Verankerung, die Publikation genehmer Lieder in Massenauflage ein zweiter. Die Zeitung sah ihre Aufgaben darin,

„die unbekannt gewordenen Lieder des Standes und des Berufs wieder einzuführen und so die schlechten und rohen Gesänge zu verdrängen, dabei aber auch das Standesbewußtsein und einen gewissen Corpsgeist zu wecken und zu erhalten, der am besten niedrige Excesse zu verhindern geeignet [ist]"[123].

Die Wirksamkeit dieser Maßnahmen lassen sich schwerlich überprüfen. Eine Publikation im *Bergmannskalender* bedeutet sicherlich nicht unbedingt auch Popularisierung, zumindest aber werden diese Lieder Eingang in bergmännische Gesangvereine gefunden haben. Allerdings: Ebenso wie die gesamte bergständische Tradition fehlte, mußten auch die Bergmannsgesangvereine erst langsam groß gezogen werden. Zunächst existierten sie nur für den festlichen Augenblick, etwa den Empfang eines Mitgliedes des Königlichen Hauses. Mit dem Volksliedchor „Alte Bergknappen Spiesen" begann in den 1850er Jahren eine zögernde Überlieferung vereinzelter Bergarbeiterchöre bzw. Grubenchöre, die allerdings schon in den 90er Jahren durch die Beamtenchöre abgelöst wurden. Vermutlich hat die bergmännische Bevölkerung sich eher in den örtlichen Gesangvereinen organisiert und den bergoffiziellen Gesang der Beamtenschaft überlassen[124]. Über die Verwendung gedruckter Volksliederbücher fand das bergständische Lied Eingang ins Repertoire örtlicher Gesangvereine. Einigermaßen verläßliche Aussagen über den aktiven Liedgebrauch der Bergleute liegen aufgrund der verstärkten polizeilichen Überwachung nur aus der Streikzeit vor. Ein Vergleich dieses Liedgutes mit dem über Jahrzehnte behördlich geförderten mag einiges über die Verankerung in der Arbeiterschaft erkennen lassen.

Der Abdruck von bergmännischen Liedern begann, wie bereits erwähnt, mit dem Erscheinen des *Bergmannskalenders* 1875. Zunächst fällt die unterbrochene Überlieferungstradition ins Auge: Bis 1890 wurden den Bergleuten insgesamt 51 Lieder vorgestellt, darunter bekannte und weit verbreitete wie das „Harzer Bergmannslied" oder Theodor Körners Berglied „Glück auf, Glück auf in der ewigen Nacht", aber auch alte, kaum verbreitete Lieder, z. B. „Der Kohlen- und der Erzbergmann"[125]. Zwischen 1891 und 1894, während der Streikzeit, unterbrach die Bergwerksdirektion ihre Überlieferung, um sie erst 1895 mit „Bergmann's Trutzlied" nach der Melodie von „Ich bin ein Preuße" wiederaufzunehmen. Die kulturelle Irritation durch die Streikbewegungen war erheblich; die Regelmäßigkeit der Überlieferung aus der Vorstreikzeit wurde nicht mehr erreicht, ein stattdessen erscheinendes „Glück auf! mit Bild" und Neujahrsgruß in Lied- und Versform konnte dies nicht verdecken. Ähnlich wie bei den Bergfesten scheint unter den Verantwortlichen eine Verständigung über Sinn und (Miß)Erfolg der kulturellen Betreuung der Bergleute in Gang gekommen zu sein. Die Ergebnisse der liedkulturellen Fürsorge waren nicht sehr ermutigend. Dies ergibt sich aus den Versammlungsprotokollen der Streikzeit. Im Netz der polizeilichen Überwachung blieben nicht nur Personen, Resolutionen und besondere Vorkommnisse hängen, sondern auch Hinweise auf Kommunikationsformen, darunter das gemeinsame Singen von Liedern. Ein Bild des gedanklichen Lösungs- oder Erosionsprozesses im Verlaufe der Streikzeit vermittelt die Entwicklung des gemeinsamen Gesanges.

5.2.2. Aktualisierung von Zeiterfahrung: Arbeiterlieder

Keines der im *Bergmannskalender* über die letzten 15 Jahre unter der bergmännischen Bevölkerung verbreiteten Lieder wurde in den Versammlungsprotokollen erwähnt; wenn gesungen wurde, dann waren es zunächst Lieder, die sich unabhängig von der bergbaulichen Liedtradition verbreitet hatten. So verwundert es nicht, daß eines der ersten Lieder, die aus einer Bergmannsversammlung gemeldet wurden, „Heil Dir im Siegerkranz" war[126]. Aber über die gesamte Streikzeit gesehen, blieben vaterländische Lieder und militärische Gesänge vereinzelte Vorkommnisse[127], bis sie in der Phase der Polarisierung zu einem Kampfinstrument der konservativen Kräfte der Bewegung wurden. Insbesondere „Deutschland, Deutschland über alles" diente der Manifestation kaisertreuer Gesinnung und staatsloyalen Wohlverhaltens im Arbeitskampf. Die Dudweiler Antistreikversammlung am 19. April 1891 intonierte die Hymne ebenso wie Versammlungen in Großrosseln, Püttlingen und Rittertraße. In Obervölklingen sprengten nationalgesinnte Arbeiter eine Versammlung mit diesem Lied auf den Lippen[128]. Aber auch zu besonderen Anlässen des RV wurde diese Hymne gesungen. Als Warken Ende 1890 aus der Haft entlassen wurde, sang eine Jubelveranstaltung in Sulzbach zum Abschluß das Lied.

Selbstverständlich überwog in der Streikzeit die kämpferische Intention des Liedes. Mit der Aggressivität der Stimmung wandelte sich der Ausdruck der Lieder. Das restriktive Eingreifen der überwachenden Polizeibeamten verschärfte die Situation. Am 5. Mai 1891 wollten laut Protokoll ca. 550 Arbeiter auf einer Versammlung in Dudweiler das Lied „Von Nacht zum Licht" singen. Der Ordnungshüter verbot das, da ihm „der Text desselben nicht bekannt war!" Das Verbot führte zu Tumulten und schließlich zur Auflösung der Versammlung. Am 20. Mai 1891 unterband der beaufsichtigende Gendarm in Quierschied ebenfalls das gemeinsame Singen des Lieds „Durch Nacht zum Licht". Im Protokoll hieß es: „Auf Antrag des Nieser habe ich demselben das Hochleben Sr. Majestät des Kaisers, sowie das Singen der Nationalhymne noch gestattet". Danach sollte die Versammlung unverzüglich aufgelöst werden. Trotzdem verblieben die Leute im Saal, die Räumung erwies sich wegen der aggressiven Stimmung als undurchführbar. „Das Reden und Singen dauerte abwechselnd fort um die anwesenden Polizeibeamten dadurch zu höhnen und zu ärgern, bis 10 Uhr"[129]. Was war das für ein Lied, das die Bergleute gegen die Ordnungskräfte einte, das zum populärsten Lied der Streikzeit wurde[130]? Hier zunächst der Text[131]:

1.
Glück auf, Kameraden, durch Nacht zum Licht!
Uns sollen die Feinde nicht kümmern:
Wir hatten so manche verzweifelte Schicht
Und sahen die Sonne doch schimmern.
Nur einig, einig müssen wir sein,
So fest und geschlossen wie Erz und Gestein!

2.
Und laßt es euch sagen, ihr Knappen all,
Ihr Brüder von Osten und Westen,

Von Norden und Süden und überall:
Wir müssen uns stärken und festen.
Es darf keine Lücke mehr zwischen uns sein,
Wir müssen stehen wie Stahl und Stein!

3.
Seid einig, seid einig, dann sind wir auch frei
Vom Druck, der so lang' uns umwunden.
Erkennt doch die Macht von der Brudertreu,
Von der Kraft, die wir endlich gefunden!
Wir sind ein Riese, wenn wir geeint,
und können dann trotzen jedwedem Feind!

4.
Es lag auf uns lange Gewitterschwül',
Sie schien uns erdrücken zu wollen.
Wir hörten im ahnenden Vorgefühl
Ein fernes Dröhnen und Grollen.
Nun sind wir vom bleiernen Schlaf erwacht,
Es dämmert der Tag nach der langen Nacht!

5.
Wir sind keine rohe, verwilderte Schar,
wir wollen nur menschliche Rechte,
wir krümmen keinem Kinde ein Haar,
Doch sind wir auch klar zum Gefechte,
Zum Kampfe für unser gutes Recht,
Ein Freier zu sein, doch kein höriger Knecht.

6.
Wie die Lampe, die unser Leitstern ist
Tief unten im Reiche der Nächte,
Wie der Kompaß, der uns die Bahnen mißt
Im Labyrinthe der Schächte,
So folgen wir unseren Führern gern,
Sie sind uns im Dunkel der leitende Stern!

7.
Glück auf, Kameraden, durch Nacht zum Licht!
Seid brüderlich alle umschlungen,
Gelobt es: Wir wollen nicht enden die Schicht,
Bis daß den Sieg wir errungen!
Den schönen Sieg, der uns allen frommt,
Daß der Bergmannsstand wieder zu Ehren kommt!

Unabhängig davon, ob dieses Lied im Saarrevier entstanden ist oder dem bekannten Ruhrbergmann und Dichter Heinrich Kämpchen zugeschrieben werden kann, erlangte es an der Saar in den Jahren nach 1889 Massenwirksamkeit.

Die Attraktivität des Liedes bestand wohl darin, daß es individuelle Erfahrungen in kollektive Aufrufe zur Vereinigung umsetzte und somit aktuellen Bedürfnissen eine Artikulationsmöglichkeit bot. Zwar entsprachen die Einigkeitsappelle des Liedes generell der Geisteshaltung in der Verbandsbildungsphase, diese jedoch hatte nirgendwo kurzfristig so bedeutsame Erfolge erzielt wie an der Saar. Die Geschlossenheit des Gesteins, die bewundernd im Lied auftaucht und ja aus der täglichen Auseinandersetzung am Arbeitsplatz den Bergleuten bekannt war, diente als einprägsamer Vergleich für den überwältigenden Organisationsgrad im RV. Die aktuellen Erfahrungen wurden veranschaulicht durch Beispiele aus der alltäglich erfahrenen Arbeitswelt. Dieser Authentizität entsprach auch die schmucklose Schilderung der Arbeitswelt im Gegensatz zu allen Liedern des bergoffiziellen „Bergmannskalenders"[132]. Die unmittelbare Verknüpfung des Liedes mit der täglich erfahrbaren Arbeits- und Lebenswelt läßt den Erfolg dieses Liedes an der Saar verständlich werden. Wie jedes populäre Lied erfuhr auch dieses schon bald eine Umdichtung und Aktualisierung. Im Organ des RV, in *Schlägel und Eisen*, erschien im Januar 1893 eine Neufassung des Liedes unter dem Titel „Lied der Gemaßregelten"[133]:

1.
Glück auf, Kameraden! durch Nacht zum Licht
Trotz Gegenvereinen und Barren,
Und ob man uns auch weigert die Schicht,
Wir werden im Kampfe beharren.
Im Kampf für das gute Recht trotz alledem,
Ist es den Herren auch nicht bequem.

2.
Man hat uns verordnet die Hungerkur
Bei Drossel und Nachtigallflöten,
Es soll die neue moderne Tortur
Den Widerstand bei uns ertöten.
Im Lande der Deutschen, wir sagen es frei,
Verfällt man der krassesten Barbarei.

3.
Doch wimmern und winseln wir darob nicht,
Die Würfel sind einmal am Rollen,
Mag kriechen und winseln der feige Wicht,
Wir wissen genau was wir wollen.

Uns leuchtet ein herrliches Morgenroth,
Trotz Kohlenbaronen und Junkern vom Schlot.

4.
Was kümmern sie uns und was kümmern sie euch?
Sie können uns weiter nicht regeln,
Ein ‚Mehr' oder ‚Weniger' bleibt sich gleich
Im Kampfe mit Muckern und Flegeln.
Wir halten am Wahlspruch: Durch Nacht zum Licht!
Und fürchten dabei selbst den Teufel nicht.

Es ist nicht überliefert, ob diese Variante des Liedes tatsächlich im Saarrevier entstanden ist. Vieles spricht dafür, denn selbst die „Kohlenbarone" und „Junker vom Schlot" waren im Sprachgebrauch der Bergleute heimisch geworden (vgl. 6.3.). In diesem Lied kommt die erbitterte und mutige Stimmung der elementaren Revolte im Winter 1892/93 zum Ausdruck: Gerade die von Entlassungen betroffenen Bergleute, die Gemaßregelten, beugten sich zunächst nicht den Zwangsmaßnahmen der Bergwerksdirektion. Wie alle in dieser Zeit entstandenen Bergarbeiterlieder unterscheidet es sich durch Sprache, Aktualität und Ausgestaltung der Themenkreise grundlegend von den bisherigen Bergmannsliedern. Es zeigt die kulturelle Entfremdung zwischen Arbeitschaft und Bergbauunternehmern.

Neben dem vielgesungenen „Glück auf, Kameraden, durch Nacht zum Licht" sind noch drei weitere Lieder und ein Plagiat aus der Streikzeit bekannt, die z. T. die ersten Gehversuche einer proletarischen Kultur eindrucksvoll belegen und von denen Steinitz sagt: „Die Gedichte oder richtiger Gesänge waren in der Streikzeit des Jahres 1889 außerordentlich beliebt und wurden in fast jeder Streikversammlung gesungen"[134]. Beliebt waren sie wegen der schon benannten Authentizität, die nicht nur durch die Inhalte, sondern auch in den Sprachbildern, und in der Verwendung von Dialektbegriffen zum Ausdruck kam. Auch oftmals hilflose, umständliche Reime belegen die Ursprünglichkeit dieser Lieder. Dem Typus Verbandslied und „politisches Massenlied"[135] zuzuordnen ist die Weise „Wir schwören Treue dem Verband", die zum alleinigen Thema die endlich erreichte internationale Solidarität, die Einigkeit und Siegeszuversicht der Bergarbeiter hatte. Im Überschwang schärmerischer Einheitsgefühle wurde mehr die erhoffte Zukunft denn die Realität besungen[136]:

„Uns trennt kein Stein mehr und kein Pfahl,
Kein Meer, kein Fluß, kein Reichskreuzmahl,
Denn unser junger Bruderbund
Reicht übers ganze Erdenrund."

Ohne konkrete politische oder regionale Bezüge herzustellen, warb das Lied nicht mehr um Beitritt in eine Organisation, war in diesem Sinne also kein Agitationslied, sondern brachte allenfalls die Sorge um die Erhaltung schon erreichter Einigkeit zum Ausdruck[137]:

> „Wir halten am Weltbunde fest;
> Versprecht's, daß keiner von ihm läßt."

Über den Ursprung dieses Liedes gibt es keine genauen Angaben. Steinitz verweist auf die Angabe von Köhler-Meier, die „Püttlingen, Kr. Saarbrücken, Frühjahr 1889" als Ort und Entstehungszeit nennen. Kein Zweifel aber, daß das Lied später entstanden sein muß. Thematisch ist es einzuordnen in den Prozeß der internationalen Zusammenarbeit von Gewerkschaftsorganistionen, der für die Saarbergarbeiter erstmals anläßlich der breiten Debatte um die Beschickung des Internationalen Bergarbeiterkongresses in Paris 1891 ins Blickfeld rückte. Die Wahl und Entsendung einer eigenen Delegation mit in Versammlungen diskutierten Forderungen mag jene Euphorie provoziert haben, die in den Schlußversen zum Ausdruck kommt[138]:

> „Entschlossen vorwärts mit glück auf!
> Was hemmt denn unsern Siegeslauf?"

Zwei weitere „politische Massenlieder" wurden in den Versammlungen von den Bergleuten gesungen. Das Lied „Brüder reicht die Hand zum Bunde" wird nur einmal erwähnt, während das „Lied über den 8-Stunden-Tag" im Jahre 1892 zunehmend an Bedeutung gewann[139].

Sämtliche Traditionen des offiziell geförderten Bergmannsliedes warf eine Ballade über Bord, die Eigenart und Vitalität, Lebendigkeit und funktionale Neubestimmung des Saarbergarbeiterliedes in der großen Streikzeit belegt. Sie erzählt in z. T. gewaltsamen Reimen von der Inhaftierung des Vorsitzenden Nikolaus Warken und von der Reaktion der Bergleute[140]:

> 1.
> Es braust ein Ruf so schnell wie Pest,
> Daß Warken sitzet im Arrest.
> Von Bildstock bis nach Von der Heydt,
> Sind wir gerührt von tiefem Leid.
> Kameraden, wir müssen einig sein,
> Fest stehn wir immer treu zum Rechtsschutzverein.
>
> 2.
> So lang ein Tropfen Blut noch quillt,
> Und eine Faust das Fäustel schwingt,

So lang wir alle einig sein,
Hat keiner was am Rechtsschutzverein.
Kameraden usw.

3.
Vierundzwanzigtausend Mann,
Melden sich dem Rechtsschutz an.
Es herrscht im ganzen Saarrevier,
Einigkeit, die schönste Zier.
Kameraden usw.

4.
Die Vertrauensmänner ha'n gefaßt
Zu lösen Warken aus der Haft.
Den treuen tapfern Präsident,
So haben wir ihn mit Recht genennt.
Kameraden usw.

5.
Dem Rechtsschutzverein müssen wir uns weih'n.
So lang wir alle Knappen sein;
Mit Verachtung werden all' bestraft,
Die ihn gerne weggeschafft.
Kameraden usw.

6.
Der Warken ist ein Ehrenmann,
Er thut für uns, was er nur kann;
Die Strafe büßte er mit Geduld
Drum sind wir all in seiner Schuld.
Kameraden, wir wollen ein Hoch ihm bringen,
Er lebe hoch, er lebe, er lebe hoch, hoch, hoch,
Der Warken, der soll leben hoch!

Das Lied als lebendiges Forum der Interessenartikulation, der Selbstverständigung und als Transportmittel für Neuigkeiten — diese Rückkehr zu den ursprünglichen Funktionen des Liedes und der Ballade beleuchtet schlaglichtartig den Unterschied zur verkrusteten, immobilen und interessenfremden Bergmannsliedtradition der Beamten, Pfarrer und Lehrer. Kein bleibender Kulturwert sollte hier geschaffen werden, sondern das Medium Lied erschien ad hoc als die geeignete Ausdrucksform. Mit dem Tage der Entlassung Warkens, der dann auch triumphal gefeiert wurde, waren Teile des Leides hinfällig. Auch die gewollte Kurzlebigkeit unterscheidet dieses Saarbergarbeiterlied von den Standesliedern. Die Ballade „zeigt einen spontanen, ungefeilten Stil und eine ungeglättete Sprache. Der Text soll keine Dichtung sein; er ist eine Nachricht, die Erzählung einer Neuigkeit, die sich mit einer deutlichen Absichtserklärung verbindet: eine Gewerkschaftsballade"[141].

Die dritte Kategorie der Liedneuschöpfungen, deren Zuordnung zur großen Streikzeit unsicher, aber möglich ist, ist zugleich die ästhetisch radikalste Abkehr vom traditionellen, obrigkeitlichen Standeslied. In der schonungslosen Auseinandersetzng mit den Arbeitsbedingungen in einem bestimmten Stollen, der Kritik an den unmittelbar Vorgesetzten und Kontrolleuren und auch in der Verwendung der Umgangssprache weist dieses Lied eine große Ähnlichkeit zum englischen Bergarbeiterlied auf. Hier können wir uns als Autor einen Bergmann vorstellen, ungeübt im kunstvoll lyrischen Ausdruck, Erfahrungen vielmehr unmittelbar in Alltagssprache umsetzend, die keinen reichen Wortschatz kennt[142]:

Soll mich wie ein Hund abschinden

1.
Drunten in dem Gerhardstollen,
Auf der Bühne nummero drei,
Sind die Felsen angeschwollen,
Schwer vom Wasser und vom Blei.
Dort soll ich mein Brot verdienen,
Soll mich wie ein Hund abschinden,
Bei dem Unkel, bei dem Nickel,
Mit dem Schlegel, Keil und Pickel.

2.
Kommt der Steiger eingefahren,
Dann vergeht uns all der Mut:
„Leit'cher, braucht euch nicht zu schämen,
Eure Arbeit, die ist gut".
Tut man ihm was widerlegen,
Fängt er an uns auszufegen:
„Auf die Strafe setz ich euch,
Und das geschieht euch alle gleich."

Die Ablehnung bzw. die Aversion der Bergleute gegen die Steiger hatte an der Saar auch Eingang in den bergmännischen Sprachgebrauch gefunden. Steiger, die eine unverhoffte Kontrolle ausübten, wurden „Verwitscher" genannt, abgeleitet von „verwischen" (=erwischen, ertappen). Auch ein Warnruf war vorhanden: „Hell Licht" hieß es, wenn der Abteilungssteiger im Anmarsch war[143].

Dieses Lied eignet sich hervorragend, um noch einmal die Entfernung des bergmännischen Standesliedes von den realen Lebenserfahrungen der Arbeiter zu illustrieren. Adolf Schievenbusch beispielsweise schilderte den Arbeitsplatz in dem Lied „Bergleut' zu Hauf rufen: Glück auf!" in der 4. Strophe[144]:

> „Hier nun und dort gräbt man sofort
> aus Felsengestein das blinkende Erz
> bei Lied und Scherz."

Dies war kein Einzelfall, sondern durchgängig charakteristisch für die Liedproduktion der Beamten, Pfarrer und Lehrer. Der Nutzen der kultischen Überhöhung des Bergmannsstandes bestand für sie nicht nur in prächtigen Beamtenuniformen. Gerde für das Selbstbewußtsein der Lehrer und Pfarrer unter der bergmännischen Bevölkerung war der Ausdruck der Bewunderung und Hochschätzung notwendig zur Integration in diesen Lebenszusammenhang. Kein Wunder, daß insbesondere die Schilderungen der Reproduktionsbereiche von kleinbürgerlichen Normen, Verhaltensanweisungen, Wertungen geprägt wurden. Das bergständische Liedgut idealisierte das Arbeits- wie das Familienleben, verklärte Abhängigkeiten in einem Zusammengehörigkeitsgefühl und kannte als oberste Maxime nur die Harmonie zwischen Individuum und Stand, zwischen Stand und Gesellschaft, zwischen Gesellschaft und Staat. Arbeiterlieder dagegen formulierten gegenwarts- und zukunftsbezogen Ängste, Sorgen, Wünsche und Begierden, konnten politisch und privat zugleich sein. Nicht eine sterile Glorifizierung des Arbeitslebens ist ihr Gegenstand, sondern dessen alltägliche Bewältigung. Wieviel mehr über das tatsächliche Leben läßt ein trauriges Liebeslied aus Püttlingen erfahren. Das Lied erzählt das Schicksal eines jungen Mädchens, das sich von der Liebe und der Ehe Glück und Freiheit versprach und dann feststellen mußte[145]:

> „Kleine Kinder, große Sorgen
> Quälten sie bei Tag und Nacht.
> Schulden drückten sie darnieder,
> Die sie in der Not gemacht."

Dies entsprach eher den Erfahrungen der bergmännischen Familien, deren Töchter meist sehr früh heirateten, und wir können uns vorstellen, daß solche Lieder tatsächlich im Volk lebten, Volkslieder waren, nicht bloß Liedbuchmelodien für organisierten Chorgesang. Wie schwer sich die Arbeiterbewegung an der Saar in der Streikzeit mit der Liedkultur tat, verdeutlicht ein angeblich von Mathias Bachmann, dem stellvertretenden Vorsitzenden des RV, geschriebenes Lied, schlicht „Bergmanns-Lied" betitelt. Fälschlicherweise wurde der gesamte Text Bachmann zugeschrieben[146]. Schon ein erster Vergleich offenbart die Identität der Strophen 1—3 mit dem Oberkirchener Bergmannslied „Der Bergmann im schwarzen Gewande, einfach, schlicht". Weisen die erste und dritte Strophe nur geringfügige Textunterschiede auf, so ist in der zweiten der Satzbau einschneidender verändert, ohne jedoch den Inhalt zu tangieren. Die vierte Strophe, wohl von Bachmann verfaßt, unterscheidet sich in ihrer handfesten Gegenständlichkeit wohltuend von der lyrischen Seichtheit der zweiten und dritten Strophe. In diesen wird die Leistung der Bergleute betont, ohne die weder Fürsten noch Bräute ihren Schmuck stolz tragen könnten. Die Verspieltheit des lyrischen Ausdrucks wird in der vierten Strophe ersetzt durch klare, gegenständliche Sprache[147]:

> „Durch die Welt braust mit Dampf jetzt der menschliche Geist,
> Das eiserne Roß wird mit Kohlen gespeist,
> Die Steinkohlen schlicht, schwarz wie unser Gewand,
> Sie mindern die Fernen von Land zu Land.
> Der Gotthard durchbrochen! — die Kraft woher —
> Wenn tief in der Grube der Bergmann nicht wär'"

Mit dieser Strophe versuchte Bachmann, das Lied applikabel für die Steinkohlearbeiter an der Saar zu machen, die mit dem Edelmetallabbau der ersten drei Strophen wenig zu tun hatten. Einen Traditionsbruch und eine Tradierung bergmännischen Stolzes zugleich stellte die Thematisierung des technischen Fortschritts dar: das eiserne Roß und der Gotthard-Tunnelbau signalisierten den Durchbruch einer neuen Zeit, die eigentlich auch ein gewandeltes Selbstverständnis der Bergleute verlangte. Aber die Endstrophe Bachmanns ließ erkennen, daß der bergständische kulturelle Protektionismus sich mittelbar gerade dann auswirkte, als Arbeiter die ersten tastenden Schritte in Richtung Arbeiterkultur taten:

> „D'rum halten wir Bergleut' in Ehr' unsern Stand,
> Fest ist unsere Hand, schlicht unser Gewand!
> Und drückt uns der Tod die Augen einst zu,
> So fahren wir ein zur ewigen Ruh'.
> Und nimmt uns im Friedhof die Grube auf,
> Dann grüßen die Seligen: „Bergmann, Glück auf!"

Dieser Anachronismus, die Verbindung neuer Empfindungen und einer neuen Weltsicht mit den traditionalen Formen bergständischer

Ausdrucksweise, dieses scheinbar harmonische Nebeneinander eines alten Standes – und des neuen Arbeiterbewußtseins charakterisierte den Standort einer sich entwickelnden klasseninternen Kultur. Ein Nebeneinander, das übrigens in der gesamten Liedentwicklung bestand, trotz aller passiven Verweigerung gegenüber einer aufgepfropften Tradition. Das Verharren auf ständischen Traditionselementen stellte jedoch keine Eigenart der bergbaulichen Welt dar. Gerade in neu aufkommenden Berufssparten war es üblich, eine „Verfaßtheit" zu reklamieren. „Mit Hilfe berufstypischer Liederbücher suchen sich die in Vereinen organisierten Berufszweige in die damals moderne Arbeitswelt zu integrieren, als sei sie noch die gestrige mit Ehrbarkeitsnachweis, Grußzeremoniell, Zunftlied, Handwerksbrauch oder -sprache"[148].

5.2.3. Grenzen kultureller Emanzipation: Liedmelodien

Das populärste Lied der Streikbewegung, „Glück auf, Kameraden, durch Nacht zum Licht" wurde von den Bergleuten auf die Melodie „Frisch auf, Kameraden, aufs Pferd" gesungend, während das Rechtsschutzlied wie das Verbandslied „Wir schwören Treue dem Verband" ihren emanzipativen Inhalt auf der Melodie von „Die Wacht am Rhein" transportierten. „Der natürliche Weg, Melodien für die Lieder der Arbeiterbewegung zu finden, war das Parodieren älterer Lieder, eine in Deutschland und darüber hinaus weitverbreitete Praxis"[149]. Gleichwohl wirft der „natürliche Weg" eine Menge Fragen auf, Fragen, die nicht durch eine vorschnelle Klassifizierung des Inhaltes als „revolutionär" erledigt werden. Ein Beispiel für solche problemverdrängende (Schein-)Lösung bietet Wolfgang Steinitz:

„Die Umwandlung des passiven sentimentalen Soldatenliedes zum aktiven revolutionär-kämpferischen Arbeiterlied [gemeint das Leunalied, H. St.] ist nicht ein einmaliger Vorgang gewesen, sondern ein lang dauernder Prozeß, in dem die revolutionär-kämpferischen Elemente des Liedes allmählich immer mehr verstärkt wurden"[150].

Da sei die Frage erlaubt: Wie wird aus einer passiven sentimentalen Melodie ein aktives revolutionär-kämpferisches Lied, oder ist das passive sentimentale Lied vorher auf eine kämpferische Melodie gesungen worden? Beides will nicht so recht zusammenpassen und nährt die Skepsis gegenüber einer Liedbetrachtung, bei der der Text alles und die Melodie nichts ist. Ein moderner politischer Liedermacher, Walter Moßmann, hat dieses Problem prägnant skizziert:

„Das, was Marx ‚Pauperisierung' (Verarmung) nennt, ist in unserer Gesellschaft nicht bloß eine Frage von Lohn und Gehalt, letztlich von ‚Lebensstandard'. Dazu gehört auch die kulturelle Armut, besonders in Deutschland. Es besteht kein Anlaß, diese erklärliche Armut zu glorifizieren oder sich darin ungemütlich einzurichten. Wenn die Arbeiterbewegung z. B. nach dem ersten Weltkrieg aus Mangel an eigenständigen Ausdrucksformen mit wenigen Strichen reaktionäre Soldatenlieder für die Revolution umpolte, kann man das erklären, aber es ist kein Vorbild"[151].

Das Dilemma hebt auch jener Erklärungsversuch nicht auf, der von der Funktionalität der Melodie ausgeht. Hymnen und Märsche aus der patriotischen Bewegung wurden benutzt, weil sie vergleichbare Gefühle und Zustände ausdrückten und zugleich dem eigenen Bemühen „höhere Weihe" verliehen. Die getragene Atmosphäre einer Hymne versinnbildlichte Würde und Wert einer Bewegung, einer Person oder Personengruppe, der Marsch ließ die Erregung einer Massenbewegung verspüren. Sicherlich konnte eine identische Gefühlslage bei den Arbeitern aufkommen, wenn sie unter den Klängen eines Marsches 1870 nach Frankreich marschierten und 20 Jahre später mit den Arbeitskollegen, ihrer neuen „Armee", zu den gleichen Klängen ein sozialistisches Kampflied intonierten. Die Verwendung militärischer Sprachfloskeln auch bei den marxistischen Klassikern legt ja die militärische Bedeutung auch des Klassenkampfes nahe. Unter diesem Aspekt war für die soziale Neuordnung der Gesellschaftsverhältnisse keine individuelle Persönlichkeitsentwicklung mehr von Nöten: Das Ziel wurde ausgetauscht, die Kampfmittel blieben die alten. Kein Wunder, daß dann der sozialistische Gegenentwurf einer gerechten Gesellschaft im Detail häufig dem kritisierten bürgerlichen Zustand verblüffend ähnelt[152].

Auch greifen die „Camouflagetheorie" und die Feststellung einer parodistischen Absicht zu kurz, wenn sie nicht Einzelfälle, sondern das gesamte Phänomen der Verwendung nationalistischer und patriotischer Liedmelodien erklären wollen[153]. Die Untersuchung einer tatsächlichen Übereinstimmung von Sänger und der in der Melodie transportierten Gefühlslage — so Lidtke — „verdient erhöhte Aufmerksamkeit", insbesondere sei dies bei den frühen Liedern, vor der Reichsgründung, als ein Vaterlandslied zugleich auch als Freiheitslied verstanden werden konnte, der Fall gewesen. Ein solch subtiler ideologischer Symbolismus ist auf die Arbeiterlieder der 90er Jahre, nach 20 Jahren Erfahrung im Deutschen Reich, nicht mehr anwendbar. Vielmehr schien an der Saar die Symbiose von Patriotismus und sozialer Bewegung auf vielen Ebenen individueller Lebensäußerung tatsächlich vollzogen: so in der gleichzeitigen Zugehörigkeit von Kriegerverein und Rechtsschutzverein, in dem Nebeneinander der Hochrufe auf Kaiser und internationale Sozialdemokratie, wie auch in den Melodien der Streiklieder. Diese Einheit wurde vor allem von den patriotischen und klerikalen Kräften bekämpft und begann sichtbar zu bröckeln, als die Delegierten auf dem Pariser Bergarbeitertag Kränze an den Gräbern der Kommunarden niederlegten, den Heldentoten des 70/71er Krieges jedoch keine Referenz erwiesen. Trotzdem: Das Festhalten an den traditionellen Melodien entsprach dem Beharren darauf, auch als Kämpfer für die Arbeitersache Treue zum Vaterland demonstrieren zu können. Gegen die Ausgrenzung aus der vaterländischen Gemeinschaft wandte sich die 5. Strophe des populärsten Streikliedes, gesungen auf die Melodie „Frisch auf, Kameraden, aufs Pferd":

„Wir sind keine rohe verwilderte Schar,
wir wollen nur menschliche Rechte,
wir krümmen keinem Kind ein Haar,
doch sind wir auch klar zum Gefechte,
..."

Wenn wir nicht nur Worte, Symbole, Ideen, sondern auch die Melodien der Lieder „als Teil eines nicht formalisierten Gewebes von Gefühlen und Sehnsüchten" begreifen, in dem die „emotionale und intellektuelle Beschaffenheit der Bewegung"[154] aufgespürt werden kann, so stellte sich die Verwendung traditioneller Melodien zugleich als Notwendigkeit wie als Dilemma für die Berarbeiter dar: Die Lieder der Streikzeit waren sofort verwendbar, es bedurfte keines zeitraubenden Neuaufbaus von Identitätssymbolen, sondern es wurde auf vorbereitete Muster bürgerlich-militaristischer Prägung zurückgegriffen. Diese Pragmatik, aus der Aktualität des sozialen Kampfes begreifbar, erschwerte eine Fortsetzung des Kampfes über die Tagesziele hinaus: Die Texte, die einen Lösungsprozeß von der obrigkeitlich reglementierten Standeskultur signalisierten, verfingen sich in überkommenen Ausdrucksweisen und büßten so einen Teil der ihnen innewohnenden Sprengkraft wieder ein. Die Austauschbarkeit der Texte ermöglichte eine Rückkoppelung der oppositionellen Bewegung an das herrschende System. Ebenso wie ein möglicher parodistischer Effekt sich über die Jahre hinweg abschliff, konnte die Erfahrung der großen Streikzeit sich nicht in einer überkommen Melodie bewahren. Eine langfristige Bewahrung kultureller Arbeitskampftraditionen gelang nur dort, wo eine stabile Verbandsentwicklung das Erbe der Arbeiterbewegungen antrat.

Die gegen Ende des 19. Jahrhunderts und über diese Zeit hinaus vorherrschenden kulturellen Mischformen waren leicht entwirrbar, die Rückkehr zum Text des vaterländischen Liedes konnte mit der Zeit die im Streik hergestellte Verbindung von Melodie und Kampf in den Köpfen der Bergarbeiter löschen, das Lied blieb allenfalls reaktualisierbar für folgende Streikkämpfe, ohne daß die einmal gewonnene kulturelle Selbstbestimmung der Arbeiterklasse mit dieser bloßen Wiederholung nochmals erreicht werden konnte. Denn der Prozeß der kulturellen Emanzipation verläuft nicht als bloße Summierung aller einmal gemachten Erfahrungen, sondern muß sich unter veränderten Bedingungen neu entfalten. Dies allerdings ist ein langwieriger Prozeß, der in einer Streikzeit allenfalls seinen Ausgang hätte nehmen können. Hans Eisler hat zur Entfaltung einer Arbeiterkultur bemerkt:

„Wir können rascher ein Atomkraftwerk bauen und eher auf den Mond gelangen, als es uns gelungen sein wird, das große Erbe der klassischen und modernen Musik so anzutreten, daß es Besitz des werktätigen Volkes ist. Denn leider muß das Hören von Musik geübt werden. Geschieht das nicht, so bleibt das Hören auch hinter dem fortschrittlichsten gesellschaftlichen Bewußtsein zurück"[155].

Dieser langwierige Lernprozeß ist für die Saarbergarbeiter mit der Niederlage im Winterstreik 1892/93 zunächst abgeblockt worden. Daß sich die kulturellen Errungenschaften dieser Zeit nicht ausbilden und verfestigen konnten, ist ein Erklärungsmoment für die auf den Streik folgende Auflösung der Bewegung und die Reintegration der Betroffenen in die kaiserliche Gesellschaft.

5.2.4. Kulturelle Mischformen und Gegenwartsbewältigung: Gedichte

Wie die Lieder standen auch die bergmännischen Gedichte bis zum Aufkommen des Steinkohlebergbaus in der industriellen Revolution und bis zu den Streikbewegungen Ende des 19. Jahrhunderts in einer arbeiterfremden Tradition. Verfasser waren

„... meist Rektoren der Lateinschulen, Juristen, im 18. und 19. Jahrhundert dann aber zunehmend auch Bergbeamte vom Leder, die im 18. Jahrhundert allmählich zur Bildungsschicht aufstiegen"[156].

Die großen Streikbewegungen des ausgehenden 19. Jahrhundert setzten dieser Standeskultur ein Ende und bildeten zugleich den Ausgangspunkt einer schöpferischen, von bergständischer Bevormundung befreiten Arbeiterdichtung, deren Personifizierung an der Ruhr in der Persönlichkeit Heinrich Kämpchens gesehen werden kann[157], während an der Saar eine solche zielbewußte und zum Teil schon ausgefeilte Arbeiterdichtung sich nicht entfaltete. Hier bildeten die lyrischen Versuche Mathias Bachmanns und anonymer Bergleute den Anfang einer Arbeiterdichtung, die das Brüchigwerden der überkommenen Harmonievorstellungen bergoffiziell geförderter Standesdichtung markierten.

Für beide, Heinrich Kämpchen wie die saarländischen Dichterlaien, waren ihre soziale Herkunft wie die Teilnahme an sozialen Bewegungen Voraussetzung, bergständisches Gedankengut zu überwinden. Daß Heinrich Kämpchen „als der erste große Dichter der Arbeiterbewegung"[158] in die Arbeitergeschichtsschreibung einging, lag sicher nicht allein an seinem individuellen Talent: Im privatwirtschaftlichen Ruhrbergbau wurde die außerökonomische Beeinflussung der Belegschaften durch ständische Kulturpflege gering geschätzt und sorgte die zunächst auch nicht übermäßig erfolgreiche gewerkschaftliche Organisierung immerhin für eine kontinuierliche Resonanz. An der Saar jedoch gelang es einem irritierten, aber intakten Herrschaftsapparat, die Organisation wieder zu zerschlagen. Trotzdem waren die Jahre 1889–1893 auch an der Saar Jahre des Umbruchs, die die Grenzen des ständischen Kulturprotektionismus mit seiner illusionistischen Traditionstümelei für Arbeiter wie Unternehmer sichtbar werden ließen. Die heile Welt der Standesdichtung, wie sie Novalis oder Körners Gedichte zeichnete, zerbrach, Fatalismus und soziale Harmonie wichen einer selbstbewußten, teils fordernden, teils die Realität zurechtrückenden Haltung.

Mathias Bachmanns Lied, so haben wir gesehen, dokumentierte die Nahtstelle der kulturellen Emanzipation. Die Verwendung von in der Standestradition beliebten Bildern und Motiven neben der Thematisierung neuer Empfindungen und gesteigerten Selbstvertrauens charakterisierten die kulturellen Bemühungen der Saarbergarbeiter. Das Alte und das Neue – der Widerspruch wurde nicht bewußt erlebt, so auch in Bachmanns „Bergmanns Loos"[159]:

„Erloschen ist der Sonne Strahl
Und draußen starrt und tobt der Winter,
Der Bergmann küßt zum letzten Mal
Sein Weib und seine lieben Kinder.
Dann greift nach seinem Werkzeug er:
‚Die Stunde ruft, ich muß von hinnen' –
Es scheint der Abschied wird ihm schwer –
‚Schlaft süß, ich muß die Schicht beginnen'!

Hinaus dann in die kalte Nacht,
Es knirscht der Schnee bei seinem Tritte,
Und doch, er lenkt — schon nah dem Schacht —
Noch einen Blick zurück zur Hütte:
‚Schlaft süß! — Mir ist ums Herz so bang!
‚Laßt Euch nicht böse Träume schrecken —
Es währt die Nachtschicht ja nicht lang,
Ich hoff' Euch morgen sanft zu wecken'!

Und nun hinab, es drängt die Noth,
Nur schaffen! Alles sonst vergessen,
Doch wird das Athmen ihm so schwer —
Es wird ihm fast die Brust zu enge —
Das ist der alte Schacht nicht mehr!
Unheimlich schleicht es durch die Gänge.

Der Bergmann kennt dies Nachtgespenst,
Er weiß, der Tod ist angefahren! —
Auf Kamerad, wenn du es kannst,
So flieh' — dein Leben dir zu wahren.
Ja, fliehn'n — Zu spät! — Es bebt der Schacht,
Der Donner rollt, die Wetter blitzen —
O Weib und Kinder gute Nacht —
Mein Arm wird nimmer Euch beschützen.

Zwar wirft er sich zu Boden schnell,
Doch hat er nimmer sich erhoben —
Als wieder schien die Sonne hell,
Fährt seine Leiche man nach oben. —
Und seine Lieben harren bang —
Noch glaubend nicht an das Verderben —
Es währt die Nachtschicht heut' so lang —
Das ist des Bergmanns Sterben."

Die Motive dieses Gedichtes sind bekannt; wie in der bergständischen Dichtung wird in den beiden ersten Strophen durch emotionsgeladene Bilder (tobende Wetter — liebender, treusorgender, pflichtbewußter Vater) eine harte, aber friedliche und zufriedene Stimmung gezeichnet. Mit der dritten Strophe verläßt Bachmann die Harmonie der ständischen Welt, die Verse erscheinen abgehackter, verraten Hektik. Zunächst die düstere Zeichnung der Arbeit, dann die bedrückende Ahnung des nahenden Todes. Nichts mehr von der trotzigen Todesverachtung des Rheinischen Bergmannsliedes „Glück auf! ist unser Bergmannsgruß" oder des rührenden Vertrauens auf die himmlische Erlösung bei Adolf Schievenbusch. Hier regierten nackte Angst und ein zutiefst menschliches Verlangen: zu fliehen, der Gefahr nicht trotzen, einfach nur das Leben retten. Und so ist die letzte Seilfahrt des Verunglückten keine bergmännische Prachtdemonstration, sondern es offenbart sich menschliches Leid und Elend. „Das ist des Bergmanns Sterben" — der bittere Realismus des Arbeiters korrigiert eine Lyrik-Tradition, die den Tod lange verklärt hat.

Die Verquickung von bergständischer Idealisierung und den Realitäten eines Bergarbeiterlebens ließ die Übergangssituation erkennen: Im Rückgriff auf vorhandene Ausdrucksmuster wurde, unter dem Eindruck verheerender Schlagwetterexplosionen stehend, auf das Recht an einer eigenen, realistischen Schilderung von Leben und Sterben in der Welt des Bergbaus gepocht. Ein Ruhrbergarbeiter und Dichter, wie Bachmann in der Tradition der christlichen Arbeiterbewegung stehend, der Hauer Ludwig Kessing, dichtete nach der Jahrhundertwende eine auch von letzten Überresten der ständischen Vergangenheit bereinigte Fassung desselben Motivs, jetzt unter dem Titel „Bergarbeiterlos". Um die Entwicklungstendenzen der kulturellen Emanzipation der Bergarbeiter über den Zeitraum dieser Arbeit hinaus aufzuzeigen, sei es hier als Beispiel abgedruckt[160]:

„Bergesruh. Die Unterwelt
matt vom Lampenlicht erhellt.
Nur ein Pochen hier und dort,
dumpf ein Schlag von fernem Ort,
hart ein Fallen nah am Hang,
irgendher ein Seufzer bang,
dann ein ungestümer Schritt:
Hilferufe: ‚Kommet mit!'
bang ein Fragen: ‚Wo?' und ‚Wer?'
Doch sie hasten hinterher.

Grabesruh. Die Unterwelt
matt vom Lampenlicht erhellt.
Durchgebogen Holz an Holz,
eingeknickt der Menschen Stolz,
Knappen nahen, naß vom Schweiß,
lautes Keuchen, hart und heiß,
nur ein unterdrückter Fluch,
eine Bahre, feuchtes Tuch,
ein entseelter Körper drauf.
Bergarbeiterlos. Glück auf!"

Die Wandlung vom Berg*mann* zum Berg*arbeiter* hatten die Saarbergarbeiter in ihren kulturellen Aktivitäten noch nicht so konsequent verarbeiten können, wie die späteren Arbeiterdichter. Sie mußten eine ihnen adäquate Ausdrucksweise zwischen der behördlichen Zwangskultur und den ihnen eigenen Traditionen agrarischer und protoindustrieller Herkunft finden, wobei Wunderglaube, tiefe Religiosität und Verarbeitung der Erfahrungen in der industriellen Welt miteinander verwoben wurden. Dabei wurden die neuen Industrieerfahrungen in ein tradiertes Raster von Vorstellungen, Interpretationen und Wertungen integriert.

Beispielhaft für diese frühe Arbeiterdichtung im Bergbau ist das „Lobgedicht auf Warken"[161], ein Gedicht, das Geschichte und Mentalität einer Bewegung dokumentiert. Nicht nur wegen der einfachen Reimform, sondern ebenso wegen Struktur und Inhalt können wir es einem Bergarbeiter zuschreiben, der wohl vor diesem Gedicht keine Berührung mit der Lyrik gehabt hat. Das Gedicht erzählt die Geschichte des Rechtsschutzvereins und beginnt mit der Vorstellung der „Kultfigur" der Bergarbeiterbewegung:

> „Vater Warken, Vater Warken,
> Dich nennen wir den Starken,
> Und mit Recht Vater Warken,
> Dürfen wir nennen dich den Starken."

Die folgenden zwei Strophen nun erläutern, warum Warken „mit Recht" Gegenstand bergmännischer Verehrung geworden ist. Zugleich wird in legitimatorischer Absicht das völlig legale Vorgehen der Bergleute gewürdigt; trotz unwürdiger Bedingungen vertrauten die Bergleute auf einen gesetzmäßigen Konfliktaustrag:

> „Als wir lagen hinter Riegel und Banden,
> Bist Vater Warken du aufgestanden,
> Und sagtest: Kameraden ihr müßt nicht bleiben,
> Ich will die Schlösser und Riegel vertreiben.
>
> Da gingst du Vater Warken zur Bürgermeisterei,
> Und sagtest: Eine Bergmannsversammlung muß bei,
> Wir wollen nicht mehr bleiben hinter Riegel und Schloß
> Unsere Kräfte liegen in der Erde Schooß.
>
> Da wurde beschlossen ein besseres Ziel
> Kameraden es gab ja der Armen so viele.
> Und überall war große Not,
> Kameraden, wir hatten ja selbst kein Brod."

Sehr genau werden hier Zustände geschildert, die im Mittelpunkt der Streikforderungen standen, so die Schlösser und Riegel, die Stollentüren, die ein vorzeitiges Ausfahren der Bergleute verhindern sollten[162]. Die Chronologie der Bewegung benennt das Ziel noch ungenau, aber, für eine bäuerliche Mentalität durchaus üblich, schlicht als „besseres". In der folgenden Strophe wird schließlich eine erste, positive Zwischenbilanz gezogen, die die Aussagen der Eingangsstrophe einsehbar macht, um dann aber in Strophe sechs die irdische Begrenztheit auch eines Nikolaus Warken zu betonen.

> „Und wirklich die Sonne ist aufgegangen,
> Vater Warken hat alles speciell angefangen,
> Er hat es erzwungen mit der größten Not,
> Wir haben doch wieder das tägliche Brod.
>
> Kameraden bedenkt mit wahrem Sinn,
> Da liegt nur Gottes Hilfe drin,
> Auf Gottes Hilfe hat Warken vertraut,
> Mit ihr hat er auch den Rechtsschutzverein gebaut."

Dieses Motiv des Gottvertrauens wird durch das Bild eines gerechten Gottes weiter ausgebaut, der in einer Situation der Resignation unter den Bergleuten durch Warken den Arbeitern wieder Mut eingeflößt und damit Gegenwehr und Sieg über den menschlichen Arbeitgeber ermöglicht hat:

> „Es war auch nicht mehr zum Weiterleben,
> Drum hatten wir uns schon ganz ergeben,
> Doch der gerechte Gott lebt noch,
> Er hat Warken bestimmt zu erleichtern unser Joch.
>
> Und Hurrah Kameraden! Wir haben's erzwungen,
> Ich glaube, Kameraden der Sieg ist errungen,
> Drum danket Gott und sorget für Warken,
> Wir nennen ihn immer und ewig den Starken."

Die Eingangszeilen der siebten Strophe sind über den Kontext des Gedichtes hinaus bedeutsam, denn sie stellen eine Theorie in Frage, die alleine aus der Verelendung der Arbeiterklasse eine gesteigerte Kampfbereitschaft und eine Zuspitzung des Klassenkampfes folgert. Das Gedicht hat hier jedoch auch seine Kehrseite: Durch die These vom Auserwähltsein wurde die Position Warkens im RV unangreifbar, der Personenkult uferte aus. Daß dies ein Bedürfnis nicht weniger Bergleute gewesen ist, zeigt die Geschichte der Warken-Verehrung (vgl. 6.2).

„Und jetzt Kameraden haltet euch fest,
Ich glaub' Vater Warken verschafft uns noch Recht,
Drum Bergleute, die ihr standhaftig bleibt,
Liefert Warken auch ein Ehrenbescheid.

Wir wollten 89 im April heraus,
Da machte uns die eiserne Thür den Garaus,
Hungrig und müde vor Durst bald verschmacht,
Und wurden dazu noch verhöhnt und verlacht.

Wir lagen im Stollen hinter Riegel und Schloß,
Und ruhten im Stollen, im Erdenschooß,
Denn fünf Minuten vor sechs ist's geschehen,
Ein Steiger kam gerade und hat es gesehen.

Der Steiger riß Thür und Fenster auf,
Die Tagesstreck war im Zechenhaus,
Ihr Leute bedenkt bei so schrecklicher Kält'
Und saget ob euch das besser gefällt.

Wir klagten und jammerten,
Und wußten nicht ein,
Wir knirschten auf den Zähnen und fluchten oft sehr,
Und schrieen: Eine Besserung, eine Aenderung muß her.

Ein Steiger sagt' einstens in der schrecklichen Stunde
Euch muß man behandeln wie Schweinehunde,
Was wollten wir sagen, was wollten wir allein,
Wir mußten noch immer ganz still dabei sein."

Auch hier die Wiederkehr der Streikmotive in der Schilderung, die Stollentüren, der Hunger, die Arroganz der Beamten, die Schikanen der Steiger. Hier erwächst die Solidarität zwar aus der gemeinsam erlittenen Unterdrückung, aber es bedurfte eines „Erlösers", um die Situation zu entwirren:

„Wir arbeiten wie Sklaven nun weiter dafür,
Auf einmal stand Warken und Bachmann vor der Thür.
Sie rufen: Kameraden jetzt ist es Zeit
Sonst sind wir verloren in Ewigkeit.

Jetzt auf Kameraden und rufet Hurrah,
Unser Retter, unser Vater Warken ist da,
Er hilft uns aus Elend, er hilft uns aus Not,
Wir essen jetzt wieder ein größer Stück Brod."

Dieser Erlöser scheint allerdings im letzten und richtigen Augenblick gekommen zu sein, denn in einer Zwischenbilanz in Strophe 17 bringt der Autor die Entwicklung auf einen kurzen Nenner:

> „Kameraden ich könnt' euch noch manches diktieren,
> Doch glaub' ich, es wird sich auch keiner genieren
> Zu sagen, daß die Bergleute jung und alt,
> Alle aussehen wie eine Todesgestalt."

Bis hierhin vermittelt das Gedicht ein drastisches Bild von den Arbeitsbedingungen und Ausbeutungsverhältnissen im Saarbergbau, ein realistisches Bild dazu, wie an den vielfältigen kleinen Details zu erkennen ist. Mit der 18. Strophe aber wird das Gedicht zu einer überschwenglichen Hymne auf Warken, die einiges an Legitimationsmechanismen der erstmals „aufständischen" Saarbergleute offenbart.

> „Kameraden, jetzt alle und die wir Bergleute sind,
> Wir ehren und lieben Vater Warken wie ein Kind,
> Vater Warken muß haben nebst monatlichem Lohn,
> Ein großes und prächtiges Denkmal zum Lohn."

Den monatlichen Lohn hat Nikolaus Warken seit März 1890 bekommen, auf das Denkmal mußte er etwas länger warten: Erst 1921 weihte ihm seine Heimatgemeinde Hasborn ein Denkmal. Mit dem noch lange nicht erfolgten Ableben des RV-Führers beschäftigt sich auch die nächste Strophe und verlängert seinen guten Ruf bis in den Himmel. Damit versuchen die Bergleute, ihren zivilen Ungehorsam durch eine Einbindung in das festgefügte, religiöse Weltbild legitimatorisch abzusichern.

> „Und wenn Vater Warken gestorben ist,
> So begraben wir unsern Tapfern als ein guter Christ
> Im Himmel soll Vater Warken willkommen sein,
> Kameraden laßt für ihn auch das Beten nicht sein."

Nach dieser für die Lebenden und Kämpfenden auf Erden wenig perspektivischen Himmelfahrt Warkens erwartet der Leser/Hörer sicher keine politischen oder gewerkschaftlichen Apelle mehr, aber auch diese Verbindung des jenseitigen Warken mit den diesseitigen Massen fiel dem Verfasser und den damals Lebenden nicht schwer.

> „Ich will das Gedichtchen nun lassen so klein,
> Drum schreib sich ein jeder in sein Herz hinein,

> Einer für alle und alle für einen,
> Unser Vater Warken im Himmel der sorget allein."

Nachdem dies Gewißheit ist, ist auch das Schicksal der Ausbeuter klar: Jenseits der irdischen Macht- und Abhängigkeitsverhältnisse erwartet sie das unerbittliche göttliche Strafgericht.

> „Auch die uns behandelt so schrecklich zur Zeit,
> Werden erhalten ihren Lohn in der Ewigkeit,
> Denn es giebt ein allwissender und gerechter Gott
> Drum wandel ein jeder auf Gottes Gebot."

Diese Nutzanweisung als Lehre aus den sozialen Kämpfen des Jahres 1889 erscheint uns heute fremd, war aber aus der religiösen Konstitution der Gesellschaft des Saarreviers (vgl. 6.2.) wie aus den individuellen Biographien der streikenden Bergleute erklärlich. Das Erstaunen über das eigene Tun, den Widerstand gegen den preußischen Staat als Unternehmer der Saargruben, das Erlebnis einer mächtigen Kollektivität, die die Herrschenden völlig überraschte und der sie zunächst auch nicht Repression, sondern ausweichende Zurückhaltung entgegensetzten – diese für Arbeiterbauern und Arbeiter der ersten und zweiten Generation undenkbaren Dinge, verlangten nach einer Erklärung. Was lag näher bei der ersten Erfahrung der eigenen Stärke, als sie nicht nur auf sich selbst zu beziehen, sondern auch auf eine überirdische Kraft; jene Kraft, die bei Arbeitern wie Unternehmern gleichmaßen anerkannt war. In der Beschwörung Gottes verband sich ein Erklärungsdefizit mit der Notwendigkeit einer selbstschützenden Legitimation. In dieser Funktion bleibt dieses Gedicht, auch wenn einzelne Lieder der Streikzeit ein fortgeschritteneres Bewußtsein offenlegen, doch charakteristisch für weite Teile der Bergarbeiterbewegung. Zugleich ist hier ein gewisser Erfolg der behördlichen Kulturpolitik zu erblicken, die von Anbegin an bewußt neben den ständischen Traditionen auf die Relikte bäuerlicher Vergangenheit gesetzt hat. Im *Bergmannsfreund* wurde 1870 ein „Alter Bergmannsspruch" abgedruckt[163]:

> „Welcher der Arbeiter nicht thut genug,
> Den jage man wieder zu dem Pflug
> Und laß' ihn allda ackern und reuthen
> Und trachte nach andern guten Bergleuten".

Bezeichnend, daß dieser Spruch aus dem 16. Jahrhundert stammte und 350 Jahre später in der Entstehungsphase einer Arbeiterklasse wieder aktualisiert wurde. Die Ausweglosigkeit einer auf dem ständischen Kosmos beschränkten Dichtung ließ zu Ende des 19. Jahrhunderts eine Situation entstehen, in der zunehmend die vormals kulturell „enteigneten" Arbeiter die Tradierung der Bergmannskultur, nun mit deutlich erkennbaren Grundzügen einer Arbeiterkultur, übernahmen. Sie waren in der Lage, den einschneidenden Strukturwandel des Bergbaus zu verarbeiten und in einer kulturellen Mischform auch „die tradierfähigen Elemente der überlieferten Topoi bergmännischer Kultur" zu retten[164]. Die verkünstelt wirkenden, romantisierenden bergständischen Lieder und Gedichte überlebten die Industrialisierung so, wie sie entstanden waren: als Kunstschöpfungen ohne sozialen Raum und soziale Bindungen. Dagegen fanden die Arbeiterlieder und Gedichte „wieder den direkten Kontakt zur bergbaulichen Tätigkeit"[165]. Im Unterschied zum Lied mit seinem durch die Melodie vorgegebenen Rhythmus bereitete die komplizierte Kunstform des Gedichts natürlich größere Schwierigkeiten. Lieder und ihre Melodien waren dagegen volkstümliche Elemente, die in einer Massenbewegung leichter transformierbar und transportierbar waren.

5.3. Freizeit: Entstehung und Spaltung des Vereinswesens

Die Vielfältigkeit des Vereinswesens im Lande an der Saar ist bis in die jüngste Zeit Gegenstand verschiedener Versuche gewesen; dabei wurde der Einfluß der Bergarbeiter besonders betont:

„Getragen wurde das Vereinsleben vor allem von den Bergleuten der preußischen Saargruben. Der Bergfiskus hatte im 19. Jahrhundert bestimmte Sozialmaßnahmen durchgeführt, um die Bergleute an die Gruben zu binden (...). Die harte und gefährliche Auseinandersetzung mit der Natur ließ und läßt bei den Bergleuten ein starkes Solidaritäts- und Verantwortungsgefühl für den anderen entstehen, eine Einstellung, die sich auch in der Freizeit niederschlug. Diese Gründe dürften eine Rolle gespielt haben, daß sich Vereinsleben vor allem in den Industrieorten der Saargegend so stark entwickelte"[166].

Wir haben weiter oben aufzuzeigen versucht, daß der Arbeit sowohl Erfahrungsmomente der Solidarität wie der Konkurrenz innewohnten. Deshalb sollte die kollektive Ausgestaltung der Nicht-Arbeitszeit nicht allein aus der kameradschaftlichen Verfaßtheit des Bergbaus gefolgert werden, zumal „individuelle Freizeitgestaltung" auch auf dem Dorf verpönt war. Über den Hunsrück, eines der Rekrutierungsgebiete für Arbeitskräfte des Saarbergbaues, heißt es: „Dem Individualist ist im Dorf wenig oder kein Raum gegeben. Wehe, wer eigene Wege zu gehen versucht! ‚Dä will ebbes aneres sein wie all die Leit!'"[167]. Auf dem Dorf war die Verbindung von Arbeit und Freizeit auch viel eher möglich als in einem Industrierevier mit ausgedehntem Ersatzbezirk. Kollektive Einrichtungen wie Back- und Waschhäuser, Mühlen und Brunnen waren „bewährte Formen zur Organisation der Wirtschaftsfunktionen. Darüber lagerte sich ein ganzes System von kollektiven Brauchformen, die z. T. das Freizeitleben und z. T. die sozialen Kontakte regelten"[168].

Je nach Arbeits- und Gesellungsform bot auch der Bergbau ein buntscheckiges Bild kollektiven Freizeitverhaltens. Bei den Hunsrücker Schieferbergleuten aus der Gegend um Rhaunen und Bundenbach etwa war die gemeinsame Beendigung der Arbeitszeit und die Überleitung in die Freizeit mit einem Fäßchen Bier üblich, wie auch dörfliche Feste von den Arbeitern durch eine Vorfeier eingeleitet wurden[169]. Was unter den Bedingungen individuellen Akkordlohnes im Hunsrücker Schieferbergbau möglich blieb, konnte unter dem verschärften Druck eines Gedingelohnes schwerfallen. Möglicherweise bildeten hier die Vereine Ersatz für eine irritierte Gemeinsamkeit, die einer Kompensation bedurfte. In diesem Falle wären die Vereine eben nicht Ausdruck starken betrieblichen Solidaritäts- und Verantwortungsgefühls, sondern dessen außerbetrieblicher Ersatz.

Die Geschichte des bergmännischen Vereinswesens an der Saar war in ihren Anfängen die Geschichte der Organisierung durch die katholische Kirche, die mit der Gründung einer „St. Barbara Bruderschaft für Berg- und Hüttenleute" im Dezember 1855 durch den Dechanten Hansen in Ottweiler begann und zunächst auf die Skepsis der Bergbehörden stieß[170]. In dem Maße aber, wie die Möglichkeiten einer politischen und sittlichen Beeinflussung erkennbar wurden[171], griff auch der Arbeitgeber in den Organisationsprozeß ein: Mitte der 60er Jahre ließ das Königl. Bergamt durch Berghauptmann von Hövel für die Knappenvereine ein Generalstatut entwerfen.

Am Beispiel der Bürgermeisterei Sulzbach, zu der Altenwald, Neuweiler und die Kolonie Hühnerfeld zählten, können wir die Entwicklung des Vereinswesens in einer bergbaulichen Gemeinde verfolgen (Schaubild S.   )[172].

Der Bergmannsverein „Glück-Auf" (1866), der Gesang-Verein „Liederfreund" in Altenwald (1868), der Männergesangverein Sulzbach (1869) und ein „Litterarisches Kränzchen" (1868) – diese Vereine markierten den Ausgangspunkt der Vereinsentwicklung in der Gemeinde Sulzbach Ende der 60er Jahre. Kennzeichen der weiteren Entwicklung war, daß sich zwar sehr früh ein Bergmannsverein konstitu-

Schaubild: Entwicklung des Sulzbacher Vereinswesens 1865–1904 (173)

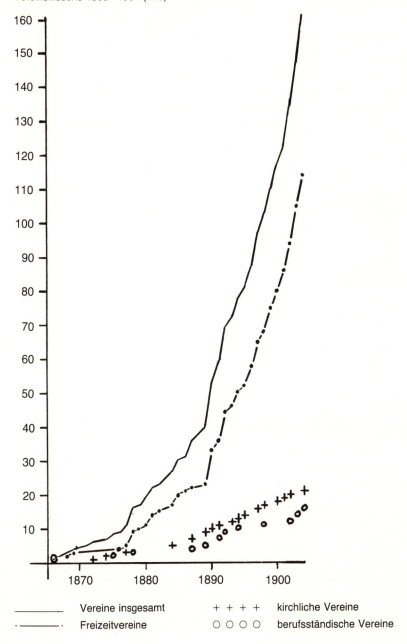

ierte, die Musikvereine aber als erste in der gesamten Bürgermeisterei sich ausbreiteten. Die bergständische Organisation wurde erst wieder in den 80er Jahren von den konfessionellen Bergmannsvereinen aufgenommen, während vier neue Musikvereine in den siebziger Jahren gegründet wurden, sodaß Sulzbach und Altenwald über je zwei, Hühnerfeld und Neuweiler über je einen Musikverein verfügten. Zugleich begann in dieser Zeit eine Differenzierung des Vereinswesens: Neben den Musikvereinen entstanden ein Turn-Verein (1878), ein Gartenbau-Verein (1879), ein Carnevalsverein (1878), der Handwerker- und Bildungs-Verein (1875) wie auch ein „Josefs-Verein" (1877). Die tendenzielle Entfaltung der Vereine als Freizeitstrukturen versuchte in den 80er Jahren die Kirche in ihr Seelsorgekonzept zu integrieren.

Bruderschaft und Knappen-Verein sollten die Bergleute „sowohl in religiöser als auch in socialer und geselliger Beziehung auf die rechte Bahn ... führen oder darauf ... erhalten"; damit wurde ein weites pädagogisches Betätigungsfeld erschlossen:

„Unser Knappenverein huldigt dem *Frohsinne* im schönen und wahren Sinne des Wortes innerhalb der Schranken der Sittlichkeit und Wohlanständigkeit und er verbindet damit eine angemessene Belehrung". In diesem Sinne formuliert Hansen als Freizeitbedarf: „1. der Knappe soll trinken lernen; 2. er soll froh sein und 3. sich gerne unterhalten und belehren"[174].

Erziehung zu religiösen Werten, ständischen Traditionen und industrieller Arbeitsdisziplin mußte selbstverständlich den Reproduktionsbereich umfassen. Wie Gehorsam, Pünktlichkeit und Sittlichkeit erlernt und bewahrt werden sollten, offenbarte das Statut des Bergmanns-Vereins „Glück auf" Sulzbach:

„Die Versammlung wird von dem Vorsitzenden (...) eröffnet und geschlossen mit den Worten: ‚Glück auf! die Versammlung der Knappen ist eröffnet resp. geschlossen'! Vom Augenblick der Eröffnung an sind alle Anwesenden verpflichtet, der Direction pünktlich Gehorsam und gebührende Achtung zu erweisen. Alle sollen sich freundlich und brüderlich behandeln und bemüht sein, den Frohsinn und die Heiterkeit, die Unterhaltung und die Geselligkeit fördern zu helfen. Es werden deshalb nach Maßgabe der Kräfte und Mittel zweckentsprechende Vorträge gehalten, Gedichte declamiert, passende Knappenpatriotische und gesellige Lieder gesungen, Musikstücke aufgeführt, Spiel, Scherz und Kurzweil geduldet. Doch dürfen keine schmutzigen und irreligiösen Gespräche geführt oder derartige Lieder gesungen werden"[175].

Was Pfarer Hansen als Kernpunkte geistlicher Seelsorge im Freizeitbereich formuliert hatte, wurde nun verstärkt praktiziert. Früher als die evangelische entdeckte die katholische Kirche den Verein sowohl als berufsständische Organisation wie auch als organisierendes Prinzip von Freizeit. In Sulzbach und Altenwald entstanden katholische Bergmanns-Vereine (1874/1884) und in den Jahren 1887 und 1889 katholische Jünglingsvereine, in denen der Pfarrer oder Kaplan mit den 16—20 jährigen Jungbergleuten und Jungarbeitern neben der Belehrung auch ab und zu ein Gläschen Bier trank. Neuloh/Kurucz interpretieren das Interesse der Kirche an den neuen Bevölkerungsschichten in der expansiven Phase der Großindustrie so:

„Die kirchlichen Vereine stellen den Versuch dar, den sich ständig erweiternden Sektor der industriellen Arbeitnehmerschaft in die bestehende Sozialstruktur der Kirchengemeinde zu integrieren"[176].

Aber schon in den achtziger Jahren trat neben die konfessionellen Organisationen eine Vereinskategorie, die ohne Kirche und unbeschadet des Berufs Freizeitinteressen organisierte. Waren dies bisher in der Hauptsache Musikvereine, so kam jetzt dem Begriff „Geselligkeit" zunehmende Bedeutung zu. Neben der Gründung von drei neuen Gesangvereinen, dem Sulzbacher Schützen- und dem Geflügelzucht-Verein, entstanden Zusammenschlüsse mit den Namen „Frohsinn" (1881) „Gemütlichkeit" (1885) oder schlicht „Verein" (1885). Der Karnevals-Verein „Mir sin a do" und nicht näher bestimmbare „Gesellschafts-Vereine" in Sulzbach und Fischbach rundeten ein Vereinsspektrum ab, das eine Tendenz zur Selbstorganisation der Freizeit erkennen ließ.

In den Jahren 1890 bis 1899 vollzog sich der endgültige Durchbruch des Vereins als Ordnungsprinzip des sozialen und geselligen Lebens. Gleichsam wie ein Spinnennetz umwoben Vereinsstrukturen alle gesellschaftlichen Bereiche. Die Kirchen, insbesondere die evangelische, verstärkten nun ihre Organisationsbemühungen. Berufsständische Vereine außerhalb des Bergbaues entstanden, traditionelle Freizeitbereiche erfuhren eine ausufernde Organisierung, völlig neue Freizeitbereiche wurden entdeckt: 68 Vereinsgründungen fielen in dieses Jahrzehnt, davon waren alleine 50 im Freizeitbereich angesiedelt. Insbesondere die Turn- und Sangesbewegung erfuhr einen Aufschwung: Zehn neue Gesangvereine wurden in der Bürgermeisterei angemeldet, ebensoviele Sportvereine für Athleten, Billardspieler, Turner, Kegler und Radfahrer. Neben Sport und Gesang erfreute sich immer mehr der Karneval größter Beliebtheit. Hatte es zunächst nur zwei Karnevalsvereine in der Bürgermeisterei gegeben, so schossen sie seit der Vorweihnachtszeit 1892 wie Pilze aus dem Boden. Unter dem Motto „M'r browires emol" (Wir probieren es einmal) oder „M'r riskieren's a emol" (Wir riskieren es auch einmal) sollte die ausgelassene Fröhlichkeit der Fastnacht organisiert werden. Laster und karitative Bemühungen lagen in der Vereinsstatistik nahe beieinander: War der Zweck der in Sulzbach, Altenwald und Fischbach entstehenden Lotterie-Vereine sicherlich darauf ausgerichtet, die individuelle materielle Situation der Mitglieder durch Glücksspiel zu verbessern, so lag dieses Ziel den „Kittell- und Mäßigungs-Vereinen", die im Juni/Juli 1890 in Sulzbach, Altenwald und Hühnerfeld gegründet wurden, sicherlich fern. Das Statut eines solchen Vereins aus der Bürgermeisterei Dudweiler wies als Vereinszweck u. a. aus: „Der Verein dient zur Aufbelebung der früheren, alten Zeiten in einfacher Kleidung gegen den Luxus"[177]. Charakteristikum der Zeit war, daß sich Mäßigkeitsapostel wie Geselligkeitsfanatiker der gleichen Form im Austrag ihrer unterschiedlichen Bestrebungen bedienten: dem Verein. Der Aufschwung des Sulzbacher Vereinswesens war kein Einzelfall – weder an der Saar noch im Deutschen Reich. Seine Entwicklung verweist jedoch auf die sozialen Zusammenhänge der deutschen Vereinsgeschichte im 19. Jahrhundert. Um 1840 war bereits „aus der Vereinsbereitschaft der Bürger eine Art Vereinsleidenschaft geworden"[178]. Nun, gegen Ende des 19. Jahrhunderts, erfaßte überall im Reiche eine zweite Vereinsgründungswelle die Unterschichten und führte zu einer „Demokratisierung" eines vormals elitär und bürgerlich geprägten Organisationsgedankens[179].

Über die Jahrhundertwende hinaus setzte sich der Trend der vereinsmäßigen Organisierung fort. In Sulzbach wurden in den fünf Jahren bis 1904 nochmals 52 Vereine gegründet, und man kann mit Recht fragen, ob es überhaupt noch Einwohner gab, die nicht vereinsmäßig erfaßt waren. Bedenkt man dabei, daß während der großen Streikzeit eine umfassende Organisierung der Bergleute erfolgt war, so ergibt sich ein vielfältiges Bild kollektiver und kommunikativer Beziehungsgeflechte. Mehr oder weniger deutlich zeigte das Sulzbacher Vereinsmilieu die für das Revier und den nahen Einzugsbereich charakteristischen Merkmale. Eine große Vereinsdichte kann nicht nur für Ortschaften vergleichbarer Größe und Lage, z. B. für Dudweiler[180] nachgewiesen werden, sondern ebenso für kleinere Bürgermeistereien, so z. B. Illingen[181]. Die Rekonstruktion eines Festkalenders im Jahreslauf am Beispiel der Stadt Merzig läßt die Bedeutung von Vereinsaktivitäten für die gesamte Einwohnerschaft erkennbar werden: Stiftungsfeste, Kappensitzungen, Abendunterhaltungen, Aufmärsche, Waldpartien, Prozessionen, Ausflüge, Tanzabende und Hochzeitsständchen prägten als spektakuläre Veranstaltungen die Wochenenden[182]; Sitzungen, Vorstandstreffen und Übungsstunden gehörten zum Vereinsalltag. Vereinsaktivitäten strukturierten den Lebensrhythmus der Mitglieder und den Festkalender einer ganzen Stadt. Hinzu kamen noch Kirmesse und Jahrmärkte, die gleichermaßen ausgiebig gefeiert wurden: An der sogenannten Prunk- und Frühkirmes fanden zweitägige, an der Hauptkirmes dreitägige „Tanzlustbarkeiten" statt[183]. Unter dem 12. Juni 1898 klagte der Ottweiler Landrat:

„Es ist mehrfach zu meiner Kenntnis gekommen, daß eine ganze Reihe von Vereinen bestehen und zum Teil erst in jüngster Zeit ins Leben getreten sind, die offenbar keinen anderen Zweck verfolgen, als den, nach Eintritt der Polizeistunde, durch diese unbeirrt, dem Wirthausbesuche bis in die späte Nacht hinein obliegen zu können. Das Vorhandensein dieses hauptsächlichen oder alleinigen Zweckes ist sogar in mehreren Fällen ganz unumwunden von den Vereinen zugegeben worden"[184].

Welche Rolle kam nun den Bergarbeitern in diesem Vereinswesen zu? Läßt sich eine berufsspezifische Absonderung bis in die einzelnen Vereine hinein verfolgen, sodaß wir zu Abgrenzungen zwischen einer „bürgerlichen Kultur" und einer „Arbeiterkultur" gelangen? Dies sind zunächst Fragen des Quellenmaterials. Nur von einer Minderheit etwa der Sulzbacher Vereine sind Mitgliederlisten erhalten. Auch verzeichnen diese zumeist die Situation bei Vereinsgründung, können also kaum Aufschluß geben über die Vereinsentwicklung. Trotzdem: wenn auch von den Sulzbacher Vereinen nur 21 Mitgliederlisten nach Berufsangaben ausgewertet werden können, so reicht dies doch aus, um einen Eindruck von der Klassenspaltung in der Freizeit zu gewinnen.

Nach dieser Aufstellung scheinen sich in der hektischen Vereinsgründungszeit der 90er Jahre verschiedene Interessensphären durch unterschiedliche Vereinsgründungen artikuliert zu haben. Die Domäne der Bergleute in dieser Zeit war — abseits von Tradition, Ehre, Standesbewußtsein — eine höchst profane, jedoch neue Mode: karnevalistischer Humor[186]. Die intensivsten Berührungspunkte ergaben sich bei den Kegelklubs, einer Mischung von Sport und geselligem Beisammensein. Letzteres zu organisieren war das Hauptanliegen der mehrheitlich kleinbürgerlich oder mittelständisch besetzten Vereine. In den verqualmten Stuben der Rauchklubs manifestierte sich die Absetzung vom „Pöbel" in einer Trennwand aus Rauch. Einen Rauchabend in einem solchen Klub schildert der Obermarkscheider Schlicker und gibt dabei deutliche Hinweise zur sozialen Zusammensetzung solcher Gesellschaften:

„Es war anfangs der 80er Jahre, als sich in Neunkirchen, im Gasthof von Ferdinand Simon ... Dienstag abends in einem besonderen Zimmer stets

Tabelle 18: Soziale Zusammensetzung von Sulzbacher Vereinen in den 90er Jahren[185]

	mehrheitlich Bergleute	mehrheitlich Beamte, Kleinbürger etc.
1892	Carnevalistischer Verein Carnevalistischer Verein	Verein Rauchklub Verein Billardgesellschaft
1893/94	Karnevals-Verein Evang. Jünglingsverein	Verein für Abendunterhaltung Verein „Erholung"
1896	Carnevalsverein Eulenspiegel	Radfahrer-Verein Sulzbach
1897	Turnverein Hühnerfeld	Junggesellenclub Sulzbach Casinogesellschaft Altenwald
1898		Musikverein Sulzbach
1899		Vereins-Kegelklub Club-Club. Geschlossene Gesellschaft Kegel-Klub „All Holz" Militär-Brieftauben-Verein Kriegspost
1900	Karnevals-Verein	Bürger-Verein

eine Anzahl von Herren, Mitglieder des ‚Rauchabends', zur geselligen Unterhaltung einfanden. Den Namen ‚Rauchabend' hatte sich die Gesellschaft beigelegt, weil die größte Anzahl der Mitglieder an den Abenden lange Pfeifen rauchten, die, wie die dazugehörigen Kommersbücher, stets im Gesellschaftszimmer verblieben samt dem großen Tabakskopf, der stets von einem Mitglied mit dem besten Tabak gefüllt wurde. Mittelpunkt des Kreises war der Kesselfabrikant Kayser aus Neunkirchen, er war Präsident des ‚Rauchabends'. Auch der damalige Verleger und Redakteur der *Saar- und Blieszeitung* gehörte in unseren Rauchabend"[187].

Die kastenmäßige Abschottung war nicht unüblich in der Freizeit der Beamten, Klein- und Mittelhändler, Lehrer und Handwerker. Die Klassenspaltung prägte das Vereinswesen: In der Kolonie Altenkessel etwa bestanden Ende 1868 zwei Gesangvereine, „einer vorzugsweise aus Beamten, der andere nur aus Arbeitern bestehend"[188]. Auch in Dudweiler zeigte sich ein Auseinanderdriften der außerbetrieblichen bergbaulichen Welt, dem nur die Kirche Einhalt zu gebieten versuchte.

Der Kirche war die klassenübergreifende Solidarität der bergbaulichen Welt noch heilig, abseits von ihr aber entfalteten sich die Interessen separiert. Gesangvereinen der Arbeiter stand ein Beamten-Gesang-Verein „Glück auf" gegenüber – bezeichnender Weise be-

Tabelle 19.: Soziale Zusammensetzung einiger Dudweiler Vereine

	mehrheitlich Bergleute	mehrheitlich Beamte, Kleinbürger etc.
1873		Caecilienverein Dudweiler (kirchl.)
	Knappenverein Herrensohr (kirchliche Leitung)	
1874	Knappenverein Wilhelm Dudweiler (kirchl. Ltg.)	
1875	Gesangverein Concordia (kirchl. Ltg.)	
1879		Kirchen-Verschönewrungsverein
1880	Gesangverein Concordia	Geflügelzüchterverein
1884		Beamten Gesang Verein „Glück auf"
1888	Kanarien-, Tauben- und Kaninchen Club	
1889	MGV Dudweiler	
1890		Evangelischer Arbeiterverein
1892		Gesellschaft „Club"
1893		Verein „Fidelitas"
	Musikverein Harmonie	
1896	Gesangverein Harmonie	
	Dudweiler Carnevalsgesellschaft	

nannte er sich in bergbaulicher Tradition „Glück auf", während die Arbeitervereine schlicht Männergesangverein (MGV) oder Harmonie hießen. Arbeitervereine entstanden in enger Verzahnung mit der Wohnstruktur bestimmter Stadtviertel[189] und Dörfer und organisierten klar umgrenzte, unmittelbare Lebensbereiche, die in ihren Namen dokumentiert wurden. In der Bürgermeisterei Illingen etwa besaßen jene Vereine, die als proletarische identifiziert werden konnten, sehr gegenständliche Namen: Gesangverein, Männergesangverein, Jünglingsverein, Allg. Konsumverein, Instrumentalverein usw.[190]. Dagegen klang die Kennzeichnung bürgerlicher Vereinswelt häufig pompös: Da gab es einen Verein für Abendunterhaltung, Verein „Erholung", „Club-Club. Geschlossene Gesellschaft", Verein „Fidelitas", Club „Fraternitas" und ähnliche Namen mehr. Auffällig und die Realität der bergbaulichen Welt in der Industrialisierung widerspiegelnd war die Beziehungslosigkeit von Vereinsnamen und bergbaulicher Beschäftigung. Nichts sollte – so scheint es – den Bergarbeiter in seiner Freizeit an seine Arbeit erinnern, kein Bedürfnis bestand, die Geschlossenheit des bergmännischen Sozialkörpers nach außen zu demonstrieren. Arbeitersolidarität signalisierten im Namen nur jene Vereine, die der Bewegung unter den Bergarbeitern unmittelbar entsprungen waren, so das Arbeiterkasino Dudweiler oder der „Wohltätigkeits-Unterstützungs-Verein für die abgelegten Bergleute aus Illingen".

Was sich in den spröden Vereinsnamen schon angedeutet hat, kam in den Namen der zuletzt genannten Arbeitervereine direkt zum Ausdruck: eine unmittelbare Gegenwartsbezogenheit, eine funktionale Bestimmung des Vereins als Erfordernis eines Arbeiterlebens. Kein Tand, kein Flitter – soziale Not, Bedürfnisbefriedigung und Arbeitskampfmaßnahmen der Bergherren erforderten eine kollektive Interessenartikulation. Das beherrschende organisatorische Element der großen Streikzeit war der RV. In ihm und mit ihm hatten die Bergarbeiter ihr Selbstverständnis entwickelt und ihre Aktivitäten koordiniert – erstmals im Bereich der bergbaulichen Welt weitgehend selbständig. Nun verbanden sie ihre Erfahrung aus der Arbeits- und Lebenswelt und gründeten an der Nahtstelle von Arbeit und Privatleben Genossenschaften, deren Aufgabe darin bestand, unter Selbstverwaltung der Arbeiterschaft eine preiswertere Versorgung mit Lebens- und Haushaltsmitteln zu ermöglichen und zugleich freie Kommunikationsräume im geselligen Beisammensein unter Arbeitskollegen zu eröffnen.

Die erbitterten Gefechte, die die Behörden schon während und besonders nach der Streikzeit gegen Arbeiter-Konsum-Vereine und Arbeiter-Kasinos führten, sind ein Indiz dafür, daß sie die Bedrohung erkannt hatten.

5.4. Zwischen wohltätiger Fürsorge und autonomer Lebensgestaltung: Gruben-Konsumvereine und „Saufkasinos"

Die Vorgeschichte der Arbeiter-Kasinos bzw. Konsum-Vereine reicht bis zu den Anfängen preußischer Verwaltung zurück. Bis 1867 bestanden auf einzelnen Gruben sog. Brot- und Mehrgelderfonds, welche zum Ankauf von Brot und Mehl in großen Mengen und zum Weiterverkauf an die Knappen eingerichtet worden waren:

„Aus den in den Magazinen der Gruben angesammelten und unter der Verwaltung der Grubenkassen stehenden Vorräten entnahmen die Bergarbeiter vorschußweise ihren Bedarf an Lebensmitteln für sich und ihre Angehörigen"[191].

Mit dem „Gesetz, betreffend die privatrechtliche Stellung der Erwerbs- und Wirtschafts-Genossenschaften vom 27. März 1867" wurde der rechtliche Rahmen solcher Wohlfahrtseinrichtungen definiert, woraufhin die Brot- und Mehl-Kassen aufgehoben werden mußten. An ihrer Stelle entstanden nun in schneller Folge Konsumvereine einzelner Gruben und Inspektionen. Die Bergleute verhielten sich dieser Fürsorgewelle gegenüber zunächst abwartend: „Die Beteiligung der Bergleute war anfangs sehr schwach und ist seit dem kurzen Bestehen soweit gestiegen, daß gegenwärtig die tägliche Einnahme auf 25 Thaler anzunehmen ist"[192]. Die Skepsis mag auch mit der Umständlichkeit des Verkaufs zusammengehangen haben; der verlief nämlich folgendermaßen:

„Diejenigen Bergleute, welche Victualien entnehmen wollen, haben persönlich oder durch ihre Angehörigen, welche sich durch Karten, die zu diesem Zwecke ausgestellt worden sind, legitimieren müssen, gegen Barzahlung am Schalter der Schichtmeisterei eine Anweisung abzuholen, gegen deren Vorzeigung die Lebensmittel im Magazin gegeben werden. Diese Anweisung hat genau die Form der Kohlenzettel und bleibt in den Händen der Magazinverwalter"[193].

Die Abhängigkeit vom Arbeitgeber auch in Bereichen der Nichtarbeit wurde nicht alleine durch die Einrichtung der Konsum-Vereine auf den Gruben und die Abwicklung der Geschäfte über Grubenverwaltungsinstanzen manifestiert. Auch achtete die Bergverwaltung darauf, daß trotz der privatrechtlichen Verfaßtheit der Vereine sie die Entscheidungsgewalt in der Hand hatte bzw. in sicheren Händen wußte. So setzte sich der Vorstand des „Sulzbacher Consum-Vereins" aus folgenden honorigen Leuten zusammen: Eduard Vopelius, Fabrikant; Carl Till, Fabrikant; Kgl. Obersteiger Friedrich Altpeter; Grubensteiger August Gödicke; Lehrer Christian Ross[194]. Dagegen wurden die Vorstände der Vereine auf Kronprinz und von der Heydt beispielsweise nur aus Angehörigen der betreffenden Gruben gebildet, an der Spitze jeweils ein Berginspektor, dann noch Schichtmeister, Fahrsteiger etc.[195]. Der Unterschied: „Nur bei den Vereinen zu Grube Kronprinz, von der Heydt, Dudweiler und Reden ist die Mitgliedschaft ausschließlich auf im Dienste der Grube stehende Beamte und Arbeiter beschränkt, die übrigen Vereine gestatten auch den Beitritt von Nicht-Bergleuten, ohne daß indessen bisher die Zahl der letzteren Mitglieder erhebliche Bedeutung erreicht hätte"[196].

Im März 1869 bestanden im Revier neun Konsumvereine. Ihre Mitgliederentwicklung — und die der später gegründeten Vereine — vermag als Spiegel schwankender Attraktivität die Tabelle auf Seite 282 zu verdeutlichen[197].

Die Gründungsphase der Konsumvereine war zugleich die Zeit ihrer höchsten Organisationserfolge: 28.25 % der Gesamtbelegschaft

*Tabelle 20: Mitgliederentwicklung der
Gruben-Konsumvereine 1868/69—1899*

Konsumverein	68/9	70/1	71/2	72/3	73/4	74/5	75/6	77	78	79	80	81	82	83	84
Kronprinz, Geislautern	304	298	297	292	295	291	291	261	226	301	441	468	493	564	668
Louisenthal	790	992	969	966	963	952	805	871	968	1144	1514	1795	1364	1415	1424
von der Heydt	562	501	431	391	372	348	272	162	191	215	276	299	372	429	570
Dudweiler-Jägersfreude	1402	1380	1360	1300	1021	1021	363	435	385	317	387	405	335	337	282
Sulzbach	196	145	152	206	265	302	304	331	383	422	–	–	–	–	–
Reden-Merchweiler	1766	1185	1078	1047	1010	997	–	50	56	66	81	79	77	73	68
Heinitz	180	178	156	77	72	70	72	118	260	595	816	773	–	802	868
König-Wellesweiler	87	180	227	228	281	269	273	320	291	–	–	–	–	–	–
Friedrichsthal	116	123	107	101	93	48	–	–	–	–	–	–	–	–	–
Reden (ab 1895)	–	–	–	–	–	–	–	–	–	–	–	–	–	–	–
Camphausen (ab 1898)	–	–	–	–	–	–	–	–	–	–	–	–	–	–	–

Konsumverein	85	86	87	88	89	90	91	92	93	94	95	96	97	98	99
Kronprinz, Geislautern	722	754	765	798	816	445	–	666	741	853	961	1213	1424	1488	1619
Louisenthal	1459	1491	1061	1121	1265	1236	–	1257	1275	1296	1314	1307	1351	1402	1444
von der Heydt	732	813	866	922	817	825	–	856	867	909	1014	1048	1149	1179	1208
Dudweiler-Jägersfreude	286	262	182	198	222	243	–	269	300	353	439	495	577	641	925
Sulzbach	–	–	–	–	–	–	–	–	–	–	–	–	–	–	–
Reden-Merchweiler	62	57	57	58	60	–	–	–	–	–	–	–	–	–	–
Heinitz	883	934	1007	1103	1203	1226	–	1448	1429	1623	1647	1764	1839	1939	1951
König-Wellesweiler	–	–	–	–	–	–	–	78	92	190	198	206	385	436	338
Friedrichsthal	–	–	–	–	–	–	–	–	–	–	–	–	–	–	–
Reden (ab 1895)	–	–	–	–	–	–	–	–	–	–	147	272	325	368	430
Camphausen (ab 1898)	–	–	–	–	–	–	–	–	–	–	–	–	–	–	145

Kronprinz, Geislautern: ab 1890 Ensdorfer Konsumverein
Reden-Merchweiler: 1890 aufgelöst
König-Wellesweiler: ab 1891 Göttelborn

von 19 124 Arbeitern und Beamten waren Mitglieder der Konsumvereine. Tatsächlich dürfte die bergmännische Beteiligung etwas geringer gewesen sein, da unter den Mitgliedern sich auf manchen Gruben auch Nicht-Bergleute befanden. In der Folgezeit verlief die Entwicklung der Vereine auffallend unterschiedlich, insgesamt aber kann von einer nachlassenden Bedeutung der Konsumvereine für die Lebenshaltung der bergbaulichen Bevölkerung gesprochen werden. Dieser Entwicklung lagen strukturelle wie subjektive Ursachen zugrunde. Schon 1874/75 stellte der Friedrichsthaler Konsum-Verein seine Tätigkeit ein, ihm folgten König-Wellesweiler 1878 und Sulzbach 1879. Die erstaunliche Abwärtsbewegung der Konsum-Vereine bis Mitte der 70er Jahre war ein Reflex auf die Gründerkrise und die spezifisch bergfiskalische Konjunkturpolitik.

Die Krisenjahre 73–79 wurden von den Bergarbeitern zeitverschoben erfahren. Dem Gründerboom und den Lohnsteigerungen um 32.6 % in den Jahren 1870–73, folgten zunächst keine tiefen Konjunktureinbrüche, „sondern im Gegenteil... eine Ausweitung der Produktion"[198] und damit keine unmittelbare Bedrohung für Arbeitsplatz und Lebensstandard der Arbeiter. Da es der Bergverwaltung gelang, Förderung und auch Absatz in den Jahren 1873–1879 annähernd konstant zu halten[199], schien es für die Belegschaft keinerlei Anlaß zu geben, den wirtschaftlichen Vorteil der Konsum-Vereine verstärkt in Anspruch zu nehmen. Das konstant wachsende Desinteresse an solchen Vereinen spiegelte eine relativ sichere Lebensperspektive wider. Mit der Dauer der Krise griffen jedoch auch die Saargrube zu Steuerungsmaßnahmen, die den Lebensstandard der Arbeiter berührten: Überschüsse auch in den schlechtesten Jahren der Konjunktur von 5–6 Millionen Mark wurden durch die Senkung der Selbstkosten um 27.7 % ermöglicht. Dabei gingen die Senkung der Lohnkosten und Erhöhung der Arbeitsintensität pro Mann und Schicht Hand in Hand, selbst die Unter-Tage-Belegschaft erfuhr eine mögliche Bedrohung ihrer Existenz: Von 1876–1879 wurde sie um 8 % verringert[200]. Diese Entwicklung bescherte den noch bestehenden Konsum-Vereinen den Mitgliederandrang in den ausgehenden 70er Jahren.

Gleichwohl vermochte auch dieser Aufschwung nie mehr die Konsum-Vereine zu jener Bedeutung zurückzuführen, die sie in ihrem Anfangsjahr gehabt hatten. Von den 9 Vereinen des Jahres 1869 bestanden an der Jahrhundertwende noch fünf, drei wurden in den neunziger Jahen neu gegründet. Obwohl sich die Gesamtbelegschaft in den 30 Jahren bis 1899 mehr als verdoppelt hatte, war die Mitgliederzahl der Konsumvereine nur auf 8060 gestiegen, was 20.95 % der

Gesamtbelegschaft entsprach. Erstaunlich auch, daß die Konsum-Vereine gerade dort, wo wir am ehesten von einer möglichen „Verproletarisierung" sprechen können, kaum attraktiv waren. Dafür gab es eine einfache Erklärung. In Sulzbach, Heinitz und Friedrichsthal verlangten die Konsumvereine Barzahlung, während auf anderen Gruben zunächst – trotz gegenteiliger Auffassung der Oberbehörden – Kreditgewährung und Lohnabzug möglich waren. Die Barzahlung aber, so hatte die Berginspektion Dudweiler schon 1867 erkannt, entziehe den Konsumvereinen ihre Geschäftsgrundlage, sprich ihre Mitglieder. Die Bergleute zögen es nämlich vor, bei den Krämern Kredit zu genießen, statt bei der Grubenverwaltung bar einzukaufen. Außerdem seien sie bei den Lebensmittelhändlern verschuldet und deshalb an diese gebunden. Auch könne es den Bergleuten nicht zugemutet werden, durch Abzüge für Lebensmitteleinkauf noch weniger Geld für ihre Arbeit sichtbar in den Händen zu halten. Weitere Konsumvereine kündigten an, bei strikter Durchführung der Barzahlung die Vereine auflösen zu müssen. Als ab 1871 nach ministerieller Weisung nur noch gegen Barzahlung verkauft werden durfte, kam es zwar nicht zu dramatischen Zusammenbrüchen von Vereinen, gleichwohl begann nun ihr steter Bedeutungsverlust[201].

Welche Bedeutung kann nun dieser Entwicklung der Konsum-Vereine für das Arbeiterhandeln in der großen Streikzeit und danach zugesprochen werden? Zunächst hatte ihnen die Bergbehörde nach der Verabschiedung des Genossenschaftsgesetzes von 1867 den Weg einer legalen Organisierung von partiellen Interessen und Möglichkeiten einer Selbsthilfe vorgegeben: Grundnahrungsmittel und andere Dinge wurden billiger, wenn die Verbraucher sich organisierten und den Zwischenhandel ausschalteten[202]. Zum zweiten schufen die Vereine einen Ansatz, die individuelle ökonomische Situation der Arbeiter zum Gegenstand kollektiven Interesses zu machen. Zwei Erfahrungsmöglichkeiten also, die die Bergverwaltung nicht unbedingt als Ziel ihrer Bemühungen vorhergesehen hatte. Der Bergfiskus nämlich verwob sittliche Erwägungen mit ökonomischem Kalkül in der Begründung der Gruben-Konsumvereine. Zum einen sollten die Arbeiter zu wirtschaftlichem und selbstgenügsamen Umgang mit dem Arbeitslohn erzogen werden[203], zum anderen konnten – wenn Lebensmittel billiger verkauft wurden – die Löhne niedriger gehalten werden[204]. Darüber hinaus blieb ein Teil des Arbeitslohnes im Zugriff des Arbeitgebers; eine Konstellation, die durchaus lohnend war: im Jahre 1902 betrug der Reingewinn immerhin 348 803 Mark[205].

Diese Bemühungen des Fiskus stießen auf vielfältigen Widerstand, denn einerseits wollten die Arbeiter gerne über ihren Arbeitslohn selbst verfügen, andererseits waren die örtlichen Händler darauf erpicht, am Kreislauf des Geldes zu partizipieren. Die Geschichte der Konsum-Vereine wurde von Anbeginn an begleitet von verständlichen Protesten und Beschwerden lokaler Handel- und Gewerbetreiber, die darin eine Beeinträchtigung ihrer Gewerbemöglichkeiten sahen[206]. Während die Geschäftsleute die Konsum-Vereine als unerwünschte und privilegierte Konkurrenz bekämpften, war der Widerstand der Arbeiter differenzierter, nicht fundamental ablehnend. Hier richtete sich der sichtbare Widerstand gegen eine Ausweitung und ganz offene und direkte Verknüpfung der materiellen Versorgungsfunktionen mit dem Arbeitsverhältnis. Aus der Sicht der Bergbehörden gab es zu solchem Verhalten keinen Anlaß, denn:

„Die Konsumvereine charakterisieren sich als ganz unabhängige, vom Betriebe losgelöste und nur unter der Aufsicht der Berginspektionen stehende Einrichtungen, an denen teilzunehmen jedem Bergamnn vollständig freisteht, die aber im Laufe der Jahre äußerst segensreich gewirkt haben"[207].

Die Skepsis der Bergarbeiter gegenüber den Konsumvereinen fand ihren Ausdruck in der Ablehnung weiterer Tätigkeitsbereiche: Die Einrichtung einer Wirtschaft auf Grube Gerhard kam für die Vertrauensmänner im Arbeiterausschuß nur in Frage, wenn „dieselbe nicht dem Konsumverein oder einem Beamten"[208] unterstehe. Das Schicksal des Redener Konsumvereins legt Zeugnis ab für die Schwierigkeiten bergfiskalischer Wohltaten: 1868/69 mit großer Mitgliederzahl gegründet, verlor der Verein immer mehr an Bedeutung, bis er „im Jahre 1889 unter der Ungunst der damaligen Verhältnisse und in Folge der unbequemen Lage des Verkaufslokals" liquidiert wurde. Einige Jahre später lag „bei den Bewohnern von Reden" (den Beamten der Inspektion) ein dringendes Bedürfnis vor: Ein neuer Konsumverein wurde „seitens und für die Redener Beamtenschaft gegründet"[209].

In der Streikzeit kam es zu der paradoxen Situation, daß manches Mal die „Wohlfahrt" den Arbeitern von oben „aufgeschwatzt" werden mußte: Mehrmals befaßten sich Arbeiterausschußmitglieder mit Initiativen von Grubenleitungen, Konsumvereine zu errichten, und stimmten ihnen schließlich ohne Enthusiasmus und mit spürbarer Distanz zu[210]. Die Opposition gegen die Konsumvereine war in der Streikzeit verbreitet und stellte auch für die Bergbehörden den „wichtigsten Teil" ihrer Wohlfahrtseinrichtungen alltäglich in Frage: „Jedenfalls kann ein Konsumverein nicht blühen, wenn täglich Auflösungsanträge und sonstige unliebsame Einwirkungen der Mitglieder zu erwarten sind". Schon seit Jahresbeginn 1890 schien sich „die

Bewegung unter den Bergleuten ... auch gegen die von der Bergverwaltung in's Leben gerufenen Konsumvereine gerichtet" zu haben[211]. Neben einer partiellen Verweigerung gegenüber Maßnahmen der Wohlfahrtspolitik entfaltete sich während der Streikzeit mit wachsendem Selbstbewußtsein der Arbeiter eine Bewegung, die die Selbstorganisation der materiellen Versorgung der Arbeiterfamilien und die Schaffung von Kommunikationsräumen, von Verständigungsmöglichkeiten der Arbeiter untereinander zum Ziel hatte.

Zu Beginn der 90er Jahre entstanden allerorten im Einzugsbereich des Industriegebietes, an der Peripherie wie im Zentrum, bergmännische Vereine, die rasch Gegenstand erbitterter Auseinandersetzungen zwischen Behörden und Arbeiterbevölkerung wurden. Sie nannten sich „Bürger-Casino" oder schlicht „Konsum-Verein", mal „Arbeiter-Consum-Verein", mal „Arbeiter-Casino", oder auch nur „Casino". Sie wurden meist in den Jahren 1890–92 gegründet, verfügten über Statuten, die die Vereinsgründungen nach dem Reichsgesetz vom 1. Mai 1889 als Genossenschaften auswiesen, und unterlagen damit als „geschlossene Gesellschaft" keiner Polizeikontrolle. 1893 waren mehr als 160 Konsumvereine im Genossenschaftsregister eingetragen[212]. Anhand ihrer Geschichte können wir das Schicksal der Arbeiterbewegung an der Saar verfolgen, nicht entlang großer politischer Auseinandersetzungen, sondern am Beispiel einer Bewegung, die Bereiche des Alltagslebens und der Alltagskultur der preußisch-fiskalischen Bevormundung entreißen und selbst organisieren wollte. Die sozialen und ökonomischen Wurzeln dieser Bewegung sind in den konjunkturellen und politischen Entwicklungen der Streikzeit zu suchen.

Im August und September 1892 wurden die Kasino- und Konsum-Vereinsgründungen zum beherrschenden Thema verschiedener Landratsberichte. Am 28. September 1892 berichtete der Saarbrücker Landrat dem Trierer Regierungspräsidenten von Heppe:

„Im Übrigen wächst die Zahl der sogenannten ‚Konsum-Vereine' noch immer, nach und nach wird bald in jedem Orte, in dem mißvergnügte Bergleute in größerer Zahl vorhanden sind, ein solcher eingerichtet sein. So bedauerlich es ist, daß man gegen dieselben in der jetzigen Lage der Gesetzgebung nicht einschreiten kann, so glaube ich doch, daß sie sich mit der Zeit überleben werden und daß die meisten von ihnen selbst wieder eingehen werden, wenn einmal die Bewegung unter den Bergleuten nachläßt"[213].

Das Mißvergnügen der Bergleute war allerdings höchst berechtigt, denn der Konjunktureinbruch Anfangs der 90er Jahre wurde nach einer kurzen Phase der Irritation im Anschluß an die 89er Streiks auf dem Rücken der Arbeiter ausgetragen. Wurden 1891 noch 291 Schichten im Jahr verfahren, wobei der Unter-Tage-Arbeiter bei einem Schichtlohn von 4.36 Mark einen durchschnittlichen Jahresverdienst von 1269.82 Mark heimbrachte, so war die Lohneinbuße von etwas über 100 Mark im darauffolgenden Jahr nicht alleine der Senkung des Schichtverdienstes auf 4.13 Mark zu verdanken: Mit 280 Schichten wurden 11 Schichten weniger verfahren. Im Jahre 1893 sank die Schichtzahl nochmals auf 272. In diesem Jahr brachte der Arbeiter bei einem Schichtlohn von 3.80 Mark noch ganze 1035.07 Mark nach Hause. Kein Wunder also, daß der Konsum-Verein, bzw. der Casino- oder Genossenschaftsgedanke unter den Arbeitern Verbreitung fand, ja sogar für den Rechtsschutzverein so attraktiv wurde, daß dieser ein Genossenschaftsprogramm ausarbeitete, welches die folgenden Ziele hatte: gemeinschaftliche Einrichtung von Druckereien, gemeinschaftliche Herstellung und Ankauf von Wohnungen, gemeinsame Bäckereien, Schlächtereien, Brauereien, eine genossenschaftliche Bücherei, eine Vorschußkasse, Lebensmittelkonsumgenossenschaften bis hin zur gemeinschaftlichen Anschaffung und Ausbeutung von Kohlengruben[214]! Dieses Programm läßt erkennen, wie tief, aber auch wie schwärmerisch der Gemeinschaftsgedanke sich im Bewußtsein der Bergarbeiter eingenistet hatte. Das Genossenschaftsprogramm, das weit über die notwendigen, materiellen Tagesforderungen hinausging, zeigte auch, daß die Konsum- und Kasinovereinsgründungen nicht nur eine Reaktion auf die wirtschaftliche Bedrohung waren. Zugleich enthüllten sie ein verstärktes Verständigungs- und Kommunikationsinteresse der Bergleute, entfacht durch die 1889er Streikkämpfe, die Organisierung im RV sowie dessen permanente Versammlungstätigkeit in der Streikzeit. Diese These wird auch dadurch gestützt, daß viele Vereinsgründungen vor die Krisenjahre fielen, nämlich als von 1889 bis 1891 der Schichtlohn des Grubenarbeiters von 3.61 Mark auf 4.36 Mark anstieg und zugleich die Schichtzahl von 268 auf 291 erhöht wurde.

Der Vereinszweck wurde in den Statuten mehr oder weniger offen genannt.

„1. Die Geselligkeit zu heben und zu pflegen.
2. Durch Beschaffen und Verabreichen von Speisen und Getränken einem jeden Mitglied Vortheile zu erwirken"[215].

Ähnlich offen wie dieses Statut, das sich explizit auch an die übrige Arbeiterbevölkerung wandte[216], formulierte das „Hüttigweiler-Bürger-Casino": „Die Gesellschaft hat den Zweck einer allgemeinen Zusammenkunft zu gemüthlicher Unterhaltung"[217]. Streng nach Gesetz formulierte dagegen der Allgemeine-Konsum-Verein zu Altenkessel den „Gegenstand des Unternehmens":

„Der Zweck der Genossenschaft ist Förderung der wirthschaftlichen Interessen der Mitglieder durch gemeinsamen Einkauf von Lebens- und Wirthschaftsbedürfnissen im Großen und Ablaß im Kleinen ... unter Anmiethung und zur Verfügungstellung der nöthigen Lokale zwecks Ausschank und Genießung"[218].

Die Genossenschaften erfreuten sich eines regen Zuspruchs. Der Allgemeine Konsumverein Püttlingen und der Arbeiter-Consum-Verein Dudweiler verzeichneten je 800 Mitglieder, der eben genannte Allgemeine Konsum-Verein in Altenkessel immerhin 250[219], von denen sich im Schnitt zwischen 15 und 30 Leuten im Lokal aufhielten. Diese Attraktivität lag sicher nicht im Warenangebot begründet, denn nur wenige Vereine waren von ihren Räumlichkeiten her in der Lage, umfangreiche Vorratshaltung zu betreiben. Häufig befanden sich die Kasinoräumlichkeiten in Privatwohnungen, ein Umstand, der wohl oft nicht mehr zuließ als die Lagerung von Bier und Schnaps[220]. Damit wird die Annahme Mallmanns relativiert, der in der Bildung von Schnapskasinos „Gegenreaktionen auf die sich häufenden ‚Saalabtreibungen', polizeilichen Eingriffe und Versammlungsverbote"[221] sieht. Wohl kaum dürften die Kasinolokalitäten den meist zahlreich besuchten RV-Versammlungen genügend Platz geboten haben. Außerdem besaß der RV auch im Falle von „Saalabtreibungen" immer noch Zufluchtsorte bei anderen Wirten. Ebensowenig wie die ortsansässigen Kleinhändler verzichteten die Arbeiterkasinos auf eine Geschäftsführung, mit deren Hilfe Lohnschwankungen und Geldknappheit zwischen den Löhnungstagen kompensiert werden konnten: Der Verkauf auf Pump und Borg signalisierte nicht nur Geschäftstüchtigkeit, sondern auch Vertrauen und Solidarität. Über die Streikzeit hinaus blieb diese Überlebensstrategie erhalten. Noch am 5. März 1895 vermerkte die Berginspektion Reden:

„Eine große Zahl der in den benachbarten Kolonien betriebenen Konsumgeschäfte ... besteht aus einer flott gehenden Schankwirtschaft, mit welcher ein kleines Konsumgeschäft verbunden ist. In der Wirtschaft wie im Consumgeschäft wird auf Borg gegeben. Daß gerade derartige Geschäfte nicht zum Segen unserer Bevölkerung dienen, ist zweifellos; wir würden es daher freudig begrüssen, wenn der neue Consumverein [ein Beamtenverein, H. St.] denjenigen Bergleuten, welche bei diesen mit Schankwirthschaften verbundenen Consumgeschäften in der Kreide stehen, Gelegenheit gegben würden, ihre finanziellen Verhältnisse zu regeln"[222].

Eine offenere Bankrotterklärung als dieses Freikaufangebot konnte sich die fiskalische Wohlfahrtspolitik kaum ausstellen. Beim Arbeiter-Konsum-Verein Elversberg wurde der Höchstbetrag, für den geborgt werden konnte, auf 15 Mark festgesetzt[223]. Insbesondere in ökonomischen wie sozialen Krisenzeiten kommen solchen Verfahrensweisen erhöhte Bedeutung zu.

Eine strenge Kalkulation und eine geschickte Einkaufspolitik ermöglichten es, daß die Reproduktion der Arbeitskraft billiger für den einzelnen Arbeiter wurde, insbesondere was die Entspannung bei einem Gläschen Bier betraf. Dies betonten auch die Vorstände der Altenkesseler Vereine in einem Brief an den Innenminister Graf von Eulenburg in Berlin:

„Wir verkaufen ausschließlich gutes Bier in Quantität und Qualität um die Hälfte billiger als die sonstigen Schank- und Gastwirtschaften hier, zumal der Betrieb unserer Kohlengruben gegenwärtig geschwächt ist, ist auch mithin der Lohn der Bergleute entsprechend geringer und kann der vorgedachte Vortheil des Vereins, zwecks der Mitglieder nur von größtem Vorteil sein"[224].

Während die Wirte der Bergarbeiterdörfer und Städte mit 50 % Gewinnspanne arbeiteten, war diese bei Konsumvereinen/Kasinos auf 15 % begrenzt[225]. Kein Wunder, daß die Verwaltungs- und Bergbehörden hektisch auf Erfahrungen reagierten, die die Arbeiter während der Streikzeit mit der Selbstverwaltung einzelner Lebensbereiche machten, erschienen sie doch den bisherigen, von der politischen Obrigkeit wie dem Arbeitgeber garantierten wie protegierten Lebensformen überlegen. Daß solche Erfahrungen zu einer Bedrohung werden könnten, müssen auch die Kommunen geahnt haben, denn ihre Reaktionen auf die Selbstorganisation der Arbeiter waren ebenso hektisch, oft tollpatschig und zunächst nicht immer erfolgreich.

*

Exkurs: Kommunale Infrastruktur und Kommunikationsbedürfnis

Brüggemeier und Niethammer begreifen die Schnapskasinos als Reaktion der Arbeiter auf fehlende Wirtshäuser[226]. Tatsächlich war an der Ruhr infolge des starken Zuzugs von Arbeitskräften das Kneipendefizit eklatant und nahm nach der Jahrhundertwende noch zu; z. B. kamen in Hamborn im Jahre 1900 auf eine Kneipe 545 Einwohner,

1910 jedoch schon 764[227]. Das im Ruhrgebiet verbreitete Phänomen der „Unter-Lokalisierung" im Vergleich zu anderen deutschen Städten mag ein wichtiges Antriebsmoment für die „Kasinobewegung" unter den dortigen Bergleuten gewesen sein. War die Situation an der Saar vergleichbar? Zunächst fällt auf, daß auch hier die Versorgung der Bevölkerung mit Gasthäusern und Schankwirtschaften sich im letzten Drittel des 19. Jahrhunderts zunehmend verschlechterte.

Tabelle 21: Kneipendichte in Dudweiler 1879–1900[228]

Jahr	Gastwirt-schaften	Schankwirtschaften unbeschränkt	beschränkt	Einwohner pro Gast- u. Schankw.	Branntwein-Kleinhandel
1879	4	50	35	110	2
1889	17	4	35	154	2
1894	15	5	34	164	4
1897	16	5	34	170	5
1900	18	5	33	205	5

Dudweiler also, die Stadt im Herzen des Industriereviers, war relativ gut mit Wirtschaften und Schenken versorgt; zumindest hier wäre nicht unbedingt eine Notwendigkeit zur Gründung von Saufkasinos oder Konsum-Vereinen festzustellen. Anders sah es jedoch in den Siedlungen und Kolonien aus, die mit dem Industrialisierungsschub seit den 50er Jahren gegründet worden waren.

Tabelle 22: Kneipendichte in der Kolonie Herrensohr 1879–1900[229]

Jahr	Gastwirt-schaften	Schankwirtschaften unbeschränkt	beschränkt	Einwohner pro Gast- u. Schankw.	Branntwein- u. Kleinhandel
1879	4	–	5	173	–
1889	4	–	3	310	–
1893	4	–	3	362	–
1896	4	–	3	454	–
1900	5	1	2	437	–

Hier wird bereits deutlicher, was „industrielles Wohnen" hieß: Ohne gewachsene Infrastruktur blieb die Befriedigung von Grundbedürfnissen aufgrund mangelnder Versorgungseinrichtungen in Frage gestellt. Wo sich Kirche und Staat um seelisches und geistiges „Wohl" der Neubewohner kümmerten, in ihre Siedlungskonzeptionen Pfarr- und Lehrerstellen, Schul- und Kirchbau miteinbezogen, war für die

Versorgung mit „Teufel Alkohol" kein Platz. Ähnlich stellte sich die Situation in Jägersfreude dar, einem Dorf mit gleichnamiger Grube, zwischen St. Johann und Dudweiler gelegen, das voll und ganz von der Grube lebte und auch heute noch im Erscheinungsbild seine Vergangenheit offenbart. Hier verschlechterte sich im Laufe der industriellen Entwicklung die Versorgung der Bevölkerung mit Gast- und Schankwirtschaften von 112 (im Jahre 1879) auf 363 Einwohner pro Gast- und Schankwirtschaft im Jahre 1900[230]. Das Beispiel der Bürgermeisterei Dudweiler läßt erkennen, daß die alten, zu kleinen Industriestädten gewachsenen Dörfer bezüglich der sozialen Kontakte und Beziehungen für die um sie gruppierten industriellen Wohnsiedlungen Zentrumsfunktionen übernahmen. Die in der Streikzeit einsetzende Kasinobewegung erfaßte zwar das gesamte Revier, besaß jedoch noch eine größere Bedeutung für die in Kolonien, Arbeiterdörfern und Bauerndörfern des unmittelbaren Einzugsbereiches lebenden Bergleute. Für diese Arbeiter, die täglich von der Grube nach Hause kamen, wird die Mangelsituation im Gast- und Schankstättenwesen ebenso mit ausschlaggebend gewesen sein wie das gesteigerte kollektive Kommunikationsbedürfnis, das sie in der Streikzeit entwickelt hatten.

*

Im Sommer 1891 begannen behördliche Schikanen gegen die Kasinos. Am 28. August 1891 sprach das Ottweiler Landratsamt offen von der Notwendigkeit der „Unterdrückung der Casinowirthschaften"[231], am 15. September wurde die Casinowirtschaft in Hüttigweiler verboten, das Inventar beschlagnahmt[232]. Von nun an ging es Schlag auf Schlag, ohne ausreichende rechtliche Grundlagen, aber im Dienste einer „guten Sache". Beschlagnahmungen der Schankutensilien und Schließung der Casinoräume stellten die bevorzugten, aber nicht immer wirkungsvollen behördlichen Maßnahmen dar. In Kaisen wurden nur „Glaswaren" beschlagnahmt, in Thalexweiler darüber hinaus noch 51 Flaschen Bier, in Eppelborn Schankutensilien wie auch das Mobilar. Geschlossen wurden die Casinos in Aussen, Quierschied und Kaisen; dem Hüttigweiler Casino, am 15. September schon verboten, entzog man am 3. Oktober die Schlüssel und versiegelte die Türen auf Anordnung des Ottweiler Landrats[233]. Einem Schreiben des Rechtsanwaltes Heyer (Metz), der einige Casinos vertrat, entnehmen wir, wie die Arbeiter auf diese schikanöse Begrenzung ihrer Freiräume reagierten:

„Mit Rücksicht auf die vollständige Nichtigkeit dieses Vorgehens haben die Bergleute das Siegel augenblicklich wieder entfernt und ruhig das Casino weitergeführt"[234].

Das Sich-Wehren auch mit Straftaten (hier Siegelbruch) ließ zum einen auf die spontane Empörung der Arbeiter schließen, zum anderen auch auf eine Position der relativen Stärke der Kasinobewegung und deren Verankerung in der Bevölkerung. Die Thalexweiler Casinomitglieder blieben bei den behördlichen Nadelstichen ganz ruhig: „Wir haben uns wieder andere Geräthschaften angeschafft und haben ruhig weiter gewirthschaftet..."[235], berichteten sie. Spektakulärer, mit Tumulten im Haus und einem Menschenauflauf vor den Kasinoräumen, verlief die Schließung eines Eppelborner Kasinos, obwohl mehrere Gerichtsinstanzen die Rechtmäßigkeit seines Betriebes festgestellt hatten[236]. So verdankte die Kasino-Bewegung zunächst ihre weitere Existenz sowohl einer behördlichen Rechtsunsicherheit, wie auch ihrem selbstbewußten und solidarischen Widerstand gegenüber den Repressionsmaßnahmen. Das Landratsamt Saarlouis mußte in seinem Vierteljahresbericht 1893/94 feststellen:

„Während die Königliche Bergwerksdirektion zu Anfang dieses Jahres erklärt hatte, daß mit allen Mitteln für die Aufhebung dieser als gemeinschädlich erkannten Einrichtungen eingetreten werden sollte und nachdem zwei Casinos in Saarwellingen auf Veranlaßung der Bergbehörde wirklich eingegangen sind, erscheint das Treiben der Bergleute in den noch bestehenden Vereinen höchst auffallend. Durch die öfteren Bestrafungen der Lagerhalter ist eine Änderung dieser allgemein bedauerten Zustände nicht erzielt worden"[237].

Da gesetzwidrige Rechtskonstruktionen der Bürgermeister wiederholt aufgehoben werden mußten[238], wurde der Ruf nach einer Polizeiverordnung gegen die „Saufkasinos" und „Scheinvereinigungen zum Betriebe der Schankwirthschaft"[239] immer lauter und der behördliche Radikalismus immer aggressiver: „Es ist das dringendste Bedürfnis, daß mit allen derartigen Stätten der Völlerei aufgeräumt wird", mahnte der Saarbrücker Landrat am 16. November 1894[240].

Daß es nicht um „Völlerei" schlechthin, sondern um Selbstorganisation der „Völlerei" seitens der Arbeiter ging, hatte sich schon in der schikanösen Nadelstichpolitik der Behörden angedeutet und wurde auch in einer Mischung von Klatsch und Wahrheit in den Akten vermerkt: Nachdem Gendarmen und Ortsvorsteher in der Privatwohnung des Gastwirts Schmidt, der ein Kasino betreute, eingedrungen waren und die übliche Beschlagnahmung der Schankutensilien vorgenommen hatten, entpuppte sich das Ganze als Coup mit handfesten wirtschaftlichen Interessen im Hintergrund:

„Dem Vorstand und dem Oekonomen wurde nach Vernehmen mitgeteilt, daß die Frau des mit Bürgermeister Schreiner intimen Wirts Keßler dem Bierbrauer Hollwerk in Illingen, von welchem Keßler Bier bezieht und mit welchem der Herr Landrat speziell dort in der Gastwirtschaft zur Kost verkehrt, Vorstellungen gemacht hat wegen des ihr durch das Casino angeblich zugehenden Schadens und um dessen Intervention gebeten hat"[241].

Dieser Kumpanei von Behörde, Wirten und Bierbrauerei verweigerte sich nicht nur dieser Verein: Ebenso wie das Kasino Eppelborn kam er einer Aufforderung nicht nach, das Lokal zu wechseln, bzw. das Casino in eine Wirtschaft zu verlegen. In Eppelborn steckte das Interesse einer großen Brauerei hinter den Maßnahmen:

„Auch hier erfuhren die Bergleute, sie sollten ihr Casino in eine Wirtschaft verlegen wie ihnen dies vom 2. Bürgermeister mitgeteilt worden ist – damit soll Gastwirt Schorrer gemeint sein, welcher das Bier von der von Braudirektor Simon dirigierten Actiengesellschaft bezieht"[242].

Bisher hatten die Bergleute ihren Biernachschub von einem kleinen, aber tüchtigen Bierbrauer aus Dirmingen bezogen. Eine Polizeiverordnung (PV) wurde am 31. März 1894 für den Kreis Saarbrücken erlassen und von den benachbarten Kreisen übernommen. Die Vorgeschichte ihrer Entstehung ist kurz, vergleicht man es mit dem Hin und Her anläßlich der PV für das Kost- und Quartiergängerwesen. Im September 1893 wies der Ottweiler Landrat den Trierer Regierungspräsidenten auf die Notwendigkeit einer Polizeiverordnung hin und gab als Vorbild die PV des Landrats zu Hörde an. Im Ruhrrevier waren die „Schnapskasinos" ebenfalls Ende der 80er Jahre entstanden und hatten die Behörden auf den Plan gerufen, die in ihnen „die eigentlichen Brutstätten der Trinksucht, der Arbeitsscheu, der Verrohung, der häuslichen Zerrüttung und des Familienelendes"[243] erblickten. Nachdem sich auch Bergverwaltung und Regierungspräsidium auf eine harte Gangart gegen die Arbeiterkasinos an der Saar verständigt hatten, wurde eine PV erlassen, die nicht die gesetzliche Regelung der Casinotätigkeiten, sondern deren völlige Beseitigung zum Ziel hatte. Da dies über ein Verbot nicht zu bewerkstelligen war, wurden die Anforderungen ins Unermeßliche geschraubt. Die Kernpunkte der PV waren: Pro Mitglied mußten eineinhalb Quadratmeter Grundfläche und 10 Kubikmeter Luftraum vorhanden sein (§ 1), Abortanlagen sollten im Verhältnis entsprechend der eingeschriebenen Mitgliederzahl nachgewiesen werden (§ 3), Vorplatz, Haustür und

Flur mußten bei Einbruch der Dunkelheit beleuchtet sein (§ 5), alle Mitglieder des Vereins waren auf einer Tafel am Eingang zu verzeichnen (§ 6)[244].

Kaum ein Verein war in der Lage, seinen oft mehreren hundert Mitgliedern für einen Wirtschaftsaufenthalt Räumlichkeiten anzubieten, die fast dem Standard der Wohnräume entsprachen, wie sie die PV für das Kost- und Quartiergängerwesen festgelegt hatte[245]. Die geselligen und unterhaltenden Abende der Bergarbeiter sollten unter dem Vorwand volksgesundheitlicher Fürsorge aus der intimen, solidarischen Sphäre der Arbeiterwohnung herausgerissen werden, da hier die staatlichen Kontrollmechanismen zu kurz griffen; wo zwar geschlechtliche Zusammensetzung und Belegung der Wohnung der staatlichen Kontrolle unterlagen, konnten Inhalte und Stimmungen eines kollektiven Verständigungsprozesses wie alltäglicher Kommunikation nicht mehr erfaßt werden. Wurden in der Streikzeit akribisch genau Inhalte und Emotionen der Arbeiterversammlungen in den Gasthäusern und Versammlungslokalen beobachtet, so entzog sich die Zusammenkunft in der gesetzlich geschützten Privatsphäre dieser Art überwachender Kontrolle. Politische Verwaltung wie Arbeitgeber versuchten, die Arbeiter in die Öffentlichkeit des Gasthauses zurückzerren. Deswegen wurden die Verordnungen betreffend der „geschlossenen Gesellschaften" schärfer gefaßt, als sie die PV der Regierung zu Trier vom 31. Oktober 1889 an öffentliche Versammlungsräume stellte![246] Daß sich dabei das ökonomische Interesse der Wirte der jeweiligen Ortschaften mit den politischen Absichten des Staates deckte, traf sich gut. Selbstverständlich wurde die neue PV von den Ordnungsbehörden sofort „vollstreckt", nachdem diese von den Kreisen Ottweiler, Saarlouis, St. Wendel und endlich auch vom Kreis Merzig übernommen worden war[247].

Die Hauptgründe der nun einsetzenden Schließungsverfügungen in allen Kreisen des Reviers bildeten — wie vorauszusehen war — die mangelnden Raumverhältnisse und fehlende Abortanlagen: „Abort und Pissoiranlage sind dieselbe wie bei jedem kleinen Bergmannshäuschen – 1 Abtrittsraum, ein aus Brettern roh zusammen gezimmertes Pissoir für höchstens 4–5 Personen"[248]. Diese Zustände galten für eine Vielzahl der Bergarbeiterkasinos. Gegen Jahresende 1894 liefen beim Regierungspräsidenten in Trier die Vollzugsmeldungen der untergeordneten Behörden ein: Am 10. Oktober 1894 meldete der St. Wendeler Landrat, „daß sämtliche ‚Saufkasinos' eingegangen sind", bis auf eine Ausnahme in Urexweiler[249]. In Spiesen bestand noch das einzig überlebende Kasino im Kreise Ottweiler, auch aus dem Kreis Saarbrücken wurde die Auflösung des größten Teils der

Vereine bekanntgegeben[250]. Das Saarbrücker Landratsamt zog am 2. November 1894 ein Facit:

„Durch den Erlaß der fraglichen Polizeiverordnung ist das gewollte Ergebniß fast vollständig erreicht worden. Die Saufkasinos sind bis auf einige wenige ausgerottet worden, welche letztere hoffentlich auch in Bälde eingegangen sein werden"[251].

Der Widerstand der Arbeiterbevölkerung aber war noch nicht erloschen. Hatten sie in der Situation juristischer Schwäche der lokalen Verwaltungs- und Ordnungsbehörden auf deren Schikanen kollektiv und auch mit Gesetzesübertretungen reagiert, hielten sie sich nun, da eine Rechtsgrundlage vorhanden schien, auf dem Weg der Legalität. Noch im Oktober 1894 verfaßten sie ein „Gesuch um Aufhebung einer Verfügung der Polizeiverwaltung des Kreises Saarbrücken gegen die Consumvereine", mit dem sich die Vorstände der beiden Altenkesseler Vereine an den Innenminister Graf Eulenburg zu Berlin wandten und die ökonomische Notwendigkeit der Kasinos für die Bergarbeiter gerade in Krisenzeiten betonten[252]. Zur gleichen Zeit erwies sich die Rechtswirksamkeit der PV als äußerst umstritten. Die Schöffengerichte in Lebach und St. Wendel sprachen Vorstände bzw. Lagerhalter von Casinos und Konsumvereinen, die nach dem Erlaß der PV ihre Vereine weitergeführt hatten, frei, das Lebacher Gericht erklärte sogar die PV in ihrem Urteil für „rechtsungültig". Der Kernsatz des Urteils lautete:

„Das Recht, ihre Raum-, Wohnungs-, Beleuchtungs- und sonstigen Lebensverhältnisse wie Privatpersonen nach freiem Ermessen zu ordnen, kann ihnen innerhalb ihres privaten, gewissermaßen Familienkreises auf polizeilichem Wege an und für sich nicht abgesprochen werden"[253].

Diesem ersten Erfolg für die Casinos und Konsum-Vereine folgte am 25. Januar 1895 die Aufhebung der PV des Kreises Ottweiler durch das Landgericht Saarbrücken. Mit dem wissenden Zynismus desjenigen, der seine staatliche Macht etwas außerhalb der Legalität eingesetzt hatte, kommentierte der Ottweiler Landrat den Urteilsspruch: „Bis jetzt hat dieses Urteil noch keine üble Folge gehabt, da alle geschlossenen Gesellschaften, die zu Bedenken Anlaß gaben... eingegangen und noch keine neuen wieder entstanden sind"[254]. Nicht die Unrechtmäßigkeit des Vorgehens wurde bedauert, sondern der Erfolg legitimatorisch benutzt; die Furcht, daß nun alles von vorne beginne, erwies sich als unbegründet.

Nur ganz vereinzelt existierten in den Jahren 1895–1900 noch Bergarbeiterkasinos. Es hatte den Anschein, als würden die Bergarbeiter zwei Jahre nach Beendigung des letzten großen Streiks endgültig zurückgeworfen in ihre patriarchalische Abhängigkeit der Vorstreikzeit. Spurlos jedoch war diese Zeit an den Bergarbeitern nicht vorbeigegangen.

Das Selbstbewußtsein, mit dem eine unterdrückte Klasse ihre Rechte in der Gesellschaft einforderte, sprach aus den Worten des Lagerhalters des Casinos zu Herrensohr, als dieser sich bei der Regierung zu Trier über die PV beschwerte:

„... sodann richtet sich dieselbe gegen bestimmte Klassen der Bevölkerung, wohingegen eine Polizeiverordnung nur gegen die gesamte Bevölkerung und nicht für einzelne Teile derselben erlassen werden darf"[255].

Dieses Selbstbewußtsein war durch die erfahrene Solidarität in den Arbeiter-Kasinos entfaltet worden. Sie hatten in der Streikzeit Klassensolidarität gelebt[256], wenn auch manche Kasinos daraufhin Gegenstand eines Konkursverfahrens geworden waren! Die kollektiven Erfahrungen hatten eine klasseninterne Verständigung der Bergarbeiter abseits einer gewerkschaftlichen oder politischen Organisation forciert.

Die bedeutsame Funktion der „Schnapskasinos" erkannten auch ihre Gegner. Die Berufsorganisation der Gastwirte des Reviers und angrenzender Gebiete berief sich auf den Freiherrn von Stumm, der in einer seiner bekannt überzogenen Reichstagsreden den Kern der Kasinobewegung offengelegt hatte. Nicht daß er sie auch beschuldigte, „Völlerei und Unzüchterei zu fördern" oder in ihnen eine „Brutstätte politischer Verhetzungen" erblickte, sondern „daß die letzten Bergarbeiterstreiks im Saar-Revier nie so intensiv ausgebrochen wären, wenn nicht die Genossenschafts-Kasinos die beratenden und vermittelnden Zentralen der verhetzenden Elemente gewesen" wären[257] – diese Erkenntnis benannte (und überzeichnete zugleich) die Bedrohung durch autonome und unkontrollierbare Kommunikationsräume. RV und „Schnapskasinos" hatten sich ideal ergänzt – nicht nur dadurch, daß der Kasinoleiter oft ein abgelegter, örtlicher Vertrauensmann des RV war, der damit einen Verdienst außerhalb der Bergarbeit gefunden hatte.

Kein Zweifel, daß die sozialkulturelle Verwurzelung in einem dichten Vereinswesen zwischen Männergesang und „Saufkasino" zweierlei im Klassenbildungsprozeß bewirkte: Zum einen realisierte sie das starke Bedürfnis der Arbeiter nach Selbstorganisation der Reproduktionssphäre angesichts eines zunehmend Reglementierungen unterworfenen Arbeitsbereiches; zum anderen hatte diese Verwurzelung zugleich die Niederlagen der Streikzeit überwinden helfen. Mit der

Auflösung des RV waren seine Mitglieder nicht in soziale Isolation geraten. Ihre Verankerung im Vereinswesen bewahrte sie zwar nicht vor Entwürdigungen wie den untertänigsten Bitten um Wiederanlegung, aber sie waren in ihrer Lebenswelt keine Ausgestoßenen. Diese Solidarität half nicht allen, vor allem nicht ihren Wortführern, wie die Auswanderungen belegen, trotzdem bewies sich in ihr ein funktionierender Zusammenhang von Familien und dörflichen oder städtischen Gemeinschaften. Die bergmännische Bevölkerung hatte sich vom elitären bergständischen Kult der Berggemeinschaft entfernt und hatte tradierte wie eigene Formen des Zusammenlebens hervorgebracht. Auch die Sozialdemokraten, die vor und während des Winterstreiks 1892/93 manche Eigenart der Bergarbeiter belächelt hatten, nahmen nun den Kampf um die ‚Saufkasinos' zumindest parlamentarisch ernst: In einer Interpellation an den Reichstag versuchten sie zu erfahren, ob die Regierung mit dem rigiden Vorgehen der Behörden gegen die Bergmannskasinos einverstanden sei[258].

* * *

In der Betriebs- und Wohlfahrtspolitik der preußischen Staatsgruben an der Saar besaß die kulturelle Obsorge eine herausragende Bedeutung. Sie war mehr als eine ideelle Ergänzung der materiellen Maßnahmen im Siedlungs- und Wohnungsbau oder der patriarchalischen Fürsorge für Kleinkinder, Schüler, schulentlassene Mädchen und Bergjungen. Kinderbewahranstalten und Haushaltungsschulen waren eher Begleitmaßnahmen mit marginaler Bedeutung und dienten mehr der Abrundung eines fürsorglichen Bildes, wie sich auch am Beispiel der Lese-Vereine und Arbeiter-Bibliotheken zeigen ließe.

Der Kulturpolitik des preußischen Bergfiskus kam die Aufgabe zu, in der Entstehungsphase der Industriearbeiterschaft im Bergbau den Blick der Arbeiter von den Bedrohungen der Gegenwart in eine heile, ständische Welt zu lenken. Diesem Zweck diente die Entfaltung bergständischen Gepränges ebenso wie der Kulturimport von Standesliedern und -gedichten in Ermangelung eigener ständischer Tradition im Bergbaurevier an der Saar. Aber schon bald erwies sich, daß in der Bewältigung von Problemen einer entstehenden Industriegesellschaft die Interpretationsangebote des Bergfiskus für die betroffene Bevölkerung nicht applikabel waren. Im Alltagsleben, in Arbeit und Freizeit, erfuhren die Bergleute und ihre Familien immer wieder die Diskrepanz zwischen ihren Wahrnehmungen, Erwartungen und Bedürfnissen einerseits und den Bemühungen der Bergbehörden andererseits, die „sociale Frage" im Rahmen einer autoritären Harmonie zu eliminieren. Daraus erwuchsen die Anfänge einer authentischen Arbeiterkultur in ihrer Spannweite zwischen der Aneignung bürgerlicher Kulturwerte bis hin zu einer Kultur der Armut und des Trostes. Insbesondere in der Entwicklung des Vereinswesens läßt sich zeigen, daß die Bergarbeiter zunehmend der sorgenden Aufsicht entflohen. Hier wurde der innere Zusammenhang von Streikkämpfen, Arbeitsbedingungen und Lebensverhältnissen deutlich. Denn der spektakuläre Arbeitskampf wie die informellen Strategien alltäglicher Konfliktbewältigung im Arbeitsprozeß fanden ihre sinnvolle Ergänzung in Aufbau und Erweiterung nicht fremdbestimmter Kommunikations- und Fürsorgesysteme, im Rechtsschutzverein, in den Freizeitvereinen und in der Kasinobewegung. In diesen Räumen konnte man sich aus den Polypenarmen betrieblicher Wohlfahrtseinrichtungen lösen. Der Fabrikarbeiter und Gewerkschaftsredakteur Heinrich Schneider vermerkte im Jahre 1911 zu den Auswirkungen betrieblicher Wohlfahrtspolitik am Beispiel der Elberfelder Farbwerke:

„Wie eine Spinne ihr Opfer, umspinnt das Farbwerk den Arbeiter mit tausend gleisenden Fäden. Nicht nur das Wohnen, Essen und Trinken, sondern auch das Musizieren, Singen, Turnen, Tanzen, Spielen, Lesen, Baden, Gondeln und Angeln ist Gegenstand der Farbwerkswohltätigkeit. (...)
So wird der Arbeiter in jedem Betracht gegängelt und bevormundet. Jede eigene Initiative wird unterdrückt. Selbstverständlich kann man von einem so gegängelten, systematisch zur Unselbständigkeit erzogenen, physisch und geistig vergifteten armen Teufel nicht erwarten, daß er sich ein selbständiges Urteil bilden, die Tragweite seiner Handlungen abschätzen kann"[259].

Ganz so wirkungsvoll konnte kein System autoritär-wohlfahrtsstaatlicher Fürsorge funktionieren. Selbst unter der massiven Beeinflussung von Arbeitgeber, Kirchen und Staat bildeten die Saarbergarbeiter, wie das folgende Kapitel zeigt, zunehmend eine eigene Urteilsfähigkeit aus, die ihren revoltierenden Aufbruch in die industrielle Massengesellschaft zu legitimieren imstande war. Dabei standen die Tradierung, Umdeutung und Neubewertung einer Vielzahl jener ideologischen Normen und Werte im Mittelpunkt, die in der preußisch-autoritären Gesellschaft die wesentlichen Bestimmungen des Verhältnisses von Untertanen und Staat markierten und zugleich Elemente der Arbeiterkultur prägten: Kaiserliebe und Patriotismus, Einordnung in hierarchische Strukturen von der Familie bis zum Staat, Gehorsam gegenüber den bürokratischen und polizeilichen wie militärischen Instanzen der Obrigkeit, tätige Abwehr staatsfeindlicher, sprich sozialdemokratischer Bestrebungen.

6

Gedankenwelten – Selbstdeutung und Protestlegitimation

Oskar Negt und Alexander Kluge haben in ihrem umfangreichen Konvolut meist unentwickelter Gedankengänge unter dem Titel „Geschichte und Eigensinn" das Problem der unmittelbaren Produzenten des Geschichtsprozesses u. a. darin gesehen, daß diese *sich* nicht als „Hauptagenten" begreifen können. Eine solche Enteignung des historischen Bewußtseins führe zur „Nichtidentität", die Negt/Kluge „als Dauerzustand für lebensgefährlich halten"[1]. Deshalb war und ist es das Bemühen aller sozialen und politischen Bewegungen, ihr Handeln in ein System der Rechtfertigung, in ein konzises kollektives „Ich" einzubinden, um dadurch nicht nur die eigenen Reihen zu festigen, sondern vor allem über die Bewegung hinaus Bündnispartner zu finden[2]. Der Zwang zur Selbstdeutung wird dort übermächtig, wo „Episoden dramatischen Verhaltens" Situationen schaffen, die abweichend von bestehenden Regeln und Normen es erfordern, „soziales Handeln neu zu definieren"[3]: Eine Arbeiterschaft, die die bisher erlernten Bahnen des Konfliktaustrags unter dem Zwang der Verhältnisse verlassen mußte, sah sich einem inneren und äußeren Legitimationsdruck gegenüber. Nikolaus Warken beschrieb die Reaktionen der Öffentlichkeit auf Streikaktionen und Organisierung:

„Als unsere Bewegung begann, da erhob sich in gewissen Zeitungen ein Sturm der Bosheit und der Verdächtigungen gegen uns. Es hieß: Wer hat die friedliche, bisher so gut in behaglichen Verhältnissen lebende Bergarbeiter-Bevölkerung aufgewiegelt? Ein Sündenbock sollte und mußte dafür gefunden werden"[4].

Der Prozeß der Selbstfindung und der Meinungsbildung auf Seiten der Bergleute konnte nicht unbeeinflußt von den öffentlichen Reaktionen bleiben. Auf der Seite des unternehmenden Staates ersetzte die kurze Suche nach dem Sündenbock eine möglicherweise langwierige, selbstkritische Reflexion über innere Strukturprobleme. Die für das

Kaiserreich signifikante „unablässige Diskriminierung von Opposition"[5] ermöglichte es dem preußischen Bergfiskus und dem Herrscher von „Saarabien", dem Freiherrn von Stumm, die Sündenböcke umgehend zu identifizieren: „Ultramontane Kräfte" und „sozialdemokratische Hetzer" versuchten, die Vertrauensbasis von arbeitgebendem Staat und arbeitnehmendem Staatsbürger zu untergraben. Die Bergleute mußten nun bei der Rechtfertigung ihres Handelns darauf bedacht sein, nicht diesen Sündenbock-Stereotypen zu entsprechen. Die bergmännischen Legitimationsversuche wirkten zunächst nach innen, als Aufbau eines neuen Selbstverständnisses, zugleich aber mußten sie eine wachsame Öffentlichkeit überzeugen:

„Die Forderungen und Methoden der Arbeiterschaft zu ihrer Durchsetzung müssen auf irgendeine Weise in den Augen der Arbeitgeber, der Regierung, der Öffentlichkeit und der Arbeiter selbst als legitim anerkannt werden"[6].

Wie die Arbeiter des Saarbergbaues ihr Handeln während der großen Streikzeit begründet haben, wie versucht worden ist, ein irritiertes Weltbild modifiziert zu bewahren, ungewohnte Verhaltensweisen mit den Werten und Normen überkommener und sich wandelnder Deutungsmuster zu rechtfertigen – dieser langwierige Prozeß einer Selbstverständigung soll im folgenden nachgezeichnet werden. Dabei werden der Wandel der Deutungsmuster wie auch der Wandel von Ritualen gleichermaßen zu berücksichtigen sein[7].

Die Frage nach dem Wandel von Deutungsmustern und Legitimationsstrukturen einer Arbeiterbewegung setzt voraus, daß eine klasseninterne Kommunikation möglich ist, eine Selbstverständlichkeit unter den Bedingungen entfalteter gewerkschaftlicher Strukturen, ein schwieriger Lernprozeß unter den Bedingungen einer tiefen Krise des traditionellen Vertretungsorgans, der Knappschaft. „Es war dies ein schwerer Stand, weil das Versammlungs- und Vereins-Gesetz unter den (dummen) Bergleuten nicht bekannt war", erinnerte sich Nikolaus Warken und benannte damit zugleich die Widrigkeiten beim Aufbau autonomer Kommunikationsstrukturen. Dem berüchtigten Saalabtreiben ausgesetzt, gelang es dem RV dennoch, ein relativ stabiles Netz von Versammlungsorten im Saar-, Sulzbach- und Fischbachtal zu weben, sodaß eine intensive Versammlungstätigkeit in der Nähe der Arbeits- und Wohnorte möglich war. Gemeinsam mit den vielzähligen Versammlungen in den Heimatorten des bergmännischen Einzugsbereichs erlaubte dieses Kommunikationsnetz – ergänzt durch Versammlung unter freiem Himmel und außerhalb des Geltungsbereiches preußischer Gesetze in der nahen bayerischen Pfalz – einen intensiven, dezentralen Verständigungsprozeß, der effektiviert wurde durch ein umfangreiches vereinsinternes Vertrauensmännersystem, das die lokale Kommunikation in eine kollektive Identität zu transformieren im Stande war. Ununterbrochen fanden in den Jahren 1889 bis 1893 in den verschiedenen Ortschaften Versammlungen statt – mit Schwerpunkt in Bildstock, insbesondere nach dem Saalbau und im Winter-Streik 1892/93. Häufig fanden an einem Ort zwei Versammlungen am Tag statt, jeweils eine für die Früh- und die Spätschicht. Trotz ihrer Häufigkeit wurden die Versammlungen des Rechtsschutzvereins zahlreich besucht: Durchschnittlich nahmen mehrere Hundert Personen teil, wobei es selbstverständlich vorkam, daß eine Morgenversammlung mangels Beteiligung einmal ausfiel oder eine Abendversammlung zu Unruhen führte, da der Wirtshaussaal die Menge nicht fassen konnte, wodurch ein Auflauf auf der Straße entstand[8]. Die Themen waren vielfältiger Art, zunächst mehr auf den Arbeitsprozeß, Lohnangelegenheiten und Knappschaftsfragen beschränkt, sehr bald aber wurden Fragen nationaler Organisation, internationaler Solidarität, alltäglicher Provokation und Repression ebenso selbstverständlich thematisiert. Aus der reichhaltigen Themenpalette sollen im folgenden anhand zentraler Kategorien die Beharrungs- und Wandlungskräfte im Legitimationsprozeß aufgezeigt werden.

6.1. Staat und König

Am 16. März 1890 verabschiedeten 5 000 Bergleute die sogenannten „Dudweiler Forderungen" mit dem Hinweis: „Daß wir Bergleute wieder zurückbekommen, wie die fiskalischen Gruben im Saarrevier früher bestanden haben..."[9]. Wir haben an verschiedenen Stellen darauf hingewiesen, daß der Verweis auf eine bessere Vergangenheit nur bei einer Minderheit der Bergleute auf unmittelbarer Erfahrung beruhte; gleichwohl entsprach er der gedanklichen Verfassung ihrer Mehrheit, denen die ‚gute alte Zeit' nur vom Hörensagen bekannt war. „Wir verlangen nichts Anderes, als was Recht ist", beteuerte Bergmann Wagner (Hixberg) im Dezember 1889 in Püttlingen[10]. „Recht" aber beruhte für die Bergleute nicht alleine auf geschriebenen Paragraphen, sondern immer auch auf Erfahrungen: Arbeit und Lebensweise der Vorfahren hatten dieses Recht konstituiert, es war tradiert in den Lebensmöglichkeiten eines zahlenmäßig geringen Bergarbeiterstandes, wie auch in den bäuerlichen und handwerklichen Schichten des Arbeitereinzugsbereichs.

Hier wandte sich die Traditionspflege des Fiskus gegen diesen selbst, denn der Versuch, einer industriellen Arbeiterschaft vorindustrielles Standesbewußtsein zu implantieren, erleichterte die Begründung des sozialen Protestes: „Wir werden uns international verbinden, denn wir sind die Stimmen der Welt und wollen auch standesgemäß leben"[11]. Die Bergleute griffen hiermit ein Jahrhunderte altes bäuerliches und handwerkliches Legitimationsmuster auf.

„,Vorpolitischer' agrarischer Sozialprotest verlangte in der Regel die Wiederherstellung guten ‚alten Rechts' gegen das schlechte neue und bedrohte damit die existente Ordnung in durchaus fundamentaler Weise, wenngleich seine Forderung die bestehenden Verhältnisse nie transzendierten"[12].

Wichtig erscheint, daß die hier „vorpolitisch" genannte Kritik in das zeitgenössische Weltbild eingebunden war, gleichwohl aber das herrschende System in Frage stellte: „Wir verlangen, was unsere Väter gehabt"[13], bedeutete eine bewußte Ablehnung des Status quo und kennzeichnete zugleich einen weitgehenden Vertrauensverlust in die staatliche Verfassung, wie er unter den Bergarbeitern im Saarrevier gegen Ende des 19. Jahrhunderts nicht selten anzutreffen war.

Die Bedeutung des Staates mußte im Denken des Saar-Bergarbeiters eine beherrschende Rolle spielen: Er war Arbeitgeber, Schulbehörde der Kinder[14], er konnte Kreditgeber und Miteigentümer des Wohnhauses sein, er war Vermieter, Wirt oder Händler, er war ebenso erfahrbar in den Gendarmen, die die Versammlungen überwachten, wie in den Bürgermeistern und Landräten. Schließlich mußte jeder Bergmann „gedient" haben, des „Königs Rock" symbolisierte die vertrauensvolle Verbundenheit von Königtum und Staatsvolk[15]. Über die aktive Dienstzeit hinaus wurde soldatisches Verhalten durch die vielzähligen Kriegervereine bewahrt: Gehorsam war nicht allein militärische, sondern ebenso zivile Tugend; Ehrfurcht war nicht nur in religiösen Dingen angebracht, sondern Erfordernis gegenüber allen Vorgesetzten. Die preußische Gesellschaft basierte darauf, daß der „Staat" sie vollkommen durchdrungen hatte; schon eine Kritik an subalternen Staatsdienern und untergeordneten Instanzen erschien als Opposition gegen das Staatsganze.

Dieser Mechanismus war natürlich den Bergleuten bekannt, auch wenn sie ab und zu provokativ ihre Staatsauffassung „materialisierten": „Wenn wir Brod für Frau und Kinder haben, dann sind wir gute Staatsbürger, sonst nicht"[16]. Nicht alleine die materielle Lage rief einen Vertrauensverlust in die geordnete Hierarchie hervor, vielmehr barg die konkrete Erfahrung im alltäglichen Umgang mit den Behörden bereits den Keim des Mißtrauens in sich:

„Wenn wir uns mit der Bergwerks-Direction in Verbindung setzen, dann wollen wir nichts mehr auf Worte geben! Nein! Wir wollen es schwarz auf Weiß in den Händen haben, mit großen Buchstaben soll es auf den Gruben angeschlagen sein"[17].

Obwohl es im Sinne fürsorglicher Arbeiterpolitik jedem Bergmann formal zustand, sich an seine Vorgesetzten bis hin zum Direktor seiner Inspektion um Rat zu wenden, bestand dieses vertrauensvolle Verhältnis meist nur auf dem Papier, da der Instanzenweg zum Direktionszimmer oft schon auf der untersten Ebene verstopft war. Alltags- und Streikerfahrungen ließen den Bergmann Müller zu dem Rat an seine Kameraden kommen, man sollte bei keiner Behörde „um Rath und That fragen, denn wenn es unten klingelt, dann hats oben schon geschellt. Wenn wir das was wir haben wollen nicht bekommen, dann erzwingen wir es und da mag es kommen wie es will"[18]. Die Auffassung, „wenn es unten klingelt, dann hats oben schon geschellt", war allerdings bei den Bergarbeitern selten; Verbreitung in ihrer Gedankenwelt fand vielmehr eine bewußte Trennung von „oben" und „unten" in der Staatsverwaltung, eine Vorstellung, die die Legitimation wesentlich erleichterte, denn Kritik, Forderungen und Wünsche konnten als systemloyal verstanden werden.
Der tägliche Umgang mit den Instanzen der Grubenverwaltungen und den lokalen Ordnungsbehörden einerseits, die Kaiserworte von den „Musteranstalten" und die sensationelle Kaiserdeputation der westfälischen Bergleute andererseits führten zu der Meinung, daß das Übel eindeutig zu lokalisieren sei: „Die höhere Verwaltung trägt die Schuld nicht; sondern nur die Unterbeamten; deshalb vereinigt euch, wie auch die höheren Behörden uns dies empfehlen"[19]. Auf derselben Versammlung meinte das RV-Vorstandsmitglied Berwanger: „Der Bürgermeister in Ottweiler ist unser erster Gegner". Vielfältige Variationen zum Mythos des „guten Kaisers" versuchten den Nachweis zu führen, daß die Aktionen der Bergarbeiter nicht den Staat umstürzen, das „unten" nicht nach „oben" kehren sollten: „Oben will man den Arbeitern wohl, aber unten sind sie nicht gelitten" – solche Aussagen waren ein Signal an die Mächtigen, die Gerechtigkeit ihrer Herrschaft wiederherzustellen[20]. Grundlagen eines solchen Staatsvertrauens boten wohl die selektiven Wahrnehmungen einer entstehenden proletarischen Öffentlichkeit: Nicht die reaktionären preußischen Vereinsgesetze, die Klassenjustiz oder auch die „blutigste Bilanz eines Streiks im Kaiserreich" Anfang Mai 1889 im Ruhrgebiet, als der Kaiser den Einsatz des Militärs geduldet hatte, verfestigte sich zu einem „Preußen-Bild", sondern der zeitgleich einsetzende „radikale Stimmungs-

umschwung" im preußischen Staatsministerium und bei Wilhelm II. prägten die Vorstellungen. Der „neue Kurs" nährte die Hoffnungen der Arbeiter, als gleichberechtigter Stand in das Gesellschaftssystem des Kaiserreiches eingegliedert zu werden. Dazu trug sicher auch die positive „öffentliche Meinung" bei, die den „Kohlebaronen" an der Ruhr Verfehlungen in der Behandlung der Arbeiter vorwarf. So konnte nicht nur in den preußischen Oberbehörden die Hoffnung neue Nahrung finden, durch ein „soziales Königtum" mit einer Staatsverwaltung als neutralem Mittler zwischen den Klassen eine neue Legitimationsbasis für das Gesamtsystem zu finden. Auch in der Arbeiterschaft war ja die Lassallesche Idee eines „sozialen und revolutionären Volkskönigstums" nicht verloren gegangen – verbunden mit der Fiktion des „persönlichen Regiments" Wilhelms II. eben dies ein „Preußen-Problem" der deutschen Arbeiterbewegung[21].

Die Restitution gerechter Herrschaft mußte also den 4. Stand, die Arbeiterschaft, in das Staatsgebäude mit einbeziehen. „Wir bilden den Staat und nicht die Capitalisten"[22], betonte der Bergmann Müller 42, sein Kollege Zumpf aus Altenwald variierte das Thema: „Die Arbeiter bilden den Staat und nicht die Beamten"[23]. Denn: „Von wem erhalten die Staatsbeamten ihr Gehalt? Doch vom Staate? Und der Staat sind auch wir"[24]. Abseits der Petitionen und stereotypen Wiederholungen von Forderungen zu Löhnen, Arbeitszeit und Arbeitsbedingungen entpuppt sich die Streikbewegung der Saarbergarbeiter auch als Streben um soziale und gesellschaftliche Anerkennung, als Sehnsucht nach einem sicheren Standort in der kaiserlichen Gesellschaft: Bergleute, so Nikolaus Warken, sind „das Fundament des Staates und die Pioniere der Welt"[25]. Gerade die fiskalische Betriebsführung und Verwaltung der Saargruben hatte dieses „fundamentale" Selbstverständnis – das ja auch darin zum Ausdruck kam, daß die Staatsbetriebe immerhin 70 % der preußischen Staatsausgaben deckten[26] – erhalten helfen, so daß es für die Arbeiter keiner Frage bedurfte, daß ihre Bewegung legal bleiben sollte: „Wir halten uns an die Gesetze soweit es möglich ist", meinte Berwanger, und Nikolaus Warken pflichtete bei: „Wir gehen auf gesetzlichem Boden vor, aber auch bis an den Rand des Gesetzes"[27]. Dieses und die darauf beruhende Rechtssprechung entpuppte sich aber nicht nur an der Saar als Klassenjustiz; die Zerschlagung der Arbeiterbewegung bediente sich legaler Mittel: Verhaftungen und Verurteilungen der führenden RV-Mitglieder, Entlassungen wegen angeblichem Kontraktbruch oder auch willkürliche Polizeiverordnungen führten den Arbeitern vor Augen, daß Legalität ein zweischneidiges Schwert sein konnte.

Die widersprüchliche Staatserfahrung begünstigte die „monarchische Euphorie" (Mallmann), die eine merkwürdige irreale Wahrnehmung der Wirklichkeit erkennen ließ: Kaiser und Arbeiter standen zusammen, nicht letztere mußten ihre Integration erkämpfen, sondern etablierte Schichten hatten sich durch ihr Verhalten exkommuniziert. „Ich bin ein königlicher Grubenarbeiter und stolz darauf", erklärte der Bergmann Wilhelm Wunn. „Aber ich wünsche auch, daß die Befehle des Kaisers von seinen Beamten durchgeführt werden"[28]. Die Bergleute erkannten frühzeitig, daß sich trotz der „Februarerlasse" ihre Situation nicht verbessert hatte: „Was der Kaiser versprochen hat, kriegen wir nicht"[29]! Ein Ausruf, den nur die Beschuldigten nicht verstanden; der überwachende Bürgermeister und die beiden anwesenden Gendarmen erblickten darin eine „Majestätsbeleidigung"! Tatsächlich aber wiesen die Bergleute ihnen die Schuld daran zu, daß der soziale Friede nicht erreicht werden konnte. Beamte, Kapitalisten und die Polizei waren die Feindbilder der Arbeiter, die, wie die bürgerliche Öffentlichkeit, mit Sündenbockstereotypen argumentierten: „Majestät meint es gut mit uns, nur die Beamten drohen uns mit dem Polizeistocke; sie wollen unsere Vereinigung nicht"[30]. Oder, nun die „Beamten" gegen das „Kapital" ausgetauscht: „Seine Majestät hat ein warmes Herz für uns und ich glaube, daß auch jeder von euch zu ihm steht. Aber zwischen uns und dem Kaiser steht das Kapital, das muß bekämpft werden"[31]. Keine Frage, daß der gedachte Status der Bergarbeiter an der Seite seiner Majestät eine der Grundlagen ihres Handelns war. Obwohl es keiner Saardelegation gelang, zum Kaiser vorzudringen, bildete sich in den Köpfen der Arbeiter ein fast kumpelhaftes Verhältnis heraus. „Den Kaiser geben wir nicht her", meinte der Vertrauensmann Schott und auf die Feststellung Bachmanns „Der Kaiser ... wird uns schon Hülfe leisten", antworteten die versammelten Bergleute durchaus nicht doppeldeutig: „Wir ihm auch"[32].

Das tief verwurzelte Kaiservertrauen prägte die verschiedenen Handlungsentwürfe. Das Für und Wider der internationalen Vereinigung wurde von den gegensätzlichen Meinungen jeweils auf die kaiserliche Autorität bezogen. Während der Bergmann Wagner dem Beharrungsvermögen des tradierten Konfliktlösungsmodells vertraute und seinen Kollegen riet, „sich nicht der Internationale anzuschließen, sondern dem Kaiser zu vertrauen", diente das kaiserliche Vorbild dem Bergmann Müller dazu, das Gegenteil zu rechtfertigen: „Der Kaiser war der erste der in der socialen Frage international vorgegangen, indem er die Gelehrten zusammen gerufen habe, warum sollen dies auch die Arbeiter nicht"[23]. Mit dem Kaiser an der Seite fiel es leichter, einer zumeist feindlich gesinnten Öffentlichkeit selbstbewußt entgegen zu halten: „Im Allgemeinen habe die Ansicht geherrscht, die Königlichen Bergleute würden sich nicht unterstehen in die Bewegung einzutreten, aber dann hätte man sie auch nach dem Wunsch Sr. Majestät behandeln müssen"[34]. Da dies aber nicht geschah, mußten die Arbeiter sich nun verstärkt auf die eigene Kraft in ihrer „Sozialpartnerschaft" mit Wilhelm II. verlassen: „Einigkeit und Seine Majestät kann uns helfen", rief der Bergmann Guthörl einer stark besuchten RV-Versammlung im beginnenden Winterstreik 1892/93 zu. Gleichsam das „Motto" des aufgezeigten Legitimationsmusters hatte Bachmann schon 1890 formuliert: „Solange Arbeiter und Kaiser zusammenhalten, wäre nichts zu fürchten"[35]. Solange aber blieben auch die Rechtfertigungsversuche in den Zwängen der „alten Ordnung" verfangen, Verhaltensnormen und -anforderungen erwiesen sich als sperrig und übermächtig, die emanzipatorische Basisbewegung mußte sich zwangsläufig immer wieder im Netz der kaiserlichen Gesellschaft verfangen. Um mit Negt und Kluge zu sprechen: „Der Arbeiter kann das Ganze der Gesellschaft nicht denken, ohne ins Lager der bürgerlichen Gesamtgesellschaft hineinzugeraten"[36]. In diesem legitimatorischen Prozeß blieb die religiöse Verfassung der Bergleute nicht ohne Bedeutung.

6.2. Gottesvertrauen und Personenkult

An den Wallfahrten zum Heiligen Rock nach Trier 1891 beteiligten sich auch eine Vielzahl katholischer Arbeiter, sodaß Nikolaus Warken — der selbst auch nach Trier wallfahrtete — in einer sozialdemokratischen Volksversammlung am 25. Juli 1891 rügte: „Die Altenwalder und Sulzbacher verkaufen ihre Geis und fahren nach Trier um den hl. Rock zu sehen, aber ihren armen gemaßregelten Kameraden geben sie nichts"[37]. Der hier beklagte Solidaritätsverlust beleuchtet schlaglichtartig die tiefen Wirkungskräfte einer „kollektiven Wallfahrtsmentalität"[38] auf das Handeln einer Arbeiterschaft, die durch die industrielle Entwicklung auch einen religiösen Wandel erfahren hatte.

Tabelle 23: Wandel der Religionszugehörigkeit der Bevölkerung des Saargebietes[39].

Jahr	evangelisch	katholisch	andere Christen	jüdisch
1842	20 180	18 099	18	48
1861	27 603	34 210	14	150
1900	76 098	125 987	86	931

Wie an der Ruhr war an der Saar die Bergarbeiterschaft durch einen hohen Anteil von Katholiken geprägt; um 1900 sind knapp 75 % der Saarbergleute katholischen Glaubens[40]. Das starke Wachstum der katholischen Bevölkerung bot sowohl die Grundlage einer ausufernden seelsorgerischen Tätigkeit von Pfarrern, zugleich aber verbreitete diese Entwicklung im Saarrevier die Betroffenheit durch die Auseinandersetzungen in der Zeit des Kulturkampfes. In Kenntnis dieser Zusammenhänge orakelte das sozialdemokratische *Hamburger Echo* in einem Artikel zu den Ursachen des Bergarbeiterstreiks 1892/93: „Diese *Kulturkampf-Jugend* wird noch Schwierigkeiten genug machen"[41].

Tatsächlich war die hervorragende Stellung der Dechanten Oesterling und Hansen sowie des Kaplans Dasbach in der Arbeiterschaft nicht alleine ihrer Tätigkeit auf der Kanzel oder in den Knappenvereinen zu verdanken. Vielmehr hatte der Kulturkampf seit 1872 die Mentalität der katholischen Bevölkerung nachhaltig in der Weise beeinflußt, daß wir von protestverstärkenden Erfahrungen sprechen können.

Neben einer Intensivierung des religiösen Lebens als Reaktion auf die Durchsetzung der „Staatsräson" gegenüber dem „Infallibilitätsdogma" vom 18. Juli 1870 sowie auf die unmittelbar erfahrenen Verfolgungsmaßnahmen vor Ort, muß dem „Loyalitätskonflikt" große Bedeutung zugesprochen werden: Papst oder Kaiser, Kirche oder Staat – eine Alternative, zu der keine wohlformulierten Stellungnahmen abgegeben, wohl aber offen Partei ergriffen wurde. Gottfried Korff hat darauf hingewiesen, daß regional überlieferte Wallfahrten „im letzten Drittel des 19. Jahrhunderts in Protestwallfahrten" mutierten[42]. Der Versuch, religiösen Traditionsbestand als Protestmittel zu benutzen, war auch an der Saar bekannt: Hier wurden am Ort der Muttergotteserscheinung in Marpingen „religiöse Zusammenkünfte wie revolutionäre Zusammenrottungen behandelt"[43]. Dieses Vorgehen der Staatsmacht führte zur Einübung „zivilen Ungehorsams". Kaiser-Geburtstage und nationale Gedenktage wurden verweigert, auf Anordnungen lokaler Obrigkeiten wurde nur widerspenstig reagiert. Unter dem mächtigen Schutz der katholischen Kirche und des Papstes bot sich der katholischen Bevölkerung die Möglichkeit, Protestformen zu erlernen. Die Fülle „von katholischen Organisationsbildungen, Versammlungen, Tumulten, gewaltsamen Zusammenstößen, Marienerscheinungen, Wallfahrten und ‚Wunderheilungen'" in den 1870er Jahren bildeten gewissermaßen die Vorschule der großen Streikzeit[44].

In dieser Tradition erscheint es selbstverständlich, daß am Beginn der großen Streikzeit eine scheinbar festgefügte Allianz von Bergleuten und Geistlichen stand[45]; die handlungsleitenden Orientierungshilfen von Kaplan Dasbach halfen dem Rechtsschutzverein in seiner Gründungsphase. Zugleich aber erleichterte die Kulturkampftradition den Lösungsprozeß. Zwar mußte die neu entstehende Gegnerschaft von „Kirche" und „streikenden Arbeitern bzw. Rechtsschutzverein" in einer Zeit gedanklich verarbeitet werden, die unmittelbar auf die religiösen Verhärtungen und die „Lagermentalität" der katholischen Gläubigen[46] folgte, nun aber konnte die Autorität des Kaisers – wie zuvor die des Papstes – zur Absicherung dienen. So verwunderte es nicht, daß die „Religion" in den Argumentationen ähnlich für die Bergleute reklamiert wurde, wie zuvor die Sozialpartnerschaft mit Wilhelm II.: Gebt „den Millionären, den Brodherren Religion, die können sie gebrauchen", rief Heinrich Gräber in Altenwald aus und fuhr in der Tradition katholischer Sozialethik fort, „daß die Arbeiter hinlänglich Religion besäßen, das hätten sie bewiesen, sonst würden sie nicht so lange unter den Qualen stillgehalten haben"[47]. Mit dieser legitimatorischen Umkehrung des bekannten „Josefskults" deuteten die Saarbergleute an, daß auch ihr religiöses Gedankengebäude Wandlungen unterworfen war. Obwohl das festgefügte Gottesvertrauen – „Christus läßt sinken, aber nicht ertrinken" – nicht verloren ging, ließen sich feine Risse in den religiösen Empfindungen erkennen.

Wie in der sozialistischen Arbeiterbewegung des ausgehenden 19. Jahrhunderts[48], so fand auch unter den Saarbergarbeitern eine materialistische Weltsicht einen, wenn auch geringen Widerhall. Die Auseinandersetzungen in religiösen Fragen zwischen Bergleuten fanden nicht häufig in der Öffentlichkeit statt, sodaß Nachrichten hierüber zufällig sein mögen, vor allem wohl nur Indizien darstellen und keine gesicherten Aussagen ermöglichen. Auf einer Bergarbeiterversammlung am 12. Oktober 1889 in Bildstock berichtete der Bergmann Strauß von einer solchen Debatte mit seinem Kollegen Dehmelt, der auf einer Reise geäußert hatte, „die Natur würde alles hervorbringen, dagegen glaube er, wir hätten einen gemeinschaftlichen Gott und Demelt habe nicht die Welt geschaffen"[49]. Schon früh im Organisationsprozeß und im Anfangsstadium der Arbeiterbewegung wurde „der Kirche die Position eines natürlichen Führers"[50] bestritten – eine Tendenz, die anderthalb Jahre später erkennbare Ausmaße angenommen hatte: Am 12. März 1891 protestierten ca. 500 Bergleute gegen eine Predigt von Pastor Senzig, in der dieser die Bergleute sozialdemokratischer Gesinnung geziehen hatte. „Wagner bedauert, daß der Pastor, welcher vielleicht ein größerer Socialdemokrat sei wie die Bergleute, mit demselben Mund bete und lüge". Deutlich wurden die Bergleute 12 Tage später gegenüber ihrem ehemalige Protegé Dasbach in einer Großrosselner Versammlung: „Die Geistlichen sollen beim Evangelium bleiben, die Bergleute wollten die Arbeiterfrage allein lösen". Das Protokoll verzeichnete hierauf ein „Stürmisches Bravo"[51]. Gaston Rimlinger hat die klerikale Vereinnahmung des Arbeiterprotestes aus der Unfähigkeit der Arbeiter erklärt, „von sich aus ihre Herren herauszufordern"[52]. An der Saar erkennen wir dagegen eine Entwicklung, in der der Einfluß der Kirche auf die Arbeiterbewegung zurückgedrängt und zugleich die „Herren" herausgefordert wurden – wenn auch unter Berufung auf den guten obersten Herren. Charakteristik dieser Arbeiterbewegung blieb jedoch, daß – mit wenigen Ausnahmen – der kirchlichen Distanzierung keine religiöse Distanzierung folgte, sodaß die immunisierende Wirkung der Religion z. B. gegen die sozialdemokratische Agitation, partiell erhalten blieb[53].

Der Begriff „kirchliche Distanzierung" impliziert nicht, daß kirchliche Formen der Selbstbedeutung und Selbstverständigung nun aus dem symbolischen Arsenal der Bergleute eliminiert wurden. Der Verweis auf das mit religiösen Motiven gestaltete Gedenkblatt zur RV-Gründung unter den Schlagworten „Vaterlandsliebe", „Gerechtigkeit" und „Gottesfurcht" hat schon angedeutet, daß die Selbstdeutung auch nach der personellen Abnabelung von den kirchlichen „Arbeiterfreunden" in der traditionellen Gläubigkeit der Bergleute befangen blieb[54]. Das „Lobgedicht auf Warken" ließ erkennen, daß das Verhältnis der Bergleute zu ihrem Führer Dimensionen einer Heiligenverehrung erreicht hatte. Immer wieder mußten Bilder aus der religiösen Gedankenwelt herhalten, um die segensreiche Tätigkeit Nikolaus Warkens zu illustrieren.

Der Bergmann Guthörl bezeichnete „Warken als den unerschrokkenen Mann der auf dem Bildstock einen Brunnen gegraben, so daß jedem Bergarbeiter das Wasser an der Thüre vorbeilaufe, es brauche nur geschöpft zu werden"[55]. Obwohl „Wasser" unter Tage eine Gefahr für die Bergleute darstellte und über Tage kein lebensbedrohender Mangel herrschte, diente es hier – wohl in Anlehnung an den Stockschlag des Moses, der das Wasser in der Wüste aus einem Felsen sprudeln ließ – der Versinnbildlichung des Schaffens von Nikolaus Warken. Weniger indirekt bezeichnete Bergmann Job den RV-Vorstand als „die Reformatoren" und die große Streikzeit als „bergmännische Reformationszeit"[56]. Mehr als in solchen verbalen Äußerungen verdichtete sich die Heiligenverehrung gegenüber Warken in den kultischen Formen, mit denen Zuneigung und Liebe geäußert wurden.

Anläßlich seiner Entlassung aus der Trierer Haft im Dezember 1890 bewirkten die Vorbereitungen zu den Empfangsfeierlichkeiten im Revier bei den Behörden reale Streikängste[57]. Die Furcht der Behörden manifestierte sich in kleinlichen Schikanen: Eine Abordnung von 30 Vertrauensmännern ließ man vergeblich nach Trier reisen, obwohl Warken schon am 28. Dezember vom Trierer in das Saarbrücker Arresthaus überführt worden war. Gleichwohl konnten solche behördlichen Nadelstiche die aufschäumende Begeisterung der Revierbevölkerung nicht kühlen.

Am 29. Dezember 1890 wurde Nikolaus Warken in einer „zweispännigen Chaise" durch das Sulzbachtal zum Sitz des Rechtsschutzvereins nach Bildstock gefahren.

„Die Pferde des Wagens waren mit bunten Feder- oder Haarbüschen geschmückt und mit Schellen behangen ... Hinter Warken kam ein Wagen mit Vertrauensmännern vor ihm fuhr ein offener Sommerwagen auf dem nur Müller Platz genommen hatte. Ein Knabe von Bachmann und ein Sohn von Kron waren mit noch anderen Schulkindern dem Wagen entgegengekommen und riefen Hurrah. Der Eingang zum Kron'schen Saal, wie auch der Saal selbst waren verziert und im Laufe des Abends fanden sich viele Bergleute zur Begrüßung des Warken daselbst ein"[59].

Die an majestätische Audienzen erinnernde Begrüßungszeremonie beschränkte sich nicht auf den Entlassungstag; noch Wochen später wurde Warken, scheinbar der Wirklichkeit entrückt, königlich behandelt.

Die Hauptgabe der Bergleute für ihren Führer bestand in einem immensen Geldgeschenk, das während der Haftzeit von RV-Mitgliedern gesammelt worden war: 10 000 bis 15 000 Mark – so schätzte der Saarbrücker Landrat – wurden Warken überreicht[60], eine Summe, die ca. 10 Jahreslöhnen eines Hauers Anfang 1890 entsprach! Dieses Geld stammte nicht ausschließlich von Bergarbeitern. Dem Saarbrücker Landrat waren „Stimmen von vielen Wirthen und Krämern bekannt geworden, die indirekt Drohungen auf Kundschafts-Entziehung durch Beiträge von 10–15 M. zur Warken-Spende Rechnung getragen haben". Gerade von den Geschäftsleuten aber war bekannt, daß sie häufig der Bewegung der Bergleute mit aktiver Sympathie gegenüber standen[61].

In Neunkirchen „stürmten die Bergleute in großen Scharen zum Bahnhof", als Warken eine Woche nach seiner Entlassung dort eine Versammlung in einem Lokal abhielt, welches er nur durch eine Gasse spalierbildender Bergleute erreichen konnte[62]. Sinnfällig kulminierten die Feierlichkeiten Mitte Januar im girlandengeschmückten Wilhelmschen Saale zu Sulzbach: Hier wurde er auf einem Sessel plaziert „und über seinem Kopfe prangte eine Krone". Derart abgehoben von den übrigen Bergleuten ehrte ihn der Sulzbacher Instrumental-Verein mit dem Lied „Das ist der Tag des Herrn"[63]! Wie weit Nikolaus Warken der Arbeiterschaft entrückt war, deren markanteste Persönlichkeit er gleichwohl blieb, belegt ein Brief von 59 Arbeitern aus Erbach bei Homburg/Pfalz, die ihm ein Geldgeschenk mit Dank für seine Tätigkeit im Streik übersandten und dessen Anrede lautete: „Wohlgeboren u. geerder Herr Warcken"[64]. Hochachtung, Zuneigung und Dankbarkeit kam hier in der Form demütiger Anrede höhergestellter Persönlichkeiten zum Ausdruck. Kein Wunder, daß mit dem Konterfei des so Verehrten ein schwunghafter Devotionalienhandel florierte: Visitenkarten, Zigarrenbinden und -kisten, Pfeifenköpfe und Zündholzdosen belebten mit dem Bild Warkens den Personenkult in vielen Wohnstuben des Reviers[65].

Das Legitimationsverhalten der Saarbergleute vereinte in Begründungsversuchen und im Gesellschaftsbild systemloyale und systemsprengende Deutungsmuster, gewohnte und ungewohnte Verhaltensweisen, traditionale Rechtfertigungen sowie die Konstituierung eines neuen Helden als Identifikationsangebot. Das „alte Recht" wurde gegen die neue soziale Entwicklung einer „Verproletarisierung" reklamiert, die Staatsverdrossenheit beinhaltete zugleich ein tiefes Staatsvertrauen, verbunden mit der Hoffnung auf einen ehrenhaften[66] Platz in der kaiserlichen Gesellschaft. Die Zurückdrängung klerikalen Einflusses auf den Organisationsprozeß korrespondierte mit einem nur leicht irritierten Beharren auf religiösen Deutungsmustern. Die Ausgrenzung der unmittelbaren Gegner aus der Gemeinschaft loyaler Staatsbürger kann als Konfliktstrategie verstanden werden, die die normativen Aspekte des Protesthandelns so „manipuliert", daß „der Anspruch auf ein Konto moralischen Kredits gerechtfertigt ist, aus dem der Kämpfende schöpfen kann, wenn er zu Verhaltensweisen greift, die sonst als schockierend und verboten angesehen werden müssen"[67]. Die Gewalt gegen Grubeneigentum, Gendarmen, Beamte und Streikbrecher erschien dann als gerecht, wenn die Betroffenen als unzuverlässige „Dolmetscher" kaiserlicher Weisheit und Güte oder als „Parasiten" der kaiserlichen Gesellschaft entlarvt worden waren. Die „Manipulation des moralischen Ansehens" erwies sich als wichtiger Bestandteil des Repertoires symbolischer Taktiken im Konflikt[68].

Der Rückgriff auf tradierte Deutungsmuster sollte nicht vorschnell als ausschließlich „konservativ" etikettiert werden. Ohne Zweifel werden nämlich konservativ geprägte Wertmuster und Verhaltensdispositionen über Gebühr hervorgehoben, wenn Erfolg oder Mißerfolg einer sozialen Bewegung in hohem Maße davon abhängten, wie gegen einen übermächtigen Legitimationsdruck eine öffentliche Stimmung herbeigeführt werden kann, die das Verhalten der Arbeiter plausibel erscheinen läßt. Das Ringen um Glaubwürdigkeit veranlaßte Protestierende häufig dazu, „ – selbst wenn sie gelegentlich zu verzweifelten Mitteln greifen – nicht unbedingt die Werte jener" abzulehnen, „an die sich ihr Protest richtet"[69]. Eine vollkommen übereinstimmende konservative Grundstruktur bei bergbaulichen Produzenten und gesellschaftlich Herrschenden hätte aber nicht jene Dissonanz hervorbringen können, die in der Folge zur „Veränderung von Erkenntnissen, Hinzufügung neuer oder Streichung alter Erkenntnisse"[70] in der Beurteilung von Kapital, Arbeiterbewegung und Sozialdemokratie geführt hat.

6.3. Kapitalisten und Sozialdemokraten

Das Jahr 1890 hatte für den RV eine Phase der Konsolidierung gebracht, die mit den ersten Ansätzen einer nationalen Vereinigung der Bergarbeiterschaft verbunden war. Für die Legitimation bedeutete diese Entwicklung die Ausgestaltung neuer Feindbilder und letztendlich eine Politisierung der Selbstdeutung. Die Anbindung an den Deutschen Bergarbeiterverband setzte die RV-Mitglieder verstärktem Legitimationsdruck gegenüber Öffentlichkeit und Arbeitgeber aus, zugleich mußten die Begründungszusammenhänge erweitert werden: Neben die konkret erfahrbare Situation auf den Saargruben trat die gemeinsame Betroffenheit einer nationalen und internationalen Bergarbeiterschaft.

In den RV-Versammlungen vor und unmittelbar nach dem Delegiertentag zu Halle kristallisierte sich ein neues Feindbild heraus, dessen Umrisse durch Schlagworte skizziert werden können: Neben die Grubenbeamten, die Bergwerksdirektion und die politischen Behörden treten nun die „Kohlenbarone", „Kapitalisten", das „Großcapital", die „Millionenfresser", „Bourgeoisie", „Geldfresser" und „Millionenverschlinger"[71]. Bei den solcherart Titulierten handelte es sich nicht um den fiskalischen Arbeitgeber an der Saar, sondern um die Privatgrubenbesitzer in den anderen deutschen Revieren. Gleichwohl nahm deren Verteufelung nun breiten Raum in der Protestlegitimation ein. Mit dem bekannten Mittel der Ausgrenzung wurde der Feindescharakter verstärkt. Die Kapitalisten waren unpatriotisch, da sie „zum größten Theile im Ausland lebten"[72]. In der Heimat beutete das

Kapitel die Arbeiter aus, in der Fremde brachte es das Geld durch[73]. Damit seien die Kapitalisten „jeglichen Patriotismus baar" und untergrüben den Staat. Auch der Rechtsschutzverein habe deshalb „Feinde in Gestalt der Kapitalisten, diese seien die eigentlichen Socialdemokraten, da sie den Arbeitern den verdienten Lohn nicht zukommen ließen und auf diese Weise zur Unzufriedenheit führten"[74]. Der Vorwurf, „die Industriellen, die Reichen und Kapitalisten" seien "die Fabrikanten der Socialdemokratie", wurde nun vielerorts stereotyp wiederholt[75] und ließ im Denken der Bergleute die private Ausbeutung von Kohlegruben zur Tätigkeit von „Reichsfeinden" werden. Jedoch sprachen sie damit den Fiskus als Unternehmer vom Vorwurf der Ausbeutung nicht frei.

Ein kapitalistisches Gebaren des Bergfiskus kritisierte Berwanger in Sulzbach:

„Bei den heutigen Kohlenpreisen könnte der Bergmann 10 M. pro Schicht verdienen, der Staat brauche nicht auf Kosten des Schweißes der Bergleute, die jeden Tag in Lebensgefahr ständen, alljährlich so und so viele Millionen Ueberschuß zu machen"[76].

Eben weil das Staatskapital nicht unabhängig vom Privatkapital agieren konnte, erwies sich das Feindbild als applikabel: „Der Fiskus müsse doch den Kapitalisten nachahmen, daher seien sie auch verpflichtet, auch auf Staatlichen Gruben den Privaten Arbeitern zur Hülfe zu kommen"[77].

Diese Verortung des Übels schloß nicht aus, die Zukunft optimistisch zu sehen. Peter Schillo drückte aus, was viele andere auch dachten: Der Solidaritätsstreik mit den Ruhrbergarbeitern im Mai 1891 richte sich „nur gegen das Kapital, welches dem Fiskus, unserem Arbeitgeber, die Concurrenz macht, wir unterstützen also den Staat, der nachher, wenn er frei ist, von den Fesseln, welche ihm das Kapital in Westphalen usw. anlegt, uns schon geben wird was wir verlangen"[78]. Dies war eine durchaus ambivalente Argumentation: Sie war staatsloyal, aber nicht unbedingt systemloyal. Die Bergleute favorisierten die Abschaffung privater Ausbeutungsverhältnisse im deutschen Kaiserreich und standen damit durchaus nicht alleine. In der Presse des deutschen Kaiserreichs und von Wissenschaftlern wurde die Verstaatlichungsfrage ernsthaft diskutiert. Die Befürworter einer Verstaatlichung gingen, wie die Saarbergleute, davon aus, daß insbesondere das „persönliche Regiment" des Kaisers weitaus eher in der Lage sei, die „sociale Frage" zu lösen, als das „unpersönliche Kapital" der Aktiengesellschaften[79].

Diese Argumentationsstränge behoben ein legitimatorisches Dilemma, das durch die Teilnahme am Haller Delegiertentag entstanden war: Das importierte Feindbild ließ sich auch vor Ort, unter abweichenden ökonomischen Strukturbedingungen, nutzbar machen zur Agitation und Selbstverständigung. Nun mußte die akute Bedrohung nicht mehr alleine aus der Situationsbeschreibung anderer Bergbaugebiete begründet werden. Solche Verweise nämlich hatten am Beginn des Aneignungsprozesses gestanden: Berwanger agitierte seine Kameraden vor dem Haller Bergarbeitertag, indem er „aus einem anscheinend socialdemokratischen Blatt einen Artikel über das Elend der Ungarischen Bergarbeiter" vorlas; Hellbrück kam aus Halle zurück und begründete seinen Kameraden die dortigen Beschlüsse, indem er ein

„Bild über die Lage der Bergarbeiter in Sachsen [zeichnete, H. St.], die von der Bourgeoisie resp. dem Großcapital ausgesogen und so zu Socialdemokraten gemacht würden und deren Lage man dadurch noch verschlimmere, daß die Grubenbesitzer fremde Arbeiter aus Polen und Gallizien herbeizögen, um die deutschen Kameraden zu unterdrücken..."[80].

In der Aneignung einer importierten Begrifflichkeit, die aus der Kritik privatwirtschaftlich organisierter Arbeitswelt entfaltet worden war, demonstrierten die Saarbergarbeiter Lernfähigkeit und Anpassungsgeschick: Es gelang ihnen sowohl, Schlagworte zu aktualisieren, als auch mit ihnen Strategien zu begründen.

Der nationale und internationale Zusammenschluß der Arbeiter konnte nun als „Damm" gegen das Kapital begriffen werden, notwendig als Schritt zur Befreiung der Arbeiterschaft: „Die Kapitalisten und Grubenbesitzer müßten beseitigt werden; dann erst sei der Bergmann ein freier Mann"[81]. Obwohl sich die preußische Gesellschaft für alle Bürger sichtbar auch auf den Zusammenhalt von Königshaus und Bourgeoisie stützte — wie anders wären die Besuche Wilhelms bei Stumm in Neunkirchen und Krupp in Essen zu interpretieren —, hielt sich unter den Bergarbeitern hartnäckig die Vorstellung eines sozialen Königtums. Bachmann z. B. äußerte, er „sei für Kaiser und Arbeiter, was dazwischen sei, könne zu Grunde gehen"[82]. Aufgabe der Arbeiter sei es, sich aus der Bevormundung seitens des Kapitals aus eigener Kraft zu befreien, da „der Fiskus... dazu zu schwach" sei[83]. Voraussetzung allerdings bildete für Thome eine geistige Emanzipationsbewegung: Um zu verhindern, daß „das Capital über dumme Arbeiter verfügen könne... müsse man... nach Paris gehen, um Ringe gegen das Capital zu bilden"[84]. Der Kreis war geschlossen; wegen der Paris-Reise heftig angefeindet, wurde diese als auch im kaiserlichen Sinne liegend begründet, nicht ohne eine Gegnerschaft zwischen Kaiser und

Bourgeoisie zu kolportieren. Damit gelang es den Bergleuten, die für ihre Bestrebungen notwendigen Feindbilder zu festigen und sich zugleich von überkommenen Feindstereotypen des Kaiserreichs zu lösen.

Die Verdächtigung, daß es sich bei der Bergarbeiterbewegung um eine im Kern sozialdemokratische und damit vaterlandsfeindliche handle, begleitete die Geschichte des RV von seinen Anfängen bis zur Auflösung. Dabei bediente sich die herrschende Öffentlichkeit vielfältiger Formen und subtiler Methoden. Einem Bergmann wurde nur Urlaub gewährt mit der Auflage, sich beim Bergarbeitertag in Halle von der Sozialdemokratie fernzuhalten[85], und der Mittelbexbacher Pastor äußerte ganz offen, er halte den RV für „eine Brutstätte der Sozialdemokratie"[86]. Schillo charakterisierte das Klima im Saarrevier treffend: „Alle würden als Sozialdemokrat verschrien, die ihre Lage verbessern wollten"[87]. Welche Seelenpein diese permanente Verdächtigung den Betroffenen verursachte, mag folgende Klage des Bergmanns Georg Kiefer verdeutlichen:

„Wir Bergleute haben Gott vor Augen, ich schon von meiner Jugend auf, dennoch bin ich als Social-Demokrat von der Geistlichkeit und den Beamten dazu gestempelt resp. werde dafür angesehen. Ich bin keiner, ich habe meinem König treu gedient und das Königs Rock als Soldat gerne getragen, halte zu Kaiser und Reich, bezahle meine Steuern, halte meine Religion hoch aber man scheint hier Socialdemokraten zu suchen, ist dies nicht ärgerlich"[88].

Die obrigkeitliche Strategie, jede Bemühung um eine Verbesserung der sozialen Lage als Widersetzlichkeit zu denunzieren und durch das Etikett „sozialdemokratisch" eine „reichstreue" Legitimation unmöglich zu machen, hatte zur Folge, daß die Bedeutung der Sozialdemokratie überhöht wurde: Die Arbeiter wurden „von oben" gleichsam gezwungen, sich mit der sozialdemokratischen Politik auseinanderzusetzen, sich Kenntnisse anzueignen und Wertungen zu formulieren. Das obrigkeitlich geförderte „Schreckgespenst" verlor mit verbesserter Information seinen Schrecken, aus seinen gespenstischen Konturen entstanden klar erkennbare Umrisse[89]. Aneignung und Umformung dieses Feindbildes durch die Saarbergarbeiter verdeutlichten den Lernprozeß einer Basisbewegung, die sich nicht in einer Etablierung sozialdemokratischer Organisationen fortsetzte.

Die ersten Reaktionen auf den „sozialdemokratischen Verdacht" bestanden aus Empörung und Ablehnung. Tatsächlich setzten die Saardelegierten ihre Ankündigung, in Halle sofort zurückzutreten, „wenn socialdemokratische Angelegenheiten beraten würden", ja teilweise in die Tat um[90]. Der alltägliche Umgang mit diesen Vorwürfen bestand in verbalen Distanzierungen, die häufig formelhaft erschienen und meist das bekannte Verhalten der „Ausgrenzung" reproduzierten: So interpretierte Lambert den Bergarbeitertag in Halle als ein Zusammengehen mit Kaiser und Reich[91], während der Fürstenhausener Vertrauensmann Kappel feststellte, daß „diejenigen, welche die Bergleute schinden, die eher für den früheren Kanzler Bismarck als für unseren Kaiser sind, das sind die Sozialdemokraten, wir aber nicht, wir stehen fest zu unserem Kaiser"[92]. Immer wieder wurden sie gezwungen, in Abrede zu stellen, „daß die Bergleute, wie man gerne von ihnen behaupten thäte, Sozialdemokraten wären"[93]. Der Zwang zur Distanzierung wurde durch den Verlauf des Pariser Kongresses und durch die Bestellung des Redakteurs Braun verstärkt, symbolische Handlungen ergänzten verbale Entgegnungen; in Püttlingen sangen die Bergleute zwei Strophen der Nationalhymne, „um der Welt zu zeigen, daß sie ... noch Patriotismus im Herzen trügen und keine Socialdemokraten seien"[94]. Allerdings erschallte der Ruf „wir brauchen keine Sozialdemokraten"[95] nicht immer so undifferenziert: Auf einer Versammlung gegen die sozialdemokratischen Tendenzen des Redakteurs Braun verband der Bergmann Schöpp seine rituelle Distanzierung mit dem Zusatz, „er wünsche aber, sie hätten 10 mal so viel Socialdemokraten, dann wäre mehr Anhang vorhanden"[96], und demonstrierte damit, daß sich die obrigkeitlich geschürten Berührungsängste verflüchtigten. Diese „negative Aneignung" der Sozialdemokratie ergänzte und ersetzte immer häufiger eine bloß verbale Distanzierung.

Die pausenlose Denunziation hatte bei den Bergleuten die Einsicht gefördert, daß Bergbehörde und Obrigkeit vor einem wachsenden Einfluß der Sozialdemokraten Angst empfanden. Mit dieser Erkenntnis verwandelte sich das Druckmittel gegen die Bergleute in ein Kampfmitel für diese: „Die Bergleute wären keine Socialdemokraten, jedoch könne keiner der anwesenden wissen, welche Gesinnung er nach einem Jahr habe"[97]. Der Bergmann Bitzer warnte die Bergbehörde nun gewitzt davor, die Errungenschaften der Jahre 1889/1890 zurückzunehmen. „Socialdemokraten ... sind die Bergleute nicht. Die frühere Behandlung war danach sie dazu zu machen; das ist ein Leichtes"[98]. Hatten bisher Arbeitgeber und öffentliche Meinung die Bergleute zu Sozialdemokraten „gemacht", so kehrten diese nun den Spieß um und drohten damit, sich auch tatsächlich zu Sozialdemokraten machen zu lassen. Beispielhaft dafür argumentierte Hellbrück: Wenn man die Bergleute nicht zufrieden stelle, „so wäre es ja nicht ihre Schuld, wenn man sie der Socialdemocratie in die Arme treibe, bisher hätten sich die hiesigen Bergleute von denselben stets ferngehalten"[99]. Für die Gedankenwelt der Saarbergleute bezeichnend war, daß sie sich auch bei ihrer negativen Aneigung der Sozialdemokratie eines höheren Beistandes vergewisserten. Auf einer Vertrauensmännerversammlung des RV am 11. Oktober 1891 in Bildstock rief ein Anonymus dazwischen: „Wenn wir den Erzengel Michael hier [auf den Saargruben H.St.] anstellen, dann ist er in 8 Tagen auch socialdemokratisch"[100]. Der Erzengel Michael oder auch ein neuer Moses, der die Arbeiter durch das „rothe Meer" führe"[101], waren ihre Kronzeugen für eine mögliche gedankliche Hinwendung zur Sozialdemokratie; eine Entwicklung, die in einer zunehmenden Tolerierung sozialdemokratischer Aktivitäten ihren Ausdruck fand.

Am Beispiel der 1. Mai-Feier läßt sich der Wandel verkürzt darstellen. Während 1890 unter dem Zwang, sich von der sozialdemokratischen Verdächtigung zu befreien, die Bergleute eine Feier am 1. Mai ablehnten und dies auch öffentlich so begründeten[102], bedauerte Warken ein Jahr später, daß der RV nicht an der Maifeier 1891 teilgenommen habe[103]. 1892 schließlich fand die Maifeier im RV-Saal statt, unter den 200 Teilnehmern waren vom RV-Vorstand Bachmann, Thome und Müller 42[104]. Obwohl die Vermietung des Saales anschließend heftig kritisiert wurde, zeigte diese zumindest, daß die Berührungsängste bei einigen Bergleuten überwunden schienen.

Peter Recktenwald stand nicht allein, wenn er betonte: „Social-Demokrat ist keine Beleidigung. Majestät hat selbst mit einem solchen gespeist"[105]. Er drückte damit eine breite Bereitschaft aus, auch die Sozialdemokraten als Bündnispartner zu akzeptieren. Dazu allerdings mußten aus „Reichsfeinden" zunächst Menschen und Bürger werden. Die zunehmende Bereitschaft der Bergleute, sich nicht verhetzen zu lassen, sondern sich mit der Sozialdemokratie gedanklich zu beschäftigen, bereitete dem Saarbrücker Landrat Sorge, sodaß er penibel entsprechende Äußerungen verzeichnete. Aus ihnen geht hervor, daß ein Teil der im RV organisierten Bergleute nicht mehr die Obrigkeit stellvertretend für sich denken lassen wollte. Für die Bergleute Dörr und Schepp waren Sozialdemokraten trotz Pastorenschelte und behördlicher Verunglimpfung „ebenso gute Menschen, wie alle anderen und bestrebt, dem Arbeiter zu Wohl und Vortheil zu verhelfen"[106]. Die Leichtigkeit, mit der nicht nur Peter Warken zur Jahreswende 1890/1891 die Verdächtigungen ertrug, zeigt viel von dem Emanzipationsprozeß der zurückliegenden zwei Jahre. „Man sage: Sie wären Socialdemokraten; aber er sage: Socialdemokrat hin, Socialdemokrat her; er sei für den, der für ihn sorge und der ihnen gutes thue, den würden sie lieben"[107]. Mehr und mehr traten substantielle Definitionen anstelle pauschaler Verdächtigungen. Wenn man die Befreiung der Arbeiter von den Ketten der Sklaverei als sozialdemokratisches Streben bezeichne, dann – so Gräber – „seien alle Bergleute Sozialdemokraten, denn alle hätten das gleiche Streben, sich ein auskömmliches Stück Brod und Freiheit aus den Sklavenketten zu erringen"[108].

In der zunehmenden Toleranz gegenüber der aus der Gemeinschaft des Kaiserreichs ausgeschlossenen Sozialdemokratie kam bei einer Vielzahl der Saarbergleute zum Ausdruck, daß sie die Funktion dieses Feindbildes durchschaut hatten. Der Redakteur Braun erläuterte in Großrosseln:

„Wenn heute ein Arbeiter eine Forderung stellt, ist er ein Sozialdemokrat, das hat dies nur den Zweck uneinig zu machen und, wenn die Uneinigkeit eingerissen ist, dann nützt euch allerdings kein Verband mehr"[109].

Die Gesamtheit der Saarbergarbeiter mit dem Staatsinteresse gegen den „Reichsfeind" zu vereinen, dieses Vorhaben war schon im Sommer 1891 gescheitert. Nicht nur, daß Meinungen kursierten, „es wären eben die Socialdemokraten nicht so gefährlich, wie diejenigen Leute, von welchen solche gemacht würden"[110], deutete auf das tiefe Mißtrauen gegen das vielbeschworene Feindbild hin, auch die pragmatische Einschätzung der verschiedenen politischen Richtungen im Reich („Das Gute nehmen wir, wo wir es bekommen, ob von einem Centrumsmann, Liberalen oder Socialdemokraten") unterlief die Intentionen preußisch-obrigkeitlicher Gesinnungspflege. Trotz allem blieb es bis zur offenen Parteinahme noch ein weiter Schritt, der nur von wenigen RV-Mitgliedern vollzogen wurde.

Zwar wurde am 12. April 1891 der sozialdemokratische Stadtrat Ehrhardt von etwa 400 Personen, „mit einigen Ausnahmen Bergleute", mit lautem „Bravo" empfangen und seinen Ausführungen zum sozialdemokratischen Programm mit Interesse gelauscht[111], zwar hob Nikolaus Berwanger häufig die Parteinahme der Sozialdemokratie für die Arbeiter hervor[112], aber wir können davon ausgehen, daß jener Widerspruch die Gedankenwelt der RV-Mitglieder bis zur Auflösung ihrer Organisation beherrscht hat, der am 5. Mai 1891 in Bildstock thematisiert wurde. Der Bergmann Müller nämlich dankte „der socialdemokratischen Parthei im Reichstage für ihr Eintreten für die Arbeiter", während Nikolaus Warken darauf beharrte: „Wir brauchen die Sozialdemokraten und die Ultramontanen nicht, wir helfen uns selbst"[113].

Die gedankliche Umformung des Feindbildes „Sozialdemokratie" in legitimatorischer Absicht und schließlich seine Aufhebung in der Tolerierung und vereinzelten offenen Sympathie lassen Wirkungskräfte erkennen, die auch die symbolischen Handlungen der Bergleute beeinflußten. Denn nicht nur die Wortbeiträge, auch die Versammlungsabläufe geben Hinweise auf die Entwicklung des Bergarbeiterbewußtseins.

6.4. Versammlungsrituale

Zu Anfang der „großen Streikzeit" lassen die Überwachungsprotokolle einen schematischen Versammlungsablauf erkennen, der offenkundig den Ritualen der bestehenden Vereinswelt nachempfunden war. Neben der Wahl eines umfangreichen Präsidiums zwecks Verhandlungsleitung signalisierte insbesondere der Brauch, die Versammlungen mit Hochrufen zu eröffnen und zu schließen, zunächst Kontinuität; im Krieger- oder deutschen Turnverein ließ man den Kaiser ebenso Hochleben wie im Knappen-Verein und auch im Rechtschutzverein. Für letzteren besaß das Kaiserhoch einen nicht zu unterschätzenden Symbolwert: Den überwachenden Beamten, den Bürgermeistern und Landräten bis hin zum Regierungspräsidenten wurde die staatspolitische Verläßlichkeit der Bergarbeiterbewegung demonstriert. Diese Signalfunktion erwies sich als umso notwendiger, je häufiger die Verhandlungsgegenstände mit den herrschenden Ordnungsvorstellungen kollidierten: Eine Versammlung am 11. Dezember 1889 in Püttlingen schloß selbstverständlich mit einem dreifachen Hoch auf den Deutschen Kaiser, obwohl in ihr eine sehr aufgeregte Stimmung für einen Streik herrschte[124]. Bald gerann das Kaiserhoch zur formelhaften Eröffnungs- und Schlußzeremonie, was auf Seiten der überwachenden Gendarmen zu protokollarischen Floskeln führte: „Mit dem üblichen Hoch auf Seine Majestät eröffnet"[115]. Die Gewöhnlichkeit des Kaiserhochs schien die Jahre zu überdauern. Tatsächlich jedoch läßt sich im Jahre 1890 eine Zäsur im rituellen Versammlungsablauf feststellen.

Während bis zur Jahresmitte 1890 das ausschließliche „Kaiserhoch" vorherrschte und Variationen nur vereinzelt vermerkt wurden – etwa bei der Vertrauensmännerversammlung in Altenwald, in deren Verlauf der RV-Vorstand mehrmals durch Hochrufe gefeiert, dem Kaiser jedoch nur ein dreifaches Hoch nach Versammlungsschluß zugebilligt wurde[116] –, trat mit der Konsolidierung des RV die Einigkeit der Bergleute, die Verehrung ihrer Führer und das Lob eines nationalen und internationalen Verbandes gleichberechtigt neben die Verbundenheit mit dem Kaiser. Auch jetzt spielte sich das

Ritual schnell ein: „Zu Anfang wurde wie immer ein Hoch auf seine Majestät und gleich dahinter auch auf Warken ausgebracht", schilderte der Protokollant einer Elversberger Bergarbeiterversammlung vom 14. Januar 1891[117]. Manchmal verzichteten die Bergleute gar völlig auf das Kaiserhoch, bis in den Winterstreik 1892/93 blieb eine solche Brüskierung des obersten Bergherren jedoch vereinzelt.

1891 haben wir als das Jahr der politischen Differenzierung bezeichnet, eine Zeit, in der der Legitimationsdruck verstärkt auf den Bergleuten lastete. Nicht nur in explizit antisozialdemokratischen Versammlungen, in denen gemeinsam Kaiser und Papst „hochlebten", wurde nun das alleinige Kaiserhoch wieder häufiger ausgebracht. In auch von Bergleuten besuchten Volksversammlungen kam die politische Differenzierung deutlich zum Ausdruck: In Dudweiler eröffnete der RV-Vertrauensmann Hellbrück die Versammlung mit dem Ludwigshafener Sozialdemokraten Erhard „ohne Hoch auf Seine Majestät" und schloß „mit einem dreimaligen Hoch auf den internationalen Arbeiterkongreß"[118]. Gleichwohl überwog in den alltäglichen RV-Versammlungen das Hoch ausschließlich auf den Kaiser; ein Verhalten, das nun auch einzelnen Bergleuten suspekt erschien; der Püttlinger Vertrauensmann Speicher-Engel thematisierte das legitimatorische Verhalten: „Er habe vorher das dreimalige Hoch auf S. Majestät vernommen, aber gehört, daß ein Herr gesagt habe, sie müßten in den Versammlungen Hochs auf den Kaiser ausbringen, verfolgen dabei aber sozialdemokratische Forderungen"[119]. Obwohl solch taktisches Verhalten nicht überbewertet werden darf, entstand häufig ein Widerspruch von ritueller Form und Versammlungsinhalten, sodaß auch dem Sulzbacher Bürgermeister Woytt Skepsis angeraten erschien: „Thome eröffnet die von ca. 300 Personen — meist Schlafhäusler — besuchte Versammlung um 6 Uhr mit einem dreifachen — mir stets wie reiner Hohn klingenden — Hoch auf Seine Majestät den obersten Bergherrn"[120]. Ohne Zweifel symbolisierte das „Kaiserhoch" während der gesamten Streikzeit die Widersprüchlichkeit der Bergarbeiterbewegung, die unter Reklamation des guten und gerechten Kaisers soziale Mißstände auf den königlichen Gruben bekämpfte. Hierbei wurde das Kaiserreich auch bewußt als „Schutzschild" funktionalisiert, sodaß die Überwachungsprotokolle oft nicht ohne Schmunzeln zu lesen sind. Von einer Völklinger Bergarbeiterversammlung wird berichtet: „Nach einem Hoch auf Seine Majestät, denunzierte er zunächst die [königliche! H.St.] Bergverwaltung". Das Miteinander von Kaiserhoch und scharfer Kritik an staatlichen Instanzen belastete den Informanten außerordentlich: „Die Hetzreden hatten mich derart aufgeregt, daß ich bereits nach dem Polizei-Commissar geschickt hatte, um mich abzulösen, als die Sitzung um 7.45 schloß; wie üblich: Mit einem Hoch auf Seine Majestät"[121]! In Großrosseln schickte der versammlungsleitende Bergmann zunächst alle Beamten aus dem Saal, um dann ein Hoch auf den Kaiser auszubringen[122].

Obwohl das Kaiserhoch bis zum Ende der Streikzeit in Versammlungen ausgebracht wurde, hatte sich seine Bedeutung gewandelt. Durch die Integration der bergmännischen Kampfziele und ihrer Führer in das Versammlungsritual erlangten auch diese eine überhöhte symbolische Bedeutung. Formen der monarchischen Verehrung, zu Beginn der Streikzeit die einzigen legitimatorischen Signale, wurden nun auf Träger und Ziele der Arbeiterbewegung übertragen — eine unbewußte Funktionalisierung des Herrschers beim Versuch proletarischer Selbstdeutung in überkommenen Sinnbildern. Eine taktische Rückversicherung können wir in jenen Fällen annehmen, in denen Reden und Handeln der Bergleute offenkundig die demonstrative Huldigung konterkarierte, die Legitimationsfunktion des Rituals also zum Schutz des Selbstverständigungsprozesses benutzt wurde. Die Stetigkeit des Rituals bei einer inhaltlichen Akzentverschiebung entsprach den gedanklichen Erosionen der bergmännischen Untertanen an der Saar, die jedoch nur in Ausnahmefällen diese Irritationen zum bewußten Bruch mit einer preußisch-obrigkeitsstaatlichen Weltsicht benutzten.

Gleichwohl deuteten eskapistische Protestformen auf eine konkete Bereitschaft hin, den Schritt zur Arbeiterpartei zumindest symbolisch zu vollziehen. Der Redakteur Braun brachte am 25. Juli 1891 in einer von Warken einberufenen Versammlung ein „Hoch auf die internationale, revolutionäre Socialdemokratie aus, welches brüllend erwiedert wird"[123]. Darüber hinaus tauchte unter den Bergarbeitern ein provokatives Kleidungstück auf, das von den Überwachungsorganen als Bedrohung empfunden und notiert wurde: „Rothe Schlipse" mit der Inschrift „Seid einig" verkaufte der ehemalige Marpinger Bergarbeiter Recktenwald seit Oktober 1890[124]. Zwei Monate später begründete das Altenwalder RV-Mitglied Wilhelm Zumpf: „Ich trage einen rohten Schlips, wie ihr seht, Kameraden; es heißt, ich bin ein Socialdemokrat, aber ich weiß nicht, was das Wort Socialdemokrat heißen soll, wir sind Arbeiter und suchen unsere Rechte"[125]. Der rote Schlips als demonstratives Signum des Kampfes der Arbeiter erfuhr eine gewisse, jedoch nicht quantifizierbare Verbreitung. Immerhin scheint es Sammelbestellungen gegeben zu haben: „Zum Schlusse machte Paul bekannt ‚die bestellten Schlipse seien angekommen' wobei Wagner rief: ‚sie sind aber roth'"[126]. Ein anderer Bergmann erläuterte auf derselben Versammlung seinen Kameraden, „die rote Farbe bedeute Freude"; eine Freude jedoch, die öffentlich zu zeigen wohl nur eine Minderheit sich traute. Gleichwohl begann mit diesen Eskapaden eine bescheidene Tradition, denn 1899 wurde von einer 1. Mai-Feier berichtet, daß fast alle Teilnehmer „rothe Krawatten" angelegt hatten[127].

* * *

Im Legitimationsverhalten der Saarbergleute wird die Moral ihres Handelns erkennbar, eine Moral, die nicht entziffert werden kann, ohne das Legitimationsverhalten vorindustrieller Protestbewegungen als Geburtshelfer der Selbstdeutungsversuche industrieller Arbeiterschichten zu benennen[128]. Sozialer Protest in seinen buntscheckigen Variationen entsteht aus einer Diskrepanz zwischen gesellschaftlicher Entwicklung und gesellschaftlich sanktionierten Deutungsmustern: Am Beispiel der Saarbergarbeiter erwiesen sich Statuszuschreibung und Klassenlage als nicht mehr deckunggleich. Ihre ständische Glorifizierung durch den unternehmenden Staat entsprach weder den unmittelbaren Erfahrungen der Mehrheit der Bergleute noch dem sich zunehmend herauskristallisierenden Lohnarbeiterstatus. Ebenso entpuppte sich das Kaiser-Wort von den „Musteranstalten" angesichts der alltäglichen Repression in der Arbeit wie im Reproduktionsbereich als Verschleierung durchaus nicht mustergültiger Arbeits- und Lebensverhältnisse. Während die Grundlagen vorindustrieller sozialer Deutungsmuster in mythischen Weltbildern zu finden waren, begründeten die Bergarbeiter ihre Berufung auf das „alte Recht" in durchaus gegenständlicher Weltsicht. Herrscher und Gesetze blieben geachtet, Legalität – zumindest legitimatorisch – gewahrt. Gleichwohl bestand der Widerstand aus Handlungen, die nicht durch die herrschenden Normen und Wertsysteme des Kaiserreichs abgedeckt waren, woraus sich, wie wir einleitend bemerkt haben, die Notwendigkeit einer Reproduktion von Identität ergab. Wie die Ausbildung von Kollektivbewußtsein auch eine Abgrenzung von „Anderen" beinhaltete[129], so konnte eine kollektive oder individuelle „Ich-Produktion" nicht auf eine „anticipation of the other" verzichten: Dies meint den Vergleich mit anderen Menschen und gesellschaftlichen Urteilen als Richtschnur der neuen gesellschaftlichen Vorortung[130]. Denn während bei den Handwerkern und Bauern des 18. und frühen 19. Jahrhunderts der Kampf um das „alte Recht" tatsächlich die Wiederherstellung eines göttlich geordneten Weltbildes zum Ziel hatte, so drückte das „alte Recht" der Bergarbeiter nicht den „Wunsch nach

Rekonstruktion des untergegangenen Bergarbeiterstandes" aus, wie Mallmann meint[131], sondern das Streben nach einer stabilen Verortung innerhalb einer gewandelten Gesellschaft: Der Status der Bergarbeiter sollte adäquat definiert werden. Nur so konnte sich in der bergmännischen Legitimation die Sehnsucht nach dem, was die Väter gehabt, mit dem verbinden, was der Söhne neue Erfahrung war: Die Entdeckung gesellschaftlicher Klassenwidersprüche als der Grundlage regionaler, nationaler und internationaler Arbeiterorganisationen.

Schon 1977 hat Albin Gladen darauf hingewiesen, daß die Bergarbeiterbewegung 1889 am Scheideweg des industriellen Klassenkonflikts stand: Die „Verschmelzung der unterschiedlichen Bergarbeitergruppen zur sich neu konstituierenden Bergarbeiterschaft" hat nicht nur zu einer Umformung der bergständischen Solidargemeinschaft geführt, sondern zugleich den Einbruch „antikonservativer Ideen, die das tradierte obrigkeitsloyale Verhalten der Bergleute im Betrieb und Staat in Frage" stellte, gefördert[132]. In dieser Umbruchsituation entwickelten die Saarbergleute während der großen Streikzeit neben dem Arsenal traditioneller Verhaltensweisen und Rechtfertigungsmuster Elemente eines neuen Selbstbewußtseins. Dazu zählte die Politisierung der Selbstdeutung, die Variierung und Umkehrung gesellschaftlicher Feindbilder, die Erweiterung traditioneller Erklärungsmodelle. Mallmanns Diktum, der Rechtsschutzverein habe „nicht auf eigenen, sondern auf fremden Füßen"[133] gestanden, ist dahingehend zu korrigieren, daß der RV sowohl auf fremden wie auch auf eigenen Füßen gestanden hat. Der „Konservatismus" der Saarbergarbeiterbewegung war nicht alleine rückwärts gewandt, sondern ebenso fähig, Elemente eines aufrechten Ganges auf eigenen Füßen auszubilden.

7

Autoritäre Gesellschaft und elementare Revolte — Von der Durchsetzung eigener „Empfindungen" und „Denkungsart"

Die innenpolitische Atmosphäre des Bismarckreichs hat Sebastian Haffner mit journalistischem Gespür „ungut und stickig" genannt[1]. Diese Feststellung traf wohl auf die Zeit nach der Reichsgründung in besonderem Maße zu, gleichwohl gilt festzuhalten, daß der lange Weg in den Polizeistaat Preußen gründlich und kontinuierlich vorbereitet worden war[2]. In Atemnot gerieten dabei vor allem Liberale, Sozialreformer und Revolutionäre, denen nicht nur 1848 die Luft ausging. Auch die im 19. Jahrhundert entstehenden neuen Subjekte sozialer Bewegungen, die Arbeiter, bekamen die „allgegenwärtige Atmosphäre dumpfer Aussichtslosigkeit"[3] unmittelbar zu spüren. Trotz innerer Reformen blieb in Preußen das System sozialer Militarisierung erhalten, ja, es entwickelte sich zu dem prägenden Merkmal preußisch-deutscher Gesellschaft bis zur Jahrhundertwende. Zu seiner Verbreitung und Durchsetzung trug insbesondere bei, daß die mit der Industrialisierung fast unüberschaubar werdenden Felder sozialer Politik einen Lösungsdruck hervorriefen, auf den der Staat mit einer Mischung überkommener und „moderner" Politik, nämlich mit autoritären Reformen reagierte. Zielten die inneren Reformen darauf ab, die Autoritätsansprüche des Staats gegenüber den ökonomisch Handelnden zurückzunehmen und feudal-traditionale Bindungen aufzulösen, also das freie Spiel der produktiven Kräfte zu mobilisieren (z. B. Bergrechtsreform), so erhöhte er zugleich „seinen disziplinierend-polizeilichen Anspruch gegenüber allen Untertanen, vor allem den eigentumslosen Schichten, dem entstehenden Proletariat"[4]. Dabei beherrschte das autoritär-patriarchalische Denken nicht nur die staatlichen Aktionen und insbesondere die Sozialpolitik, sondern fand seine Ergänzung und Fortsetzung in den Zumutungen privater, bürgerlicher Arbeitgeber, die „ihre" Arbeiter ebenfalls Fabrikordnungen unterwarfen, welche der „zwischen Unterdrückungs- und Fürsorgemaßnahmen hin- und herschwankenden Bismarckschen Arbeiterpolitik"[5] durchaus entsprachen. Formen direkter und sanfter Gewalt konstituierten das Alltagsleben einer nun bürgerlichen Gesellschaft, die wohl ohne Zwang nicht auskam, jedoch ihre Funktionsfähigkeit darin bewies, daß ihre Untertanen sich nicht nur beherrschen ließen, sondern aktiv an der Reproduktion solcher Verhältnisse beteiligt waren: „Die Übernahme von militärischen Verhaltensmustern in das Alltagsleben"[6] formte mit seinen Wert- und Ehrvorstellungen, seinen Denk- und Verhaltensweisen, aber auch mit seinen Ritualen und Symbolen alle menschlichen Lebensbereiche. Sichtbarer und alltäglicher Ausdruck preußischer Autorität war die Allgegenwart von Funktionsträgern dieses Systems. Insbesondere in den Bergbaukommunen, in denen staatliche und betriebliche Autoritätsstukturen eng miteinander verwoben waren, trat die Obrigkeit in Gestalt von Schutzleuten und Grubenaufsehern, mittleren Polizeibeamten und Steigern, Bürgermeistern und Beamten der Grubenverwaltungen, Lehrern und – mit zeitlichen Ausnahmen – Geistlichen den Bergleuten im Revier gegenüber – selbst dann, wenn die Beamten sich räumlich (in Werkswohnungen und kleinen Siedlungen) oder kulturell (in eigenen Vereinen, anderen Gasthäusern) von der Arbeiterbevölkerung abzusondern versuchten[7]. Gerade die Bekämpfung von Arbeitseinstellungen ließ ein vertrautes Miteinander und Eingespieltsein von staatlichen und bergbaulichen Ordnungskräften erkennen. Sie ergänzten sich auch im Alltag aufs trefflichste, so in der fiskalischen Wohnungsfürsorge im Saarrevier und deren staatlicher „Mitbetreuung" durch Polizeiverordnungen. Nicht umsonst waren bei allen wichtigen Konferenzen des 19. Jahrhunderts, die die Zukunft des Saarbergbaus betrafen, alle gesellschaftlichen Autoritätsträger in den Prozeß der Bestandsaufnahme und Planung mit eingebunden.

Natürlich waren die autoritären Strukturen als solche nicht etwas, an das man sich nur schwerlich oder gar nicht gewöhnen konnte, denn man war ja hineingeboren worden. An was man sich allerdings gewöhnen mußte, waren Pedanterie, Arroganz, Willkür und Zynismus, mit der die lokalen Funktionsträger des politischen und ökonomischen Systems auf die Versuche der Arbeiter reagierten, aus der Erfahrung ihrer Unentbehrlichkeit als (Mit-)Produzenten des industriellen Zeitalters soziale, ökonomische und politische Forderungen herzuleiten. „Keine Widerworte", das sollte die Lebensregel der preußischen Gesellschaft sein, in der sich schon früh „die Disziplinierungsmaßnahmen des Merkantilismus und des beginnenden Industriekapitalismus durchaus günstig mit dem traditionellen Militarismus" verbunden hatten[8].

Das Bestreben, ein immer breiteres Spektrum von alltäglichen Lebensvollzügen der Beherrschten unmittelbar zu erfassen und zu reglementieren[9], verstärkte sich in jenen Bereichen der Arbeits- und Lebenswelt, in denen der preußische Staat in der Einheit von „Unternehmer" und „neutraler staatlicher Instanz" auftrat[10]. Der fiskalische Steinkohlenbergbau an der Saar schien einer jener Bereiche zu sein, in dem das Staatsmonopol der Beschäftigung, verbunden mit einem autoritären Wohlfahrtsdenken der arbeitenden Bevölkerung, kaum Chancen bot, eigene Lebensmöglichkeiten zu entfalten: Die Zumutungen des „Systems der strengen und der milden Hand", dieses Gemisch von Repression und Privilegien, reichte scheinbar nahtlos von der betrieblichen in die private Sphäre, nicht nur als Gebot der Arbeitsordnungen, sondern als reale Erfahrung.

Wenn der preußischen Gesellschaft, und insbesondere den Herrschafts- und Gesellschaftsstrukturen im Saarrevier, diese autoritäre Durchdringung aller Lebensräume zu eigen war, haben dann nicht alle jene eingangs zitierten Autoren recht, die aus der „fürsorglichen Belagerung" der Arbeiterbevölkerung dieser Region ableiten, daß diese objektiv und subjektiv unfähig gewesen sei, gegen diesen Zustand *zielstrebig* anzugehen? Zieht dann nicht Klaus-Michael Mallmann zu Recht aus seiner grundlegenden Arbeit das folgende Fazit:

„Widerstand war nur denkbar als kaiserlich abgesegnete Sozialrevolte, als autoritäre Rebellion, die den wohlwollenden Blick der verinnerlichten Autorität auf sich zu lenken suchte. Die Zerschlagung des Rechtsschutzvereins verfestigte erneut dieses Bewußtsein. Obwohl die aufgenötigten Arbeits- und Lebensbedingungen als Gewaltverhältnis durchschaubar waren, fehlten damit die inneren Voraussetzungen des gewerkschaftlichen Engagements"[11].

Ist nicht auch Hans Horsch zuzustimmen, der mit aller Schärfe der Saararbeiterbewegung vorhält,

„daß die Arbeiter aufgrund ihres spezifischen Sozialcharakters wenig dazu taten, der Macht des Kapitals ein Gegengewicht gegenüber zu stellen und es zu zwingen, ihre staatsbürgerlichen Rechte und ihre Privatsphäre zu respektieren und in Dingen des Lohns und der Betriebsverfassung Zugeständnisse zu machen"[12]?

Ohne Zweifel könnte man diese Analyse teilen und dem vehementen Vorwurf totaler Unterwürfigkeit zustimmen, wenn der „Erfolg" von Arbeiterbewegungen nur mit einer einzigen Meßlatte gemessen wird: der Entstehung und dauerhaften Existenz authentischer Organe der

Interessenvertretung, also der Gewerkschaften und der sozialdemokratischen Arbeiterpartei. Beiden gelang es an der Saar erst nach der Jahrhundertwende, wirklich Wurzeln zu schlagen. Dies ist zwar eine Besonderheit des Saarreviers, aber hatten nicht auch die immer wieder als Vorbild zitierten Ruhrbergarbeiter nach 1893 mit einer ernsten Krise ihrer Organisation zu kämpfen, als ihre Mitgliederzahlen von 24 000 im Jahre 1890 auf knapp 5 000 im Jahre 1895 sanken, und der Organisationsgrad bei immerhin 154 702 Arbeitern und Beamten gerade noch etwas mehr als 3 % betrug? War diese Entwicklung ein positiver Ausdruck der „inneren Voraussetzungen des gewerkschaftlichen Engagements" oder gar eines kämpferischen „Sozialcharakters"? Ich meine nein, und Franz Josef Brüggemeier hat mit Recht darauf hingewiesen, daß solche Durststrecken von den Arbeitern immer wieder überwunden werden mußten und daß sie dies mit Findigkeit und Realitätssinn manchmal mehr schlecht als recht taten. Denn die Welt der Arbeiter bestand nicht alleine und immerwährend darin, einer organisierten Öffentlichkeit eine ebenso organisierte Arbeiterbewegung gegenüber zu stellen.

In der Welt des solchermaßen organisierten und institutionalisierten Konfliktaustrages hatte sich an der Saar – mit Ausnahme der Streikzeit 1889–1893 – die preußische Strategie erfolgreich durchgesetzt: In der Logik des Wohlfahrtsstaates waren Arbeiterorganisationen als „Gegenmacht" überflüssig, man saß ja in einem Boot. Aber entsprach die Logik des Verwaltet-Werdens auch dem „Sozialcharakter" (Horch) und der Logik der kleinen Leute?

In der vorliegenden Studie wurde nachgewiesen, daß auch in einer autoritären Gesellschaft die Arbeiter Möglichkeiten und Wege fanden, „Widerworte" zu formulieren, Überlebensstrategien im scheinbar übermächtigen, „sich kapitalistisch durchsetzenden Polizeistaat"[13] zu entfalten. Im Saarrevier läßt sich die Arbeiterbewegung am treffendsten mit dem Begriff „elementare Revolte" beschreiben. Der „Duden" definiert „elementar" als „grundlegend, urwüchsig, einfach". Im sozialhistorischen Verständnis markiert der Begriff „elementar" die noch ungeregelten, keiner „Tarifautonomie" oder „besonderen Schlichtung" unterliegenden Arbeitskämpfe. Elementare Bewegungen waren sowohl die Maschinenstürmereien als auch die unterschiedlichen, informellen Strategien der Handwerker, sich mittels „Pfuscherarbeit" ihre Existenz zu sichern.[14] Elementar waren,

„da noch nicht institutionalisiert... auch die Formen des Protests. Sie reichten in ihren augenfälligen Erscheinungen vom mündlichen Protest oder einer Bittschrift über den spontanen Tumult mit Sachbeschädigung, die Drohung gegenüber vorgesetzten oder staatlichen Autoritäten, die Demonstrationen, bis hin zur eigentlichen Arbeitsverweigerung"[15].

Knut Hartmann hat vor einigen Jahren versucht, die „elementare Arbeiterbewegung" von der „gewerkschaftlichen Arbeiterbewegung" systematisch abzugrenzen: Während letztere durch Organisation, Kalkulierbarkeit des angestrebten Erfolges, Bestimmung der Zweck-Mittel-Relation, interessebestimmte Erfolgskriterien für kollektives Handeln und Disziplin gekennzeichnet sei, zeichne sich die „elementare Arbeiterbewegung" durch ad-hoc-Entscheidungen aus: Spontane Solidarität, kurzfristige Aktualität, ein hoher Grad an Emotionalität, der sich eruptiv und in spontanem Aktionismus ausdrücke, beherrsche die vorgewerkschaftliche Arbeiterbewegung[16]. Gleichwohl erfaßt Hartmann mit dieser Systematik nur die Ebene des Spektakulären, denn spontane Solidarität im vorgewerkschaftlichen Arbeitskampf läßt sich nicht trennen von einer alltäglichen Verbundenheit in der Suche nach Lösungsmöglichkeiten immer wiederkehrender Probleme der Lebensbewältigung, und auch die kurzfristige Aktualität der Aktion beruht auf gemeinsamen, langfristigen Erfahrungen. Das Verhalten der Saarbergarbeiter vor und während der großen Streikzeit deutet darauf hin, daß gerade in elementaren Arbeiterbewegungen die Revolte kein spontanes, also auch kein überraschendes Moment war, sondern auf einem Potential gemeinsam erfahrener Geschichte beruhte, die der Logik der Erziehungsdiktatur eines Repressions- und Wohlfahrtssystems Elemente einer eigenen Logik entgegen stellte, die vielfach verwoben waren mit den Zumutungen vergangener bäuerlicher und handwerklicher, überkommener ständischer und aktueller industrieller Welten[17]. Gerade gegenüber einer sich in den letzten zwanzig Jahren des 19. Jahrhunderts angeblich durchsetzenden Tendenz des „rationalen Konfliktaustrags" hat sich die „elementare Revolte" in ihrer Konjunkturirrationalität und ihrer Gewalthaftigkeit, in ihrem Rekurs auf traditionale Verhaltens- und Legitimationsmuster wie in ihrer Entfaltung eigener Formen des verbalen und nonverbalen Widerstandes behauptet.

Im Arbeiterausschuß der Gruben Heinitz und Dechen forderte der Bergarbeiter und Vertrauensmann Volz am 24. Juli 1890 den Vorsitzenden der Berginspektion auf, „man möge die Leute sich mehr selbst überlassen"[18]. Seine Kollegen — auch auf anderen Gruben — konkretisierten den Wunsch nach eigenen, selbstbestimmten Lebensräumen, indem sie Eingriffe des Fiskus in die Erziehung und Ausbildung ihrer Kinder ablehnten. „Sämtliche Vertrauensmänner" von Heinitz und Dechen erklärten darüber hinaus, daß sie

„überhaupt gegen alle von der Grube getroffenen Wohlfahrtseinrichtungen seien. Es würde nur Wert auf hohen Lohn und kurze Schichtzeit gelegt, denn dann sei es dem Bergmanne auch möglich, für sich selbst und seine Familie gut zu sorgen, und sei jede Einmischung der Verwaltung, was sein leibliches und geistiges Wohl angehe, unnütz. Man solle alle Wohlfahrtseinrichtungen aufheben und das hierfür verwandte Geld den Bergleuten lieber zu kommen lassen"[19].

In der Forderung nach Möglichkeiten der Selbstverwirklichung können wir ein „Mißtrauensvotum" gegen die autoritäre preußische Gesellschaft erblicken, die in den verschiedensten Bereichen alltäglichen Lebens Wünsche, Begierden und Verhalten zu reglementieren versucht hat. Im Alltagsleben wurde auch erkennbar, wie tiefgreifend das System des „sozialen Militarismus" erschüttert war: Das „freche und herausfordernde Auftreten der Arbeiter gegen einschreitende Polizei-Organe"[20] in den Dörfern und Städten fand in der bergbaulichen Welt seine Entsprechung in der argwöhnischen Distanz zum Schlafhausmeister; ein unbotmäßiges Verhalten ist nicht nur gegenüber „den Vertretern der bürgerlichen Ordnung", sondern auch gegenüber Bergbeamten in- und außerhalb der Grube zu beobachten. Im Allgemeinen ließen sich die Bergleute „selbst von dem eigenen Seelsorger nichts sagen"[21], und die Ratschläge und Verhaltensvorschriften der den Inspektionen vorstehenden Bergräte kollidierten immer häufiger mit den selbstbewußten Forderungen der ihnen unterstehenden Arbeiter. Die alltäglich gegenwärtigen Symbole preußischer Staats- und Betriebsführung hatten ihre moralische und politische Autorität verloren, die personifizierten staatlichen Ordnungsprinzipien konnten ihre Funktion als Garanten von „Ruhe und Ordnung" nicht mehr erfüllen.

Die große Streikzeit hat deutlich werden lassen, daß der Wilhelminischen Gesellschaft schon vor der Jahrhundertwende Auflösungstendenzen innewohnten. Der „Zusammenhang von Disziplinierung und Privilegierung, das stillschweigende Vertragsverhältnis zwischen der politischen Loyalität der Untertanen auf der einen, der obrigkeitlichen Existenzsicherung auf der andern Seite"[22] wurde ausgerechnet dort erschüttert, wo es keiner erwartet hatte: Die Privilegierung der Bergarbeiter bot, statt die Klassenkräfte zu paralysieren, Ansatzpunkte für eine Arbeiterbewegung, in deren Mittelpunkt nicht machtpolitische Kalkulationen standen, sondern die Versuche dominierten, eigene Wege der Lebensbewältigung zu suchen. Im Dschungel von Traditionen, Erwartungen, Erfahrungen und Zwängen sind diese Arbeiterbewegungen nicht als gradlinige Schneisen, sondern nur als ungeordnete Trampelpfade sichtbar: Aneignungen und Verweigerungen, Modifikationen und Eigenleistungen prägten die Versuche der Arbeiter, sich in der Gemengelage von bäuerlicher, ständischer und industrieller Welt zu orientieren. Eigennutz und Solidarität bildeten darin kein Widerspruchspaar, sondern kennzeichneten die Motivationen sozialen Handelns jenseits einer zeitgenössischen politischen Verwertbarkeit. Gegenüber den öffentlichen Strukturen von Machtausübung, stabiler Verbandsbildung und dem Kampf um parlamentarische Mandate begründeten die informellen Strukturen subjektiv unpolitischer Selbstbehauptung eine zweite Realität. Diese war weit weniger von der gesellschaftspolitischen Großwetterlage abhängig als die Geschichte „öffentlicher" Organisationen[23]. Mallmanns Fazit und Horchs Kritik haben ausschließlich jene „öffentliche" Realität im Auge, die die Arbeiterbewegung als subjektiv politische Bewegung begreift. Zugleich aber haben sich im Rechtsschutzverein und in seinem öffentlichen Agieren 1889–1893 Empfindungen und Erfahrungen verdichtet, die schon vor dem „Neuen Kurs" und ohne die organisatorischen Erfolge der Streikzeit widerständiges Verhalten provoziert hatten: Im Umgang mit Arbeitsdisziplin und Arbeitszumutungen, im Beharren auf vertraute gesellige Umgangsformen vor und nach der Arbeit, in der Verteidigung gewohnter Ernährungsweisen oder althergebrachter Festrhythmen, in der Absonderung in eigenen Vereinen, in der Verweigerung geistiger und leiblicher Bevormundung, in der gedanklichen Zersetzung von Autoritätsbeziehungen und Staatsvertrauen verteidigten die Arbeiter ihre Lebensvorstellungen und eröffneten ihnen neue Räume. Das Phänomen der Gewalt war als Summe der Erfahrungen im alltäglichen Erlebnis von kleinen Siegen und Niederlagen nur die Spitze des Eisberges, der mit dem „preußischen Leben" im Saarbergrevier zusammenstieß.

Während die institutionellen Artikulationsformen, Rechtsschutzverein und Kasinos, von der Macht der Repressionspolitik des „saarabischen Jahrzehnts" nach der großen Streikzeit getroffen wurden, gewerkschaftliche und sozialdemokratische Organisationsversuche weiterhin erfolglos blieben, haben die Bewegungen im informellen Bereich des alltäglichen Lebens überdauert. Nur schienen diese Arbeiterbewegungen nicht in das Konzept politischer Partizipationsbestrebungen, wie sie von den Gewerkschaften und der Sozialdemokratie verfochten wurden, integrierbar zu sein. Ein weites Aktionsfeld proletarischer Politik blieb somit unerschlossen und bot weiterhin Möglichkeiten individueller und kollektiver Suche nach Strategien, das Leben in der Bergarbeit zu bewältigen.

Indizien dafür, daß auch im Zeitalter gewerkschaftlich organisierter Arbeiterbewegung das Verhalten von Industriearbeitern durch private bzw. informelle Erfahrungen geprägt war, in denen eine „Mischung aus Verärgerung und bescheidenen Vergnügungen"[24], verbunden mit eigenen Lebens- und Arbeitsvorstellungen, die mit der Entwicklungslogik von Staat, Unternehmerorganisationen und Gewerkschaften nicht deckungsgleich waren, ein zweckrationales Handeln im Sinne einer gesellschaftlichen Modernisierung ersetzen konnte, haben Untersuchungen sowohl zum Bergbau[25] als auch zu anderen Arbeitsbereichen[26] geliefert.

Anmerkungen

Anmerkungen zur Einführung S. 391

Teil 1

1 Das Projekt wurde zwischen 1976 und 1981 unter Leitung von Dieter Groh an der Universität Konstanz durchgeführt. Der Projektansatz ist dargestellt bei Groh, Basisprozesse, und: Base processes. Von Mitarbeitern des Projektes liegen inzwischen mehrere Monographien und zahlreiche Aufsätze vor.
2 Fricke, Organisation.
3 Ebda. 225. Fricke verzeichnet an der Saar 22 400 gewerkschaftlich organisierte Bergarbeiter, während an der Ruhr bei einer fünffach höheren Arbeiterzahl nur 15 300 Kumpels organisiert gewesen sein sollen.
4 Westfälische Freie Presse, Nr. 80, 5. 4. 1891.
5 Vgl. Bellot, Hundert Jahre (1954), und Potthof, Die Sozialdemokratie.
6 Siehe die Statistik der Freien Gewerkschaften, in: Hohorst/Kocka/Ritter, Sozialgeschichtliches Arbeitsbuch, 132, und auch Fricke, Organisation, 257.
7 Statistik des preußischen Handelsministeriums, zit. ebda., 257/258. Während die preußische Statistik sich vor allem auf Unternehmerangaben und Polizeiberichte stützt, verzeichnen die Freien Gewerkschaften nur Streiks, die von ihren Mitgliedern direkt unterstützt oder von der Organisation materiell gefördert wurden. Eine kommentarlose Verwendung der Gewerkschaftsstatistik erscheint problematisch. Der Widerspruch zwischen den extrem niedrigen Zahlenangaben von Streikenden (1892 = 3022 und 1893 = 9365) bie einem Arbeitskampf an der Saar mit tatsächlich mehr als 25 000 Beteiligten an der Jahreswende 1892/93 liegt auf der Hand. Trotzdem findet diese Statistik immer wieder Eingang in neueste Darstellungen, so z. B. Klönne/Reese, Gewerkschaftsbewegung, 83.
8 Legien, in: Prot. PT Preußen 1907, 105 f.
9 Lucas, Arbeiterradikalismus, 129.
10 Grundsätzliches dazu Emig, Veredelung des Arbeiters. Als ausgezeichnete Fallstudie siehe Grüttner, Arbeiterkultur versus Arbeiterbewegungskultur.
11 Prager, Grenzen der Gewerkschaftsbewegung, ASWSP 20, 1905, 236/37.
12 Diesen Begriff von Marx verwendet Horst Lademacher, Wirtschaft, Arbeiterschaft, Arbeiterorganisationen, 141.
13 Vgl. etwa die Berichte der verschiedenen Berginspektionen vom Oktober 1889: LA SB 564/715, 258–282.
14 Vgl.: 1889–1929. 40 Jahre Bergbau, 65/66. S. auch Osterroth, Saarrevier, 89.
15 Vgl. Brandt, Soziale Entwicklung, 65. – Auch neuere Bemühungen interpretieren manches Mal die Bergarbeiterbewegung an der Saar als abhängig von der Politik katholischer Geistlicher und beleben damit erneut die These vom trojanischen Pferd des Zentrums; vgl. Rivinius, Georg Friedrich Dasbach.
16 Siehe beispielsweise Fritsch, Revisionismus, 16.

17 Die Entwicklung der Arbeiterverhältnisse auf den staatlichen Steinkohlebergwerken vom Jahre 1816 bis zum Jahre 1903, Berlin 1904 (= Der Steinkohlebergbau des Preußischen Staates in der Umgebung von Saarbrücken, Bd. 6).
18 Siehe Anm 15. Brandt, Regierungsassessor beim königl. Landratsamt Saarbrükken, formulierte als Erkenntnisinteresse seiner Arbeit: „Die Beobachtung der Industrie als solcher bietet den wichtigsten Schlüssel zum Verständnis der sozialen Zustände, und aus der Erkenntnis dieses Zusammenhanges gewinnt man die Überzeugung von der Solidarität zwischen den Interessen der Industrie bzw. der Unternehmer und den Interessen der Arbeiterschaft". Ebda., XI.
19 Die Organisationsbestrebungen der Saarbergleute, ihre Ursachen und Wirkungen auf dem Bereich des Saarbrücker Bergbaus und ihre Berechtigung, Diss. Straßburg 1912.
20 Kämpfe und Werden der Hüttenarbeiterorganisationen an der Saar, Saarbrücken 1925. Die Arbeit von Gabel ist zweifellos die gründlichste der hier aufgeführten. Leider behandelt sie die Bergarbeiter nur am Rande.
21 Siehe Anm 5. Bellot beschränkte seine Arbeit auf die traditionellen Sphären der Politik. Inhaltlich grenzte er politisches Leben auf den „Parlamentarismus", insbesondere Wahlkämpfe, ein und räumlich demzufolge auf die Orte, wo „Politik gemacht wird" (= die Kreisstädte). Das Interesse an der Arbeiterbewegung konzentrierte sich auf deren Beteiligung an Wahlen.
22 Kiefer, Organisationsbestrebungen, 124.
23 Metzmacher, Helmut: Die Herrschaft des Arbeiter- und Soldatenrates in Saarbrücken 1918, in: ZGS 1971, 233/34, Anm. 16.
24 Groh, Basisprozesse, 431.
25 Verhandlungen des Vereins für Socialpolitik über das Arbeitsverhältnis in den privaten Riesenbetrieben, 213.
26 Insbesondere Tenfelde, Sozialgeschichte, 1977.
27 Mallmann, Anfänge der Bergarbeiterbewegung, 18.
28 Vgl. meine Besprechung in IWK 19 (1983/2), 301−303.
29 Steffens, Arbeitstag; Mallmann, Volksfrömmigkeit; Ders.: „Aus des Tages Last"; Steffens, Bergarbeiterfamilien.
30 Dies eine in der Tendenz repräsentative, jedoch unvollständige Sammlung der Einschätzungen von Horch, Gesellschafts- und Herrschaftsstrukturen.
31 Ein chinesisches Gedicht aus den Kohlebergwerken der Provinz Schansi, verdeutscht von F. H. v. N-e., Trier 1887 (1889, 2. Aufl.), 9.
32 Freimuth, Herbert: Kaiser und Arbeiter. Eine Erzählung aus dem Streikjahr 1889. Neunkirchen 1890, zit. n. LHA KO 442/4304, 137.
33 Treue, Gesellschaft, Wirtschaft und Technik, 132.
34 Slotta, Förderturm, 14.
35 „Ganz überraschend wurde der soziale Friede an der Saar in den Jahren 1889−1893 durch eine Streikperiode auf den Gruben gestört. Die Bewegung, die bedrohliche Formen anzunehmen schien, und bei der Unerfahrenheit der Arbeiter weit über das Ziel hinausschoss, konnte endlich unterdrückt werden, ohne dass das soziale Gefüge in seinem Fundament erschüttert wurde." Bellot, Hundert Jahre (1953), 43.
36 Vgl. dazu Machtan, Streiks und Aussperrungen.
37 LA SB 564/715, 4.
38 Ausführlicher zu diesem Kontext Steffens, Galeerensträfling, 139−142. Zur unvollständig tradierten Geschichte des Dechen-Streiks siehe LA SB 564/715, 2 ff. LHA KO 442/4390, 3; Mallmann, Anfänge der Bergarbeiterbewegung, 58/59; Klein, Der Saarbergbau, 15; Tenfelde, Konflikt und Organisation, 229. Der Kö-

nigshütter Konflikt ist beispielhaft analysiert bei Machtan, Streiks im frühen deutschen Kaiserreich, 41–139.
39 Vgl. LA SB 564/715, 11/12. Gerade für ländliche Arbeiterbewegungen war das „Ausschellen" bis weit nach der Jahrhundertwende eines der wichtigsten, übergreifenden Kommunikations- und Propagandamittel, das ihnen von den Inhabern der Amtsgewalt immer wieder zu beschneiden versucht wurde. Siehe Schönberger, Arbeiterturn- und Arbeitersportbewegung, 31.
40 Diese These vertritt Horch, Gesellschafts- und Herrschaftsstrukturen, 194.
41 Siehe Klein, Der erste deutsche Bergarbeiterstreik, 251–269.
42 Vgl. Tenfelde, Bittschriften und Beschwerden, 30–56, sowie ders./Tischler (Hg.), Bis vor die Stufen des Throns.
43 Siehe Pilger, Industrie des Saarlandes, 71–83.
44 Vgl. Wächtler, Staatsbergbau, 272 f.
45 Ebda. 277–294.
46 Vgl. Moldenhauer, Petitionen, 52 u. 82–87. Zur 48er Bewegung an der Saar siehe Noak, Revolutionsbewegung. Zusammenfassend in dem hier dargestellten Kontext Mallmann, Anfänge der Bergarbeiterbewegung, 47–50 und Horch, Gesellschafts- und Herrschaftsstrukturen, 169–204.
47 Bericht vom 12. 8. 1873, LA SB 564/715, 49.
48 Zum Hostenbacher Streik vgl. LA SB 564/715, 11–37; LHA KO 442/4390; 31 ff.; Mallmann, Anfänge der Bergarbeiterbewegung, 60.
49 So die Saarbrücker Bergwerksdirektion an den preußischen Handelsminister H. Achenbach am 12. 8. 1873, LA SB 564/715, 49. Der Bergmann Peter Klein berichtete allerdings über einen erfolgreichen Schlepperstreik auf der fiskalischen Grube Altenwald, in: Levenstein, Aus der Tiefe, 110.
50 Bericht der Bergwerksdirektion, LA SB 564/715, 50.
51 Vgl. LA Speyer H.3/929 I, 207/208.
52 Nr. 184, 9. 8. 1872.
53 Der Uhrmacher Hackenberger aus Pforzheim, der am 12. 3. 1876 in St. Johann zum Thema „Die Sozialdemokratie und die politische Stellung des Kleinbürgerthums" sprach, wurde daraufhin wegen „Beleidigung des Reichskanzlers" und „Aufreizung zum Klassenhaß" verhaftet und zu einem (!) Jahr Gefängnis verurteilt; vgl. SZ Nr. 62, 14. 3. 1876, Nr. 94, 22. 4. 1876 u. Nr. 99, 28. 4.1876. Der dann für Hackenberger agitierende Friedrich Wilhelm Raspe, der aus Essen ins Saarrevier beordert worden war, zog sich nach zwei aufgelösten Versammlungen und einer Inhaftierung von einem Monat wieder ins Ruhrgebiet zurück; vgl. Mallmann, Anfänge der Bergarbeiterbewegung, 64.
54 Socialisten-Congress 1877, 91.
55 Bellot, Hundert Jahre (1954), 147. Siehe auch LA SB 564/715, 90. St. Johanner Ztg., Nr. 191, 18. 8. 1877 u. Nr. 192, 19. 8. 1877; SZ Nr. 190, 17. 8. 1877, Nr. 191, 18. 8.1877 u. Nr. 193, 21. 8. 1877.
56 So berichtet die Kölnische Ztg., Nr. 157, 7. 6. 1878 (Erstes Blatt) „Von der Saar".
57 Erstes Zitat: SZ, Nr. 157, 10. 7. 1877, 3; zweites Zitat: LA SB 564/715, 96. Rosenberg hebt das Recht den Experimentalcharakter des Vorgehens der Saarindustriellen hervor: Große Depression, 206.
58 Nr. 158, 8. 6. 1878 (Zweites Blatt). Sozialistengesetze vor dem Reichsgesetz existierten u. a. bei Krupp, den niederschlesischen Bergwerksgesellschaften und in Kaiserslautern; vgl. Mallmann, Anfänge der Bergarbeiterbewegung, 67.
59 Vgl. den Bericht des Reg. Präs. Wolff an den Minister des Innern, Graf zu Eulenburg, 15. Juli 1878, abgedr. ASG 5, 1965, 382–388; Lademacher, Wirtschaft, Arbeiterschaft, Arbeiterorganisationen, 142.

60 Landrat Geldern, 1. 7. 1878, an Regierungspräsidium, LHA KO 442/6384, 303. Zu den Wahlen siehe Bellot, Hundert Jahre (1954), Prozentangaben nach Fritsch, Revisionismus, 119.
61 Socialdemokrat, Nr. 17, 19. 4. 1883.
62 Vgl. Mallmann, Anfänge der Bergarbeiterbewegung, 77 ff.
63 Vgl. LA Speyer H3/932 V, 63.
64 Vgl. LHA KO 442/6565, Bericht an den Reg. Präs. Nasse in Trier (Abschrift v. d. Abschrift), 7. 3. 1887, 443 f., SZ Nr. 255, 30. 10. 1884 u. Nr. 45, 23. 2. 1887; LHA KO 443/6565, 445; Bellot, Hundert Jahre (1954), 172–178.

Teil 2

1 Nr. 123, 28. 5. 1889, 3.
2 Nieder, Arbeitsleistung der Saarbergleute, 23.
3 Vgl. Denkschrift zur Untersuchung der Arbeiter- und Betriebsverhältnisse in den Steinkohle-Bezirken. Bearbeitet im Auftrage der Minister der öffentlichen Arbeiten und des Inneren,, Berlin 1890, 37.
4 Siehe dazu Köllmann/Gladen, Der Bergarbeiterstreik von 1889, 91–137.
5 Pfälzer Ztg., Nr. 134, 17. 5. 1889, 2. Ähnlich berichtet der Bezirksamtmann Spöhrer am 17. 5. 1889: „Die nicht arbeitenden Bergleute betrugen sich ganz ordentlich", wobei ein Teil ruhig im Schlafhaus blieb, „ohne ein Wirtshaus zu besuchen". LA Speyer H 3/1867, 2.
6 Zum Streikverlauf siehe ebda. 14 ff. „Bericht zum kgl. Staatsministerium des Inneren in München", Speyer den 19. 5. 1889. Die Datierung des Streiks ist widersprüchlich: Mallmann setzt den Streikbeginn auf den 14. 5. fest, Bezirksamtmann Spöhrer nennt den 15. 5., während sowohl die Pfälzer Ztg. als auch der Pfälzer Volksbote Nr. 117, 17. 5. 1889) Montag, den 13. 5. angeben.
7 LA Speyer H 3/1867, 3.
8 Vgl. z. B. SZ, Nr. 116, 20. 5. 1889, und das Fehlen einer Berichterstattung in der SBZ.
9 Bote des Sulzbach-Thales. Nr. 113, 16. 5. 1889, 2. Zur Berichterstattung in der Pfalz siehe z. B. die Pfälzische Presse, Nr. 135, 16. 5. 1889.
10 KrA SB S/1, zit. Mallmann, Anfänge der Bergarbeiterbewegung, 106.
11 Stadtarchiv Friedrichsthal, Akte Rechtsschutzbewegung, zit. Herrmann, „Der Eckstein", 99. Bei dieser „Dokumentation" allerdings ist Vorsicht angebracht: Im letzten Absatz der zitierten Verfügung wird jener Teil, der im Folgenden eingeklammert ist, ersatzlos und unerkennbar gestrichen: „ . . . und vertrauen im Übrigen daß es erforderlichen falls Ihrer persönlichen Einwirkung (bei welcher sie sich zweckmäßig auch der Hülfe besonders zuverlässiger und besonnener älterer Bergleute bedienen werden,) gelingen wird, unverständigen Ansprüchen und event. Streikabsichten der Bergleute entgegen zu arbeiten". Stadtarchiv Friedrichsthal, Akte Rechtsschutzbewegung 1, 2. Dies bleibt nicht die einzige stillschweigende Verkürzung und „Modernisierung" der Quelle!
12 Das „Protokoll der abgehaltenen Versammlung der Bergarbeiter zu Bildstock am 15. Mai 1889" ist in der Literatur sehr leicht zugänglich, u. a. bei Kiefer, Organisationsbestrebungen, 194–196; Hue, Die Bergarbeiter, 2. Bd., 376–377. Imbusch, Arbeitsverhältnis, 700–701.
13 Nr. 113, 16. 5. 1889 (Abendblatt), 3. Die Kernaussagen dieses Artikels druckt auch die Stumm-freundliche SBZ, 17. 5. 1889, ab.

14 StA Friedrichsthal, Akte Rechtsschutzbewegung, zit. Herrmann, „Der Eckstein", 99.
15 StA Friedrichsthal, Akte Rechtsschutzbewegung 1, 1. Abgedr. auch in SZ, Nr 116, 20. 5. 1889 (Morgenblatt) u. SBZ, Nr. 116, 20. 5. 1889, 2/3.
16 Ein besonders schönes Beispiel der versuchten Einflußnahme auf das Verhalten der Bergleute sind die „Katechismusfragen für Bergleute", in denen es u. a. heißt: „Können die Bergleute verlangen, daß die von den Direktionen schwarz auf weiß gedruckten Versprechungen auch noch von Sr. Majestät, dem Kaiser, unterschrieben werden?" „Nein! Denn die Direktionen sind die Vertreter des Kaisers und können ebensogut auf Vertrauen rechnen, wie jeder Bergmann Vertrauen verlangt." – Abgedr. u. a. bei Steffens, Galeerensträfling, 142.
17 Vgl. zu der Bekanntmachung vom 21. 5. 1889 u. a. SZ, Nr. 118, 22. 5. 1889 (Abendblatt), 3; SBZ, Nr. 118, 22. 5. 1889, 3; StA Friedrichsthal, Akte Rechtsschutzbewegung 1, 6; Brandt, Soziale Entwicklung, 58; Mallmann, Anfänge der Bergarbeiterbewegung, 106, irrt, wenn er schon bei dieser Bekanntmachung davon spricht, daß feste Normalsätze die Gedingeversteigerung nach unten begrenzen. Dies legt erst der Art. 5 der Abänderung der Arbeitsordnung (AO) vom 25. 5. 1889 fest.
18 Nr. 117, 21. 5. 1889 (Morgenblatt), 2.
19 Zum Versammlungsverlauf siehe StA Friedrichsthal, Akte Rechtsschutzbewegung 1, 13 ff.
20 SBZ, Nr. 111, 13. 5. 1889.
21 LA Speyer H 3/1867, 19, Vgl. auch SBZ, Nr. 119, 23. 5. 1889, 3.
22 Mallmann, Anfänge der Bergarbeiterbewegung, 107. Zum Streikbeginn siehe auch SZ, Nr. 119, 23. 5. 1889 (Abendblatt), 3; Herrmann, ‚Der Eckstein', 103 ff.
23 Nr. 120, 24. 5. 1889 (Morgenblatt), 2; SBZ, Nr. 119, 25. 5. 1889, 3. Auch in den angrenzenden bayrisch-pfälzischen Gebieten wird die Polizeistunde auf 9 Uhr festgelegt und die Gendarmerie-Station Schnappach verstärkt; vgl. LA Speyer H 3/1867, 29.
24 SZ, Nr. 120, 24. 5. 1889 (Morgenblatt), 2; SBZ, Nr. 120, 24. 5. 1889, 2.
25 Ebda. Nr. 129, 5. 6. 1889, 3; StA Friedrichsthal, Akte Rechtsschutzbewegung 1, 4. 6. 1889.
26 SZ, Nr. 121, 25. 5. 1889 (2. Abendblatt), 2; SBZ, Nr. 121, 25. 5. 1889, 2; SZ, Nr. 123, 28. 5. 1889 (Morgenblatt), 2.
27 Diese Abänderung der AO wird als Handzettel verteilt und in den Zeitungen publiziert; vgl. StA Friedrichsthal, Akte Rechtsschutzbewegugn 1, 24; SBZ, Nr. 122, 27. 5. 1889 (1. Blatt), 3; Bergmannsfreund, Nr. 22, 27. 5. 1889, 88.
28 Vgl. SZ, Nr. 122, 27. 5. 1889 (Abendblatt) bis Nr. 124, 29. 5. 1889 (Abendblatt). Siehe auch Kiefer, 25 Jahre Gewerkverein, 15; Brandt, Soziale Entwicklung, 60.
29 SBZ, Nr. 122, 27. .5. 1889, 4 (1. Bl.).
30 SZ, Nr. 121, 25. 5. 1889, 2 (Morgenblatt).
31 SZ, Nr. 120, 24. 5. 1889, 2 (Abendblatt); Bergmannsfreund, Nr. 23, 31. 5. 1889, 89–90. Am 27. 5. betont der Bergmannsfreund noch den traditionellen Beschwerdeweg: „Man hätte niemals geglaubt, daß so königstreue Männer, wie die Saarbrücker Bergleute, ihrem obersten Bergherren, ihrem Brotherren, so freventlich den Kontrakt brechen würden, daß sie die schlechten Beispiele in anderen Bezirken nachahmen, von dem ansteckenden Fieber der Arbeitseinstellung ergriffen werden würden, noch ehe die von ihnen kundgegebenen Wünsche in ordnungsmäßigem Wege ihre Erledigung gefunden hatten". Bergmannsfreund Nr. 22, 27. 5. 1889, 1.
32 So die Bergleute der Insp. von der Heydt und Gerhard auf der schon erwähnten

Guichenbacher Versammlung am 23. 5.; SZ, Nr. 121, 25. 5. 1889, 3 (Morgenblatt).

33 Faksimile der um 12.25 Uhr im Schloß-Telegraphenamt Potsdam empfangenen Depesche aus Friedrichsthal in: Herrmann, ‚Der Eckstein', 107.

34 Zitat aus SZ, Nr. 125, 31. 5. 1889, 2 (Abendblatt). Zur Streikentwicklung vgl. Imbusch, Arbeitsverhältnis, 370; Hue, Bergarbeiter, 2. Bd., 378; Müller, Arbeiterverhältnisse, 49. Kiefer, Organisationsbestrebungen, 23.

35 SBZ, Nr. 131, 7. 6. 1889, 2.

36 Dies meint die SZ, Nr. 127, 3. 6. 1889, 2 (Abendblatt).

37 LA SB 564/770, 41u. 15 f.

38 Zu Arbeitszeit, Löhnen und Strafsystem siehe ausführlicher Teil 3. Eine unkritische Gegenüberstellung von Streikforderungen und Erfolgen bringt Roy, Der saarländische Bergmann, 120 f. Imbusch, Arbeitsverhältnis, 371, urteilt rückblickend: „Auch bestand die Gefahr, daß die erzielten Zugeständnisse in der Praxis wieder beseitigt wurden".

39 Verteidiger Schumacher im Prozeß gegen Warken u. a., LA SB 564/770, 443.

40 StA Friedrichsthal, Akte Rechtsschutzbewegung, zit. Herrmann, ‚Der Eckstein', 108.

41 Vgl. KrA SB S/2; Herrmann, a.a.O., 108; St. Johanner Volkszeitung, Nr. 137, 16. 6. 1889.

42 LA SB 564/715, 226. Ca. sieben Monate später tragen die Hafenarbeiter ihre Bitte um Lohnerhöhung direkt an Nikolaus Warken heran, der ihr Anliegen unterstützen und weiterleiten soll; vgl. den Brief v. 26. 1. 1890, LA SB 564/770, 292–294.

43 Vgl. LHA KO 442/6694, 293 ff.

44 SZ, Nr. 157, 9. 7. 1889, 2.

45 Mit der Entlassung als einer der beiden Delegierten von Heinitz und Dechen beginnt die „Karriere" Bachmanns in der Bergarbeiterbewegung, die ihn nicht nur während der Streikzeit auf vielen Versammlung und im Vorstand des RV aktiv sein läßt, sondern auch auf nationale und internationale Kongresse führt.

46 SZ, Nr. 158, 10. 7. 1889, 2 (Abendblatt).

47 Zum Streik auf Heinitz und Dechen vgl. auch SZ, Nr. 158, 10. 7. 1889, 2 (Morgenblatt); LA SB 564/770, 178; LA Speyer H 3/1867, Bl. 51, hier auch der Hinweis auf die Unruhe in Frankenholz; Mallmann, Anfänge der Bergarbeiterbewegung, 111; Imbusch, Arbeitsverhältnis, 371.

48 Entfällt.

49 StA Friedrichsthal, Akte Rechtsschutzbewegung 1, 98; Kiefer, 25 Jahre Gewerkverein, 16.

50 Vgl. dazu Rivinius, Georg Friedrich Dasbach, 142–156.

51 Tenfelde, Sozialgeschichte, 557; Hartmann, Weg zur gewerkschaftlichen Organisation, 146. Während der Ruhr-RV „vorübergehend eine zentrale Funktion in der Bewältigung des aufgestauten Konfliktpotentials wenigstens in einem Teilbereich" wahrnahm (Tenfelde, Gewalt und Konfliktregulierung, 206), kennt der Saar-RV eine Einschränkung auf Teilbereiche nicht; er stellt von Beginn an eine umfassende Organisation der Arbeiterinteressen dar.
Zur Geschichte des westfälischen Vorbildes siehe Imbusch, Arbeitsverhältnis, 267 ff.; Hue, Bergarbeiter, 330 ff.; Tenfelde, Sozialgeschichte, 551 ff.; Hemmer, Bergarbeiterbewegung im Ruhrgebiet, 106–109.

52 Zit. Herrmann, ‚Der Eckstein', 111. In diesem konkreten Fall hatte die Parole jedoch mehr symbolischen Charakter.

53 Zusammengestellt nach Kiefer, Organisationsstrebungen, 69; Mallmann, Anfän-

ge der Bergarbeiterbewegung, 121–123; LHA KO 442/4254 u. 442/4256; Müller, Arbeiterverhältnisse, 155. Die Differenz zum Sommer 1891 ergibt sich aus den widersprüchlichen Angaben des Friedrichsthaler Bürgermeisters Forster (1. Ziffer) und Nikolaus Warkens (2. Ziffer).

54 Zusammengestellt nach LHA KO 442/4254, 31. 10. 1890; Junghann, Schlafhaus- und Einliegerwesen, 12; Gronerad, Siedlungspolitik des Bergifskus, 49. In der Stadt Saarbrücken waren ausschließlich Hafenarbeiter im RV organisiert; vgl. StA SB, Best.: Alt-Saarbrücken, Nr. 1417, 23 u. 10.

55 Vgl. Mallmann, Bergarbeiterbewegung, 159–164. Kiefer berichtet, daß der St. Ingberter Verein 1892 zugunsten des freigewerkschaftlichen „alten Verbandes" aufgelöst wurde; 25 Jahre Gewerkverein, 17 f.

56 Über das Organisationsbedürfnis führt der Deutsche Bergarbeiterverband in seiner Festschrift 1929 aus: „Die Begeisterung für den Organisationsgedanken war damals an der Saar jedenfalls größer und einheitlicher als an der Ruhr". 40 Jahre Bergbau, 65.

57 Vgl. zu dieser Gegengründung Mallmann, Anfänge der Bergarbeiterbewegung, 136/137. Das Statut befindet sich in LHA KO 442/4377.

58 Vgl. Brandt, Soziale Entwicklung, 66/67; Mallmann, Anfänge der Bergarbeiterbewegung, 159; Kiefer, Organisationsbestrebungen, 24 u. 196–202; Imbusch, Arbeitsverhältnis, 701–704. Die Saarbergleute hatten keine Ahnung davon, daß ihr Petitionieren vergeblich sein würde, da auf Anweisung des Ministers für öffentliche Arbeiten Gesuche des RV zurückzuweisen seien; vgl. LA SB 564/770, 87.

59 Brandt, Soziale Entwicklung, 70.

60 Vgl. StA Friedrichsthal, Akte Rechtsschutzbewegung 1, 144, 147, . Mallmann, Anfänge der Bergarbeiterbewegung, 161/162.

61 Um eine möglichst genaue Protokollierung der Versammlungen zu ermöglichen, weist der königl. Landrat am 21. 10. 1889 Nikolaus Warken an: „Sie wollen deshalb dafür Sorge tragen, daß in den Versammlungen jede sich zu Wort meldende Person zunächst veranlaßt wird, laut und deutlich ihren Namen und Wohnort zu nennen. Sodann haben die Redner, *bevor sie beginnen*, sich auf eine vom Vorsitzenden nach vorheriger Rücksprache mit dem Polizeibeamten auszuwählende und vorweg zu bezeichnende Stelle zum Sprechen zu begeben". Aufgabe des Vorsitzenden ist es weiterhin, „auf Ruhe und Vermeidung von Zwischenrufen seitens der Zuhörer mit aller Energie zu halten"; LA SB Dep. Bgm. Sulzbach 68, 1.

62 Vgl. LA SB 564/715, 284 ff.; 564/770, 5 f. u. 257 ff. Warken wird zu 6 Monaten, Bachmann zu 3 Monaten, Müller zu 1 Monat und Becker zu 1 Woche Gefängnis verurteilt. Abschrift des Urteils in LA SB 564/770, 336 ff.

63 Die „Nachweisung der nach dem Arbeiterausstand im Bezirk der Königlichen Bergwerksdirection zu Saarbrücken wegen Unbotmäßigkeit aus der Arbeit entlassenen Bergarbeiter (von Juni bis incl. November 1889)", in: LA SB 564/770, 52–54. Zum Fall des Ensdorfer Bergmannes Johann Müller 2 siehe ebda. 61/62. Die Nachweisung im LA SB umfasst nur 38 Namen, während ein zweites Verzeichnis 48 Entlassene aufführt; vgl. LHA KO 442/4377. Auch Brandt berichtet von 48 Entlassungen.

64 Vgl. Saarbrücker Gewerbeblatt, Nr. 51, 22. 12. 1889.

65 LA SB Dep. Bgm. Illingen, Nr. 993.

66 Zit. Imbusch, Arbeitsverhältnis, 706. Vgl. auch, allerdings mit wesentlichen Auslassungen, Herrmann, ‚Der Eckstein', S. 113; Abschrift der Petition in LHA KO 442/4377.

67 Öffentliche Erklärung des Vorstandes des Rechtsschutzvereins vom 2. 12. 1889, abgedruckt bei Imbusch, Arbeitsverhältnis, 706. Zur Entwicklung neuer Kampfformen neben der traditionellen Beschwerde in Form der Eingabe siehe Tenfelde, Gewalt und Konfliktregulierung, 191 ff.
68 Erklärung vom 2. 12. 1889, zit. Imbusch, Arbeitsverhältnis, 708. Siehe auch SZ, Nr. 292, 13.12.1889, 2 (Abendblatt).
69 Brandt, Soziale Entwicklung, 71/72, spricht von einer Bekundung zur Streikbereitschaft durch Händeaufheben, während Mallmann, Anfänge der Bergarbeiterbewegung, 168, von einer Abstimmung mehrheitlich gegen Streik spricht. Zu den Versammlungen am 11. 12. vgl. a. SZ, Nr. 291, 12. 12. 1889 (Abendblatt). Das von dem überwachenden Polizeikommissar angefertigte Protokoll vom 9. 12. 1889 gibt bzgl. der Vertrauensleuteversammlung keine klare Auskunft: „Warken greift hier ein und fragt: was thun wir? Aus der Versammlung ruft Jemand ‚Streiken'. Warken fordert auf, wer dafür ist erhebe die Hand und erklärt die Versammlung für geschlossen". LHA KO 442/4377.
70 SZ, Nr. 291, 12. 12. 1889, 3. Vgl. auch Brandt, Soziale Entwicklung, 71 f.
71 Vgl. LHA KO 442/4377, 16. 12. 1889 und weitere Dokumente dieses Aktenbandes. Im Januar 1890 zieht der Trierer Regierungspräsident das Fazit: „Zur Aufrechterhaltung der Ruhe und Ordnung erwies sich die außerordentliche Heranziehung von 48 Gendarmen aus der Provinz und 26 Gendarmen der X. Gendarmerie-Brigade als ausreichend, indem die vorzügliche Brauchbarkeit der Gendarmerie zur Niederhaltung von Unruhen bei Arbeiter-Ausständen auch hier wiederum sich bewährt hat". LHA KO 403/9051, 460.
72 SZ, Nr. 292, 13. 12. 1890, 3 (Morgenblatt).
73 Siehe den Text der Bekanntmachung z. B. in SZ, Nr. 294, 16. 12. 1889 (Morgenblatt) u. LA SB 564/770, 197. Vgl. auch Brandt, Soziale Entwicklung, 72/73.
74 Text der Bekanntmachung in SZ, Nr. 295, 17. 12. 1889 (Abendblatt). Zur Streikentwicklung siehe u. a. Imbusch, Arbeitsverhältnis, 375.
75 LHA KO 442/4377.
76 Vgl. SZ, Nr. 297, 19. 12. 1889, 2 (Morgenblatt), Nr. 301, 24. 12. 1889, 3 (Morgenblatt); Imbusch, Arbeitsverhältnisse, 375. Siehe auch die Urteilsbegründung in der daraus folgenden Strafsache vom 11. 1. 1890, LA SB 564/770, 238–244. Auch Heinitzer Bergleute wurden wegen der Vorfälle auf ihrer Grube gerichtlich verfolgt; vgl. ebda. 203.
77 Bürgermeisterbericht vom 23. 12. 1889, LHA KO 442/4377.
78 Zum Verlauf der Schnappacher Versammlung vgl. ebda.
79 Vgl. z. B. LA SB 564/770, 274.
80 Vgl. LHA KO 442/4420, 47 u. 305–336; LA SB 564/770, 464, 471–474, 484–492 u. 505–516.
81 LA SB Dep. Bgm. Illingen Nr. 993 (unpaginiert).
82 Costas, Anfänge der Partizipation, 339.
83 Vgl. Schmoller, Über Wesen und Verfassungen der großen Unternehmungen, 372 ff.; Sering, Arbeiter-Ausschüsse, 7.
84 Vgl. Rassow/Born (Hg.); Akten, 34 ff.
85 Costas, Anfänge der Partizipation, 341.
86 LA SB 564/717, 1.
87 Zur Geschichte der beiden Vereine, die am 10. Juni 1882 unter Führung von Stumm ins Leben gerufen werden und von denen der „Verein zur Wahrung..." 1904 in den „Arbeitgeberverband der Saarindustrie" übergeht, siehe die Publikation der Industrie- und Handelskammer (Hg.), 100 Jahre Industrie- und Handelskammer, 86 f.

88 LA SB 564/717.
89 Ebda. In einer Rede anläßlich einer Prämienverleihung an „seine" Arbeiter nimmt Stumm schon im Juli 1889 gegen die Arbeiterausschüsse Stellung; vgl. SZ, Nr. 158, 10. 7. 1889.
90 So bei der Darlegung seiner Vorhaben in der Kronratssitzung am 24. 1. 1890; vgl. Hohlfeld, Dokumente, 457–461.
91 Vgl. Costas, Anfänge der Partizipation, 342/43.
92 Zit. Grebing, Geschichte, 73.
93 Costas, Anfänge der Partizipation, 347. Zur Position des CVDI vgl. Bueck, Zentralverband, Bd. 2. Zu den Anfängen der Arbeiterausschüsse siehe die knappe Zusammenfassung bei Geck, Die sozialen Arbeitsverhältnisse, 96 ff.
94 Leicht zugänglich bei Sering, Arbeiter-Ausschüsse, 34/35. Auszugsweise auch bei Klaes, Entwicklung der Arbeitsverhältnisse, 171.
95 Vgl. LA SB 564/717, 37–40; StA Friedrichsthal, Akte Rechtsschutzbewegung 1, 189. Diese Bestimmungen werden von fiskalischen Gruben anderer Reviere übernommen; vgl. Teuteberg, Geschichte der industriellen Mitbestimmung, 416.
96 Zur Kritik der manipulativ zu handhabenden Wahlbestimmungen vgl. St. Johanner Volkszeitung, Nr. 56, 7. 3. 1890.
97 LA SB 564/717, 130; siehe auch 223–240. Bergrat Graeff (Heinitz) telegrafiert an Oberbergrat Nasse ebenfalls am 6. 3.: „Größter Theil der Belegschaft ist gegen die Einrichtung der Vertrauensmänner und werden sich wahrscheinlich ganze Steigerabtheilungen an der Wahl nicht betheiligen". Ebda. 88.
98 Ebda. 82/83. Ähnlich argumentiert Nikolaus Warken nach dem Bericht der „Saarzeitung": „Der Kaiser habe ihnen sein Entgegenkommen gezeigt durch Einrichtung der Ausschüsse, um die sie früher petitioniert"; vgl. ebda. 106. Diese Einschätzung hat sich aber schnell gewandelt, wie wir sehen werden.
99 Zu den Wahlmanipulationen vgl. ebda. 199–201 (aufgelistet nach Inspektionen); Brandt, Soziale Entwicklung, 76/77. Zum Wahlergebnis siehe auch Mallmann, Anfänge der Bergarbeiterbewegung, 187.
100 LHA KO 442/4169 (Abschr.). Nasses Résumée gründet sich auf Situationsberichte einzelner Inspektionen, wie z. B. des folgenden von Bergrat Graeff vom 11. 4. 1890 „Die im Monat März d. J. für den hiesigen Inspektionsbezirk gewählten Vertrauensmänner gehören mit geringer Ausnahme (Maschinenbetrieb) zu den unzufriedensten und läßigsten Arbeitern der Grube, welche zum Theil schon seit Beginn der Arbeiterbewegung im Mai v.J. als Schreier und Aufwiegler bekannt sind"; LA SB 564/717, 398.
101 Ebda. 533. Siehe auch 382, 536 u. LA SB 564/699, 40, 43, 47, 545 u. 687/88. Dort zum Rücktritt der 19 von 22 Sulzbach-Altenwalder Vertrauensleuten im Mai 1891.
102 Stellungnahme des RV-Vorstandes zu den Arbeiterausschüssen vom 16. 3. 1890; LA SB 564/717, 202. Vgl. auch die Äußerung des Vertrauensmanns Steinert (Insp. X) gegenüber Bergrat Kreuser, daß die Tätigkeit der Vertrauensmänner keine Bedeutung habe, wenn sie nicht die Kompetenzen eines Schiedsgerichts erhalten; ebda. 321.
103 Ebda. 203/204.
104 Ebda. 533. Die Ausführungen Berwangers entsprechen dem § 10 der Völklinger Beschlüsse vom 4. 5. 1890 und den Forderungen einer aus 14 Artikeln bestehenden Eingabe von 147 Vertrauensleuten; vgl. LA SB 564/716, 260.
105 Vgl. die „Übersicht über die Betheiligung der Belegschaften an den Vertrauensmännerwahlen in den Jahren 1890–1900", LA SB 564/771. Ab Mitte 1892 kommt die Tätigkeit der Arbeiterausschüsse praktisch zum Erliegen, in den Ak-

tenbeständen verdünnen sich die Berichte. Charakteristisch für die Situation in den ausgehenden 1890er Jahren mag folgender Bericht der Inspektion III (von der Heydt) vom 9. 7. 1897 sein: „Da weder Berathungsgegenstände noch Anträge der Vertrauensmänner vorlagen, mußte die Zusammenkunft im verflossenen Vierteljahr ausfallen". Ebda. 22.

106 Nr. 71, 26. 3. 1896.
107 Costas, Anfänge der Partizipation, 348. Im Sinne ihrer Begründer entwickeln sich dagegen die nach dem Vorbild der Saargruben bei den preußisch-hessischen Staatseisenbahnen 1892 eingerichteten Arbeiterausschüsse zu „Jasagekomites"; vgl. Saul, Der Staat und die „Mächte des Umsturzes", 322. Zur Kritik der Arbeiterausschüsse vgl. auch Hentschel, Deutsche Sozialpolitik, 49 ff. Kaplan Dasbach, ein Befürworter der Arbeiterausschüsse, sah schon früh, daß der Umgang der Bergbehörde mit den Arbeiterausschüssen an der Saar diese ihrer integrativen Wirkung berauben würde. Vgl. Rivinius, Georg Friedrich Dasbach, 140 Anm. 71. Zur Einbindung der Arbeiterausschüsse in die autoritäre Betriebsverfassung des Bergbaus siehe Neuloh, Betriebssystem und Betriebsklima, 80–87.
108 Mallmann, Bergarbeiterbewegung, 226.
109 Vgl. zu den Wahlergebnissen Bellot, Hundert Jahre (1954), 183; Fritsch, Revisionismus, 119. Einzelnachweisung der Wahlkreise in LHA KO 442/6314, 62 f. Da keine Sozialdemokraten in diesen Wahlkreisen kandidieren, vermutet der Trierer Regierungspräsident eine indirekte Unterstützung des RV durch die Sozialdemokratie.
110 Trierische Landeszeitung, Nr. 224, 25. 1. 1890.
111 Vgl. StA Friedrichsthal, Akte Rechtsschutzbewegung 1, 197.
112 Dies das Fazit für Mallmann, Anfänge der Bergarbeiterbewegung, 174. Das gefestigte Selbstbewußtsein der Arbeiter läßt folgende Schilderung ihrer „Wahlkampfarbeit" erkennen: „Die Arbeiter traten hier (im Wahlreis Ottweiler-St. Wendel-Meisenheim, H.St.) in den Versammlungen des Kartells und des Zentrums sehr forsch auf. Sie beanspruchten vielfach den Vorsitz, beugten sich erst einem Majoritätsbeschluß und meldeten sich überall zu Wort". Bellot, Hundert Jahre (1954), 183.
113 LHA KO 403/9051, 433.
114 Vgl. LA SB 564/770, 226 u. 442/4169.
115 Siehe StA Friedrichsthal, Akte Rechtsschutzbewegung 1.
116 LHA KO 403/9051, 462.
117 Mallmann, Anfänge der Bergarbeiterbewegung, 178 u. 147 ff.
118 Gabel, Kämpfe und Werden, 87–90.
119 Bericht des Völklinger Bürgermeisters Stürmer vom 5. 5. 1890 an den Saarbrücker Landrat zur Nedden (Abschr.), LHA KO 442/4420, 98.
120 Ebda. 91.
121 Ebda. 92.
122 Die Völklinger-Beschlüsse sind leicht zugänglich bei Kiefer, Organisationsbestrebungen, 202–206. Vgl. auch St. Johanner-Zeitung, Nr. 104, 5. 5. 1890.
123 Müller, Arbeiterverhältnisse, 58.
124 LHA KO 442/4304, 541 (Abschr.).
125 Vgl. ebda. 442/4420, 281/82; Hue, Bergarbeiter, 426; LHA KO 442/4304, 328.
126 Ebda. 158, Siehe auch StA SB, Best. Alt-Saarbrücken, Nr. 1417, 18; LHA KO 442/4304 183; zum Verlauf der Delegiertenwahlen siehe auch 192, 197 f., 247 f, 279, 327 f., 347; StA Friedrichsthal, Akte Rechtsschutzbewegung 1, 266. Die Neunkirchener Entscheidung, keinen Delegierten zu bestimmen, beruht auf Differenzen des Vizepräsidenten Mathias Bachmann mit seinen RV-Vorstandskolle-

gen. Bachmann versucht, über eine dezidiert anti-sozialdemokratische Politik seinen Einfluß im RV auszubauen. Vgl. LHA KO 442/4304, 415 ff., 463 ff. u. 483 ff.

127 Zum inhaltlichen Verlauf des Deutschen Bergarbeitertages vgl. Hue, Bergarbeiter, 411; Mallmann, Anfänge der Bergarbeiterbewegung, 200 ff; Verhandlungen des 1. Deutschen Bergarbeitertages in Halle/S., abgehalten vom 15. bis 19. September 1890 in Sanows Restaurant, Steinweg Nr. 13, o.O.o.
128 St. Johanner Zeitung, Nr. 223, 23. 9. 1890.
129 Vgl. Hue, Bergarbeiter, 414; Imbusch, Arbeitsverhältnis, 383.
130 Hue, Bergarbeiter, 414–416. Vgl. das Verzeichnis der Bevollmächtigten des Deutschen Bergarbeiter-Verbandes im Saarrevier, LHA KO 442/4380. Der Saardelegierte Thome betont jedoch am 2. 10. 1890 in Altenwald, „daß der zu gründende Verband in gar keiner Beziehung zu dem hiesigen Rechtsschutzverein stehe, sondern eine ganz selbständige Einrichtung zum Heile aller Bergarbeiter bilde". LHA KO 442/4304, 499.
131 So berichtet das königl. Landratsamt St. Wendel über die Auflösung einer Bergarbeiterversammlung in Urexweiler, 12. 12. 1890, LHA KO 442/4254. StA Friedrichsthal, Akte Rechtsschutzbewegung 1, 287.
132 Bergmann, Dörr am 18. 3. 1891 in Fürstenhausen; LHA KO 442/4221.
133 Am 18. 3. 1891 in Dudweiler; ebda.
134 Vgl. Mallmann, Anfänge der Bergarbeiterbewegung, 229.
135 Vgl. LHA KO 442/4221. Noch am 1. 3. 1891 waren in Sulzbach bis auf die Insp. I (Kronprinz) sämtliche Inspektionen für die Beschickung des Kongresses. Göttelborn (X) war noch unentschieden. Die Bedeutung der Paris-Reise für die Verbandsentwicklung belegt die Äußerung Schillos am 18. 3. 1891 in Fürstenhausen: „Es hätten sich Ausschußmitglieder geäußert, wenn wir nach Paris gingen, würde es Krieg geben, aber diese hätten bis jetzt noch nicht viel für die Kameraden gethan"; ebda.
136 Kiefer, Organisationsbestrebungen, 46.
137 LHA KO 442/4221. Kiefer, Organisationsbestrebungen, 44/45.
138 Westfälische Freie Presse, Nr. 81, 6. 4. 1891. Vgl. auch Zweiter Internationaler Congress der Bergarbeiter. Abgehalten am 31. März und am 1., 2., 3. und 4. April 1891 in der Bourse du Travail, Paris. Officieller Bericht, London 1891, 10.
139 Vgl. Hue, Bergarbeiter, 427.
140 Ebda., 428
141 Nr. 18, 1. 5. 1891.
142 SZ, Nr. 97, 28. 4. 1891 (Abendblatt); Kiefer, Organisationsbestrebungen, 46/47.
143 Vgl. die Stellungnahmen des „Evangelischen Arbeitervereins Saarbrücken", des „Ausschuß des Verbandes evangelischer Arbeitervereine Rheinlands und Westfalens" und des „Vorstandes des Verbandes der evangelischen Arbeitervereine der Saargegend", in: SZ, Nr. 102, 4. 5. 1891 (Abendblatt) und Nr. 103, 5. 5. 1891 (Abendblatt). Für Kiefer, Organisationsbestrebungen, 44/45, schließt sich der RV mit der Kongreßbeteiligung, der „roten Internationale" an; für Müller, Arbeiterverhältnisse, 59, setzt sich damit die „sozialdemokratische Richtung der Arbeiterbewegung" durch. Austrittserklärungen von Dirminger Bergleuten in LHA KO 442/4380. Kiefer übertreibt allerdings, wenn er den „Austritt eines großen Teils der Bergarbeiter aus dem Rechtsschutzverein" beschwört!
144 Imbusch, Arbeitsverhältnis, 384.
145 Vgl. Hue, Bergarbeiter, 430/431; SZ, Nr. 97, 28. 4. 1891 (Morgenblatt).
146 Vgl. LHA KO 442/4221, 6. 3. 1891.
147 LHA KO 442/4380.

148 Nr. 95, 25. 4. 1891 (Abendblatt). In ähnlichem Sinne postuliert die Westfälische Freie Presse: „Die sozialistische Arbeiterbewegung hängt nicht von dem Strike ab"; Nr. 87, 14. 4. 1891. Das „Correspondenzblatt der Generalkommission der Gewerkschaften Deutschlands" beurteilt den Bergarbeiterausstand ebenfalls skeptisch: „Besonders muß daran gedacht werden, daß diese Organisationsbildungen (im Bergbau, H.S.) noch neueren Datums sind, die Mitglieder also noch nicht das volle Verständnis für die Tragweite der gefaßten Beschlüsse gewonnen, sowie die nothwendige Disziplin und Ruhe und Opfermuth in sich aufgenommen haben". Nr. 12, 9. 5. 1891, 49.

149 Zur Vertiefung dieser Paraphrase gewerkschaftlichen Streikverständnisse gegen Ende des 19. Jahrhunderts siehe Johann Leimpeters; Kritische Streikbetrachtungen, Sozialistische Monatshefte 1906, 846—854; Volkmann, Modernisierung des Arbeitskampfes? Ders., Organisation und Konflikt, kritisch: Groh, Intensification of Work, u. Osservazioni preliminari.

150 LHA KO 442/4380. Diese griffige Streikdefinition, die Warken erstmals am 30. April 1891 in Altenwald formulierte, fand schnell ihre Anhäger. Sie wurde sowohl von dem Vertrauensmann Hellbrück am 5. 5. 1891 wie von Nieser am 20. 5. 1891 aufgegriffen und popularisiert.

151 LHA KO 442/4380. Von 9 anwesenden Inspektionen stimmten 7 für Streik, 2 waren nicht generell dagegen, wollten dies aber auf einer eigenen Inspektionsversammlung entschieden wissen. In der Altenwalder Versammlung verwoben sich geschickt Entscheidungsstrukturen recht unterschiedlicher Ebenen. Anwesend waren die Vertrauensmänner des RV, die bestellten Vertreter des Deutschen Bergarbeiterverbandes für das Saarrevier sowie die Grubenausschußmitglieder. Hierin dokumentiert sich die Fähigkeit der Revierorganisation, eigene mit betrieblichen und gewerkschaftiche Instanzen im Entscheidungsprozeß zu verbinden. Vgl. LHA KO 403/9051, 545, u. 442/4380, 2. 5. 1891.

152 Ebda.; SZ, Nr. 100, 1. 5. 1891 (Abendblatt) u. Nr. 101, 2. 5. 1891. Falsch, nämlich auf den 20. April datiert Hue, Bergarbeiter, 432, diese Resolution; ungenau auch die Westfälische Freie Presse, Nr. 103, 3. 5. 1891.

153 SZ, Nr. 100, 1. 5. 1891 (Abendblatt).

154 Vgl. die Niederschrift der Konferenz vom 9. 5. 1891, in: LHA KO 442/4380.

155 Siehe die Bekanntmachung der Königl. Bergwerksdirektion v. 10. 5. 1891 in: SZ, Nr. 107, 11. 5. 1891 (Morgenblatt); Der Bergmannsfreund, Nr. 20, 15. 5. 1891, 77.

156 LHA KO 442/4380.

157 Ebda.

158 LHA KO 403/9051, 567
Vgl. mit allerdings abweichenden Zahlenagaben SZ, Nr. 115, 21. 5. 1891 (Abendblatt), sowie Müller, Arbeiterverhältnisse, 60; Kiefer, Organisationsbestrebungen, SZ, Nr. 116, 22. 5. 1891 (Abendblatt), Nr. 117, 23. 5. 1891 (Abendblatt); LHA KO 442/4380.

159 Vgl. Mallmann, Anfänge der Bergarbeiterbewegung, 127—130.

160 Dieses Erklärungsmuster besitzt eine Schutzfunktion: so braucht nicht ein Verhaltenswandel einer lange Jahre als treu und zuverlässig eingeschätzten Arbeiterschaft erklärt zu werden, das Bild der Musteranstalten und der segensreichen Wirkungen einer fiskalischen Wohlfahrtspolitik wird weiter aufrecht erhalten; eine perfekte Selbsttäuschung! Paradigmatisch für die (falsche) kategoriale Zuordnung von „jung" zu „Schlafhäusler" und „älter" zu „besonnen" ist der Versammlungsbericht in der SZ, Nr. 105, 8. 5. 1891 (Abendblatt).

161 LHA KO 442/4380. Ein Hinweis auf die überproportionale Beteiligung der

Schlafhäuser von Heinitz findet sich im Versammlungsbericht aus Neunkirchen vom 21. 5. 1891, SZ, Nr. 106, 9. 5. 1891. Die Zeitung sagt auf Grund der eingeschränkten Basis voraus, „daß noch nicht der fünfte Teil der Belegschaft streiken wird". Vgl. auch SZ, Nr. 108, 12. 5. 1891, LHA KO 403/9051, 546.

162 Zit n. SZ, Nr. 117, 23. 5. 1891. Bebels Brief an Braun, 1. 5. 1891, LHA KO 442/6221, 263−265. Zur Streittaktik der Partei- und Gewerkschaftsführung siehe Groh, Intensification of Work, Osservazioni preliminari u. Dilemma of Unwanted leadership.

163 Nr. 121, 1. 6. 1891.

164 Ebda. Vgl. auch Kiefer, Organisationsbestrebungen, 50, sowie LHA KO 442/4380. Die gemaßregelten Bergleute weiter im Unklaren über ihr Schicksal lassen zu wollen, scheint die Absicht der Werksdirigenten gewesen zu sein. Im Arbeiterausschuß von Sulzbach und Altenwald teilt der Werksdirektor am 28. 7. mit, „daß gegenwärtig eine Wiederanlegung nicht stattfinde, wohl aber ein Theil der Leute nach längerer Zeit, etwa im nächsten Frühjahr, zur Arbeit vielleicht wieder könne zugelassen werden" LA SB 564/717, 690.

165 So Gendarm Hübner an die Polizeiverwaltung zu Sulzbach, 26. 7. 1891, LHA KO 442/4274. Es ist dies das erste öffentliche Auftreten der Sozialdemokraten unter den Bergleuten. Der vom 28. 1. bis 2. 2. 1891 das Revier bereisende Sozialdemokrat Lücke aus Köln konferierte hauptsächlich mit einzelnen Sozialdemokraten, aber auch mit Warken und anderen Mitgliedern des RV, vgl. LHA KO 442/4221, 15. 2. 1891.

166 Im Gegensatz dazu werden in den Braun'schen Versammlungen die Gegner der Sozialdemokratie zu Stellungnahmen herausgefordert.

167 Vgl. Imbusch, Arbeitsverhältnis, 388/389.

168 Vgl. zu dem Konflikt über die Kassenführung Mallmann, Anfänge der Bergarbeiterbewegung, 256−258; Kiefer, Organisationsbestrebungen, 50/51; Imbusch, Arbeitsverhältnis, 386/387. In vielen Versamlungen des Frühjahrs und Sommers 1891 müssen sich die Führer des RV mit dem von den Gegnern weidlich geschürten Mißtrauen auseinandersetzen, so z. B. in Dudweiler (5. 5.), Sulzbach (20. 5.), Püttlingen (7. 6.), Altenwald (23. 6.), Hühnerfeld (24. 6.) und nochmals Püttlingen (22. 6.); LHA KO 442/4380.

169 LHA KO 442/4376 (Abschr.). Original ebda. 442/6221, 251−254. Zur Gründungsgeschichte siehe StA Friedrichsthal, Akte Rechtsschutzbewegung 1, 339 f. Mallmann, Anfänge der Bergarbeiterbewegung, 242 ff. Imbusch, Arbeitsverhältnis, 388.

170 So am 4. 3. 1891 in Quierschied, LHA KO 442/4221.

171 Am 12. August 1891, LHA KO 442/4274. Gegen Braun und teilweise auch gegen den Vorstand sprachen sich später noch Wehrdener (4. 10. 1891) und Schiffweiler Bergleute aus; vgl. ebda. SZ, Nr. 187, 13. 8. 1891.

172 So Otto Hue, Bergarbeiter, 403; Ders.: Neutrale oder parteiische Gewerkschaften? 67.

173 LHA KO 442/4221.

174 Vgl. zur Vertrauensmännerversamlung am 11. 10. 1891 in Bildstock LHA KO 442/4274.

175 Heinrich Schlicke und Heinrich Hüninghaus führten die Redaktion vom August bis November; Bergmannsfreund, Nr. 52, 23. 8. 1892 u. LHA KO 442/4250.

176 Mallmann, Anfänge der Bergarbeiterbewegung, S. 249. Tatsächlich werden z. B. Kritik und Änderungswünsche der Bergleute zur neuen AO durch „Schlägel und Eisen" publiziert. Nach Angaben von „Schlägel und Eisen" besaß die Zeitung aber 5000 Abonnenten, und der Saarbrücker Landrat Bake war nicht abgeneigt,

dem Glauben zu schenken, und bemerkte am 28. 9. 1892, „daß die Verbreitung des Blattes in letzter Zeit recht erheblich zugenommen hat". LHA KO 442/4250. Zur Geschichte von „Schlägel und Eisen" vgl. in aller Kürze und mit einigen Ungereimtheiten, die Bedeutung des Organs für die Vereinsentwicklung nicht erfassend, Kiefer, Organisationsbestrebungen, an verstreuten Stellen, insbes. 65. Nur die Einstellung der Zeitung erwähnt Müller, Arbeiterverhältnisse, 66. Brandt, Soziale Entwicklung, 84, behandelt die Zeitung nur im Kontext der verschärften sozialdemokratischen Propaganda. Mit Schwerpunkt auf den Bemühungen um Carl Schneidt, der ja aus dem Kreis Saarbrücken stammte, stellt Hermann, 'Der Eckstein', 115–118, die Geschichte der Zeitung auszugsweise dar; Hue, Bergarbeiter, 402 f, mit einem brauchbaren Überblick. Siehe auch Johann Leimpeters, Die Komödie im Saargebiet, Bochum o.J. (1912).

177 Zum Saalbau in Bildstock und den hier thematisierten Problemen vgl. StA Friedrichsthal, Akte Rechtsschutzbewegung 1, 234; LHA KO 442/4420, 57; 442/4380 v. 29. 5. 1891. Schon im ersten Jahr seines Bestehens geben die Mitgliederzahlen des RV nicht die zahlenden Mitglieder an. Beitragsverweigerungen konnten gerade in Phasen der Polarisierung auch politisches Druckmittel sein. Der Bergmann Baldes errklärte sich in Püttlingen bereit, wenn im RV „andere Verhältnisse eintreten würden, seine Beiträge, welche er dem Verein jetzt vorenthalte, sämtlich nachzuzahlen"; LHA KO 442/4274. Zum Vermögen des RV vgl. die Statistik bei Kiefer, Organisationsbestrebungen, 69/70; SZ, Nr. 107, 11. 5. 1891 (Abendblatt); Westfälische Freie Presse Nr. 112, 15. 5. 1891; Saarbrücker Landrat, 28. 9. 1892, an Reg. Präs. zu Trier, LHA KO 442/4250; Kiefer, Organisationsbestrebungen, 53. Siehe auch Mallmann/Bungert: Kampf der Bergleute. Zum Saalbau vgl. Lissmann, Beitrag zur Geschichte 68–74.

178 Zurückgekehrt vom Pariser Kongreß waren die Erfahrungen der englischen Bergarbeiter in den Reden der Delegierten oftmals Vorbild einer Verbandsentwicklung: „Die Vereinigung der Bergleute in England bestehe schon seit 34 Jahren", berichtete König in Großrosseln, und diese erreichten „vermöge ihrer Vereinigung und den ihnen zu Gebote stehenden Mitteln Alles, was sie wünschten und so müsse es auch bei uns werden", LHA KO 442/4221, 13. 4. 1891. Auch der westfälische Bergarbeiterführer Schröder lobte auf seiner Agitationsreise im Herbst 1891 die Trade Unions, z. B. in Altenwald im 16. 9. 1891; LHA KO 442/4274.

179 Satzung des Rechtsschutzvereins der Bergleute im Bezirk des Oberbergamtes zu Bonn, 27. 11. 1891, zit. Imbusch, Arbeitsverhältnis, 709. Siehe das Statut des Verbandes deutscher Bergleute bei Hue, Bergarbeiter, 754–756.

180 Vgl. Versammlungsberichte, 5. 12. 1891, LHA KO 442/4274. Insgesamt sollen ca. 700 M. gesammelt worden sein; vgl. LHA KO 403/9051, 603.

181 Vgl. den Bericht von Bürgermeister Stürmer, LHA KO 442/4274 betr. einer Versammlung in Obervölklingen am 13. 12. 1891. Mallmann, Aanfänge der Bergarbeiterbewegung, 255, interpretiert diese Versammlung als internen Machtkampf des RV und als Indiz für die geringe Resonanz sozialdemokratischer Ideen.

182 Vgl. Prot. SPD–PT 1891, 362; Prot. Kongreß Gewerkschaften, 1892, 5 u. 91; Bericht vom 3. Internationalen Bergarbeiter-Congreß zu London am 7.–10. Juni 1892, Ms. o.O.oJ. Zur Auseinandersetzung über die 1. Mai-Feier im Vorfeld und deren Verlauf siehe LHA KO 442/4376, Bericht des Landrats von Saarbrücken v. 28. 3. 1892; 403/6838, 125–135; 403/6835, 647–663. Abschr. des Aufrufs in 442/ 4376, hier auch der Bericht über den Verlauf der Feier vom 2. 5. 1892.

183 St. Johanner Zeitung, Nr. 121, 25. 5. 1892. Vgl. zu einer Veranstaltung am 15. 5. ebenfalls in Bildstock Imbusch, Arbeitsverhältnis, 390.

184 Zur Versammlung der „christlich-patriotischen" Bergleute vgl. den Bericht von Bürgermeister Foster, 25. 5. 1892, LHA KO 442/4376. Zur Gegenveranstaltung ebda. 27. 5. 1892.
185 LHA KO 442/4250, 18. 7. 1892.
186 Ebda. 27. 8. 1892 u. 31. 8. 1892. In Bildstock gehen von einer 1500köpfigen Versammlung die Streikgerüchte aus.
187 Vgl. Nachweisung der durchschnittlichen Verkaufspreise 1891, LA SB 564/597, 431 u. 564/593, 6, sowie die Nachweisung der Haushaltsergebnisse in 564/157.
188 Klein, Saarbergbau vor hundert Jahren, 6.
189 Vgl. LHA KO 442/4250, Bericht des Malstatt-Burbacher Bürgermeisters sowie die diversen Landratsberichte an die Trierer Regierung seit September 1892. Auch in den 70er Jahren hatten Lohnreduzierungen von 13,4 % bei gleichzeitiger Erhöhung der Arbeitsintensität um 13,8 % die Selbstkosten um insgesamt 27,7 % senken können; vgl. Klein, Saarbergbau vor hundert Jahren, 12 f.; LHA KO 442/4250. 22.12.1892. Nach einer Anlage des Saarbrücker Landratsberichtes vom 2. 1. 1893 verdienten im Oktober 1892 75,4 % der 15 819 Hauer zwischen 4 und 5 M., wobei verschwiegen wird, daß davon noch die nicht unerheblichen Abzüge abgehen; vgl. LHA KO 442/4256.
190 LHA KO 442/4250.
191 Ebda., 31. 8. 1892 u. 403/9051, 16. 8. 1892.
192 LHA KO 442/4250, 9. 12. 1892.
193 Brandt, Soziale Entwicklung, 88; vgl. auch Hue, Bergarbeiter, 438.
194 LHA KO 442/4250, 5. 12. 1892.
195 Vgl. zur Versammlung den Bericht von Bürgermeister Forster, 9. 12. 1892, LHA KO 442/4250; StA Friedrichsthal, Akte Rechtsschutzbewegung 2, 372 ff.
196 Ebda. Auch die sozialdemokratische Rheinisch-Westfälische Arbeiter-Zeitung zitierte einen Bericht der Frankfurter Zeitung, der davon ausging, „daß die Bergleute in der weiteren, demnächst stattfindenden Versammlung ihren Beschluß aufheben". Nr. 66. 15. 12. 1892. Und am 1. 1. 1893 berichtete dieselbe Zeitung: „Der angekündigte Bergarbeiterausstand im Saarrevier ist ausgebrochen und gewinnt leider an Ausdehnung. Leider – denn es erscheint uns fast unmöglich, daß bei der jetzigen wirthschaftlichen Depression etwas erreicht werde".
197 LHA KO 442/4250, 21. 12. 1892 u. 23. 12. 1892.
198 Ebda. 22. 12.1892. Vor Weihnachten entschieden sich Versammlungen in Altenwald, Heusweiler, Dudweiler und Bildstock für den Streik. Bürgermeister Forster war schon am 22. 12. übezeugt, daß es zum Streik komme.
199 Nach dem Landratsbericht vom 26. 12. 1892, ebda. Schon im Juni 1892 hatte der Sekretär des sozialdemokratischen Parteivorstandes, Richard Fischer, in Bildstock den Arbeitern erklärt: „Die niedergehende Geschäftslage ist zum Streik nicht geeignet, sondern nur die aufblühende". KrA SB 5/10.
200 Streikaufruf Nikolaus Warkens, StA Friedrichsthal, Akte Rechtsschutzbewegung 2, 388. Als „frivol" bezeichnet Landrat Bake am 31. 12. den Streik.
201 Warken, zit. ebda. 391. Ähnlich Bachmann am 3. 1. 1893 in Bildstock: „Die Bittgesuche an höhere Behörden haben nichts genutzt". LHA KO 442/4256. Mallmann, Anfänge der Bergarbeiterbewegung, 288, interpretiert den Ausbruch des Streiks als Ergebnis organisationsinterner Überlegungen der Führung: „im RSV-Vorstand dominierte die Angst vor weiterem Prestigeverlust. Er trat die Flucht nach vorne an, um die inneren Probleme mit dem im Mai 1889 bewährten Mittel zu lösen". Tatsächlich aber war es nicht nur der Vorstand, der Streiküberlegungen anstellte, sondern der Druck in diese Richtung kam ebenso von der Basis. Dem „Correspondenzblatt" ist zuzustimmen, wenn es die explosionsartige

Ausweitung des Streiks als Beweis dafür interpretiert, „daß Ausstände nicht von den Führern hervorgerufen werden, sondern entstehen, wenn das Gefühl der Bedrückung unerträglich gewesen ist". Nr. 1, 9. 1. 1893.
202 SZ, Nr. 305, 29. 12. 1892 (Abendblatt). Die gewalttätige Duchsetzung des Streiks außerhalb der Gruben ist Gegenstand der Analyse im Teil 4.
203 So Landrat Bake, 31. 12. 1892, LHA KO 442/4250. Am 29. 12. hatten die Bergwerksdirektion und der „Verein zur Wahrung der gemeinsamen wirtschaftlichen Interessen der Saarindustrie" sich über einen längeren Ausstand verständigt, einen Tag später wurde die harte Linie auf einer Konferenz von Bergwerksdirektion, Regierungspräsident, Landräten und Staatsanwaltschaft abgesegnet; LHA KO 403/6837, 219–226. Die „Saarbrücker Zeitung" veröffentlichte einen Leitartikel zum „wahnwitzigen Streik", der mit den Worten schloß: „Landgraf! werde hart!" Nr. 306, 30. 12. 1892 (Abendblatt).
204 Nr. 20, 14. 5. 1892 u. Nr. 30, 8. 6. 1892.
205 Vgl. LHA KO 442/4250, 31. 8. 1892.
206 Ebda.
207 LHA KO 442/4256. Mallmann, Anfänge der Bergarbeiterbewegung, vernachlässigt den Gewaltaspekt in seiner Arbeit völlig. Manche dieser Waffen wurden nicht nur im Streik benutzt, sondern über die Jahrhundertwende hinaus auch zum Wildern; vgl. LA SB 564/1147, 413.
208 Vgl. die Anzeige wegen Landfriedensbruch gegen Peter Schillo u. a., LHA KO 442/4250, 18. 12. 1892 (Abschr.). Rheinisch-Westfälische Arbeiter-Zeitung Nr. 73, 23. 12. 1892.
209 LHA KO 442/4256. Zur Streikentwicklung der „tollen Woche" (SZ) vgl. Bergmannsfreund, Nr. 6, 20. 1. 1893; SZ, Nr. 306, 29. 12. 1892 (Abendblatt) bis Nr. 9, 11. 1. 1892 (Abendblatt); LHA KO 442/4250 u. 4256. Vgl. Brandt, Soziale Entwicklung, 88; Kiefer, Organisationsbestrebungen, 60; LHA KO 442/4250 u. 442/4256; StA Friedrichsthal, Akte Rechtsschutzbewegung 2, 405. Zu der Maßnahme auf bayerischer Seite vgl. LA Speyer H 35/174, 6–9 u. 42, H 3/1867, 143 ff. Die Polizeiverordnung (PV), die den Aufenthalt in der Nähe von Betriebsstätten und auf Zufahrtswegen verbietet, ist veröffentlicht in SZ, Nr. 307, 31. 12. 1892 (Morgenblatt). Für die Streikenden wird der Telegrafenverkehr nach Westfalen unterbrochen; LHA KO 442/4256, 4. 1. 1893 u. Rheinisch-Westfälische Arbeiter-Zeitung, Nr. 17, 20. 1. 1893.
210 Vgl. die Versammlungsberichte vom 31. 12., 1. 1. 1893, u. 2. 1. 1893, LHA KO 442/4256 u. StA Friedrichsthal, Akte Rechtsschutzbewegung 2; SZ, Nr. 1, 2. 1. 1893 (Morgenblatt).
211 Mallmann, Anfänge der Bergarbeiterbewegung, geht auf die Tatsache, daß insbesondere von einem Rechtsanwalt der Petitionismus wiederbelebt wird, mit keinem Wort ein. Vielmehr folgert er den wiedererwachten Petitionismus aus der Enttäuschung der Saarbergleute über die mangelnde Solidarität der Ruhrkumpel, die jedoch erst am 9. 1. offenbar wird.
212 Vgl. LHA KO 442/4256; Schlägel und Eisen – Extrablatt, 4. 1. 1893; Kiefer, Organisationsbestrebungen, 61; SZ-Extrablatt, 7. 1. 1893; Hue, Bergarbeiter, 439; Brandt, Soziale Entwicklung, 89/90.
213 5. 1. 1893, LA Speyer H 3/1867, 142; H 35/174, 24, 28, 31 u. 36. Vgl. weiter SZ, 30. 12. 1892, 3. u. 5. 1. 1893.
214 Monatlicher Landratsbericht an den Reg. Präs. zu Trier, LHA KO 442/4380 (unpaginiert).
215 SZ, 2. 1. 1893 (Morgenblatt), 3.
216 Rheinisch-Westfälische Arbeiter-Zeitung, 4. 1. 1893, 3 u. 17. 1. 1893, 3. Über das

Abfeuern von Waffen bei Festen siehe LA Speyer H 35/174, 3. Vgl. SZ, 31. 12. 1892 (Abenblatt), 3; 3. 1. 1893 (Morgenblatt), 2; 5. 1. 1893 (Abendblatt), 3 u. 6. 1. 1893 (Abendblatt), 3; Rheinisch-Westfälische Arbeiter-Zeitung, 12. 1. 1893, 4; LHA KO 442/4256, Telegramm des Landrats von Saarlouis, 14. 1. 1893.
217 Vgl. Bericht Landrat Saarbrücken an Trierer Reg. Präs., 10. 1. 1893 und die Schilderungen des Püttlinger Bürgermeisters, 4. 1. 1893, ebda.
218 Vgl. LHA KO 442/4250; Bergmannsfreund — Extrablatt, 9. 1. 1893, u. Nr. 6, 20. 1. 1893, 44.
219 Gesuch um Wiederanlegung, 14. 1. 1893, LA SB 564/689, 2/3. Die Furcht vor Mißhandlungen ist ein in vielen Gesuchen wiederkehrendes Stereotyp und wird häufig auch zum Schutz vor Repressionen behauptet worden sein. Gleichwohl war der Zweck, das Fernbleiben von der Arbeit, erreicht.
220 Siehe SZ, 31. 12. 1892, 3.
221 LHA KO 442/4256, Saarbrücker Landratsbericht, 2. 1. 1893. Vgl. SZ, 9. 1. 1893, 3.
222 SZ, 30. 12. 1892 (Morgenblatt) 3 u. Pfälzer Zeitung, 7. 1. 1893, 1.
223 LHA KO 442/4250, 2. 1. 1893.
224 Ebda. 3. 1. 1893.
225 StA Friedrichsthal, Akte Rechtsschutzbewegung 2, 425.
226 Bergmannsfreund, zit. Mallmann, Rolle der Frauen, 89.
227 Pfälzer Ztg., 7. 1. 1893.
228 Köln. Ztg., zit. Hamburger Echo, Nr. 6, 7. 1. 1893.
229 7. 1. 1893.
230 Zit. Mallmann, Rolle der Frauen, 89.
230a Die Mobilisierung der nichtbergmännischen Bevölkerung erfasst insbesondere die Bauern und Geschäftsleute. Der Bergmann Lambert berichtet am 3. 1. in Bildstock: „In Eppelborn waren die Geschäftsleute in der Versammlung und haben Unterstützung zugesagt". Einen Tag später kündigte er an, daß aus Eppelborn ca. 50 Ztr. Kartoffeln zur Verfügung stünden. Siehe StA Friedrichsthal, Akte Rechtsschutzbewegung 2, 424 u. 440. Auch die Pfälzer Zeitung vermutete, daß die Bitte der Streikenden um Unterstützung nicht ungehört verhallt: „indirekt unterstützt werden die Streikenden da und dort schon von manchen Geschäftsleuten durch weitgehendes Creditieren und morgen sollen ... Fuhrleute die von den Landleuten gespendeten Viktualien etc. dem Streikcomite zur Vertheilung überbringen". Nr. 6, 7. 1. 1893, 1. Die Saarbrücker Zeitung berichtet: „Buchenschachen. 10. Jan. Lebensmittelspende. Großer Jubel herrschte heute im Kreise unserer Rechtsschutzleute, als am Nachmittag zwei große Wagen, beladen mit Kartoffelsäcken und anderen Lebensmitteln, von den Genossen in Eiweiler gesammelt, hier eintrafen. Die Pferde waren festlich verziert, die Wagen mit einem Kranz und Inschrift versehen". Der Bergleute begrüßten die Wagen mit dem Lied: „In Buchenschachen sind Krumbeeren de Massion". Nr. 9, 11. 1. 1893 (Abendblatt). Die Behörden versuchten diese Unterstützung abzublocken, wie folgende Meldung zeigt: „St. Wendel. 14. Jan. Einige Rädelsführer des Rechtschutzvereins kollektierten gestern in verschiedenen Ortschaften der Umgegend. Sie sollen z. B. in Bliesen etwa 100 Säcke Kartoffeln zusammengebettelt haben, in Namborn, Baltersweiler usw. wurden auch Butter, Fleisch, Eier, kurz alles, was sie an Liebesgaben erhalten konnten, auf mehrere Wagen geladen und nach Bildstock geschafft. In Baltersweiler wurde die Gesellschaft jedoch abgefaßt und wegen unerlaubten Kollektierens protokolliert". SZ, Nr. 14, 17. 1. 1893 (3. Abendblatt), 3.
231 Zwahr, Konstituierung des Proletariats, 88.

232 Nr. 6, 7. 1. 1893.
233 Bergmannsfreund-Extrablatt, 10. 1. 1893; SZ, Nr. 8, 10. 1. 1893 (Abendblatt); Imbusch, Arbeitsverhältnis, 396. Unter den Entlassenen waren 31 Knappschaftsälteste und 80 Mitglieder der Grubenausschüsse; vgl. SZ, Nr. 14, 17. 1. 1893 (3.Abendblatt).
234 LHA KO 442/4245, 10. .1. 1893. In seiner „Eingenhändigen Chronik" beschreibt Nikolaus Warken den 10. Januar als entscheidenden Tag: „... und dieser berechtigte Streik fiel in das Wasser für die Bergleute dadurch daß die Behörde auf einmal am 10. Januar 1893, fünfhundert Bergleute theilweise und auf immer ablegt": LA SB Einzelstück Nr. 91.
235 LHA KO 442/4256.
236 Zur Steikentwicklung vgl. die Extrablätter des Bergmannsfreund, 3. 1.–18. 1. 1893; Kiefer, Organisationsbestrebungen, 60; Müller, Arbeiterverhältnisse, 64.
237 Nr. 6, 20. 1. 1893: „Schaden könnte es den betreffenden Herren keinesfalls etwas, wenn sie mit dem berühmten 'Arm' des Bergmanns, von dem sie in letzter Zeit so oft phrasenhaft redeten, einmal nähere Bekanntschaft machten". Angespielt wird hier auf die Parole: „Alle Räder stehen still, wenn Dein starker Arm es will".
238 Zit. Hamburger Echo, Nr. 6, 7. 1. 1893.
239 Zum Verlauf dieses Streiks an der Ruhr vgl. Brüggemeier, Leben vor Ort, 196.
239a Vgl. Mallmann, Anfänge der Bergarbeiterbewegung, 294/295. Noch am 4. 1. 1893 bemerkte die Rheinisch-Westfälische Arbeiter-Zeitung: „Die ganze Art und Weise, wie der Streik geführt wird, zeigt, daß die Streikenden noch weit vom Sozialismus entfernt sind; es sind meist noch gute Katholiken, die ihren Führern blindlings folgen".
240 Rheinische Zeitung, Nr. 9, 21. 1. 1893. So entstehen aus einer richtigen Analyse (Liebknecht: Der Streik ist eine „brennende Verurtheilung der ganzen Sozialpolitik") falsche Konsequenzen. Liebknechts Äußerung fiel während der Reichstagsdebatte über den Saarstreik vom 12.–14. Januar 1893. Vgl. RT-Prot. 8. LP, 2. Sess., 1892/93, Bd. 1, 435. Die Enttäuschung über den Streikausgang in Energie für die allgemeine Arbeiterbewegung umzuwandeln ist Absicht der solidarischen Hilfeleistungen nach dem Streik; vgl. Correspondenzblatt, Nr. 2, 23. 1. 1893.
241 Vgl. Brandt, Soziale Entwicklung, 89.
242 Bergmannsfreund, Nr. 23, 21. 3. 1893 u. Nr. 37, 9. 5. 1893.
243 StA Friedrichsthal, Akte Rechtsschutzbewegung 2, 555 u. 558 f. Mallmann, Anfänge der Bergarbeiterbewegung, 299/300; Imbusch, Arbeitsverhältnis, 397; LHA KO 403/9051, 5. 5. 1893.
244 Vgl. ebda. u. StA Friedrichsthal, Akte Rechtsschutzbewegung 2, 568, 584 u. 588.
245 So von Velsen anläßlich der Generalbefahrung 1893; LA SB 564/688, 155.
377 Ebda. 37. Ähnlich Kriegerverein Fürstenhausen, 244–247. Vgl. auch LA SB 564/689, 205–211. Die stereotypen Selbstverzichtigungen in den Wiederanlegungsgesuchen reichen von dem Eingeständnis, „daß ich gesündigt habe", über Beschimpfungen ehemaliger RV-Kameraden bis zu der Versicherung, „nie wieder zu streiken" und immer daran zu denken: „Jedermann sei Unterthan der Obrigkeit". Die Wiederanlegungsgesuche füllen 6 Aktenbände!
247 StA Friedrichsthal, Akte Rechtsschutzbewegung 2, 611.
248 Bungert/Mallmann, Kampf der Bergleute, 2.
249 Imbusch, Arbeitsverhältnis, 398.
250 Greiffenhagen, Aktualität Preußens, 83.
251 Imbusch, Arbeitsverhältnis, 380. Zu Max Weber vgl. Teil 1, Anm. 25.

Teil 3

1 Tenfelde, Sozialgeschichte, 115.
2 Haßlacher, Geschichtliche Entwicklung, 44. Ebenso primitiv erfolgte der Abbau von Eisenerz im 18. Jahrhundert, der die Existenzgrundlage kleiner Eisen- und Hammerwerke war. Die langfristigen Nachteile solchen Raubbaues wurden erst zur Zeit des Eisenbahnbaues erkannt, als der gesteigerte Erzbedarf nicht mehr befriedigt werden konnte, da die zerwühlten Abbaugebiete die Entdeckung tiefer liegender Lager erschwerten; vgl. Schuler, Erzbergbau an der Saar. Solch „wilde" Abbauformen traten bis ins 20. Jahrhundert in Krisenzeiten immer wieder auf: z. B. im Bergarbeiterstreik 1923 und in Zeiten der Arbeitslosigkeit 1932–1935; vgl. Maus, Bergmannsleben, 22, Anm. 70. Siehe auch Machtan, „Elendsschächte" in Oberschlesien.
3 Einen knappen Überblick der Rechtsverhältnisse gibt Keller, Besitz- und Ausbeuterechte, 14–16.
4 Klein, Der Staat als Unternehmer, 27. Klein betont, daß trotz landesherrlicher Regie auch die wilde, „unautorisierte Kohlengräberei" weiterging.
5 Vgl. Klaes, Entwicklung der Arbeitsverhältnisse, 11 ff.; Haßlacher, Geschichtliche Entwicklung, 61 f.
6 Vgl. mit geringfügigen Differenzen bezüglich der Zahl der Bergleute Wächtler, Staatsbergbau, 233; Haßlacher, Geschichtliche Entwicklung, 71; Klein, Der Staat als Unternehmer, 147.
7 Siehe Köllner, Handel und Schiffahrt, 151; Haßlacher, Geschichtliche Entwicklung, 54; Strauß, Gesellschaftliche Gliederung, 28 f.; allgemein: Sieferle, Unterirdischer Wald.
8 Zusammengefaßt nach Schuster, 200 Jahre Bergbau, 10 f.; Klein, Der Staat als Unternehmer, 333. Zu den Glashüttengruben siehe Jakob, Friedrichsthal-Bildstock, 75 f.
9 Haßlacher, Geschichtliche Entwicklng, 108. Vgl. auch Bergmannsfreund, Nr. 4, 28. 7. 1871 u. Nr. 5, 4. 8. 1871.
10 Buchholtz, Bergaufsicht im Saarland, 45.
11 Zuletzt von Berg, Wirtschaft und Gesellschaft, 1984.
12 Vgl. zu dieser Beschreibung der Entwicklungsetappen des Bergbaus vor allem Holtfrerich, Quantitative Wirtschaftsgeschichte, 15–19, 24/25. Zur Periodisierung in der ersten Hälfte des 19. Jhs. siehe auch Kaufhold, Handwerk und Industrie, 334 f.
13 Zusammengestellt nach Müller. Arbeiterverhältnisse, 153–155. Die Förderdaten des Saarreviers wurden vom Verf. auf volle t auf- und abgerundet. Tenfelde, Sozialgeschichte, 603; Koch, Arbeiterbewegung, 139. Das Jahr 1870 ist an der Saar beeinflußt vom deutsch-französischen Krieg, der bei wechselnder Besetzung und der Einziehung von 3000 Bergleuten zum Wehrdienst teilweise zu Produktionsstillstand und Beeinträchtigungen des Transportwesens führt. Die Entwicklungstendenz läßt sich aus der Förderziffer für 1869 erkennen: 3 444 895 t bei einer Belegschaft von 18 800.
14 Zusammengestellt nach Holfrerich, Quantitative Wirtschaftsgeschichte, 66–68, u. Müller, Arbeiterverhältnisse, 153/154.
15 Vgl. Schuster, 200 Jahre Bergbau an der Saar, 17–25; Klein, Staat als Unternehmer, 341–343; Horch, Gesellschafts- und Herrschaftsstrukturen, 135–139.
16 Fuchs, Bemühungen der preußischen Bergbauverwaltung, 95–98; Hoppstädter, Entstehung der saarländischen Eisenbahnen; Ders., Entstehung der Eisenbahnen;

Hirche, Landstraßen und Eisenbahnen; Paege, Geschichtliche Entwicklung; Franz, Volkswirtschaftliche Bedeutung, 43 f.
17 Horch, Gesellschafts- und Herrschaftsstrukturen, 140/141.
18 Die Gewinne des Saarbergbaus wurden von Hans Horch an dem Wert der Förderung abzüglich der Lohnsumme und der Materialkosten errechnet; vgl. Ders., Gesellschafts- und Herrschaftsstrukturen, 210, 213 u. 426. Zum Ruhrbergbau und der Berechnung der Nettowertschöpfung vgl. Holtfrerich, Quantitative Wirtschaftsgeschichte, 88−92.
19 Der Text des Reglements ist leicht zugänglich bei Müller, Arbeiterverhältnisse, 145−147.
20 Vgl. Klein, Der erste deutsche Bergarbeiterstreik, 260.
21 Klaes, Arbeitsverhältnisse, 15.
22 Zit. ebda. 16. Wächtler, Staatsbergbau, 259/260, verwendet die Formulierung „Bergarbeit als einem förmlich existierenden Gewerbe".
23 Klaes, Arbeitsverhältnisse, 16; Müller, Arbeiterverhältnisse, 7.
24 Vgl. dazu Klein, Der Staat als Unternehmer, 347; Müller, Arbeiterverhältnisse, 7 ff.
25 Zusammengestellt aus Haßlacher, Geschichtliche Entwicklung, 96, und den von Rechenfehlern befreiten Angaben bei Wächtler, Staatsbergbau, 261. Wächtlers anregender Aufsatz ist allerdings handwerklich schlecht gearbeitet. Neben Namensverstümmelungen („Leden" statt „Reden", 255; „Völlertal" statt „Köllertal", 233) ist besonders peinlich die Unbrauchbarkeit einer Statistik 253/254, in der statt der „Arbeiterzahl" auf Privatgruben deren Förderung in Tonnen wiedergegeben wird. Auch an anderen Stellen scheint Wächtler derart „unbekümmert" gearbeitet zu haben; vgl. Tenfelde, Sozialgeschichte, 124, Anm. 5, 158 Anm. 160.
26 Erstes Zitat: Müller, Arbeiterverhältnisse, S. 16; zweites Zitat: Tenfelde, Sozialgeschichte, 136.
27 Wächtler, Staatsbergbau, 273 ff. Siehe auch Bungert, Zur Sonderentwicklung, 125. Im Jahre 1870 beschreibt der Bergassessor Hiltrop die Lage der zu 55 % unständigen Bergleute: „Gegenwärtig ist die Majorität der Bergarbeiter weder Stimm-, Wahl-, Vermögens- noch in normalen Fällen Pensionsberechtigt, steht also außerhalb aller für die Organisation der Bergarbeiter gesetzlich charakteristischen und sozialpolitisch bedeutsamen Institutionen". Hinzu kommt, daß im Saarbrücker Bezirk die Aufnahme in den Status eines ständigen Knappen im Vergleich zu Oberschlesien und Westfalen erschwert ist: ist dort eine 1- bzw. 2-jährige Beschäftigung in der Bergarbeit Voraussetzung, so fordert der Saarbrücker Knappschaftsverein eine ununterbrochene sechsjährige, bei Bergmannssöhnen fünfjährige Dienstzeit, die„falls bei einer vorzunehmenden Prüfung ein bestimmtes Maaß von elementarwisschenschaftlichen Kenntnissen sich nicht als vorhanden zeigt", auf 15 Jahre gesteigert werden kann! Hiltrop, Darstellung meiner Beobachtungen, LA SB 564/628, 1005 ff.
28 Petition von Bergleuten der Gruben Sulzbach und Altenwald an das königl. Bergamt zu Saarbrücken, 21. 3. 1848, zit. Wächtler, Staatsbergbau, 287.
29 LHA KO 403/8164, 349.
30 Volks-Liederbuch, 99/100. Der Weg zur Arbeit gerät in dieser romantisierenden Lyrik zum Zusammentreffen frohgelaunter Menschen: „Im schwarzen Kittel scharenweiss/ hin nach der Grube ziehn,/ Da höret man bei Hitz' un Eis/ Nur frohe Melodien." DVA Freiburg A 68170. In der Tradition der sozialkritischen Bergarbeiterlyrik Heinrich Kämpchens u. a. hat Kurt Küther um 1964 die Monotonie des Arbeitsweges eindrucksvoll besungen: „Im Gleichtrott des Bergmanns-

lebens" „Immer derselbe Weg!/ Immer dasselbe Ziel!/ Meine Schritte zur Zeche gelenkt/ Am Eisentor den Ausweis gezückt/ Die Blechmarke mir in die Hand gedrückt/ Den Kleiderhaken hinabgesenkt/ Immer derselbe, immer derselbe, immer derselbe Weg/ Immer dasselbe, immer dasselbe, immer dasselbe Ziel/"

31 Zit. Wächtler, Staatsbergbau, 289.
32 Vgl. Klein, Staatswissenschaftliche Arbeit, LA SB 564/1092 324, 337 u. 340 (Maschr.). Für die Jahre 1910/11 hat Junghann die Angaben differenzieren können. Es kehrten täglich zu Fuß oder mit dem Rad 33 349 Arbeiter nach Hause zurück, während 9 377 die Eisen- oder elektrische Bahn benutzten; vgl. Ders., Schlafhaus- und Einliegerwesen, 7. Zur Bedeutung der Bergmannspfade siehe auch Gronerad, Siedlungspolitik, S. 43.
33 HStA DÜ, Best. OBA Bonn, Nr. 4077.
34 Vgl. Hoppstädter, Saarländische Eisenbahnen, 97.
35 Klein, Staatswissenschaftliche Arbeit, 345 u. 348. Die Beförderung in der IV. Klasse war den Bergleuten wiederholt ein Dorn im Auge und provozierte die „gröbsten Ungehörigkeiten und Excesse". Im Januar 1872 nahmen Bergleute während der Aufenthalte auf Bahnhöfen „mit Gewalt die Wagen III. Classe in Besitz" und verteidigten diese mit Stockschlägen gegen die einschreitenden Bahnbeamten. Vgl. Berggeist, Nr. 8, 26. 1. 1872.
36 Arbeiterausschuß-Sitzung der Berginspektion IX (Friedrichsthal), 18. 11. 1891, LA SB 564/716, 130 f; dasslb. Heinitz und Dechen, 23. 2. 1891, LA SB 564/699, 544. Verspätungen insbesondere bei der Heimfahrt konnten schon einmal zu krawallähnlichen Szenen führen; vgl. SBZ, Nr. 133, 11. 6. 1889, 3.
37 Vertrauensmännerversammlung der Inspektion IX, 14. 11. 1890, LA SB 564/699, 247/248. Von Manipulationen an Uhren, die den Arbeitern Pausenzeiten stehlen und die Arbeitszeit minutenweise verlängern, berichtet E.P.Thompson aus englischen Textilfabriken und Maschinenbauwerken: Zeit, Arbeitsdisziplin und Industriekapitalismus, 55.
38 Vertrauensmännerversammlung Friedrichsthal, 14. 11. 1890, LA SB 564/699, 248.
39 LA SB 564/1146, 12/13. Vg. auch den Bericht der Inspektion VIII (Neunkirchen), 17. 8. 1886, LA SB 564/1126, 71. Ein berauschendes Gefühl konnte bei dem Alkoholgehalt der damaligen „geistigen Getränke" auch schnell eintreten; schon ein normaler deutscher Schnaps besaß 45 %. Siehe auch LA SB 564/2343, 585, 591−605.
40 Nur vereinzelt erwähnen die Quellen den Schnapsgenuß in der Grube. Die Dudweiler Berginspektion nimmt an, daß Schnaps in der Grube „wohl im ganzen Revier sehr wenig getrunken" wird; LA SB 564/1126, 56/57. Laut St. Johann-Saarbrücker-Anzeiger, 3. 10. 1885, ist der Alkoholgenuß vor der Arbeit in der gesamten Industriearbeiterschaft des Saarreviers verbreitet. Im Volksmund lebt die Verklärung des Alkoholkonsums bis in unsere Zeit fort: Manche Bergmannsgeschichte rankt Legenden um die Trinkfestigkeit der Saarbergarbeiter, die jede Möglichkeit nutzen, ihr sonderbares Kratzen im Hals durch „e Biersche unn e Knubbe" (ein Bier und ein Schnaps) zu lindern. Vgl. Bungert/Mallmann, Kaffeekitsch unn Kohleklau, 23 ff. u. Diessib. Mit Mussik unn Lyoner, 16 ff.
41 LA SB 564/1126, 47/48. Die detaillierten Berichte der einzelnen Inspektionen betr. den Alkoholkonsum vgl. 49 ff.
42 LA SB 564/818, 35/36. Die Vertrauensmänner der Grube Kreuzgräben fordern ebenfalls eine Kaffeeschenke; vgl. ebda. 99−102.
43 Vgl. LA SB 564/1126. 79−81. Schon bei der „Jahres- und Recherche-Befahrung" 1887 wird die „Einrichtung von Kaffeeschenken auf den Gruben zur Beseitigung

des Branntweingenusses" debattiert; vgl. LA SB 564/1090 (unpaginiert). Der Saarbrücker Landrat bezeichnet einige Monate später dann auch die „Kaffeeschänken an den Hauptstellen des Frühverkehrs industrieller, insbesondere bergmännischer Arbeiter als das beste Mitel zur Einschränkung des Branntweingenusses am Morgen". StA Saarbrücken, Best. Bgm. Dudweiler, Nr. 298 (unpaginiert).

44 Zum Hafenamt vgl. LA SB 564/1126, 74 f. u. zu Maybach Anm. 59. Ähnliches schildert Lüdtke, Arbeitsbeginn, 108.

45 Vgl. zur Kneipendichte einiger Ortschaften im Saarrevier Teil 5. Zum Ruhrrevier: Brüggemeier-Niethammer, Schlafgänger, Schnapskasino. Ein besonderes Bedürfnis für Kaffeeküchen bestand dort, wo die „einsame Lage der Grube... mit dem Mangel an einwandfreiem Trinkwasser" zusammen fiel, wie es auf Maybach der Fall war. Hier wurde 1899 ein eigenes Kaffeeküchengebäude errichtet, in dem Kaffee, Brötchen, Weck, Brot, Fleisch-, Blut-, Leberwurst, Schwartemagen, Limburger Käse, Wasser, Limonade, Bier (auch vom Fass), Heringe, Seife, Tabak, Zigarren, Rotwein, Weißwein etc. verkauft wurden; LA SB 564/1184, 108 u. 564/818, 48 f. Siehe auch Müller, Arbeiterverhältnisse, 137. Vgl. auch: Die für die Arbeiter der staatlichen Berg-, Hütten- und Salzwerke Preußens bestehenden Wohlfahrtseinrichtungen. Nach amtlichen Quellen, in: ZBHSW 54, 1906, 80—83.

46 Darstellung meiner Beobachtungen über die socialen Institutionen im Bezirke der Saarbrücker Bergwerks-Direction und meine Vorschläge zur Reorganisation des Knappschaftswesens, Berlin 1870, LA SB 564/628, 933.

47 LA SB 564/2343, 36. Vgl. zur Widerständigkeit in einem expandierenden Bergbau, der auf die Hinzuziehung agrarischer Arbeitskräfte angewiesen ist, auch Jakob, Friedrichsthal, 85.

48 Ebda. 13/14.

49 Oesterling: Memorandum über die früheren Erfolge und die jetzt nöthig gewordenen Reorganisation der Bestrebungen zum Zwecke der wirtschaftlichen und sittlichen Hebung des Bergmannsstandes im Knappschaftsbezirk Saarbrücken, Köln/Dudweiler 1884, 4. Mehrere Geistliche schlugen noch 1890 dem Saarbrükker Landrat zur Nedden vor, Kirmeßfeiern im ganzen Kreis oder in größeren Bezirken auf einen Tag zusammenzulegen, „weil die Kirmessen auf allen umliegenden Orten die Bevölkerung monatelang in Athem hielten." StA SB, Best. Alt-Saarbrücken Nr. 1423, 5.

50 Hiltrop, Darstellung meiner Beobachtungen, 931. Zur Illustration führt er aus: „Neben den 52 Sonntagen des Jahres und den 8 in die Woche fallenden allgemeinen gesetzlichen Feiertagen bestehen gegenwärtig noch 7 gesetzliche exclusiv katholische Feiertage, außer diesen 67 gesetzlichen Feiertagen des Jahres werden nun noch an verschiedenen Orten eine verschiedene Anzahl nicht gesetzlicher katholischer Feiertage, Tanzmusiken, Kirchweihen in den Heimath- und Nachbardörfern, blaue Montage, Monats- und Quartalsererste, Tage nach den Lohnungen pp verfeiert". Ebda. 932/933. Die hier aufgefundenen Situationsberichte bergoffizieller Kreise relativeren jene Aussage Klaus Tenfeldes, die der Abkehr vom Direktionssystem eine Verschlechterung der Arbeitsmoral zuschreibt: „So ist es trotz hoher Strafen bis zum Ende des Jahrhunderts nicht gelungen, das unter behördlicher Bergbauführung schon fast vergessene Problem des Fortbleibens von der Arbeit an Montagen und nach Feiertagen zu meistern". Sozialgeschichte, 280. Im Saarrevier bestand dieses Problem trotz strenger Strafen und trotz behördlicher Betriebsführung! In dem von Hiltrop beobachteten Festkalender spiegelte sich ein Freizeitverhalten, das nicht nur im Bergbau von vielen

Unternehmern als Symptom der Lasterhaftigkeit und des Müßiggangs angesehen wurde. Diese blühende vorindustrielle Volkskultur mußte zerstört werden, um die Disziplin zu verbessern; vgl. Lambert, Alkohol und Arbeitsdisziplin, 311.
51 LA SB 564/699, 59/60.
52 Reid, Kampf gegen den „blauen Montag", 289. Vgl. auch Thompson, Zeit, Arbeitsdisziplin, und Industriekapitalismus, 46–48 ... Weil sich die Arbeitsmoral nicht verbessert hat, fordert Berginspektor Lohmann von den Vertrauensleuten der kgl. Berginspektion VIII am 6. 8. 1890 ein aktives Mitwirken bei der Durchsetzung industrieller Arbeitsdisziplin: „Auch gegen das Feiern an Montagen und das schlechte Fördern an solchen Tagen soll gewirkt werden"; LA SB 564/717, 646. Vgl. zum „blauen Montag" allgemein Reulecke, Vom blauen Montag.
53 Vgl. Nasse, Technischer Betrieb, 204, Anm.**. Zur Dauer der verschiedenen Fahrten vgl. LA SB 564/1146, 188–235.
54 Vertrauensmännersitzung der Grube Altenwald, 19. 11. 1890 in Sulzbach, LA SB 564/699, 236/237. Auch im Ruhrrevier besaßen Bergleute zu Beginn des 20. Jahrhunderts eine „gewisse Beklemmung, wenn auch keine Furcht" ob der „unbestimmten Haltbarkeit" des Förderseils. Vgl. Levenstein, Aus der Tiefe, 28.
55 Nasse, Technischer Betrieb, 208; Bilder vom Steinkohlenbergbau, 37. Im Ruhrrevier dagegen schienen die Fördereinrichtungen mit Brems- und Fangvorrichtungen versehen worden zu sein. Wie notwendig diese waren, läßt sich daraus ersehen, daß sie in den zwölf Jahren von 1890 bis 1902 insgesamt 128 mal in Funktion getreten sind. Vgl. Pöller, Gefahren des Bergbaues, 40 ff. In 170 Fällen, die die preußische Seilfahrtkommission im Dortmunder Bezirk untersucht hat, trat die Fangvorrichtung 83 mal im richtigen Augenblick in Funktion, 34 mal wirkte sie zur falschen Zeit und in 53 Fällen versagte sie völlig! Vgl. Seilfahrt-Kommission, 1913, 8.
56 Seilfahrt-Kommission, 1913.
57 Vgl. LA SB 564/717, 347; Tenfelde, Sozialgeschichte, 220.
58 Dazu ausführlicher Steffens, Galeerensträfling.
59 LA SB 564/770, 107. Auf von der Heydt versuchen im Oktober 1889 zwei Abteilungen, ebenfalls nach 8 Stunden auszufahren; vgl. LHA KO 442/6390. Dudweiler Bergleute versuchen das gleiche am 1. 3. 1890; KA SB S/4.
60 Herbig, Taylors „wissenschaftliche Betriebsführung", 227. Einen kurzen allgemeinverständlichen Überblick über „Taylorismus" und „Fordismus" bietet die Projektgruppe Automation und Qualifikation: Entwicklung der Arbeitstätigkeiten.
61 Einer: Die Explosion auf der Königlichen Steinkohlengrube Reden bei Saarbrücken am 28. Januar 1907, in: ZBHSW 55, 1907, 175. Der Begriff „Bergamt halten" bedeutet, sich in der Grube zusammen hinzusetzen und eine gemütliche Unterhaltung zu führen; vgl. Saarbrücker Bergmannskalender 1903, 72. Auch aus dem sächsischen Steinkohlenbergbau und schon früher aus dem Erzbergbau ist diese Form der Kommunikation bekannt; vgl. Wolf, Arbeit und Arbeitsgesellung, 96.
62 Stein- und Kohlenfall-Commission, 278.
63 Vertrauensmännerversammlung in Sulzbach-Altenwald, 24. 4. 1890, LA SB 564/717, 393.
64 Ebda. 532.
65 Stein- und Kohlenfall-Commission, 280.
66 Hickey, Bergmannsarbeit, 65.
67 Vor solchen Fehlinterpretationen von Arbeitsordnungen warnt eindringlich Wirtz, Ordnung der Fabrik.
68 Weitere Erläuterungen zu diesem Kontext bei Steffens, Arbeitstag.

69 Stein- und Kohlenfall-Commission, 103.
70 Ebda. 102.
71 Grundlegend zu diesem Problem Sauer, Dressierte Arbeiter.
72 Vgl. Nasse, Technischer Betrieb, 34; Mellin, Technischer Betrieb, 45. Zur Innovationsbereitschaft des preussischen Staatsbergbaus vgl. Schulz-Briesen, Preussischer Staatsbergbau, 146 ff.
73 Köhler: Katechismus der Bergbaukunde, 110. Siehe auch Hilt, Bemerkungen über die Abbaumethoden auf der königlichen Steinkohlengrube Gerhard Prinz Wilhelm bei Saarbrücken und die Resultate des neuerdings daselbst eingeführten Streb- und Stossbaues, ZBHSW 18, 1870, 39.
74 Nasse, Technischer Betrieb, 34. Zum Vergleich des Pfeilerrückbaus an der Saar und in anderen deutschen Revieren siehe Nöggerath, M., Der Steinkohlebergbau des Staates zu Saarbrücken, ZBHSW 3, 1856, 163 ff.; Lüthgen, Kurze Darstellung und kritische Beleuchtung der hauptsächlichsten auf den Steinkohlengruben des Ruhrkohlengebietes gebräuchlichen Abbaumethoden in Hinsicht einerseits auf den Schutz der Arbeiter in der Grube und den Schutz der Tagesoberfläche und andererseits auf die wirtschaftlichen Erfolge, ZBHSWE 40, 1892, 290 ff.; Starke, P., Beurtheilng der in Oberschlesien auf den mächtigen Flötzen zwischen Zabrze und Maxlowitz angewendeten Abbaumethoden, ZBHSW 31, 1883, 33—53.
75 Nasse, Technischer Betrieb, 38 u. 47.
76 Ebda. 38.
77 Tenfelde, Arbeitsplatz, 301. Siehe auch die Kritik am unkoordinierten Vorrücken des Pfeilerbaus auf Flöz Jakob der Grube Itzenplitz durch die Stein- und Kohlenfall-Commission, 245.
78 Mellin, Technischer Betrieb, 63. Für Bergrat Cleff ist die Gefährlichkeit des streichenden Pfeilerbaus mit seiner unvermeidlichen Durchörterung der Kohlenpfeiler und die dadurch entstehende Bruchgefahr einer der Hauptgründe, von dieser Abbaumethode abzugehen; ders.: Die Bekämpfung der Stein- und Kohlenfallgefahr im Saarrevier, in: Bericht über den 9. allgemeinen deutschen Bergmannstag zu St. Johann-Saarbrücken vom 7. bis 10. September 1904, Berlin 1905, 116. Die Verminderung der Schießarbeit als Vorteil des Übergangs stellt Dröge in den Vordergrund: Die Einrichtungen zur Unschädlichmachung des Kohlenstaubs und zur gefahrlosen Ausübung oder Ersetzung der Schießarbeit auf den staatlichen Steinkohlengruben des Saarreviers, ZBHSW 45, 1897. 185
79 Mellin, Technischer Betrieb, 145.
80 Tenfelde, Sozialgeschichte, 223. Siehe auch Herbig, Wissenschaftliche Betriebsführung, 209.
81 Hochstrate, Karl: Abbaufördereinrichtungen auf den staatlichen Steinkohlenbergwerken bei Saarbrücken, ZBHSW 59, 1911, 415.
82 Hilt, Abbaumethoden, 25; Cleff, Stein-und Kohlenfall, 116; Stein- und Kohlenfall-Commission, 253 u. 279; Dütting: Welche Erfahrungen hat man bisher im Saarbrücker Steinkohlenbezirke über den zweckmäßigsten Abbau nahe bei einander liegender Flöze gemacht? ZBHSW 40, 1892, 250. In England konnte die Furcht der Bergbauunternehmer vor dem Widerstand der Arbeiter gegen technische Verbesserungen dazu führen, daß die Einführung derselben verzögert wurde. Vgl. Rimlinger, Legitimierung des Protestes, 286 u. Anm. 10, 288. Die Bergarbeiterstreiks an der Saar von 1816 und 1871 verweisen auf diese widerständige Tradition gegenüber arbeitsprozessualen Neuerungen. Geistliche beider Konfessionen berichteten dem Saarbrücker Landrat zur Nedden, daß „ein schwer zu bekämpfendes Mißtrauen der Bergleute gegen ihre Vorgesetzten eingerissen und

stetig gewachsen sei", sodaß jede Neuerung daraufhin überprüft würde, „ob damit keine Herabdrückung der Löhne bezweckt werde". Stadtarchiv Saarbrücken, Best. Alt-Saarbrücken, Nr. 1423, 2. Der Bergmann Schley beklagt am 29. 1. 1891 in Püttlingen „den Fortschritt in der Technik der Maschinen, dadurch würden tausende brodlos, . . ." LHA KO 442/4254.

83 Stein- und Kohlenfall-Commission, 253. Dütting, Erfahrungen, 251.
84 Weber, Arbeitsplatz, 89. Für Weber verlagert sich damit der „Übergang des Bergmanns vom Handwerker zum Industriearbeiter" bis in die zwanziger Jahre des 20. Jahrhunderts; vgl. ebda. 100/103; Tenfelde, Arbeitsplatz, 292 u. 294; Brüggemeier, Bedürfnisse, 156. Siehe auch Mallmann, Industrielle Revolution, 42. Die genannten Arbeiten schienen alle inspiriert von den Thesen Eberhard Wächtlers. Bis auf Tenfelde mißachten sie den Hinweis Wächtlers auf die besondere Bedeutung der Arbeitsorganisation im Bergbau angesichts der fehlenden Mechanisierung. Vgl. Besonderheiten der Entwicklung, 55—70.
85 Mellin, Technischer Betrieb, 88/89.
86 Vgl. Nöggerath, Steinkohlenbergbau, 162 ff. Den Schram so zu setzen, daß der Gebirgsdruck mitarbeitete, erforderte eine große Geschicklichkeit, zumal diese Arbeit oftmals liegend auf einem Strohsack getan werden mußte; vgl. Philippi, Von der Hacke zum Walzenschrämlader, 86.
87 Nasse, Technischer Betrieb, 35.
88 Die verschiedenen Keilhauenformen beschreibt Mellin, Technischer Betrieb, 89; Stein- und Kohlenfall-Commission, 10.
89 Hickey, Bergmannsarbeit, 50.
90 Stein- und Kohlenfall-Commission, 269. Je nach Wahl des Gezähes, die dem Arbeiter obliegt, erhöht sich die Gefährdung bei der Gewinnungsarbeit. Wählt er beispielsweise die Stochhaue, so muß er unter die hereinzugewinnende Masse treten, während er mit der Brechstange 1,2 bis 2 m vom Hangende entfernt bleiben kann. Ein Gezähewechsel aber kostet Zeit!
91 Dröge, Unschädlichmachung, 191. Zum Scheitern des Bickfordschen Patentzünders vgl. Nöggerath, Steinkohlenbergbau, 162. Die selbst gefertigten Zündhalme bestanden aus mit Pulver gefüllten Roggenhalmen, die die Bergleute schon bei der Roggenernte ausgesucht hatten! Vgl. Philippi, Von der Hacke zum Walzenschrämlader, 87.
92 Vgl. Dröge, Unschädlichmachung, 184.
93 Ebda. 186.
94 LA SB 564/717, 351/352 u. 564/699, 368/369. Schon im Frühjahr 1890 äußerte der Vertrauensmann Kaspar Schott, daß „das früher gebräuchliche Pulver" auch im Hinblick auf die Belästigung durch Dampfentwicklung besser gewesen sei; LA SB 564/717, 430/431.
95 Vgl. Klaes, Arbeitsverhältnisse, 61 f. Die Komplizierung einzelner Arbeitsschritte findet ihren Ausdruck auch in detaillierten Arbeitsanordnungen, wie z. B. in den „Vorschriften für das Schießen mit Gelatinedynamit in Verbindung mit einer Wasserpatrone".
96 LA SB564/716, 242/243.
97 Brüggemeier, Soziale Vagabundage, 204. Besonders für Schlepper und neu zugewanderte Arbeiter waren solche informellen Beziehungen lebensnotwendig. Vgl. auch Lüdtke, Arbeitsbeginn, 117.
98 Dröge, Unschädlichmachung, 188. Ein Nebenaspekt dieser Umorganisation war für die Grubenverwaltugen erfreulich: Die Rückgabe des nicht verbrauchten Sprengstoffes ist bei den wenigen Schießmeistern leichter zu kontrollieren.
99 Bergmann Michael Schott am 18. 11. 1890 im Vertrauensmännerausschuß der Grube Gerhard, LA SB 564/699, 369.

100 Vgl. Horch, Gesellschafts- und Herrschaftsstrukturen, 170, sowie Schichtlohntabelle für das kgl. Steinkohlenbergwerk Gerhard, Schlägel und Eisen Nr. 71, 24. 12. 1892.
101 LA SB 564/717, 454/455.
102 Klaes, Arbeitsverhältnisse, 134. Den Brauch, im Winter überlange Schichten zu verfahren und in den Zeiten intensiver Feldarbeit auf kurze Schichtdauer zu pochen, pflegten z. B. auf der Grubenabteilung Dechen die Bergleute aus Wiebelskirchen noch zu Beginn der 1880er Jahre; vgl. LA SB 564/1125, 461.
103 LA Speyer H3/1867 (unpaginiert).
104 Nach den Ergebnissen der statistischen Erhebungen von 1895 sind 14 632 eigentliche Grubenarbeiter im Alter zwischen 14 und 34 Jahren, also zu jung, um eventuell den Achtstundentag erlebt zu haben. 8 669 Arbeiter sind zwischen 35 und 68 Jahren alt.
105 Bericht der Königlichen Berginspektion VII vom 31. 1. 1882; LA SB 564/1125, 461. Vgl. auch 430 ff.
106 Arbeiterausschußsitzung der Inspektion VIII am 6. 8. 1890, LA SB 564/717, 640.
107 Vgl. dazu im Überblick Karwehl, Entwicklung und Reform, 1–38.
108 LA SB 564/717, 412. Die Forderung vom 11. 4. 1890 wird gut einen Monat später nochmals wiederholt: Es sollen „im Interesse der Förderung und des Betriebes höhere Löhne und Einstellung kräftigerer Leute" verlangt werden; ebda. 534.
109 Vgl. dazu LA SB 564/1147, 40–42; Mellin, Technischer Betrieb, 119.
110 Vgl. LA SB 564/715, 258–281; Brandt, Soziale Entwicklung, 70/71.
111 Völklinger Beschlüsse, Kiefer, Organisationsbestrebungen, 203. Wenige Tage vor der Völklinger Versammlung äußern die Vertauensmänner der Inspektion VI bezüglich der Pferdeknechte, „daß der Lohn derselben aufgebessert und dieselben in ein weniger abhängiges Verhältnis den Unternehmern gegenüber gebracht werden"; LA SB 564/699, 59.
112 Vgl. u. a. Brüggemeier, Bedürfnisse, 157.
113 Wolf, Arbeit und Arbeitsgesellung, 94.
114 Vgl. Nasse, Technischer Betrieb, 35. Siehe zu den Lohnformen in deutschen und ausländischen Revieren Bernhard, Handbuch der Löhnungsmethoden.
115 Erstes Zitat: Quirin, Lohnpolitik, 40. Zweites Zitat: Gothein, Bergbau, 337.
116 Quirin, Lohnpolitik, 22. Herbig benennt als „wesentlichen Vorteil des Akkordsystems", daß Aufsichtskräfte gespart werden können; Verhältnis des Lohns zur Leistung, 633.
117 Bergarbeiter-Zeitung, 11. 6. 1910, zit. Pöller, Gefahren, 38. Der Kohlenhauer Max Lotz kommentiert das Fehlen seines Arbeitskollegen Bruno aus familiären Gründen mit den Worten: „Dumm genug, daß er so ist, aber wir werden ja sehen, besser wärs schon, er käme, wegen der Arbeit". Levenstein, Aus der Tiefe, 27. An anderer Stelle beschreibt er seine Stellung als Ortsältester eines „Drittels": „Die Verantwortung, die ich trage, zwingt mich gewöhnlich in Oppositionsstellung gegenüber meinen Arbeitsgenossen". Vgl. 37 f.
118 Heise/Herbst: Lehrbuch der Bergbaukunde, Bd. 1, 119. Vgl. auch LA SB 564/717, 445 u. für das Ruhrrevier Hickey, Bergmannsarbeit, 62.
119 LA SB 564/717, 344.
120 Vgl. LA SB 564/770, 205/206.
121 Beck, Beschreibung, Bd. 2.1., 232/233.
122 Zit. Mallmann, Anfänge der Bergarbeiterbewegung, 32.
123 LA SB 564/1146, 280.
124 LA SB 564/717, 532. Vgl. auch die Völklinger Beschlüsse und die Bildstocker Forderungen.

125 Ebda. 379.
126 Zu Frohmann siehe LHA KO 442/4377, 11. 12. 1889. Zur Petition von 1848 siehe Wächtler, Staatsbergbau, 292. Gedinge-Kritiker war Heinrich Gräber am 7. 11. 1890 in Jägersfreude; vgl. LHA KO 442/4254.
127 LA SB 564/699, 38 u. 52. Schon im August 1889 wurden auf einigen Inspektionen die Versteigerungen ausgesetzt. Die Ungleichzeitigkeit des behördlichen Vorgehens erschwerte eine Vereinheitlichung der Arbeiterforderungen auf Revierebene: LA SB 564/1146, 238. Vgl. auch 564/717, 349 u. 427 f, sowie 564/1146, 122.
128 Nasse betont in den Beratungen der Bergwerksdirektion am 25. Mai 1889: „Gedinge müssen überall wo es nur irgend geht, für die jetzigen im Schichtlohn ausgeführten Arbeiten eingeführt werden"; ebda. S. 160. In ihrer Kritik der neuen AO vom 1. 1. 1893 fordern die Arbeiter, daß Gedinge gemacht werden soll, „wo dies nur immer angeht"; LHA KO 442/4250 (unpaginiert).
129 Vgl. Quirin, Lohnpolitik, 30 u. 34. Zu Oberschlesien siehe Bernhard, Akkordarbeit, 117.
130 LA SB 564/717, 684. Siehe auch ebda. 532 u. 564/699, 229 f.
131 Quirin, Lohnpolitik, 36.
132 Zu den Arbeiterforderungen vgl. LA SB 564/717, 375, 392, 533 u. 692; 564/716, 133 f.
133 Roy, Der saarländische Bergmann, 50.
134 Vgl. Hickey, Bergmannsarbeit, 65.
135 LA SB 564/717, 435.
136 Nöggerath, Steinkohlenbergbau, 195.
137 Müller, Arbeiterverhältnisse, 148 f.
138 „Verhandlung betreffend die Übernahme von Hauptgedingen bei Abbauarbeiten im Wege der öffentlichen Versteigerung"; LA SB 564/1144, 99. Vgl. Klaes, Arbeitsverhältnisse, 51.
139 LA SB 564/717, 434; LHA KO 442/4250.
140 LA SB 564/717, 545.
141 LA SB 564/716, 84/85. Bermann Wilhelm will, mit Zustimmung aller Vertrauensmänner, „die Krüppel wieder wie früher mit in die Grube holen"; LA SB 564/717, 41; Gerade in der Frage älterer Arbeiter verlassen die Bergleute vorgegebene Denkmuster: Nicht mehr leistungs-, sondern bedürfnisorientiert soll der Lohn für diese Arbeitergruppe sein!
142 Denkschrift, 82.
143 Der Friedrichsthaler Werksdirigent berichtet: „Die Kameradschaft Steffen aus dem Schacht Helene sei dem Rechtsschutzverein nur aus dem Grunde beigetreten, um sich der Spötteleien ihrer Kameraden zu entziehen"; LA SB 564/699, 253. Waren Kameradschaften in Drittel geteilt, so konnte auch zwischen diesen Streit entstehen, wenn z. B. gegen Ende einer Schicht nachlässig gearbeitet wurde, sodaß das folgende Drittel durch „Nachfall" gefährdet werden konnte, Vgl. Levenstein, Aus der Tiefe, 38 f.
144 Vgl. Tenfelde, Arbeitsplatz, 303. Bei ihm steht der Arbeitsplatz im Mittelpunkt, von dem aus sich Beziehungen „bis vor die Tore der Zeche wob(en)".
145 LA SB 564/717, 410. Übereinstimmend auch die Vertrauensleute der Grube Itzenplitz (23. 4. 1890) u. Gerhard (18. 11. 1890); LA SB 564/699, 53 u. 338 f. Vgl. zu weiteren Fällen LA SB 564/770, 113 u. 176. Gleiches berichtet Puls über die oberschlesischen Bergarbeiter: Gutartiger Streik, 198.
146 Text des Strafreglements bei Müller, Arbeiterverhältnisse, 150−152.
147 Vgl. LA SB 564/2343, 385 ff; 426 ff.
148 Nr. 122, 28. 5. 1889, 3.

149 Vgl. das Protokoll der Bergarbeiterversammlung zu Bildstock am 15. 5. 1889, Kiefer, Organisationsbestrebungen, 194. Siehe auch Müller, Arbeiterverhältnisse, 48.
150 Dazu die Protokolle der Vertrauensmännerversammlungen auf Grube Serlo (22. 4. 1890), in Friedrichsthal (14. 11. 1890), auf Grube Gerhard (18. 11. 1890) und in Louisenthal (11. 2. 1892), LA SB 717, 434; 564/699, 241–246 u. 334; 564/716, 244; 564/1146, 250. Vgl. auch Hickey, Bergmannsarbeit, 67.
151 So Bergrat Klose am 22. 12. 1891 vor den Vertrauensmännern der Grube von der Heydt, LA SB 564/716, 214. Vgl. auch die Äußerung des Bergmanns Schröder aus Walpertshofen am 6. 6. 1892 in Völklingen; LHA KO 442/4376. Zur unterschiedlichen Handhabung der Kontrollen bei Eisenbahn- oder Wasser- und Landabsatz LA SB 564/1146, 240.
152 LA SB 564/699. 242. Ebenso äußern sich die Bergleute Schillo und Dörr (Grube Gerhard), Freyermuth (Kronprinz) und Vertrauensleute in Göttelborn und auf von der Heydt; vgl. ebda. 342 ff., 449; LA SB 564/716, 60 u. 214/215.
153 Vertrauensmännerversammlung der Inspektion Gerhard in Louisenthal (14. 2. 1892), ebda. 244/245.
154 Vgl. die Eingabe Nr. 6 der Vertrauensleute von Heinitz und Dechen, die am 23. 2. 1891 beraten wurde, LA SB 564/699, 541.
155 Vertrauensmännerversammlung der Insp. II (22. 4. 1890), LA SB 564/717, 430.
156 Ebda. 432.
157 Vertrauensmänner der Insp. VIII, ebda. 641/642.
158 Vertrauensmännerversammlung der Grube Kronprinz (21. 4. 1890), ebda. 375 f.
159 LA SB 564/1146, 242.
160 Vgl. Bentz, Arbeiterpolitik 197; Imbusch, Arbeitsverhältnis, 367. Zu dieser Atmosphäre des Mißtrauens gehört auch, daß unbedachte Äußerungen, mit alkoholgelockerter Zunge getan, weitergegeben werden,; vgl. LA SB 564/770, 112.
161 So Bergarbeiter Schillo auf der Vertrauensmännerversammlung der Grube Gerhard (18. 11. 1890), LA SB 564/699, 324. In Anlehnung an Ritter/Kocka erscheint es, angesichts der Affinität zu militärischen Zuständen, angebracht, die Steiger als „Feldwebel" des Betriebes zu kennzeichnen; vgl. Ritter, Kocka, Deutsche Sozialgeschichte, 162.
162 Saarabien vor Gericht. Bericht über den Prozeß Hilger gegen Krämer unter Benutzung stenographischer Aufzeichnungen, Berlin 1904. Siehe zum Beamtenbestechungsprozeß vom 20. bis 23. Oktober 1908, Hue, Saarabische Beamtenbestechungen vor Gericht, Bochum 1908.
163 LA SB 564/715, 293. Schon am 23. 5. 1889 bestätigten 9 000 Versammelte ebenda die schlechte Behandlung durch Unterbeamte; Beschimpfungen im Verlesesaal sollen mit ein „Hauptgrund der Erregung der Bergleute" sein; SZ, Nr. 121, 25. 5. 1889 (Morgenblatt), 3. Eine Animosität gegen die Beamten konstatiert Hanns Klein schon zu Beginn des preußischen Bergbaus an der Saar; Der erste deutsche Bergarbeiterstreik, 258, Anm. 32.
164 Vgl. LA SB 564/1146, 137/138. Im Hilger-Krämer-Prozeß äußert ein Bergmann: „Wer gibt mir die Garantie, daß ich nicht abgelegt werde, wenn ich hier unter Eid die Wahrheit sage?" Saarabien vor Gericht, 35.
165 Bürgermeister Speicher in seinem Bericht über die Guichenbacher Versammlung, LA SB 564/715, 294 f.
166 LA SB 564/770, 140–154. Alle folgenden Angaben und Zitate zu diesem Themenkomplex sind, wenn nicht anders belegt, dieser Niederschrift der Zeugenaussagen zu Warkens Angaben (ebda. 155–187) entnommen.
167 Nieder, Arbeitsleistung, 23.

168 Vgl. LHA KO 442/4380, 23. 6. 1891 u. 442/4221.
169 LA SB 564/2343, 781—783, 785, 791 u. 794.
170 Vgl. LA SB 564/770, 253—255.
171 LA SB 564/1146, 313.
172 LA SB 564/770, 163. Auch im oberschlesischen Bergbau gelingt es den Steigern, die Belegschaften zu spalten, Vgl. Puls, Gutartiger Streik, 200.
173 LA SB 564/770, 174.
174 Bistumsarchiv Trier 108/460, 24, zit. Mallmann, Anfänge der Bergarbeiterbewegung, 32.
175 Vgl. SZ, Nr. 111, 13. 5. 1889 (Abendblatt), 2 u. Nr. 159, 11. 7. 1889 (Morgenblatt), 3; Kiefer, Organisationsbestrebungen, 133; LA SB 564/770, 439.
176 Vgl. LA SB 564/717, 407/408.
177 Betriebssystem und Betriebsklima, 83.
178 Foucault, Überwachen und Strafen, 183. Die Entwicklung der Disziplin in Klöstern, bei Militär und in Fabriken in ihren vielfältigen Ausrägungen (Zeitdisziplin, Funktionszuteilungen, Kontrolle etc.) zeichnet F. im Kap. III (173—291) nach. Zur Entwicklung der neuen Fabrikdisziplin vgl. auch Pollard, Fabrikdisziplin.
179 Lüdtke, Arbeitsbeginn, 98.
180 Nasse, Technischer Betrieb, 36.
181 Gladen, Ruhrbergarbeiterstreik von 1889, 103
182 Moore, Soziale Ursprünge, 555.

Teil 4

1 Vgl. z. B. Köllmann, Prozeß der Verstädterung.
2 Nach Straus, Gesellschaftliche Gliederung, 14; Historischer Atlas der Rheinprovinz, 16.
3 Diese Fehleinschätzung Saarbrückens unterläuft Köllmann, Prozeß der Verstädterung, 247.
4 Straus, Gesellschaftliche Gliederung, 16. Vgl. auch Ruppersberger, Geschichte, 304 ff.
5 Vgl. Fehn, Preußische Siedlungspolitik, 17 ff.; Hohorst/Kocka/Ritter, 22.
6 Hoppstädter/Herrmann, Geschichtliche Landeskunde, Bd. 1, 113/114. Siehe auch Fehn, Saarländisches Arbeiterbauerntum, 208.
7 Siehe Neuloh/Kurucz, Vom Kirchdorf zur Industriegemeinde, 46. Zu weiteren Städten Tenfelde, Sozialgeschichte, 43—53.
8 Vgl. Gronerad, Siedlungspolitik, 54.
9 Hoppstädter/Herrmann, Geschichtliche Landeskunde, 113/114.
10 Jacob, Soziale Gliederung, 52. Zur Entwicklung im bäuerlichen Hinterland des Saarkohlenbeckens vgl. Petersen, Bäuerliche Verhältnisse; Kartels, Wirtschaftliche Lage; Kermann, Lage der Landbevölkerung. Zur Auflösung der agrarischen Sozialstruktur in den Dörfern des Saargebietes siehe Schorr, Zur Soziologie, 13 ff.
11 Francis Roy definiert „reine Bergmannsgemeinden" als Wohnorte mit mehr als 14 % Bergarbeitern. In solchen Orten gebe es „keine Familie, die nicht irgendwie an die Grube gebunden ist". Der saarländische Bergmann, 19.
12 Gronerad, Siedlungspolitik, 51.

13 Für 1875 siehe Kgl. Bergwerks-Direktion zu Saarbrücken: Arbeiterbelegschaft, 1876; für 1885–1900 vgl. LA SB 564/63, 62/63.
14 Vgl. Müller, Arbeitsverhältnisse, 32; Klaes, Arbeitsverhältnisse, 36; Junghann, Schlafhaus- und Einliegerwesen, I f.
15 Vgl. Müller, Arbeiterverhältnisse, 33.
16 Ebda.
17 Ebda. 35
18 Vgl. Klaes, Arbeitsverhältnisse, 37. Gronerad, Siedlungspolitik, 22. Anders Tenfelde, Sozialgeschichte, 327, Anm. 104: „Kennzeichen für das Besitzstreben der älteren Bergleute ist etwa die Nachricht, daß im Jahre 1865 ‚eine nicht unbedeutende Zahl von Bergleuten' trotz erheblich niedriger Löhne aus dem Gelsenkirchener Revier nach Saarbrücken abwanderte, um in den Genuß der dort sehr erfolgreichen Ansiedlungspolitik des Bergfiskus zu gelangen". Diese „Nachricht" ist fragwürdig, denn es wurden keine „älteren" Arbeiter zu dieser Zeit mehr angelegt. Entgegengesetzt zu Tenfelde auch Müller, Arbeiterverhältnisse, 38, der von „vereinzelten Meldungen" und insgesamt keinem nennenswerten Erfolg der Werbeaktionen im Ruhrrevier spricht.
19 Vgl. Gronerad, Siedlungspolitik, 20.
20 LHA KO 403/8164, 687.
21 Ebda. F. 365. Auch in anderen deutschen Revieren verhielten sich die Gemeinden gegenüber den neuen Arbeitskräften ähnlich ablehnend; vgl. Taeglichsbeck, Wohnungsverhältnisse, 60.
22 Vgl. LHA KO 403/8164, 677 f., 683 ff., 705–715.
23 Ebda. 361. Peter Borscheid hat mit Recht die Auflagen beim Zuzug als „Angst der frühindustriellen Gesellschaft interpretiert, die individuelle Notfälle und Altersversorgung innerhalb des Familienverbandes zu lösen gewohnt war, eine Masse von völlig unbemittelten, alleinstehenden Arbeitern könnte bei einem plötzlich eintretenden Zusammenbruch der neuen, noch mit tiefem Mißtrauen beobachteten Fabrikunternehmen der Armenkasse und damit der Allgemeinheit zu Last fallen". Schranken sozialer Mobilität, 33.
24 Promemoria über Erweiterung und Verbesserung der Knappschaftsschulen, Dezember 1862, LA SB 564/628, 187.
25 Zit. Stegmann, Lösung der sozialen Frage, 15.
26 LHA KO 403/8164, 358.
27 Ebda. 385. Vgl. auch Brandt, Soziale Entwicklung, 21.
28 LA SB 563,3/38, 212 zit. Besch/Kleiner, Kommunalpolitische Probleme, 120.
29 Dechen, Heinrich von, Die Beschaffung von Bergmannswohnungen in dem Saarbrücker Steinkohlenreviere, ZBHSW 2, 1855, 96.
30 Vgl. LHA KO 403/8164, 390.
31 Gutachten des Dudweiler Pfarrers Brandt „Die bergmännischen Kolonien betreffs" vom 29. 7. 1856, LHA KO 403/8164, 16.
32 Zit. Brandt, Soziale Entwicklung, 24. Tatsächlich sind für die Mai-Konferenz 1858 die Erfahrungen der Kolonie Eisenheim (bei Bottrop) und der Arbeiterkolonie in Mühlhausen ausgewertet worden. Auszüge des umfangreichen Protokolls sind jetzt veröffentlich bei Fehn, Preußische Siedlungspolitik, 191–202.
33 Besch/Kleiner, Kommunalpolitische Probleme, 130.
34 Kast, O. Über Arbeiterwohnungen beim Bergbau Preussens, ZBHSW 35, 1887, 154.
35 Vgl. Schmitt, Seit 100 Jahren, 58 ff. Mallmann, Preußischer Bergfiskus.
36 Dechen, Bergmannswohnungen, 95.
37 Vgl. Vorschriften über Bewilligung von Hausbau-Prämien und Vorschüssen, LHA KO 442/8239, 124, §§ 5 und 7.

38 Brandt, Soziale Entwicklung.
39 Vgl. Trüdinger, Arbeiterwohnungsfrage.
40 Beck, Beschreibung des Reg.-Bez.Trier, 220.
41 Siehe jetzt allerdings als erste Bestandsaufnahme unter Gesichtspunkten des Denkmalschutzes: Stadtverband Saarbrücken (Hg.), Werkswohnungen.
42 Vgl. Klaes, Arbeitsverhältnisse, 156 f.
43 Vgl. LHA KO 442/8293, 99. Zu den Anfängen des Schlafhauswesens siehe Junghann, Schlafhaus- und Einliegerwesen, 11 f.; Trüdinger, Arbeiterwohnungsfrage, 121; Imbusch, Arbeitsverhältnis, 364.
44 Hoppstädter, „Eine halbe Stunde", 79; Hiltrop, Darstellung meiner Beobachtungen, 949; Gronerad, Siedlungspolitik, 23; Fehn, Grundzüge, 267. Vgl. LHA KO 442/8293, 51–52; LA SB 564/1090, 645; Wohlfahrtseinrichtungen (1904), 83.
45 Zusammengestellt nach Junghann, Schlafhaus- und Einliegerwesen, 3; LHA KO 442/8293, 51–52.
46 Müller, Arbeiterverhältnisse, 97.
47 Ebda. Vgl. auch Gronerad, Siedlungspolitik, 30. Kosten-Anschläge zum Bau von doppelten Bergmannswohnungen, LASB 564/1473, 17–19; 67–69. Vgl. Bungert/Mallmann, Vom Schlafhaus ins Eigenheim, 339.
48 Gronerad, Siedlungspolitik, 30/31. Am Beispiel Dudweiler läßt sich diese Verarmung der Lebensqualität prägnant aufzeigen. 1875 besitzen 454 Dudweiler Bergleute noch Feld und Wiese und halten 198 Stück Rindvieh, 328 Ziegen und 151 Schweine. Zwanzig Jahre später nennen nur noch 166 Bergleute Feld und Wies ihr eigen. Rindvieh und Ziegenbesitz sind auf 66 bzw. 190 Stück zurückgegangen, dagegen hat die Schweinehaltung zugenommen: 283 Schweine können auch in dunklen Kellern untergebracht werden und brauchen keinen Auslauf. Zwischen 1875 und 1895 hat sich allerdings das statistische Mittel der Viehbesitzer leicht erhöht: Kamen im Kreis Ottweiler beispielsweise 1875 nur 0,58 Stück Vieh auf einen Bergmann, so sind es 1895 ca. 0,72. Ein ähnliches Verhältnis bieten fast alle betroffenen Kreise. Vgl. Bergwerksdirektion (Hg.), Arbeiterbelegschaft.
49 Vgl. LA SB 564/1090, 642.
50 Herbig, Wirtschaftsrechnungen, 454/455. Junghann, Schlafhaus- und Einliegerwegen, 3.
51 Nach ebda. 2 u. 5.
52 Vgl. Klein, Staatswiss. Arbeit, LA SB 564/1092, insbesondere Anlagen VIII und IX; Handbuch für die kgl. bayr. Regierungsbezrike der Pfalz, 1891; Statistisches Landesamt, Bevölkerung Rheinland-Pfalz 1815–1950.
53 Zusammengestellt nach Fehn, Preußische Siedlungspolitik, 227/228.
54 Mallmann, Volksfrömmigkeit, 191.
55 Gronerad, Siedlungspolitik, 79. Siehe auch Anm. 48.
56 Rühle, Illustrierte Kultur- und Sittengeschichte, 372.
57 Eberstadt, Handbuch, 8.
58 Vgl. Kastorff-Viehmann, Wohnungsbau.
59 Grundgesetz für die Bundesrepublik Deutschland, Art. 13.1.
60 Vgl. Neumann/Nipperdey/Scheuner, Grundrechte, 101; Huber (Hgs), Dokumente, Bd. 1, 376 ff.; Bd. 2, 290–305.
61 Eberstadt, Wohnungswesen, 307. Vgl. Weyl'S Handbuch.
62 Eberstadt, Handbuch, 283.
63 Vgl. dazu Saldern, Kommunalpolitik und Arbeiterwohnungbau, 349 f., sowie Rosenbaum, Formen der Familie, 472/73.
64 Reincke, Beaufsichtigung der vorhandenen Wohnungen, 17.
65 Vorschriften über Benutzung und über Beschaffenheit von Wohnungen.

66 Beck, Beschreibung des Reg. Bez. Trier, 224; Hetzler, Schäfer, Eigenheim des Saarbergmannes. Zur Bauweise von Arbeiterhäusern in Oberschlesien vgl. Trüdinge Arbeiterwohnungsfrage, 121. Zum OBA-Bez. Halle siehe Taeglichsbeck, Wohnungsverhältnisse, 53–60. Zum Ruhrgebiet Kastorff-Viehmann, Wohnungsbau.

67 Bericht des Knappschaftsarztes Dr. Dahn über die Typhus-Epidemie 1867/68, 17. 4. 1868, LHA KO 442/8293, 14.

68 Ebda. 111.

69 Zit. Beck, Beschreibung des Reg. Bez. Trier, 236. Tatsächlich verändern die Rodungen das ökologische Gleichgewicht: Trockene Waldböden wurden freigelegt und damit extremen Witterungsbedingungen ausgesetzt, sumpfiges Gelände wurde trockengelegt; vgl. LHA KO 442/8293, 82. Der Volksmund transportiert das Erscheinungsbild der Kolonie Herrensohr in dem Begriff „kaltnaggisch" (kaltnackig oder auch kahlnackig) bis in die neuere Zeit; siehe dazu Bold, Aus der Gründungszeit, 328–330.

70 Vgl. die schönfärberischen Beschreibungen der Kolonie Altenkessel: LA SB 564/1125, 110, u. Die neue Arbeiterkolonie beim Ostschaft der Grube Maybach, SBK 1913, 56.

71 Darstellung meiner Beobachtungen, 950.

72 LHA KO 442/8293, 75–92.

73 Ebda. 63–65.

74 Hiltrop, Darstellung meiner Beobachtungen,944.

75 Vgl. Gronerad, Siedlungspolitik, 93 f. Siehe auch Pechartschek, Veränderung der Lebenshaltung, 79.

76 Bentz, Arbeiterpolitik, 140. Derselbe Sachverhalt findet sich in behördlichen Quellen wie folgt dargestellt: „Die materielle Lage der Ansiedler ist eine günstige zu nennen. Die Mehrzahl derselben hält Kostgänger oder vermiethet einen Teil des Hauses, verwendet den Erlös für Abtragung der auf dem Hause ruhenden Kapitalschuld und gewinnt so mit Leichtigkeit (!) ein schuldenfreies Eigenthum". LA SB 564/1125, 115.

77 Vgl. die Arbeiterausschuß-Sitzungen der Insp. II, 26. 6. 1890, von Heinitz und Dechen, 24. 7. 1890, von Sulzbach und Altenwald, l9. 10. 1890, alle LA SB 564/717; 12. 1. 1892, LA SB 564/716.

78 Vgl. Schmitt, Seit 100 Jahren, 66.

79 Saarpost, Nr. 1, 2. 1. 1911.

80 Arbeiterkolonien, 18/19.

81 Müller, Arbeiterverhältnisse, 107.

82 Vgl. Herbig, Wirtschaftsrechnungen, 550 ff.; Nasse, Haushaltung der Bergarbeiter, 399. Als Durchschnittsmonatsverdienst im letzten Jahrzehnt des 19. Jahrhunderts können ca. 70 bis 93 M. angenommen werden, wobei entsprechend der verschiedenen Arbeiterkategorien auch ein monatlicher Spitzenverdienst von über 100 M. möglich: Müller, Arbeiterverhältnisse, 155/156, Tab. D u. E. Näher zu den Lohnschwankungen: Steffens, Bergarbeiterfamilien.

83 Siehe dazu Eberstadt, Handbuch, 150 ff.

84 LHA KO 442/8293, 109.

85 Ebda. 110.

86 Ebda. 112.

87 Ebda. 109.

88 LA SB, Best. LRA SB 4 (unpaginiert).

89 LA SB, Best. Depositum Sulzbach 75/4.

90 LA SB, Best. LRA SB 4.

91 Nach Junghann, Schlafhaus- und Einliegerwesen.
92 Nach Raefler wohnten im Jahre 1893 ca. 48 % der 66 500 ledigen Arbeiter des OBA-Bezirkes Dortmund als Einlieger. Bezogen auf die Gesamtbelegschaft wären dies ca. 20 % der Gesamtbelegschaft. Da aber davon ausgegangen werden kann, daß nicht nur Unverheiratete in Privatquartieren lagen, dürfte dieser Prozentsatz noch höher gelegen haben.
93 Hier nahmen nur ca. 4 % „Kost und Wohnung bei Anderen": Taeglichsbeck, Wohnungsverhältnisse, 186.
94 Handbuch, 165.
95 Junghann, Schlafhaus- und Einliegerwesen, 15.
96 Ebda. 14. Junghanns empirischer Beweis ist allerdings schmal: Er bietet eine Auswahl von 11 „normalen" und 5 „charakteristischen" (d. h. unnormalen) Fällen aus seiner Erhebung von 3–400 unter Polizeischutz besuchten Häusern. Zu solchen Kontrollen und behördlichen Revisionen merkte der Sulzbacher Bürgermeister an, daß sie an dem Umstand scheitern, zur Tageszeit ausgeführt werden zu müssen: „..., wie es aber in Wirklichkeit mit der Belegung und Benutzung der Räume gehalten wird, das weiß keiner als die Beteiligten selbst". 4. 11. 1891, LA SB Best. LRA SB 4 (unpaginiert).
97 LA SB Best. LRA SB 4 (unpaginiert).
98 „Volle Kost voll".
99 Vgl. Junghann, Schlafhaus- und Einliegerwesen, 15.
100 LA SB Best. LRA SB 4 (unpaginiert), 29. 10. 1889. Dort auch die Revisionsberichte aus Sulzbach, Dudweiler (beide 10. 11. 1882) und Malstatt (1. 12. 1882). Zur Verteilung der Einlieger auf die einzelnen Inspektionen vgl. Junghann, Schlafhaus- und Einliegerwesen, 11.
101 Vgl. LHA KO 403/8328, 89–91.
102 30. 12. 1896, LS SB Best. LRA SB 4 (unpaginiert). Vgl. auch LHA KO 403/8328, 66/67.
103 Quelle: LA SB Best. LRA SB 4 (unpaginiert). LHA KO 403/8328, 102/103.
104 Meine anfängliche Vermutung, daß die Statistik zwischen Schlafstelle, Kostgänger (Wohnung und Kost) und Miethgänger (Bett im eigenen Zimmer) unterscheidet, kann nicht zutreffen, da zusätzliche Rubriken über Schlafstellen bei alleinstehenden Frauenspersonen mit deren Belegung durch Kost- und Miethgänger korreliert werden und ähnliche Verhältniszahlen aufweisen; z. B. werden in Dudweiler 36 Schlafstellen bei alleinstehenden Frauen von 100 Kost- und Miethgängern belegt! Allerdings dürfen die Erhebungen nicht als vollständig anzusehen sein, denn daß sich in St. Arnual 60 Kost- und Miethgänger 5 Schlafstellen teilen, dürfte unwahrscheinlich sein.
105 LA SB Best. LRA SB 4 (unpaginiert), 22. 3. 1892. Die Doppelbelegung von Betten wird auch in Berichten vom 24. 7. 1891 und 15. 8. 1892 erwähnt.
106 Ebda. Geradezu grotesk übertrieben klingen die Klagen von 38 Geistlichen, die Landrat zur Nedden zitiert: „Unzählig sind die Fälle, wo 16–20jährige Burschen das väterliche Haus ... verlassen und als Schlafburschen und Kostgänger auswärts wohnen". StA SB, Best. Alt-Saarbrücken, Nr. 1423, 4.
107 LA SB Best. LRA SB 4 (unpaginiert) 29. 10. 1889.
108 Ebda, 3. 2. 1890.
109 Tabelle (korrigiert) zusammengestellt nach Gronerad, Siedlungspolitik, 27; Junghann, Schlafhaus- und Einliegerwesen, 13; Königl. Bergwerksdirektion, Arbeiter-Belegschaft, 1876 ff.
110 Vgl. Gronerad, Siedlungspolitik, 64.
111 Vgl. eine Umfrage der „Concordia. Verein zur Förderung des Wohles der Arbeiter. Mainz" vom Sommer 1881, LA SB 564/862, 12 ff.

112 Darauf deutet auch die verstärkte Arbeitsbereitschaft der Wochenpendler unter der Woche hin; vgl. Teil 3.
113 Brandt, Soziale Entwicklung, 152 u. ähnlich 156.
114 Vgl. dazu Neunkirchener Zeitung, Nr. 177, 6. 8. 1909, zit. Herbig, Wirtschaftsrechnungen, 53 u. 563–577; Junghann, Schlafhaus- und Einliegerwesen, 17. Zum Verhältnis von Hausbau und Verschuldung siehe Herbig, Saarbrücker Prämienhaus. Für unsere Fragestellung nach den Kost- und Quartiergängern eignet sich diese Studie kaum, da sie industrielles bergmännisches Wohnen nicht erfaßt. Ausgewählt wurden die Orte Guichenbach, als Beispiel ländlicher Siedlungsweise, und Völklingen, als industrieller Wohnort. Völklingen aber ist durch die Röchlingschen Eisen- und Stahlwerke geprägt, hier wohnen nur 394 Bergleute unter 16 494 Einwohnern. In 65 Prämienhäusern, die Besitz von Bergleuten sind und die über 566 bewohnbare Räume verfügen, sind 286 Räume vermietet, allerdings finden sich nur 7 Einlieger. Dagegen wohnen von den 4 850 Röchlingschen Hüttenarbeitern 947 als Quartierleute im Ort. Im ländlichen Wohnbezirk Guichenbach kann Herbig nur 3 Einlieger (!) feststellen, auch kommt hier eine Vermietung seltener vor: ganze 41 von 452 bewohnbaren Räumen sind vermietet. Dies dürfte allerdings repräsentativ für die ländlichen Siedlungen sein.
115 Vgl. Denkschrift die gegenwärtige Lage des Wirtsgewerbes im Bezirke des Saar-Mosel- und Saar-Blies-Nahethal-Gastwirte-Verbandes, die schweren und existenzgefährdeten Schäden und Lasten betreffend, 14. 10. 1902, LASB 564/1147, 317–324; Junghann, Schlafhaus- und Einliegerwesen, 18. Für das Ruhrrevier siehe Brüggemeier, „Volle Kost voll", 164 ff.
116 In den frühen Prämienhäusern wurde die Küche direkt durch den Hauseingang erreicht, aus der auch die Treppe in das Dachgeschoß führte. Erst der Bautyp der Jahrhundertwende kennt das selbständige Treppenhaus. Vgl. Hetzler/Schäfer, Eigenheim, 69/70. Die Bedeutung der Frauen im Einliegerwesen betonen u. a. Raefler, Schlafhauswesen, 15; Junghann, Schlafhaus- und Einliegerwesen, 18.
117 7. 3. 1893. Einen völligen Mangel an Fleiß, Sparsamkeit, Ordnung, Reinlichkeitsliebe, Natürlichkeit, Einfachheit und Vernunft hatte schon 1862 der Knappschaftsarzt Dr. Teich den Bergmannsfrauen attestiert und zugleich die „Unkultur" der bergmännischen Bevölkerung beklagt. Vgl. Promemoria über Erweiterung und Verbesserung der Knappschaftsschulen, LA SB 564/628, 171 ff. Ernst Hofmann sieht in der Eingliederung der Frau in den kapitalistischen Produktionsprozeß den „ersten Schritt zum politischen und gesellschaftlichen Selbstbewußtsein der Frauen, das sie aus der Enge ihrer trostlosen Häuslichkeit herausführte und ihre Teilnahme am öffentlichen Leben aktiviere". Als kapitalistischer Produktionsprozeß gilt ihm dabei nicht nur Fabrikarbeit, sondern auch Heimarbeit und das Halten von Schlafgängern. Volkskundliche Betrachtungen, 75/76.
118 Vgl. dazu Niethammer/Brüggemeier, Wie wohnten Arbeiter? Dieslb., Schlafgänger, Schnapskasinos; Brüggemeier, „Volle Kost voll".
119 Ehmer, Wohnen ohne eigene Wohnung, 147.
120 Vgl. Mooser, Arbeiterleben, 143 f.
121 Obwohl Herbigs Untersuchung der „Wirtschaftsrechnungen" sicher nicht repräsentativ genannt werden kann und deswegen auch schon von Zeitgenossen kritisiert worden ist, deckt sich seine Beschreibung einer nur zeitweisen Untervermietung bei Bergleuten auch mit dem Verhalten nicht-bergmännischer Einlieger. Maurer und Bauhandwerker suchten als Saisonarbeiter immer nur vorübergehend Unterkünfte; gerade aus diesen Berufsgruppen rekrutierte sich eine große Zahl der Einlieger an der Saar; vgl. LHA KO 403/8328, 11. 9. 1895.
122 „Ein Bergmann ... mietete sich auf der Scheib als Kostgänger ein, schlief daselbst

eine Nacht, ging aber am anderen Morgen fort, um angeblich seine Kleidungsstücke zu holen. Später stellt sich heraus, daß er einem anderen Kostgänger, der in demselben Zimmer schlief, Sackuhr (=Taschenuhr, H.S.), seidenes Halstuch und Portemonaie mit Geld gestohlen". SBZ, Nr. 294, 17. 12. 1888. Zum westfälischen Revier siehe Tenfelde, Sozialgeschichte, 234: „Kostgänger ließen häufig gezielt Schulden auflaufen, um sich mit dem letzten Lohntag spurlos abzusetzen".

123 Siehe z. B. die Arbeiterausschuß-Sitzung der Insp. II auf Grube Serlo, 19. 8. 1890; LA SB 564/717.
124 Prof. Bücher, zit. Junghann, Schlafhaus- und Einliegerwesen, 18.
125 Lucas, Arbeiterradikalismus, 54.
126 Lüdtke, Alltagswirklichkeit, 336.
127 Vgl. zu dieser summarischen Beschreibung der alten Schlafhäuser in Altenkessel, Dudweiler, Altenwald, Heinitz, Reden und Bildstock. LHA KO 442/8293, 33–38, 75–92, 102–105; Grundriss-Skizze des „Schlafhaus im großen Heiligenwald" ebda. 42–45.
128 22. 9. 1868 an königl. Reg. zu Trier, ebda. 41/42.
129 Ebda. 28 u. 35.
130 Vgl. „Nachweisung des freien Respirationsraumes in den Schlafhäusern der Königlichen Steinkohlengruben bei Saarbrücken", ebda. 42 ff.
131 Ebda. 97/98.
132 Ebda. 86 u. 28.
133 9. 10. 1890, LA SB 564/717, 684. Zu den Problemen der Ventilation und deren Verbesserung vgl. LHA KO 442/8293, 28,69, 85 ff., 90, 97 u. 100 ff.
134 Ebda. 87; SBZ Nr. 1, 2. 1. 1889, 3.
135 Zu den Latrinen vgl. LHA KO 442/8293, 29, 37, 69, 87, 98 u. 103.
136 Ebda. 90.
137 Aus der Stellungnahme vom 28. 11. 1868, ebda. 65.
138 Ebda. 103 u. 105.
139 Vgl. LA SB 564/1092, 89–95.
140 Vgl. Die neue Schlafhausanlage zu Grube Maybach, in: SBK 1913, 58–61; Hoppstädter, Schlafhäuser und Ranzenmänner, 79; Hallauer, Knappschaftswesen, 61; Post, Albrecht, Musterstätten persönlicher Fürsorge, 321; Fehn, Grundzüge der Siedlungspolitik, 265.
141 Quellen: Bergwerks-Direction zu Saarbrücken, Arbeiter-Belegschaft der Königl. Steinkohlengruben.
142 Hundt, Bergarbeiterwohnungen, 39; Brüggemeier, Leben vor Ort, 53 f spricht von einer verbreiteten Abneigung der Arbeiter gegenüber dem Wohnen in Schlafhäusern.
143 Raefler, Schlafhauswesen, 9 ff; Taeglichsbeck, Wohnungsverhältnisse, 39.
144 So die Friedrichsthaler Berginspektion, 25. 5. 1901, LA SB 564/1092, 93.
145 Junghann, Schlafhaus- und Einliegerwesen, 12.
146 Siehe LHA KO 442/8293, 134 oder auch LA SB 564/1090 3.
147 Ebda.
148 Vgl. den § 2 der Hausordnung von König-Wellesweiler, LA SB 564/1090, 495/496.
149 Ebda.
150 Die königl. Oberrechnungskammer zu Potsdam moniert die immens hohen Reparaturkosten für Fensterscheiben in den Schlafhäusern der Grube Gerhard im Etatjahr 1886/87, LA SB 564/1090, 632/633.
151 Überwachen und Strafen, 276/277.

152 § 5 der König-Wellesweiler Hausordnfung, LA SB 564/1090, 497. Ähnlich auch in den Hausordnungen auf Heinitz und Reden-Merchweiler; ebda. 553 u.559–562.
153 Vgl. LA SB 564/1184.
154 Raefler, Schlafhauswesen, 24.
155 Bergmannsfreund, Nr. 18, 4. 5. 1882, 73.
156 Vgl. Hiltrop, Darstellung meiner Beobachtungen, 951/952. Vorwiegend fleischarme Kost ist keine Besonderheit der Selbstversorgung im Schlafhaus, sondern Grundzug der ländlichen Lebenshaltung der Saarbrücker Bergarbeiter überhaupt. Vgl. Kartels, Wirtschaftliche Lage, 212. Siehe auch Nasse, Haushaltung der Bergarbeiter; Herbig, Wirtschaftsrechungen, 66; Gronerad, Siedlungspolitik, 114. Die Saarbevölkerung scheint den langfristigen Trend in den Ernährungsgewohnheiten während des Kaiserreichs, der durch den Übergang zu „leichter verdaulicher, nährwertreicheren und schmackhafteren Produkten wie Fleisch, Zucker, Weißbrot etc." gekennzeichnet war, nicht oder nur zögernd nachvollzogen zu haben; vgl. Teuteberg, Wandel der deutschen Volksernährung, 328. Noch um 1900 bestanden auch bei den Chemnitzer Arbeitern die Hauptbestandteile des Essens aus Kartoffeln und Leinöl. „Fleisch gab es nur selten"; Hofmann, Volkskundliche Betrachtungen, 74/75.
157 Vgl. LA SB 564/1090, F. 78 u. 114. Ein Loth entspricht 4 Quentchen, das sind 14, 606 gr. Verdenhalven, Alte Maße, 33.
158 Bergmannsfreund, Nr. 18, 4. 5. 1882, 74. Nur in den Mengenangaben und eventuell in der Einhaltung des Freitags-Gebotes differierten die Speisepläne in anderen Bergrevieren; vgl. Post/Albrecht, Musterstätten persönlicher Fürsorge, 321 ff.
159 Bergmannsfreund, Nr. 20, 19. 5. 1882, 77. Vgl. auch das „Reglement für den Bierausschank in den Schlafhäusern der Königl. Steinkohlengruben des Bergamtsbezirkes Saarbrücken", LA SB 564/1090, 51–54.
160 Bergmannsfreund Nr. 27, 1882, 189 (Separatdruck LA SB 564/1125, 491 ff.)
161 Vgl. SZ, Nr. 121,25. 5. 1889, 3; Denkschrift über die Untersuchung der Arbeiter- und Betriebsverhältnisse, 41/42.
162 Vgl. LA SB 564/1067, 346/347.
163 Hoppstädter, Schlafhäuser und Ranzenmänner, 79.
164 So die Kritik der Bergleute Frohmann und Warken auf einer Versammlung in Guichenbach, 1. 10. 1889, LA SB 564/715.
165 Vgl. LA SB 564/699, 304/305 u. 319. Am 9. 3. 1893; LA SB 564/848.
166 LA SB 564/699, 310.
167 Ebda. S. 313 u. LA SB 564/717. 551.
168 Ebda. 441.
169 Denkschrift über die Untersuchung der Arbeiter- und Betriebsverhältnisse, 42. Schillo am 22. 4. 1890 im Arbeiterausschuß der Insp. II, LA SB 564/717. 440.
170 In diesem Sinne interpretiert Teuteberg den Übergang von der vorwiegend agrarischen Selbstversorgung noch landbesitzender Arbeiter zur Befriedigung der Nahrungsbedürfnisse über das Tauschmittel „Geld" bei großstädtischen Lohnarbeitern: Wandel der deutschen Volksernährung, 332.
171 LA SB 564/717, 600.
172 Wohlfahrtseinrichtungen (1904), 96; LA SB 564/818, 400.
173 LA SB 564/1092, 246.
174 LA SB 564/1090, 331–379; LA SB 564/1091, 93 ff. LA SB 564/1092, 1–62; Junghann, Schlafhaus- und Einliegerwesen, 12.
175 Die Insp. I war weder am Mai-Streik 1889 noch 1891 beteiligt. Im Dezember

1889 traten Arbeiter des Schwalbach-Stollens für die beiden letzten Tage dem Streik bei. Im Winter 1892/93 beteiligten sich die Arbeiter ab dem zweiten Tag am Ausstand, bis zu 3/4 der Belegschaft verweigerte die Anfahrt. Aber schon am 14. 1. scherte die Inspektion als zweite aus dem Streik aus. Die Bergleute der Insp. X beteiligen sich nur am Winterstreik 1892/93.

176 Vgl. Klein, Staatswissenschaftliche Arbeit, 429.
177 Denkschrift, betreffend die Ausschreitungen bei den Arbeitskämpfen der letzten Jahre, HStA Stuttgart Best. E 130a, Staatsministerium, Nr. 976, 5.
178 Die Verwirklichung eines bäuerlichen Lebens war mehr ein Wunschtraum, den zu realisieren angesichts des landwirtschaftlichen Kleinbesitzes und dörflicher Armut aussichtslos schien. Selbst bei einem Besitz von 2–10 ha mußte das Einkommen durch Fuhrgeschäfte, Schnapsbrennerei, Holzfällerei, Rindenschälen, Tagelöhnerarbeit oder hausindustrielle Beschäftigung ergänzt werden. Wenn auch der Wunsch, aufs Land zurückzukehren, das Verhalten in der industriellen Welt mit prägte, so zeigt die Spannbreite vom Tumult bis zur Unterwerfung im Streikverhalten, daß ländliche Sozialbeziehungen nicht immer „mehr Anlaß zur Disciplin und zur Moral und Rechtlichkeit" geben, „als Reglements und Polizeivorschriften" erreichen können: Kartels, Wirtschaftliche Lage des Bauernstandes, 204.
179 SZ, 3. 1. 1893.
180 Vgl. Hue, Bergarbeiter, 357 f. u. 379; Siegel, Ruhrbergarbeiterstreik 1889, 230; Puls, Gutartiger Streik, 191.
181 Vgl. SZ, 24. 12. 1889 (Morgenblatt), 3; 29. 12. 1892 (Abendblatt), 2, u. 3. 1. 1893 (Morgenblatt), 2; Pfälzer Zeitung, 7. 1. 1893.
182 Pfälzer Zeitung, 17. 5. 1889, 2.
183 SZ, 28. 5. 1889 (Morgenblatt), 2.
184 Mallmann, Rolle der Frauen, 90.
185 Zetkin, Morgendämmerung, 20.
186 Vgl. Viebig, Weiberdorf. Solche „Weiberdörfer", deren Probleme ökonomischer, sozialer und auch sexueller Art Viebig drastisch schildert, im Einzugsbereich des Saarbergbaues häufig zu finden (z. B. Damflos, Weißkirchen, Bardenbach u.a.m.). Der überwiegende Teil ihrer männlichen Einwohnerschaft ist wochen- oder monatelang auswärts beschäftigt. Vgl. Fox, Volkskunde, 389; Kartels, wirtschaftliche Lage, 197 ff. Eine in Vielem ähnliche Entwicklung wie die Randzonen und das Hinterland des Saarreviers nahm im 19. Jahrhundert das Siegerland, wo die Hauptlast der kleinbäuerlichen Arbeit ebenfalls auf Frauen und Kinder lastete, während die Männer in Bergwerken, Hütten und Fabriken arbeiteten; vgl. Ranke/Korff, Hauberg und Eisen, 23–25. Etwas ausführlicher zu den „Weiberdörfer" Steffens, Bergarbeiterfamilien.
187 Rosenbaum, Formen der Familie, 439. Siehe dazu auch Loreck, Wie man früher Sozialdemokrat wurde. Zur Rolle und Bedeutung der Kinder und Jugendlichen in den Bergarbeiterfamilien siehe Steffens, Arbeitstag, 28–31 u. 48, u. Bergarbeiterfamilien.
188 Dem deutschsprachigen Publikum englische, amerikanische und französische Forschungsergebnisse über die Rolle der Frauen in sozialen Bewegungen vorgestellt zu haben, ist das Verdienst von Claudia Honegger und Beate Heintz, Listen der Ohnmacht.
189 Tenfelde, Gewalt und Konfliktregulierung, 228; siehe auch 215 f.
190 Groenrad, Siedlungspolitik, 139.

Teil 5

1. Groh, Arbeiterkultur, 43.
2. Als beste Gesamtübersicht über die Kultur- und Massenorganisationen der Arbeiterbewegung siehe Wunderer, Arbeitervereine.
3. Arbeiterlied und Volkslied, 16.
4. Schütz, Die verleugnete Tradition, 27.
5. Kramer, Kultur der Arbeiterklasse, 167.
6. Beispielhaft dafür die „Materialien des IX. Kulturtheoretischen Kolloquiums" der Huboldt-Universität zu Berlin, die 1981 erschienen sind.
7. Stedmann Jones, Kultur und Politik; Brüggemeier, Soziale Vagabundage; Grüttner, Arbeiterkultur; Lüdtke, Eigensinn and Politics. Der in der englischen sozialgeschichtlichen Forschung verwandte Begriff „working-class culture" betont den Zusammenhang von Kultur und Klasse, ohne den kulturellen oder ideologischen Prozeß einseitig abhängig von der ökonomischen Lage zu bestimmen. In dem Versuch, „working-class culture" zu definieren, bilden die folgenden „essentials" die grundlegende Folie für neue Forschungsvorhaben: 1. Mentalitäten werden in jeder Sphäre der menschlichen Existenz ausgeprägt. Diese Erkenntnis schließt aus, nach Arbeiterkultur nur in den traditionellen Kulturbereichen zu forschen. 2. Arbeiterkultur ist nicht nur „leisure-culture". 3. Kultur ist der Ausdruck von Vorstellungen, Deutungsmustern und moralischen Prinzipien, die sich unter dem Einfluß verschiedener Ideologien und unterschiedlicher Aneigung geformt haben. 4. Kultur ist also Lebenszusammenhang, aus dem 5. der Produktionsbereich im engeren Sinne nicht ausgeklammert werden darf, denn auch hier prägen wechselnde Verhaltenszumutungen die Wahrnehmungsfähigkeiten der Arbeiter. Vgl. zu diesem Konzept Clark/Critcher/Johnson, Working-Class Culture, 230–237.
8. Autorenkollektiv: Das andere Tübingen, 9.
9. Vgl. dazu im prägnanter Kürze Vester, Was dem Bürger sein Goethe.
10. Vgl. u. a. Ritter, Workers' Culture; Tenfelde, Bergarbeiterkultur. Trotz punktueller Übereinstimmungen sollen Differenzen nicht verschwiegen werden. So ist es m. E. unzulässig, Arbeiterkultur zu begrenzen auf Phänomene, die so viel Konstanz und Eigengewicht haben, daß sie tradiert werden können, wie Jürgen Kokka (GG 1979, H. 1, 8) und Wolfgang Ruppert (Arbeiter, 45) vorschlagen. Gerade durch die Festlegung solch formaler Kategorien werden einmalige, unwiederholbare Phänomene ausgegrenzt, die Kultur der Hilflosigkeit, des Trostes und der Niederlagen weiter verschwiegen. Obwohl analytisch unterschieden wird zwischen „Arbeiterkultur" und „Arbeiterbewegungskultur", verengen diese Kategorisierungen das Blickfeld. So z. B. Rüden, Beiträge zur Kulturgeschichte.
11. Als neuesten Gesamtüberblick der bergbaulichen Kulturwelt siehe Heilfurth, Bergbau, 1981.
12. Tenfelde, Fest der Bergleute, 217; Heilfurth, Bergmannslied, 36.
13. Heilfurth, Glückauf, 16.
14. Zit. SBK 1966, 75.
15. Zit. Ruth, Uniformierung, 161.
16. Ebda.
17. Reglement vom 1. 12. 1819, Müller, Arbeiterverhältnisse, 146.
18. Ruth, Uniformierung, 161.
19. LHA KO 403/8164, 349.
20. Vgl. ebda. F. 350/351.
21. SBK 1968, 79.

22 LHA KO 403/8164, 349.
23 LA SB 564/1872, 326.
24 Siehe Anm. 78.
25 LA SB 564/1872, 219. Zur Bezahlung der Musiker aus Ensdorf siehe ebda., 216.
26 Die sechs Steinbilder am Bergwerksdirektionsgebäude, SBK 1911, 37.
27 Die bergmännische Tracht , SBK 1903, 35.
28 Ebda.
29 Vgl. den Abschnitt über die Bergkapellen.
30 Fox, Saarländische Volkskunde, 93.
31 Heilfurth, Bergbau, 112 f; Tenfelde, Bergarbeiterkultur, 46.
32 LA SB 564/1872, 180.
33 Heilfurth, Bergmannslied, 19. Zur Bergmusik im westfälischen Steinkohlenrevier vgl. Schroeder, Industrie und Musik; Niemöller, Bergkappellen; Donat, Musik der Werktätigen.
34 Zur Geschichte des Prinzen-Besuchs 1819 siehe Margait, Die Bergkapellen und der Saarknappenchor, SBK 1951, 67; Hahn, Bergmusik, 12 ff. Die „vortreffliche Berg-Music", anläßlich einer Fürstenhuldigung 1766 erwähnt, war also eine Eintagsfliege. Siehe: 200 Jahre Bergmusik an der Saar, SBK 1966, 75.
35 Im Mai 1858 ist die Bestandsaufnahme betreffs bergmännischer Musik noch einigermaßen konfus: „Nach Mittheilung des Herrn Berghauptmanns v. Dechen ist zur Zeit sowohl hier (Saarbrücken, H.St.), als in Neunkirchen ein bergmännisches Musikkorps, der Musiklehrer, kein Bergmann, wird von der Knappschaft bezahlt. Einen festen Bestand hat die Einrichtung noch nicht gewinnen, ebensowenig sich dauernd auf den Gruben befestigen können, da, sobald der Lehrer seinen Posten aufgibt, was öfter schon geschehen, das Musikkorps in Ermangelung der Leitung auseinander geht". Zu diesem Absatz vermerkt eine Randnotiz: „Bei der Vorlesung wird berichtigend bemerkt, daß sich noch zwey begmännische Musikkorps in Merschweiler und Sulzbach befinden, und daß sich auf diese lediglich die Bemerkung wegen des Ausfalls der Lehrer bezieht". LHA KO 403/ 8164, 349/350.
36 Tenfelde, Bergarbeiterkultur, 40.
37 Hahn, Bergmusik, 15.
38 Ebda. 21/22.
39 Eckhardt, Berufsmusiker, 79–83.
40 Hahn, Bergmusik, 22.
41 Ebda. 123–128. Siehe auch Margait, Bergkapellen, 67: „Die Kapellmeister kamen meist von der Militärmusik her".
42 Hahn, Bergmusik, 22.
43 Ebda. 65.
44 Vgl. dazu Lüdtke, Polizeistaat. Da der „Bergbau für die wirtschaftliche Existenz eines Landes von ähnlicher Bedeutung war wie das Militär", kann das Hervortreten militärischer Komponenten in der bergbaulichen Welt nicht verwundern; Zitat Bergbau-Museum Bochum, 100.
45 Mahling, Werkschöre, 109 f.
46 Hahn, Bergmusik, 71.
47 Vgl. zu dieser Episode Margait, Bergkapellen, 68; Hahn, Bergmusik, 33.
48 Zit. ebda. 118/119. Von Friedrichsthal berichtet der Autor, daß die Belegschaft durch das Können der Musiker überzeugt worden sei und ihr Gespött aufgegeben habe.
49 Ebda. 119.

Tabelle *Berufsmusiker und deren Status im Saarbergbau (1911)*, zusammengestellt nach Eckhart, Berufsmusiker, 1978, 61–74: siehe Seite

Tabelle: *Berufsmusiker und deren Status im Saarbergbau (1911)*

Kapelle/ Orchester	Musiker insgesamt	davon Berufsmusiker	tägliche Arbeitszeit*	Musikproben pro Woche/ Konzerte**	Arten der nichtmusikalischen Dienste der Berufsmusiker	Tageslohn/ Schichtlohn in Mark	Musikzulage	Nebenverdienst durch Musizieren	Weitere Vergünstigungen
Camphausen	32	18	8–10 Std.	4–5	Schreibarbeiten Notieren und Verwiegen der Kohlen. Auch bergmännische Arbeit	3,50	80 Pfg./Std.	10–20 M. monatlich	Gewährung von Hausbauprämien, 30 bzw. 25 Ztr. Kohle f. 15 Pfg./Ztr.
Dudweiler	32	9	8 Std.	2	5 Berufsmusiker sind mit Schreibarbeiten 1 als Wiegemeister, 3 in der Grube beschäftigt	3,80–4,40	80, 60 u. 40 Pfg. pro „Musikstd."	8–20 M. monatlich	50 Ztr. Kohle f. 15 Pfg./Ztr.
Ensdorf	30	11	8 1/2 Std.	2; 14 tägig ein Konzert	Pumpenwärter, Laboratorium, Waage	4,20	15 M. pro Monat		
Friedrichsthal	25	11	8 Std.	2; mtl. ein Konzert	Büroarbeiten; Grubenbetrieb üb. Tage: Aufseher, Wiegemeister. Unter Tage: Verhauen, Kohlearbeiten	4,00 (Büro) 4,00 (Grube)	9–20 M. monatl., gestaffelt nach 3 Klassen	20–25 M. monatlich	50 Ztr. Kohle f. 15 Pfg./Ztr.
Göttelborn	22	15	8 Std.	2; mtl. ein Konzert Ball	Schreibarbeiten in den Büros	4,00 (üb. T.), 4,70 (unt. T.)	20 M. mtl.	sehr gering	wie oben
Heinitz	36	12	8–12 Std.	3	Büroarbeiten	3,80–4,20	13–15 M. monatlich	15–20 M. monatlich	wie oben
von d. Heydt	30	4	8 1/2–10 Std.	2	Über-Tage-Arbeiten (Schlosserei etc.); in d. Grube als Hauer	4,50–5,00	10–20 M. monatlich	sehr gering	wie oben
Hostenbach	30	5	8 1/2–10 Std.	2	Bürodienste und leichte Gartenarbeiten	4,30–5,20	8–15 M. monatlich	15–20 M. monatlich	Kohlenpreisermäßigung nach Dienstzeit
Louisenthal	22	14	8 Std.	2; mtl. mindestens zwei „Dienstkonzerte"	Schreibarbeiten	4,10–4,50	20–25 M. monatlich	10–15 M. monatlich	Deputatkohle wie jeder Bergmann
Reden	32	4	8 Std.	2; mtl. zwei Konzerte Konzerte	Büroarbeiten	4,50–6,00 (letzt. nur bei Grubenarbeit)	12,75–18,75 M. monatlich	15–20 M. monatlich	50 Ztr. Kohle f. 15 Pfg./Ztr.

* Wenn Musiker in der Grube beschäftigt wurden, brauchten sie keine Wechselschichten zu verfahren, sondern arbeiten ausschließlich in der Frühschicht.
** Die Dienstpflicht der Musiker umfaßte auch patriotische Feste, Ständchen und Beerdigungen von Beamten.

51 Bericht der Berginsp. VIII, 9., 8. 92, LA SBV 564/1871, 4.
52 Vgl. LA SB 564/1872, 181. Daß die Entfernung des Wohnortes vom Arbeitsplatz die Teilhabe am musikalischen Leben der Bergkapellen beeinflußte, betonten die Vertrauensmänner der Grube Kronprinz. Bezüglich der Einrichtung von Freikonzerten führten sie aus, „daß die Concerte von den in der Nähe der Anlage wohnenden Bergleuten zum Theil gerne gesehen und auch besucht werden würden, nachdem Herr Bergrath Zix erwähnt hatte, daß das Bier zu Selbstkostenpreisen abgegeben und Nichtbergleute ausgeschlossen sein sollten". LA SB 564/717, 630.
53 So in Louisenthal, wo dies u. a. mit der Konzentrationfähigkeit der Musiker begründet wurde: „Auch würden durch das Innehalten der vollen Schicht die Kräfte der Leute derart in Anspruch genommen, daß sie den Musikproben nicht die gehörige Aufmerksamkeit" schenken könnten. Vgl. LA SB 564/1872, 187/188.
54 Vgl. Hahn, Bergmusik, 34 und 48 ff.
55 Ebda. 56. Die Heinitzer Musiker brachten u. a. Liszt, Richard Wagner, Schubert und Beethoven zur Aufführung, die Göttelborner boten auch noch Werke von Mozart und Weber dar.
56 Nach der Jahrhundertwende entwickelt sich die Bergmusik auch im Westfälischen zu einer großbürgerlichen Konzertmusik; vgl. Eckhardt, Berufsmusiker, 82.
57 Vgl. das „Fest-Programm zu der am 26. Januar 1895, Abend 8 Uhr beginnenden Geburtstagsfeier Sr. Maj. des Kaisers und Königs Wilhelm II." des Krieger-Vereins Merzig, LA SB Dep.-Stadt Merzig Nr. 218.
58 Bericht der Insp. I an die Bergwerksdirektion in Saarbrückekn, 7. 6. 1897, LA SB 564/1872, 21. Anders dagegen Hahn, Bergmusik, 16: Die Bergmusiker „waren — gleich den Militärmusikern jener Zeit — gesuchte Tanzmusiker".
59 LA SB 564/1872, 174 (Sept.1899).
60 Zit. Hahn, Bergmusik, 64.
61 Ebda. 65.
62 Vgl. Margait, Bergkapellen, 69. In Kaiserslautern waren einige Bläser der Heinitzer Kapelle reichlich angeheitert erschienen, sodaß das ursprüngliche Programm nicht dargeboten werden konnte.
63 Vgl. Hahn, Bergmusik 65.
64 Vgl. LA SB 564/1872. 281.
65 Ebda. 282. Musikantengedinge und Lohnzulage hielten sich in etwa die Waage. vgl. auch LA SB 564/1871, 164/165.
66 LA SB 564/1872, 174.
67 LA SB 564/1872, 187/188.
68 Vgl. ebda. 189. Nikolaus Warken berichtet im Juli 1889, daß eine Strecke 30 bis 40 m zurückblieb, weil die dort arbeitenden Musikanten „auf der Grube eine Begünstigung hatten". LA SB 564/770, 144.
69 LA SB 564/1872, 446. Vgl. zur materiellen Lage der Musiker nach der Jahrhundertwende Eckhardt, Berufsmusiker, 75—80.
70 Hahn, Bergmusik, 45. Die Auflösung einer Friedrichsthaler Kapelle im Jahre 1890, im Anschluß an den Winterstreik 1889, ist auch vermerkt in: LA SB 564/1872, 84. Zur erneuten Auflösung nach einem zwischenzeitlichen Wiederaufbau siehe LA SB 564/1871, 122.
71 Hahn, Bergmusik, 82 u. 70. Die Bergleute in Ensdorf fühlten sich ungerecht behandelt und beauftragten ihre Vertrauensmänner, im Arbeiterausschuß die Wiedereinrichtung der Kapelle zu fordern; LA SB 564/717,16. 1. 1890.

72 Tenfelde, Fest der Bergleute, 209–245; Heilfurth, Kultur,171 f.; Tenfelde, Streik als Fest, 129–151; Anschnitt 1959, 4, 29. Werner, Saarbergmann, 71, bezeichnet das oberschlesische Bergfest als „Freibierfest", bei dem „der Tanz die erste Rolle gespielt hat".
73 Vgl. dazuz LA SB 564/1872, 357. Nach Müller, Arbeiterverhältnisse, 141, sind die Bergfeste im frühen 19. Jahrhundert entstanden und hatten die Aufgabe, „den Bergleuten in Anbetracht ihres gefährlichen Berufes eine gewisse Anerkennung auszusprechen und zugleich das Gefühl ihrer Zusammengehörigkeit zu stärken. Ähnlich Bungert/Mallmann: Vereine und Feste, 342.
74 Vgl., Müller, Arbeiterverhältnisse, 142.
75 Ebda. 143 u. Werner, Saarbergmann, 76.
76 Vgl. LA SB 564/1871, 90, 133 u. 161 u.a.m. Jede Inspektion richtete ihre eigene Festanlage, oft mitten im Wald gelegen, her.
77 Ebda. 10 ff., 25 ff., 63 und 67. Der Bergfestfonds wird für weit mehr Dinge als das Bergfest benutzt: „Die Kosten für die Beschaffung sind hauptsächlich durch den Besuch Sr. Majestät in Neunkirchen veranlaßt; bei dieser Gelegenheit waren nicht nur dekorative Gegenstände, welche auch für ein etwaiges späteres Bergfest zur Verwendung gekommen wären, sondern auch Musikinstrumente für die Grubenkapellen sofort zu beschaffen, weil letztere die Ehre haben sollte, vor Seiner Majestät des Kaisers zu spielen". Ebda, 3/4.
78 LA SB 564/1871, 285–288; Hervorhebung H.St. Siehe auch die Schilderung anderer Bergfeste ebda. 295 ff.; SBK 1903, 56–59; Jakob, Friedrichsthal-Bildstock, 86–88; Werner, Saarbergmann, 72 ff.
79 Ebda. 20 u. 564/1871, 237 f. Im Jahre 1889 schenkt Stumm seinen Arbeitern zum Kaiser-Geburtstag eine Kaiser-Biographie; SBZ Nr. 22, 26. 1. 1889.
80 In Neunkirchen beteiligen sich nur 1 200 Mann in Kittel und Mütze an der morgendlichen Parade und am Gottesdiesnt, während sich zur Speisung 10 000 Personen auf dem Festplatz einfinden; LA SB 564/1871, 298.
81 SBK 1903, 56–59.
82 Vgl. Werner, Saarbergmann, 70.
83 LA SB 564/1871, F. 54/55.
84 Den Zusammenhang von Arbeiterbewegung und Absetzung des Bergfestes betont Bergrat Gumbracht, „der ausführte, daß bei einer direktionsseitig gehaltenen Umfrage die Werksdirektoren sich einstimmig dagegen erklärt hätten, das Fest in diesem Jahr zu feiern; einmal sei das Verhältnis zwischen Arbeitern und Beamten noch immer ein gereiztes, sodann aber stünden sich, namentlich unter den Arbeitern selber, die Anhänger des Rechtsschutzvereins und die Gegner desselben und unter ersteren wieder die Anhänger und Gegner des derzeitigen Vorstandes des Rechtsschutzvereins so schroff gegenüber, daß im Falle der Feier des Fests Ausschreitungen beinahe mit Bestimmtheit zu erwarten seien . . ." Ebda. 53/54. Drei Jahre nach Beendigung der Streikzeit hält die fiskalische Verwaltung die Zeit für gekommen, „Bergleuten . . . wieder ihr volles Wohlwollen zuzuwenden". So die Insp. VIII an die Bergwerksdirektion in Saarbrücken, 8. 7. 1895, ebda. 167/168.
85 Promemoria über Erweiterung und Verbesserung der Knappschaftsschule, 216.
86 Vgl. LA SB 564/1871, 295–299.
87 LA SB 564/1871, 18. Die Bergfeste haben auch unter der Konkurrenz der „Zerstreuungen durch Carrousels, Schießbuden, Theater und Harmonien" sowie unter den vielzähligen Vereinsfesten zu leiden.
88 LA SB 564/1871, 293.
89 Werner, Saarbergmann, 172. Strafandrohungen enthielten auch die Arbeitsordnungen von 1820 und 1877.

90 Zit. Maus, Bergmannsleben in Sulzbach, 44/45. Daß es bei den Bergfesten nicht immer friedlich zuging, vermerkt auch Werner, Saarbergmann, 75 mit einem Beleg aus dem Jahre 1875. Die Abgrenzung des berufsständischen Festes ist versinnbildlicht in den Absperrmaßnahmen, die die Festplätze gegen „ein Eindringen fremden Volkes ... sowie ein Übertreten der am Fest teilnehmenden Bergleute in die anschließende Waldung" absichern: LA SB 564/1872, 56/57.
91 Tenfelde, Fest der Bergleute, 216.
92 Ebda., 233.
93 Bungert/Mallmann, Vereine und Feste, 342.
94 Vgl. Heilfurth, Bergmannslied (1954).
95 Wir verwenden zunächst den Begriff „Bergmannslied" undifferenziert, solange von Herkunft, Verbreitung, Inhalt und Melodie des gesamten Liedgutes der Bergbauwelt die Rede ist. Der Begriff „Bergarbeiterlied" wird dagegen verwandt als Bezeichnung authentischer Äußerungen der Arbeiterklasse.
96 Der Begriff „Industrielied" wird von Michael Lewis, Bergwerkslieder, verwandt. Er verortet damit das englische Bergarbeiterlied in den übergreifenden Prozeß der Industrialisierung, während das deutsche Bergmannslied gerade zur Abwehr eine solche Vereinnahmung der bergmännischen Arbeit in den Kontext profaner Industriearbeit eingesetzt wird.
97 Vgl. ebda., 5/6.
98 Ebda. Strophe 2 und 5, 11/12.
99 Vgl. z. B. The Pitman's Happy Times and The Vaggoner, ebda., 12−14.
100 Strophe 3 des Liedes „Wenn schwarze Kittel scharenweis", Schicht und Feier, 10, und auch Köhler, Volks-Liederbuch, 115.
101 Strophe 3 des Liedes „Ein Bergmann in schwarzem Gewand, einfach und schlicht"; Köhler, Volks-Liederbuch, 22. Siehe auch Strophe 3 von „Der Mensch soll nicht stolz sein", Schicht und Feier, 12. Strophe 5 und 6 von „Glück auf! Glück auf! der Bergmann (Steiger) kommt", Köhler, Volks-Liederbuch, 60.
102 „Wie edel ist das Bergmannsleben", Strophe 3, ebda., 117.
103 Dieser Begriff ist Titel des Buches von Hermann Glaser, das „Von der Zerstörung des deutschen Geistes im 19. und 20. Jahrhunderts und dem Aufstieg des Nationalsozialismus" handelt. Ich verwende ihn hier, weil die obrigkeitliche Besetzung einer „Arbeiter"kultur auch Teil der reaktionären Entwicklung des deutschen Geisteslebens ist. Mit ähnlicher Fragestellung wie Glaser, aber begrenzt auf die Arbeitswelt, vgl. Bullivant/Ridley, Industrie und deutsche Literatur, 11−76.
104 Heilfurth, Bergmannslied (1954), 69/70.
105 Vgl. Salmen, „The Pitman's is the hardest job", 29.
106 Heilfurth, Bergmannslied (1954), 36. Die gesamten Zahlenangaben dieses Abschnitts sind diesem monumentalen Bestandsverzeichnis des deutschen Bergmannsliedes entnommen.
107 Selbst in neu zusammengestellten Liederbüchern für die Saarbergleute, etwa in dem in den 30er Jahren erschienenen „Schicht und Feier", beziehen sich die Mehrzahl der vor 1900 entstandenen Lieder auf den Erzbergbau, während nach der Jahrhundertwende und insbesondere in der nationalsozialistischen Liedproduktion der Steinkohlenbergbau zunehmend theamtisiert wird.
108 Heilfurth, Bergmannslied (1954), 36.
109 Ebda., 72 u. 250 ff. Bezeichnend ist, daß Heilfurth nur 3 Lieder aus der Zeit der Jahrhundertwende (19./20.) als im Volke lebendige Bergmannslieder klassifiziert: Richard Dehmels „Wir tragen alle ein Licht durch die Nacht", Karl Brögers „Kohle, schwarze Kohle tragen wir" und Schievenbuschs „Bergleut zu Hauf rufen Glückauf".

110 Zur Entwicklung des Liedes in der Überlieferung vgl. Heilfurth, Bergmannslied (1954), 210–218; die an der Saar verbreitete Fassung bei Köhler, Volks-Liederbuch, 59/60. Vgl. auch Heilfurth, Bergmannslied (1973), 766/767. Das Lied stellt eigentlich einen Weckruf dar. „Bei näherem Zusehen ergibt sich, daß zur Frühschicht anfahrende Bergleute damit noch ihre schlafenden Kameraden zur Arbeit riefen: Es geht los, der Steiger ist mit seinem brennenden Grubenlicht unterwegs, oder daß Kumpel vor Ort einem 'Schlägelgesellen', der während der Schicht eine unerlaubte Ruhepause eingelegt hatte, mit diesem warnenden Signal das Herannahen der Aufsichtspersonen ankündigten".

111 Köpping, Vom Standesbewußtsein zum Klassenbewußtsein, 102.

112 Ders., Wir tragen ein Licht, Vorwort.

113 Dierkes, Bergmannslieder, 547.

114 „Wenn der Gesang in der Tradition eines Arbeiterstandes eine gewichtige Rolle spielt, muß er natürlich auch in der Beziehung stehen zu der Arbeitswelt und zu den Arbeitsbedingungen, die den Stand kennzeichnen. Die Funktion des arbeitsbegleitenden Gesanges – wie man ihn von anderen Berufen mit überwiegend körperlich-rythmischer Tätigkeit kennt (Gesang von Matrosen bei der Arbeit auf Deck, Gesang von Feldarbeitern etwa beim Dreschen, Gesang von Zimmerleuten, Schmieden usw.) – konnte der Gesang der Bergleute nur sehr schwer einnehmen. (Sofern überhaupt, dann ohnehin höchstens bis zur Einführung maschineller Förderung). Diese Einschränkung scheint zumindest für den Bereich des Kohlenbergbaus berechtigt, wenn man sich einmal die Arbeitsbedingungen eines Hauers vor Ort vergegenwärtigt, die doch kaum mit dem Singen zu vereinbaren sind". Korb, Bergchöre, 129 f.

115 Nikolaus Fox schreibt über die Arbeiter und Handwerker in der Saargegend: „Die finden sich täglich auf dem Wege zu und von der Arbeitsstätte zusammen. Die Arbeiterinnen in den Stuhl- und Tuchfabriken, in den Streichholzfabriken, Ziegeleien und Blechwarenfabriken, die oft eine Stunde Wegs bis zur Arbeitsstätte zurücklegen müssen, lehren einander die alten Lieder und auch die neuen Schlager und Gassenhauer". Saarländische Volkskunde, 205. Für die Bergleute war der Ort des Singens der „gesellige Kreis, die frohe Runde nach der Schicht, am Feierabend". Büscher, Bergmannsdichtung, 15. Möglicherweise haben die Saarbergleute auch ihren oft kilometerlangen gemeinsamen An- und Abmarsch zur Grube durch Singen verkürzt. Insbesondere die zahlreichen Gesangvereine werden das bergständisch Liedgut der gedruckten Liederbücher benutzt haben. Über den Gesangverein Jägersfreude heißt es: „Als erstes Lied probte der Verein das Bergmannslied: 'Es gräbt der Bergmann tief im Schacht das Eisen und die Kohle'." Festschrift 90 Jahre, 13. Zunehmend wandten sich die Liederbücher an einen Sängerkreis, dem die Terminologie des Montanwesens fremd war. Sie enthielten deshalb umfangreiche Wörterverzeichnisse, in denen die Begriffe aus der bergbaulichen Welt den „Berglaien" erklärt werden mußten. vgl. Wolf, Bergmannssprache, 27.

116 Diese Liederbücher sind: Köhler, Volks-Liederbuch; Eich, Müller, Alte liebe Lieder; Schicht und Feier.

117 Texte der Lieder in der Bibliothek des Historischen Vereins, Stadtbücherei Saarbrücken, wiss.landeskundliche Abteilung, Sig.H.V.71.9. Hier zitiert Strophe 1 u. 3 von „Glück auf! dir Vaterland!", 3/4.

118 Ebda., 8/9.

119 HStA Dü, OBA Bonn Nr. 1585, 213.

120 Stellungnahme der königl. Bergwerksdirektion zum Zeitschriftenprojekt, 7. 12. 1869, ebda. 222.

121 Ebda. 223 u. 213.
122 Ebda. 223.
123 Nr. 9, 1. 9. 1871. Im Jahre 1902 hatte der Saarbrücker Bergmannskalender eine abgesetzte Auflage von 16 500 Exemplaren; vgl. Wohlfahrtseinrichtungen, 1904, 115.
124 Zu dieser Vermutung berechtigt der Überblick, den Hahn, Saarländische Bergmusik, 112 ff., von den Bergmannschören gibt, wie auch die Kenntnis von der reichhaltigen lokalen Vereinskultur in den Bergarbeiterdörfern und -städten. Siehe auch: Mahling, Werkschöre und Werkskapellen.
125 Das „Harzer Bergmannslied" und Theodor Körners Berglied erschienen im SBK 1876, „Der Kohlen- und der Erzbergmann" 1877.
126 Guichenbach 23. 5. 1889, SZ, Nr. 121, 25. 5. 1889 (Morgenblatt), 2/3; Püttlingen 11. 12. 1889, LHA KO 442/4377; Bildstock 22. 5. 1891, LHA KO 442/4380.
127 Als Beispiel das Lied „Es braust ein Ruf wie Donnerhall" (=Die Wacht am Rhein), das am 1. 3. 1891 in Neunkirchen gesungen wird, LHA KO 442/4221.
128 Großrosseln und Dudweiler, ebda.; Püttlingen 22. 5. 1891, LHA KO 442/4380; Obervölklingen 12. 12. 1891, LHA 13. 12. 91, KO 442/4274; Püttlingen und Ritterstraße 2. 1. 1893, LHA KO 442/4256.
129 Vgl. StA Friedrichsthal, Akte Rechtsschutzbewegung 1, 311. LHA KO 442/4280. Ähnlich provozieren die Bergleute unmittelbar vor dem Winterstreik 1892/93 mit „revolutionären Liedern"; LHA KO 442/4250, 18. 12. 1892.
130 Die Popularität des Liedes belegt dessen häufige Nennung in den Überwachungsprotokollen: Altenwald, LHA KO 442/4274; Völklingen (23. 11. 1890), LHA KO 442/4254; Dudweiler (5. 5. 1891), Quierschied (20. 5. 1891), Bildstock (22. 5. 1891) und Püttlingen (22. 5. 1891), alle LHA KO 442/4380; Bildstock (28. 12. 1892, 30. 12. 1892, 31. 12. 1892, 1. 1. 1893, 2. 1. 1893, 8. 1. 1893) StA Friedrichsthal, Akte Rechtsschutzbewegung 2, 365 ff.
131 Zu Text und Überlieferung des Liedes s. Steinitz, Volkslieder, 287/88; Heilfurth, Bergmannslied (1954), 649; Ders., Glück auf, 66: „ein Lied aus dem Saargebiet von 1889"; Köpping, Schwarze Solidarität, 10, der es Heinrich Kämpchen zuschreibt.
132 Darauf begründet Walter Köpping den Erfolg der beiden ersten großen Arbeiterdichter an der Ruhr, Heinrich Kämpchen und Ludwig Kessing: „Ihre Berichte über Leben und Arbeit der Bergarbeiter sind authentisch. Sie sind soziale Dokumente. Beide waren wirkliche Arbeiterdichter. Was ihnen gegenüber Novalis und Körner an Bildung fehlte, das machten sie durch Erfahrungen, Leiden wett". Vom Standesbewußtsein zum Klassenbewußtsein, 101/102.
133 Nr. 6, 21. 1. 1893.
134 Steinitz, Volkslieder, Bd. 1, 287; zu dieser Aussage, insbesondere der Datierung, vgl. die Kontroverse um das Lied „Es braust ein Ruf so schnell wie Pest".
135 Zum Begriff vgl. Lidtke, Lieder, 54—82.
136 Strophe 2 des Liedes, bei Steinitz, Volkslieder, 289.
137 Vers 1 u. 2 der Strophe 3, ebda.
138 Strophe 5, Vers 3 u. 4, ebda. Das Lied ist ebenso enthalten in Heilfurth, Bergmannslied (1954), 619 u. 125.
139 „Brüder reicht die Hand zum Bunde", LHA KO 442/4221; „Lied über den 8-Stunden-Tag" gesungen in Bildstock (26. 5. 1892), LHA KO 442/4376; Bildstock (8. 12. 1892) LHA KO 442/4250 und ebenso Stadtarchiv Friedrichsthal, Akte Rechtsschutzbewegung 2, 372 ff.
140 Diese Textfassung folgt der im LHA KO 442/4304 gefunden Abschrift. Sie unterscheidet sich in Orthographie und Wortwahl ein wenig von der wohl etwas

geglätteten Fassung bei Steinitz, Volkslieder, 286; ebenfalls abgedruckt in Heilfurth, Bergmannslied (1954), 621 u. 125. Bei Steinitz wie Heilfurth wird in Unkenntnis des Ablaufs der großen Streikzeit ein falsches Entstehungsdatum tradiert. „Frühjahr 1889" nennt Steinitz in Anlehnung an Köhler-Meier, Mosel und Saar, Nr. 366, wobei er präzisiert, daß das Lied während eines gewaltigen Streiks 1889 entstanden sei. Der Inhalt des Liedes überführt diese Version als Trugschluß: Im Frühjahr 1889, während des Mai-Streiks, existierte der RV noch nicht, ferner war Nikolaus Warken 1889 nicht inhaftiert. Seinem Prozeß wegen Beamtenbeleidigung folgte die Haftverbüßung während des Jahres 1890, gegen dessen Ende er (am 19. 12. 1890) entlassen wurde. Möglich also, daß das Lied im Verlaufe der 2. Hälfte des Jahres 1890 entstanden ist, zu welcher Zeit die Quellen zahlreiche Aktivitäten zur Freilassung Warkens festhalten. Die Zahl 24 000 wird eine Überhöhung des tatsächliches Mitgliederbestandes des Jahres 1890 sein, der ca. 19 000 Bergarbeiter betrug.

141 Liedtke, Lieder, 77.
142 Steinitz, Volkslieder, 289; vgl. auch Heilfurth, Bergmannslied (1954), 615 u. 125.
143 Vgl. Eine kleine Sammlung besonderer Ausdrücke der Saarbergleute für technische und sonstige Bezeichnungen in der Grube und über Tage, SBK 1903, 73.
144 Köhler, Volks-Liederbuch, 17; ähnliche Glorifizierungen des bergmännischen Arbeitslebens lassen sich in vielen Liedern finden; vgl. z. B. „Schön ist Bergmanns Leben", ebda. 100, oder: „Wenn ich einst betrachte das bergmänn'sche Leben", ebda. 113. Oft kommt die Arbeit nur stilisiert vor, als Aufhänger für allgemeine Lobhudeleien.
145 Fox, Volkskunde, 184. Ein ähnliches Motiv, das Scheitern einer Liebe aus materiellen Gründen, in einem Lied „Ich seh' dir's an den Augen an", gefunden im DVA Freiburg, A 61 177.
146 Im Zusammenhang mit dem Gedicht „Bergmanns-Loos" und dem „Bergmanns-Lied" schreiben Mallmann/Bungert: „Beide Gedichte sind geschrieben von Mathias Bachmann, dem stellvertretenden Vorsitzenden des Rechtsschutzvereins." Bergmannskultur, 95.
147 StA Friedrichsthal, Akte Rechtsschutzbewegung 1, 165. Eine im Text geringfügig veränderte Fassung dieser vierten Strophe überliefert Steinitz, Deutsche Volkslieder, Bd. 1, 277. Bausinger interpretiert diese Aussage als Gemengelage von Gefühlen; dem Bewußtsein von „der Ausbeutung auf der einen Seite" stehe „der Stolz auf die physische und technische Bewältigung der Arbeit" auf der anderen Seite entgegen: Technik im Alltag, 235,
148 Schwab, Vereinslied, 864/865.
149 Lidtke, Lieder, 70.
150 Steinitz, Arbeiterlied und Volkslied, 6.
151 Moßmann/Schleuning, Politische Lieder, 8. Selbst eine Massenbewegung wie die deutsche Arbeitersängerbewegung in der Weimarer Republik hat „keine eigene musikalische Kultur" ausgebildet und sich nur durch den politischen Gehalt ihrer Tendenzlieder von der bürgerlichen Kultur abgesetzt. Vgl. Wunderer, Arbeitervereine, 45.
152 Zur Verdeutlichung meiner Argumentation sei das folgende Beispiel genannt: „Der politische Aufmarsch – mit dem Beginn der organisierten Arbeiterbewegung in der zweiten Hälfte des 19. Jahrhunderts regelmäßig als Mittel des politischen Kampfes in Erscheinung tretend – übernahm zunächst die 'Töne' bekannter Lieder. (. . .) Daraus entwickelte sich ein genuiner Agitpropstil des politischen Kampfliedes, das – wiederum in kommunistischen Gruppen ebenso zu Hause wie in anderen politischen Gruppen bis zu faschistischen – auf folgende musika-

lische Stilmittel zu reduzieren ist: Grader Takt (Marschlied), fanfarenartige Melodik mit Dreiklangsbrechung, Rufmotiven mit Bevorzugung der Quarte, Kehrreim; Die Tonalität kann Dur oder Moll sein, beliebt ist ein Mollbeginn mit apotheosenhaftem Durschluß". Klusen, Sozialistisches Lied, 754.

153 Zur Kritik der beiden zuletzt genannteen Erklärungsansätze und zu einer Übersicht der neueren Forschungslage vgl. Lidtke, Lieder, 71–74. Siehe auch Sauermann, Historisch-Politisches Lied, 297 u. 319.
154 Lidtke, Lieder, 65 u. 54.
155 Eisler, Dummheit in der Musik, 764.
156 Lommatzsch, „Freut euch sehr", 19 f.
157 Vgl. Kürbisch, Anklage, XIV/XV u. 344 ff.
158 Büscher, Deutsche Bergmannsdichtung, 14.
159 StA Friedrichsthal, Akte Rechtsschutzbewegung 1, 137.
160 Abgedr. Köpping, Vom Standesbewußtsein zum Klassenbewußtsein, 99.
161 Siehe LHA KO 442/4420, 387–390 (Abschr.). Das Gedicht wurde auch durch das Vorlesen in Versammlungen verbreitet; z. B. in Püttlingen am 29. 1. 1891, LHA KO 442/4254.
162 Das Motiv der eingesperrten Bergleute am Stollenmundloch und Nikolaus Warken vor dem Gitter mit einem Beamten verhandelnd zeigt auch ein Erinnerungsblatt von 1889, überschrieben mit „Gott segne den Bergbau". Vgl. SZ, Nr. 138, 18. 6. 1979.
163 Nr. 3 (Probenummer), 15. 7. 1870.
164 Heilfurth, Kultur,152.
165 Wolf, Bergmannssprache, 46.
166 Bungert, Auf politischem Hintergrund. Siehe auch Mallmann/Bungert, Vereine und Feste, 341–348.
167 Diener, Volkskunde, 68. Auf Hochdeutsch lautet der Dialektsatz: „Der will etwas anderes sein als all' die Leute".
168 Korff, Kultur, 47/48.
169 Theis, Hunsrücker Bergleute: In unserem Zusammenhang siehe insbesondere die Erzählungen „Fassenachd" (Fastnacht), „Grumbierekierb" (Kartoffelkirmes), „Dey Sauflai" (Die Sauflai), „Kameradschaft" und „Dämmershcobbe" (Dämmerschoppen) im „Feierohmend" betitelten zweiten Teil des Buches, wo es um das Freizeitverhalten geht.
170 Siehe Werner, Saarbergmann, 87 ff.; Kiefer, Organisationsbestrebungen, 16 f.; Korb, Bergchöre, 130/131; Bungert/Mallmann, Vereine und Feste, 342 ff.
171 Kiefer, Organisationsbestrebungen, 17. In einem Vortrag versuchte Dechant Hansen 1865, den Vorwurf einer politischen Beeinflußung zu entkräften: „Die Wahrheit ist nun aber die, daß weder die Bruderschaft, noch der Knappen-Verein einen politischen Einfluß sucht und beansprucht (. . .) Nur das glaube ich versichern zu können, daß die Revolution, wenn sie sich auch in die Gestalt eines Engels hüllen sollte, nicht auf die Beteiligung und Unterstützung der St. Barbara-Bruderschaft und des Knappen-Vereins rechnen dürfe. Weshalb? Weil sie in ihrem Wesen unchristlich ist". Vortrag über die St. Barbara-Bruderschaft für Berg- und Hüttenleute und den Knappen-Verein zu Ottweiler, von Joh. Anton Joseph Hansen, Ottweiler 1865, 15.
172 Als Quelle dient eine in den Akten aufgefundene Nachweisung aller Sulzbacher Vereine aus dem Jahre 1904, in der 163 Vereine mit Gründungdatum verzeichnet sind. Vergleichbare Erhebungen aus den Jahren 1921–1924 geben zwischen 138 und 182 Vereinen an, belegen also eine relativ konstante Vereinsdichte über Jahre hinweg: LA SB Dep.- Sulzbach 68/16, und auch Maus, Bergmannsleben, 43.

173 Die Kategorien „berufsständische", „kirchliche" und „Freizeitvereine" sollen kurz umrissen werden. Unter „berufsständische Vereine" wurden alle Sulzbacher Vereine erfasst, in denen sich Menschen aufgrund ihrer Zugehörigkeit zu einer bestimmten Berufssparte zusammen geschlossen haben; neben bergbaulichen Vereinen befinden sich darunter auch diverse Gesellen- oder Handwerker-Vereine. Zum Teil können sie sich mit den „kirchlichen Vereinen" überschneiden, wenn nämlich berufsständische Interessen konfessionell organisiert werden. Prinzipiell sind der Kategorie „kirchlicher Verein" all jene Vereine zugeordnet, die unter geistlicher Leitung standen und die neben dem Beruf die Konfession zum Mitgliedsschaftskriterium erhoben haben. Der Begriff „Freizeitverein" umschließt Musikvereine (Gesang und Instrumentalmusik), Sportvereine (Schwerathletik, Billard, Kegeln, Turnen, Radfahren), Tier- und Gartenbauvereine (Brieftauben, Geflügelzucht, Kanarienvögel, und Kaninchen), Geselligkeitsvereine (Rauchclubs, Kartenclubs, Unterhaltungsvereine), eine große Anzahl an Karnevalsvereinenn sowie einige Kultur- und Fortbildungsvereine. Unberücksichtigt bleiben zwei Pensionärsvereine, drei Bürgervereine, zwei weltanschaulich-politische Vereine und − zunächst − drei Kasinos.

174 Alle Zitate nach Hansen, Vortrag, 6 u. 20.
175 § 13 der Statuten, LA SB 564/628, 7/8.
176 Neuloh/Kurucz, Vom Kirchdorf zur Industriegemeinde, 50.
177 StA SB, Best. Bgm. Dudweiler, Nr. 329, 166.
178 Nipperdey, Verein, 3.
179 Tenfelde, Entfaltung, 58 ff.
180 Vgl. StA SB, Best. Bgm. Dudweiler, Nr. 329, 2−369.
181 Vgl. LA SB, Dep. Bgm. Illingen Nr. 994.
182 Vgl. LA SB, Dep. Stadt Merzig Nr. 218. Das Jahr 1894, das hier als Beispiel dient, ist keine Ausnahme. Zur Tatsache, daß „fast kein Sonntag im Sommer" ohne Fest und obligatorische Nachfeier vergeht, vgl. auch Teil 3, Anm. 46−50.
183 Vgl. LA SB, Dep. Sulzbach 69/1.
184 LA SB, Dep. Bürgermeisterei Illingen Nr. 992 (unpaginiert).
185 Zusammengestellt nach LA SB, Dep. Sulzbach Nr. 68/4. Eine Sonderstellung nehmen in fast allen Orten des Reviers und des Einzugsbereichs die Kriegervereine unter der Losung „Mit Gott für König und Vaterland" ein. Ihre Stellung im öffentlichen Leben wird durch Aufzüge und Kundgebungen aus verschiedenen Anlässen bestimmt: Königs- und Sedanstage, Leichenbegängnisse, Fahnenweihen und Besuche aus dem Königshaus vereinen die gedienten Soldaten „im Sinne kameradschaftlicher Treue und nationaler Gesinnung". Die Kriegervereine müssen vom preußischen Inneministerium zugelassen werden, das auch die Verwendung von Fahnenemblemen regelt. In der Streikzeit wirkten die gesellschaftlichen Erschütterungen auch auf die Kriegervereine ein: Die Bergleute gerieten in Widerspruch zu deren Intentionen und ihrem unerschütterlichen Staatsvertrauen, sodaß z. B. der Sulzbacher Bürgermeister 1891 darauf hinwies, daß die Erlaubnis zur Führung einer Fahne nur erlaubt werden kann, wenn ein „Unvereinbarkeitsbeschluß" (den RV betreffend) in die Satzung aufgenommen wird. Vgl. u. a. die Selbstdarstellung des Losheimer Kriegervereins, 5. 7. 1872, LHA KO 442/7835, 5/6; Satzungen der Krieger-, Artillerie-, Veteranen- und Waffenbrüder-Vereine in Hühnerfeld, Altenwald, Neuweiler und Sulzbach, LA SB Dep. Sulzbach 68/7 bis 68/14. LA Speyer H 46/408, 3 u. 18.
186 Einschränkend muß bemerkt werden, daß der karnevalistische Humor nicht allein von Bergleuten gepflegt wurde.Dort, wo die bergmännische Bevölkerung im Vergleich zur übrigen Einwohnerschaft nicht so stark vertreten war, bildete das

Kleinbürgertum die treibende Kraft der Karnevalsvereine; vgl. das Mitgliederverzeichnis des „Großen Carnevals-Verein zu Merzig", LA SB, Dep. Stadt Merzig Nr. 218, 131 f. In den „närrischen Hochburgen" waren die Karnevalsvereine natürlich schon früher verbreitet, so z. B. in Köln, wo 1857 bereits 83 Karnevalsgesellschaften existierten; vgl. Tenfelde, Entfaltung, 66.

187 SZ, 24. 2. 1926, zit. Schock, Neunkirchen, 87.
188 LA SB 564/628, 792. Zu Sulzbach siehe auch Maus, Bergmannsleben, 43. Auch in Reden bestand der Gesang und Musikverein nur aus Beamten: SBZ, Nr. 16, 19. 1. 1889, 2. Zu einigen Beispielen aus Dudweiler siehe Mallmann/Bungert, Vereine, 346.
189 Zur Entstehung der Dudweiler „Harmonie", einem echten „Bubbesberger Kind", siehe Männer-Chor Harmonie 1896. Zum Verlauf einer Vereinsspaltung in einen Arbeiter- und einen bürgerlichen Verein siehe die Festschrift des ATV Dudweiler aus Anlaß des 80jährigen Jubiläumsfestes, und Club-Zeitung Allgemeiner Sportclub Dudweiler e.V., 1.Jg.Nr. 2, 1951.
190 Vgl. dazu LA SB, Dep. Bgm. Illingen Nr. 994.
191 Zur Frühgeschichte vgl. LA SB 564/1203 und Klein, Konsumvereine, 20/21. Zitat aus: Wohlfahrtseinrichtungen, (1904), 91. Vgl. auch den Bericht der königl. Berginspektion II (Louisenthal), 11. 4. 1867; hier beginnt der Verkauf von Victualien am 15. März mit dem Angebot von Kaffee, Zucker, Reis, Griesmehl, Erbsen, Linsen, Bohnen, Gerste und Kartoffeln, LA SB 564/780. Zur Geschichte der Konsumvereine siehe den knappen Rückblick bei Weise, Revisionsverband. Das Notjahr 1847 und die „Theuerung der Jahre 1854−1857" werden von den Assessoren Graeff und Hiltrop als Ausgangspunkt der Brot- und Mehlgeldfonds genannt. Vgl. Graeff: Bericht betreffend die Hebung des materiellen und sittlichen Wohles der Klasse der Bergarbeiter auf den fiskalischen Steinkohlegruben bei Saarbrücken, Sarbrücken 1866, LA SB 564/628, 298; Hiltrop, Darstellung meiner Beobachtungen, 1030.
192 LA SB 564/780, 85.
193 Ebda. 86/87.
194 Vgl. SZ, Nr. 291, 12. 12. 1867, 3.
195 Grube Kronprinz-Geislautern: Berginspektor Maas, Berggeschworener Heinz, Schichtmeister Falch, Fahrsteiger Hoos und Miller; LA SB 564/780, 215. Grube von der Heydt: Berginspektor Max Freudenberg, Assistent G.H. Müller, Sekretär Hermann Thiel und die beiden Fahrsteiger Johann Meßner und Carl Schneider; SZ, Nr. 257, 2. 11. 1868, 3.
196 Bericht an das OBA Bonn, 21. 5. 1869, LA SB 564/780, 393.
197 Zusammengestellt nach: LA SB 564/780, 494, 648, 702 u. 756.
564/966, 22, 117, 195, 303, 364, 418, 462 u. 499.
564/681, 77, 127, 175, 211, 251, 289 u. 369.
564/682, 49, 174, 248 u. 338.
564/733, 20, 83, 135 u. 307.
564/871, 13.
198 Klein, Saarbergbau, 11.
199 Vgl. Die industrielle Entwicklung des Saarreviers in der 2. Hälfte des 19. Jahrhunderts, Neues Saarbrücker Gewerbeblatt, Nr. 13, 29. 3. 1902; Klein, Steinkohlenbergbau.
200 Vgl. dazu Klein, Saarbergbau, 12/13.
201 Ausführlicher dazu Klein, Konsumvereine, 25−30. Im oberschlesischen Revier erwies sich der Kleinhandel ebenfalls den Konsumvereinen überlegen; vgl. Kuhna, Ernährungsverhältnisse, 104 ff.

202 Ein Vergleich von Markt- und Konsumpreisen findet sich bei Steffens, Bergarbeiterfamilien.
203 Vgl. Wohlfahrtseinrichtungen (1904), 92.
204 Vgl. Hiltrop, Darstellung meiner Beobachtungen, LA SB 564/628, 966 ff.
205 Vgl. Wohlfahrtseinrichtungen (1904), 92/93.
206 Zum Widerstand von Geschäftsleuten in Altenwald, Spiesen, Elversberg, Heiligenwald, Schiffweiler, Landsweiler, Ensdorf, Saarlouis und Sulzbach vgl. LA SB 564/681, 164–168, 396–406 u. 411–417;LA SB 564/682, 323–326, 331–333 u. 381–383; LA SB 564/733, 9–12, 63–70 u. 172–179; LA SB 564/817, 127–140.
207 Wohlfahrtseinrichtungen (1904), 93.
208 LA SB 564/699, 316. Siehe auch oben Teil 4.
209 LA SB 564/682. 316.
210 Vgl. Arbeiterausschuß-Sitzung der Insp. X in Merchweiler (9. 5. 1890) und der Insp. IX in Friedrichsthal (18. 11. 1891), LA SB 564/717, 494–497 u. 564/716, 137/138.
211 LA SB 564/681, 342.
212 Die Kasinobewegung an der Saar wurde unter sozialgeschichtlichen Aspekten erstmals thematisiert bei Steffens, Cultura Corporativa, 74 ff., und Mallmann, Sanfkasinos, 200–206. Zum Ruhrgebiet vgl. Brüggemeier, Schnapskasinos, 158–165. Siehe dazu auch die „Denkschrift betr. die Schnapskasions im Oberbergamtsbehörde Dortmund", StA Münster, Best. OBA Dortmund Nr. 1834. Zum Siegerland vgl. Haumann, Schnapskasinos.
213 LHA KO 442/4250. Der Saarbrücker Landrat sah am 31. 8. 1892 in den Lohnreduktionen, Remunerationszahlungen an Beamte und Feierschichten den Boden, auf dem „verschiedene neue Genossenschaftsbildungen" vorbereitet würden.
214 Vgl. Kiefer, Organisationsbestrebungen, 57.
215 Statut, 15. 4. 1891, StA SB, Best. Bgm. Dudweiler Nr. 329, 169.
216 § 2 legt die Mitgliedschaft fest: „Mitglied ... kann jeder Bürger des Kreises Saarbrücken, sowie solche, welche im Kreise Saarbrücken in Kost oder Schlafstelle sich befinden, werden ..." Ebda.
217 LHA KO 442/4382, 53. Vgl. auch LA SB, dep. Bgm. Illingen Nr. 994, 260, 14. 1. 1891.
218 § 2 der „Statuten des Allgemeinen Konsum-Vereins in Altenkessel", 23. 11. 1892, 3.
219 Vgl. LHA KO 442/4382, 135 u. 77/78.
220 Vgl. StA SB, Best. Bgm. Dudweiler Nr. 329, 170. Eine relativ umfangreiche Vorratshaltung an Bedarfsartikeln betrieb jedoch der Arbeiter-Consum-Verein Elversberg; LA SB 583, 3/97.
221 Mallmann, Anfänge der Bergarbeiterbewegung, 213.
222 LA SB 564/682, 317/318. Für die Gruben-Konsumvereine dagegen galt: „Sie halten ... streng auf sofortige bare Bezahlung der verkauften Ware und wirken so erzieherisch auf ihre Mitglieder, die sie auf diese Weise von dem Borg- und ‚Büchelchen'-Unwesen abhalten". Weise, Revisionsverband, 239.
223 Vgl. LA SB 583, 3/101, 1/2.
224 LHA KO 442/4382, 292.
225 Ebda., 453.
226 Brüggemeier/Niethammer, Schlafgänger, 158.
227 Ebda., 159. Vgl. auch Hue, Bergarbeiter, 416.
228 Zusammgestellt nach StA SB, Best. Bgm. Dudweiler Nr. 298.
229 Ebda.
230 StA, SB, Best. Bgm. Dudweiler Nr. 298.

231 LA SB, Dep. Bgm Illingen Nr. 994, 307.
232 Ebda., 311 ff u. 316/317.
233 Vgl. zu den Maßnahmen LA SB, Dep. Bgm. Illingen Nr. 994, 276; LHA KO 442/4282, 60 u. 49/50.
234 Ebda., 45.
235 Ebda., 60.
236 Dieser Vorfall ist auführlich beschrieben in der „Saar-Zeitung", Nr. 15, 20. 1. 1892, 2/3.
237 LHA KO 442/4382, 67.
238 Vgl. z. B. Altenkessel, ebda. 390. Schon am 24. 4. 1891 hob in einem Revisionsurteil das Oberlandesgericht Köln Urteile vom 20. 11. 1890 und 17. 1. 1891 des königl. Schöffengerichts Ottweiler und des königl. Landgerichts auf, die alle Konsumvereine als Scheinorganisationen zum Trinken von Alkohol definiert hatten.
239 Ebda. 139 u. 143.
240 Ebda. 237. Schon im September 1893 empfiehlt der Ottweiler Landrat dem Trierer Reg. Präs., eine Polzeiverordnung zu erlassen.
241 Ebda. 46/47.
242 Ebda. 48.
243 Bericht Bergrevier Oberhausen, 3. 5. 1894, Zit. Brüggemeier/Niethammer, Schlafgänger, 162.
244 Vgl. LHA KO 442/4382, 83−85; Völklinger Zeitung, Nr. 133, 13. 6. 1894.
245 Vgl. zur PV von 1896 Teil 4; die Mindestanforderung an den Wohnraum betrug pro Person 2 1/2 qm. Grundfläche und 10 cbm, Luftraum. Dagegen schrieb die PV von Hörde bei den Casinos eine Grundfläche von 1/2 qm. vor; vgl. Brüggemeier/Niethammer, Schlafgänger, 162.
246 Vgl. LHA KO442/4382, 323.
247 Insbesondere die Wirte machten sich im Kr. Merzig für die Übernahme der Saarbrücker PV stark; Vgl. LHA KO 442/4382, 91 u. 97.
248 Ebda. 149.
249 Ebda. 179.
250 Ebda. 185 u. 264.
251 Ebda. 168. Zugleich wurde im Landkreis Saarbrücken den Casinos der Verkauf „geistiger Getränke" untersagt, woraufhin sich viele der Vereine selbst auflösten; vgl. ebda. 264. Dieses Vorgehen wird allerdings erst durch eine Änderung der Gewerbeordnung am 10. 6. 1896 auf eine gesetzliche Basis gestellt; vgl. Brüggemeier/Niethammer, Schlafgänger, 163.
252 Siehe das Gesuch: LHA KO 442/4382, 291 ff.
253 Vgl. ebda. 199/200. Siehe auch 191, 198 u. 201.
254 Ebda. 399.
255 Ebda.
256 „Während der Streikzeit ist der (Lagerhalter) ermächtigt worden, an die Mitglieder auch für höhere Beträge Waren auf Credit abzusetzen". LA SB 583, 3/101, 1/2.
257 Denkschrift die gegenwärtige Lage des Wirtsgewerbes im Bezirke des Saar- Mosel- und Saar-Blies-Nahethal-Gastwirte-Verbandes, die schweren und existenzgefährdeten Schäden und Lasten betreffend, 14. 10. 1902, LA SB 564/1147, 321. Siehe auch Reichstagsprotokolle, 8.LP., 2. Sess. 1892/93, Bd. 1, 445. Regierungspräsident von Heppe hält gar den Kampf gegen die Konsumvereine für wichtiger als den Austritt der Bergleute aus dem RV; vgl. LHA KO 403/6837, 673, 1. 4. 1893.

258 Vgl. LHA KO 442/4382, 269/270. Prot. Parteitag SPD 1894, 88 ff.
259 Zit. Saul u. a., Arbeiterfamilien, 113/114.

Teil 6

1 Negt/Kluge, Eigensinn, 516.
2 Vgl. zu diesen Zusammenhängen Raschke, Soziale Bewegungen, 337 ff.
3 Smelser, Theorie, 25–31. Vgl. auch Bausinger, Identität, 204: „Identität" birgt „ein Moment von Ordnung und Sicherheit inmitten des Wechsels" und „bezeichnet die Fähigkeit des einzelnen, sich über alle Wechselfälle und auch Brüche hinweg der Kontinuität seines Lebens bewußt zu bleiben".
4 Zit. Hermann, 'Der Eckstein', 115. Ähnlich äußert sich der Bergmann Peter Klein: „Die Bewegung hatte (1891, H.St.) ihren Höhepunkt erreicht, indem sich alles, klerikal wie liberal, gegen die Führung des Rechtsschutzverein verschwor". Levenstein, Aus der Tiefe, 112.
5 Wehler, Kaiserreich, 78.
6 Rimlinger, Legitimierung, 284. Das Streben nach Verständnis hatte gerade in der Phase der Herausbildung proletarischer Öffentlichkeit weitreichende Folgen: Die „Defensive" gegenüber der bürgerlichen Öffentlichkeit beherrschte die proletarischen Erklärungsversuche; vgl. Negt/Kluge, Öffentlichkeit, 110; Groh, Intensification, und: Ossevazioni preliminarii, speziell zur Streikstrategie.
7 Grundlage dieser Untersuchung sind 141 Protokolle von Bergarbeiter- und allgemeinen Volksversammlungen aus der Zeit vom Mai 1889 bis Januar 1893, die von den überwachenden Bürgermeistern und/ oder Gendarmen angefertigt worden sind. Sie enthalten durchweg Angaben über die Dauer der Versammlung, Teilnehmerzahl, Zusammensetzung der Versammlungsleitung, Redner, Versammlungsritus (z. B. Hochrufe) und besondere Vorkommnisse (Beleidigungen, Auflösungen u. ä.). Häufig geben diese Protokolle auch Aufschluß über die Gedankenwelt subalterner Beamter in Preußen, und der Historiker muß sich davor hüten, die Schilderungen der bergmännnischen Gedankenwelt durch die Brille der Ordnungskräfte unkritisch zu übernehmen. Gleichwohl ergibt eine wiederholte Überprüfung anhand von Eingaben, Gesuchen, Gedichten und Liedern eine große Authentizität der Überwachungsberichte.
8 Beispielsweise fällt die Morgenversammlung am 18. 3. 1891 in Fürstenhausen wegen mangelnder Beteiligung aus, ebenso die Versammlung am frühen Nachmittag am 20. 9. 1890 in Neunkirchen. Probleme mit dem Fassungsvermögen der Säle gab es u. a. am 6. 1. 1891 bei Wirt Kron in Bildstock und am 14. 1. 1891 bei Wirt Rieth in Elversberg. Bei 106 der von mir ausgewerteten 141 Versammlungsberichte wird die Teilnehmerzahl entweder genau oder ungefähr vermerkt. Bei Schätzungen oder unterschiedlichen Angaben von Veranstaltern und überwachenden Beamten wurde jeweils die niedrigere Angabe verwendet.
9 Vgl. St. Johanner Volkszeitung, Nr. 64, 17. 3. 1890; St. Johanner Zeitung, Nr. 66, 18. 3. 1890.
10 LHA KO 442/4377, 11. 12. 1889.
11 Nikolaus Warken, 4. 1. 1891 in Neunkirchen, LHA KO 442/4254.
12 Hildermeier, Agrarische Sozialbewegung, 81. Vgl. auch Moore, Soziale Ursprünge 569 ff. Zur Gültigkeit solcher Legitimationsmuster in der „handwerklichen Welt" vgl. Grießinger, Symbolisches Kapital, 435 ff.
13 Bergmann Lambert (Wustweiler), 8. 12. 1892 in Bildstock, LHA KO 442/4250.

14 Zu den Versuchen der preußischen Schulverwaltung, Unterordnung, sparsame Lebensführung, Zufriedenheit in die göttliche Sozialordnung, Vertrauen und Dankbarkeit gegenüber der landesväterlichen Fürsorge im Volksschulunterricht anzuerziehen, siehe Saul, Staat, Gewerkschaften,230.
15 Wie tief diese Verbundenheit im Denken verankert war, zeigt der Redebeitrag Ludwig Schleys, Bergmann aus Wiebelskirchen, der am 15. 10. 1890 in Neunkirchen sich erbittert über behördliche Schikanen und Mißtrauen beschwert, um dann auszurufen: „Wenn's Vaterland in Gefahr ist, wird es sich zeigen, wer der beste Patriot ist"; LHA KO 442/4254. Auch in der sozialdemokratischen Arbeiterbewegung war der Arbeiter als „besserer Patriot" ein durchgängiger Topos, vgl. Groh, Negative Integration. Die dominierende Rolle des Militärs und der Kriegervereine bei der Ausprägung des Kaiserkults verdeutlicht Blessing, Monarchischer Kult.
16 Bergmann Joh. Strauß in Bildstock, 12. 10. 1889, StA Friedrichsthal, Akte Rechtsschutzbewegung 1, 130.
17 Bergmann Frohmann in Püttlingen, 11. 12. 1889, LHA KO 442/4377.
18 Am 15. 8. 1890 in Quierschnied, LHA KO 442/4304, 279. Der abgelegte Bergmann Müller 42 erklärte am 12. 10. 1890 in Neumünster gar, „daß die Behörden nur haben wollten daß sie (die Arbeiter, H.St.) dumm bleiben sollten, sie sollten nur Arbeiten, Beten und das Maul halten"! LHA KO 442/4254.
19 Thome in Neunkirchen, 15. 10. 1890, ebda. Wilhelms Worte von den „Musteranstalten" werden häufig kolportiert, in Fischbach z. B. mit dem Zusatz: „aber die Herren Berg-Räthe wären dagegen und namentlich trügen die Unter-Beamten Schuld an der schlechten Lage der Bergleute". LHA KO 442/4304,328.
20 Bachmann am 29. 1. 1891 in Püttlingen, LHA KO 442/4254. Vgl. auch ähnliche Äußerungen Thomes am 2. 12. 1890 und 19. 1. 1891, ebda. Eine solche Herrschaftsauffassung ist gerade bäuerlichen Bevölkerungsschichten eigen, wie Rainer Wirtz nachweist, „Widersetzlichkeiten", 224—246.
21 Zu den ambivalenten Erfahrungsmöglichkeiten der Arbeiter in Preußen und im kaiserlichen Deutschland vgl. Saul, Staat, Gewerkschaften, 211—220, und Groh, Intensification. Das „Preußen-Problem" der deutschen Arbeiter thematisiert Blasius, Preußen, 37. Eine knappe Zusammenfassung der unterschiedlichen Reaktionen auf Wilhelms sozialpolitischen Erlasse, die sog. „Februarerlasse", bringt Schulz, Arbeiterbewegung 1848—1919, 263—271. Zum „persönlichen Regiment" siehe die Ausführungen und Literaturhinweise bei Born, Deutschland, 218 ff. Zur Illusion vom „gerechten König" vgl. auch Ritter, Staat und Arbeiterschaft, 329.
22 LHA KO 442/4254, 22. 11. 1890 in Spiesen.
23 Am 2. 12. 1890 in Dudweiler, ebda.
24 Nikolaus Berwanger am 19. 1. 1891 in Bildstock, ebda.
25 Am 14. 1. 1891 in Elversberg, ebda.
26 Vgl. Saul, Staat, Gewerkschaften 221.
27 LHA KO 442/4254.
28 St. Johanner Volkszeitung, Nr. 64, 17. 3. 1890. Ähnlich Bachmann am 2. 12. 1890 in Dudweiler; LHA KO 442/4254.
29 Johann Lambert in Wahlschied am 8. 9. 1890, LHA KO 442/4304, 358. Ähnlich auch in 442/4256: „Die stolzen Worte seiner Majestät werden nicht ausgeführt".
30 Nikolaus Berwanger am 15. 10. 1890 in Neunkirchen, LHA KO 442/4254. Ähnlich Thome am 19. 1. 1891 in Bildstock, ebda. Analog zum Kaiserkult entfaltet sich abseits der Arbeiterschaft und der bäuerlichen Bevölkerung schon während der Amtszeit des „eisernen Kanzlers" und verstärkt nach dessen „Abgang" ein

Bismarck-Kult, der zugleich eine Protesthaltung gegenüber Wilhelm II. beinhaltete; vgl. Hedinger, Bismarck-Kult.
31 Bergmann Dörr am 22. 3. 1891 in Völklingen, LHA KO 442/4221.
32 Am 18. 3. 1891 in Fürstenhausen, ebda. Am 25. 9. 1890 in Neunkirchen, LHA KO 442/4304.
33 LHA KO 442/4221. Müller bezieht sich auf die 1. Internationale Arbeiterschutzkonferenz vom März 1890, die durch die Februarerlasse „vorbereitet" worden war; vgl. Mueller, Franz Hitze, 91.
34 Bergmann Hellbrück am 18. 3. 1891 in Dudweiler, LHA KO 442/4221.
35 Am 7. 12. 1890 in Spießen, LHA KO 442/4254.
36 Negt/Kluge, Öffentlichkeit, 113.
37 LHA KO 442/4274. Die Zeitschrift des RV, „Schlägel und Eisen", wurde neben dem „Vorwärts" bei einer Prozession saarländischer Bergleute von sozialistischen Arbeitern als Agitationsmaterial „gegen die von kirchlicher Seite dekreditierte sozialpolitische Intuition der Rockwallfahrten", der Stärkung des kahtolischen Kultus gegen das sozialdemokratische Feindeslager, verteilt; vgl. Korff, Heiligenverehrung, 102. Arbeiter stellten jedoch nur einen verschwindend geringen Prozentsatz der überwiegend bäuerlichen Pilgerscharen; vgl. Ders., Formierung, 376 ff.
38 Schieder, Kirche und Revolution, hat erstmals nicht nur die Klassengebundenheit dieser Wallfahrt betont, sondern zugleich die Kompensation sozialer Not und die Vertröstung auf eine gerechtere, imaginäre Zukunft als ein Element der Pilger-Mentalität beschrieben. Wie schon 1844, nehmen auch 1891 Katholiken aus dem Saarland zahlreich an der Wallfahrt teil, ohne daß allerdings die sozialen Widersprüche befriedet werden können; ein Indiz für die tiefgreifend empfundene Bedrohung in jenen Jahren.
39 Ruppersberger, Geschichte, 303.
40 Vgl. Gronerad, Siedlungspolitik, 65. Zur Ruhr vgl. Brepohl, Industrievolk, 68 f.
41 Nr. 6, 7. 1. 1893.
42 Korff, Bemerkungen, 219. Eine knappe Zusammenfassung der grundlegenden Widersprüche zu Beginn der Kulturkampfzeit findet sich bei Rivinius, Verhältnis. Schieder, Kirche und Revolution, 436 ff. skizziert die „Vorgeschichte" des Kulturkampfes, den „Zusammenprall kirchlicher und staatlicher Herrschaftsansprüche" seit den 30er Jahren des 19. Jhs. im Rheinland.
43 Bellot, Hundert Jahre, 139. Nikolaus Osterroth berichtet in seinen Erinnerungen: „Es gab Aufläufe, die von der Polizei verboten wurden, was aber dem Treiben nur neue Nahrung gab, zumal der religiöse Fanatismus eben erst durch den bismarckischen Kulturkampf zur hellen Flamme angefacht worden war". Vom Beter zum Kämpfer, 11/12. Siehe auch Fox, Saarländische Volkskunde, 252 f.
44 Mallmann, Volksfrömmigkeit, 202. Zum Kulturkampf an der Saar vgl. weiter: Heitjan, Zentrumspartei; Kammer, Kulturkampfpriester. Zur politisierenden Wirkung des Kulturkampfes in breiten Schichten der katholischen Bevölkerung und der wachsenden „Widerstandsbereitschaft gegenüber dem Staat" vgl. Conze, Sozialgeschichte, 664−669.
45 Das Verhältnis von Bergleuten und Geistlichkeit ist jüngst aus verschiedenen Perspektiven betrachtete worden. Vgl. Fohrmann, Dasbach, 79−108; Rivinius, Dasbach, 109−182; Sander, Geistlichkeit, 273−302.
46 Angesichts des „Minoritätenbewußtseins" des rheinischen Katholizismus in der ersten Hälfte des 19. Jahrhunders spricht Korff von einem Ghetto, das jedoch keineswegs „als staatsgefährdende Herausforderung an die preußische Regie-

rung" zu deuten sei. Allerdings hatten sich die Beziehungen zwischen Staat und Kirche so radikalisiert, daß sich Elemente einer isolierten „katholischen Subkultur" herausbildeten: Formierung 366/367.

47 Am 2. 10. 1890 in Altenwald, LHA KO 442/4304, 503. Mit diesem Argument wird der von der katholischen Kirche betriebene „Josefskult" konterkariert. 1871 hatte der Mainzer Bischof von Ketteler den katholischen Arbeitern in einem Hirtenbrief empfohlen, zu „arbeiten wie der hl. Joseph, äußerlich unscheinbar und innerlich beschmückt mit all den wunderbaren Tugenden, mit denen das Christentum die Seelen der Menschen verherrlicht"., Der klaglosen Duldsamkeit im Diesseits sollte dann die „Herrlichkeit" im Jenseits folgen. Vgl. Korff, Heiligenverehrung, 103/104.
48 Vgl. auch Rade, Religiös-sittliche Gedankenwelt; Ilgenstein, Religiöse Gedankenwelt; Dehn, Religiöse Gedankenwelt; Piechowski, Proletarischer Glaube.
49 StA Friedrichsthal, Akte Rechtsschutzbewegung 1, 131.
50 Rimlinger, Legitimierung, 300.
51 LHA KO442/4221.
52 Rimlinger, Legitimierung, 302.
53 Vgl. dazu Loreck, Wie man früher Sozialdemokrat wurde, 145–156.
54 Vgl. Slotta, Förderturm, 34 u. 95/96. Auch die Abwendung von der Religion vollzog sich häufig im Zuge der Hinwendung zu einer Ersatzreligion. Der Bergmann Peter Klein aus Altenwald berichtet: „Ich lernte (1877, H.ST.) einen tüchtigen Genossen namens Auer aus Nürnberg in Metz als Soldat kennen, der mir das fehlende noch beibrachte und mich von dem Wahn des Religionsfanatismus befreite, indem er mir die neue Religion des Sozialismus klarlegte, und seitdem habe ich diese Religion in Erbpacht genommen". Levenstein, Aus der Tiefe, 115; siehe auch 108.
55 Am 2. 10. 1890 in Altenwald, LHA KO 442/4304, 501.
56 So Landrat zur Nedden an den Trierer Reg. Präs., 11. 1. 1891, LHA KO 442/4254.
57 Vgl. StA SB, Best. Alt-Saarbrücken Nr. 1417, Landrat zur Nedden an den Saarbrücker Bürgermeister, 20. 12. 1890. Siehe auch den Briefwechsel des Landrats mit dem Trierer Reg. Präs. über die „Entlassung des Streikführers Warken aus dem Gefängnis", 3. 12., 20. 12. u. 25. 12. 1890, LHA KO 442/4254.
58 Vgl. Landrat zur Nedden an Trierer Reg. Präs., 30. 12. 1890, ebda.
59 StA Friedrichsthal, Akte Rechtsschutzbewegung 1, 309.
60 Vgl. LHA KO 442/4254, 11. 1. 1891; Mallmann, Anfänge der Bergarbeiterbewegung, 195 gibt „etwa 10 000 M." an.
61 Zu den Unterstützungsmaßnahmen der Geschäftsleute gehörten großzügiges Anschreibenlassen und Spenden in Streikzeiten wie auch die Unterstützung von Petitionen. Zu letzterem vgl. die Schilderung Peter Kleins in: Levenstein, Aus der Tiefe, 112.
62 Vgl. Bericht des Polizeikommissars Brasch an Neunkirchener Bürgermeister, 5. 1. 1891, LHA KO 442/4254. In Püttlingen ist Warkens Besuch am 29. 1. 1891 Anlaß, den ganzen Tag über ein wahres „Feuerwerk", wahrscheinlich mit Sprengschüssen aus der Grube, abzufeuern.
63 StA Friedrichsthal, Akte Rechtsschutzbewegung 1, 311.
64 Ebda. 84.
65 Vgl. LHA KO 442/4380 u. 4354; Mallmann, Anfänge der Bergarbeiterbewegung, 195. Korff betont, daß der Handel mit Devotionalien nicht nur unter dem Aspekt kommerziellen Profits und hemmungsloser Geschäftemacherei gesehen werden darf, sondern zugleich „als wichtige Stütze für den Privatkult" fungiert: Formierung, 358.

66 Zum Ehrbegriff bei Arbeitern vgl. Machtan, „Im Vertrauen", 67.
67 Turner, Wahrnehmung von Protest, 188.
68 Vgl. ebda. 189.
69 Ebda. 180/181.
70 Geschwender, Überlegungen, 57.
71 Vgl. LHA KO 442/4304, 347; 442/4254; 442/4221.
72 Berwanger im Herbst 1890 in Spiesen, LHA KO 442/4254.
73 Thome am 2. 12. 1890 in Dudweiler, ebda.
74 Johann Fox am 8. 9. 1890 in Heusweiler, LHA KO 442/4304.
75 Math. Guthörl am 2. 10. 1890 in Altenwald, ebda. Bachmann und Dörr am 23. 11. 1890 in Neunkirchen, LHA KO 442/4254.
76 Am 5. 3. 1891, LHA KO 442/4221.
77 Thome am 12. 10. 1890 in Neumünster. Ähnlich urteilt Nikolaus Warken: „Die Kapitalisten seien an Allem schuld, diese zwängen sogar den Fiskus die Kohlenpreise nach ihrem Vorgehen zu regeln"; LHA KO 442/4254, am 4. 1. 1891 in Neunkirchen.
78 Am 30. 4. 1891, LHA KO 442/4380. Ähnlich auch Rectenwald und Warken am 29. 1. 1891 in Püttlingen, LHA KO 442/4254.
79 Siehe dazu Gothein, Bergbau verstaatlichen?, 5-38.
80 Berwanger am 21.8.1890 in Guichenbach, LHA KO 442/4304, 347; Hellbrück am 8.10.1890 in Dudweiler, LHA KO 442/4254.
81 Klein am 14.1.1891, ebda. Das Bild des Dammbaues illustriert häufig die defensive Argumentation der Bergleute; vgl. LHA KO 442/4304, 327, 21.8.1890, 408, 9.9.1890; LHA KO 442/4254, 12.10.1890 u. 2.12.1890. Der RV-Vorstand formuliert am 2.12.1889: „Ja, wir lesen auch Zeitungen, schon seit Jahren, und haben darin gefunden, daß alle anderen Berufe, namentlich auch die mächtige Großindustrie, sich zusammengetan haben, um sich in Vereinigungen zu verbinden; sie haben sogenannte ‚Ringe' gebildet, um ihre Interessen zu wahren, . . . Demnach haben wir nur das Beispiel der hohen Herren nachgeahmt und befolgt, als wir uns ebenfalls zu einem Verbande vereinigten". Zit. Imbusch, Arbeitsverhältnisse, 706. Das Lernen vom Arbeitgeber ist eine vielbenutzte Legitimationsfloskel; vgl. LHA KO 442/4304, 198, 7.8.1890 u. 442/4254, 2.12.1890.
82 Ebda.
83 Schillo am 30.4.1891, LHA KO 442/4221.
84 Thome am 18.3.1891, ebda.
85 LHA KO 442/4304, 408.
86 Ebda. 416.
87 LHA KO 442/4221, 18.3.1891 in Fürstenhausen.
88 Am 16.8.1891 in Püttlingen, LHA KO 442/4274.
89 Mallmann hat diesen Prozeß prägnant die „Dialektik der Verkettung" genannt: Anfänge der Bergarbeiterbewegung, 194.
90 Schillo am 10.8.1890 in Völklingen; LHA KO 442/4304, 248. Ähnlich Thome, ebda. 499.
91 Vgl. LHA KO 442/4304, 358.
92 Am 18.3.1891 in Fürstenhausen, LHA KO 442/4221.
93 Hellbrück am 18.3.1891 in Dudweiler, ebda.
94 Am 22.5.1891 LHA KO 442/4380. Siehe auch die antisozialdemokratische Versammlung am 25.9.1890 in Neunkirchen, LHA KO 442/4304, 465.
95 Am 5.8.1891 in Altenkessel, LHA KO 442/4274.
96 Am 4.10.1891, ebda.
97 Thome am 7.8.1890 in Dudweiler, LHA KO 442/4304, 198. Ähnlich Zumpf am 21.8.1890 in Guichenbach, ebda. 348.

98 Am 2.10.1890 in Altenwald, ebda. 501.
99 Am 9.10.1890, LHA KO 442/4254. Ähnlich Dörr am 23.11.1890 in Völklingen, Hellbrück und Fuchs am 8.10.1890 in Dudweiler (ebda.), Berwanger am 22.6.1890 in Spiesen und Warken am 3.3.1892 (LHA KO 442/4376).
100 LHA KO 442/4274.
101 Hellbrück am 2.12.1891 in Dudweiler, ebda.
102 Vgl. LHA KO 442/4420, 11 f. u. 31; SZ, Nr. 101, 2.5.1890, 3.
103 Vgl. LHA KO 442/4380, 5.5.1891 in Bildstock.
104 Vgl. LHA KO 442/4376. Vgl. Kap. 2.4.1.
105 Am 15.10.1890 in Neunkirchen und am 25.11.1890 in Elversberg, LHA KO 442/4254. Schillo sah dies auch so: „Die Bezeichnung als Socialdemokrat war früher Beleidigung, jetzt nicht mehr". LHA KO 442/4221.
106 LHA KO 442/4254, Landratsbericht, 11.1.1891.
107 Ebda. Ähnlich äußerten sich die Bergleute Schepp und Gräber aus Sulzbach und Dörr aus Völklingen, LHA KO 442/4221 am 18.3.1891 in Fürstenhausen.
108 Am 5.3.1891 in Sulzbach, ebda.
109 Am 24.3.1891 in Großrosseln, ebda.
110 Hellbrück am 18.3.1891 in Dudweiler, ebda.
111 Vgl. ebda.
112 U.a. am 5.3.1891 in Sulzbach, am 21.5.1891 in Elversberg, ebda. und LHA KO 442/4380.
113 Ebda.
114 Vgl. LHA KO 442/4377.
115 Vgl. z. B. LHA KO 442/4420, 473.
116 Vgl. LHA KO 442/4377.
117 LHA KO 442/4254. In zwanzig Protokollen der Zeit vom 9.9.–14.12.1890 werden die rituellen Hochrufe erwähnt; fünfzehn verzeichnen eine Verbindung von Kaiserhoch mit dem Lob Warkens, des RV, der Einigkeit der Bergleute, nur fünf erwähnen ein ausschließliches Kaiserhoch.
118 LHA KO 442/4221. Ähnliches geschieht in einer allgemeinen Volksversammlung am 28.2.1891.
119 Am 19.4.1891 in Völklingen, ebda.
120 Am 2.10.1890, LHA KO 442/4304, 499.
121 LHA KO 442/4254.
122 Vgl. LHA KO 442/4221. In Wahlschied wurde am 8.9.1890 eine Versammlung mit einem Kaiserhoch eröffnet, später dann wegen Majestäsbeleidigung geschlossen!
123 LHA KO 442/4274. Am 15.5.1892 protestierte nur ein einziger Bergmann gegen das Hoch auf den 8-Stunden-Tag und die Sozialdemokratie, LHA KO 442/4376.
124 Vgl. LHA KO 442/4254, 12.10.1890.
125 Ebda.
126 LHA KO 442/4221, 12.3.1891.
127 Vgl. StA SB, Best. Alt-Saarbrücken Nr. 233.
128 Andreas Grießinger hat in seiner überzeugenden Polemik gegen Ulrich Engelhard die vielfältigen Wurzeln des Arbeiterverhaltens in den Traditionen der Handwerkerbewegung des 18. Jahrhunderts offengelegt: Symbolisches Kapital, 423–426.
129 Vgl. Popitz/Bahrd u. a., Gesellschaftsbild, 244.
130 Siehe dazu Negt/Kluge, Eigensinn, 508.
131 Mallmann, Anfänge der Bergarbeiterbewegung, 195.
132 Gladen, Ruhrbergarbeiterstreik, 10.
133 Mallmann, Anfänge der Bergarbeiterbewegung, 196.

Teil 7

1. Preußen, 340.
2. Vgl. dazu Lüdtke, „Gemeinwohl".
3. Wehler, Kaiserreich, 46. Zum „Subjekt-Charakter" sozialer Bewegungen, gegenübergestellt der herrschenden Interpretation der „kritischen Geschichtswissenschaft", siehe Groh, Untertan.
4. Sachße/Tennstedt, Soziale Sicherheit, 23.
5. Rosenberg, Große Depression, 225.
6. Brandt u.a., Preußen, 324. Zu den Gewaltmerkmalen des Alltags vgl. Lüdtke, Formen.
7. Vgl. Berg, Wirtschaft und Gesellschaft, 324–338. Brüggemeier weist darauf hin, daß Zechen häufig Aufsichtspersonal für die Kolonien eingestellt oder Zechenbeamte mit der Aufgabe betraut hatten, die Bewohner zu kontrollieren: Leben vor Ort, 235.
   Zur Durchsetzung des „sozialen Militarismus" als gesamtgesellschaftlichem Charakteristikum siehe Vierhaus, Preußen, 164 u. 174 f.; Büsch, Altpreußisches Militärsystem, 155 ff.; Lüdtke, Polizeistaat. Zur Funktion der Volksschulen im „Sozialmilitarismus" siehe Meyer, Schulregiment, 271-292.
8. Greiffenhagen, Aktualität Preußens, 83.
9. Dies eine zentrale Aussage in dem Versuch Lüdtkes, die Alltagspraxis bürokratisch exekutierter Herrschaft zu entziffern: Praxis und Funktion, 193.
10. Vgl. Saul, Staat, Industrie, 73–75.
11. Mallmann, Anfänge der Bergarbeiterbewegung, 321. Ähnlich Hans Horch, der davon ausgeht, daß „die unbegrenzte Despotie des Kapitals selbst in diesen Streiks (1889–1893, H.St.) noch ihre Kraft (bewies), denn diese trugen den Charakter einer autoritären Revolte, sie bildeten nicht den Ausgangspunkt einer gewerkschaftlichen Arbeiterbewegung". Gesellschafts- und Herrschaftsstrukturen, 208.
12. Ebda. 491.
13. Kehr, Soziales System, 70.
14. Vgl. Zwahr, Konstituierung, 60, 88 u.ö.
15. Jüngling, „Handwerker-Renitenz", 459/460.
16. Hartmann, Weg zur gewerkschaftlichen Organisation, 1–5 u. 211.
17. Vgl. Grohs Polemik gegen die Verwendung des Begriffs Spontanität: Base-processe., 278.
18. LA SB 564/717, 600.
19. Ebda. 601. Der Widerstand gegen den unternehmerischen Zugriff auf weite Bereiche menschlicher Reproduktion ist bisher in der Geschichte der Sozialpolitik vernachlässigt worden, auch die empfindsame Analyse des „Arbeiterquartiers Kuchen" bei Geislingen durch Treiber-Steinert schweigt zu diesem Aspekt: Fabrikation, 13–51. Jetzt allerdings liegen Ergebnisse dazu vor, vgl. z. B. Sachße/Tennstedt (Anm. 4).
20. StA SB, Best. Alt-Saarbrücken Nr. 233, 2.
21. Ebd. Nr. 1423, 2. In Neumünster (12.10.1890) verhalten sich die Bergleute so, „als wollten sie den Herrn Bürgermeister als solchen nicht anerkennen"; LHA KO 442/4254.
22. Ritter, Staat und Arbeiterschaft, 341.
23. Vgl. dazu Brüggemeier, Leben vor Ort, 253–258. Daß Brüggemeiers Schlußkapitel ähnlich lautet wie das hier vorliegende, nämlich „Von der Fähigkeit, sich

durchzusetzen", ist bei dem zeitlichen Zusammenhang der Entstehung beider Arbeiten kein Zufall, sondern Ausdruck intensiven Meinungsaustauschs in den Jahren 1977—1982.
24 Stearns, Arbeiterleben, 351.
25 Brüggemeier, Leben vor Ort.
26 Z. B. Grüttner, Arbeitswelt.

Einführung

1 Vgl. z. B. Hartmann, Weg zur gewerkschaftlichen Organisation; Tenfelde, Sozialgeschichte; Mallmann, Anfänge der Bergarbeiterbewegung.
2 Thompson, Volkskunde, Anthropologie, 316 f.
3 Ebda. 318.
4 Ders., Elend der Theorie, 73.
5 Dazu jetzt Imhof, Verlorene Welten, 15—26.
6 LA SB 564/816, 329/330.
7 LA SB 564/652, 155 u. ähnliches öfter.
8 Dieser Gefahr erliegen verschiedene Arbeiten aus dem Projekt „Histroische Wohlfahrtsforschung" an den Universitäten Frankfurt und Mannheim.
9 Ausführlicher dazu Steffens, Bergarbeiterfamilien.
10 Informativ und beispielhaft etwa die verschiedenen Beiträge in Haumann, Arbeiteralltag; sodann Wirtz, Alltag. Tenfelde, Schwierigkeiten; Zang, Annährung.
11 Imhof, Verlorene Welten, 19.
12 Auf dem Hintergrund umfangreichen empirischen Materials hat Machtan dieses Bild am Beispiel zweier Konfliktfälle korrigiert: Streiks im frühen Kaiserreich; Streiks und Aussperrungen.
13 Enzensberger, Geschichte als kollektive Fiktion, 14.

Abkürzungsverzeichnis

ASG – Archiv für Sozialgeschichte
ASWSP – Archiv für Sozialwissenschaft und Sozialpolitik
Bd. – Band
Bez. – Bezirk
Bgm. – Bürgermeisteramt/Bürgermeisterei
Best. – Bestand
Dep. – Depositum
Diss. – Dissertation
DVA – Deutsches Volksliedarchiv
GG – Geschichte und Gesellschaft
H – Heft
Hg. – Herausgeber
HStA DÜ – Hauptstaatsarchiv Düsseldorf
HZ – Historische Zeitschrift
Insp. – Inspektion/Berginspektion
IWK – Internationale Wissenschaftliche Korrespondenz zur Geschichte der deutschen Arbeiterbewegung
Jg. – Jahrgang
KrA – Kreisarchiv
LA SB – Landesarchiv Saarbrücken
LHA KO – Landeshauptarchiv Koblenz
LP – Legislaturperiode
LRA – Landratsamt
Masch. – Maschinenschrift
OBA – Oberbergamt
Präs. – Präsident
Prot. – Protokoll
PT – Parteitag
PV – Polizei-Verordnung
Reg. – Regierung, Regierungs-
RT – Reichstag
SBK – Saarbrücker Bergmannskalender
SBZ – Saar- und Blies-Zeitung
Sess. – Session
SOWI – Sozialwissenschaftliche Information für Unterricht und Studium
StA – Stadtarchiv
SVSP – Schriften des Vereins für Sozialpolitik
SZ – Saarbrücker Zeitung
VSWG – Vierteljahresschrift für Sozial- und Wirtschaftsgeschichte
ZBHSW – Zeitschrift für Berg-, Hütten- und Salinenwesen

ZGS – Zeitschrift für die Geschichte der Saargegend
ZOBHV – Zeitschrift des Oberschlesischen Berg- und Hüttenmännischen Vereins
Ztg. – Zeitung

Quellen- und Literaturverzeichnis

Ungedruckte Quellen

Hauptstaatsarchiv Düsseldorf, Zweigstelle Kalkum, Bestand Oberbergamt Bonn, Nrn. 578 a–c und g–h, 584 a+b, 585, 1582, 1584, 1585, 2026, 2382, 2805, 3008, 3449, 4077.
Stadtarchiv Friedrichsthal, Bestand Akte Rechtsschutzbewegung 1, 2.
Deutsches Volksliedarchiv Freiburg, A 61 177, A 68 170, A 68 172.
Landeshauptarchiv Koblenz, Bestand 403, Nrn. 6835, 6836, 6837, 8164, 8328, 9051. Bestand 442, Nrn. 3821, 4169, 4221, 4250, 4254, 4256, 4269, 4274, 4304, 4376, 4377, 4380, 4382, 4386, 4390, 4420, 6221, 6384, 6564, 6565, 6579, 6648, 7835, 7836, 7837, 7838, 7839, 8465, 8239, 8293.
Staatsarchiv Münster, Bestand OBA Dortmund, Nr. 1834.
Kreisarchiv Saarbrücken, Abt. XV: S/1, S/2, S/4, S/10.
Stadtarchiv Saarbrücken, Bestand Alt-Saarbrücken, Nrn. 233, 1417, 1423.
Bestand Bgm. Dudweiler, Nrn. 267, 272, 298, 329, 425, 491, 500.
Landesarchiv Saarbrücken, Bestand 563,3, Nr. 38
Bestand 564, Nrn. 154, 157, 256, 257, 258, 259, 260, 261, 290, 414, 427, 593, 597, 628, 672, 681, 682, 688, 689, 699, 715, 716, 717, 728, 733, 770, 771, 776, 780, 817, 818, 836, 848, 862, 871, 966, 1065, 1066, 1067, 1068, 1090, 1091, 1092, 1093, 1125, 1126, 1143, 1144, 1146, 1147, 1184, 1212, 1473, 1573, 1854, 1871, 1872, 2022, 2343, 2471.
Bestand 583,3, Nrn. 97, 101, 103, 104.
Bestand Dep. Bgm. Eppelborn, Nr. 194.
Bestand Dep. Bgm. Illingen Nrn .992, 993, 994, 998, 1003.
Bestand Dep. Stadt Merzig, Nrn. 218, 233.
Bestand Dep. Bgm. Sulzbach, Fach 68,1; 68,4; 68,7; 68,8; 68,9; 68,10; 68,11; 68,12; 68,13; 68,14; 68,16; 69,1; 69,3; 75,4.
Bestand Landratsamt Saarbrücken, Nrn. 4, 14, 15.
Bestand Einzelstücke, Nr. 91.
Landesarchiv Speyer, Bestand H 1, Nrn. 174, 222.
Bestand H 3, Nrn. 929 I, 932 V, 1867.
Bestand H 35, Nr. 174.
Bestand H 46, Nrn. 408, 462.
Hauptstaatsarchiv Stuttgart Bestand E 130 a, Nr. 976.
Zentrales Lichtbildarchiv der Saarberg A.G., Saarbrücken

Zeitgenössische Zeitungen und Zeitschriften

Archiv für soziale Gesetzgebung und Statistik, Tübingen.
Archiv für Sozialwissenschaft und Sozialpolitik, Tübingen.
Berggeist. Zeitung für Berg-, Hüttenwesen und Industrie, Köln.
Der Bergmannsfreund. Wochenblatt zur Unterhaltung und Belehrung für Bergleute, Saarbrücken.
Bote des Sulzbach-Thales. Zugleich Anzeiger der Bürgermeistereien Sulzbach, Friedrichsthal-Bildstock und Dudweiler.
Bote von der Saar. Organ des werktätigen Volkes des Saar- und Bliesgaues, St. Johann.
Correspondenzblatt der Generalkommission der Gewerkschaften Deutschlands, Hamburg-Berlin.
Deutsche Allgemeine Bergarbeiter-Zeitung. Unparteiisches Wochenblatt für Berg- und Hüttenarbeiter, Berlin.
Glückauf. Berg- und Hüttenmännische Zeitschrift, Essen.
Hamburger Echo, Hamburg.
Jahrbuch für Gesetzgebung, Verwaltung und Volkswirtschaft im Deutschen Reich, Leipzig.
Jahrbücher für Nationalökonomie und Statistik, Jena.
Kölnische Zeitung, Köln.
Mitteilungen des Historischen Vereins der Pfalz, Speyer.
Mitteilungen des Historischen Vereins für die Saargegend, Saarbrücken.
Neunkirchener Zeitung, Neunkirchen.
Pfälzer Zeitung, Speyer.
Pfälzer Volksbote, Kaiserslautern.
Pfälzische Presse, Kaiserslautern.
Saar-Zeitung, Saarlouis.
Saar- und Blies-Zeitung, Neunkirchen.
Saarbrücker Bergmannskalender, Saarbrücken.
Saarbrücker Zeitung, Saarbrücken.
Saarbrücker Gewerbeblatt für Industrie, Handel und Verkehr, Saarbrücken.
Neues Saarbrücker Gerwerbeblatt. Organ der Handelskammer, der Südwestdeutschen Eisen-Berufsgenossenschaft und der wirtschaftlichen Vereine im Saargebiet, Saarbrücken.
St. Johann – Saarbrücker Anzeiger, St. Johann.
St. Johanner Volkszeitung, St. Johann.
St. Johanner Zeitung, St. Johann.
Schlägel und Eisen. Wochenblatt für das Saarrevier, Pirmasens, Gelsenkirchen, Bildstock.
Münchener Volkswirtschaftliche Studien, München.
Der Socialdemokrat. Organ der Socialdemokratie deutscher Zunge, Zürich – London.
Trierische Landeszeitung, Trier.
Vierteljahresschrift für Sozial- und Wirtschaftsgeschichte, Wiesbaden – Stuttgart.
Völklinger Zeitung, Völklingen.
Westfälische Freie Presse. Organ für die Interessen des arbeitenden Volkes. Dortmund.
Zeitschrift für das Berg-, Hütten- und Salinenwesen im Preussischen Staate, Berlin.
Zeitschrift des Oberschlesischen Berg- und Hüttenmännischen Vereins, Beuthen.
Zeitschrift für die gesamte Staatswissenschaft, Tübingen.

Literatur

Adelmann, Gerhard, Die soziale Betriebsverfassung des Ruhrbergbaues vom Anfang des 19. Jahrhunderts bis zum Ersten Weltkrieg, Bonn 1962 (= Rheinisches Archiv Bd. 56).
Ahrens, Die Schlagwetterexplosion auf der kgl. Steinkohlengrube Dudweiler bei Saarbrücken am 10. August 1908, ZBHSW 57/1909, 1 ff.
Albrecht, Richard, Alltagsleben − Variationen über einen neuen Forschungsbereich, in: Neue Politische Literatur 1981, H. 1, 1−12.
Die Arbeiter-Belegeschaft der Kgl. Preußischen Steinkohlengruben bei Saarbrücken. Hrsg. von der königl. Begwerksdirektion zu Saarbrücken 1875.
− dito. 1885.
− dito. 1890.
− dito. 1895.
− dito. 1900.
− dito. 1905.
Arbeiterbewegung − Arbeiterkultur. Stuttgart 1890−1933, Stuttgart 1981.
Arbeiterdichtung. Analysen-Bekenntnisse-Dokumentationen. Hg. v.d. österreichischen Gesellschaft f. Kulturpolitik, Wuppertal 1973.
Die neue Arbeiterkolonie der Grube Maybach, SBK 1913, 56−57.
Aubin, Hermann/ Zorn, Wolfgang (Hg.), Handbuch der deutschen Wirtschafts- und Sozialgeschichte, Bd. 2, Stuttgart 1976.
Auhagen, Otto, Die ländlichen Arbeiterverhältnisse in der Rheinprovinz und im oldenburgischen Fürstentum Birkenfeld, in: Die Verhältnisse der Landarbeiter, 1892, 651−765.
Autorenkollektiv, Arbeiter. Kultur und Lebensweise im Königreich Württemberg. Materialien zur Wanderausstellung, Tübingen 1979.
Bausinger, H./ Jeggle, U./ Korff, G./ Scharfe, M., Grundzüge der Volkskunde, Darmstadt 1978.
Bausinger, Hermann, Identität, in: ders. u. a. Grundzüge der Volkskunde, 1978, 204−263.
Ders., Technik im Alltag. Etappen der Aneignung, Zeitschrift für Volkskunde 1981, H. 2, 227−242.
Beck, Otto, Beschreibung des Regierungsbezirkes Trier, Bd. 2.1, Trier 1869.
Beiträge zur Geschichte des Bergbaus, Hüttenwesens und der Montanwissenschaft vom 16.−20. Jh., Leipzig 1964.
Bellot, J. Hundert Jahre politisches Leben an der Saar, in: Fragen der Landes- und Volksforschung in den Gebieten um Mosel und Saar, behandelt auf der Tagung der Arbeitsgemeinschaft für westdeutsche Landes- und Volksforschung (Bonn) in Saarburg vom 28. Sept.−1. Okt. 1953 (Masch.).
Ders., Hundert Jahre politisches Leben an der Saar unter preußischer Herrschaft (1815−1918), Bonn 1954 (= Rheinisches Archiv Bd. 45.).
Bentz, Julius, Die Arbeiterpolitik des preußischen Staates als Unternehmer im Steinkohlenbergbau an der Saar, Diss. Köln 1921.
Berg, Werner, Wirtschaft und Gesellschaft in Deutschland und Großbritannien im Übergang zum ‚organisierten Kapitalismus'. Unternehmer, Angestellte, Arbeiter und Staat im Steinkohlenbergbau des Ruhrgebietes und von Südwales, 1850−1914, Berlin 1984.
1889−1929. 40 Jahre Bergbau und Bergarbeiterverband. Zur Erinnerung an die Gründung des Deutschen Bergarbeiterverbandes, Bochum 1929.
Bergfestbilder, SBK 1903, 56−59.

Bergmann, Klaus u.a. (Hg.), Geschichte als politische Wissenschaft. Sozialökonomische Aufsätze, Analysen politikhistorischer Phämomen, politologische Fragestellungen in der Geschichte, Stuttgart 1979.
Ders./ Schörken Rolf (Hg.), Geschichte im Alltag − Alltag in der Geschichte, Düsseldorf 1982.
200 Jahre Bergmusik an der Saar, SBK 1966.
Bericht vom 3. Internationalen Bergarbeiter-Congreß zu London am 7.−10. Juni 1892, o.O., o.J.
Stenographische Berichte über die Verhandlungen des Reichstages, 8. Legislaturperiode, 1890−1893.
Bericht über den 9. allgemeinen deutschen Bergmannstag zu St. Johann-Saarbrücken v. 7.−10. Sept. 1904, Saarbrücken 1905.
Bernhard, Ludwig, Handbuch der Löhnungsmethoden. Eine Bearbeitung von David F. Schloß, Leipzig 1906.
Besch, Heribert/ Kleiner, Theodor, Kommunalpolitische Probleme der Industriegemeinden an der Saar im 19. Jh. unter besonderer Berücksichtigung der Gemeinden Dudweiler und Elversberg, ZGS 1978, 118−131.
Bilder vom Steinkohlenbergbau des preussischen Staates in der Umgebung von Saarbrücken, SBK 1915.
Bischoff-Luithlen, Angelika, Von Amtsstuben, Backhäusern und Jahrmärkten. Ein Lese- und Nachschlagebuch zum Dorfalltag im alten Württemberg und Baden, Stuttgart 1979.
Blasius, Dirk, Kriminalität und Alltag. Zur Konfliktgeschichte des Alltagslebens im 19. Jahrhundert, Göttingen 1978.
Ders. (Hg.), Preußen in der deutschen Geschichte, Königstein/Ts. 1980.
Blessing, Werner K., Der monarchische Kult, politische Loyalität und die Arbeiterbewegung im deutschen Kaiserreich, in: Ritter, Arbeiterkultur, 1979, 185−208.
Blumenberg, Werner (Hg.), August Bebels Briefwechsel mit Friedrich Engels, London − Den Haag − Paris 1965.
Bog, Ingomar u.a. (Hg.), Wirtschaftliche und soziale Strukturen im saekularen Wandel. Festschr. f. Wilhelm Abel z. 70. Geb., 3. Bd., Hannover 1974.
Bold, Dieter, Aus der Gründungszeit Herrensohrs, in: Dudweiler 1977, 328 ff.
Boockmann, Hartmut (Hg.), Geschichtswissenschaft und Vereinswesen im 19. Jahrhundert, Göttingen 1972.
Born, Karl Erich, Deutschand als Kaiserreich (1871−1918) in: Schieder (Hg.), Handbuch der europäischen Geschichte 1968, 198−230.
Borscheid, Peter, Schranken sozialer Mobilität und Binnenwanderung im 19. Jahrhundert, in: Conze/Engelhardt (Hg.), Arbeiter im Industrialisierungsprozeß, 1979, 31−50.
Borsdorf, Ulrich, Organisation und Alltag in der Geschichte der Arbeiterbewegung, Gewerkschaftliche Monatshefte 1980, H. 11, 701−704.
Bosenick, Alfred, Über die Arbeitsleistung beim Steinkohelnbergbau in Preußen, Stuttgart−Berlin 1906.
Brandt, Alexander von, Zur sozialen Enticklung im Saargebiet, Leipzig 1904.
Brandt, Peter unter Mitwirkung von Thomas Hofmann und Reiner Zilkenat, Preußen. Zur Sozialgeschichte eines Staates. Eine Darstellung in Quellen, Reinbek bei Hamburg 1981 (= Preußen. Versuch einer Bilanz. Ausstellungskatalog in 5 Bänden, Bd. 3).
Braun, Rudolf, Industrialisierung und Volksleben. Veränderungen der Lebensformen unter Einwirkung der verlagsindustriellen Heimarbeit in einem ländlichen Industriegebiet (Zürcher Oberland) vor 1800, Winterthur 1960.
Ders., Sozialer und kultureller Wandel in einem ländlichen Industriegebiet (Zürcher Oberland) unter Einwirkung des Maschinen- und Fabrikwesens im 19. und 20. Jahrhundert, Erlenbach−Zürich, Stuttgart 1965.

Ders. u.a. (Hg.), Gesellschaft in der industriellen Revolution, Köln 1973.
Brednich, R. W. u.a. (Hg.), Handbuch des Volksliedes, Bd. 1, München 1973.
Brepohl, Wilhelm, Der Standort der industriellen Volkskunde. Von der kulturwissenschaftlichen zur soziologischen Methode, in: Specht (Hg.), Soziologische Forschung 1951, 312−319.
Ders., Industrievolk im Wandel von der agraren zur industriellen Daseinsform, dargestellt am Ruhrgebiet, Tübingen 1957.
Brockhaus, Eckhard, Zusammensetzung und Neustrukturierung der Arbeiterklasse vor dem ersten Weltkrieg. Zur Krise der professionellen Arbeiterbewegung, München 1975.
Brüggemeier, Franz-Josef, Bedürfnisse, gesellschaftliche Erfahrung und politisches Verhalten, SOWI 1977, H. 4, 152−159.
Ders./ Niethammer, Lutz, Schlafgänger, Schnapskasinos und schwerindustrielle Kolonie. Aspekte der Arbeiterwohnungsfrage im Ruhrgebiet vor dem Ersten Weltkrieg, in: Reulecke/Weber (Hg.), Fabrik−Familie−Feierabend, 1978, 135−175.
Ders., „Volle Kost voll". Die Wohnungsverhältnisse der Bergleute an der Ruhr um die Jahrhundertwende, in: Mommsen/Borsdorf (Hg.), Glück auf, Kameraden!, 1979, 151−173.
Ders., Soziale Vagabundage oder revolutionärer Heros? Zur Sozialgeschichte der Ruhrbergarbeiter 1880−1920, in: Niethammer (Hg.), Lebenserfahrung, 1980, 193−213.
Ders., Leben vor Ort. Ruhrbergleute und Ruhrbergbau 1889−1919, München 1983.
Buchholtz, Reinhard, Bergaufsicht im Saarland von 1816 bis heute, SBK 1976, 45−48.
Bueck, Henry Axel, Der Zentralverband deutscher Industrieller 1876−1901, Berlin 1905/1906.
Büsch, Otto, Das altpreußische Militärsystem und das bäuerliche Leben, 1713−1807, in: Blasius (Hg.), Preußen, 1980, 143−177.
Büscher, Josef, Von deutscher Bergmannsdichtung, Der Anschnitt 1971, H. 6, 12−17 u. 1972, H. 1, 14−19.
Bullivant, Keith/ Ridley, Hugh (Hg.), Industrie und deutsche Literatur 1830−1914. Eine Anthologie, München 1976.
Bungert, Gerhard, Auf politischem Hintergrund entstanden. Vereine im Konflikt − Abriß der politischen Geschichte des saarländischen Vereinswesens, Geschichte und Landschaft, Heimatblätter der Saarbrücker Zeitung 157/1976.
Ders., Zur Sonderentwicklung der Saargegend im 19. Jahrhundert, in: Steegmann (Hg.), Musik und Industrie, 1978, 113−127.
Ders./ Mallmann, Klaus-Michael, Vom Schlafhaus ins Eigenheim. Warum es im Saarland mehr Eigenheime gibt als sonstwo. Der saarländische Arbeitnehmer 1975, H. 10, 338−339.
Dies., Vereine und Feste vor dem Ersten Weltkrieg, in: Dudweiler, 1977, 341−348.
Dies. Kaffekisch unn Kohleklau. Weitere Bergmannsgeschichten von der Saar, Saarbrücken 1980.
Dies., Mit Mussik unn Lyoner. Dritter Teil der Bergmannsgeschichten von der Saar, Saarbrücken 1981.
Calließ, Jörg (Hg.), Gewalt in der Geschichte. Beiträge zur Gewaltaufklärung im Dienste des Friedens, Düsseldorf 1983.
Clark/Critcher/Johnson, Working-Class Culture. Studies in history and theory, London 1979.
Cleff, Die Bekämpfung der Stein- und Kohlenfallgefahr im Saarrevier, in: Bericht über den 9. allgemeinen deutschen Bergmannstag, 1905.
Club−Zeitung Allgemeiner Sportclub Dudweiler e.V., Dudweiler, 1. Jg., 1951, Nr. 2.

Coenen, Paul, Von alter und neuer Bergmusik, SBK 1937, 101–104.
Zweiter Internationaler Congress der Bergarbeiter. Abgehalten am 31. März und am 1., 2., 3. und 4. April 1891 in der Bourse du Travail, Paris, Officieller Bericht, London 1891.
Conze, Werner, Sozialgeschichte 1850–1918, in: Aubin/Zorn (Hg.): Handbuch, 1976, 602–684.
Ders./ Engelhard, Ulrich (Hg.), Arbeiter im Industrialisierungsprozeß. Herkunft, Lage und Verhalten, Stuttgart 1979.
Costas, Ilse, Anfänge der Partizipation im Industriebetrieb. Die Arbeiterausschüsse 1889–1920, in: Bergmann u.a. (Hg.), Geschichte als politische Wissenschaft, 1979, 335–378.
Dann, Otto (Hg.), Vereinswesen und bürgerliche Gesellschaft in Deutschland, München 1984 (= HZ, Beiheft N.F. 9).
Daunton, M. J., Down the Pit. Work in the Great Nothern and South Wales Coalifields, 1870–1914, Economic History Review 1981, H. 4, 578–597.
Dechen, Heinrich von, Die Beschaffung von Bergmannswohnungen in dem Saarbrükker Steinkohlenreviere, ZBHSW 2/1855, 94–96, und 9/1862, 117–180.
Dehn, Günther, Die religiöse Gedankenwelt der Proletarierjugend, Berlin 1923.
Denkschrift über Untersuchung der Arbeiter- und Betriebsverhältnisse in den Steinkohlen-Bezirken. Bearbeitet im Auftrage der Minister der öffentlichen Arbeiten und des Inneren, Berlin 1890.
Deutsches Bergbau-Museum Bochum, Braunschweig 1978.
Dieckmann, R., Die industrielle Entwicklung des Saarreviers in der 2. Hälfte des 19. Jahrhunderts, Neues Saarbrücker Gewerbeblatt Nr. 13, 1902.
Diener, W., Hunsrücker Volkskunde, Bonn 1925.
Dierkes, Johann, Bergmannslieder an der Saar, Deutsche Grenzlande 13/1934, 546–549.
Donat, Friedrich-Wilhelm, Musik der Werktätigen im Raum und das alte Duisburg, in: Steegmann (Hg.) Musik und Industrie, 1978, 359–389.
Dröge, Die Einrichtungen zur Unschädlichmachung des Kohlenstaubs und zur gefahrlosen Ausübung oder Ersetzung der Schießarbeit auf den staatlichen Steinkohlengruben des Saarreviers, ZBHSW 45/1897, 165–202.
Droege, G. (Hg.), Beiträge zur geschichtlichen und wirtschaftlichen Entwicklung des Industriegebietes an der mittleren Saar, Bonn 1956.
Dudweiler 977–1977. Hrsg. von der Landeshauptstadt Saarbrücken, Stadtbezirk Dudweiler, Saarbrücken 1977.
Dütting, Welche Erfahrungen hat man bisher im Saarbrücker Steinkohlenbezirke über den zweckmäßigen Abbau nahe bei einander liegender Flöze gemacht, ZBHSW 40/1982, 223–251.
Eberstadt, Rudolf, Das Wohnungswesen, Jena 1904.
Ders., Handbuch des Wohungswesens und der Wohnungsfrage, Jena 1910^2.
Eckhard, Josef, Berufsmusiker und Werksmusikpflege, in: Steegmann (Hg.), Musik und Industrie, 1978, 61–84.
Ehmer, Josef, Wohnen ohne eigene Wohnung. Zur sozialen Stellung von Untermietern und Bettgehern, in: Niethammer (Hg.), Wohnen im Wandel, 1979, 132–150.
Eich, R./ Müller, A., Alte liebe Lieder. Volkslieder an der Saar, Saarlouis 1926.
Eichhorst, Max, Die Lage der Bergarbeiter im Saargebiete, Diss. Heidelberg 1901.
Einer, Die Explosion auf der kgl. Steinkohlengrube Reden bei Saarbrücken am 28. Januar 1907, ZBHSW 55/1907, 167 ff.
Eisler, Hans, Über die Dummheit in der Musik, Sinn und Form 1958, H. 5–6.
Elias, Norbert, Über den Prozeß der Zivilisation. Soziogenetische und psychogenetische Untersuchungen, Frankfurt 1977^3.

Emig, Brigitte, Die Veredelung des Arbeiters. Die Sozialdemokratie als Kulturbewegung, Frankfurt/New York 1980.
Emmerich, Wolfgang, Proletarische Lebensläufe. Autobiographische Dokumente zur Enstehung der zweiten Kultur in Deutschland, Bd. 1, Reinbek bei Hamburg 1974.
Engel-Janosi, Friedrich u.a. (Hg.), Gewalt und Gewaltlosigkeit. Probleme des 20. Jahrhunderts, München 1977.
Engelhardt, Ulrich u.a. (Hg.), Soziale Bewegung und politische Verfassung. Festschrift für Werner Conze z. 65. Geb., Stuttgart 1976.
Engels, Friedrich, Die Lage der arbeitenden Klasse in England, Berlin 1964[3].
Enzensberger, Hans Magnus, Über die Geschichte als kollektive Fiktion, in: Ders., Der kurze Sommer der Anarchie, 1977, 12—16.
Evans, Richard (Hg.), The German Working Class 1888—1933. The Politics of Everyday Life, London 1982.
Fabian, Beschreibung einiger Wohlfahrtseinrichtungen auf der königl. Steinkohlengrube Dudweiler bei Saarbrücken, ZBHSW 40/1892, 493—501.
Fehn, Klaus, Räumliche Bevölkerungsbewegung im Saarländischen Bergbau- und Industriegebiet während des 19. und frühen 20. Jahrhunderts, Mitteilungen der Geographischen Gesellschaft in München Bd. 59, München 1974, 56—73.
Ders., Das saarländische Arbeiterbauerntum im 19. und 20. Jahrhundert, in: Kellenbenz, (Hg.), Agrarisches Nebengewerbe, 1975, 195—217.
Ders., Grundzüge der Siedlungspolitik des Preußischen Staates im saarländischen Kohlenbergbaugebiet zwischen 1816 und 1919, Berichte zur deutschen Landeskunde 51/ 1977, 241—267.
Ders., Ansätze zur Erforschung der Bevölkerungs- und Sozialgeschichte des saarländischen Bergbau- und Industriegebietes im 19. und frühen 20. Jahrhundert, Jahrbuch für westdeutsche Landesgeschichte 3/1977, 419—440.
Ders., Preußische Siedlungspolitik im saarländischen Bergbaurevier (1816—1919), Saarbrücken 1981 (= Veröf.d.Inst.f. Landeskunde im Saarland, Bd. 31).
Festschrift des ATV Dudweiler aus Anlaß des 80jährigen Jubiläumsfestes, Dudweiler 1962.
Festschrift 90 Jahre Männergesangverein Jaegersfreude 1877, o.O.o.J. (1967).
Festschrift zum 90. Jubiläum des Männerchors 1882 Herrensohr, o.O.o.J. (1972).
Festschrift zum 50. Todesjahr von Nikolaus Warken, gen. Eckstein, St. Wendel 1970.
Fischer, W./ Bajor, G. (Hg.), Die soziale Frage. Neuere Studien zur Lage der Fabrikarbeiter in der Frühphase der Industrialisierung, Stuttgart 1967.
Fohrmann, Ulrich, Georg Friedrich Dasbach — Gedanken über einen Ultramontanen, in: Soziale Frage und Kirche, 1984, 79—108.
Foucault, Michel, Überwachen und Strafen. Die Geburt des Gefängnisses, Frankfurt 1977[3].
Fox, Nikolaus, Saarländische Volkskunde, Bonn 1927.
Fragen der Landes- und Volksforschung in den Gebieten um Mosel und Saar, behandelt auf der Tagung der Arbeitsgemeinschaft für westdeutsche Landes- und Volksforschung (Bonn) in Saarburg vom 28. Sept. — 1. Okt. 1953 (Masch.).
Franz, Th. Die volkswirtschaftliche Bedeutung der Saar- und Moselkanalisierung, in: Handel und Industrie, 1926.
Frauen in der Geschichte des 19. und 20. Jahrhunderts, GG 1981, H. 3—4.
Fricke, Dieter, Zur Organisation und Tätigkeit der deutschen Arbeiterbewegung 1890—1914, Leipzig 1962.
Friedrichsthal, Bildstock, Maybach. Bilder und Dokumente zur Geschichte der Stadt. Hrsg. v. Heimat- und Verkehrsverein Friedrichsthal-Bildstock e.V., 1975.
Fritsch, Johann, Eindringen und Ausbreitung des Revisionismus im deutschen Bergarbeiterverband (bis 1914), Leipzig 1967.

Fuchs, Konrad, Die Bemühungen der preußischen Bergbauverwaltung um den Absatz der Steinkohlenförderung des Saarreviers 1851–1900, ZGS 1963, 83–117.

Fugger, Karl, Geschichte der deutschen Gewerkschaftsbewegung, Berlin 1949 (Neudruck 1971).

Gabel, Karl Alfred, Kämpfe und Werden der Hüttenarbeiterorganisationen an der Saar, Saarbrücken 1925.

Geck., L. H. A., Die sozialen Arbeitsverhältnisse im Wandel der Zeit, Eine geschichtliche Einführung in die Betriebssoziologie, Darmstadt 1977 (Reprint).

Gerhard, Ute, Verhältnisse und Verhinderungen. Frauenarbeit, Familie und Rechte der Frauen im 19. Jahrhundert, Frankfurt 1978.

Geschwender, James A., Überlegungen zur Theorie sozialer Bewegungen und Revolutionen, in: Heinz/Schöber (Hg.), Theorien kollektiven Verhaltens Bd. 2, 1972, 45–67.

Gilardone, Friedrich (Hg.), Handbuch für die kgl. bayr. Regierungsbezirke der Pfalz, Speyer 1981.

Gladen, Albin, Der Ruhrbergarbeiterstreik von 1889 – Ein sozialer Konflikt aus konservativer Motivation, in: Neuloh (Hg.): Soziale Innovation und sozialer Konflikt, 1977, 95–127.

Glaser, Hermann, Spiesser-Ideologie. Von der Zerstörung des deutschen Geistes im 19. und 20. Jahrhundert und dem Aufstieg des Nationalsozialismus, Frankfurt-Berlin-Wien 1978.

Gothein, Eberhard, Bergbau, in: Grundriß der Sozialökonomik, VI. Abt.: Industrie, Bergwesen, Bauwesen, Tübingen 1914, 282–349.

Gothein, Georg, Sollen wir den Bergbau verstaatlichen? Mit einem Anhang: Wie verbessern wir unsere Arbeiterverhältnisse?, Breslau 1890.

Grebing, Helga, Geschichte der deutschen Arbeiterbewegung. Ein Überblick, München 1966².

Greiffenhagen, Martin, Die Aktualität Preußens. Fragen an die Bundesrepublik, Frankfurt 1981.

Grießinger, Andreas, Das symbolische Kapital der Ehre. Streikbewegungen und kollektives Bewußtsein deutscher Handwerksgesellen im 18. Jahrhundert, Frankfurt-Berlin-Wien 1981.

Groh, Dieter, Negative Integration und revolutionärer Attentismus. Die deutsche Sozialdemokratie am Vorabend des Ersten Weltkrieges, Frankfurt-Berlin-Wien 1974.

Ders., Basisprozesse und Organisationsproblem. Skizze eines sozialgeschichtlichen Forschungsprojekts, in: Engelhard u.a. (Hg.). Soziale Bewegung und politische Verfassung, 415–431.

Ders., Intensification of Work and Industrial Conflict in Germany, 1896–1914, Politics and Society 8, 1978, 349–397.

Ders., Base-processes and the problem of organization, Social History 4, 1979, 265–284.

Ders., Reflections of the Making of the German Working Class (= Arbeitspapiere der Projektgruppe „Basisprozesse und Organisationsproblem" Nr. 17, Masch.).

Ders., Osservazioni preliminari sulla formazione della classe operaia tedesca, in: Piro, F./ Pombeni, P. (Hg.): Movimento operaio e Societa industriale in Europa, 1870–1970, Bologna 1981, 75–132.

Ders., Der gehorsame deutsche Untertan als Subjekt der Geschichte? Merkur 36, 1982, 941–956.

Ders., Vorläufige Überlegungen zum Begriff der Arbeiterkultur in der deutschen Geschichtsschreibung, mezzosecolo 5, 1985, 43–46.

Gronerad, E. Die Siedlungspolitik des Bergfiskus im Saargebiete, ihre Entstehung und Entwicklung, ihre wirtschaftlichen und sozialen Auswirkungen auf die Arbeitsverhältnisse, Diss. Köln 1923 (Masch.).

Grüttner, Michael, Working-class Crime and the Labour Movement: Pilfering in the Hamburg Docks 1888–1923, in: Evans (Hg.): German Working Class, 1982, 54–79.
Ders., Arbeitswelt an der Wasserkante. Sozialgeschichte der Hamburger Hafenarbeiter 1886–1914, Göttingen 1984.
Ders., Arbeiterkultur versus Arbeiterbewegungskultur. Überlegungen am Beispiel der Hamburger Hafenarbeiter 1888–1933, in: Lehmann, Studien zur Arbeiterkultur, 1984, 244–282.
Hafner, Sebastian: Preußen ohne Legende, Hamburg 1979[2].
Hahn, Robert, Die saarländische Bergmusik – die Bergkapellen, Saarbrücken 1969.
Haid, Wolfgang, Der Kapuzenmantel. Eine Untersuchung zu den Frühformen bergmännischer Arbeitstracht, Der Anschnitt 1968, H. 2, 20–25.
Hallauer, Werner, Knappschaftswesen und Wohlfahrtspflege im Saarbergbau, Diss. Köln 1922 (Masch.).
Hanagan, M./ Stephenson, Ch. (Hg.), Confrontation, Class Consciousness, and the Labor Process. Studies in Proletarian Class Formation, New York et.al. 1986.
Handel und Industrie im Saargebiet, Saarbrücken-Düsseldorf-Berlin 1926.
Hansen, J. A. J., Vortrag über die St. Barbara-Bruderschaft für Berg- und Hüttenleute und den Knappenverein zu Ottweiler, Ottweiler 1865.
Ders., Glück auf in Christo Jesu! Belehrungs- und Gebetbuch für Berg- und Hüttenleute, besonders für die Mitglieder der St. Barbara-Bruderschaft, Saarlouis 1914[5].
Hartmann, Knut, Der Weg zur gewerkschaftlichen Organisation. Bergarbeiterbewegung und kapitalistischer Bergbau im Ruhrgebiet 1851–1889, München 1977.
Hasslacher, Anton, Geschichtliche Entwicklung des Steinkohlenbergbaues im Saargebiete, ZBHSW 32/1884, 401–508.
Ders., Geschichtliche Entwicklung des Steinkohlenbergbaues im Saargebiete, Berlin 1904 (= Der Steinkohlenbergbau des preußischen Staates in der Umgebung von Saarbrücken Bd. 2).
Ders., Das Industriegebiet an der Saar und seine hauptsächlichsten Industriezweige, Saarbrücken 1912 (= Mitteilungen des Historischen Vereins für die Saargegend H. 12).
Ders., Die auf den Steinkohlebergwerken Preußens in den Jahren 1861 bis 1881 durch schlagende Wetter veranlassten Unglücksfälle, ZBHSW 30/1882, 339–382.
Haumann, Heiko (Hg.), Arbeiteralltag in Stadt und Land. Neue Wege der Geschichtsschreibung, Berlin 1982.
Haupt, Heinz-Gerhard u.a. (Hg.), Jahrbuch Arbeiterbewegung. Geschichte und Theorie. 1982: Selbstverwaltung und Arbeiterbewegung, Frankfurt 1982.
Im Hause eines Bergmannsbauern. Erinnerungen von Jakob Pulcher, pensionierter Bergmann, Fürth im Ostertal, SBK 1968, 78–81.
Hedinger, Hans-Walter, Der Bismarck-Kult. Ein Umriß, in: Stephenson (Hg.), Der Religionswandel, 1976, 201–215.
Heilfurth, Gerhard, Das Bergmannslied. Wesen-Leben-Funktion. Ein Beitrag zur Erhellung von Bestand und Wandlung der sozial-kulturellen Elemente im Aufbau der industriellen Gesellschaft, Köln–Basel 1954.
Ders., Glück auf! Geschichte, Bedeutung und Sozialkraft des Bergmannsgrußes, Essen 1958.
Ders., Die Eigenart und Formkraft des Bergbaus im sozialkulturellen Gefüge, Der Anschnitt 1970, H. 1, 3–12.
Ders. Das Bergmannslied, in: Brednich u. a. (Hg.): Handbuch des Volksliedes, 1973, 761–778.
Ders., Der Bergbau und seine Kultur: eine Welt zwischen Dunkel und Licht, Zürich 1981.
Heinz, Walter R./ Schöber, Peter (Hg.), Theorien kollektiven Verhaltens, 2 Bde., Darmstadt-Neuwied 1972.

Heise/Herbst, Lehrbuch der Bergbaukunde mit besonderer Berücksichtigung des Steinkohlenbergbaues, 1. Bd., Berlin 1930⁶.

Heitjan, Emil, Zentrumspartei und Zentrumspresse an der Saar zur Zeit des Kulturkampfes (1872−1888), Saarlouis 1931.

Hellwig, Fritz, Carl Ferdinand Freiherr von Stumm-Halberg 1836−1901, Heidelberg-Saarbrücken 1936.

Hemmer, Hans-Otto, Die Bergarbeiterbewegung im Ruhrgebiet unter dem Sozialistengesetz, in: Reulecke (Hg.), Arbeiterbewegung an Rhein und Ruhr, 1974, 81−109.

Henkel, Martin/ Rolf Taubert, Maschinenstürmer. Ein Kapitel aus der Sozialgeschichte des Technischen Fortschritts, Frankfurt 1979.

Hentschel, Volker, Geschichte der deutschen Sozialpolitik (1880−1980). Soziale Sicherung und kollektives Arbeitsrecht, Frankfurt 1983.

Herbig, E. Der Arbeiterersatz des staatlichen Steinkohlenbergbaus bei Saarbrücken, Glückauf, 46/1910, 1381−1401.

Ders., Die Verhältnisse des Lohnes zur Leistung unter besonderer Berücksichtigung des Bergbaus, Jahrbuch für Gesetzgebung, Verwaltung und Volkswirtschaft 32/1908, 191−218.

Ders., Die Löhne im staatlichen Steinkohlenbergbau bei Saarbrücken, Jahrbuch für Nationalökonomie und Statistik 39/1910, 289−324.

Ders., Das Saarbrücker Prämienhaus, ZBHSW 59/1911, 506−571.

Ders., Wirtschaftsrechnungen Saarbrücker Bergleute, ZBHSW 60/1912, 451−613.

Ders. Taylors ‚Wissenschaftliche Betriebsführung' und der Bergbau, Glückauf. Berg- und Hüttenmännische Zeitschrift 10/1917, 201 ff.

Herrmann, Werner, ‚Der Eckstein' − Friedrichsthal−Bildstock und die Rechtsschutzbewegung. Eine Dokumentation nach Materialien des Stadtarchivs Friedrichsthal, in: Friedrichsthal, 1975, 97−127.

Hetzler, Heinrich/ Schäfer Herbert, Das Eigenheim des Saarbergmannes einst und heute, SBK 1962, 69−71.

Hickey, Stephen, Bergmannsarbeit an der Ruhr vor dem Ersten Weltkrieg, in: Mommsen/Borsdorf (Hg.): Glück auf, Kameraden!, 1979, 49−69.

Hildermeier, Manfred, Agrarische Sozialbewegung, Revolution und Modernisierung, SOWI 1975, H. 3, 80−84.

Hilt, Bemerkungen über die Abbaumethode auf der königl. Steinkohlengrube Gerhard Prinz-Wilhelm bei Saarbrücken und die Resultate des neuerdings daselbst eingeführten Streb- und Stossbaues, ZBHSW 18/1870, 18−39.

Hirche, Herbert, Landstraßen und Eisenbahnen im oberen Naheraum (1789−1914), Saarbrücken 1964 (= Veröffentlichungen des Instituts für Landeskunde des Saarlandes 11).

Hochstrate, Karl, Abbaufördereinrichtungen auf den staatlichen Steinkohlenbergwerken bei Saarbrücken, ZBHSW 59/1911, 405 ff.

Hofmann, Ernst, Volkskundliche Betrachtungen zur proletarischen Familie in Chemnitz um 1900, Wissenschaftliche Zeitschrift der Humboldt-Universität zu Berlin. Gesellschafts- und sprachwissenschaftliche Reihe 20/1971, 65−81.

Hohlfeld, Johannes, Dokumente der Deutschen Politik und Geschichte von 1848 bis zur Gegenwart, Bd. 1, Berlin-München 1952.

Hohorst/Kocka/Ritter, Sozialgeschichtliches Arbeitsbuch. Materialien zur Statistik des Kaiserreichs 1870−1914, München 1975.

Holtfrerich, C. L., Quantitative Wirtschaftsgeschichte des Ruhrkohlenbergbaus im 19. Jahrhundert, Dortmund 1973.

Honegger, Claudia/ Heintz, Beate, Listen der Ohnmacht. Zur Sozialgeschichte weiblicher Widerstandsformen, Frankfurt 1981.

Hoppstädter, Kurt, Die Entwicklung der saarländischen Eisenbahnen, Saarbrücken 1961 (= Veröffentlichungen des Instituts für Landeskunde des Saarlandes 2).

Ders., „Eine halbe Stunde nach der Schicht muß jeder gewaschen sein". Die alten Schlafhäuser und die Ranzenmänner, SBK 1963, 77–79.

Ders., Die Entstehung der Eisenbahnen im Hunsrück, ZGS 1964, 168–206.

Ders./Herrmann, Geschichtliche Landeskunde des Saarlandes. Vom Faustkeil zum Förderturm Bd. 1, Saarbrücken 1960.

Horch, Hans, Der Wandel der Gesellschafts- und Herrschaftsstrukturen in der Saarregion während der Industrialisierung (1740–1914), St. Ingbert 1985.

Huber (Hg.), Dokumente zur deutschen Verfassungsgeschichte, 2 Bde. Stuttgart 1961 f.

Huck, Gerhard (Hg.), Sozialgeschichte der Freizeit. Untersuchungen zum Wandel der Alltagskultur in Deutschland, Wuppertal 1980.

Hue, Otto, Neutrale oder parteiische Gewerkschaften? Ein Beitrag zur Gewerkschaftsfrage, zugleich eine Geschichte der deutschen Arbeiterbewegung, Bochum 1900.

Ders., Wer hat den Rechtsschutzverein der Saarberleute ruiniert?, Bochum 1908.

Ders., Die Bergarbeiter. Historische Darstellung der Bergarbeiter-Verhältnisse von der ältesten bis in die neueste Zeit, 2. Bde., Stuttgart 1910/1913.

Hundt, R., Die Bergarbeiterwohnungen im Ruhrgebiet, Berlin 1904.

Ilgenstein, W., Die religiöse Gedankenwelt der Sozialdemokratie, eine aktenmäßige Beleuchtung der Stellung der Sozialdemokratie zu Christentum und Kirche, Berlin 1914.

Imbusch, Heinrich, Arbeitsverhältnis und Arbeiterorganisationen im deutschen Bergbau. Eine geschichtliche Darstelluung, Essen 1908.

Imhof, Arthur E., Die verlorenen Welten. Alltagsbewältigung durch unsere Vorfahren- und weshalb wir uns heute so schwer damit tun, München 1984.

Industrie- und Handelskammer (Hrg.), 100 Jahre Industrie- und Handelskammer des Saarlandes. Wirtschaft zwischen den Grenzen, Saarbrücken 1953.

Jacob, Anton, Die soziale Gliederung der Dorfbevölkerung in alter und neuer Zeit, Zeitschrift für Saarländische Heimatkunde 2/1952.

Jakob, Helmut, Friedrichsthal-Bildstock und der saarländische Steinkohlenbergbau, in: Friedrichsthal, 1975, 75–89.

Jüngling, Elisabeth, „Handwerker-Renitenz" und „Arbeitsverweigerung". Protestverhalten während der Frühindustrialisierung in Bayern, in: Müller (Hg.), Aufbruch ins Industriezeitalter, 1985, 459–467.

Junghann, Heinrich, Das Schlafhaus- und Einliegerwesen im Bezirk der kgl. Bergwerksdirektion Saarbrücken, Berlin 1912.

Kaelble, Harmut u. a. (Hg.), Probleme der Modernisierung in Deutschland. Sozialhistorische Studien zum 19. und 20. Jahrhundert, Opladen 1978.

Kammer, Karl, Trierer Kulturkampfpriester, Trier 1926.

Kartels, J., Die wirtschaftliche Lage des Bauernstandes in den Gebirgsdistrikten des Kreises Merzig, SVSP 22, 1883, 187–239.

Karwehl, H., Die Entwicklung und Reform des deutschen Knappschaftswesens, Jena 1907.

Kast, O., Über Arbeiterwohnungen beim Bergbau Preussens, ZBHSW 35/1887, 153–165.

Kastorff-Viehmann, Renate, Wohnungsbau für Arbeiter. Das Beispiel Ruhrgebiet bis 1914, Aachen 1981.

Kaufhold, Karl-Heinrich, Handwerk und Industrie 1800–1850, in: Aubin/Zorn, Handbuch, 1976, 321–357.

Kehr, Eckhart, Der Primat der Innenpolitik. Gesammelte Aufsätze zur preußisch-

deutschen Sozialgeschichte im 19. und 20. Jahrhundert. Hrsg. v. H.U.Wehler, Frankfurt-Berlin-Wein 1976.
Keil/Ickstadt, Elemente einer deutschen Arbeiterkultur in Chicago zwischen 1880 und 1890, GG 1979, H. 1, 103–124.
Kellenbenz, Hermann (Hg.), Agrarisches Nebengewerbe und Formen der Reagrarisierung im Spätmittelalter und 19./20. Jahrhundert, Stuttgart 1975.
Keller, A., Geschichtliche Entwicklung der Besitz- und Ausbeuterechte beim Kohlenbergbau an der Saar, in: Handel und Industrie, 1926.
Kermann, Joachim, Die gesundheitliche, soziale und wirtschaftliche Lage der pfälzischen Landbevölkerung in der Mitte des 19. Jahrhunderts nach den Berichten der Kantonsärzte und des Kreismedizinalrates, Mitteilungen des Historischen Vereins der Pfalz, Speyer, 74/1976.
Kiefer, Peter, Die Organisationsbestrebungen der Saarbergleute, ihre Ursachen und Wirkungen auf den Bereich des Saarbrücker Bergbaues und ihre Berechtigung, Diss. Straßburg 1912.
Kiefer, Peter, 25 Jahre Gewerkverein christlicher Bergarbeiter im Saarrevier, Saarbrükken 1929.
Kirnbauer, Franz, Über bergmännische Grußformeln, in: SBK 1941, 88–90.
Klaes, Erich, Die Entwicklung der Arbeitsverhältnisse im Saargebiet, Diss. Heidelberg 1924 (Masch.).
Klein, Ernst, Der Staat als Unternehmer im Saarländischen Steinkohlenbergbau (1750–1850), VSWG 57, 1970, 323–349.
Ders., Der Steinkohlenbergbau an der Saar während der siebziger Jahre des 19. Jahrhunderts, in: Bog u. a. (Hg.), Wirtschaftliche und soziale Strukturen 1974, 753–774.
Ders., Der Saarbergbau vor hundert Jahren, Saarbrücker Hefte 43/1976, 5–17.
Ders., Die Gründung bergmännischer Konsumvereine an der Saar (1867–1869), Der Anschnitt 1978, H. 1, 20–31.
Klein, Hanns, Der erste deutsche Bergarbeiterstreik im Jahre 1816 auf den Saargruben Großwald und Rußhütte, Jahrbuch für westdeutsche Landesgeschichte 6/1980, 251–269.
Klönne, Arno / Reese, Hartmut, Kurze Geschichte der deutschen Gewerkschaftsbewegung, Frankfurt/Olten/Wien 1968.
Kloevekorn, Fritz, Das Saarland, Leipzig 1924.
Klusen, Ernst, Das sozialkritische Lied, in: Brednich u. a. (Hg.), Handbuch des Volksliedes, 1973, 737–760.
Koch, Jürgen, Die Bergarbeiterbewegung im Ruhrgebiet zur Zeit Wilhelms II. (1889–1914), Düsseldorf 1954.
Köhler, Carl, Volks-Liederbuch. Eine Sammlung, insbesondere für den Gebrauch in berg- und hüttenmännischen Schulen ausgewählt und zweistimmig bearbeitet, Leipzig 1898.
Ders., Volkslieder von der Mosel und Saar. Hrsg. v. John Meier, Halle a.d.Saale 1896.
Köhler, G., Katechismus der Bergbaukunde, Leipzig 1891.
Köllmann, Wolfgang, Der Prozeß der Verstädterung in Deutschland in der Hochindustrialisierungsperiode, in: Braun u. a. (Hg.), Gesellschaft in der industriellen Revolution, 1973, 243–258.
Köllmann, Wolfgang / Gladen Albin, Der Bergarbeiterstreik von 1889 und die Gründung des „Alten Verbandes" in ausgewählten Dokumenten der Zeit, Bochum 1969.
Köllner, A., Handel und Schiffahrt zu Anfang des 19. Jahrhunderts, Mitteilungen des historischen Verein für die Saargegend 8/1901, 155 ff.
Köpping, Walter, Vom Standesbewußtsein zum Klassenbewußtsein, in: Arbeiterdichtung, 1973, 92–106.

Ders. (Hg.), Schwarze Solidarität. 85 Jahre kämpferische Bergarbeiterdichtung, Oberhausen 1974.
Ders., 100 Jahre Bergarbeiterdichtung, Oberhausen 1982.
Ders., Lebensberichte deutscher Bergarbeiter, Frankfurt/Olten/Wien 1984.
Korb, Wolfgang, Bergchöre und Bergkapellen an der Saar, in: Steegmann, (Hg.), Musik und Industrie, 1978, 129–157.
Korff, Gottfried, Heiligenverehrung und soziale Frage. Zur Ideologisierung der populären Frömmigkeit im späten 19. Jahrhundert, in: Wiegelmann (Hg.), Kultureller Wandel, 1973, 102–111.
Ders., Bemerkungen zum politischen Heiligenkult im 19. und 20. Jahrhundert, in: Stephenson (Hg.), Der Religionswandel, 1976, 216–230.
Ders., Kultur, in: Grundzüge der Volkskunde, 1978, 17–18.
Ders., Formierung der Frömmigkeit. Zur sozialpolitischen Intention der Trierer Rockwallfahrten 1891, GG 1977, H. 3, 352–383.
Kost, Selbsttätige Kettenförderung auf der königlichen Steinkohlengrube Kronprinz, Abteilung Schwalbach, bei Saarbrücken, ZBHSW 35/1887, 122–138.
Kramer, Dieter, Kultur der Arbeiterklasse und kulturelle Aktivitäten in der Geschichte der Arbeiterbewegung, in: Massen. Kultur. Politik. (=Argument-Sonderband 23), Berlin 1978, 160–180.
Kraus, Antje, Wohnverhältnisse und Lebensbedingungen von Hütten- und Bergarbeiterfamilien in der zweiten Hälfte des 19. Jahrhunderts. Die Arbeitersiedlungen der Carlshütte in Büdelsdorf (Rendsburg) und der Zeche Rheinelbe/Alma inÜckendorf (Gelsenkirchen), in: Conze/Engelhardt, (Hg.), Arbeiter im Industrialisierungsprozeß, 1979, 163–194.
Kürbisch, Friedrich G. (Hg.), Anklage und Botschaft. Die lyrische Aussage der Arbeiter seit 1900, Hannover 1969.
Kuhn, Ph., Beschreibung eines Steinkohlebergwerks nebst zugehöriger Zeichnung, o.O.o.J.
Kuhna, Die Ernährungsverhältnisse der industriellen Arbeiterbevölkerung in Oberschlesien. Im amtlichen Auftrag ausgearbeitet im Winter 1891/92, Leipzig 1894.
Lademacher, Horst, Wirtschaft, Arbeiterschaft, Arbeiterorganisationen in der Rheinprovinz 1877/78, ASG XV/1975, 111–143.
Lambert, W.R., Alkohol und Arbeitsdisziplin in den Industriegebieten von Südwales 1800–1870, in: Puls (Hg.), Wahrnehmungsformen und Protestverhalten, Frankfurt 1979, 296–316.
Landesamt (Hg.), Bayerisches Statistisches Landesamt: Bahnwanderungen der pfälzischen Arbeiter zwischen Wohn- und Arbeitsort. Beiträge zur Statistik Bayerns, H. 93, München 1920.
Landesamt (Hg.), Statistisches Landesamt von Rheinland-Pfalz: Die Bevölkerung der Gemeinden von Rheinland-Pfalz 1815–1950, Bad Ems 1954 (=Statistik von Rheinland-Pfalz Bd. 34).
Langewiesche, Dieter / Schönhoven Klaus (Hg.), Arbeiter in Deutschland. Studien zur Lebensweise der Arbeiterschaft im Zeitalter der Industrialisierung, Paderborn 1981.
Laven, Hermann, Der Sang von Lao Fumtse. Ein chinesisches Gedicht aus den Kohlenbergwerken der Provinz Schansi, Trier 1889.
Legin, Carl, Die Lage der Staatsarbeiter in Preußen, in: Protokolle über die Verhandlungen des Parteitages der sozialdemokratischen Partei Preußens, Berlin 1907, 103–119.
Lehmann, Albrecht, Studien zur Arbeiterkultur. Beiträge der 2. Arbeitstagung der Kommission „Arbeiterkultur" in der Deutschen Gesellschaft für Volkskunde in Hamburg vom 8. bis 12. Mai 1983, Münster 1984.

Leimpeters, Johann, Kritische Streikbetrachtungen, Sozialistische Monatshefte, Berlin 1906, 846—854.
Ders., Die Komödie im Saargebiet, Bochum o.J. (1912).
Lepenies, Wolf, Arbeiterkultur. Wissenschaftssoziologische Anmerkungen zur Konjunktur eines Begriffes, GG 1979, H. 1, 125—136.
Lequin, Yves, Les ouvriers de la région lyonnaise, Lyon 1977.
Levenstein, Adolf (Hg.), Aus der Tiefe. Arbeiterbriefe. Beiträge zur Seelen-Analyse moderner Arbeiter, Berlin 1909.
Lewis, Michael, Die Bergwerkslieder Nordost-Englands, Der Anschnitt 1972, H. 4, 3—15.
Liebheim, E., Beiträge zur Kenntnis des lothringischen Kohlengebirges, Diss. Straßburg 1900.
Lieder, gesungen am 26. März 1847, bei der Feier des 50jährigen Dienstjubiläums des Herrn Bergrath Heinrich Gottlieb, Saarbrücken 1847.
Lidtke, Vernon, Lieder der deutschen Arbeiterbewegung, 1864—1914, GG 1979, H. 1, 54-82.
Lissmann, Helmut, Beitrag zur Geschichte des sog. „Rechtsschutzsaales" in Bildstock, in: Festschrift zum 50. Todesjahr von Nikolaus Warken, 1970, 68—74.
Lommatzsch, Herbert, „Freut euch sehr, ihr Bergleut alle . . .", Der Anschnitt 1965, H. 2, 15—22.
Loreck, Jochen, Wie man früher Sozialdemokrat wurde. Das Kommunikationsverhalten in der deutschen Arbeiterbewegung und die Konzeption der sozialistischen Parteipublizistik durch August Bebel, Bonn-Bad Godesberg 1977 (=Schriftenreihe des Forschungsinstituts der Friedrich-Ebert-Stiftung Bd. 130).
Lucas, Erhard, Zwei Formen von Radikalismus in der deutschen Arbeiterbewegung, Frankfurt 1976.
Lucas, E. / Wickham, J. / Roth, K. H., Arbeiterradikalismus und die „andere Arbeiterbewegung". Zur Diskussion der Massenarbeiterthese, Bochum 1977.
Lüdtke, Alf, Praxis und Funktion staatlicher Repression: Preußen 1815—1850, GG 1977, H. 2, 190—211.
Ders., Alltagswirklichkeit, Lebensweise und Bedürfnisartikulation, in: Gesellschaft. Beiträge zur Marxschen Theorie 11, Frankfurt 1978, S. 311—350.
Ders., Erfahrung von Industriearbeitern — Thesen zu einer vernachlässigten Dimenson der Arbeitergeschichte, in: Conze/Engelhardt (Hg.), Arbeiter im Industrialisierungsprozeß, 1979, 494—512.
Ders., Arbeitsbeginn, Arbeitspausen, Arbeitsende. Skizzen zur Bedürfnisbefriedigung und Industriearbeit im 19. und frühen 20. Jahrhundert, in: Huck (Hg.), Sozialgeschichte der Freizeit, 1980, 95—122.
Ders., Ein Polizeistaat und seine Polizisten. Skizzen zur Entwicklung der preussischen Polizei im Vormärz, Journal für Geschichte 1981, H. 4, 22—27.
Ders., „Gemeinwohl", Polizei und „Festungspraxis". Staatliche Gewaltsamkeit und innere Verwaltung in Preußen, 1815—1850, Göttingen 1982.
Ders., Formen indirekter und „sanfter" Gewalt in der bürgerlichen Gesellschaft, in: Calließ (Hg.), Gewalt in der Geschichte, 1983, 271—295.
Ders., Cash, Coffe-Breaks, Horseplay: Eigensinn and Politics among Factory Workers in Germany circa 1900, in: Hanagan, M/Stephenson Ch. (Hg.), Proletarian Class Formation, 1986, 65—95.
Lüthgen, Kurze Darstellung und kritische Beleuchtung der hauptsächlichsten auf den Steinkohlengruben des Ruhrkohlengebietes gebräuchlichen Abbaumethoden in Hinsicht einerseits auf den Schutz der Arbeiter in der Grube und den Schutz der Tagesoberfläche und andererseits auf die wirtschaftlichen Erfolge, ZBHSW 40/1892, 289—308.

Machtan, Lothar, Zur Streikbewegung der deutschen Arbeiter in den Gründerjahren (1871–1873), IWK 1978, H. 4, 419–442.
Ders., Unfähigkeit zum rationalen Konfliktaustrag? Eine Fallstudie über den militanten Streikkampf Königshütter Bergleute im Sommer 1871, o.O., o.J. (Masch.).
Ders., Die „Elendsschächte" in Oberschlesien: Bergmännische Selbsthilfe-Initiativen zur Überwindung von Arbeitslosigkeit um 1930, in: Jahrbuch Arbeiterbewegung, 1982, 141–155.
Ders., Streiks im frühen deutschen Kaiserreich, Frankfurt/New York 1983.
Ders., Streiks und Aussperrungen im Deutschen Kaiserreich. Eine sozialgeschichtliche Dokumentation für die Jahre 1871 bis 1875, Berlin 1984.
Mahling, Christoph-Helmut, Werkschöre und Werkskapellen im Saarländischen Industriegebiet, in: Steegmann (Hg.), Musik und Industrie, 1978, 107–111.
Mallmann, Klaus Michael, Industrielle Revolution und sozialer Wandel. Ein Strukturvergleich zwischen Ruhr- und Saarbergbau im 19. Jahrhundert. Wissenschaftliche Abhandlung zur Prüfung für das Lehramt an Gymnasien, Saarbrücken 1974/1975.
Ders., Preußischer Bergfiskus und Siedlungspolitik. Eine Betrachtung über die Anfänge von Prämienhausbau und Bergmannskolonien an der Saar, Geschichte und Landschaft, Heimatblätter der Saarbrücker Zeitung, 154/1976.
Ders., „Saufkasinos" und Konsumvereine. Zur Genossenschaftsbewegung der Saarbergleutew 1890–1894, Der Anschnitt 1980, H. 4, 200–206.
Ders., „Haltet fest wie der Baum die Äst'". Zur Rolle der Frauen in der Bergarbeiterbewegung 1892/93, Saarheimat 1980, H. 4, 89–92.
Ders., Die Anfänge der Bergarbeiterbewegung an der Saar (1848–1904), Saarbrücken 1982 (=Veröffentlichungen der Kommission für saarländische Landesgeschichte und Volksforschung XII).
Ders., Volksfrömmigkeit, Proletarisierung und preußischer Obrigkeitsstaat. Sozialgeschichtliche Aspekte des Kulturkampfes an der Saar, in: Soziale Frage und Kirche, 1984, 183–232.
Ders., „Aus des Tages Last machen sie ein Kreuz des Herrn ..."? Bergarbeiter, Religion und sozialer Protest im Saarrevier des 19. Jahrhunderts, in: Schieder, Volksreligiosität, 1986,152–184.
Bungert, Bergmannskultur und Rechtsschutzverein, Saarheimat 1975, H. 5–6, 93–95.
Dies., Kampf der Bergleute um soziale Gerechtigkeit, Geschichte und Landschaft, Heimatblätter der Saarbrücker Zeitung 163, 1977.
Margait, Ingeborg, Die Bergkapellen und der Saarknappenchor, SBK 1951, 67–72.
Martin, Wilhelm, Land und Leute an der Saar. Eine Länderkunde des Saargebietes, Saarbrücken-Völklingen-Leipzig 1922.
Materialien des IX. kulturtheoretischen Kolloquiums „Kulturgeschichtliche Probleme proletarischer Lebensweise" am 26. und 27. November 1980 an der Humboldt-Universität zu Berlin, Berlin (DDR) 1981.
Maus, Peter, Entwicklung der Bergmannsverhältnisse der Grube Sulzbach, SBK 1940, 73–77.
Ders., Bergmannsleben in Sulzbach/Saar im Wandel der Zeit, Ludwigshafen-Saarbrükken 1941.
Meyer, Folkert, Das konservative Schulregiment in Preußen während der 80er Jahre, in: Blasius (Hg.), Preußen, 1980, 271–291.
Mellin, R., Der technische Betrieb der staatlichen Steinkohlengruben bei Saarbrücken, Berlin 1906.
Mengelberg, Entwicklung und gegenwärtiger Stand des systematischen Ausbaues auf den Saarbrücker Staatsgruben, ZBHSW 53/1905, 249 ff.
Merz, A., Die Bedeutung der betrieblichen Arbeitsverhältnisse und der sozialen Maß-

nahmen im 19. Jahrhundert für die Entwicklung der Eigenart der Bevölkerungs- und Sozialstruktur im Saargebiet, in: Droege (Hg.): Beiträge zur geschichtlichen und wirtschaftlichen Entwicklung, 1956.

Metzmacher, Helmut, Die Herrschaft des Arbeiter- und Soldatenrates in Saarbrücken 1918, ZGS 1971, 230—248.

Metzner, Max, Die soziale Fürsorge im Bergbau unter besonderer Berücksichtigung Preußens, Sachsens, Bayerns und Österreichs, Jena 1911.

Mittenzwei, Ingrid, Preußens neue Legenden. Gedanken beim Lesen einiger neuer Bücher über Preußen, FR Nr. 167, 23. 7. 1981.

Moldenhauer, Rüdiger, Die Petitionen aus den preußischen Saarkreisen an die deutsche Nationalversammlung 1848—1849, ZGS 1969/70, 38—111.

Mommsen, Hans / Borsdorf, Ulrich (Hg.), Glück auf, Kameraden! Die Bergarbeiter und ihre Organisationen in Deutschland, Köln 1979.

Mommsen, Wolfgang, Gegenwärtige Tendenzen in der Geschichtsschreibung der Bundesrepublik, GG 1981, H. 2, 149—188.

Moore, Barrington, Soziale Ursprünge von Diktatur und Demokratie, Frankfurt 1974.

Mooser, Josef, Arbeiterleben in Deutschland, 1900—1970. Klassenlagen, Kultur und Politik, Frankfurt 1984.

Moßmann/Schleuning, Alte und neue politische Lieder. Entstehung und Gebrauch, Texte und Noten, Reinbek bei Hamburg 1978.

Müller, Erich, Die Entwicklung der Arbeiterverhältnisse auf den staatlichen Steinkohlebergwerken in der Umgebung von Saarbrücken von 1816 bis 1903, Berlin 1904 (=Der Steinkohlenbergbau des Preussischen Staates in der Umgebung von Saarbrücken Bd. 6).

Mueller, Franz H., Franz Hitze, Altmeister der deutschen Sozialpolitik, in: Seiten, (Hg.): Portraits, 1965.

Müller, Rainer A. unter Mitarbeit von M. Henker (Hg.), Aufbruch ins Industriezeitalter, Bd. 2, Aufsätze zur Wirtschafts- und Sozialgeschichte Bayerns 1750—1850, München 1985.

Müller-Blattau, Joseph, Das Bergmannslied im Saarland, Der Anschnitt 1954, H. 6, 14—16.

Ders., Bergmannsblut hat frischen Mut! Vom eigensaarländischen Bergmanslied, „Die Kulturgemeinde", Saarbrücken 1954, H. 6.

Nasse, Rudolf, Der technische Betrieb der staatlichen Steinkohlengruben bei Saarbrücken, ZBHSW 33/1885, 1—58 u. 163—215.

Ders., Über die Haushaltung der Bergarbeiter im Saarbrücken'schen und in Großbritannien, Jahrbücher für Nationalökonomie und Statistik, Heft 3, Jena 1891, 398—416.

Negt, Oskar / Kluge, Alexander, Öffentlichkeit und Erfahrung, Frankfurt 1972.

Dies., Geschichte und Eigensinn, Frankfurt 1981.

Neuloh, Otto (Hg.), Soziale Innovation und sozialer Konflikt, Göttingen 1977.

Ders., Betriebssystem und Betriebsklima des Bergbaus im sozialen Wandel der Industriegesellschaft, Der Anschnitt 1977, H. 2—3, 80—87.

Ders. / Kurucz J., Vom Kirchdorf zur Industriegemeinde. Untersuchungen über den Einfluß der Industrialisierung auf die Wertordnung der Arbeitnehmer, Köln-Berlin 1967.

Neumann/Nipperdey/Scheuner, Die Grundrechte. Handbuch der Theorie und Praxis der Grundrechte, Berlin 1954.

Nieder, Ludwig, Die Arbeitsleistung der Saarbergleute in den kgl. preußischen Steinkohlengruben bei Saarbrücken seit dem Jahre 1888, Stuttgart und Berlin 1909.

Niemöller, Klaus Wolfgang, Bergkapellen im öffentlichen Musikleben von Gelsenkirchen 1900, in: Steegmann (Hg.), Musik und Industrie, 1978, 341—357.

Niethammer, Lutz, Die Unfähigkeit zur Stadtentwicklung. Erklärung der seelischen Störung eines Communalbaumeisters in Preußens größtem Industriedorf, in: Engelhardt u. a. (Hg.), Soziale Bewegung und politische Verfassung, 1976, 432–471.
Ders. (Hg.), Wohnen im Wandel. Beiträge zur Geschichte des Alltags in der bürgerlichen Gesellschaft, Wuppertal 1979.
Ders. (Hg.), Lebenserfahrung und kollektives Gedächtnis. Die Praxis der ‚Oral History', Frankfurt 1980.
Ders. / Brüggemeier F. J., Wie wohnten Arbeiter im Kaiserreich? ASG XVI/1976, 61–134.
Nipperdey, Thomas, Verein als soziale Struktur in Deutschland im späten 18. und frühen 19. Jahrhundert, in: Boockmann, Geschichtswissenschaft und Vereinswesen, 1972. 1–44.
Noack, Richard, Die Revolutionsbewegung von 1848/49 in der Saargegend, Mitteilungen des Historischen Vereins für die Saargegend H. 18, 1929, 129–284.
Nöggerath, M., Der Steinkohlenbergbau des Staates zu Saarbrücken, ZBHSW 3/1856, 139–208.
Oesterling, Mathias, Memorandum über die früheren Erfolge und die jetzt nöthig gewordene Reorganisation der Bestrebungen zum Zwecke der wirthschaftlichen und sittlichen Hebung des Bergmannsstandes im Knappschaftsbezirk Saarbrücken, Köln/Dudweiler 1884.
Osterroth, Nikolaus, Als das Saarrevier noch saarabisch war, Vorwärts-Almanach 1921, 89–92.
Ders., Vom Beter zum Kämpfer, Berlin 1920.
Pauli, Kurt, Der Arbeiterbauer im Saarland. Untersuchung des Wandels in der Betriebs- und Lebensform, Diss. Heidelberg 1939.
Paege, Wilhelm, Die geschichtliche Entwicklung der Saarindustrie, insbesondere im 19. Jahrhundert, Diss. Köln 1921.
Pechartschek, Karl, Die Veränderung der Lebenshaltung und ihrer Kosten bei deutschen Bergarbeiterfamilien in den Jahren 1876–1912, Diss. Freiburg 1935.
Petersen, Die bäuerlichen Verhältnisse der bayrischen Rheinpfalz, SVSP 22, 1883, 241 ff.
Petsch, J. (Hg.), Architektur und Städtebau im 20. Jahrhundert, 2 Bde., Berlin 1974/75.
Petto, Alfred, Das Saarbergmannskind. Bildnis einer Jugend. Mit Zeichnungen von Fritz Zolnhofer, Neustadt a. Weinstraße 1940.
Peuckert, W.E., Volkskunde des Proletariats, Frankfurt 1931.
Philippi, Georg, Von der Hacke zum Walzenschrämlader. Die Entwicklung der Bergbautechnik an der Saar, SBK 1966.
Piechowski, Paul, Proletarischer Glaube. Die religiöse Gedankenwelt der organisierten deutschen Arbeiterschaft nach sozialistischen und kommunistischen Selbstzeugnissen, Berlin 1928.
Pierenkemper, Toni (Hg.), Haushalt und Verbrauch in historischer Perspektive, 1986.
Pilger, Hugo-Hermann, Das Ausbildungswesen im preußisch-fiskalischen Steinkohlenbergbau an der Saar, Diss. Saarbrücken 1965.
Ders., Die Industrie des Saarlandes zwischen dem Ersten und Zweiten Pariser Frieden, SBK 1969, 71–83.
Pöller, Richard, Die Gefahren des Bergbaus und die Grubenkontrolle im Ruhrrevier, München/Leipzig 1914.
Pollard, Sidney, Die Fabrikdisziplin in der industriellen Revolution, in: Fischer/Bajor (Hg.), Die soziale Frage, 1967, 159–185.
Popitz/Bahrd u. a. (Hg.), Das Gesellschaftsbild des Arbeiters. Soziologische Untersuchungen in der Hüttenindustrie, Tübingen 1957.

Post, Julius / Albrecht, Heinrich, Musterstätten persönlicher Fürsorge von Arbeitgebern für ihre Geschäftsangehörigen, 2 Bde., Berlin 1889 und 1893.
Potthoff, Heinrich, Die Sozialdemokratie von den Anfängen bis 1945, Bonn-Bad Godesberg 1974.
Prager, Max, Grenzen der Gewerkschaftsbewegung, ASWSP, XX/1905, 229–300.
Prinzing, Fr., Die Erkrankungshäufigkeit nach Beruf und Alter, Zeitschrift für die gesamte Staatswissenschaft 1902, 432–667.
Projektgruppe Automation und Qualifikation, Entwicklung der Arbeitstätigkeiten und die Methoden ihrer Erfassung, Berlin 1978 (=Argument-Sonderband 19).
Protocoll des Socialisten-Congresses zu Gotha vom 27. bis 29. Mai 1877, Hamburg 1877 (Nachdruck Glashütten 1971).
Protokoll des Internationalen Arbeiter-Congresses zu Paris (14.–20. Juli 1889).
Protokolle der Verhandlungen des Parteitages der Sozialdemokratischen Partei Deutschlands, Erfurt 1891, Köln 1893, Frankfurt 1894.
Protokolle der Verhandlungen der Kongresse der Gewerkschaften Deutschlands, Hamburg 1892, 1896, 1899 und 1902.
Protokolle über die Verhandlungen des Parteitages der sozialdemokratischen Partei Preußens, Berlin 21.–23.Nov.1907, Berlin 1907.
Puls, Detlev (Hg.), Wahrnehmungsformen und Protestverhalten. Studien zur Lage der Unterschichten im 18. und 19. Jahrhundert, Frankfurt 1979.
Quarck, Max, Die preußische Bergarbeiter-Enquete von 1889, Archiv für soziale Gesetzgebung und Statistik 3/1890, 162–179.
Quirin, Paul Georg, Lohnpolitik und Produktionsergiebigkeit im Preußisch-Fiskalischen Saarkohlenbergbau. Ein Beitrag zur Lehre vom Arbeitslohn und Arbeitsleistung unter besonderer Berücksichtigung der Lohnmethoden, Saarbrücken 1924.
Rade, Martin, Die religiös-sittliche Gedankenwelt unserer Industriearbeiter. Vortrag auf dem 9. evangel.-sozialen Kongreß in Berlin, Göttingen 1898.
Raefler, Friedrich, Das Schlafhauswesen im oberschlesischen Industriebezirk, Diss. Breslau 1915.
Ranke, Winfried / Korff, Gottfried, Hauberg und Eisen. Landwirtschaft und Industrie im Siegerland um 1900. Photographien von Peter Weller, München 1980.
Raschke, Joachim, Soziale Bewegungen. Ein historisch-systematischer Grundriß, Frankfurt/New York 1985.
Rassow, P. / Born u. E. (Hg.), Akten zur staatlichen Sozialpolitik in Deutschland 1890–1914, Wiesbaden 1959.
Reid, Douglas A., Der Kampf gegen den „blauen Montag" 1766–1876, in: Puls (Hg.), Wahrnehmungsformen und Protestverhalten, 1979, 265–295.
Reincke, J.J., Die Beaufsichtigung der vorhandenen Wohnungen (inkl. Sanierung oder Beseitigung ungesunder Quartiere), in: Neue Untersuchungen über die Wohnungsfrage, 1901.
Remy, R., Die Anwendung der Kettenförderung auf der Abteilung Kohlwald der staatl. Steinkohlengrube König bei Neunkirchen (Saarbrücken), ZBHSW 33/1885, 98–111.
Reulecke, Jürgen, Arbeiterbewegung an Rhein und Ruhr. Beiträge zur Geschiche der Arbeiterbewegung in Rheinland-Westfalen, Wuppertal 1974.
Ders., Vom blauen Montag zum Arbeiterurlaub, ASG XVI/1976, 205–248.
Ders. / Weber, Wolfhard (Hg.), Fabrik-Familie-Feierabend. Beiträge zur Sozialgeschichte des Alltags im Industriezeitalter, Wuppertal 1978.
Rimlinger, Gaston V., Die Legitimierung des Protests. Eine vergleichende Untersuchung der Bergarbeiterbewegung in England und Deutschland, in: Fischer/Bajor (Hg.), Die soziale Frage, 1967, 284–304.

Ritter, Gerhard A., Workers' Culture in Imperial Germany: Problems and Points of Departure for Research, Journal of Contemporary History 1978, H.2, 165–189.
Ders. (Hg.), Arbeiterkultur, Königstein/Ts. 1979.
Ders., Staat und Arbeiterschaft in Deutschland von der Revolution 1848/49 bis zur nationalsozialistischen Machtergreifung, HZ 231/1980, 325–368.
Ders./Jürgen Kocka (Hg.), Deutsche Sozialgeschichte. Dokumente und Skizzen, Bd. II 1870–1914, München 1974.
Rivinius, Karl Josef, Das Verhältnis zwischen Kirche, Staat und Gesellschaft. Dargestellt an der Wirksamkeit Wilhelm Emmanuel von Kettelers, Jahrbuch für christliche Sozialwissenschaften 18/1977, 51–100.
Ders., Die sozialpolitische und volkswirtschaftliche Tätigkeit von Georg Friedrich Dasbach, in: Soziale Frage und Kirche, 1984, 109–182.
Roberts, James S., Der Alkoholkonsum deutscher Arbeiter im 19. Jahrhundert, GG 1980, H. 2, 220–242.
Rosenbaum, Heidi, Formen der Familie. Untersuchungen zum Zusammenhang von Familienverhältnissen, Sozialstruktur und sozialem Wandel in der deutschen Gesellschaft des 19. Jahrhunderts, Frankfurt 1982.
Rosenberg, Hans, Große Depression und Bismarckzeit. Wirtschaftsablauf, Gesellschaft und Politik in Mitteleuropa, Frankfurt-Berlin-Wien 1976.
Roth, Karl Heinz, Die „andere" Arbeiterbewegung und die Entwicklung der kapitalistischen Repression von 1880 bis zur Gegenwart. Ein Beitrag zum Neuverständnis der Klassengeschichte in Deutschland, München 1974.
Roy, Francis, Der saarländische Bergmann, Saarbrücken 1955.
Rüden, Peter von (Hg.), Beiträge zur Kulturgeschichte der deutschen Arbeiterbewegung 1848–1918, Frankfurt 1979.
Rühle, Otto, Illustrierte Kultur- und Sittengeschichte des Proletariats, 2 Bde., Berlin 1930.
Ruppersberger, A., Geschichte des Saargebietes, Saarbrücken 1923.
Ruppert, Wolfgang (Hg.), Die Arbeiter. Lebensformen, Alltag und Kultur von der Frühindustrialisierung bis zum „Wirtschafswunder", München 1986.
Ruth, Karl Heinz, Die Schlagwetter- und Kohlenstaubexplosion auf der Steinkohlengrube Camphausen bei Saarbrücken, Der Anschnitt 1975, H. 2, 24–30.
Ders., Die Uniformierung der Saarbergleute, Der Anschnitt 1976, H. 5, 158–162.
Saam, Rudolf, Die Bedeutung der Dudweiler Gruben für die Industrialisierung des Saarlandes, in: Dudweiler, 1977, 258–275.
Saarabien vor Gericht. Bericht über den Prozeß Hilger gegen Krämer unter Benutzung stenographischer Aufzeichnungen, Berlin 1904.
Sachße, Christoph / Tennstedt, Florian (Hg.), Soziale Sicherheit und soziale Disziplinierung. Beiträge zu einer historischen Theorie der Sozialpolitik, Frankfurt 1986.
Saldern, Adelheid von, Kommunalpolitik und Arbeiterwohnungsbau im Deutschen Kaiserreich, in: Niethammer (Hg.), Wohnen im Wandel, 1979, 344–362.
Salmen, Walter, „The Pitman's is the Hardest Job". Betrachtungen über das englische Bergmannslied, Der Anschnitt 1956, H. 3, 29–30.
Eine kleine Sammlung besonderer Ausdrücke der Saarbergleute für technische und sonstige Bezeichnungen in der Grube und über Tage, SBK 1903, 72–74.
Sander, Michael, Katholische Geistlichkeit und Arbeiterorganisation. 2 Gutachten aus dem Saarrevier und die Vorgeschichte des „Fuldaer Pastorale" von 1900, in: Soziale Frage und Kirche, 1984, 273–302.
Sassen, Hans, Die Entstehung der oberschlesischen Bergfeste, Der Anschnitt 1959, H. 4, 29–30.
Sattig, Über die Arbeiterwohnungsverhältnisse im oberschlesischen Industriebezirk, ZOBHV 31/1892.

Sauer, Walter (Hg.), Der dressierte Arbeiter. Geschichte und Gegenwart der industriellen Arbeitswelt, München 1984.
Sauermann, Dietmar, Das Historisch-Politische Lied, in: Brednich u. a. (Hg.), Handbuch des Volksliedes 1973, 293–322.
Saul, Klaus, Der Staat und die „Mächte des Umsturzes", ASG XII/1972, 293–350.
Ders., Staat, Industrie, Arbeiterbewegung im Kaiserreich. Zur Innen- und Außenpolitik des Wilhelminischen Deutschland 1903–1914, Düsseldorf 1974.
Ders., Zwischen Repression und Integration. Staat, Gewerkschaften und Arbeitskampf im kaiserlichen Deutschland 1884–1914, in: Tenfelde/Volkmann (Hg.), Streik, 1981, 209–236.
Schaetzing, Wilhelm, Friedrichsthal-Bildstock. Eine geschichtliche Heimatkunde, o.O. 1926.
Schicht und Feier. Lieder zur Arbeit und Geselligkeit des Saarbergmanns. Glück auf! Hrsg. v. der Saargruben-Aktiengesellschaft, Saarbrücken o.J. (1938).
Schieder, Theodor (Hg.), Handbuch der europäischen Geschichte, Bd. 6, Stuttgart 1968.
Schieder, Wolfgang, Kirche und Revolution. Sozialgeschichtliche Aspekte der Trierer Wallfahrt von 1844, ASG XIV/1974, 419–454.
Schieder, Wolfgang (Hg.), Volksreligiosität in der modernen Sozialgeschichte, Göttingen 1986.
Die neue Schlafhausanlage zu Grube Maybach, SBK 1913, 58–61.
Die Schlagwetter-Explosion auf der Grube ‚Camphausen' bei Saarbrücken am 18. März 1885, Glückauf 29/1885.
Schmitt, Seit 100 Jahren Bergmannssiedlungen an der Saar, SBK 1942, 58–67.
Schmoller, Gustav, Über Wesen und Verfassungen der großen Unternehmungen, in: ders., Zur Sozial- und Gewerbepolitik der Gegenwart, Leipzig 1890, 372–440.
Schock, Ralph, Neunkirchen-eine Idylle? Richard Dehmels Aufenthalt in der Hüttenstadt (1884/85), ZGS 1983, 83–92.
Schönberger, Klaus, Die Arbeiterturn- und Arbeitersportbewegung im ehemaligen Oberamt Marbach/Neckar 1900–1933, M.A.-Arbeit (Masch.) Tübingen 1986.
Schorr, Albert, Zur Soziologie des Industriearbeiters an der Saar, Völklingen 1931.
Schreiber, Georg, Der Bergbau in Geschichte, Ethos und Sakralkultur, Köln-Opladen 1962.
Schroeder, Rudolf, Industrie und Musik im Raum Dortmund, in: Steegmann (Hg.): Musik und Industrie, 1978, 261–291.
Die Schulen der Bergverwaltung, SBK 1931, 99–108.
Schuler, H. Erzbergbau an der Saar im 18. und 19. Jahrhundert, Saarheimat 10/1972, 205–209.
Schulz, Alexander, Untersuchungen über die Dimensionen der Sicherheitspfeiler für den Saarbrücker Steinkohlenbergbau und über den Bruchwinkel, unter welchem die Gebirgsschichten in die abgebauten Räume niedergehen, ZBHSW 15/1868, 74–108.
Schulz, Ursula, Die Deutsche Arbeiterbewegung 1848–1919 in Augenzeugenberichten, München 1976.
Schulz-Briesen, Max, Der preußische Staatsbergbau im Wandel der Zeiten, 2. Bde. Berlin 1933/34.
Schulze, Adolph, Die Lage der Bergarbeiter in den Haupt-Kohlenbezirken Deutschlands. Eine sozialpolitische Studie, Berlin 1893.
Schuster, Gerhard, 200 Jahre Bergbau an der Saar 1754–1954, Bielefeld-Bad Godesberg 1955 (Masch.).
Schütz, Hans J., Die verleugnete Tradition (zweiter Teil), in: Vorwärts Nr. 34, 25.8.1977.

Schwab, Heinrich, Das Vereinslied des 19. Jahrhunderts, in: Brednich u. a. (Hg.), Handbuch des Volksliedes, 1973, 863—898.
Seidl, Kurt, Das Arbeiterwohnungswesen in der oberschlesischen Montanindustrie, ZOBHV 52/1913.
Seiten, Julius (Hg.), Portraits christlich-sozialer Persönlichkeiten, Bd. 1, Osnabrück 1965.
Sering, Max, Arbeiter-Ausschüsse in der deutschen Industrie, Leipzig 1890 (= SVSP 46/1890).
Die auf den fiscalischen Steinkohlengruben bei Saarbrücken in Gebrauch befindlichen Sicherheitslampen, ZBHSW 31/1883, 70—71.
Sieferle, Rolf Peter, Der unterirdische Wald. Energiekrise und industrielle Revolution, München 1982.
Slotta, Rainer, Förderturm und Bergmannshaus. Vom Bergbau an der Saar, Saarbrücken 1979.
Smelser, Neil J., Theorien des kollektiven Verhaltens, Köln 1972.
Soziale Frage und Kirche im Saar-Revier. Beiträge zur Sozialpolitik und Katholizismus im späten 19. und 20. Jahrhundert, Saarbrücken 1984.
Specht, Karl Gustav (Hg.), Soziologische Forschung in unserer Zeit. Leopold von Wiese z. 75. Geb., Köln-Opladen 1951.
Stadtverband Saarbrücken (Hg.), Werkswohnungen des Preußischen Bergfiskus und der Mines Dominales Francaises. Eine Dokumentation zum Werkswohnungsbau der preußischen und französischen Grubenverwaltung zwischen 1815 und 1935 im Stadtverband Saarbrücken, Saarbrücken 1985.
Starke, P., Beurteilung der in Oberschlesien auf den mächtigen Flözen zwischen Zabrze und Myslowitz angewendeten Abbaumethoden, ZBHSW 31/1883, 33—53.
Stearns, Peter N., Arbeiterleben. Industriearbeit und Alltag in Europa 1890—1914, Frankfurt/New York 1980.
Ders., Sozialgeschichte der Bergarbeiter im internationalen Vergleich, GG 1978, H. 4, 551—559.
Stedman Jones, Gareth, Kultur und Politik der Arbeiterklasse in London 1870 bis 1900, in: Puls (Hg.), Wahrnehmungsformen und Protestverhalten, 1979, 317—368.
Steegmann, Monica (Hg.), Musik und Industrie. Beiträge zur Entwicklung der Werkschöre und Werksorchester, Regensburg 1978.
Steffens, Horst, Cultura corporativa, sciopero e cultura operaia alla origini della storia dei minatori della Saar (1850—1900), Movimento Operaio e Socialista H. 1, 49—79.
Ders., Arbeiterwohnverhältnisse und Arbeitskampf. Das Beispiel der Saarbergarbeiter in der großen Streikzeit 1889—1893, in: Tenfelde/Volkmann (Hg.), Streik, 1981, 124—142.
Ders., Arbeitstag, Arbeitszumutungen und Widerstand. Bergmännische Arbeitserfahrungen an der Saar in der zweiten Hälfte des 19. Jahrhundert, ASG XXI, 1981, 1—51.
Ders., Eine Blechmarke stiftet Aufruhr. „Wie beim Galeerensträfling", Bild der Wissenschaft 1986, H. 6, 138—147.
Ders., „Eine für alle, alle für einen"? Bergarbeiterfamilien in der zweiten Hälfte des 19. Jahrhunderts, in: Pierenkemper, Haushalt und Verbrauch, 1986.
Stegmann, Franz Josef, Das Ringen um die Lösung der sozialen Frage, in: Soziale Frage und Kirche, 1984, 11—44.
Steinberg, Hans-Josef, Sozialismus und deutsche Sozialdemokratie, Bonn-Bad Godesberg 1976[4].
Die sechs Steinbilder am Bergwerksdirektionsgebäude, SBK 1911, 36—37.
Steinitz, Wolfgang, Deutsche Volkslieder demokratischen Charakters, 2 Bde. Berlin 1954.

Ders., Arbeiterlied und Volkslied, in: Sitzungsberichte der dt. Akademie der Wissenschaften zu Berlin 8/1965.

Stenbock-Fermor, Alexander Graf von, Deutschland von unten. Reise durch die proletarische Provinz 1930, Stuttgart 1931 (Neuausgabe Luzern-Frankfurt 1980).

Stephenson, Gunter (Hg.), Der Religionswandel unserer Zeit im Spiegel der Religionswissenschaft, Darmstadt 1976.

Straus, Emil, Die gesellschaftliche Gliederung des Saargebietes. Eine soziographische Beschreibung, Würzburg 1935.

Taeglichsbeck, Otto, Die Wohnungsverhältnisse der Berg- und Salinenarbeiter im Oberbergamtsbezirk Halle, einschließlich der Mansfelder Hüttenarbeiter, ZBHSW 40/1892, 1–186.

Tenfelde, Klaus, Arbeiterschaft, Arbeitsmarkt und Kommunikationsstrukturen im Ruhrgebiet in den 50er Jahren des 19. Jahrhunderts, ASG XVI/1976, 1–59.

Ders., Konflikt und Organisation in einigen deutschen Bergbaugebieten 1867–1872, GG 1977, H. 2, 212–235.

Ders., Gewalt und Konfliktregulierung in den Arbeitskämpfen der Ruhrbergleute bis 1918, in: Engel-Janosi u. a. (Hg.), Gewalt und Gewaltlosigkeit, 1977, 185–236.

Ders., Sozialgeschichte der Bergarbeiterschaft an der Ruhr im 19. Jahrhundert, Bonn-Bad Godesberg 1977.

Ders., Bergmännisches Vereinswesen im Ruhrgebiet während der Industrialisierung, in: Reulecke/Weber (Hg.), Fabrik-Familie-Feierabend, 1978, 315–344.

Ders., Das Fest der Bergleute. Studien zur Geselligkeit der Arbeiterschaft während der Industrialisierung am Beispiel des deutschen Bergbaus, in: Ritter (Hg.), Arbeiterkultur, 1979, 209–245.

Ders., Bergarbeiterkultur in Deutschland. Ein Überblick, GG 1979, H. 1, 12–53.

Ders., Der bergmännische Arbeitsplatz während der Hochindustrialisierung (1890–1914), in: Conze/Engelhardt (Hg.), Arbeiter im Industrialisierungsprozeß, 1979, 283–335.

Ders., Bis vor die Stufen des Throns. Bittschriften und Beschwerden der Ruhrbergleute 1830–1900, in: Bergmann/Schörken (Hg.), Geschichte im Alltag, 1982, 30–56.

Ders., Schwierigkeiten mit dem Alltag, GG 1984, H. 3, 376–394.

Ders., Die Entfaltung des Vereinswesens während der Industriellen Revolution in Deutschland (1850–1873), in: Dann (Hg.), Vereinswesen, 1984, 55–114.

Ders., Streik als Fest. Zur frühneuzeitlichen Bergarbeiterkultur, mezzosecolo 5, 1985, 129–151.

Ders. / Volkmann, Heinrich (Hg.), Streik. Zur Geschichte des Arbeitskampfes in Deutschland während der Industrialisierung, München 1981.

Ders. / Trischler, Helmuth (Hg.), Bis vor die Stufen des Throns. Bittschriften und Beschwerden von Bergarbeitern im Zeitalter der Industrialisierung, München 1986.

Teuteberg, Hans-Jürgen, Geschichte der industriellen Mitbestimmung in Deutschland, Tübingen 1961.

Ders., Zur Frage des Wandels der deutschen Volksernährung durch die Industriealisierung, in: Braun u. a. (Hg.), Gesellschaft in der industriellen RAevolution, 1973, 321–339.

Thompson, E. P., The Making of the English Working Class, Harmondsworth 1968².

Ders., Zeit, Arbeitsdisziplin und Industriekapitalismus, in: Braun u. a. (Hg.), Gesellschaft in der industriellen Revolution, 1973, 81–112.

Ders., Das Elend der Theorie. Zur Produktion geschichtlicher Erfahrung, Frankfurt-New York 1980.

Ders., Plebeische Kultur und moralische Ökonomie. Aufsätze zur englischen Sozialgeschichte des 18. und 19. Jahrhunderts. Ausgewählt und eingeleitet von Dieter Groh, Frankfurt/Berlin/Wien 1980.

Theis, Ottilie, Hunsrücker Bergleute erzählen wahre Begebenheiten, Simmern 1978.
Tittler, Arbeiterverhältnisse und Arbeiterwohlfahrtseinrichtungen im oberschlesischen Industriebezirk, Breslau 1904.
Die bergmännische Tracht, SBK 1903, 34−35.
Treiber, Hubert / Steinert, Heinz, Die Fabrikation des zuverlässigen Menschen. Über die „Wahlverwandschaft" von Kloster und Fabrikdisziplin, München 1980.
Trempé, Rolande, Les mineurs de Carmaux, 1848 á 1914, Paris 1971.
Treue, Wilhelm, Gesellschaft, Wirtschaft und Technik Deutschlands im 19. Jahrhundert, München 1975 (= Gebhardt, Handbuch der Deutschen Geschichte 17).
Trüdinger, Otto, Die Arbeiterwohnungsfrage und die Bestrebungen zur Lösung derselben, Jena 1888.
Turner, Ralph H., Die Wahrnehmung von Protest durch die Öffentlichkeit, in: Heinz/ Schöber (Hg.), Theorien des kollektiven Verhaltens Bd. 1, 1972, 167−209.
Uhen, Leo, Gruppenbewußtsein und informelle Gruppenbildungen bei deutschen Arbeitern im Jahrhundert der Industrialisierung, Köln 1963.
Umbreit, Paul, Fünfundzwanzig Jahre deutscher Gewerkschaftsbewegung, Berlin 1915.
Ein Unglücksfall bei der Schachtförderung auf Grube Camphausen bei Saarbrücken, ZBHSW 48/1900, 174−178.
Neue Untersuchungen über die Wohnungsfrage in Deutschland und im Ausland, 1. Bd. 2. Abt., Leipzig 1901 (= SVSP 95/1901).
Verdenhalven, Alte Maße, Münzen und Gewichte aus dem deutschen Sprachgebiet, 1968.
Die Verhältnisse der Landarbeiter in Deutschland, Bd. 2, Leipzig 1892, (= SVSP 54/ 1892).
Verhandlungen des I. Deutschen Bergarbeitertages in Halle/S., abgehalten vom 15. bis 19. September 1890 in Sanows Restaurant, Steinweg Nr. 13, o.O.J.
Die Verhandlungen und Untersuchungen der preussischen Stein- und Kohlenfall-Commission, Berlin 1906.
Die Verhandlungen und Untersuchungen der Preussischen Seilfahrt-Kommission, 1.2., Berlin 1913 (= ZBHSW Sonderheft).
Verhandlungen des Vereins für Socialpolitik über das Arbeitsverhältnis in den privaten Riesenbetrieben, in: SVSP Bd. 116, Leipzig 1906, 134−235.
Vester, Michael, Was dem Bürger sein Goethe ist dem Arbeiter seine Solidarität, ÄuK 1976, H. 24, 62−72.
Viebig, Clara, Das Weiberdorf. Roman aus der Eifel, Berlin 1902[11] (Neuauflage 1979).
Vierhaus, Rudolf, Preussen und die Rheinlande 1815−1915, Rheinische Vierteljahresblätter, 30/1965, 152−175.
Vogt, Irmgard, Einige Fragen zum Alkoholkonsum der Arbeiter, GG 1982, H. 1, 134−140.
Volkmann, Heinrich, Modernisierung des Arbeitskampfes? Zum Funktionswandel von Streik und Aussperrung in Deutschland 1864−1975, in: Kaelble u. a. (Hg.), Probleme der Modernisierung 1978, 110−170.
Ders., Organisation und Konflikt: Gewerkschaften, Arbeitgeberverbände und die Entwicklung des Arbeitskonflikts im späten Kaiserreich, in: Conze/Engelhardt (Hg.), Arbeiter im Industrialisierungsprozeß, 1979, 422−438.
Vollert, Die Seil- und Kettenförderungsanlagen der Steinkohlengrube Von der Heydt bei Saarbrücken, ZBHSW 30/1882, 299−318.
Die im Deutschen Reich erlassenen Vorschriften über Benutzung und über Beschaffenheit von Wohnungen. Auf Grund der Sammlung des Bremer Sozialen Museums bearbeitet und herausgegeben von W. v. Kalkstein, Bremen 1907.

Wächtler, Eberhard, Zur Geschichte der Lage und des Kampfes der Bergleute im Staatsbergbau an der Saar von 1789–1849, Jahrbuch für Wirtschaftsgeschichte 1961, Teil 2, 231–294.
Ders., Besonderheiten der Entwicklung der Produktivkräfte im Bergbau während und im Gefolge der industriellen Revolution in Deutschland, in: Beiträge zur Geschichte des Bergbaus, 1964, 55–70.
Ders., Die Lebens- und Arbeitswelt der Bergarbeiterschaft vor und nach der industriellen Revolution, Der Anschnitt 1977, H. 2–3, 102–109.
Waldura, Robert, Saarbergbau im Wandel (II), SBK 1966.
Weber, Wolfhard, Der Arbeitsplatz in einem expandierenden Wirtschaftszweig: Der Bergmann, in: Reulecke/Weber (Hg.), Fabrik-Familie-Feierabend, 1978, 89–113.
Weber-Kellermann, Ingeborg, Deutsche Volkskunde zwischen Germanistik und Sozialwissenschaften, Stuttgart 1969.
Dies., Die deutsche Familie. Versuch einer Sozialgeschichte, Frankfurt 1977[3].
Wehler, Hans Ulrich, Das deutsche Kaiserreich 1871–1918, Göttingen 1977.
Ders., Der Bauernbandit als neuer Heros, Die Zeit Nr. 39, 18.9.1981.
Weise, Der Revisionsverband der Grubenkonsumvereine im Saarrevier, ZBHSW 60/1912, 237–255.
Weiser, Michael, Arbeiterkolonien − Über die Motive zum Bau von Arbeitersiedlungen durch industrielle Unternehmen im 19. und frühen 20. Jahrhundert in Deutschland, in: Petsch (Hg.), Architektur und Städtebau, 1975, 8–56.
Werner, Otto Hermann, Der Saarbergmann in Sprache und Brauch, Köln 1934.
Wert eines Wirtschaftsbuches, SBK 1891, 119–120.
Weyl, Theodor (Hg.), Handbuch der Hygiene, Leipzig 1912[2].
Wiegelmann, Günther (Hg.), Kultureller Wandel im 19. Jahrhundert, Göttingen 1973.
Wirtschafts- und Haus-Regeln für jeden Monat des Jahres, SBK 1888, 115–117.
Wirtz, Rainer, Die Begriffsverwirrung der Bauern im Odenwald 1848. Odenwälder ‚Excesse' und die Sinsheimer ‚republikanische Schilderhebung', in: Puls (Hg.), Wahrnehmungsformen und Protestverhalten, 1979, 81–104.
Ders., „Widersetzlichkeiten, Excesse, Crawalle, Tumulte und Skandale". Soziale Bewegung und gewalthafter sozialer Protest in Baden 1815–1845, Frankfurt-Berlin-Wien 1981.
Ders., Die Ordnung der Fabrik ist nicht die Fabrikordnung. Bemerkungen zur Erziehung in der Fabrik während der frühen Industrialisierung an südwestdeutschen Beispielen, in: Haumann (Hg.), Arbeiteralltag, 1982, 61–88.
Ders., Alltag als Problem für die Geschichtswissenschaft. Vortrag in der Reihe „Die Aula", Südwestfunk Baden-Baden 1982.
Die Wohlfahrtseinrichtungen für die Arbeiter auf den Gruben der Kgl. Bergwerksdirektion zu Saarbrücken, Berlin 1904.
Die für die Arbeiter der staatlichen Berg-, Hütten- und Salzwerke Preußens bestehenden Wohlfahrtseinrichtungen, ZBHSW 54/1906.
Wolf, Herbert, Studien zur deutschen Bergmannssprache in den Bergmannsliedern des 16. bis 20. Jahrhunderts, vorwiegend nach mitteldeutschen Quellen, Tübingen 1958.
Wolf, Richard, Arbeit und Arbeitsgesellung der Zwickauer Steinkohlenbergarbeiter in der zweiten Hälfte des 19. Jahrhunderts, Wissenschaftliche Zeitschrift der Humboldt-Universität, Gesellschafts- und Sprachwissenschaftliche Reihe 1971, H. 1.
Wunderer, Hartmann, Arbeitervereine und Arbeiterparteien. Kultur- und Massenorganisationen in der Arbeiterbewegung (1890–1933), Frankfurt/New York 1980.
Ders., Alkoholismus und Arbeiterschaft im 19. Jahrhundert, GG 1982, H. 1, 141–144.
Zetkin, Clara, Zeichen der Morgendämmerung, in: Ausgewählte Reden und Schriften Bd. I, Berlin 1957, 12–21.

Dies., König Stumm, in: Ausgewählte Reden und Schriften Bd. I, Berlin 1957, S. 69–73.

Zörner, Die zur Bekämpfung des gefährlichen Kohlenstaubes auf den Staatlichen Steinkohlengruben im Saarrevier getroffenen Einrichtungen, ihre Bewährung und ihre Kosten, Glückauf 31/1895.

Zusammenstellung der in der Versuchsstrecke zu Grube König bei Saarbrücken untersuchten brisanten Sprengstoffe und der damit hinsichtlich ihres Verhaltens gegen Schlagwetter und Kohlenstaub erzielten Ergebnisse, ZBHSW 35/1887, 271–276.

Zwahr, Hartmut, Zur Konstituierung des Proletariats als Klasse. Strukturuntersuchungen über das Leipziger Proletariat während der industriellen Revolution, Berlin (DDR) 1978.

Der Autor

Horst Steffens studierte Germanistik, Geschichte, Politik und Jura an den Universitäten Marburg, München und Heidelberg. Von 1982–1985 Leiter des Projektes „Hessen im Nationalsozialismus – Anpassung und Widerstand". Zur Zeit wissenschaftlicher Mitarbeiter eines DFG-Forschungsprojektes über Handwerksgesellen und Arbeiterstreiks im 18. und 19. Jahrhundert. Seit 1980 mehrere Veröffentlichungen zu den Schwerpunkten „Bergarbeitergeschichte" und „Arbeiterkultur" in Fachzeitschriften und Sammelbänden.

Werner Troßbach
Soziale Bewegung und politische Erfahrung
Bäuerlicher Protest in hessischen Territorien
1648–1806

335 Seiten, mit Abbildungen,
Broschur, DM 38,-

Dumpf und untertänig, gedrückt und mit beschränktem Horizont – so hat die Geschichtsschreibung lange Zeit die deutschen Bauern nach ihrer katastrophalen Niederlage im Bauernkrieg stilisiert. Werner Troßbach zeichnet für eine historische Region im 17. und 18. Jahrhundert ein anderes Bild: Bauern treten den Zumutungen feudaler Obrigkeiten mutig entgegen, nutzen Handlungsspielräume klug aus, sind zu dörflicher Solidarität und zu phantasievollen Aktionen bereit und fähig. Aber nicht kurzfristiges, spontanes Aufbegehren ist für diese Zeit charakteristisch, sondern der Versuch, bäuerliche Interessen in langfristig orientierten und organisierten Bewegungen wie auch in gerichtlichen Prozeduren durchzusetzen. Gewaltsamer Widerstand ist zwar nicht ausgeschlossen, jedoch einer langfristigen Strategie untergeordnet. – Bei Troßbach wechseln sich dichte Beschreibung und theoretische Analyse ab, die bäuerliche Sicht der Dinge ist für den Autor entscheidend. Bisher unbekannte Quellengattungen ermöglichen einen einzigartigen Blick ins Innere der Bauernbewegungen, lassen Motive und strategische Überlegungen oppositioneller Bauern hervortreten und widerlegen die Auffassung, erst die modernen Massenorganisationen seit dem Ende des 19. Jahrhunderts hätten eine »rationale« Interessenvertretung ermöglicht.

Sozialgeschichtliche Bibliothek im Drumlin Verlag
Herausgegeben von Dieter und Ruth Groh

Verlangen Sie unser Gesamtverzeichnis

drumlin verlag wolfegger str. 92 d–7987 weingarten

Geschichte im Drumlin Verlag:

Martin Beutelspacher
Kultivierung bei lebendigem Leib
Alltägliche Körpererfahrungen in der Aufklärung
168 S., zahlreiche Abbildungen,
Broschur, DM 24,-

Dieter Schott, Werner Trapp (Hg.)
Seegründe
Beiträge zur Geschichte des Bodenseeraumes
398 S., zahlreiche Abbildungen,
gebunden, DM 49,-

Franz Mehring Gesellschaft Stuttgart
Wild und verschlafen – Jugend nach 1960
Demokratie- und Arbeitergeschichte 4/5
352 S., zahlreiche Abbildungen,
Broschur, DM 29,80

Adam Puntschart
Die Heimat ist weit . . .
Erlebnisse im Spanischen Bürgerkrieg,
im KZ, auf der Flucht.
Herausgegeben von Oswald Burger
176 S., zahlreiche Abbildungen,
gebunden, DM 26,80

Adalbert Nagel
Armut im Barock
Die Bettler und Vaganten
Oberschwabens
79 S., mit Abbildungen,
gebunden, DM 16,80

Verlangen Sie unser Gesamtverzeichnis

Drumlin Verlag Wolfegger Str. 92 D-7987 Weingarten